U0939578

The Junks and Sampans of the Yangtze

中国长江帆船通鉴

[英] 夏士德——著　王予和——编译

同济大学出版社・上海

图书在版编目(CIP)数据

中国长江帆船通鉴：全三册：汉英对照/(英)夏士德著；王予和编译．—上海：同济大学出版社，2020.12

ISBN 978－7－5608－9663－2

Ⅰ．①中… Ⅱ．①夏… ②王… Ⅲ．①长江流域－帆船－船舶技术－技术史－研究－中国－汉、英 Ⅳ．①U66－092

中国版本图书馆 CIP 数据核字(2020)第 269014 号

中国长江帆船通鉴

The Junks and Sampans of the Yangtze

[英]夏士德　著　王予和　编译

策　　划：华春荣
责任编辑：高晓辉　翁　晗
助理编辑：孙铭蔚
责任校对：卢元姗
装帧设计：王　翔

出版发行：同济大学出版社 www.tongjipress.com.cn
地　　址：上海市四平路 1239 号　邮编：200092
电　　话：021－65985622
经　　销：全国新华书店
印　　刷：上海雅昌艺术印刷有限公司
开　　本：889mm×1194mm　1/16
印　　张：62
字　　数：1984000
版　　次：2020 年 12 月第 1 版
印　　次：2020 年 12 月第 1 次印刷
书　　号：ISBN 978－7－5608－9663－2
定　　价：680.00 元(全三册)

译 者 前 言

我国幅员辽阔，江河湖泊密布。长江是我国第一长河，也是中华民族的母亲河。其发源于青藏高原唐古拉山的主峰各拉丹冬雪山，自西向东流经青海、西藏、四川、云南、重庆、湖北、湖南、江西、安徽、江苏、上海 11 个省、自治区、直辖市，注入东海。其中自源头到湖北宜昌为上游，主要流经我国地势的第一、二级阶梯，接纳大量支流，水量大增，落差很大，水力资源丰富；自宜昌到江西湖口为中游，主要流经平原区域，接纳了洞庭湖、汉江和鄱阳湖等水系，水量更是剧增；从湖口到上海为下游，流经平原地区的支流已经不多，地势低平，水量更大。长江有雅砻江、岷江、嘉陵江、乌江、汉江、沅江、湘江、赣江八大支流，中小支流不计其数，还连接洞庭湖、鄱阳湖、太湖水系和京杭大运河。整个长江流域河网密布，千船万帆竞风流。

中国帆船历史悠久、性能优良、种类繁多，为世界所公认。中国是世界上主要的船舶发源地之一，中国人在远古时期就已学会利用工具让自己漂浮于水上劳作，据古籍记述，位居三皇五帝之首的伏羲在黄河之畔教会了百姓如何结网捕鱼和制造木舟，《易经》中用符号记载了造船术。中国帆船科技曾在世界上长期占据领先地位，中国帆船以艉升降舵、长橹、平衡硬式纵帆、车轮舟、木爪石碇、水密隔壁、艏艉高翘尖底圆舭线型和水浮指南针盘等重大发明闻名于世。中国帆船都在将要航行的江河湖道岸边的城镇或乡村建造，船模由造船匠使用相同木材同步制作，实船和船模只需两周就能完成。各式舢板帆船作为古代重要的交通工具，是我国劳动人民智慧和创造力的结晶。不同的中国帆船适合不同的水域。在外行看来，帆船似乎全都一模一样；但在内行眼里，船和帆千变万化，各不相同。大到大型航海帆船，小到小型舢板，还有木筏和竹筏，都能在长江及其支流看到。但可惜的是，由于中国传统造船工艺多以师徒传授为主，系统记录整理和介绍中国传统帆船与舢板等各船种船舶形制、设计技术以及建造工艺的专著极其罕见。

自 1840 年鸦片战争以后，有一批热爱中国帆船的西方学者来到中国实地考察和研究，比较著名的有英国人唐纳利、夏士德、李约瑟和法国人帕里斯、奥德马、肖特等。他们通过实地考察，测绘大量当时中国各地普遍使用的帆船，并对特定帆船、船模和绘图等史料开展积累和研究，编写成内部资料存档，或者编写成图文并茂的书籍公开出版。中国著名造船学家、教育家和社会活动家杨槱院士在与上海交通大学陈伯真教授合著的《话说中国帆船》一书中对此有详细的介绍。

夏士德(George Raleigh Gray Worcester，1890—1969)先生出生于英格兰，在风帆时代进入英国皇家海军，曾以实习军官身份随舰绕行合恩角。他于 1919 年被派到中国海关总税务司海事部门任海务部门巡江事务长，协助中国海关总税务司梅乐和爵士完成了长江航道测量和航标设置。他在中国河流和海岸来回往返的行程中，对中国帆船及民风民俗产生了浓厚兴趣。征得顶头上司梅乐和准许后，他专心研究中国帆船，并旅行到许多外国人难以到达的地方，将当地的帆船和舢板以及民风民俗以文字和速写绘画形式记录下来。经过长达八年的研究，夏士德编写了《长江的帆船与舢板》等一系列图书，书中主要介绍了货船、客船、运盐船、运米船、运煤船、燃料船、运棉船、海关船、救生船、渔船、住家船、木筏、竹筏等船型，还绘有缩微帆船图谱，介绍了罗盘、桅、帆、索、缆、桨、篙、锚、舵及操帆法。从中国海关退休后，夏士德担任梅乐和爵士的中国帆船模型的制作顾问，并且亲手制作了部分船模。这些船模已经归入英国伦敦肯辛顿科学博物馆，与他撰写的系列图书一起永久传世。

夏士德在搜集资料过程中找到了大量参考文献，特别是许多绝版参考文献，帆船方面的主要数据源于与船民接触所获的第一手资料。在写作过程中，他主要以权威译著为参考，并进行比较鉴别，以核实其中重要的论点。没有相关译著作参考时，他就去征求中国专家的意见。在润稿过程中，他还邀请中国海关之外的专家提出建议。

美国人李度高度评价夏士德：对于世界上最伟大水路之一的长江流域广大地区的船只作了广泛而权威的记录。这些记录传承需要一支如椽大笔，而夏士德先生就堪当此任，因为他是一个水手、艺术家和历史学者。首先，他是一名水手，整个职业生涯都与风帆船和蒸汽船联系在一起；其次，他也是一位天才艺术家，把中国帆船和舾装部件用精确工程图记录下来，书中插图非常精致；最后，他更是一位历史学者，他深入研究了长江的帆船与舢板这一历史题材，给我们留下了丰硕成果，其中还包括与这些迷人帆船有关的民间传说和传奇故事。

夏士德的著作覆盖范围很广，涵盖中国内河与沿海、北方与南方各种用途与类型的帆船和舢板；涉及品种很多，收集了300多种帆船资料；内容丰富，技术含量很高，涉及广泛的中国船文化、自然地理和历史；特色鲜明，既有速写，也有照片和线图；资料详实，全面系统、图文并茂地记录了基本已绝迹的传统帆船。本书对长江水系的各种帆船和舢板进行了实地调查和测绘，运用科学绘图技术先后整理绘画了长江及其支流的帆船和舢板、木筏、竹筏、皮筏、四川的歪头船和歪脖子船等各类船只。这些资料图文并茂，几乎每种舟船都附有比例精准的手绘工程制图，目前国内没有与之类似的相关文献。

我们这次出版《中国长江帆船通鉴》，要特别感谢和深切缅怀中国人民解放军海军装备技术部原部长郑明少将（1933 — 2018），是他精心策划并发起本书的整理工作。郑明将军很早就开始对中国帆船进行研究，特别是在退休后更潜心于研究一些欧美专家撰写的中国传统帆船的专著。他发现，我国在这方面没有多少系统的著述。因此，他建议我国考古文博界人士积极挖掘、发现和研究我国在这方面的历史遗存，进行抢救性著书立说以流传后世。我们在本书出版之际告慰郑明将军：我们一定会不忘初心，为实现海洋强国梦而砥砺前行！我们要明确告诉全世界，中国倡导的是和平崛起；我们要唤醒国民的海洋意识，把海洋大国建设成为海洋强国。

随着“一带一路”倡议的提出和建设海洋强国战略深入实施，有关海洋文化建设的热潮正在兴起。《中国长江帆船通鉴》的出版正当其时，既能填补我国在这方面的空白，又能为今后深入研究中华帆船创造更为有利的条件。本书可以为中国传统帆船与舢板的爱好者、传承者，以及船工渔民世家、木船作坊提供详实的研读参考；能推动有关人士把祖传的中国木帆船线型、结构、帆装、属具等的设计诀窍与建造工艺用文字和图画整理、记录、保存下来，充实并传承祖国的历史文化遗产；也必将引起和促进国内一些专家、学者们的深刻思考，从而广泛挖掘我国舟船艇筏历史文化遗产，将能体现中国文明的中华优秀传统帆船的历史学术、工艺技术和文化艺术成果融合展现在世人面前。

2020年1月

Introduction

China is a vast country with many rivers and lakes. The Yangtze River is the longest river in China and the mother river of the Chinese nation. The Yangtze River rises at Mt. Geladandong, the main peak of Tanggula Mountain on the Qinghai-Tibet Plateau, and flows from west to east through 11 provinces and cities, namely, Qinghai, Tibet, Sichuan, Yunnan, Chongqing, Hubei, Hunan, Jiangxi, Anhui, Jiangsu, and Shanghai. It ends up flowing into the East China Sea, of which the upper reaches cover a region from the source to Yichang, Hubei Province, mainly flows through the first and second steps of China's topography, and contains enormous tributaries. The Upper Yangtze, where the amount of water increases substantially, has large drops and is abundant in water resources; from Xichang to Hukou, Jiangxi Province, is the middle reaches, which mainly runs through the plain area, and contains Dongting Lake, Han River, Poyang Lake, and other water systems, where the water volume increases sharply; from Hukou to Shanghai is the lower reaches, where only a few tributaries flow through the plain area, but the terrain is low-lying, and the water amount is massive. The Yangtze River has eight tributaries, including the Yalong, Min, Jialing, Wu, Han, Yuan, Xiang, and Gan rivers, and countless small and medium-sized tributaries. It also connects Dongting Lake, Poyang Lake, Tai Lake, and the Beijing-Hangzhou Grand Canal. The entire Yangtze River Basin teems with river networks, in which copious barges vie in speed.

Chinese sailboats have a long history, excellent performance and a wide variety, which are recognized by the world. China is one of the major shipping cradles in the world. In ancient times, the Chinese have learned to use tools to float themselves on water. According to the ancient classic, Fuxi, the first of Three Sage Kings and Five Virtuous Emperors, taught people how to make nets for fishing and wooden boats on the banks of the Yellow River. *The Book of Changes* of the Western Zhou Dynasty recorded shipbuilding methods with symbols. Chinese sailing technology has long occupied a leading position in the world. China's sailing ships are famous for such major inventions as stern elevator, long oar, balanced hard longitudinal sail, wheel boat, wooden claw stone anchorage, watertight bulkhead, high bow and stern, sharp bottom round bilge line and water floating compass. Coincidentally, the Chinese sailboats were usually built in towns or villages near the banks of the rivers and lakes to be sailed on. The ship models were made by shipbuilders using the same wood as the actual ship, all of which could be completed in only two weeks. As an important means of transportation in ancient times, all kinds of sampans and sailboats are the crystallization of the wisdom and creativity of the working people in China. Different Chinese sailboats are suitable for different waters. For Laymen, all sailboats seem the same, while for adepts, every boat or sails is distinctive. There are innumerable types of sailboats on the Yangtze River and its tributaries, ranging from large junks to small sampans, as well as wood rafts and bamboo rafts. But unfortunately, as the traditional Chinese shipbuilding technology is mainly taught by masters and apprentices, there are very few monographs that systematically record, sort out and introduce the shape, design technology and construction technology of various types of ships such as Chinese traditional sailboats and sampans.

Since the Opium War in 1840, Western scholars, who found Chinese sailing intriguing, have come to China successively to conduct field investigations and research, including the famous British Donnelly, Worcester, Needham, and the French Paris, Odmar, Schott. They surveyed and mapped a myriad of sailboats commonly used in China at that time, collected and researched historical materials such as specific sailboats, ship models and drawings and compiled them into internal archives or books with detailed pictures and texts for publication. Academician Yang You, a well-known Chinese naval architect, educator, and social activist made a detailed introduction in his book *About China's Sailboats* co-authored with Professor Chen Bozhen of Shanghai Jiao Tong University.

George Raleigh Gray Worcester(1890—1969), was born in England and entered the Royal Navy in the days of sail, and rounded the Horn as a midshipman. In 1919, he was appointed as River Inspector in the Marine Department of the Chinese Maritime Customs Service. He assisted Sir. Frederick Maze, "Inspector General of the Chinese Maritime Customs Service", in surveying the Yangtze River channels and the setting of navigation marks. During this period, he developed a keen interest in, and affection for, Chinese sailboats and customs during the trip back and forth between Chinese rivers and coasts. After obtaining permission from his superior, Frederick Maze, he resigned to concentrate on researching Chinese sailboats. This enabled him to travel to many places offering limited access for foreigners, and to write down local junks and sampans, customs and habits into words and sketches. After eight years of elaboration, he finally compiled *The Junks and Sampans of the Yangtze* and other works. This book mainly introduces a lot of ship types including cargo ships, passenger ships, salt ships, rice ships, coal ships, fuel ships, cotton ships, customs ships, lifeboats, fishing boats, houseboats, wood rafts, and bamboo rafts, and drew them into miniature sailboat pictures. In addition, it describes the compass, mast, sail, rope, cable, oar, pole, anchor, and rudder, as well as how to navigate the sail. After his retirement from the Customs, Worcester served as a consultant for the production of Chinese junk models for Sir. Frederick Maze, and made some ship models by himself. These ship models were housed in the Kensington Science Museum in London, UK, together with the series of his other works.

Worcester found enormous literature in the process of collecting materials, some of which are out-of-print references; in terms of sailboats, main data uses first-hand materials obtained from contact with boatmen. In the writing process, he mainly adopted authoritative translations as references and made comparisons to verify critical nautical arguments. When related translation works were not available, he would consult the opinions of Chinese experts. When putting the finishing touches to the book, he took advice from experts other than his colleagues from the Customs.

American Li Du spoke highly of Worcester: This unique book is a comprehensive and authoritative record of the vessels which for centuries provided practically the sole means of communication and transportation in the vast area drained by one of the world's greatest waterways. These remarkable ships deserve an unusual biographer, and in Mr. Worcester, they have found one, as he is a sailor, artist, and historian. He is first a sailor and has been associated with sailboats and steamships throughout his career. He is also a talented artist. Not only did he record Chinese sailboats and outfitting parts with precise engineering drawings, but the illustrations in the book were also fine sketches. Finally, he studied this historical subject in-depth and left the legacy, which also incorporated folklore, legends, and romances related to these charming sailboats.

The book focuses on the widest scope, covering sailboats and sampans of various functions and types in China's inland rivers and coasts both in the north and south. It involves the most varieties and includes more than 300 sailboat materials, which is definitive in its genre. Its content is the richest, reaching a wide range of Chinese ship culture, natural geography, and history, with high technical content and strong literary readability. It also boasts distinctive features, encompassing sketches, photos, and line drawings. It contains detailed information about those traditional sailboats that have almost disappeared, so the information obtained from the author's field investigation attains an unparalleled high level. This book has carried out field survey and mapping on various sailboats and sampans in the Yangtze River system, and has successively arranged and painted various ships such as junks and sampans, wooden rafts, bamboo rafts, leather rafts, crooked head ships and crooked neck ships of Sichuan Province on the Yangtze River with scientific mapping technology. These materials are rich in pictures and texts. Almost every kind of boat is attached with hand-painted engineering drawings with accurate scale. There is no similar related literature in China at present.

For the publication of the translated edition of *The Junks and Sampans of the Yangtze*, we would like to extend our thanks and pay homage to Rear Admiral Zheng Ming, the former head of the PLAN Equipment and Technology Department, who devoted himself to planning and organizing the translation and publication of this book. Mr. Zheng had long been studying Chinese sailboats, especially after he retired. He was steeped in the monographs on traditional Chinese sailboats by some European and American experts. He found that China lacked systematic writings in this area. Therefore, he suggested that scholars in China's cultural and archaeological circles should actively excavate, discover and study China's historical relics in this area, compile books as rescue actions for the reference of later generations. At the time of the publication of this book, we told Mr. Zheng that we will never forget our original intention and forge ahead to realize the dream of becoming a maritime power! We should clearly tell the world that China advocates peaceful rise, and we need to awaken the people's awareness of the ocean and build a maritime power.

With the proposal of the "Belt and Road" Initiative and the in-depth implementation of the strategy of building a maritime leading power, a wave of marine culture construction is on the rise. It is a golden time for the publication of *The Junks and Sampans of the Yangtze*, which can fill the vacuum of China in this regard and create favorable conditions for further study of Chinese sailboats in the future. This book can provide a detailed reference for lovers and inheritors of Chinese traditional sailboats and sampans, as well as families of boatmen, fishermen, and wooden boat workshops. It can promote relevant people to sort out, record and preserve the ancestral design know-how and construction technology of Chinese wooden sailboat lines, structures, rigs, accessories, etc. with words and pictures, so as to enrich and inherit the historical and cultural heritage of our motherland. It will also cause and promote the profound thinking from some domestic experts and scholars, so that the historical and cultural heritage of China's boats and rafts will be extensively explored, and the historical academic, technological, cultural and artistic achievements of the Chinese excellent traditional sailboats that can reflect Chinese civilization will be displayed.

Wang Yuhe

January, 2020

目 录

CONTENTS

— 第1章 —

中国帆船历史、艺术和文化

原始社会的人们运用的艺术和工艺并不多，但毋庸置疑的是，人们在远古时期就已学会利用工具让自己漂浮于水上，人类学家和文物学者对此也予以肯定。

水中漂浮的树干无疑为人们最早的航海活动提供了灵感。公元前122年西汉古籍《淮南子》中记载，人们因观察到溪流中漂浮的落叶而迸发造舟的冲动和灵感，是为“见窾木浮而知为舟”。

在任何国家最原始的文字记载中，都有一些关于舟船的含糊不清的典故。我们无法找到描述早期人类如何开始制造舟船的文献记载，并且几乎世界上所有国家的历史中都没有早期航海的记录，只因为有一个充分而恰当的理由：造船术的出现早于文字。

根据中国的历史传说，所有著名的发明以及一些贤哲的哲学，都在上古文献《易经》及之后的典籍中有所提及。部分学者也认为《易经》中记载的符号系统代表了造船术，但这种说法很难令人信服。孔子之后的一本古籍，描述了上古时代位列“三皇五帝”之首的伏羲如何教会百姓许多有用的技术，包括结网捕鱼和制造木舟。根据记载，伏羲氏“刳木为舟，剡木为楫，舟楫之利，以济不通”。

关于伏羲有很多传说。据称伏羲母亲因与彩虹相交而怀孕，后生下伏羲。其中最著名的就是伏羲如何得到“龙马”负卷的启示而发明“八卦”的传说。《尚书・顾命》伪孔安国传谓：“伏羲王天下，龙马出河，遂则其文以画八卦。”八卦在中国的占卜和哲学中具有极其重要的作用。除了“居高堂，着长袍，发明舟车”以及最终告别人间乘龙升天的传说外，关于这位人文始祖的其他情况我们便无从了解。

当时蒙昧的先民无法解释伏羲在黄河之畔创造的诸多神奇，于是借助许多神话传说来说明这些常见的事实或现象，并将黄河流域视为人类文明的摇篮。当然，根据船民们之间流传的说法，黄河上的舟船出现要早于长江，而长江上舟船的出现则先于那些能够漂洋过海的帆船。

正如传说中的一样，这种初生的造船业在其后得到了禹王（译者注：一说称其为造船始祖）的大力推动从而发展。

禹在中国水系发展的历史中发挥了举足轻重的作用，他殚精竭虑治理洪水的丰功伟绩至今为后世所传颂。传说“禹母见流星贯昴，梦接意感，既吞神珠而生禹。”他天生异相，“虎鼻大口，两耳参镂”（译者注：《竹书纪年》卷上）。禹是中国古代最杰出的水利工程师，为人类做出了不计其数的贡献，其中最著名的当数“治理九江”，他疏通了沱江（译者注：长江支流，位于四川省中部）和潜江（译者注：汉江支流，湖北潜江县境内），成功治理了云梦泽。他着手修缮太原原有的水利工程，治理好横流入黄河的漳水。据传，禹死后葬于宁波附近。

古人由于对事物的发展原理不甚了解，往往将造船或其他发明归功于少数先王贤哲的大智大慧。

根据孔子所著《春秋》以及《墨子》等其他中国史书记载，虞姁、化狐、巧倕、番禺、伯益、共鼓、货狄共同作舟，他们都是黄帝的辅弼重臣，因此，中华第一舟被公认为是黄帝和伏羲建造的。

据《拾遗记》中载，在与蚩尤部落的涿鹿之战中，黄帝意识到了海上力量的重要性。于是，这位4000多年前的伟大君王想到了发明其他一些东西，除了舟船之外，据说他还发明了划船用的桨，并最终发明了罗盘。

像中国这样一个拥有如此古老文明的国家，如果对其造船术进行追根溯源，则可能发现其造船术要比远古时代的传说还要早许多。人们航海的原始方式就是原始人类早期的发现之一，其灵感无疑来自先民们对食物以及适当的生存环境的追求。

人类最早以浮木为水上工具。中国的河流湖泊星罗棋布，水面宽阔，这种理想的环境非常适合人类将浮木发展为舟船，开始水上冒险。

随处可见的竹子必然会赋予人类灵感，使人类普遍来用其制作竹筏。在北方，人们可能会用皮筏代替竹筏。从最原始的水上工具逐步演变而来的舟船，就是我们如今所见的帆船和舢板的前身。

事实上，据1500多年前东晋王嘉所著《拾遗记》所载，古人发明舟之前，就已经将筏作摆渡之用。

新石器时代与中国现代虽然时间跨度甚大，但在造船术方面却保持着相当明显的连续性。可以断定，最初的造船技艺被人们一代代传承下来，并日臻完美，直至各种简单有效的舟筏出现，并固化为各类船型。中国现用的所有帆船和舢板很可能就源于这些船型。

关于古埃及、希腊、罗马甚至印度和波斯的船，都或多或少能发现一些令人信服的公元前2600年时的文字和图案的印迹。也就是说，我们可以断言，现有的资料总体而言相对准确，人们依据这些资料对船只进行合理的复原，这些古老的图片中的许多内容都与历史学家或水手的观点一致。然而，关于中国古代帆船却毫无类似的图文遗存。

在中国历史上，有关舟船和船夫的文献非常不完整。没有收藏的图片，即使现存的文献资源也不尽如人意。

因此，在追溯关于浮具的最早记载时，有必要先对中国文字的起源做一个简单的回顾，尤其是最早阶段的象形文字。

与发明造船术一样，文字的出现始终是一个未解之谜。许多中国学者认为，书写和绘画艺术相辅相成，同时出现且系出同源。根据传说，中国文字发展在黄帝统治时代取得了重大成就，其中做出不朽贡献的人物有两个。

第一个是仓颉，相传他是黄帝手下的一名大臣。他是一位介于神话和传说之间的人物，自小天资聪颖。相传仓颉模仿鸟兽之迹，创造出中国最原始的象形文字，从而结束了远古时期结绳记事的蒙昧时代。

另一个是史皇，也是轩辕黄帝手下的一名大臣。事实上，部分研究认为史皇和仓颉为同一人。传说史皇发明了绘画术，并亲手绘制作了第一幅画。也有部分传说认为，第一幅画是舜帝的妹妹敤手大约于公元前2255年所作。

很早的时候，人们使用的文字最初只是人、房子等诸如此类的粗笔简画。今天某些现代文字，历经漫长的发展演变，仍然能够或多或少地体现其当初的含义。例如，古代人们用一个中间有点的圆圈表示太阳，用一个圆形的洞表示嘴巴，等等。这些被称作“象形文字”。后来又出现了会意文字，即用符号来表示想法。例如，一头猪在屋檐下表示“家”，一名妇女在屋檐下表示和平(安)，两个女人在一起表示争吵(奻)，一个女人手拿一把扫帚表示妻子(妇)，等等。

然而到了商代，尽管早期的象形文字在一定程度上还在使用，但书写艺术的发展早已超越了当初原始的层面。事实上，在某些情况下，虽然象形文字得到了更进一步的改革和演进，它们至今仍会被使用。这就是我们随后将要讨论的关于舟船的不同象形文字。

中国迄今为止发现的最古老的成熟文字是刻在兽骨和龟甲上的文字，亦称甲骨文[1]，这也是目前发现的中国舟船最早的考证。

甲骨文是商代王室用于占卜记事的刻写于龟甲或兽骨上的文字，盛行于公元前1766—前1122年。商朝人是石器—青铜器时代人们的后裔，以中国北方的安阳为都。

这些骨甲碎片小的每片只能写一个文字，而大的足有两英尺长。骨甲主要用于占卜，分两种，一种是牛或大鹿的肩胛骨，另一种是乌龟的腹甲。渔民在秋季捕获巨龟，进贡给朝廷。兽骨或龟甲的表面被锯削磨平，然后浅浅契刻出椭圆形凹痕。所刻凹痕的多寡视骨甲的大小而定，大的龟甲上最多可契刻72个字。刻好后用青铜扦子将骨甲串起来放在火上灼烤，凹痕的周围就会产生"T"字形裂痕。据说这些裂痕代表神谕，占卜者则根据裂痕的形状和方向来占卜吉凶。不过从根本上讲，占卜的结果不外乎两种：不是凶就是吉。

很显然，商代人非常注重占卜，占卜已成为商代社会生活的重要组成部分。一旦在生活中遇到难题或不顺，商人便告之神灵，请求神灵的谕示。占卜建立起了人神沟通的桥梁，骨甲碎片就是这些心怀忧虑的人们向祖先和神灵提出的各种问题的解答。

商代人认为神灵无所不能，所以几乎每事必卜，不仅一些极其重要的事情如向敌对邻邦开战和政治活动，连日常生活中的一些琐事也要请示神灵，其中当然也包括与舟船相关的活动(见图1-1A)。

因为他们十分谨慎，不想留下纰漏，在启航以及所有与出行相关的常规活动出行之前，都会进行全面细致的问询。

在狩猎和捕鱼方面，很显然，人们对自己能否有收获毫无把握，因此，连最细琐的问题也借助甲骨占卜来寻求答案。

商代人以农耕和饲养禽畜为生，同时也会捕猎。虽然他们根本不是擅长航海之人，但我们确实能肯定他们曾乘舟驾船去很远的地方进行交易。事实上我们可以推断，商代人至少与长江流域的人们有贸易往来。[2] 他们前往长江流域的行程大部分为水路，这一点毋庸置疑。不过，商代甲骨上船的象形图案同马的象形图案一样常见，[3]因此很难确定究竟哪种交通工具用得更多。

遗憾的是，迄今为止仍未在甲骨文中发现使用帆的证据。商代甲骨文象形文字中出现了"般"字(见图1-1B)，表示用单桨、双桨或舵桨来划船。然而，这并不能证明当时的船上没有使用帆。商代人都是速记高手，或许他们为了简单起见而将帆遗漏了，这正如虽然商代人喜欢马，但在甲骨文里出现的马车中却总是不见马。

商代的男性拥有出众的文化素养，他们制作的手工艺品、雕刻和青铜器展示了杰出的创造性和艺术

[1] 19世纪末，河南几名农民在田中挖出了一些刻有文字的龟甲和兽骨，他们确信这些肯定是"龙骨"。村民们刮掉了甲骨上刻的无比珍贵的文字，然后将其卖给当地的药店。药店将这些甲骨研成粉末，据说这些药粉对治疗疾病有奇效，尤其是治疗精神失常。一名古董商看到甲骨上残留的文字后惊呆了，把它拿给学者去鉴定。"一片甲骨惊世界"，这一发现在社会各界引起了轰动，中国最早的文字和中国人最古老的记录终于重见天日。成千上万的甲骨碎片曾散落在收藏者的手中，而现在均已编目。毋庸置疑，只要人们意识到这些甲骨是值钱的东西，转眼就会有不计其数的赝品出现。

[2] 《中国的诞生》，作者为美国汉学家顾立雅。强烈建议所有渴望从事中国古船研究的读者阅读此书。

[3] "商朝时期的中国交通工具"，《中国杂志》第XXVI卷，1937年5月。这是由吉布森所著的一篇非常有说服力的文章，值得所有感兴趣的人阅读。

性。尽管对于他们的生活知之甚少，但我们完全可以想象，他们的造船能力绝对不差，效率绝不逊色于他们其他的生产活动。例如，出现在甲骨文中的“朕”字，从字形来看，意思是给船捻缝。由此我们得知，当时的船是捻过缝的，这意味着商代造船术的进步已远远超越了造船工程史上的独木舟时代。〔1〕

水面交通在商代人的日常生活中发挥了极其重要的作用，这一点也有籍可考。例如象形文字“受”画在船符号的旁边，其古义解为“传递东西”，而根据吉布森的解释，该字意为装载或卸载。该象形文字出现在图1-1C中，即有两只手形图案和船的艏艉处交叉，一种说法认为是正在处理货物。“舟”的甲骨文文字中看不到货物，〔2〕但在《说文解字》〔3〕以及周代的青铜器文字中可以明显看到货物（带有一定程度的想象）。这个象形文字一直沿用至公元100年，直到今天仍是表示舟船的现代汉字形成的基础，当然其间也经历了部分演变。

河南安阳出土的文物显示，商代的人们死后已经有大批的陪葬品，其中包括一些制作精美的手工艺品。而且，商代的皇室墓葬大多建造考究，装饰精美。然而，令人最为遗憾的是，在出土的墓葬中尚未发现与航海相关的物件，哪怕是一个小小的船模也将对当时航海的考古研究起到不可估量的作用。与之后历朝历代中几段时期不同的是，商代人都很有教养，因此他们留给后世的文物必然具有较高的可信度。令人欣慰的是，安阳遗址目前仍处于发掘阶段，很可能会有一些航海方面的人工制件重见天日。

周人灭商后，建立了周朝。起初，他们在文化方面相当匮乏，而且对航海也极不重视。不过，这个朝代产生了一位伟大的人物周公，他发明了指南车等。周人还为后世留下了《易经》《尚书》《诗经》等不朽的中华国学经典及其他作品。

值得注意的是，各类文献至此尚未涉及中国航海研究这一主题。因此，由于缺乏有关中国舟船的可靠历史记录，那些想进行历史研究的人在追溯舟船的演变时，自然会全力专注于人类文明总发源地——近东地区的同时代或更早文明时期的舟船，然后想方设法将其与中国的舟船联系起来，或者通过某些方式予以解释。越是采用这种方法，就越会得到更多的相似点，长此以往就会给人一种印象：如此多的相似点定是必然，绝非巧合。然而遗憾的是，这种结论同样很容易被推翻。〔4〕

对于这一问题的观点明显分为两个不同的思想流派。一个流派认为，具有较强本能和高度文明的西方人在远古时期迁徙至中国并定居下来，先是在渭河流域，随后在黄河流域。据说他们逐渐将自己的文明从这些区域向外传播，不断影响其生活和生产落后的近邻，从而演进成为现在的中国。

另一流派同样坚持自己的观点，他们认为中华文明的发展并未借助任何外力。甲骨的发现和研究以及河南安阳发掘的商代遗址，为公元前1500年中国历史的开端论奠定了坚实的基础，而近年来有关新石器时代的考古发现（“黑陶文化”）更将中国的本土文明说推向更为早前。

尽管中国文明可能不时受到外部因素的影响，但中国文明源于本土仍然是当今观点的主流。

但是，中国舟船与早期尼罗河流域的舟船之间存在某些类同，这或许被视为一个可接受的事实。关于这种影响流通的渠道以及这种类同产生的背景，人们已提出许多理论，不管这些理论能否站得住脚。

〔1〕 根据西加特的观点，尽管缅甸、马西亚、东印度群岛等中国周边国家和地区通过挖空树干的方式来造船，但绝不能因此而得出结论称中国也采取了相同的造船方式。关于此观点争论激烈的原因在于，虽然上述国家存在许多历史遗留下来的此类船只，但在中国目前尚未发现通过挖空树干而造成的小船。因此西加特确信，中国的船是由筏发展而来的。而与此观点相反的证据是大约公元前2700年黄帝造舟的说法，“刳木为舟”。

〔2〕 或许货物装在底舱。

〔3〕 《说文解字》是中国著名的字典，以小篆书写，编者许慎为东汉时期文字学家，卒于公元120年（译者注：一说147年）。《说文解字》共收录汉字约一万个，主要通过作者对汉字形体的分析，来说明每个字的本义。

〔4〕 对此领域感兴趣者可参阅《中国评论》1873年第2卷第194页，其中给出了埃及和中国文化之间17个最令人信服的相似之处。

甲骨，商朝，公元前1766—前1122年

（译者注：北宋史学家邵雍推算商朝时间为公元前1766—前1122年，目前通行的说法是约公元前1600年—前1046年）

青铜，周朝，公元前1122—前255年

（译者注：关于周朝时间的说法与今天不同，目前通行的说法是公元前1046—前256年）

《说文解字》，公元100年

现代

A B

甲骨，商朝，公元前1766—前1122年

青铜，周朝，公元前1122—前255年

《说文解字》，公元100年

现代

C D

图 1-1 象形文字中的舟船

根据一些权威观点，这些影响无疑已经波及印度，而且确切是在公元前 7 世纪，也就是古埃及法老普萨美提克一世与巴比伦的尼布甲尼撒王最早在地中海和印度洋地区实施贸易之时。如果他们从陆路前往中国，那么这些联系必然是沿着古老的中亚路线传入中国边远的西部各地。

公元前人们就通过海路与远东保持联系，古人这些从东地中海出发的航程，足以解释远东地区为何留下了许多能令人想到埃及和阿拉伯舟船的蛛丝马迹，以及为何那些守旧的船员仍在使用许多据我们所知在西方早期文明中出现过的器具。

这些有趣的遗风，究竟哪些从远东传至近东，哪些又从近东传至远东，留给人们的将是无尽的猜想。

然而不管外部怎么演变，早期的中国人选择在黄河流域安居乐业，这必然成为他们在造船方面不断尝试的一个内生动力。

在驶向广袤无垠的海洋之前，早期的中国居民必定已具备了在广阔水域活动的经验。在新石器时代，黄河流经的华北大平原，沼泽遍地，湖泊和水塘星罗棋布。

这些居民很快分成由各个酋长率领的多个部落，从此各部落之间混战不断。那时条件优良的天然水道非常多，所以利用舟船进行作战或运送部队肯定早就开始了。遗留的历史文献中多次提到，公元前 23 世纪黄河决堤改道导致洪水泛滥，历时十三年而不退。后来大禹临危受命，躬亲劳苦，率人修建河堤，开挖河道，采用疏导的方法，终于完成了治理洪水的大业。

中国北方的航海帆船是目前所知的最古老的船型，其基本构造可追溯至几千年前，这一点一直为人们所公认。这些北方船只的设计长期以来始终保持不变，这在很大程度上是因为当地从未像中国南方海域那样，经常受到不断变化的外界影响。北方各群体间的沿海活动并未形成固定的贸易路线，而且这些活动主要发生在人口稀少的区域，缺乏对外海运的商业机会。在这些古代船型中，上海地区常见的安东商船或许是过去 2500 年来变化最小的船型了。

且搁下北方航海帆船存在于何年代不谈，单是它们代表了最古老的基本未变的船型这一点，就足以引发激烈的争论。依照诸多知名权威的观点而言，如果中华民族最初择水而居，那么由筏演变而来的平底河船就是中国最早的船型，这是唯一符合逻辑的推测。地处内陆越深，这些船型越不易受到外部因素的影响，它们的基本设计就越接近于古代舟船的简单理念，这一事实或许能够证实河船的优越性。尽管还需要进一步的证据，但我们可以假设长江上的许多舟船是由黄河上的舟船直接演化而来的，其主体结构与早期原型相比几乎没有改变。当然，长江三角洲地区的舟船，尤其是当地为适应横贯京杭大运河的水道活动而自制的舟船也是如此。

在追溯不同类型舟船的起源时，自然不仅要研究一个国家的雕刻、文学、制图和绘画，而且要研究其陶艺、钱币以及印章。西方的经验证明，所有这些都对航海研究起到至关重要的佐证作用。

从现存的有关中国舟船最早的表现形式中，我们能了解到的信息也非常有限。位于孝堂山的一座东汉（公元 25—221 年）石墓中的厚石板上雕刻有三条舢板，这可能是中国有关舢板的最早记载。浮雕中，坐在船上的舟子用桨划船，而其中一条船上的舟子却用篙，或许篙在此处的作用相当于撑篙，也有可能作为测量杆使用，如图 1 - 2 所示。

同样在山东，在紫云山出土了公元 147 年一座武姓家族的石墓，墓壁上也刻着舢板的图案，年代上仅晚于上述东汉墓。这些小船线条更为粗重，形状上具有更加明显的船的特征。推进装置更像长桨而不像短桨，仍然为船艉操纵，如图 1 - 3 所示。

与石刻家一样，先民们遗留下来的关涉航海主题的其他文物少之又少。值得注意的是，在石质或陶质的图案和墓葬品中，帆船根本算不上重点。除了上文描述的墓葬雕画和著名的印度阿旃陀石窟壁画

图 1－2 东汉墓葬浮雕（公元 25—221 年）

外，就再没有其他有关中国帆船的壁画了，我们所能发现的中国帆船的影子就是古玩店里那些玉石或皂石（滑石）工艺品，再有就是北京颐和园里慈禧太后的汉白玉“清晏舫”。当时帝国主义列强对中国虎视眈眈，清政府不谋求海军建设，反而用准备拨给海军的经费修建了这艘石舫。印度阿旃陀石窟壁画我们将在下文探讨，不过，即使壁画上有中国帆船，也绝非出自中国艺术家之手。

在绘画方面，自汉代之后的各朝代，以帆船和舢板为题材的图案频繁出现在中国早期画作中，但我们没能发现真正有关帆船和舢板的图形或绘画。早期一些画作中明显包含至今仍在使用的许多帆船部件和装置，但这些情况只是偶然，更多地反映了作者出于观赏的目的，而非其对船用索具和航海技术的了解。值得注意的是，中国画家无法突破描绘河船湖舫的禁锢，从未尝试过创作能够“直挂云帆济沧海”的大船。他们从来不为船而画船，而是在创作沉思冥想的圣人、贤哲或高官时，在旁边画上一叶小舟作为点饰。

位列中国绘画领域之首的是风景画，尤其是那些描绘山水的画作，其次就是描绘花鸟、龙以及神话中的人物或动物的画作。中国的艺术非常讲究风格，所有事情都要循规蹈矩，这样的规则就要求只要在描绘大片水域时，都要画几叶孤帆在上面点缀，而且人们为了严格按照传统的方式来描绘水面上的舟船，形成了一种约定俗成的绘画手法。因此，出现在旧时画作中的大多数帆船几乎与实际生活没有多大联系，从航海研究的角度来看，甚至有些言过其实、荒诞离奇，总之无法从中提取到有用的东西。然而相比之下，舢板在画作中则有一定程度上相对精准的写实表现。例如，唐代（公元 618—907 年）诗人王维在描写冬天景色的诗中，对一只停靠在岸边的舢板，连同插入河底的泥滩锚都进行了完美的描述，泥滩

图 1－3 紫云山武姓家族墓葬的浮雕

锚这种装置我们在后面将会介绍。王维是唐朝的一名高官，才华横溢，声名远扬，在诗、画方面都有极高的造诣。据说他“诗中有画，画中有诗”，而在中国，这两种艺术向来是紧密联系、不可分割的。王维画中的舢板在一定程度上讲的是当时真实生活的体现，这一点似乎不容置疑。

由于这些画家对自己画中所描绘的舟船明显缺乏了解，所以我们很难从这样的画作中得出结论。中国人喜欢临摹名画的做法（当然有时会稍作改动）以及他们复制早期大师作品的习惯，对各时代的学画者和古代画家的画风将起到很大的帮助作用，然而遗憾的是，这对于航海研究却毫无帮助。在研究中国艺术的过程中，对于绘画界的墨守成规必须始终抱有宽容的平常心态，而在对待中国帆船研究的问题上也应如此。

在中国的文学作品中，虽然有些典故于绘画而言意境不明或语焉不详，但可画的素材还是相当多，经典古籍或辞典中通常能找到一些有关帆船和舢板的参考。各部落上奏给禹王的呈文中有含糊其辞的记载，其中写道：“沿淮河、泗水、黄河漂流而下。”公元前 472 年，位于今浙江地区的半野蛮半开化的越国拥有当时诸侯国中最强大的水军，经常与其他国家展开水战，却从未使用过陆上战车。据记载，越国与水军力量也很强大的吴国之间进行了一场长达 21 年的战争。越国成为海洋强国，据说是因为中国人在公元前 1200 年抵达长江口，并在这一时期建立了海洋部落。

虽然有人坚持认为，公元前 1200 年是中国人首次踏上长江附近海岸的时间，但更为可能的实际情况是，中国人涉足海洋远远早于这个时间，尽管他们出海的目的仅在于捕鱼、作战以及其他一些本地日常活动。

海战可溯至有明确史书记载的公元前 485 年。公元前 90 年，中国第一部纪传体通史《史记》如此记载：

> 吴王……乃从海上攻齐，齐人败吴，吴王乃引兵归。

公元前 473 年，越国派大将沿海岸线推进，在淮河流域向吴国发起攻击。

在中国浩如烟海的字典中，有一部东汉人许慎所著字典《说文解字》。许慎大约卒于公元 120 年。

《说文解字》共收录汉字约一万个，然而尽管其中有大量关于船的参考文献，但是找不到任何真正描述舟船的文字，以证明特定时期存在某一确定类型的舟船。[1]

《史记》最早提到了中国人航海东去的故事。据记载，“齐人徐市等上书，言海中有三神山，名曰蓬莱、方丈、瀛洲，仙人居之”。于是在公元前219年，秦始皇“遣徐市发童男童女数千人，入海求仙人”。其他典籍也记载了徐市率童男童女，从山东出发泛海东渡，而且有资料来源证实他们确实已到了日本。令人遗憾的是，他们最终何去何从，历史已无从考证。虽然贪婪的始皇帝并未达到长生不老的目的，但这则故事表明，秦朝时中国的航海技术和能力已经有了一定程度的发展，至少在北方沿海如此。

由于连年的外侵内乱，中原的原始部族逐步南迁至今天的福建和广东一带。公元90年，班固所著《汉书》中记载了“横海将军”韩说受命出击一事：

> 上遣横海将军韩说出句章(译者注：即今宁波，夏士德的原文为“故郸”)，浮海从东方往。

此役结束后，南迁部落臣服，并依照汉帝命令被迫迁往长江以北地区。

让我们暂时撇开战争，重新回到和平的话题。我们可以在8世纪中国许多杰出诗人的优秀作品中发现很多有关舟船的描述和佐证。

大约一千多年前，中国诞生了一位最伟大的诗人李白。李白被誉为“诗仙”，他的诗多以美酒和孤独悲伤的心情为主线，同时也描写昏鸦归巢、凉亭小憩、倦鸟鸣唱等景象。然而，他也写过一首令无数舟船爱好者爱不忍释的诗，这就是著名的《江上吟》，诗中有云：

> 木兰之枻沙棠舟，玉箫金管坐两头。
> 美酒樽中置千斛，载妓随波任去留。
> 仙人有待乘黄鹤，海客无心随白鸥。

从文学欣赏的角度来看，赏月吟诗，泛舟水上，舟中小憩，这些都是文人墨客所追求的意境。然而，所有这一切与航海研究毫不相干。

除了后文中将要提及的陶泥伐子之外，中国陶瓷工艺的辉煌成就，对于追寻数个世纪以来中国帆船演变的过程黯然无功。这与我们看到的制瓷工艺一样，都是普通的模型化生产，提供不了太多的有用信息。

如同诗人和山水画家一样，中国的陶匠是用浪漫和非技术性的眼光看待帆船和舢板的。不过，也不能完全忽视他们所提供的证据，因为这至少是他们对所看到的周围事物的一种反映，不管其准确与否。就此而论，我们可以推测，在顾恺之以后的画作以及有关中国陶瓷器的各种作品中，经常会出现带有屋瓦顶的小船。[2] 如果我们觉得这些东西不可思议而不准备予以考虑，我们必须记得，长江上游经常会看到各式小船，上面高耸着砖砌的为厨房排烟的烟囱，船工们称之为“厨房烟囱”。

在欧洲，一开始硬币，后来是印章，成为我们了解古代舟船的有效途径。尤其通过印章，我们可以寻

〔1〕 有关帆船和舢板的中国文献不计其数。感兴趣者可参阅以下古籍：《汉书》《淮南子》《山海经》《说文解字》《汉书注》《拾遗记》《述异记》《飞燕外传》《华山记》《后汉书》《太平御览》。

〔2〕 西加特先生认为它们也许是竹制的且被设计得看起来像屋瓦顶。

迹帆船的演化。有了硬币和印章的帮助，我们可以准确地追溯舵的产生，探究艏楼、艉楼、索具、船艏斜桅甚至护舷木的发展，更为重要的是可以确定这些装置的确切年代。然而遗憾的是，在中国，类似的物品一概没有。

中国绘画、文学和文化在世界上的地位之重要，影响之深远，毋庸讳言，其2000年来惊世骇俗且经久不衰的传统更是令世人瞩目。但其在舟船和船夫方面留给世人的确实太少，我们的研究只能遗憾地止步于此。

关于欧洲人首次到访中国的文字记载有很多，但对于中国人首次前往欧洲或者跨出国门与欧洲人交往的记载却几乎没有。由于明朝初期的皇帝奉行禁止国民对外贸易和海禁政策，所以这一点不足为奇。毋庸置疑，那些违反禁令前往海外的人必定是一些渔夫、走私客、海盗和流浪汉，以及那些不习惯用文字记录自己活动的人——不著一字才是保全自己。在那些遥远的日子里，文人士大夫乃至受过良好教育的商人必定是凤毛麟角，即使有，他们自身是否对航海研究感兴趣，或是否愿意将航海者或渔民的航海活动及习惯记录下来，尚值得怀疑。这或许是我们不期望从中国的历史记载中找寻到与主题相关的重要信息的原因所在。

遗憾的是，西方的历史学家和作家未能更好地澄清中国各种舟船起源的时间之谜，也未能解释清楚目前还在使用的舟船的相关情况。

1375年西班牙加泰罗尼亚地区绘制了加泰罗尼亚地图，据说可以用来向当时的欧洲人介绍中国的帆船，尽管不能为我们所了解的增加一些实质性的内容。这幅地图有趣之极（见图1－4）。地图由画在羊皮上的六幅图组成，粘在木板中央，并装订成书，被认为是14世纪最全面的地图，人类当时已探知的海岸线全部显示在上面。考迪埃和诺登斯科德一致认为，这位不知名的制图师所用的信息几乎全部摘自马可·波罗的游记。

事实上，几乎所有航海方面的参考书籍中都或多或少提到了远东地区的小船，然而令人惊讶的是，在其中的许多评论中都找不到与中国帆船相关的信息。

19世纪，西方油画和蚀刻画所描绘的中国帆船很难令人信服，而且描画得非常不准确，使人无法用以辨认出帆船的确切类型，因此没有参考价值。唯一例外而值得赞许的是1792年马戛尔尼使团的威廉·亚历山大的画。

在有关航海的现代书籍中，许多知名作家引用了大量有关帆船的说明文字和绘图，而这些说明和绘图绝大多数都是错误的，[1]容易让人产生误解，这一点着实令人遗憾。无疑，由于缺乏第一手资料，他们才不得不使用手边现有的这些资源，尤其是各个博物馆收藏的远东船模。然而这些船模有时与实际相去甚远。

中国的木匠以高超的手艺而著称，因此我们或许可以从他们那里获得一些有关航海研究的资料。不幸的是，事实并不如人所愿。

从根本上讲，中国人很少从事帆船模型的制造。为数不多的帆船模型中，最古老的目前珍藏在上海震旦大学博物馆展出，是由13世纪一位著名学者赵友仁进献给当时的皇帝的，后来在19世纪被转移至宁波，保存在一座寺庙中。从艺术范畴讲，或者更为确切地说，从手工艺人的角度来看，它不失为一件精美的雕刻工艺品，但不能作为航海研究的历史参照。对于那些银匠、牙雕匠和石刻匠创造的精美昂贵的

〔1〕 事实上，画出任何一种扬帆前进中的船只的正确形状，从技术角度讲是最困难的。比方说，除了船本身的实体之外，海上的风速和风向也必须体现出来，船帆必须表现为自然状态，更不用说帆船行进状态下的索具了。如果不想为水手老练的眼光所挑剔，这一切必须配合得天衣无缝。

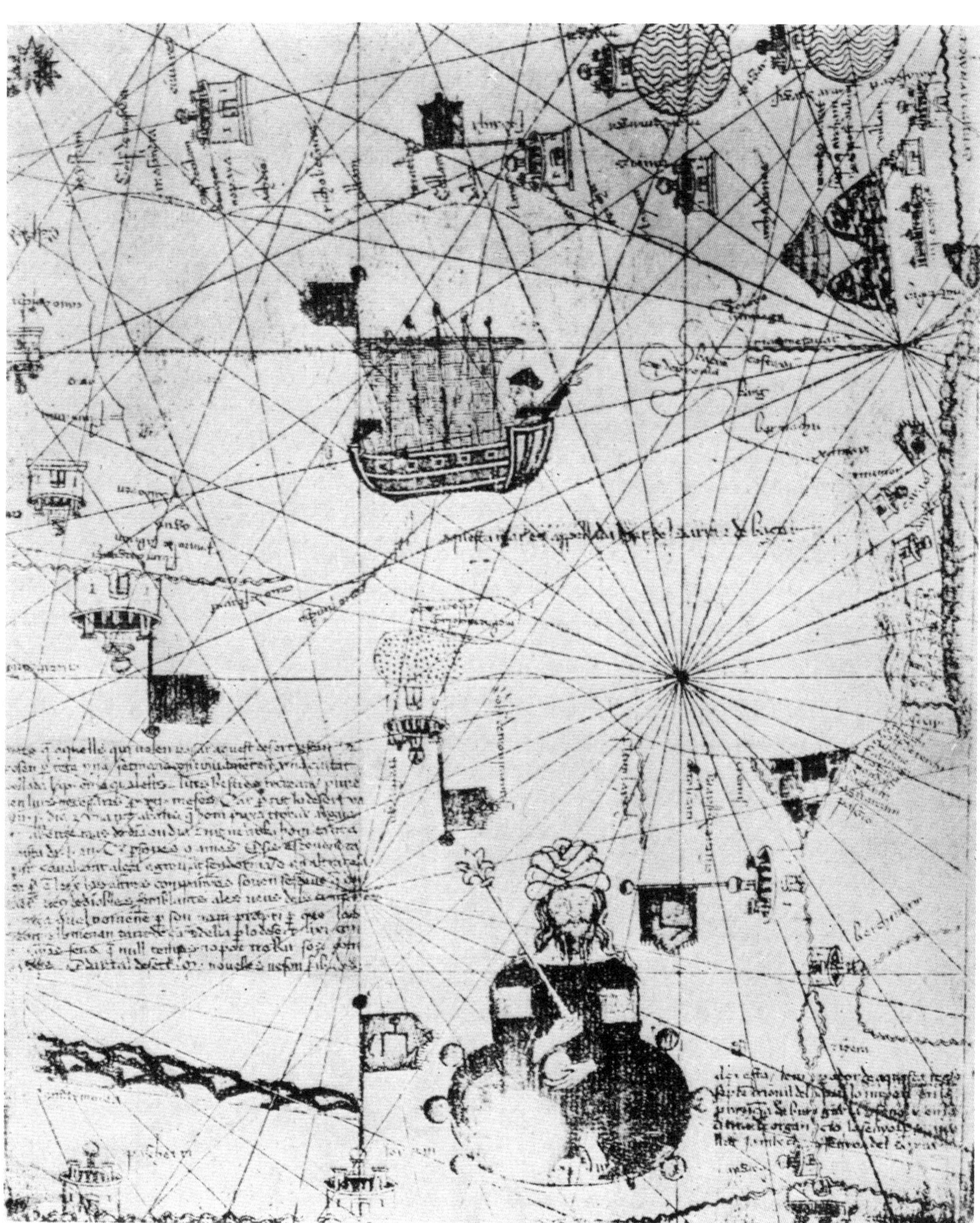

图1-4 1375年加泰罗尼亚地图中的一部分

工艺品而言,道理是一样的(见图 1－5)。

下一类将要探讨的模型是还愿供奉。古人习惯于在神庙的供桌上摆放适当的经文或其他供奉品,以表示对神灵的尊敬。据传说,希腊的建造名匠代达罗斯在首次飞行安全归来后,将自己的羽翼奉献给阿波罗。罗马人在船只失事获救后,会在海神庙挂起自己的湿衣服。在一些天主教国家,至今还沿袭着供奉祭品还愿的风俗。在西方,人们在航海仪器方面已经有不计其数的精巧发明和改进,远洋航海的困难和危险已大大减小,那些许愿祈平安的古老风俗早已废弃不用。然而在中国,这些风俗仍废而不弃,时常会看到渔民在庙里悬挂一些保佑平安的船形物件,尽管有寄托有寓意有情调,但从航海研究的角度来看,这些东西一点也不靠谱。

到了 19 世纪后期,为了满足游客需求,或者帮助在远东从业多年行将离休,渴望拥有船模留作永恒纪念的外国人,中国的船模制作高手一下子冒了出来。这些能工巧匠穷尽心思,为一些并不存在的船制作模型。这些船模往往雕刻精美,带有能猎猎作响的三角旗,再涂上鲜艳丰富的色彩,这一切都成为吸引无知的买家的圈套。

然而,与绘画作品不同,由于臆造出来的船模呈现的是三维模式,因此容易给人造成"真船模型"的印象,从而增加了错误的可能性,这样不仅会使全部的相似性遭到破坏,而且极易比一幅拙劣的画作更可能以讹传讹。

当然,这种随心所欲的船模盛行于世界各地,但在他处都不像在中国这么明目张胆。在中国,不仅木匠们对按比例缩放的模型一无所知,而且人们几乎永远缺乏一种适当的比例意识。[1] 这一点再加上灵活的想象,得到的效果就是,船模纯粹是与现实无关的一件传统艺术品。

因此,当地位显赫的人物来到远东,返回时必定会带上外形精致的中国帆船模型。这些模型迟早会归于博物馆,在那里被当作真船的仿品珍藏起来。

看到这些假船模被打上真品的标签并陈列在一些著名的博物馆,不由得令人苦恼难耐。真心期望各个机构能够仔细估量自己馆藏的中国船模,使那些错误的信息不至于谬传。

欧洲文明和中国文明的发展是相对独立的,长期以来二者互不干扰。但是,陆上贸易通道不可避免地起到了间接的沟通作用,从很早时候起就通过贸易集市将两者融合在一起。公元前 5 世纪,希腊历史学家希罗多德在作品中引用了 200 多年前一名旅行者对大篷车商队之路的描述,据估计,早在公元前 650 年,外国商船队就已从海路首次到达东方。

有关早期与西方进行接触的记载不胜枚举。腓尼基人、巴比伦人、阿拉伯人、罗马人以及其他国家的人们,都通过一条或多条商路与中国建立了联系,但是,严重滞后的研究使我们无法找到可靠的历史记载,来说明当时的中国利用自己的舟船,向西远行至交趾支那(译者注:今越南南部)、安南(译者注:今越南北部一带)和马六甲海峡,向北远至日本。

据《中国丛报》,古希腊哲学家亚里士多德在其书中提到了支那(Thinae),这也是西方作者首次提及支那。公元前 250 年,希腊数学家、天文学家和地理学家埃拉托色尼认为支那的位置在地球的尽头,与东大洋相邻。约公元 150 年,阿里安在对某个岛屿的描述中写道:

> 继续北行,在海外与支那国接壤的地方,有一座叫做锡奈(Sinae)的大城,生丝和织丝就从该城内运出。要抵达支那那个地方确实不易,因为它距此千里迢迢,能到那里的人寥寥无几。

[1] 然而,这种情况只有宜昌的船模制匠例外。他们制作的船模在上海的商铺中经常能看到,不管从哪个角度看都非常精美。

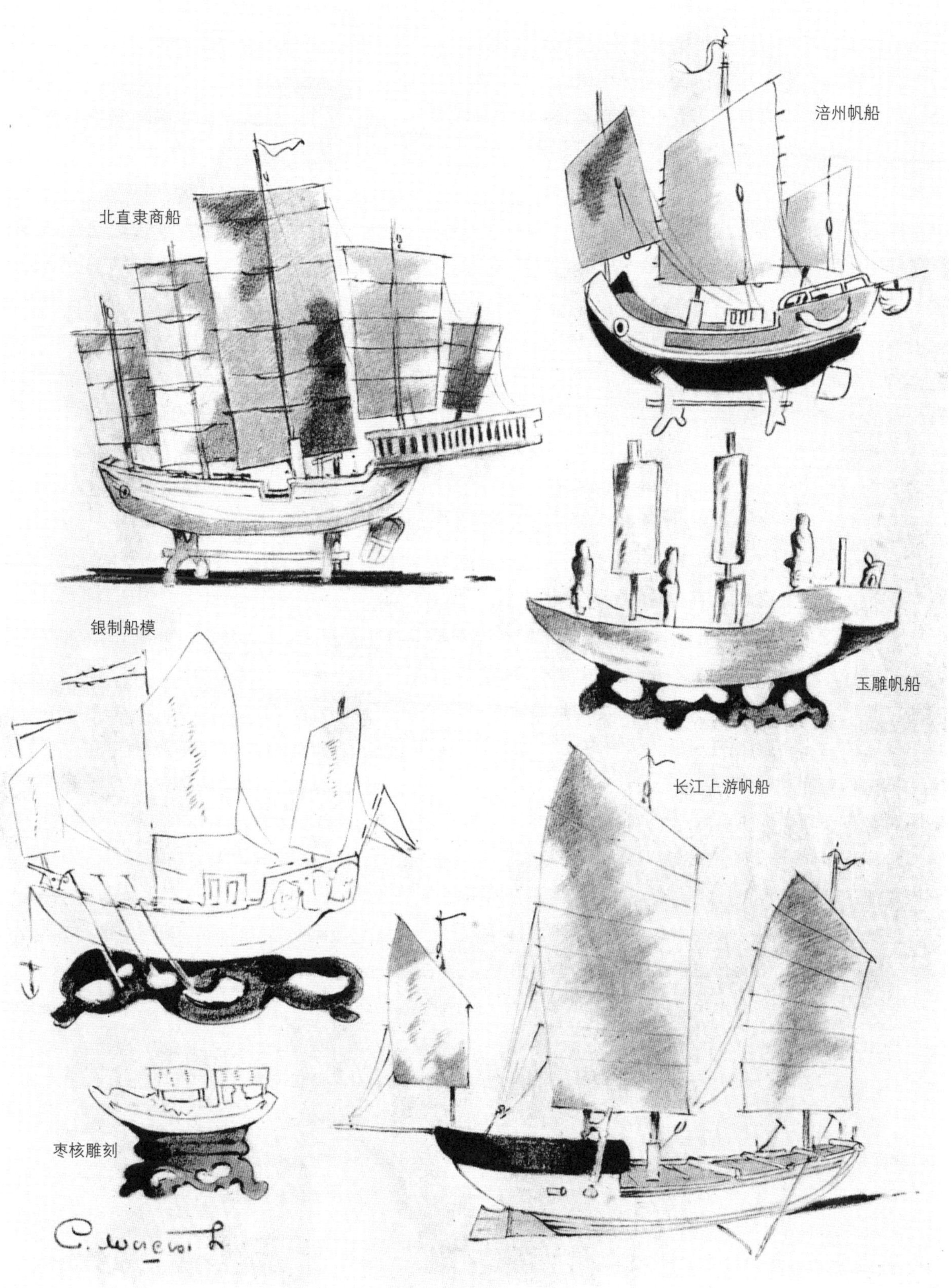

图1-5 在上海能够见到的船模

不管在古代还是现代，中国人都封闭守旧，不愿和外国打交道，因此，虽然关于西方人先从陆路后从水路来到中国与之交往的历史记录不计其数，但是，查找中国人自行乘船出海寻求对外交往的例证却难上加难。究其个中原因，不是因为中国的海船不够坚固适航，主要的障碍在于中国人在数学计算方面颇显落后。中国人的语言和文字不适合精确地解决航海方面的数学计算问题，这使中国在数学科学领域的缺失更加明显。中国人凭着不断摸索的方法，竟然能将足迹延伸至遥远的印度乃至更远，这一点在很大程度上值得赞扬。

汉武帝统治时期（公元前140—前86年），中国才首次对罗马有了确切的认识。据记载，公元97年，班超试图与罗马建立联系，他派遣手下官员甘英带领使团前往西方去学经取道，这标志着中西方之间开始正式进行广泛的贸易联系。从此，中国与西方之间的联系越来越多。众所周知，在公元前2世纪，亚历山大城著名的杂耍艺人，不管是男的还是女的，以及舞者和乐者，纷纷经过最早的通路缅甸涌入中国。据《汉书》记载，汉武帝开辟了一条通向印度的海上通道，公元前140年，满载黄金和丝绸的商船到达印度马德拉斯港附近的城镇。柔克义（译者注：William W. Rockhill，19世纪末至20世纪初美国外交官、汉学家）曾确信在这个时代初期的印度洋上根本未出现过中国船只，尽管中国人“常常乘坐原始部落的船只漂洋过海”，现在看来，他的说法是不正确的。[1]

很可能在这一时期后不久，其他一些中国船只就到了印度。然而很显然，直到亚历山大城的商队与印度西南部的马拉巴尔沿岸地区确立了正常的贸易联系，并且可能经过相当长一段时期之后，大批的中国商队才通过陆上商路与西方之间进行贸易往来。

一个世纪之后，西亚地区的海员发现了一条更为便捷的海上通道，那就是航经马六甲海峡达到中国，因而可以通过印度支那（译者注：指中南半岛地区）的东京湾（译者注：今北部湾的旧称）沿岸来通商，海上贸易由此逐渐兴盛起来，缅甸已不再是贯通东西方之间的捷径。早期海上通道的一个重要枢纽就是越南河内，当时被称作卡蒂加拉（译者注：Cattigara，据考证，位于今越南湄公河三角洲附近），当然还有广州。公元787年，阿拉伯商队首抵中国，备受欢迎，他们兜售货品的奇怪方式给中国人留下了深刻的印象。中国官府允许其成立经销机构，对其免征赋税，并准其内部事务自治。不过，很少有船只能够远渡重洋历尽艰辛来到中国。阿拉伯人的商业贸易后来发展成非常繁荣的产业，推测或许是埃及帆船对中国帆船产生影响的原因所在，因为阿拉伯帆船本身就是从埃及或尼罗河类型的帆船演变而来的。有人确信，大约在公元前650年，腓尼基人的商船队在寻找“精美丝绸之乡”的过程中到达了印度支那，因此，更早时期与地中海人进行海上贸易也可能是受外来影响的另一个因素。

林幽在《天下月刊》中表达了自己的观点，他认为中国最早建造海船准备进行海上贸易的时间是刘宋时期（公元420—479年）。此期间所造的船称为“牛头船”，据说最大的可装载30万斤货物。谓之“牛头”多半是名副其实的，因为，江苏商船很可能是由早期的“牛头船”演变而来的，那么这个名称确实恰如其分地形容了其后代的船型。

古代中国及其跨国商队所创造的累累硕果均证明，中国在刘宋时期以前就拥有高度发达的文明和文化，因此许多世纪以来，中国商人的水上贸易活动绝不可能只局限在江河及其入海口一带。在关于中国与海外国家从事贸易的时间和范围方面，中国商船队在1500年前就已广泛从事沿海贸易，这一点相当确定，不会引起质疑和争论。[2]

〔1〕 柔克义：赵汝适关于12—13世纪中国和阿拉伯国家之间的贸易的著作——《诸蕃志》。
〔2〕 哈里·麦克奈尔，《中国的国际关系》，《英国皇家亚洲学会会报》，1925年。

在印度海德拉巴的阿旃陀石窟壁画中有一幅图据说是描绘中国北方三桅帆船的，这个图案中显示的形状有力地证实了中国在很久以前就有海上帆船，而且是年代最早的一个证据。阿旃陀的29个石窟是当时佛教的中心圣地。虽然没有描绘此帆船的壁画的确切时间，但它们肯定是在开凿这些石窟过程中的某段时间内完成的，而开凿这些石窟花费的时间从公元前2世纪算起约800年之久。中国的旅行者早已拜访过这些石窟。根据记载，7世纪初，从陕西出发的唐代著名法师玄奘，一路跋山涉水，曾经到访阿旃陀。托尔在其作品《古船》中引用了这一壁画，将其作为中国帆船的代表。不过，其他一些人则认为此壁画描绘的是印度的船。

公元411年，僧人法显从印度返回中国传经布道，他可能是最早留下真正关于航海的记载的人。根据法显的描述，当时一艘船可以容纳200余人。他这样记载：

> 得此梵本已，即载商人大船，上可有二百余人。后系一小船，海行艰险，以备大船毁坏。

从爪哇到广州预计约50天航程。可事实上由于完全逆风加上天气恶劣，船儿完全偏离了航向。90天后，船却开到了山东。在7世纪后期，37名信徒驾船前往印度。他们当中有的是虔诚的佛教徒，有的是睿智的观察者，然而令人不解的是，他们留下的有关航海事件的记录仅是片纸只字。

通常研究者相信这些信徒驾乘的是外国船，也就是说，不是中国船而是印度船或阿拉伯船，或者像一名信徒所记下的自己的情况，是波斯船。但是，这一点无论如何也无法证明。通常情况下，海船的出发地是徐闻港，就在海口稍微偏北的地方。

7世纪初，唐朝建立伊始，中国海上贸易的对象很多是阿拉伯人。他们善于接受新事物，很快便掌握了中国帆船上所用装置的使用技巧。因此，西方世界通过阿拉伯海运学到了中国帆船的许多东西，如披水板、中插板、平衡舵、开孔舵和绞车，最重要的是水密舱，因为当时地中海人从未接触过水密舱。中国船和阿拉伯船共有的另一个特点就是，在某些情况下中国人和阿拉伯人都会用石灰和桐油的混合物涂抹船身。[1]

中国的海上商船逐渐变得更为活跃，很快将足迹延伸到了波斯湾和红海。宋孝宗在位时，即公元1162—1189年，远洋班船以独桅船最为闻名，承载量可达200吨。其次是上文已提及的"牛头船"，承载量为独桅船的三分之一。排在其后的是具有同样承载量的木制帆船。此外还有一类，尺寸与木帆船相当，而承载量不到80吨。

西方国家对丝绸的奢求是促进中西方贸易的主要推动力。后来欧洲两名传教士剽窃了丝绸制法，丝绸文化逐渐传入欧洲，西方对丝绸的进口减少，中西贸易也随之逐渐萧条。在蒙古可汗统治的元朝时期，原已废弃的海上商路被重新建立起来。

元朝的大型帆船据说宽36英尺，长100多英尺。没人描述这些帆船的航海情况，也没人可以提供关于这些帆船的可靠信息。当时的学者对海运情况是否有专门的描述，这个尚不得而知。为数不多的一些描述，所提到的也是只言片语，而且极不准确，几乎没有实际价值，所以从很大程度上讲，有关那个时期帆船的所有情况都是推测的结果。中国当代旅行者[2]对当时远洋航行危险的看法，在此处值得

〔1〕 以下内容摘自1869年中国海关《贸易年报》："14世纪意大利波代诺内的鄂多立克对于中国帆船特点的描述，吸引了当代的每一个旅行者。他在记载中写道，'所有的帆船都用白涂料粉刷，通体雪白'，这种刷白涂料的船正是当前最流行的，尤其是在泉州（中世纪称'刺桐'），就和5个世纪以前一模一样。这种白色涂料是石灰和桐油（从油桐的有毒种子中提取）的混合物，可以保护船底并防止虫蛀。"

〔2〕 赵汝适，《诸蕃志》作者。

引用：

> 辽阔的大海一望无际。人们分不清东南西北，只能靠观察日月星辰摸索向前。漆黑的夜色中，只能隐约看见排排的巨浪，反射着一闪一闪的微光，像跳动的火焰。到处都是巨型海龟和其他一些奇形怪状的深海生物。船上的客商们满心恐惧，茫然不知所往。

尽管在马可·波罗之前，西方很早就知道帆船的存在以及帆船的外形，但说到真正从航海角度对中国帆船进行描述的，马可·波罗当属第一人。自马可·波罗之后，除屈指可数的几个著名人物外，很少有人对航海领域感兴趣，他们不去辨别其中的不同或特点而将所有的中国舟船划为帆船一类。马可·波罗在回忆录中对当时的中国商船做了详细描述：

> 这些船为单层甲板，甲板下的空间分成60个小舱室，舱数的多寡视船的大小而定，每个舱室可供一名商客膳宿。船上配备操作性良好的舵。这些船多为四桅多帆，有的则有可竖立和再次降下的两根桅杆。

对于1295年在长江上看到的航船，马可·波罗的描述并不十分确切，而是稍显夸张，因为他声称自己在浙江就看到了15000艘这样的船。而在其他地方，他笔下的长江帆船是单桅单帆，“船面上有一层甲板”。[1]

最后，马可·波罗跟随由可汗提供和装备的14艘大船组成的船队离开了中国，每艘船有“四根桅杆，能够利用九张帆航行”。在此，他承认“帆船和索具的构造值得大书特书，但暂且省略”。马可·波罗还写道：“在这些帆船中，至少有4～5艘配有250～260名船员，贮存的给养足以供两年之用。”三个月后，船队到达爪哇。

马可·波罗对于自己经历的航海描述甚少，但在其他文献中，却对当时中国的远洋商船做了描述。当时中国的远洋商船由四个船长掌管，由冷杉木建造而成，双层木板，只有一层甲板。船上钉着粗铁钉，船边悬挂着巨大的木锚，船身已经不涂松脂了，而是涂上了桐油。甲板下的舱室是防水的，这在当时实属罕见。无风时须使用粗大的长桨，一柄长桨需要四人操控。这些船桨又长又重，专门备应急之需。而在西方，一直到近代才有大型帆船在抢风失败的情况下使用这样的长桨。但值得一提的是，在遇上追兵时也会动用此桨。可以说，古人对桨和帆的完美结合一直延续到我们这个时代。

继马可·波罗之后，中世纪旅行家留下的记载中发现了许多关于帆船的说明，尽管这些说明文字简略且缺乏可靠性。在这些文字的作者中，最著名的就是摩洛哥探险家伊本·巴图塔。他是一名虔诚的穆斯林，1324年从家乡丹吉尔出发旅行，历时近30年，足迹遍布大半个亚洲。在此期间，他曾描述过自己如何在马拉巴尔海岸发现停泊在那里的15艘中国帆船。关于伊本的故事，最有趣的就是他所记录的波斯湾内外海运船队的一些重要活动。这些船队主要是阿拉伯人的，但我们也听说其中有一些豪华的大型中国帆船。围绕这位伟大的旅行者在中国境内的活动，文学巨匠、汉学家以及各界权威展开了商榷研讨，对其记载中的每个地名、短语甚至每个字都进行了仔细推敲。为了避免太多遗漏，此处原文引

〔1〕 实际上，这可能是亨利·玉尔（Henry Yule，英国汉学家，1820—1889）的误译，因为在沙海昂所注的《马可·波罗游记》中使用了法语“pail-lassott”一词，意思是草席。

用玉尔爵士关于伊本·巴图塔对所见中国帆船描述的观点：[1]

> 大型的帆船通常有3至12张帆，用竹条像编席子那样编织在一起。每艘船可搭乘1000人，包括600名水手和400名士兵。随航的还有3艘补给船，分别称为"二分船""三分船"和"四分船"，很显然，这样的名称是按照补给船的大小比例而取的。进行海外贸易的商船在辛迦兰（译者注：Sinkalan，指广州）和兴阿兴（译者注：Sinulsin，据张星烺《中西交通史料汇编2》，也指广州）、刺桐（译者注：Zaitun，指泉州）建造，全部采用三边形。用3腕尺（译者注：古时的长度单位，1腕尺=45.7厘米）长的大铁钉固定。每艘船都有4层甲板，分成许多供随船客商使用的私人和公共舱室，舱室内安装有壁橱、衣柜及盥洗间等许多便利设施。水手们经常会在木盆里种些药草和生姜等，放在船上养着。船长具有非常重要的地位。船长到来时，船上所有士兵都会手持佩剑和长矛，在雄壮的军乐声中列队整齐接受检阅。这些巨船上的桨和橹像桅杆一样粗长，划动时使劲拽动固定在橹上的粗绳，配合"嘿！嘿！嘿！"的号子节奏，推动大船向前航行。
>
> 每当这样的中国帆船即将起航时，负责港口事务的官吏及其随从会例行性登船，清点随船出航的士兵、仆役和水手的人数。直至所有事项登记造册完毕，商船方被允许出航。在船返回中国时，起航前检查的官员将再次登船，将船上当前人员与之前登记情况核对。如发现人员缺位，船长应当负责说明该人员为死亡或失踪，并提供相关证据，否则必须作出解释。若船长无法提供可信理由，则将被逮捕并接受处罚。船长随后必须提交关于商船上所有货物的详细报告，无论货品的价值大小。之后，船上人员可以离船上岸，海关官员将逐人检查其随身物品，如发现夹带任何未申报不明物品者，商船及全部货物将被查封没收。

在此之后，中国人历经了数次重要的远洋航海，其中最著名的当数明代的"郑和下西洋"。郑和是明朝永乐年间的著名太监，他率领船队，远下重洋，传为佳话。1407年（译者注：关于郑和下西洋时间的说法与今天不同，目前的说法是郑和下西洋始于1405年），郑和与另一名太监王景弘受命于永乐皇帝，率领船队浩浩荡荡，到访南洋多个外国部落，带回无数奇珍异宝朝贡给皇帝，同时也向世界宣示了大明朝的国威。郑和的远洋航海在马欢所著《瀛涯胜览》和费信所著《星槎胜览》中均有记载，并被编写成具有传奇色彩的小说《三宝太监下西洋》广为流传。15世纪黄省曾撰文对郑和远航一事做了如下描述：

> 在五虎河口，100多艘巨船组成的庞大船队，从福州启航开始了他们的远洋之旅。他们起锚扬帆，劈风斩浪，朝着海天相接的远方直驰而去。从此之后，他们在雷鸣般的排山巨浪中穿梭而行，时而轻轻拉紧船索，时而缓缓放低桅帆。凭借着灵巧的船桅和众人划桨开大船的勇气，他们往复于深海大洋之间，历经30年，航程数万里。然而，他们大部分时间都在海上，亲近陆地的时间屈指可数……除苏门答腊岛……交趾支那是他们的双足踏上的最远的土地，再次启航又到访了六七个国家，最远到达阿拉伯。

黄省曾还引用了《针位篇》中关于借助罗盘航海的论述。该作品想必读来颇为有趣，可惜已副本传世。

[1] 亨利·玉尔，"伊本·巴图塔的孟加拉和中国之旅"，《古代中国闻见录》。

从这段时期起，所有探索和记载中国的材料都是由亲身到过中国的人为了教会的利益而完成的，例如圣方济各会修道士奥多里克(1286—1331 年)和约翰·马里格诺利，以及早期所有敢于冒险的耶稣会士，如 17 世纪初的马泰奥·里奇(汉名利玛窦)和 18 世纪的杜赫德。所有这些传教士肯定经常乘帆船作长途旅行。传教士奥多里克就曾记录自己乘中国帆船，从印度航经苏门答腊、爪哇、婆罗洲和交趾支那到达广州(那时又被叫作"秦可兰 Chin-Kalan")，而且这样描述广州："面积有三个威尼斯那么大，全意大利的船加起来也不及这个城市多。"

耶稣会士利玛窦旅居中国 27 年，是耶稣会在中国创会的发起人之一。在中国期间，利玛窦也曾乘帆船远航。他从广州出发，北上到达长江流域，在南京城下以船为家，一住就是数月。由于当时利玛窦是外国人，不为中国人所接纳，他只能靠自己的真诚、勇气和热情来感化他们，一直坚持在紧闭的南京城门前，最终以和平的方式进入南京城。

当然，这些充满宗教情怀的冒险家虽然乘船出航，但他们对于航海几乎是一窍不通。他们留下的拼写错误的地名，害得玉尔上校和其他权威付出了多年辛劳去澄清他们所留下的难解谜团。

他们目睹了中国港口大批船只来来往往的那番壮观场面。这些早期记载的执笔者强调最多的一点就是，中国帆船何以搭载如此多的船员，这一点令他们百思不得其解。前面已经提到过，伊本·巴图塔所乘帆船可载 1000 人，其中 400 人是士兵；奥多里克描述的船上可乘坐 700 人，而马可·波罗笔下的中国帆船每艘可载 600 人，且不包括船员，但是"船上的人途中几乎伤亡殆尽，仅余 8 人"，由此看来，船上的生活条件确实令人担忧。

然而，更加令人吃惊的却是当时建造帆船时采用的所谓"三重船壳板"。马可·波罗(通常比其他人要夸张一些)说是六层。他这样描述：

> 当帆船用足一年需要修理时，他们会把第三块厚木板钉在前两块之上，然后填好板缝，并仔细涂抹上防水油。等到下次需要修理时，会在上面再钉上一块补板。帆船年复一年需要修理，但这种板上补板的做法只会持续数年，直到补板的数量达到六层为止。

1688 年，耶稣会士加伯利埃·麦哲伦在记录中提到了中国帆船。他描述道，他在长江上看到的运米漕船大约有 9999 艘。我们可以想象，如果不怕被别人指责过分夸大，他大可以在这个数字上加 1，凑够整数一万。来自莫斯科的俄国大使伊维特·斯布兰特·伊戴斯也引用了相同数字作为例证，这绝非巧合。究竟是伊戴斯在附和麦哲伦提出的帆船数量，还是这个数字碰巧是中国人用来表示数量的常用词，答案一定非常有趣。伊戴斯在其 1706 年出版的著作《使华旅行记》中，这样生动地描述长江上的帆船：

> 在中国，帆船之多如海中沙粒，不计其数，仅向北京运送漕粮的大型漕船就达 9999 艘。这些漕船大多能装载 30000～40000 担以上的粮食，从南京出发驶向北京，其间主要沿人工开凿的大运河航行，需要整整六个月时间才能到达，总航程约 800 意大利里。除此之外，还有差不多数量的满载丝绸、织品和其他货物的帆船。除了一些属于特定商户的船外，这里的帆船简直数不胜数！在南京通往北京的水上要道上(原文如此)，我们可以轻松地从一艘船转到另一艘船，而且，按照耶稣会士所表达难以置信的数字，如果真的可行，那这里的船多得足以搭建一座从中国到欧洲的桥了。
>
> 除南京和清帝国其他港口的帆船外，还有一些外形比这些船大两倍的帆船，可装载 70000～80000 担货物，主要用于为整个内陆地区运送食盐。此外，还有许多属于朝廷高官和王公贵族的华

> 丽的大船。这些船上装备有宽敞明亮的厅堂和卧室，其装饰精美豪华，往往还配有走廊、扶栏、门窗等，以方便娱乐。同样，江上还有一些供嗜好寻花问柳之人消遣和招妓的游船画舫。这些船同样设有隔舱和卧室，雕梁画栋，富丽堂皇，看上去不像是船，更像是浮动在水上的华丽住所。除此之外，江上还有许多各式各样的小船或小舟供游玩旅行的客人使用，这些客人来自水路交通不便的大小城市。有一种供全家人居住和生活的浮舟，他们多以放鸭或其他手段维持生计。因此，事实上当人们看到如此种类繁多的舟船拥挤在一起时，就好似置身于一个浮动的城市，满眼是蚂蚁一般缓缓来去的船只。

毫无疑问，人们会对早期旅行者的记录表现出极大的兴趣，而且通常情况下必然如此，但是，如果仔细分析之后发现其描述只停留在表面却仍认定其有重要意义，那就大错特错了。

如果将他们的描述毫无保留地接受，那么，现今帆船的基本类型数百年来几乎未曾改变这一说法就难以立足。(清朝)这段时期是航海史上的黑暗时代，但我们可以公正合理地设想，马可·波罗时代的中国航海帆船明显要比现在的帆船大许多，而且可能比欧洲当时甚至英国航海家德雷克的“金鹿”号之后使用的帆船还要大。

明朝放弃了积极的对外政策后，中国航运迅猛发展的势头有所减缓，马六甲海峡成为中国航海的最大瓶颈。随着16世纪欧洲船只来到中国海域，中国的航运严重缩水，变得越来越局限于内河水系。虽然内陆水道的帆船航运依旧未变，但总体而言已是风光不再，此后几乎再也聆听不到深海大洋里中国商船队的故事了。

1792年马戛尔尼勋爵使团到访中国，乔治·莱昂纳多·斯当东时任使团副使。他对当时中国河船的建造情况做了粗略的描述，内容如下：

> 最常见的船只由五块板材组成，与肋材和肋拱连接在一起。这些板材因暴露在外而变得柔韧，有时放在火上炙烤，然后制成所希望的弯曲程度，板材的首尾沿直线连接起来。板材边缘接合在一起，用木钉钉牢，并用柔韧的竹线缝合。随后用水和从海螺壳提取的生石灰混合制成的涂胶填缝。其他船只用柳木制成，船身也涂抹胶料，或者用含有与前面提及的成分相同的材质填补缝隙。这种捻缝是当时盛行的一种手法，有利于船身防水。根据记载，这样制成的船只能经受海浪冲击，在水中不易弯曲变形，非常适合快速航行。

对相对不太重要的事情，乔治描写得非常全面而有趣，而在关于帆船航海方面，他能提供的线索稍显不足，这一点颇令人失望。

英国使团乘帆船由北京返回广东，途中部分路段由多艘战船护航。沿大运河南下并穿行于各省迂回曲折的河流和水道之际，正是他们研究中国帆船的千载难逢的机会，他们肯定对中国北部、南部和中部的各式帆船一览无余。这次贯穿中国南北的旅行，甚至在本世纪(20世纪)中也是绝无仅有的经历，在150多年前更是堪称伟大与辉煌。然而，历史似乎开了个玩笑，记录中国古代舟船奇闻轶事的宝贵机遇就这样被白白浪费掉了。除了乔治·斯当东副使外，当时马戛尔尼使团中那些自诩博学的儒雅绅士们，没有一个人对这件事情表示关注，虽然后来有人编撰了大量的正式和非正式报告，来描写这次航行、这个国家、这里的人民以及他们的风俗习惯。

此次旅行中保留下来的唯一有价值的纪念，就是随团的御用画家威廉·亚历山大所做的一套八张版画和一幅水彩画。这些或许是西方现存的能准确反映中国帆船的最古老的画作了。[1]

遗憾的是，这一时期与之前50年之间的空白几乎无人来填补。由美国传教士裨治文创办的重要且有启发性的刊物《中国丛报》，以及郭士立和约翰·格利等一批作家，都为我们呈现了关于中国尤其是广东地区帆船的文字和图片，这些宝贵资料虽然粗略但令人喜爱。热衷于中国帆船的研究者应当认真研读一下这些作品。

但是，历史还是给我们留下了大量关于中国各方面的准确信息，有的甚至与中国海关事务有着源远流长的关系。对于中国帆船的忠实研究者而言，即使只能找到诸如《海关统计》和《海关报告》这类绝版的印刷物，他们同样可以从中获得丰富的知识，甚至关于中国帆船的信息。

近代中国海关的职能远非只像一台收税的机器，而且到了现代也是如此，因为只有通过海关，我们方能得到如此全面详细的《贸易报告》《十年报告》以及后来的《海政局报告》。[2]

这些文件枯燥冗长，所以现在早已被束之高阁，存放在资料室的书架上，其所包含的珍贵信息被大量的统计信息掩埋。实际上，所有研究中国历史、人文或各行业的学者都不应忽视这些出版物。如果前代学者或官员创作出了无可挑剔的美文佳句，那他们的作品必然具有最高的历史价值。在严谨而理性的《贸易报告》编撰者眼中，所有资料都是一样的，没有所谓的重要和不重要之分。贸易往来统计数字，不管是广州的雨伞、泉州的细面条、青海的牛油，还是莆田的煤屑，他们都和“进出口的珍宝”一样被一视同仁，详细登记造册。统计表前面清晰简明地附有该时期贸易和历史的说明。有经验的海关税务司会详细记叙每一件事并进行总结，当然，他们描述帆船时通常会从税收的角度出发。然而，这些文典呈现了一幅图画或者说留下了一种印象，让我们认识到在轮船、鸡公船以及令人不快的日本“喘气船”出现之前，中国帆船对于中国而言所具有的深刻含义。从航海研究的角度来看，那想必是留存在人们记忆中抹不去的辉煌时代。

如果将中国航海帆船的发展与西欧做一个对比观察，其结果颇发人深思。英国是欧洲最大的海上强国，但相比较而言，其海上发展史却相当短。可以说，英国的帆船时代从阿尔弗雷德大帝时期的长船开始，到特拉法尔加的“胜利”号，数年之后，蒸汽轮船开始登上历史舞台，从“彗星”号到“伊丽莎白女王”号，历时100多年。从100多英尺长、30支桨的船到横帆船，然后再到1032英尺长、排水量8.5万吨的蒸汽轮船，整个演进过程跨度不过1000多年。

在帆船发展的初期阶段，中国很长时期内凭借以坚固著称的帆船领先于世界，而且这些适于航海的帆船还装备有水密隔舱、升降舵和各种有价值的装置。到了大约400多年前，中国的帆船想必能与麦哲伦、卡伯特甚至德雷克所驾驶的航船相匹敌。甚至在今天，即使中国帆船数个世纪前的设计保持未变，它们与许多西方国家的近海船相比仍广有口碑。

同样，在英国、斯堪的纳维亚国家和布列塔尼等这些海岸线犬牙交错的地方，情况常常也是这样。艰苦的环境造就了坚忍的中国海员，他们成为这些国家得心应手的操船者。

随着西方国家的海船开始在设计和独创性方面取得进步，中国要想保持原先作为海洋国家的领先地位，唯一的方法就是复制西方模式，与国外理念保持一致。

尽管西方国家意识到需要与中国展开贸易合作，可是在早期接触的过程中，中国却觉得没有必要，

[1] 威廉·亚历山大被大英博物馆任命为首位“东方版画保管员”，其中国帆船作品的复制品收藏于大英博物馆内。

[2] 尽管1863年之前几乎没有实施过贸易方面的统计，但上海海关好像在1854年之前发布过《贸易统计》数据。从1874年开始，开始定期发布《年度贸易报告》，1892年首次发布《十年报告》，迄今为止已公布五次，现今海关改为发布《统计月报》和《统计年报》。统计资料汇编现已成为一门科学。有关帆船的统计数据由海关下属的本地关税区筹备，海关总税务司曾一度管理19个这样的关税区。

或者说没有兴趣与西方合作。中国的海上事务一直停滞不前，直到与英法之间的战争失败后，中国才幡然醒悟，尽管之前淡漠和排斥任何变革，但现在确实到了该向西方学习的时候了。

因此，如同许多中国风俗和珍品一样，帆船作为一种永恒而实用的工具已经存在了许多年，其古老的造型从古到今几乎原封未动地保存下来，现在仍然具有十分重要的意义。

第2章

长江口和上海地区的帆船与舢板概述

英语中的“junk”一词实际上产生于东印度公司时代，但其起源可追溯至数百年前的13世纪。

根据不同辞典上的解释，“junk”一词有多种含义。首先它表示一种碎片；其他的解释还包括一种薄木条，旧的或质量差的缆绳，制作碰垫时所用的旧绳索，可利用的废旧物，块状物或片状物，抹香鲸头部的脂肪组织，切掉的无用废片，页岩或其他岩石岩床的裂缝，旧的或废弃的胶卷；最后一条解释是，“中国沿海常见的一种航海船只”的名称。

早期的一些参考文献则含有贬低的意思，如“各种各样奇形怪状的船只，最奇怪的莫过于中国式帆船”。有一本辞典将“junkman”一词描述为“拾破烂者”，而非操纵帆船的船工。

有一部著名的百科全书用了40个词来描述中国帆船，但没有一个令人满意和准确；另一部百科全书用的篇幅稍长但未提供实质性信息，同样也不准确。如此多的权威著作都未对这一问题加以重视，这一点令人感到意外。

对于英语“junk”一词，各种语言相应的发音大致相同。法文作“jonque”（古法文作“joncque”），葡萄牙文和西班牙文作“junco”，荷兰文作“jonk”，德文作“dschonke”，而意大利文则作“giunco”，源于爪哇语“djong”。最早的葡萄牙和荷兰商人，将他们所看到的专门与爪哇岛和马来群岛地区通商的船只称为“djong”，而据说“djong”则是由汉字船的发音“chuan”衍生而来，厦门一带方言“船”字的发音“chun”就是这一衍生词更为明显的例证。

西方文献中有关中国帆船的最早参考是在1555年。理查德·伊登在意大利著作《新世界简史》的译本中写道：

> 从摩鹿加群岛来到印度的那些小帆船，制作时不用任何铁制工具……他们把这些船称作giunche。

今天，“junk”一词已用于指远东地区自制的形形色色的帆船，甚至可泛指印度南部地区的帆船。

正如我们所见，很久以前中国就比世界其他地区拥有更加高度发达的文明，而且缓慢平稳地延续了数个世纪，其制度一成未变。令中国人引以为豪的是，他们以最小的投入就能将生活的艺术发挥到极致。中国人的服装廉价、舒适而实惠，最明显的是小孩子们所穿的裤子，其设计和制作都是机器加工的产物。他们用最原始的织机生产出了世界上最华美的丝绸。他们仅用一小撮燃料就能做出供十多人享用的美食，这样的例子不胜枚举。除了常见的其他经济实惠的妙法和设计精巧的装置之外，中国的帆船历经数个世纪未曾改变，其主要原因在于这样的帆船能完全满足人们的需要。

如果人们决定造一艘帆船，在设计选择方面不会遇到任何困难，因为船的设计早在数个世纪之前就已大致确定，而且对于不同的地区有相应的更加合适的类型。为了满足特定的需求，可以对设计做些微修改，但这些修改决不允许妨碍长期以来严格恪守的根本设计。

顺便插一句，这种情况不仅对于中国而言是这样的，对于每个伟大的航海国家如英国、法国、荷兰、斯堪的纳维亚各国以及其他国家同样如此。全世界的水手都有一个共同点，那就是保守谨慎，他们对任何变化都会产生莫名的恐惧。当然，民族性、适用性、地域自豪感、可利用的材料以及当地的风俗习惯，都是促成在造船问题上缺乏一致性的原因。然而，这些因素仍不足以导致这种结果。那么根本原因何在？

相反，这种极其隐晦的一致性似乎对蒸汽船的设计起着决定性的影响作用。无论是在英国泰晤士河水域或者是在中国长江水域上的小拖轮都是相同的样式。我们将被迫接受的可悲推论是，当帆船最终销声匿迹时，那些实用船比游艇更容易失去个性特征和地方色彩。

但回到中国帆船这个话题上，这些固有的差异不会从本质上改变帆船设计的主体结构原理，而中国帆船的坚固正是得力于由构架制成的一系列水密隔舱壁。

当然，众所周知，最早采用水密舱设计的是中国人，不仅是出于加固船体的目的，更是为了安全考虑。马可 · 波罗就用了下列文字描述这一点：

> 此外，较大的船内部有 13 个相互隔断的舱室，全部由结实的板材构成，以防在触礁或遭水下饥饿的巨鲸袭击导致船体出现漏缝的情况下，确保船只安全。需要说明的是，巨鲸袭击船只的事情经常发生。当船只夜间航行时，会在鲸鱼身旁泛起小层波浪，这种海中巨兽看到水中的泡沫，误以为有猎物存在，会迅猛地冲上前去，往往会撞坏船体。一旦出现船底被撞坏的情况，水便从破洞涌入舱底。舱底通常空无一物，水手查明受损部位后，将货物从受损舱室转移至相邻的舱室。舱壁所用的板材结合紧密，可防止水从一个舱室渗透到另一个舱室。这样船上的人便可填补好漏洞，将货物转回原处。[1]

本杰明 · 富兰克林 1787 年曾写过一封信，了解这封信的内容对于美国读者而言具有重要意义。这封信没有公开，但其中有一段话描述了当时法国和美国之间邮包往来的情况：

> 这些邮包与货物存放在一起。存放它们的货舱按照中国人的方式被分成了独立的舱室，而且每个舱室都经过了捻缝处理，可以防水。在发生漏水情况时，受影响的只是一个舱室，其他舱室丝毫不受影响，使帆船不会像其他船只那样葬身海底。了解到这一点，对船上的乘客而言是莫大的慰藉。

众所周知，“复仇女神”号（Nemesis）是第一艘驶入中国黄浦江的欧洲蒸汽船，或许也是最早采用水密隔舱结构的船只，而且其水密隔舱数量多达 7 个。[2]

当然，根据地方特点以及帆船的类型和尺寸，建造（中国）帆船时采用的方法也不尽相同，但从根本

〔1〕 这些事故或许没有听起来那样严重。美国《海王星》第 1 卷 393 页引用了几个鲸鱼袭击商船的例子。
〔2〕 1850 年，英国商务部船务部成立，其颁布的首批法令之一，就是要求所有轮船都要用水密舱隔开。

上讲，建造小型帆船的最初工序，都是在造船厂将平整的厚木板并排平铺起来，然后固定在一起。板材数量为8块或更多，视帆船的大小而定，必要时可进行榫接，使其长度均匀一致。通常情况下，木板内侧须平整光滑，但与水接触的外侧则保持其天然形状。

根据帆船长度和期望的船体结构强度，将横隔板和/或肋骨按合适的间隔安放在底板上，以增加稳定性和坚固性。厚重的榭木可保证帆船的纵向强度。水密舱壁由数块木板垂直叠放、边靠边铺设而成，直至与甲板等高。如果舱壁面积过大而不便处理，可先在地面上拼装和固定，然后整块移动到位，再用斜撑条和肋骨牵条固定。厚重的船壳侧板和榭木由锯工切削成形，其操作工序不用直尺，仅凭木匠细细的一根墨线即可完成。

随后将侧板按纵向放置在适当位置，用中式绞车将其拉倾斜，再用钉子将其钉牢在隔舱壁边缘。根据所造帆船的用途以及舱壁的数量和排列，横梁或肋骨的间距均有所不同。其主体理念当然是想使这些肋骨形成一个整体，但这种想法很少能够实现，因此这些肋骨通常每二、三根或更多由长钉栓接或嵌接在一起，具体视情况而定。对于小型帆船有一点值得注意，那就是造船时常常会用到树根，只要有可能，所有帆船都会尽量使用长成船形的木材。自然成型的树干、树枝和圆材也会得到最大限度的利用，不仅用于肋骨和肘板，也用于制作舵柱、桨、桨耳、泥滩锚以及其他许多小构件。

上文提到的墨斗构造独具匠心。它由一个木质的杯状容器（墨仓）和一段2～3米长的墨线构成，墨仓中填满浸饱墨汁的废棉。墨线缠在可绕墨仓中轴转动的线轮上，使用时可将墨线从墨仓中拉出。墨仓外墨线的末端有一个线锥，可以插在木头表面需要弹线的开始端。转动线轮将墨线牵出，搁于木板上需要弹线的位置。木匠用另一只手抓住濡墨的墨线中段，轻轻提起，弹下即可，之前标定的两点之间则留下一条笔直的黑线。[1] 公元560年中国古籍中间接提到了这种装置在古代的情况。造船木匠所用的墨斗，在外形上不同于其他木匠所用的墨斗，其大致呈船形，由隔板分成三格。第一格内是缠绕墨线的鼓轮，第二格内装有画线的竹刷，第三格内则是濡墨的废棉，墨线可以从中牵出。这种墨斗仿佛是船缘、美观的船艏和方艉共同组合而成的。当画短线的竹刷处于适当位置时，看起来就像是桅杆（见图2-1）。

造船所用的钉子由锻铁制成。最常用的船钉包括“羊眼”“枣核钉”（一种两头尖削的钉子）、“铲钉”（一种无头多用钉）、“靶头钉”（一种大弯头锥形钉）以及“铁锭子”。此类带叉尾的船钉专用于钉牢舱盖等大块板材。这种钉法在上海一带较为常见，而铁扒钉和卡钉等用具通常在此地使用较少。

中国的造船工匠所用的工具远不及西方工人。斧子、凿子、刨子、手钻和锯子等工具，不管在设计还是使用方法上，中西方都截然不同。

在西方，锤子的种类极其繁多，每一种都有其不同的用途。但中国的造船木匠，所有的工艺都用一把锤子来完成，而且这把锤子就是斧背。这种斧子非常有趣，斧刃通常呈圆形，且只有一面锋利。

欧洲的木匠使用带柄的凿子，也就是说，凿子安装在手柄中，而中国的木匠则使用窝状凿，即木柄安装在凿子中。使用凿子时，西方国家的木匠用木锤敲击，而中国木匠则用斧子敲击，为避免用力过大而使木柄劈裂，手柄的末端置有一个水牛皮垫圈或铁圈。

中国人使用的刨子也与西方国家存在很大差别。首先，中式刨具没有护铁，因此它主要是沿斜纹理来刨削木材。中国木工在使用刨子时向前推削，并使木料远离自己，以尽量减少对木料的破坏。基于此目的，此类刨子安装有十字手柄。其次，中式刨具的刨刃安装在中心线的后面，而不像欧式刨那样安装

[1] 此处有一件有趣的事情，西方的木匠用干的白粉笔画线，而中国木匠用的是黑色的湿线，中国石匠则用红线。

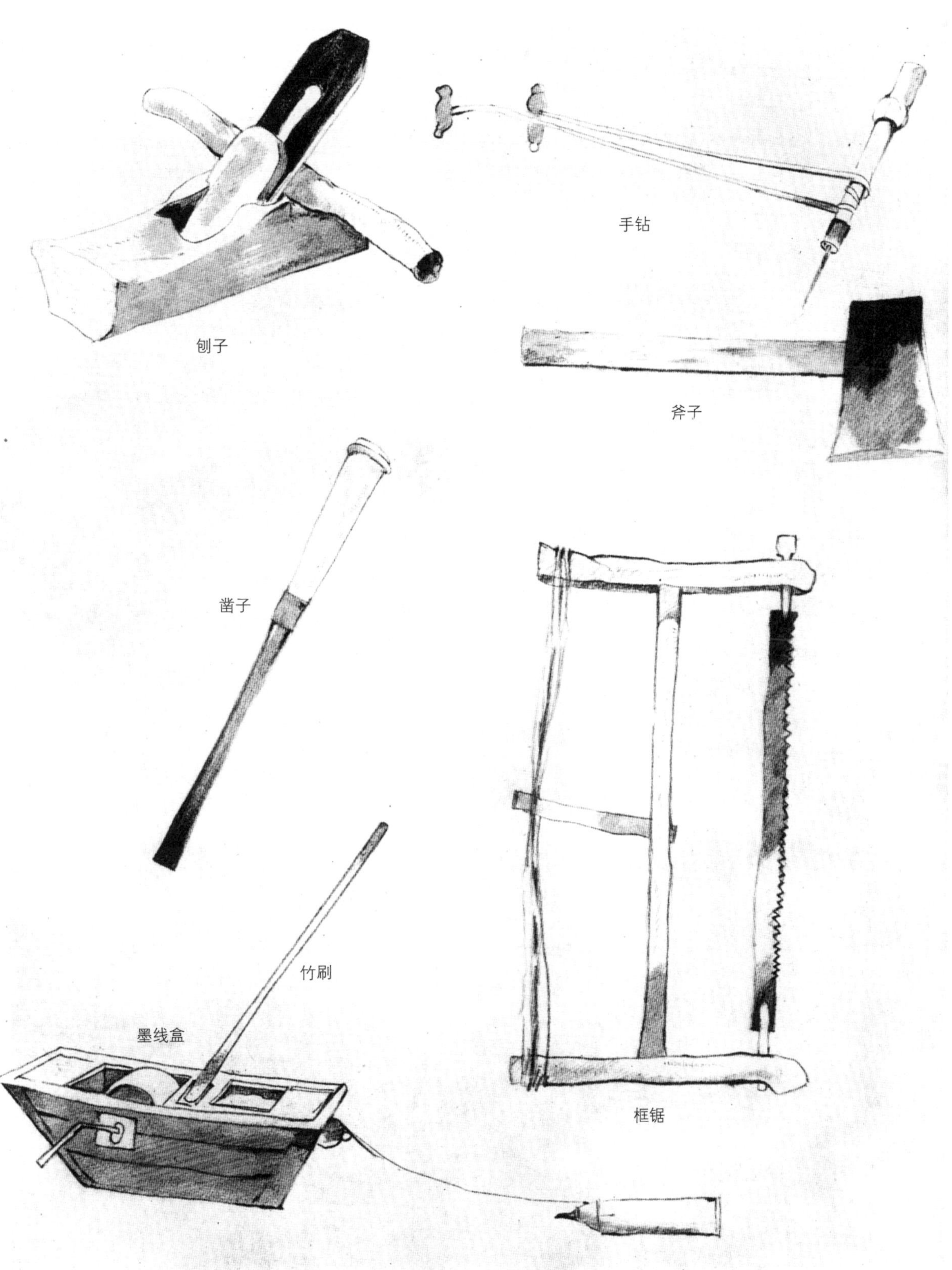

图 2－1 船匠使用的工具

在前面。最后，卸下刨刃时，西方木工按下刨子前段部位的一个小金属按钮，而中国木工则是用斧子猛击刨子的后侧。

中国人所用的手钻数百年来几乎没有改变。手钻由一根硬木杆和一个钻头构成，钻头嵌在硬木杆上，钻尖朝下。手钻的操作至少需要两人：一人稳住可自由转动的钻柄或钻杆，另一人拉动水牛皮做成的皮带使钻柄转动。这一动作是"前后往复"运动，而不像西方那样"旋转反复"，其对于木料的作用是磨穿多过切穿。

西方的船匠造船时至少会用到10种不同类型的锯，而中国的船匠从始至终只用一种锯来完成其工作，那就是框架锯。

中国船匠造船时使用的锯分两种尺寸。一种是最常用的小手锯，连同1英尺宽的锯框，总共2英尺宽。所有锯齿为同一方向，这一点与西方的锯相同。中国船匠使用较多的另一种锯就是用于锯圆木的大锯，大约5英尺长，3英尺宽。大锯在设计上与小锯相似，但需要两人才能操作。锯条中心4英寸长的区域不带锯齿，两头的锯齿按相反方向排列。锯齿采用这种方法排列，是为了确保每个锯匠完成的工作量相同。如果要将一根圆木纵向锯开，一名锯匠斜站在圆木的一端，将大锯朝自己一方向上拉起，之后坐在地上的另一名锯匠再将锯向下拉。而在西方，锯齿沿同一方向排列，只有处于较低位置的人才真正起到锯木的作用，处于较高位置的人只是将锯拉回到适当位置，为下一回合做准备。在中国，锯条通常与锯框的水平面之间存在一定角度。这样做的原因尚不清楚，而且到目前为止，任何中国木匠都不能给出一个完全令人满意的答复。框架锯采用了杠杆原理，用绳子将侧框两端连接，然后在分开的绳子之间夹入一根木棒并转动，使绳子扭紧，绳子越紧，锯条就绷得越紧。

锯圆木时，固定圆木有许多种方法，但最根本的是将要锯的圆木放在两个支撑架上，有时可以用6英寸长的铁"扒钉"固定，有时也可以使用一些灵巧的联锁装置。

此外，中国的木匠并不需要工具袋，他会将斧子和锯搭在肩上，然后将所有的工具都悬挂在锯子上。

所有的中式工具都由柔和的"竹节钢"[1]手工锤制而成，而锯条除外，通常由棉花包上的打包铁箍制成。

西方人用这些原始的工具是不可能完成这项工作的，可是令人惊讶的是，中国同行交付了如此出色的活儿，而且同其他所有的好工匠一样，他为自己的漂亮活儿感到自豪。

在有关工具、木工业或造船业的描述中，如果未曾提及被誉为"木工祖师"的鲁班（见图2-2），那所有的描述将黯然失色。关于鲁班生活的年代众说纷纭，有的远溯至公元前506年，而有的则推后了数百年。关于其出生地也说法不一，山东、甘肃、江苏，各执其词。有人甚至认为有两个或更多的木匠祖师。现在，不管他出生于何地，也不管这样的人物究竟有一个还是两个，鲁班或是说他代表的神格人都始终是木工行业尊崇的对象。鲁班有一妻一妾，一人着红，一人着黑，两人的形象成为画匠艺人们崇拜的目标。

每年的农历五月十三和七月二十一，木业行会的成员们都会在鲁班庙集会[2]。而在七月二十一，他们会一起庆祝鲁班的诞辰，并在九格盘中供奉祭品。

〔1〕 下列一则故事摘自《中国商务要文》，作者欧内斯特·沃森，中国海关出版社出版，第38号《特集》。"很多年前，一名中国商人急需从欧洲进口一大批钢材。一家英国公司拿到了订单，就在准备轧钢时，突然发现公司的轧辊与所要求的钢材尺寸不匹配，而此时已没有时间再买一台或重做一台新的轧辊了。于是，他们在旧轧辊上刻上一些细凹槽，以便使轧辊紧紧抓住钢锭。结果，所有的成品钢表面都出现了一些细小的横纹。英国公司如期交货，圆满做成一笔生意。稍后，这家中国公司又订购了更多的同类型钢材。这一次，这家英国公司因为上次订单的粗糙处理而感到羞愧，买了一些新轧辊，以便这次能够完美交货。出人意料的是，中国公司这次却拒绝收货，理由是这次的钢锭表面太光滑，质量不如上次看上去像'竹节'一样的货品。从那以后，运往中国的此型钢材表面都做成横纹状，此钢因此而得名'竹节钢'。"

〔2〕 这座专为鲁班而建的庙宇位于上海硝皮弄，交通方便，颇值得一游。

图 2－2　木匠的祖师鲁班

鲁班不仅绝顶聪明，他还将木工艺术发挥到了极致，发明了橹、桨并对许多类型的船做了改进。就此而论，他的姓"鲁"与划船所用的"橹"读音相同，的确存在有趣的关联。

据说鲁班还设计了许多机械装置，包括至今仍在被中国农民使用的木制灌溉泵。他还为年迈的岳母专门制作了自动行走的木轮车或称自动手推车。

鲁班的手艺炉火纯青，从不浪费一点木料，他锯削木料时从不用墨线。关于鲁班的丰功伟绩流传着许多故事。船工们都相信，当时撑天的柱子快要倒塌了，是鲁班施展才艺将其修好。

明朝永乐年间，鲁班受到册封，成为工匠艺人的守护神。

鲁班最杰出的成就之一就是发明了云梯。云梯是一种攻城的工具，可将己方军队送上高空攻击敌人，并可根据需要升降。鲁班还制造了一种叫木鸢的木制飞行器，有人说可以高飞几天，有人说可以三年盘旋不下。遗憾的是，这次飞行未得到当时的航空俱乐部的鉴定，否则必定名声大震。

这并不是他唯一一次尝试发明飞行器。相传，他制造了一只木鸢，他的父亲骑上去，敲了三下门，木鸢即飞了起来，哪知竟然飞到了苏州附近的吴地，当地人见到天上降下个人来，以为是妖怪，便将鲁班的父亲打死了。

鲁班得知父亲身亡的消息，气愤不过，雕了一个木头仙人，面向南方的苏州方向。木仙人神通广大，手指吴地，大旱三年，颗粒无收。三年以后，吴地百姓向鲁班赔罪，讲述误杀其父的经过。鲁班得知真情后深感内疚，立即砍断木仙人手臂，吴地当即大降甘霖，解除了旱灾。

有关这些神奇的发明创造还有其他许多神话传说。据说鲁班 40 岁时独自隐居神山历山（译者注：今济南市东南，又名千佛山），在那里学到了许多秘诀，包括腾云驾雾的神力。鲁班的最终行踪不得而知，有人说他光天化日里升入天堂，有人推测他可能退隐山林，因为他将自己的斧和锯留给了后人。

船匠永远是勤奋辛劳的一族。他们早餐后 8 点钟开始工作，中间休息一小时进午餐，之后一直劳作至日落，才结束一天的工作进食最后一餐。膳食通常情况下由船匠头提供。

在农历五月初五端午节和八月十五中秋节期间，船匠们在午餐期间可以多休息一小时，这段时间通常专门用于午睡。

锯匠从儿童时代就开始其职业生涯。木板分为两种长度，一种 7 米，另一种 14 米。两名熟练锯匠一天可锯 40 块板，如果不够熟练，则可完成 30 块。锯匠作为一种职业其地位并不高。俗话说，"一担米胡琴，一碗饭锯匠"。这句话的言外之意就是，消耗一担米所需的时间要多于学会拉胡琴以养家糊口的时间，而吃掉一碗米饭所用的时间就足以训练出一名锯匠。显而易见，对锯匠没有公平可言。

在建造配备铁肋木帆船时，船匠将角铁在熔炉中简单加热后弯曲成所需的弧度即可，但建造木帆船则是一项细致灵巧的手艺，需要从原木上锯下或砍下有弯曲度的板材，而且必须将多块肋材嵌接成完整的肋骨。另外，锯木材也要求非常熟练的技术。

捻缝工人是一个相对独特的阶层，通常被称为"捻缝匠"，捻缝这项工艺自然也由来已久。在西方，古人很早就采用了这项工艺，就是将海螺壳捣碎，填进船板之间的缝隙中，后来发现这种方式只在短时间内有效。

后来人们采用了其他方法。根据林赛的记载，普林尼为比利其人发明了一种方法，将捣碎的种子填入船板之间的缝隙中。据林赛称，此种替代物比胶水更黏，使用起来比沥青更为可靠。这明显与现代的捻缝手法属于同一原理。

中国首次提到捻缝是在甲骨文中，可追溯至公元前 1766 至公元前 1122 年。汉字"朕"具有非常明显的意义，因为该字显示的就是一只船（见图 1－1D）和握有捻缝工具的两只手。

13世纪马可·波罗注意到了中国的捻缝方法并在游记中做了记录，内容如下：

> 船板用上等铁钉固定，船板都是双层的，一块平铺在另一块上面，里外都要经过填缝处理。船板未用沥青涂抹，因为他们当时还没有沥青，但人们用另一种物质涂满两层船板，这种物质要比沥青好得多。事实确实如此。人们先取一些石灰和剁碎的长纤维植物，然后再与桐油糅合在一起。当这三种物质充分混合后，就像胶水一样黏，他们就用这种东西涂抹船身。

此处提到的混合物自然就是今天中国人常说的油石灰，是用石灰和从油桐果中提取的桐油混合而成的。值得一提的是，尽管马可·波罗提到了桐油的卓越性能，但是直到公元1516年葡萄牙商船将桐油带回欧洲，其他国家和地区才开始了解这种优质的黏合材料。但直到1875年首批商船才抵达美洲，而桐油贸易在20世纪才得到实质性的发展。

1792年，马戛尔尼使团副使乔治·斯当东来到中国，以一种完全不同的方式对捻缝工艺做了描述："船缝用糊状物填补，那是由海螺壳制成的生石灰与水混合而成的。"

中国现在的捻缝工序完全按照700年前马可·波罗描述的方法进行，也就是说，沿着船缝外侧塞入填絮，长度约为1英尺，然后用捻缝凿从捻缝匠携带的料盘中挖起少许油石灰，填入空隙中，一点一点填满锤实。

若船缝较宽，则需用填絮混合旧渔网填补。将渔网捶打至柔软，割成条状，涂上油石灰，然后与填絮混合在一起。所捻缝部位可形成相当大的拉力。旧捻缝部位的修补则通过捻缝刀来完成。

桐油除被长江上的船民用作制作油石灰的原料外，还是用于涂刷帆船表面的独一无二的材料。在船身表面抹足桐油，晾干后再抹一层，如此反复，通常需抹三层以上，每次涂抹间隔数天。每年大修时间选择在干燥的冬季，此时都要抹上一层新鲜的桐油。毋庸置疑，这样做的目的是为了延长帆船的使用寿命，因为桐油可以保护船板不受侵蚀。

造船厂或维修厂通常建在小河流的上游。虽然沿岸的停靠点非常方便，但船只为了靠岸检查维修，有时不得不沿狭窄的水道逆流而上1英里或更远。

如图2-3所示，可通过最原始的绞盘来使帆船慢慢滑动。绞盘主要包括一个圆木筒(1)，这个圆木

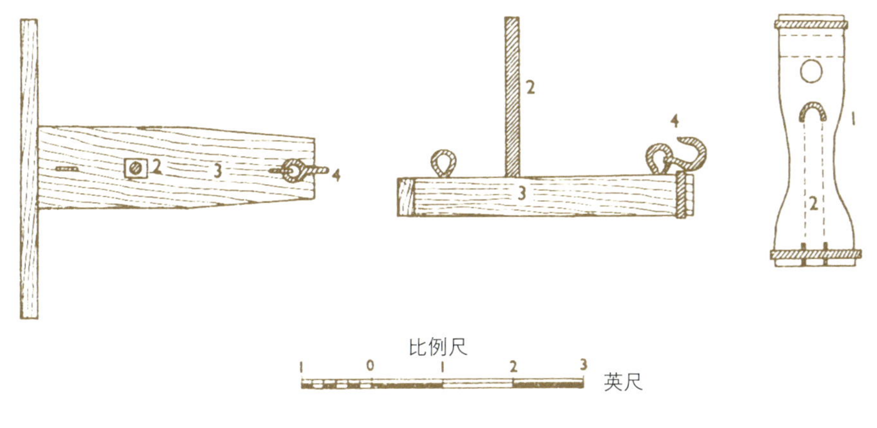

图2-3 中国绞盘

筒可绕着固定在木底座(3)上的粗铁轴(2)转动。可在岸上打桩,从而通过连接至铁钩(4)的绳索将轻便绞盘与岸桩固定在一起。

不管是海洋帆船还是行驶于河流上的帆船,大多是在前舱(有时是后舱)底部钻有通海孔。长江下游的船民认为,这种做法可以避免船头在风中上仰幅度过大,而长江上游的船民则认为这样可以将水的阻力减小至最小。虽然这样可能会减小海上巨浪或急流的冲击,但这样的理论着实难以理解。

还有一种更可能的解释认为,这些孔是为了排出因船艏进水或从未捻紧的船缝渗入而在舱内形成的积水。由于建造方法的缘故,这样的舱很难保持干燥,这种开凿通海孔的做法既能节省排水的人力,同时还可防止积水长时间滞留变质。

测量水深的概念以及"水砣"(即测深锤)一词双双源于汉语,这是非常有可能的。据记载,被派往朝鲜的使节曾使用腊锅(译者注:原文如此)探查水深,查明为32托(译者注:32英寻或192英尺)。"托"字还被船工用来表示"双臂伸出",即"fathom"所表示的含义。

根据《中国评论》中的"释疑",与"英寻"对应的正确汉字是"托"(或拓)。在有关《东西洋考》中记叙的航海的章节,即第9章中记载"沉绳水底打量某处水深浅几托",而且《方言》中添加的注释称,"伸出的两臂之长为一托"。这非常切合我们的"英寻"一词的最初含义。

绳子的制作有着古老的起源。《以西结书》第27卷(Ezekiel XXVII)提到了推罗人战船上的帆使用埃及亚麻绳和棕绳来拉动滑轮;普林尼也记载了船只使用麻绳,这一切都说明公元1世纪时罗马人已经普遍使用绳索了。[1]

在上海,绳子不仅大量生产,而且种类繁多。并非所有的绳子都用作帆船上的索具,大量绳子被用于捆扎包裹和其他货物。

在上海地区,至少有8种绳索是由椰棕、大麻和稻秆制成的。或许令人感到惊讶的是,如此种类繁多的绳索,不仅尺寸不同,而且纤维各异,然而它们都是同样的机制造出来的。

众所周知,制作绳索的第一步是"软化",可以使植物内的纤维更加柔软而有韧性。在上海常见的做法就是用一把大锤反复捶打原材料,这是一种简单而实惠的处理方法。

一根绳索由多根绳股组成,而每股则由许多根细线组成。捻绳工倒退着走,边走边均匀地分配细线,并随时调整步伐,以便传送到纱线的扭力均匀一致。他左手从挎在腰间的篮子中抽出细线,插进右手中正在捻成的绳股中,同时将绳子向自己方向一颤一颤轻轻拉动,以便转动固定在底座上的绳轴。当绳股达到15英尺左右长时,再绕回至绳轴,新一轮捻绳开始。

接下来的工序就是将这些织好的绳股搬到鲜有行人的街上,在那里完成绳索的最后制作。这道工序在安置于街道两头的捻绳机之间300英尺长的"制绳道"上完成。制绳道一端的捻绳机架上装有三个钩子,用以悬挂绳股,另一端的捻绳机上只有一个钩子,用以固定绳股的另一端。一个圆锥形的大木块,专业上称为合股器(见图2-4),插入绳股中,将其分成等距离的几份。一端捻绳机上的单钩开始转动,另一端固定绳股的三个钩子也随之沿相反方向转动,以便使绳股保持所需的适当扭力。装配单钩的捻绳机架上放有一块大石作为压载物,另有一少年站在上面专门盘绳。虽然整套装备相当沉重,但随着成品绳不断盘绕,绳股长度逐渐缩短,整个装备也被拖着沿"制绳道"向前移动。

一名成人和两名少年合作,每天可制绳70～90段,每段约长50英尺。在上海,人来人往的道路是不能占用的,由于缺乏制绳道的空间,绳的产量因此受到限制。南市就不存在这种障碍,但如果要制作

〔1〕 大麻于公元前17世纪初传入中国,据沃纳记载,周朝人从中亚的斯基泰人那里学会了大麻的使用方法。

图 2－4 合股器

更长的绳子，就要使用商铺前面的道路或空地，因而需向店主支付一小笔补偿金。这种方法只能用大麻和椰棕来制绳，因为人们现在可以用机器将稻秆拧成草绳。上海地区的麻绳主要有两种原材料：一种是杭州出产的大麻，称为红麻，用这种麻制成的绳子纤维为红色；另 一种是汉口出产的白麻。

从腓尼基人时代开始，各时期的航海人都钟情于装饰自己的船只。事实上，希腊历史学家柏拉图将船和人划归为同一类，认为他们同样渴望得到装饰。

在中国，帆船的装饰品在很大程度上与宗教、神话和象征符号有密切关系。在中国传说中，上天是至高无上的神，对上天的顶礼膜拜自古以来是中国人的信仰。后来这种崇拜延伸到河神、山神等较低一级的神灵上。人们没有留下这些超自然的神灵的肖像，但他们却通过符号作出了某些暗示。

因此，当伏羲最初发明了八卦后，中国人就成为符号主义艺术最伟大的使用者和倡导者。符号最初出现在早期的青铜器上，从古至今历经漫长岁月，如今在整个中国，符号主义在人们生活的每个阶段发挥着重要作用。

几乎所有中国帆船的桅顶装置或风向旗上都有经过改良的象征符号。人们或许早已淡忘了这些符号最初所代表的宗教含义，但这些造型独特的细长三角旗，除了被认为是平安和幸运的象征以及含有阖家幸福的寓意之外，还是一种显示区别的标志。

与长江上游帆船不同，航海帆船和入海口帆船的风向旗，并不完全或单独代表船只的实际出发港，而是通常代表帆船的出发地区。

但情况并非完全一致。例如，来自同一地的两艘不同类型的帆船可能在风向旗等一些小细节上有别，而来自同一地的同类型帆船，其风向旗在更多情况下是相同的。

黄浦江上的单桅帆船很少装有风向旗。据考证，虽然崇明地区的帆船沿袭江苏一带帆船的设计，但这些船只中的一部分也未装备风向旗。目前已废弃不用的“劳恰”船上的风向旗，只是在一根铁杆上固定一条木鱼和一条红色彩带，实际上已相当没有新鲜气息。

风向旗上最常见的图案是鱼，这是因为“鱼”字和代表物质丰沛过剩的“余”字发音相同，是财富的象征。此外，这种图案有其自身的要素和地位，被视为和谐的象征。而且，鱼的眼睛从来不会闭上，因此被认为可以提高警惕，保护帆船的安全。

镜子作为一种符咒和驱魔的法器，能够避开鬼魅邪恶的侵袭。如果桅杆顶上有鱼形的装饰，通常都会在鱼身的中央镶上一面菱形的镜子。这样做据说是当恶魔看到镜子中自己的丑陋嘴脸时，就会吓得掉头逃窜。

红色是风信旗的主要颜色，因为红色是法力强大的驱魔颜色，可令邪恶的妖魔鬼怪望而生畏。

图 2－5 中的风信旗绝非十全十美，但足以昭示帆船在装饰品方面的有趣特征。

尤其有趣的是一些小船上所悬挂的各种形式的特色装置和符号，通常挂在后桅帆上的小旗杆上。

1
2
3
4
5
6
7
8
9
10
11
12
13
14
15
16
17
18
19
1. 江苏商船
2. 小型安东商船
3. 杭州商船
4. 安东商船
5. 宁波渔船
6. 宁波船
7. 福建船桅冠
8. 福建船
9. 温州船
10. 杭州商船
11. 舟山船
12. 江苏船
13. 江苏船（罕见型）
14. 温州渔船
15. 宁波船
16. 山东船
17. 三桅帆船
18. 江苏船（罕见型）
19. 绍兴船

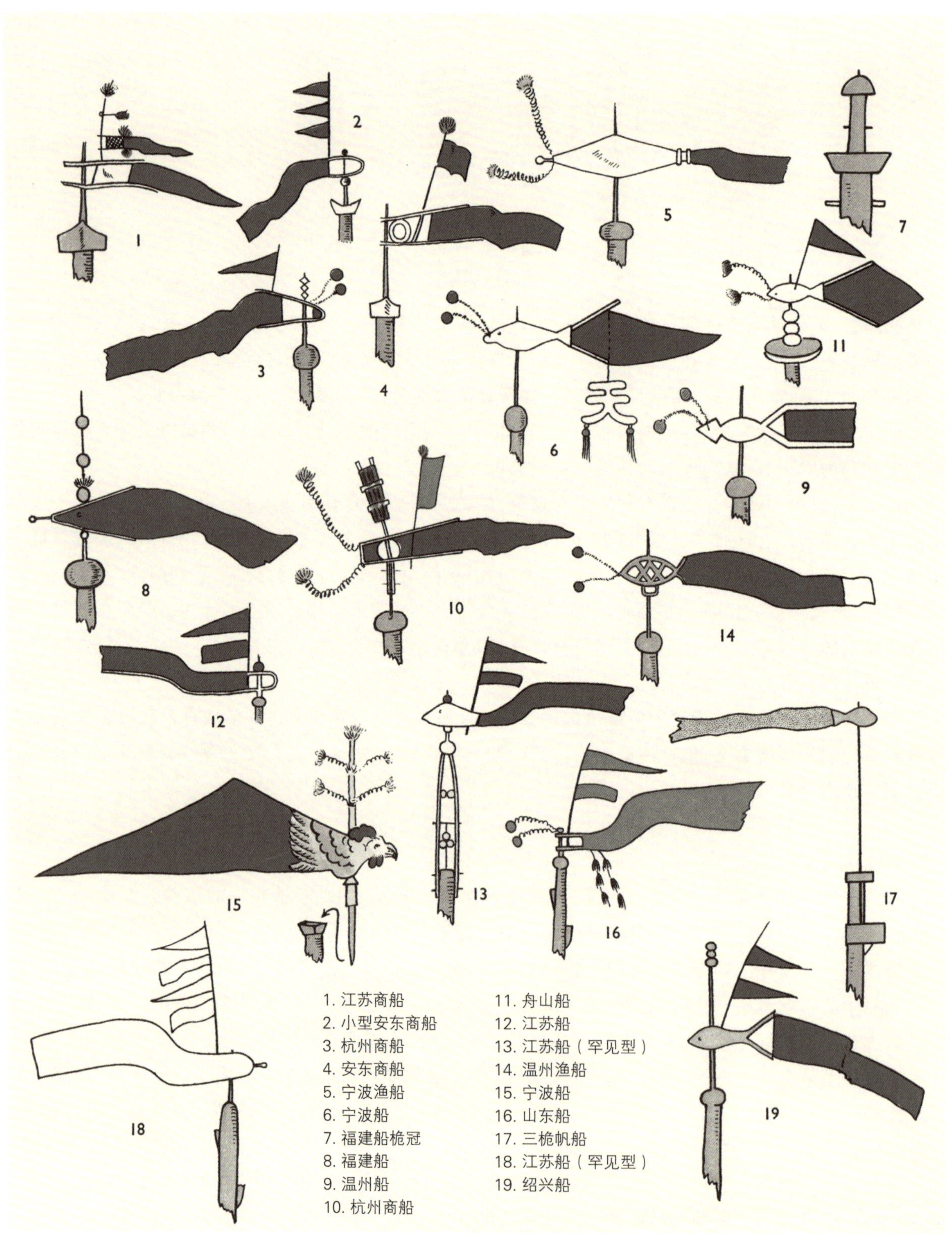

图 2－5　桅顶装置

桅杆顶上悬挂的织品表示该船的始发港或出发地区，至少有八种这样的织品。在此之下是纵向排列的三面小旗，最高的是叫“风旗”，中间一面代表船主所属的组织，最下方的旗子代表管理该帆船的公司。因此，这根短短的竹竿可以传达大量的信息。由盐税局等政府机构运营或租赁的帆船，通常将桅顶连同桅冠涂成白色。一根不带叶的竹枝用黄布包住下端，表示这艘帆船最近去过普陀山进香。

船老大不时升起或降下后桅帆，以此发出信号。升降后桅帆是表达不同要求的暗号。

人们有时也使用其他信号，如在桅顶上升起蓑衣表示向渔乐会打招呼，在前桅上挂上篮子表示召集收税人员，或许很难相信有人愿意理会这种非正式的信号。

有两种情况例外。长江帆船上从未发现有将眼睛作为一种装饰的情况，仅在本书提到的一些入海口的船上出现过。[1] 概括而言，眼状装饰偶尔出现于北方的船只上，其主要发生地是在长江口到厦门之间。眼状装饰在东京湾(译者注：今北部湾旧称)甚至新加坡也有出现，虽然那里的和印度支那的都与埃及圣船上的眼状装饰更为相似，换句话说是更为狭长而像人的眼睛，而不像中国帆船上的圆眼睛。

事实上，眼状装饰在远东地区的使用引起了学术性专题论文和技术期刊的强烈兴趣，但关于此事的讨论却毫无结果，因为其来源根本无从考证。通常人们普遍接受的说法是，中国帆船船艄的眼状装饰并非中国人发明，而是借鉴于阿拉伯人的船只，然而即使这一点也无法得到证明。

如果事实果真如此，那么，既然阿拉伯人在广州的影响如此之大，为何眼状装饰在广州未被广泛采用，而在宁波(事实上宁波是阿拉伯人的主要据点)及其周边较为流行呢？在安南与印度支那东京湾邻接的大河(译者注：Song Ca River，越语，亦称兰江)，为何河岸一边可以看到中国船上醒目的眼状图案，而在对岸看到的却是疑似取自阿拉伯风格的狭长的卵形眼图案？

杭州是阿拉伯人最重要的贸易中心之一，为什么从这个地方来的商船上没有眼状装饰却有八卦图案？而且穿行于长江入海口的绍兴船上面也没有？此外在山东和满洲里，虽然阿拉伯人从未涉足，但眼状装饰对于这些地方的人而言并不陌生。

如今经常有人提出一种说法，很多港口很久以前曾是阿拉伯人重要的贸易据点，只有来自这些港口的帆船上才能看到眼状装饰。这种说法现在仍需要有相当多的证据来令人信服。

出海捕鱼的许多渔船都因遭遇台风而葬身海底。龙相齐牧师曾在徐家汇天文台担任主任，气象台当时为渔民出海捕鱼提供广播预警，确实发挥了巨大作用。据说龙相齐被誉为“台风之父”，虽然他根本管不了这些桀骜不驯的“孩子们”。事实上，“sky pilot”一词适用于任何教派的祭司，这个称呼似乎更适合龙相齐。借助无线电预警这一手段，龙相齐挽救了不计其数的中国帆船。台风接近时，工作人员从徐家汇发电报给几个主要渔港，告知渔船不要离港出海。在出海捕鱼的渔船队中，其中一艘船装备有无线电设备，在接到无线电台风警报时，立即在桅顶上挂起一个黑色球状物，并率领渔船队前往最近的安全港躲避台风。

在中国共有三种商会。我们此处强调的行会或商会由来已久，在某些情况下可追溯至清朝或更早。每种职业的所有艺人都或多或少都迫于舆论而加入商会，商会通过收取会费和一定比例的销售所得获得收入。商会由每年选出的会长领导，在管理上非常民主，每名会员均可轮流担任会长。商会制定会规，对产品价格和工作时间实施管理，并协调产品的存储、包装、保险和价格等问题。商会还有一项重要职能就是对会员之间的纠纷做出仲裁。商会慷慨地给家境贫困的会员捐款，解决其殡葬费用，有时还捐赠棺木。此外商会还关心照顾孤儿寡母。就新入会的会员而言，商会往往希望他们捐赠画轴，或者一些灯笼。

[1] 渔帆船上装饰的眼球通常向下看，以便随时能观察到鱼，而商船上装饰的眼睛则向前直视，以便发现和避开人眼无法发现的危险。

古代的商会代表着丝绸商人、茶商、金匠、屠夫、面包师、裁缝、理发师以及其他许多行业的人的利益，甚至包括窃贼和乞丐，但令人伤感的是，情况已经发生转变，商会被宣称具有相同目标的协会所取代。但是，目前上海仍有四家航海商会，即关于航海帆船船主、船匠、货船船主以及煤石驳船船主的商会。

船主、船工、码头装卸工以及所有操船者的这些行会自古以来就已存在。每个行会供奉各自的庇护神，每年年关由会员一起庆祝庇护神的诞辰，举行仪式答谢其一年来对自己的恩赐。

1927 年国民党军队占领南京后，各个工会仿照苏联模式迅速成立，商会独特的习惯和组织被更具现代特色但也相当拙劣的“集体商议”形式所取代。有趣的是，1927 年海员工会成立，入会费为 1 美元，年会费 2.4 美元。工会的公开目标是“联合全世界的中国海员，提高共同利益”。

此处必须提到的是茶馆，这是与中国人的日常生活息息相关的另一种机构。茶馆不仅发挥着俱乐部的功能，成为人们集中进行社会交流的场所，它还与人们生活中的商业层面密切相关。社会各个阶层的人都会光顾自己钟情的茶馆，他们在此悠然品茗，有时与茶友做些买卖交易，或者只是来看看有没有做生意的机会。

也有一些人经常光顾茶馆，但他们既不是把茶馆当做俱乐部，也不是为了洽谈生意。这些人包括商人、小贩，当然还有颇受欢迎的专业说书人。说书人通常坐在凳子或翻过来的箱子上，述说着那些永远没有结尾的古今短长。茶馆的主人偶尔会雇请歌者表演，以吸引受众眼球，提高卖座率。

此外，茶馆还能起到职业介绍所的作用。一天中的不同时刻，每座茶馆都有前来消费的固定客户。

船主、船老大尤其是普通船工都是茶馆的常客，他们经常到茶馆聊聊家长里短，讨论在生意上能否互相帮忙。如果某个船主接到较难处理的大单，他希望与朋友们合作完成，那么整个交易将会在自己喜爱的茶馆中商讨进行。可以确切地说，边饮边聊中做成的生意远远多于在码头或船上达成的交易。在茶社中，船主可以在轻松悠闲的氛围中安排货物的处理，讨论谈判的详细内容，结算未付的账款，而且还会商定借款。大多数借款行为发生在茶馆，因为茶馆随时备有借款合约供客户使用。货物的保险手续也是在茶馆办理的。1688 年，劳埃德商船协会还只是一个咖啡馆，许多从事船运的客人经常把它当作会议点，因此可以说，英国的海上保险最初相当于是从茶馆开始的。

今天，西方一些大保险公司如果能意识到中国在此方面（如同在其他许多方面）比自己领先许多世纪，那将是一件非常有趣和有益的事情。虽然中国古代尚未形成健全的保险制度，但可以确定一点，从很早时期开始，贸易商就采取措施，来为自己的货物在海上运输风险下可能遭受的损失和损坏寻求赔偿。不光是船和货物获得保险，船老大的生命也得到投保。最早的一份保险合同是关于船员被海盗掳掠的。〔1〕

在长江沿岸以及所有支流沿岸的每个港口城镇，只要是帆船停泊过夜的地方，都会看到茶馆。这些茶馆迎合了三教九流的口味，尤其是那些常年行走于水上的工友兄弟们经常出入其间。在一些城镇，不起眼的澡堂具有与茶馆同样的功能，理发师、掏耳朵的和其他职业的人是这里的常客，许多交易也是在这里进行的。

上海的福州路是茶馆一条街，只需花一两个小时就可以悉数领略。但是，那些对船本身感兴趣而非对船工和船主感兴趣的人，则可以花一个小时坐在外滩公园的长凳上，既可以领略上海港和黄浦江的宏伟，又可以品味苏州河的细腻。在这里，一会儿就能看到鱼梭般穿过的无锡砖船、苏州糠船、宁波腹地的酒船以及各种运货和卸货的柴船、渔船、帆船和舢板。有些船满载大米、大豆、卷心菜、谷类和蛋类，有的装载扫

〔1〕 根据 1869 年中国《海关贸易报告》记载，由于沿岸地区海盗肆虐，难以招募到足够的船工，因此商会规定了人身保险制度。在山东，进港的每艘帆船向商会缴纳 100 美元费用，商会为帆船提供护航，并对因海盗或自然原因而造成的帆船及船上货物损失作出赔偿。如果船工被海盗劫持，由商会支付赎金；如船工因此身亡，商会向其家人支付抚恤金。浙江和福建的帆船也同样由相关的商会提供保险。

帚、木材或遮盖得几乎看不清船身的稻草，还有运鲜花的船、石灰船和拖船。有的船装着大如磨盘的豆饼，码放整齐的柴火。竹筏和用粗木扎成的筏子在这道风景中自成一体。此外还有的船装载着汕头的糖、四川的桐油、泰国曼谷的海藻和腌鱼、汕头和广州的柑橘、厦门的柚子和大捆大捆的棉花以及工业产品。

不仅船多，人也不少。卖苦力的搬运工日复一日扛着沉重的货包从帆船上上下下，他们绝大多数来自山东。来自宁波的所有男人几乎都做着跟鱼相关的生意，包括鱼贩、鱼批发商，还有渔民，只有菜船上的船工是上海人，因为他们跟当地农民熟识。

从公园的同一座位上可以清清楚楚地看到帆船高耸的桅杆和各式的推进装置，以及在同一片天空下过着简单、辛苦但快乐的生活的人们。

舢　　板

据《易经》之附录《系辞》中简要记载，黄帝时期“刳木为舟，剡木为楫，舟楫之利，以济不通”，这可能是中国历史上最早提到舢板。但是，流传于船民之间的传说认为，船是民间传说“八仙”中唯一的女仙何仙姑所造。[1] 据说何仙姑先造出了筏，后来在河中洗衣服时看到鱼儿摆尾游过，突发灵感，想到了给筏装上桨和舵。何仙姑通常站在漂浮于水的莲花上，以最不像水手的形象展现在人们面前。

从原木到常用的船，这一过程中肯定存在船的各种过渡形式，如皮船、皮筏独木船、篮船、匏舟、臼船和陶船。

我们无从得知这些船具出现的先后顺序，当然，妄加推测也是毫无意义的。中国西汉时期著名文学家东方朔所撰《神异经》中记载：

> 南方荒中有涕竹，长数百丈，可以为船。

古籍《抱朴子》中多次提到篮船，这证明这种船在古代中国确实存在。书中云：

> 棹篮舟而济大川。

篮船结构非常简单，用牛粪和椰子油的混合物填缝。有观点认为篮船并非中国人发明的，而是由美索不达米亚人的“Goofa”经由波斯和北印度传入中国的。

中国的皮船也是古代文明的遗留物，可能与早期的筏子同时存在。中世纪时期中国的一部百科全书《三才图会》中有关于中国皮船的图例。今天，长江上游已见不到皮船的踪迹。

皮船广泛分布于世界各地，今天能发现皮船的地方包括日本、恒河和苏特莱杰河、巴格达、巴比伦、叙利亚、摩洛哥和秘鲁。在中国，皮船曾常见于黄河。

《三才图会》中还给出了另一种船的图例，那就是“木罂”，也称“陶筏”。根据文中描述，陶筏由许多陶制的坛子或罐子捆扎成筏形而成。

在《三才图会》的图例中，坛子因为隐藏在筏面下而看不见。今天人们使用的陶筏通常由 78 个陶罐

〔1〕 这是中国早期历史学家所表现出来的模糊不相关时间观念的一个典型例子，因为据说何仙姑公元 700 年出生于广州，那时已相对现代且是中国人完善了造船工艺的几世纪后了。

组成，每行 6 个，共 13 行。这种类型的筏子在印度、尼罗河、日本以及长江上游都有人使用。

陶筏可能是世界上最早的“攻击艇”。公元前 95 年的《史记・淮阴侯传》记载，韩信的军队曾以“木罂”进攻敌军。韩信是汉代的名将，率领军队采用声东击西之计，出其不意强渡黄河，奇袭魏军，大获全胜，其渡河的工具就是“木罂”。东汉的服虔后来为“木罂”加了简单的脚注，大致意思是说，韩信军队所用的陶筏是由陶罐绑在木架上而制成。

葫芦可作为渡水工具，这在中国宋代《淹番喽》中有记载，书中将这种浮具称为腰舟。文中记载如是：

> ……果实成熟后体积大，外壳坚硬，可剖成两半做器具用，也可制成中空容器用以渡水。匏浮力极大，可涉深水而不沉。

该书并未提到通过何种方法用葫芦来渡河，但根据推测，应当是将葫芦口密封，然后绑在使用者腰部或两臂以下的部位，作为最原始的充气浮具使用。《诗经・匏有苦叶》中也有一首诗，使人联想到中国古代的人利用葫芦的浮力来渡过河流。诗中这样写道：

> 匏有苦叶，济有深涉。
> 深则厉，浅则揭。

此外，《庄子・内篇・逍遥游》中记载了魏王将葫芦籽送给惠子的故事。

惠子对庄子说：“魏王将大葫芦的种子种下后，结出的葫芦大得可以容纳五石。用它来盛水吧，质地太脆，无法提举。切开当水瓢吧，又太大了，没有哪只水缸能容下它。不是嫌它大，因为确实无用，就把它砸了。”庄子说：“真不善于使用大物啊！……现在有可容五石的大葫芦，何不挖空了当船而浮游江湖呢？……”

事实证明，这种以匏作舟的方法十分成功，魏王自己也经常到匏舟上尽情玩耍。能够将这些业余舟船爱好者的思想记录下来，也不失为一件令人惬意的事。

舢板，也称“三板”，源于中国的“三”和“板”，这个词就说明了小船的整体构造。“sampan”一词的拼写可能受到外国与中国之间的早期交流或多或少局限于广州地区的影响，因为该地区把“三”读作“sam”。该词中出现“m”是因为安南语中“tam”（即 san）也代表“三”。舢板一词西班牙语作“cempan”，葡萄牙语作“champana”。据史料记载，欧洲文献中最早提到该词是在公元 1620 年，从那时起，该词就作为具有中国风格的所有小船的通称而被人们所接受，并在后来被收录在《牛津英语词典》中。

奇怪的是，尽管这个词具有浓烈的中国味，但除了与外国人打交道的场合外，中国人自己却从来不用，而是用一些其他的称呼，全国各地各不相同。例如在上海地区，人们把小船称作“划子”。不过，过去 300 年来，“舢板”一词在人们心中已经根深蒂固，如今也成为相当流行的说法，所以在此再对其用法穷追不舍已经没有必要了。

作为舟船的一个类别，舢板代表了船的一种最原始的形式，而且毋庸置疑，这一俗称的来源也显示出它是由三块木板制成的筏演变而来的。如果对构造进行研究，那么从自然演变的过程来看，很容易让人想到在古代造船时，有经验的船匠把筏子的前端折起，从而形成了艄。后来又不断改进，包括在船艉引入横梁。从这些简单的步骤开始，舢板逐步演进成为我们今天所看到的形状。

没有哪个民族能像中国人这样善于适应两栖生活，他们天生能适应最艰苦的生存条件，这一点在此得到了完美展示。舢板上的男人和女人，以及他们的家人，完全懂得如何容身于最最狭小的空间。令人惊奇的是，人们似乎已经习惯于这样，面对必须面对的一切困难都欣然接受。幸运的是，人们终于得到了上天的恩赐，因为他们经常可以长时间驻留在一个地方不动，这样就免去了奔波劳累之苦。

辛勤劳作一天之后，舢板上的一家人蜷缩在狭窄的铺位上酣然入睡。空间狭小，空气污浊，这足以让常人感到窒息。就在这样仅能容身的拥挤不堪的空间里，舢板上的人也能安然入眠，也不管自己整夜无法伸一下腿甚至翻一下身。他们的枕头仅是一块木头而已。如此的睡眠对常人而言简直是一场梦魇，注定会是一个不眠之夜，而舢板上这群坚强的居民，一觉醒来精神百倍，如同刚从豪华客轮舒适的铺位上爬起来一样。

在舢板上降生的新一代，自幼练就了一双水手腿，展示出他们适应生活的天资。这些孩子们先天遗传和后天学习而来的平衡感极好，很少有人会跌落船外。边干活边照料婴儿是每个舢板上的母亲的必修课。孩子太小，无法穿上两条腿的裤子，只能由俭省节约的母亲为孩子们设计独特的服装，男孩女孩都一样。一岁大的孩子甚至在陆上也站立不稳，但在迎着激流前进的舢板上，却不得不本能地叉开双腿，以稳住身子。

"穷人的孩子早当家"。稍大点，这些孩子将成为家里的重要帮手，很早就要学会"收帆、缩帆、掌舵"以及把缆绳迅速绕在带缆桩上等各项技术，以便通过这种方法使自己尽快成长为一名经验丰富的帆船工。有时候，处事谨慎的母亲不允许自己的孩子从事桅杆上的工作，或者给孩子身上绑上很大的干葫芦或木块当做临时救生圈，以便发生意外时应急之用。艰苦但有益的户外生活使这些孩子们很早就习惯了气候变化。在温暖季节，这样的"救生圈"通常不超过两件，而在寒冷的冬季，他们则身着好几层棉服，坦然面对中国沿海地区的极端寒冬。舢板上的小孩到4～5岁时就开始学着摇橹。由于母亲们摇橹时都将孩子用布带捆在背上，而且一摇就是好几个小时，因此可以说，孩子们几乎从一出生就下意识地接受母亲的言传身教，他们对摇橹的韵律和节奏有一种与生俱来的天性。由于有了这种手把手的实践教学，舢板上的人们不论男女都是操船的行家里手，这一点丝毫不足为奇。女人和女儿们通常操持渡船和运货的舢板，而男人们则操持较大的帆船。从中国人的观点来看，这样的家庭通常相对较为富足，他们几乎不需要上岸，因为装载各种商品的小船会来往于港口和他们的船之间，他们作为流动消费者的需要能够得到满足。

甚至舢板或帆船上所搭带的禽畜也适应了这种漂泊而严酷的生活方式。只要家禽一被放出笼子，就会集中在船梁上或者成群结队挤在一起，但在通常情况下，这些家禽更多时间被关在临时搭建的简陋的笼舍里。这种笼舍通常由木箱改装而成，带有斜坡状的屋顶，笼侧开一小孔，仅容笼子里的家禽探出头来，想来它们也渴望自由。笼子通常挂在船艉。鸭子多亏会凫水境况要好一些。鸭腿上拴着一条细长绳，至少可以在主人的船四周游动。猫、狗甚至猪则完全老老实实待在舱里，一旦灾难来临就见机逃窜。

总而言之，舢板上的群体生活非常社交化，并体现出航海实践造就的某种形式的共产主义。整个大家庭，包括那些有皮有毛的成员(译者注：鸡、鸭、猫、狗)，都能够友善地生活在一起，满足于最基本的生活需要，女人们尤其安于现状。

生活在大都市里的女性，尤其是那些现代女性，虽然偶尔会参加婚礼、葬礼或外出旅行而享受到些许的刺激和兴奋，但她们更喜欢井然有序的生活所带来舒适。对于她们简单得多的姐妹、黄浦江舢板上的主妇而言，她们既没有时间也没有金钱去买那些唇膏、胭脂或香水，每天风里来雨里去就是生活的全部内容，偶尔忙里偷闲，烫个与众不同的卷发型就心满意足了。[1]

[1] 上海地区烫发的价格极低，因此烫发已普及各个阶层的妇女。上海舢板上的年轻女性最终也经不住诱惑，成为最后一拨时尚的弄潮儿。

— 第3章 —

推 进 方 式

且不管远古时期的人们首次尝试划船是从什么地方开始的，但有一点不必怀疑，人们肯定先是用双手划水，后来改用树枝划水。因此，随着人们聪明才智的不断发展，逐步出现了有形的桨。

不久之后，人们发现摇的方式比划的方式更能有力地推进船前进，于是短桨演变为长桨。用短桨划船只是单独依赖于手臂的力量，而摇桨人则能充分利用桨柄的杠杆作用，还可以利用整个身体的重量。

在中国以及其他地区，自然无从知晓推进装置的早期历史，但有一点可以肯定，那就是中国人现在所用的桨，与传说中公元前 2852 年伏羲氏教中国古人制作的桨相比，几乎没有什么变化。我们应该记得，似乎没有证据能证明那个时期的人们能利用风力来助推船只前进。

中国历史上最早描述桨的或许是甲骨文中的汉字“般”。在“般”字中，桨的样子清晰可见，再进一步想象，桨是握在手中的。

虽然中国历史上缺乏有关中国帆船和舢板的可靠的描述性参考，但总体而言，仍有一些早期的引喻似乎可以证明，我们今天采用的推进方式与 2000 多年前大致相同，而且很可能还要久远。中国史料记载中，最早提到桨的是讲述公元前 1400 年的商代的《尚书》。还有些文献应该撰写于公元前 600 年，但其中许多是公元 3 世纪后来杜撰的。其中有一处做了相当明确的描述：

> 若济巨川，用汝作舟楫。

公元 90 年班固所撰《汉书》，描述了公元前 206 年至公元 25 年间汉朝历代皇帝们乘船出游长江，推动大船前进的就是船身前部的桨和船艉的舵。

中国人使用的桨主要分为三大类，包括：

（1）短桨；

（2）长桨，严格意义上的桨；

（3）橹，亦为摇动的艉桨。

这很可能是船的推进方式在中国的发展演变顺序。很显然，短桨是最原始的，随后是长桨，只不过是给短桨加装了一个固定的支点；最后是橹，这是一种更加科学的推进装置。

早期西方所有著名的旅行家都提到了中国的桨。事实上，他们对中国人用数排大桨划大船的情景已习以为常，因此这些作者并未对中国的长桨作详细描述，这一点不足为奇。虽然马可·波罗曾经对多桨划船的壮观场面作过描述，但他的描述远不及阿拉伯旅行家伊本·巴图塔那样全面。伊本·巴图塔这样描述：

> 共有25人站在船上，手握巨桨奋力划船，他们手中的船桨的大小跟桅杆差不多。

严格意义上的桨是指通过推拉方式推动船前进的工具。虽然这种桨在中国许多地区尤其是长江地区非常流行，但在上海地区，除一两种小舢板使用这种桨外，其他船几乎不用。

如同在其他许多技术领域一样，中国人在划船方面同样展示出其伟大的独创思维，在西方，船桨的桨叶必须刚好没入水中，不能入水太深，这一点非常重要，如图3－1和图3－2所示。

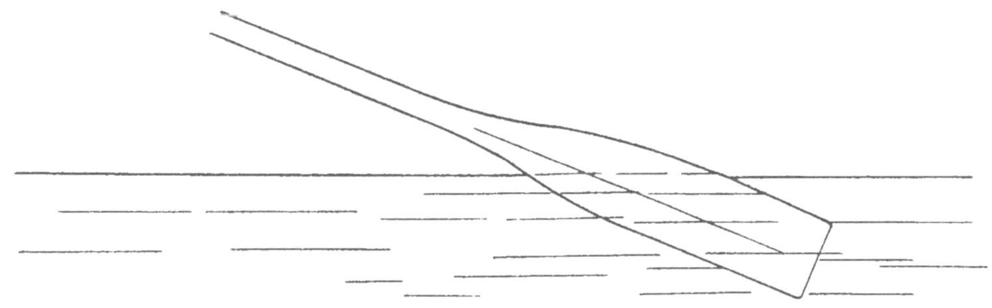

图3－1 西方所用桨的桨叶

[凯利与沃尔什摄影]

[艾蒂安·席高特摄影]

图3－2 划桨(左图)和摇橹(右图)

中国的桨手与西方存在很大差别。对中国的桨手而言，除了全神贯注用最省力的方式划动笨重的船，使其保持匀速前进之外，则心无旁骛了。他必须做到这一点，因为白天大部分时间可能需要一刻不停地划好长时间。

桨手并不是坐着划桨，而是站着推桨而非拉桨。桨手站在船上与桨所在位置相对的一侧，这样可以更好地发力。但是必须注意几点不同。船桨并非仅在水面下划动，然后沿相反方向从水面上返回，而是入水较深（事实上相当深），然后沿垂直面划动。桨叶在水中的完整运行曲线如图 3－3 的 A—B—C—D，而不像西方的 A—E—D。在船桨入水那一刻，手臂部分伸展，将体重和肌肉的力量瞬间传递至桨上。如果是大型帆船，桨柄实际上要高出站着划船的桨手的头部。然后，借助手臂和腿部对桨栓施加的压力，完成推桨动作。桨叶的入水要求有角度，划桨时桨叶应以约 60°的角度深入水中，“回桨”动作应短促迅速，手臂完全伸展。

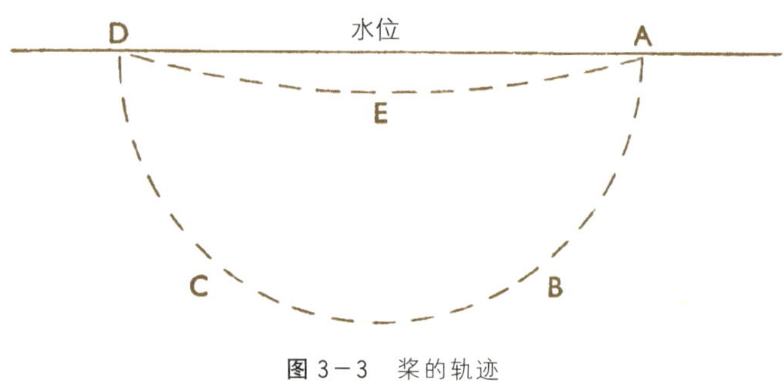

图 3－3 桨的轨迹

因此，中国桨手的每一划都需要更多劳动。推桨旨在提高船的前行速度，腿和身体自然要发挥重要作用。在舢板上，桨手面前两只桨相互交叉极具中国特色，自然也是出于节省体力的角度而考虑的。

有了这样的桨，自然会衍生出更加科学的橹。“橹”最先出现在公元 25 年至公元 221 年东汉刘熙所撰的字典《释名》中。书中如此记载：

> 船艉为柂，在旁曰橹。橹，膂也，用膂力然后舟行也。

“橹”字还见于公元 3 世纪陈寿所著《三国志》。而“摇”字表示挥动、晃动、摆动等动作，由此衍生出“橹（yuloh）”字，表示以摇划水的动作。同样，公元 25 年至公元 221 年东汉古籍《洞冥记》中也提到了橹。

如图 3－4 所示，一般而言，橹叶（橹板）（1）由硬木制成，形状较宽，与二状（2）和橹柄（橹手）（3）连在一起。桨柄末端削掉一部分，用纤维绳（橹担绳，橹索）（4）绑上并打结（也可在橹柄安装一铁环），绳子另一端与固定在甲板上的带环销钉（5）相连接。橹的重心点固定在船上作支钮的倾斜铁质橹泥头（6）上。

支钮通常设在位于船艉的横梁上，如果在其他地方使用，也可设在可移动的短桅上。短桅将在下文中详细介绍。

简单而言，橹的操作依据螺旋桨的工作原理。绕支钮（橹泥头）（6）工作的摇橹是弯曲的，而且柄端

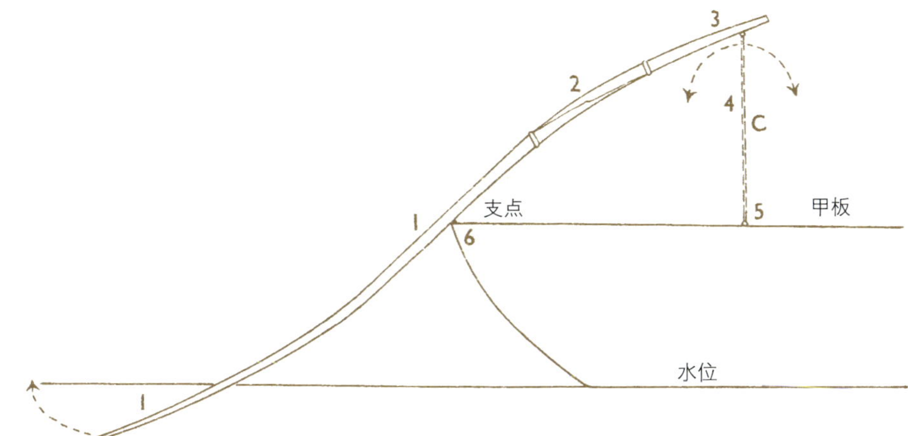

图 3－4　摇橹示意图

被橹索(4)固定在船体上的另一个固定点上。这样的话,由于橹柄被橹索固定,迫使橹沿弧线运动。同样,在支钮或球销的另一侧,橹叶也同样被迫沿圆弧方向移动,只是方向相反。

如果橹叶与曲线保持切线方向,则船不向前移动;如果船在行进中,橹则浮起并远离支承销。如果成某个角度,那么划桨的效率更高,推进力也更强,这就是我们看到的橹通常都是弯曲的的原因。当手在 C 点推或拉时可使橹叶产生转动,也就是说,橹叶的转动主要通过推拉橹索来控制。

此时橹的移动处于双向螺旋状态,这自然会产生一个问题,即当橹叶角度发生变化而且必须经过切线位置时,如何才能保持推进力。答案在于,在就要转动橹叶时,猛拉橹索的中央。这样不仅可以改变橹叶的角度,而且橹索突然缩短,可以减小橹叶工作的圆弧半径。这样,随着橹沿 Z 字形运动,可以保持连续推进力。

如前所述,橹的重心点固定在倾斜的铁支钮上,该支钮通常设在位于船艉的横梁上,如果在其他地方使用,也可设在可移动的硬木橹担上(见图 3－5)。橹与船艉之间的倾斜角应精确计算,以获得最佳效果。

橹担[1]源于古代,公元 3 世纪郭璞为西汉扬雄所著辞典《方言》作的注解中,对橹担做了如下说明:

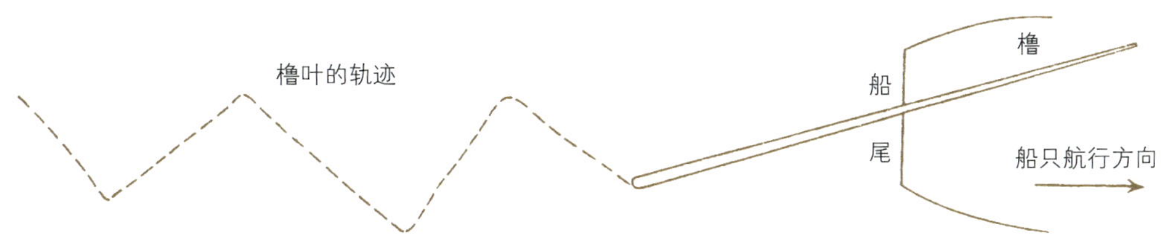

图 3－5　橹的轨迹平面图

〔1〕 这一部分在西汉(公元前 206—25 年)被称为桨。其在三世纪被称为胡人,在今天被叫做橹泥头。

摇橹小檝也，江东又名为胡人。

由于支钮是金属的凸榫或球销，因而可将摩擦减小至最低，这一点较为重要。此外，中国人注重经济节约，他们在橹的下侧与销接触的地方垫一个小木块，称其为橹垫，这样当橹垫磨损得差不多时就可以将其换掉，使橹本身不致于受损伤。

在吃水浅的舢板上，例如白船，橹颈下的木块可延长至 10 英寸；而在吃水深的船上，例如码头船，这样的木块可长达 5 英尺。这样做的原因很明确，就是橹必须调整至与帆船的平衡保持一致。

在黄浦江和上海周边，有两种形状独特易于辨别的橹：第一种叫"琵琶橹"，因其形状与琵琶相似而得名，造型轻度弯曲，此种橹由橹柄、橹颈和橹板三部分叠加而成，重叠部分嵌接、钉住并用细篾片缠绕；另一种叫"绍兴橹"，以其所在城市而命名，通常也称"板橹"，此种橹造型笔直，橹柄与橹板搭接，用铁箍紧固。

图 3 - 6 列出了橹的变化情况。根据当地船匠的爱好和习惯，两种类型的橹之间存在非常细微的差别。

我们可以发现，绍兴、浙江南部和福建等地的帆船通常使用直橹，事实上有许多航海帆船都用这种最原始的橹。弯橹则在江河帆船上更为常见。

我们很难确定为何有的帆船使用直橹，而有的帆船却使用弯橹，也绝不可能制定固定的规则去衡量哪些地区使用哪种橹。但是，有一个事实亘古不变，即同一类型的船永远使用适合于自己的那种橹。

有些橹的橹板包有铁皮，这样做有两个原因：一是增加橹板的重量；二是使橹板入水时更加顺滑。

西方所用的桨远比橹力量大。有些舢板的船工认为，人数相同时，摇橹行船的速度要比划桨行船快得多。事实上，任何形式的短桨，就像中国人所用的，都能起到引导力量的作用。

暂且放下速度的问题不谈，中国人操橹行船的方法在世界上可以说是无与伦比的。橹可以由小孩或年长的妇女来操作，消耗最少的体力便可以行驶很长一段距离。此外，当摇橹人在船艉或站在艄舷或尾舷的橹担上操橹时，橹升起时不占横向空间，因此非常适合于既窄又浅的拥挤水道。

因为橹可以模仿鱼的动作，所以在狭窄水域很少使用桨。鱼游动时轻轻摆尾，可以恰如其分地掌握推进力的平衡。法国传教士杜赫德潜心关注中国，对中国的橹有极为深刻的印象，他在 1740 年对橹做了非常详尽的描述。观察到了鱼和橹之间的相似之处，他这样写道：

……如同鱼尾般在水中左右连续移动，像空中展翅翱翔的猛禽那样，以尾作桨，斜着切开水面。

结论是显而易见的：这种情况在其他地方是看不到的。

操橹者一手执橹索，另一只手成环状往复摇橹。如果由两人以上操橹，则一人执绳，其他人一起摇动橹柄。不同年龄的小孩经常与大人一起操橹，这种情况并不稀奇，他们正在跟大人学习特殊的摆橹方法。

西方人通过增加桨的数量来加大行船的推进力，而中国人则将更多的人力投入橹上来达到这一目的。一船八人共操一橹，至少两人操橹索，这种场面极为普遍。操索是一门非常专业的艺术，一名操索人手持橹索将身体猛然后仰，直至后背几乎与甲板平行；对面的操索人重复相同动作，一个回合结束后，重新开始。不同帆船的速度相差较大，但在橹数相等、水况较好的情况下，速度为平均每小时 3.5 英里(10 里)。

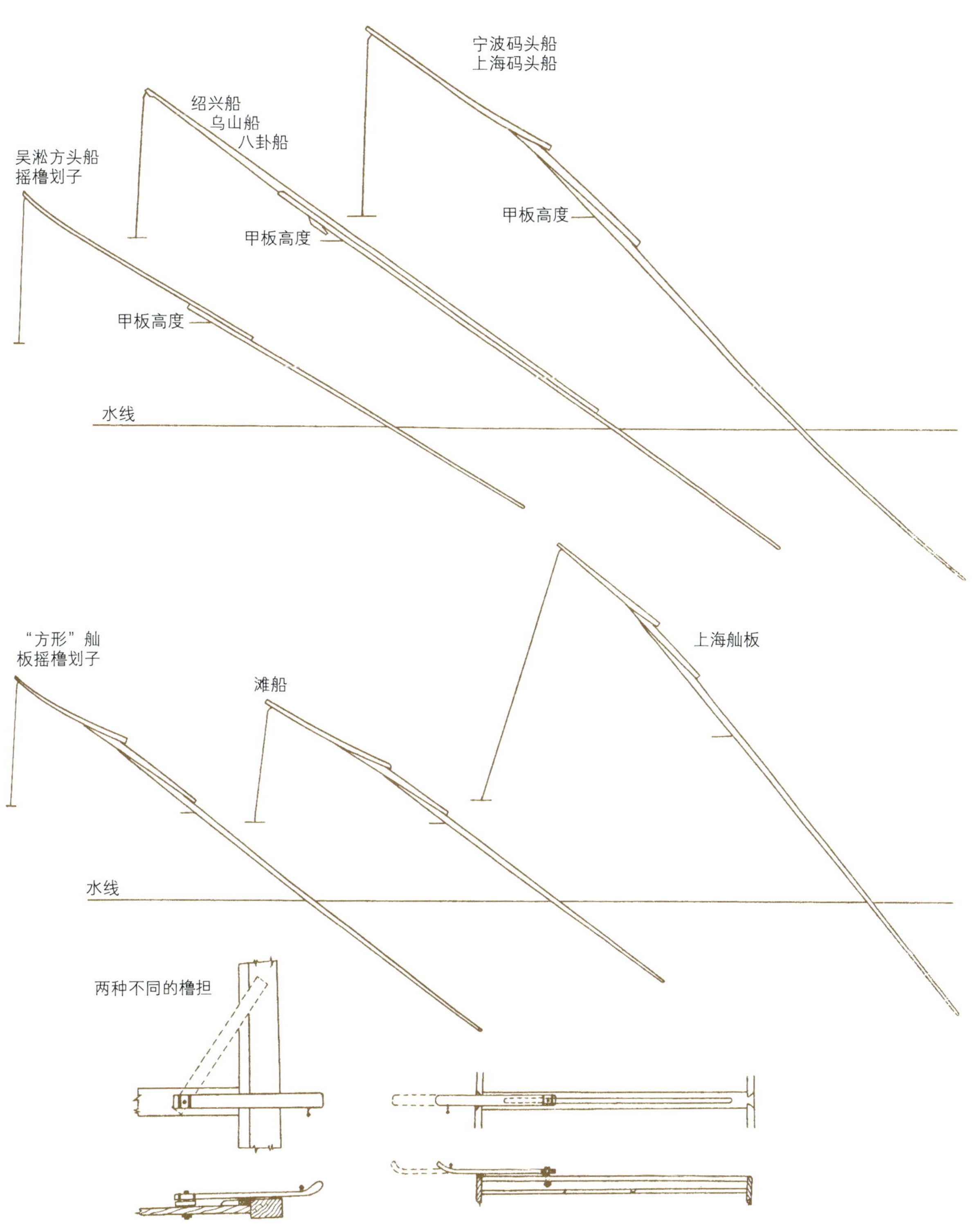

图 3-6　帆船与舢板：各种橹与配件

将上海地区的橹和四川的橹相比较，会发现一件有趣的事情。上海橹的橹板较大，入水时的角度为45°或更大；而四川橹造型较直，橹板较窄，入水的角度较小。每种橹都根据自身特定的环境以及工作方式和船型而设计，然而比较一下两者的力量和各自的优点就会有所收获。上海橹的力量可能会更大一些，但不适合在流速较快的水域使用。

如同对待其他发明一样，中国人从来不会花时间去研究橹的力学原理，事实上对于生产生活实践中碰不到的领域，他们从未作深入研究。橹或许是中国诸多发明中最科学的一种，但似乎从未有人认真研究过它的机械原理。[1] 此处提出了许多与橹相关的问题，但并非为了解决问题，而是为研究这些问题提供资料。

总结一下，中国橹和西方所用的桨的不同之处在于，在西方，转动桨叶是用手来完成的，而在中国是通过拉动橹索来实现的。西方转动桨叶的方式，在每次划水结束时几乎没有拨水反作用力而产生的连续推进力，因而更加浪费力气，所以效率较低。

拉　纤

在介绍完具有神奇推动力的橹之后，下一个推进船的方法就是拉纤，这是在行船时风力、潮汐或水流处于不利条件下采用的一种推进方法。虽然拉纤时船行的速度比正常情况下慢，但拉纤相对摇橹而言操作简单得多。如果不是顶风或逆流，拉纤的船行速度能达到每小时 3 英里就不错了。拉纤的行船方法在全世界都大同小异，只不过在中国几乎不用马来拉船，而在西方就用得比较多。

不过根据一些间接引用的例子，马在中国曾被用来拉纤，尽管这种做法成本非常高，但遗憾的是，没有确切资料来证实早期旅行者的这些记载。

马可・波罗曾描述在长江上游多达 10～12 匹马拉船的情景。但除此之外，再没有外国作者记载过任何用马拉纤的文字，因此，既没有可靠证据表明这种方法源于何年止于何代，而且用尽各种方法也找不到任何书面文字，来证明马拉纤曾在长江上使用过。

1736 年，杜赫德在其所著《中华帝国全志》中详细记载了有关拉纤的情况。他在书中提到了马，但其说法令人费解，因为依照他的观点，每名官吏按照马的力量来摊派劳力，然后乘以三，换算成应出的拉纤人力。记载如下：

> 大帆船主要由桨手来划船，必要时也需要人用绳索沿岸拖行。这些人力由每个城市的官员提供，每日更换。所需马的数量由朝廷钦差大臣（Patent of the Emperor）指定，即 1 匹马抵 3 个人。因此，如果钦差大臣指定了 8 匹马，那么就需要提供 24 个人去拉纤。

虽然在长江三角洲拉纤这一行不像在长江上游都已成熟得像门学科了，但一艘装载较多的沉重帆船让 6～8 名纤夫一次拉上数个星期也是司空见惯毫不为奇的事。

小河、运河和水道沿岸通常设置有相应的纤道，许多支流的河口还架有桥梁，这些纤道和桥梁一般由当地村民维护。然而，很多情况下没有纤道，船只能缓缓前行，尤其是通过一些没有架桥的小河流时就非常困难。在这种情况下，纤夫只能收回纤绳，涉水回到船上，等绕过障碍物后，再从船上跳入水中回

〔1〕 最有趣的就是用照相机的慢镜头拍摄。

到岸上继续拉纤。

为了克服这些困难，长江上游不断演化出了各种纤具来满足不同需要。

上海地区的纤具是一块放在胸前的木制纤板，长 25 英寸，宽 2 英寸，厚 1/2 英寸，底部带有 2 英尺长的绳头，与后面 11 英尺长的纤绳打结系在一起。木纤板可确保整套纤具能浮在水面上，并可以在纤板荡过桥洞或穿过狭窄的溪流时便于收回。与长江上游纤夫的纤具不同，长江下游的纤具没有精细的绳结和竹扣，因为长江三角洲的纤夫只是在距纤具端 18 英寸处打个半结，将自己与纤绳连接起来。

长江上游通常雇佣专业人员来拉纤，而在长江下游，拉纤则由船工本人来完成。如果遇不上顺风，他们可能要从日出拉到日暮，期间只能借一日三餐时机休息片刻。

日复一日，年复一年，长江上的人们祖祖辈辈重复着同样的辛勤劳作。经年累月，拉纤已经成为一种机械性的工作，只需船老大一声令下，船工们便会自觉地各司其职。说真的，绝大多数地区的中国人已经习惯日常操劳中伴随着喧嚣和嘈杂，可这种喧嚣和嘈杂的缺失，却是上海周边水运行业的一个显著特点。

撑　篙

最后一种行船方式是撑船，或者从技术角度称为撑篙。这也是小河以及各种水道中常用的一种行船方法。关于何时更适合使用纤夫、撑篙或者摇橹来行船，并没有固定的衡量准则，但是，如果有足够的人手，篙和橹在更多情况下会结合使用。撑篙者通常手持一根长的木杆或竹竿，杆的下端带有长而重的铁质篙钻。船工将篙使劲插入河底，篙梢顶在肩膀前部，后背弯曲成弓状，脚步在船面上移动，身体通常以几乎不可思议的角度绷紧。篙手在一撑之后灵巧转身，底端铁质篙钻随之从河床中拔起。篙手走回船艄继续下一篙。

竹竿因为结实有弹性，是最常见的用于制作工具的原料。竹子一般生长在内地，其中有一种叫“撑篙竹”，小叶，从字面意思就可以看出其非常适合于制作船篙。篙竹和毛竹一样，竿材厚而坚实，是制作竹篙的上佳之选。长成的撑篙竹高达 15 英尺，直径 2 英寸，代表性产地为广州地区。

— 第4章 —

桅杆和船帆

帆是古人后来才发明的，与前期发明的推进方法相比要晚得多。

西方一些学者认为，中国帆的出现从年代上讲应当晚于埃及、美索不达米亚和地中海东部的帆，这些地区的帆应当是最古老的类型，这就是说，人类最先发明的是横帆。

但是，所有这些单薄的证据似乎都无法说明帆在中国的成熟发展要晚于西方国家。事实上，可能比西方要早得多，因为中国许多卓越的航海装置上面都有明显的古代特征。此外，直至16世纪中叶，中国在许多领域都远远领先于西方。

因此，随便确定一个不会引发争论的时期，来断定中国开始使用船帆的时间，那么这个时期的起点最好是与西方首次使用帆的时期大约相同。

至于将这一时期定为公元前2600年[1]还是公元前4000年[2]，专家对此意见不一。事实上，如果有典型证据证明这是使用帆的最早时期，也决不能说明帆不是非常古老的东西。早期的人们具有相当高的聪明才智，我们可以想象他们在很早时候就使用皮帆了。

正如上文所述，古代的水手用的是横帆，他们的船根本无法迎风行驶。因此，船帆只是船桨的一种辅助工具，只有在风平浪静时才能使用。在9世纪斜挂大三角帆引入之前，地中海地区的帆也没有大的发展，而且直至15世纪，西北欧地区在船帆方面才有了较大起色。

我们对中国船帆发展的了解极为匮乏，也不知道从何时起横帆已经被斜桁四角帆所取代，但我们可以在一定程度上认为，是中国人最早发明了斜桁四角帆，以此解决了逆风行船的问题，至于是何时发明的我们不确定，但至少比西方早数个世纪。当然，中国船帆的平整度和灵巧度一直领先于世界，而且至今未被超越。

在中国文献中，公元25年至公元221年东汉时期编撰的辞典《释名》中首次提到了船帆。书中对帆的描述如下：

> 帆，泛也，随风张幔曰帆，使舟疾汎汎然也。

在本书以及后来杜元凯所撰《杜律注》中，使用的字是“帆”，而在许慎所撰《说文》中，却用了发音相

〔1〕 见莱德·克罗伊斯所著《帆之故事》。

〔2〕 见罗默拉和安德森所著《帆船》。

同但写法不同的“颿”,意即如马般疾驰。该字由“马”和“风”组成,暗喻张帆行船的速度之快,但这容易使人对“帆”字的语源产生混淆。第三个是“𦨣”,由舟和风组合而成,发音与“帆”相同,出现在约公元6世纪的顾野王(译者注:顾野王,公元519—581年,南朝梁、陈间官员,文字训诂学家)所著《玉篇》中,被称作是孔子时期或更早时期的“帆”字的古体。但是,这种说法并没有更多证据进一步证实。

奇怪的是,在早期的古籍中很难找到关于船帆的典故,而且在后来一些著名的中国辞典中也难以发现任何明显的例证。遗憾的是,甲骨文中也没有任何关于船帆的记载。

从中国早期的横帆来看,今天使用的平衡斜桁四角帆,很可能是通过将升降索在上帆桁上移动至不同的位置发展而来的。由此人们很快就学会了戗风行驶。我们可以推测,由于斜桁四角帆逐渐变得越来越大,越来越见效,所以这种演变对船的推进力具有极其深远的影响。中国古代的斜桁四角帆可能比现在的形状更接近于正方形,且受阿拉伯风格的影响而出现尖的帆顶。

1375年的“加泰罗尼亚地图”虽然并未提供太多信息,但仍非常值得关注(见图1-4)。这幅地图现收藏在法国巴黎。有学者认为,从该地图可以看出欧洲最早是从中国引进席帆的。情况极有可能如此,但目前仍未定论的一项关于帆船的研究则显示,当时欧洲的航海研究可能不是非常全面和深入,这是因为一直到17世纪或更晚,斜桁四角帆才开始在欧洲广泛使用。三角帆是由横帆演进而来的。[1] 前往远东地区的荷兰和葡萄牙的商船很可能也带回了有关中国船帆的记载。

中国的斜桁四角帆源远流长,无疑是从横帆直接演进而来的,其证据在于有些帆船,尤其是行驶于钱塘江上的帆船,在风平浪静时都悬挂着从上帆桁中心点扯出的横帆。但在需要戗风航行时,只要简单往下一拉,这种横帆马上就变成了斜桁四角帆,甚至不用改变升降索的位置就可以完成戗风,如图4-1所示。

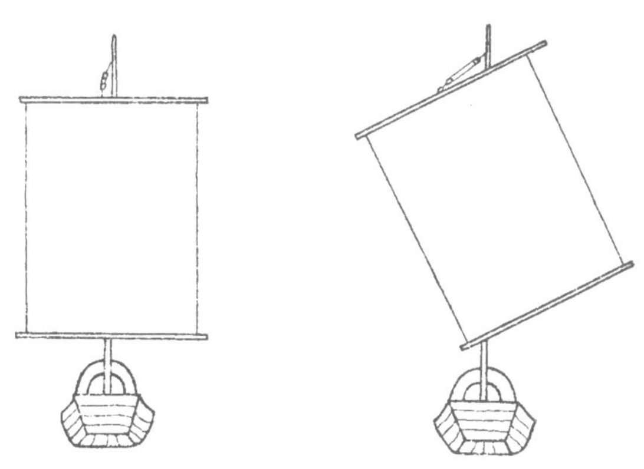

图4-1 从横帆到斜桁四角帆的演进

在古代,帆是由粗纤维织成的席子制成的,据说这种席帆较轻,便于操作,这种习惯一直延续到近代。但是,随着机器编织的廉价棉布的出现,席帆今天已完全淡出历史舞台,其原因在于布帆更加结实耐用。[2] 席帆最多只能使用一年便破烂不堪,上面满是孔洞,最可怕的就是一阵狂风刮来,整块席子都

〔1〕 可以想象,为了达到提高横帆的效果,上帆桁一直上翘直至一个桁端快要挨着甲板,而另一个桁端则高过桅杆。到达这样的位置时,船帆下端的三角形部分已经没有用,因此被切掉,只留下帆的上面三角形部位,看上去就像我们今天所见的三角帆的形状。这种早期的三角帆后来又得到进一步发展,只需将升降索在帆桁上移动至不同位置,切掉帆下脚的一小部分,便发展成了斜桁四角帆。

〔2〕 广东地区的情况除外。

会被刮走。长江流域出产棉花的地区可能最早弃用席帆。在此之前也使用蓝布帆或蓝白相间的布帆，但这种独特的帆主要流行于中国官船上，最终也销声匿迹了。

首批来到中国的许多外国人都在记载中提到帆，从这些中世纪的旅行者手中可以收集到许多有用的资料。令所有古代学者最感兴趣的就是他们看到帆船上竟然悬挂着数量如此多的帆。伊本·巴图塔记载"3 到 12 张帆"，修道士乔达纳斯称有"10 帆"，尼古拉·康迪称有"5 帆"，而马可·波罗(看到的往往比别人多)则描述为"4 桅 12 帆"。如果事实如此，则说明当时的帆船已经有了上桅帆，[1]但这是绝不可能的。事实上，能带动 12 张帆而且适合于那个时期和传统船帆的帆装才是人们最感兴趣的。如果把每张辅帆都算上，一船 12 帆也不是没有可能。马可·波罗描述道，"我可以告诉你所有的相关细节，但如果从现在开始讲，那故事就太长了"，借机避开了这个问题。不过，伊本·巴图塔简要介绍了他当时所见的帆，但遗憾的是，他的描述对我们了解那个时代的帆几乎没有帮助。然而，他的叙述确实暗示他见到的帆船上装有上桅帆。

四角上桅帆在欧洲是相对现代的一项发明，[2]同时也将一个非常有趣的问题摆在人们面前，就是说，帆船上使用的上桅帆可能源于中国，而非源于已经使用了其数个世纪的西方或者马来半岛。这种说法的证据支持就是江苏商船经常使用上桅帆。[3]

虽然中国式帆装的优越性未得到广泛认可，但需要注意的是，19 世纪初，机帆船逐渐占领东方国家的水面，采用了适应当地条件的帆装。这些机帆船中至少有一种装备了中国式船帆，这可以在《麦克弗森收藏品》中看到，其中收录了一幅 1829 年的图画，显示的是印度加尔各答的"福布斯"号蒸汽船(见图 4－2)。

图 4－2 印度加尔各答的"福布斯"号蒸汽船

〔1〕 格林威治国家海洋博物馆收藏有山东帆船的完整模型，这就是最好的例子。

〔2〕 阿兰·摩尔和巴特著《最后时代的桅杆和船帆》一书中指出，此帆发明于 15 世纪。

〔3〕 西加特和我对此观点不一致。他坚持认为，由于中国船收帆非常容易，如果需要更大范围的帆区，只需延长帆面，不必再安装类似上桅帆一样笨重的帆。

中国的帆船旨在实现两个功能：力量和节约。正如前文所述，真正的中国帆是带有垂直前帆缘的平衡斜桁四角帆，这种类型的帆几乎在长江上的所有帆船上使用。此帆面 1/6 至 1/3 通常位于桅杆之前，这样有助于平衡桅杆之后的部分，平衡斜桁四角帆因此而得名。此外，此类帆通常悬挂于上帆桁的 1/3 处。

我们在中国其他地方可以发现，每条河流和每个港口都有具备自己特色的各型帆船，但其中的桅杆和船帆都几乎接近一致。当然，中国各地帆船在帆的款式（主要是垂直前帆缘）方面也多种多样，但大体而言，中国帆主要由平衡斜桁四角帆构成，用横向帆撑条或竹条绷紧，每根横向帆撑条或竹条与帆面相连接（实际上构成帆面的一部分），从而使帆非常平整。

中国的帆样式非常多，包括黄浦江上部分帆船装备的方顶帆和湘江上的帆船装备的尖顶帆。帆撑条、索箍、帆布的排列以及缭绳（帆脚索）的引导方向也存在不同。然而从根本上讲，所有帆的起源都相同，因此可直接归类于同一家族。

因此，图 4-3 至图 4-5 虽然是入海口常见的福州运木船，代表的却是长江上众多帆船最常用的船帆。

船帆一般紧系在上帆桁和下帆桁上，然后以纵向位置悬挂在桅杆上。帆挂在船上桅杆的哪一侧，各地情况不一致。通常情况下，所有挂方顶帆的船只以及长江和山东一带的帆船，帆挂在左舷；福建、浙江一带的帆船，帆挂在右舷。当然也有例外。例如，福建运木船的前桅帆挂在左舷，而主桅和后桅上的帆则挂在右舷。宁波许多帆船的帆也挂在相同位置。

对长江上的帆船而言，不可能始终遵循同一种挂法。通常情况下，为了最大程度地利用风力，帆通常完全合理地挂在桅杆的前方或后方。如果帆船带有两张或三张（这种情况极为罕见）帆，则挂法可能会不同。

中式帆的主要特色就是帆撑条。[1] 这些帆撑条至少有五种作用：第一，有助于保持帆面平整，从而使帆船能够更好地迎风驶帆前进；第二，这些帆撑条简化了收帆的过程，使船上的帆能够展开更长；第三，可使降帆的速度更快；第四，帆撑条的铺设结构使得帆上的张力能均匀分布在帆撑条和帆面上，从而相比西方而言可以减少使用（价格昂贵的）高强度帆布；第五，帆撑条经常可以当绳梯使用，供船工爬高。这种结构简单而有效，因为船工只需从甲板爬上帆撑条，就可以爬到船帆的任何一个部位。与爬上三角帆顶端的难度比一比，就可以看出这种省力装置的价值所在。

除了这些作用之外，中式帆还有一个可取之处。当西式帆破损严重时，就无法再用，必须换掉，而中式帆则不同。由于有帆撑条的支撑，即使半个帆面满是破洞，照样可以升起（见图 4-11）。

每根帆撑条都用限位索箍与桅杆固定在一起，自行形成一个独立的小帆区，并避免其脱离主帆面。中式帆的帆面平整的秘密就隐藏在这些简单的要素中。

纵帆具有向前移动的自然倾向，因此通常使用限位索箍使得下帆桁靠近桅杆。如果是较小的帆，则需用细绳绕桅杆与下帆桁捆绑在一起。如果是较大的帆，则用粗带子绕桅杆 5～6 圈捆扎。此外，大型海洋帆船上通常有被称作牵引限位索箍的索具，穿过条帆撑中部将帆保持在合适位置并随时调节平衡。绳索的穿法有许多种，图 4-6 中列出了具有代表性的四种。

在牵引限位索箍的可移动部分，通常顶上那个固定端与中式滑轮或帆前部的撑帆条连接在一起，且向下穿过每对撑帆条之间短索上的一组滑轮，并绕过桅杆，从而将张力均匀分布给整根桅杆。如图 4-6D 所示，最复杂的帆来自宁波。如果帆较为厚重，则有一根系在上帆桁上的辅助绳绕着每一根条帆

〔1〕 安南与东京湾邻接的兰江，是南方划分有帆撑条的帆和无帆撑条的帆的神秘分界线。

图 4－3　福州运木船前帆的索具

图 4－4 福州运木船后帆的索具

图 4－5　福州运木船主帆的索具

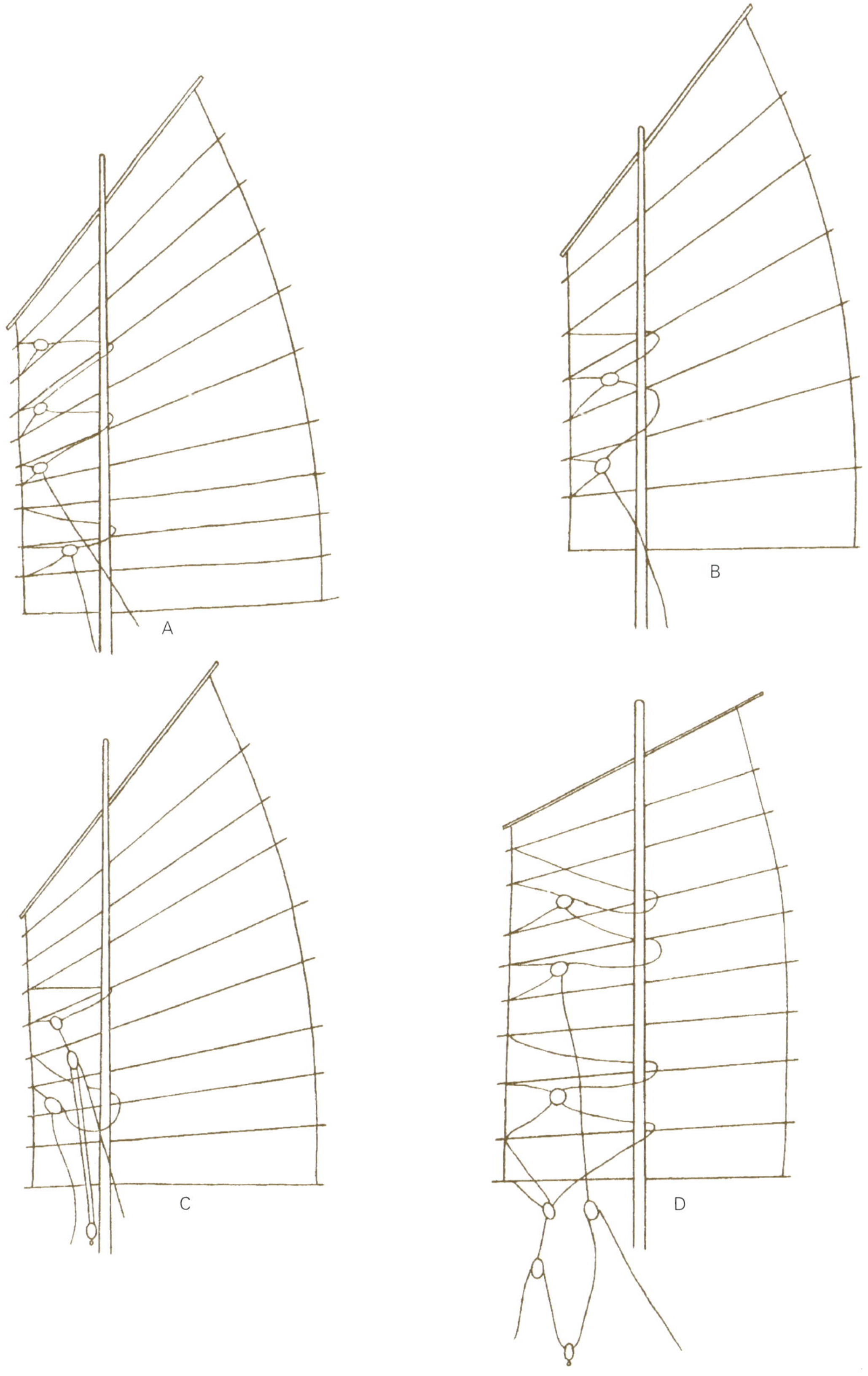

图 4－6 收紧牵引限位索箍的不同方法

撑固定，最后紧绑在下帆桁上。这条绳子的作用在于使各帆撑条之间保持相等距离，以防帆面被狂风吹得鼓起来。

张帆是一件费时而嘈杂的工作。上帆桁和帆通常非常沉重，所有船员都必须通过绞车或绞盘来操作。相对而言，卷帆和收帆则简单得多，因为升降索松开时，帆和撑帆条自身的重量会使船帆自然下落到安装在帆每一侧的吊帆索上。一般情况下，船帆会像折扇一样整齐卷起。

吊帆索的差别很大，而且极为复杂。使用何种传动装置在很大程度上取决于帆的重量。图 4－7 中图 A、图 B 和图 C 分别给出了两种较为简单的吊帆索。

吊帆索的布置在多数情况下是完全相同或大致相同的，可以在所卷的帆的任一侧，如图 4－7A 和图 4－7B。图 4－7C 显示的是典型的黄浦江上所用的吊帆索。

有时，较轻的船帆不需要吊帆索，船帆可直接落在悬挂在桅肩上的一根结实的短竹上。

升降索（见图 4－7D）最多可达四根，通常包括两组独立的滑车组。其中一根从上帆桁开始，穿过桅杆上的滑轮（2）后向下连接到双联或三联滑车组（3）上。该滑车组的下滑车被锁扣在桅杆底部的粗横梁（4）上的带环螺栓上，移动部分被固定在桅座（5）的羊角上。另一组滑车则从上帆桁（8）开始，穿过滑车组（7），向下引导到甲板，并穿过甲板上的一个较大的单滑车。

中国的劳动力非常廉价，确切地说，中国过去的劳动力非常廉价，所以船主可以花钱雇许多船工，给帆船装上巨型帆桅。例如，福州运木船的主帆重量达 5 吨以上。

帆船停靠在港内时，通常会将不易折叠或不易卸下的船帆用篾席盖住，然后放下、卷起，再用布盖上，更多情况下是用浸油的席子盖上，而这些席子通常也搭在桁上。当然，也要卸下升降索，摘下滑轮，挂在穿过下帆桁的绳索上。

在大多数中国帆船上也如同欧洲那样安装有后桅。后桅帆虽然会使帆船减速，但也使帆船操控起来更加方便。后桅帆也有利于帆船在港内更加灵活机动，不用升起沉重的主帆。

前桅帆取代了船艏三角帆，使帆船航向更加稳定，转向时更加灵活，因而在航海中起到了非常重要的作用。前桅帆还可避免船艏因突然迎风而偏向上风侧。

虽然帆在入海口以及长江及其支流上可以大显身手，但在一些较小的内陆水道和溪流上，浅水和狭窄的航道大大限制了船的推进方式。在这样的情况下，各种行船方式无所不用。除了可能使用帆外，橹、拉纤、撑篙以及小船拖行都可能使用。

上海及入海口地区的帆大致可以分为两大类，[1]一类是用竹条撑帆杆绷紧的方顶平衡斜桁四角帆，另一类是斜杠帆。

图 4－8 中是上海地区常用的一种典型的方顶斜桁四角帆。这种帆的主体构造通常是一样的，但也存在些许差别。这类斜桁四角帆被分成几部分，由于找不到合适的航海术语，暂且称之为“纵辅帆”。纵辅帆用细绳捆扎在连接处，在只有两片纵辅帆的情况下，连接处通常不在中央位置。除了一些帆船只有一片纵辅帆外，两片纵辅帆是最常见的帆型，偶尔也会见到三片纵辅帆，而四片纵辅帆的情况就极少见了。

帆的款式也经常不统一，有些帆顶部显得尖一些，而大部分相对较窄，带有垂直的前缘和后缘。

这些斜桁四角帆是由最原始的方顶款式帆发展而来的，而这些方顶款式帆则与古代欧洲使用的船帆相似。调查发现，长江上游仍在使用这种斜桁四角帆的改进型。

正如上文所述，船帆的初期发展只是简单变动升降索最初的中心位置，以实现戗风航行。后来的改

〔1〕 此处省略了杭州湾的商船，因为这些商船通常被认为是临时来访船。

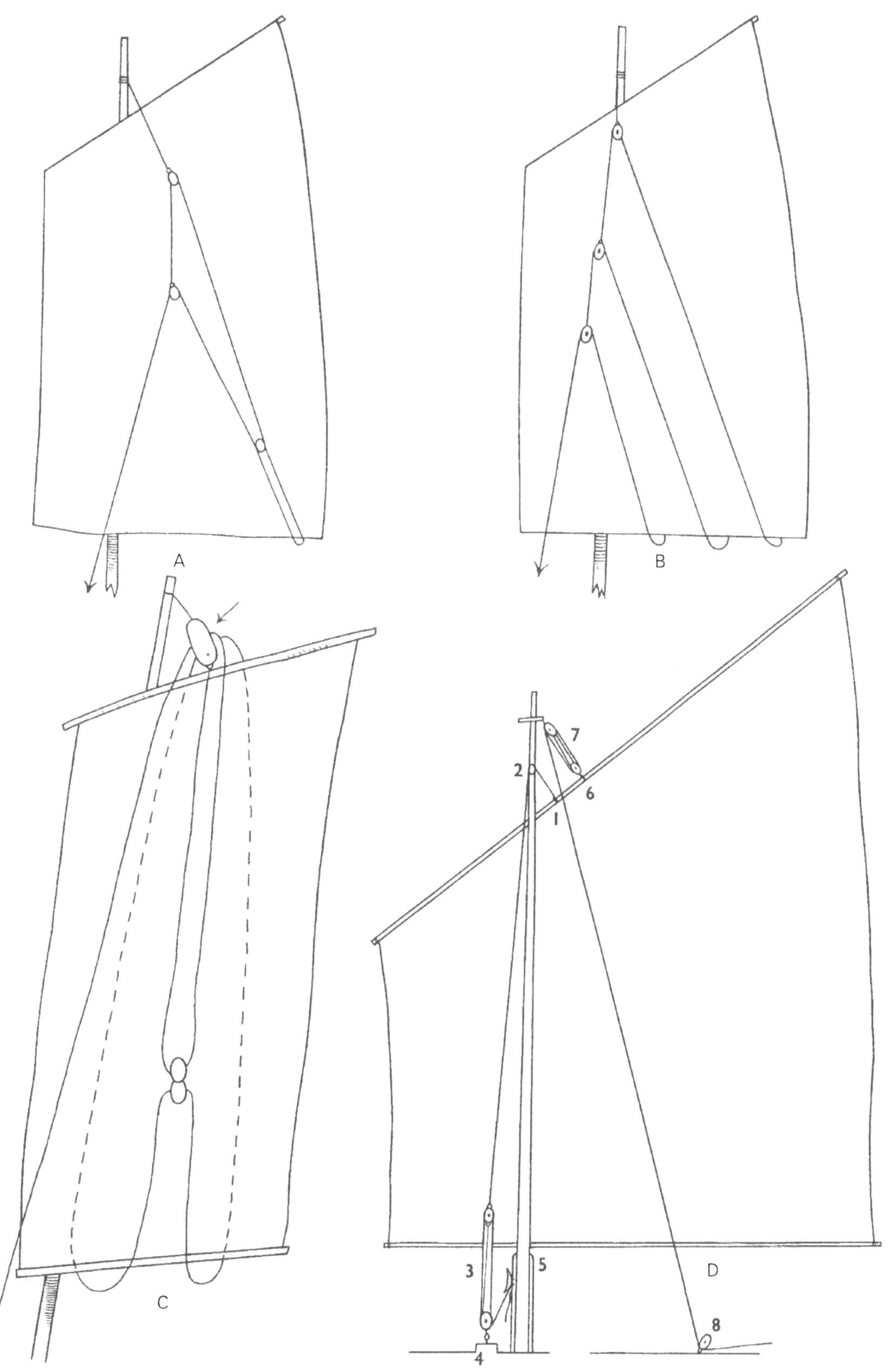

图 4-7 吊帆索与升降索

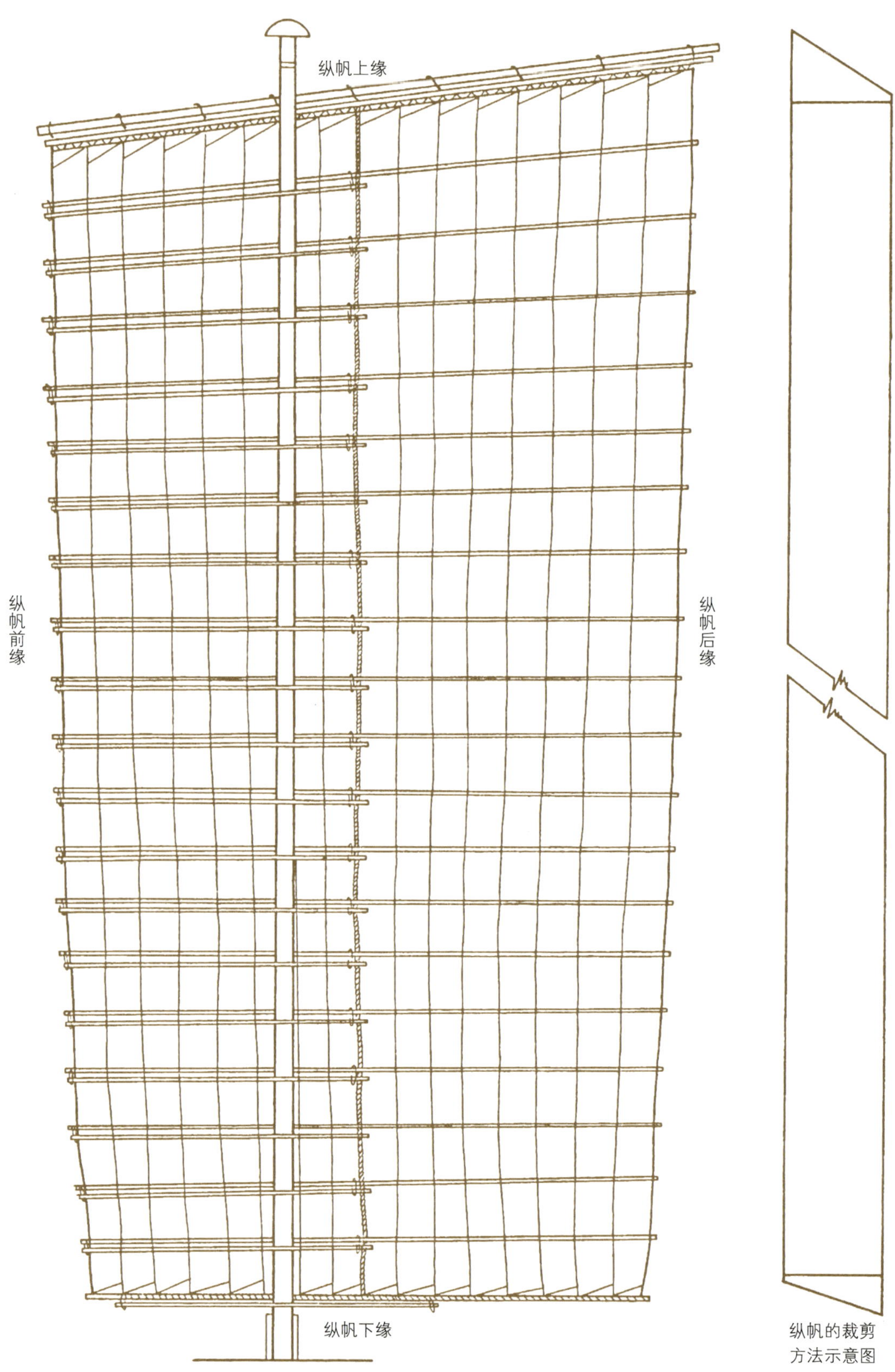

图 4－8 方顶斜桁四角帆

进包括帆撑条和紧绳器以及将整面帆分隔成多个帆面，从而使船帆更加坚固。绷帆的每一根撑帆条都将该部分与紧绳器相连，每根帆撑条上带着由绳索、藤条或竹子制成的限位索箍，而且和中国其他地区常见的一样，通常是分开的。采用这种做法无疑是为了在放下桅杆时确保操作最灵活。船工可能还希望在紧绳器和帆桁之间有一个连接部件，尤其是与下帆桁之间的部件，但仔细观察显示，不管出于何种原因，这种省略是有意为之。

图 4－8 所示船帆由两片垂直辅帆组成，每片辅帆由八块帆布缝合而成，各线缝下由绳索捆扎。这样做的目的，是使帆布各部分均紧贴各帆撑条。每根帆撑条都有一部分连接在限位索箍上，并渐次穿过直到最后的帆脚索（缭绳）上。这种结构将船帆压力均匀分布在整根桅杆之上。这是此种船帆之所以高效的又一诀窍。同时，这也使得中国人在纵帆使用原理的掌握上远超西方。

第二种船帆为平顶斜杠帆。这种帆又分为几种不同的类型，主要在上海附近港口和河流的船上使用，而在舟山和宁波一带，几乎所有渔船都挂有斜杠帆，有时这一带也用斜杠帆充当船艏帆。小船也偏好斜杠帆。河船上的斜杠帆相当简易（见图 4－9），包括一根杆，以及上挂一张方形或接近方形的、不系帆脚的帆。船帆由多少不一的方帆布连接而成，有时接缝处能看到缝合的痕迹。宁波和舟山渔船的斜杠帆没有乍看之下那么简单，相反，其构造极度复杂（见图 4－10）。横向接缝处在帆的双面进行双向缝合，尾端用环索的方式缝合回来。在帆前缘上使用的滑环，在后缘则用于操控复式帆脚索（缭绳）。并且，这种帆不为长方形。帆前缘比后缘长，帆顶比帆脚长。帆由一串滑环固定在桅杆上。各滑环均匀排列，到帆前缘为止。滑环有竹制、藤制、绳制甚或线制，位置不一定和帆接缝重合。

斜杠帆的名称（老式英文里叫做“spreet”）取自支撑帆顶的斜杠，一般是竹竿。斜撑杠以 45 度左右从桅杆上伸出，在对角线上撑起船帆，到帆顶为止，和帆边绳相连。撑杠插在桅杆下部的双环索套中。如果帆较大，双环索套上还要加装一个小的滑车组，起到稳固撑杆的作用。

由于桅杆和船帆向后倾斜，帆顶比帆耳低，帆后缘并非直上直下，帆顶也不在帆耳的垂直上方。比例很重要，否则无法装好船帆。就斜桁四角帆而言——实际是就绝大多数中华帆而言，一般是以复式缭绳（帆脚索）穿过一个或多个眼板。

长江入海口舟船的斜杠帆有一片辅帆，偶尔有两片，每片通常各有其缩帆索。

斜杠帆没有下帆桁，但如果认为有必要，也可加装。但船工认为无此必要。没有下帆桁的船帆受风压力更小，操控更便捷。

从斜杠帆的简单程度，或可推测其由比斜桁四角帆古老得多的中华方帆改进或发展而来，当然，前提是斜杠帆本身不会比方帆更古老。

有些权威机构认为，欧洲的斜杠帆源于 15 世纪下半叶的荷兰。如果真是这样，会很有意思。因为荷兰的水系和中国的水系颇有共同之处，都是以浅狭的水道为主，虽然荷兰的水域面积对中国而言，只能算是小巫见大巫。

中国式斜杠帆和欧洲斜杠帆差别巨大。欧洲斜杠帆由于强调快速，故需要在斜杠上端安装斜桁支索，而中国斜杠帆有了眼板和中式帆脚索，就无此必要。中式斜杠帆也没有卷帆索，因为通过升降索的升降和斜杠的操控，即可实现升帆或收帆。斜杠帆的缩帆不像斜桁四角帆那样简单。有时有三个缩帆索，分别对应船帆下部的缝合处。如果需要将船帆进一步收缩，必须松开辅帆，使整个船帆下部及其滑环和各帆脚索一起降下。

由于常常没有足够长的竹竿用来缩帆，斜杠由两段竹竿连接而成。下端一段竹竿较短，通过插入或用硬木固定的方式，连接在主斜杠上。

江河型快板船使用的斜杠帆

航海型舟山渔船使用的斜杠帆［法国艾蒂安·席高特摄影］

图 4－9 斜杠帆

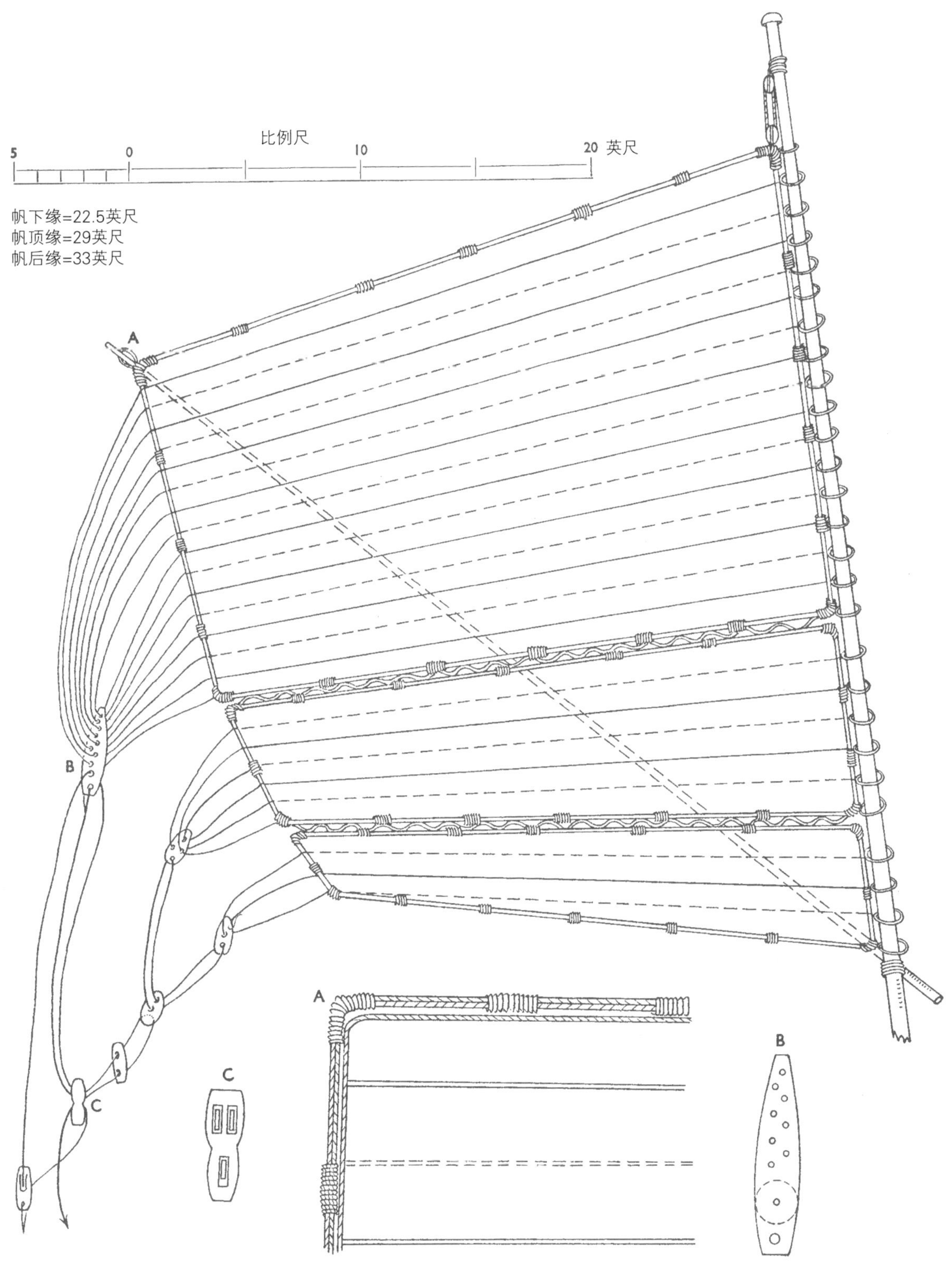

图4－10 斜杠帆

斜杠顶端要纤细柔韧一些，便于弯曲或弹出绳眼。有时用一个小环索固定撑杆。小环索是一小段绳索，与帆顶和后缘的帆边绳呈对角相连，绕缠到杠上。

数百年来，船帆制作在西方，特别在英格兰，是一个专业性很强的传统行业，须依据各种严格的规范行事。按照英国海军的苛刻规定，每3英尺帆布必须缝120针。可在中国，缝制船帆都是家庭作坊生产。只要会捏针引线，便可进入这个行业。中国船帆上每3英尺仅有72针甚至更少。这会令纳尔逊[译者注：霍拉肖·纳尔逊(1758—1805年)为英国历史上著名的海军上将，曾于1798年尼罗河战役打败拿破仑麾下的法国舰队]时代的大船帆制造者目瞪口呆。不过，如此草率的缝制方法，显然已足够满足需求。

有时候，用缝竹撑条的方式缝上粗布(防擦布)，并在船帆的每个接缝下缝上绳索，绳索的尺寸视帆的原料和大小而定。缝上的绳索通常见于帆的粗布一面，有时也见于另一面。

成匹的上海帆布，大多数宽11英寸，比欧洲帆布窄很多，后者宽24英寸。但船工坚信帆布越窄，船帆越平。

中国的船帆制造者工作简单，无须制作图纸。船帆的大致尺寸事先已定下来，上帆桁、下帆桁和撑条都铺在地上，与帆边绳连接，摆出船帆的框架。整匹布料一般长105尺，整个展开，根据需要的长度裁剪。每段布料都斜跨布料裁剪，斜度是从尖端下来8英寸，再在下来2英寸处和布边垂直折叠形成帆顶。正如图4-8的附图所示，在帆脚处，斜剪的方向则相反。

然后将帆布铺在框架上，全家人一起动手，用1英寸宽的线缝把帆布缝合起来。如必要，还要对某些部位进行加固。接下来将船帆缝合在帆边绳上，一般是双股绳子，即船帆缝合在内绳上，外绳则每隔6英寸左右用麻线紧缠在帆上，相隔距离不必一致。然后船帆被系于竹撑条头尾，再以46英寸的相互间隔绑在桁上。

在上海一带，人们形容船帆像人的耳朵，据说“总是在倾听风的声音”。因此，将耳朵称为“顺风”，就不足为奇了[1]。这种水手式的说法只有熟悉海上生活的人才发明得出来，尤其是随着老说法和旧习俗的迅速消亡。此外还有一个习俗也应当记录下来。这个习俗在今天仍比较常见，船工在举起帆脚索或雨伞时，会有捕风的习惯，甚至他们在解开上衣时，会把衣服两边像翅膀一样挥舞，仿佛在采风助力行船。

船帆做好后，还要将其浸泡在栲皮溶液里，达数小时，然后拿出来洗、晒。栲皮溶液内的鞣酸能起到防腐剂的作用。这样做可以增加船帆的使用寿命。

即便如此，一套船帆很少能完整无缺地使用两年以上。船帆用到最后，基本已漏洞百出、残破不堪。事实上，黄浦江上的船帆常常被形容为四分之一是布，四分之一是洞，还有二分之一是乱七八糟的补丁。但船工并不以此为然，他们认为，有破洞的船帆比完好无缺的整块帆布要好用得多，不仅方便缩帆，而且在微风中行驶时，还可以自动稳定船身。说来奇怪，但破船帆似乎连最轻微的风都能留住(见图4-11)。

桅　杆

烈风来临时，桅杆上支起的风帆承受有如几十吨重物的压力，因此桅杆本身必须相当坚固。就小型帆船和舢板而言，桅杆可以是用一棵树制作的“单杆桅”，也可以是由多根木条组成的“组合桅”，后者通

[1] 西加特先生指出一个有意思的情况，法国人将纵帆称为“耳形船帆”。而且，耳朵突出的法国海员，会被说成正在迎风航行。

图4－11　破帆船

（然而，船员并不是很反感使用这种帆。）

常用于大一些的帆船。组合桅比单杆桅更坚固，但弹性不足，对小型帆船而言，还是单杆桅的抗风性能更佳。桅杆和船柱经常沿纹理出现裂缝，但船工不以为意，只要裂缝不影响到必要的弹性或强度就行。上帆桁和下帆桁总是处于卷缠状态，当渔民停船捕鱼时，他们为之缠绕上绳索，使其更加坚固。

中国有句俗谚，说桅杆是“指挥千军万马的将军”，还有其他类似的语句，像“惟愿和风八面来”“船桅笑狂风”等，中国人将之书写在红纸上，作为符咒，张贴于桅杆之上。

此处不打算对桅杆的制造作一番描述，只将谈及帆船时代有关造船的最具争议的话题之一，即木制桅杆的嵌接。以帆船为例，中国船匠不必考虑该使用哪种嵌接方法，他们只知道一种方法，用铁箍把桅杆拼接起来。这种方法，存在既久，故沿用无碍。然而，中国的船夫比任何人都了解，一艘船要顺利航行，需要对各种桅杆和帆桁进行合理地设计、比例分配和建造。

帆船桅杆高为 35 到 90 英尺，底端直径从几英寸到 78 英寸不等，视船体大小而定。桅杆往往比船体本身还要昂贵。船工爱用洋松（译者注：也称美国松或俄勒冈松）木做桅杆，退而求其次则使用福州松，后者实际上弹性更佳（见图 4－12）。

图 4－12　福州运木船的主桅

制造桅杆的木材一般为 60 年的树木，但福建的桅材树木要等到 80 年长成后，才会使用。尽管努力禁止砍伐幼树，但福建的樵夫有时为了得到一两段圆木，仍然砍倒了太多还未长成的树木。木柴行业同样造成了大量的浪费，整面整面的山坡都被用来种植松树，8 到 10 年后就将其伐倒，这使得木柴的年出口量增至 150 万捆。早在 1868 年，宁波海关报告提到，大批木材从国外运来宁波港。来自美国普吉特湾和加拿大不列颠哥伦比亚省的软木材(译者注：例如商用洋松)，大量运往中国东部沿岸和长江下游，数量从 19 世纪 60 年代起持续增加，用于造船，主要是制造桅杆。

风干桅杆的妙法是将其埋于潮湿的土中一段时间。有些帆船的桅杆经年使用，甚至已经在好几艘船上用过。小型帆船和舢板上，桅杆底端的桅座或木块中有时有一个洞孔或凹槽，用来安放桅杆，而在甲板上，桅杆底端则置于小加强板之间。另一方面，大一些的可以降下桅杆的帆船，底端通常装有桅座，即一个箱状物，高度为从船底到甲板以上约 1 英尺。桅座的作用是增加桅杆底端的受力面积，以及在放倒桅杆时，托起桅杆的支点。

桅座横向支撑桅杆，桅脚和靠前的舱壁间的木楔防止桅杆向后倒。桅杆依靠的舱壁则阻止桅杆向前倒，这些都用来维持桅杆稳定竖立。中国船和西方不一样，不依靠支索和侧支索支撑桅杆，而是依靠帆撑条和复式帆脚索，着力面积大，以此维持桅杆的稳定。

桅杆的下部通常为方形，以便完全楔入桅脚。桅顶以下不远有桅肩，上面有升降索车和吊索的号旗。

上海的水道上，船舶的桅杆比其他地区略高，为的是经常穿行高耸的两岸时多多借助每一丝风力。并且，如此设计也便于放倒桅杆，如图 4－13 所示，同样的原因，颊板(1)固定于桅杆后部右侧。由拉索(3)控制的吊帆索(2)，横跨桅顶(4)到人字吊杆(5)的顶端，那里安装着两具双重滑车组(6)，每具滑车组的下端滑车与船艏两侧(7)的带环螺栓相连接。

放倒桅杆时，船帆由吊帆索拉伸，向上呈 45 度，由两人松开放到铁木架(8)上。其中一人常是女性，负责清理帆脚索，另一名男性负责照看和松放两具滑车组。从人字吊杆的索具开始，整个放倒流程用时不到 5 分钟，升桅所需的时间也差不多。

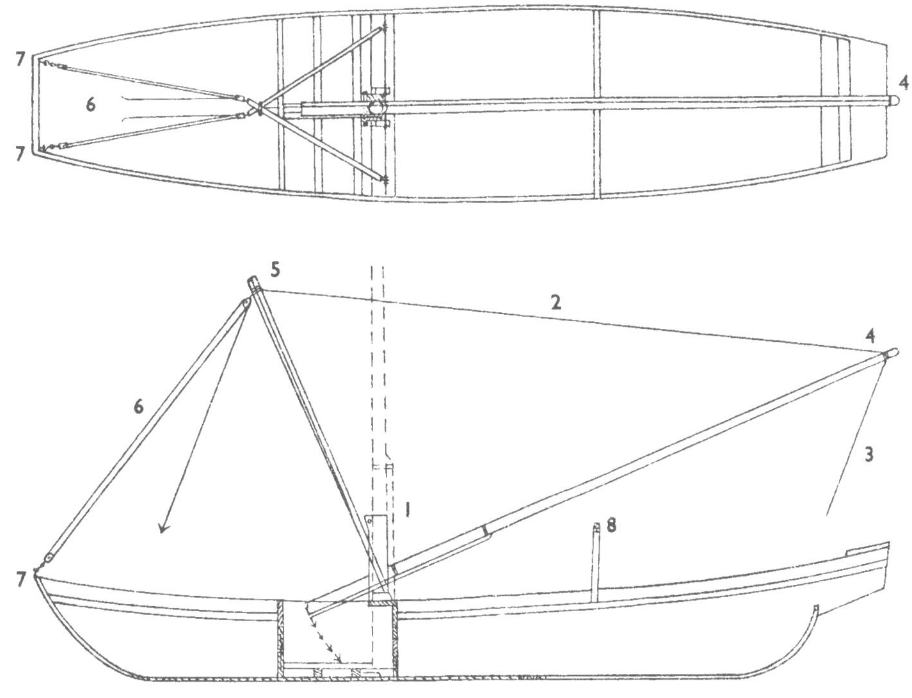

图 4－13 桅杆放倒法

— 第5章 —

帆撑条、中华帆脚索及操帆法

如果要详尽讨论中华帆脚索及操帆法，可能需要很长的篇幅。这里只就一些具有代表性的类型进行简要讨论。

如前所述，中国船工的船帆技术曾领先世界。可将中华帆视作平衡斜桁四角帆，能使帆船在横风中行驶自如，而同一时间的欧洲船在横风来临前，基本只能选择躲避。中国船帆技术的成熟，是几百年来无数次试错的结果，其间几乎每种可能的方法都试过了。

而在操控中华帆的方法上，中国人展示出更强的独创性。尽管斜桁四角帆最终被引入欧洲——无论是从中国还是从其他地方，但有意思的是，非但中国人高效的操控复式帆脚索的系统，欧洲人没有学到，而且似乎也没有对此作过严谨的研究。

帆撑条按组分类，每根撑条通过环环相扣的绳扣和引线连接，整个帆脚索系统经过体型各异、大小不一的各类滑车和眼板，从撑条端一直到甲板上的主帆脚索为止。由此，船帆分为两个或两个以上的灵活的帆面(见图 5-1 中图 A、B、C 和 D、E、F)。显然，这对于戗风调向大为有利。

帆脚索系统可以被描述为分为两个部分，一部分是由从每根帆撑条引出的小部件组成的复式帆脚索，另一部分是主帆脚索，从固定点 G 开始，通过 G、C 和 G、F，把部件 A、B、C 和 D、E、F 连接起来，最终归于一条绳索，也就是说，归于船老大手中标为 H 的放索端。船帆从而可以轻易调整，以适应风向，其效果与单帆脚索船帆的西洋船一样。

滑车有双轮滑车、单轮滑车、姊妹滑车和眼板(紧绳器)，每种眼板又有大小、设计和性能各不相同的多种类型，上面的孔洞从两个到五个以上不等。中式的眼板是一个长圆柱形的滑车，上凿数个小孔，用于穿接子脚索，眼板末端有一个滑轮。

中国水手在使用滑车方面同样独具匠心。按照水手的要求，各型滑车逐步发展完善，和其他很多船上装置一样，简单称手而又实用高效。图 5-2 列举了具有代表性的滑车。

除了一些方顶帆帆船所在的河流，复式帆脚索的使用原理通行于中国各地。但是，各地帆脚索结构的差别却非常之大，依船型不同，不仅撑条的根数不一样，撑条的排列组合方式也不一样。而且，撑条根数相同的类似船帆，其操帆方式根据帆船类型的不同也有区别。即便是同一种帆船，操帆方式也略有差别，这多半与帆船当时使用的材料和船老大的个人习惯有关。

拉帆时，帆面的哪一个部分先受力，同样因船而异。在已知的几种帆船的研究中，还无法对此作出充分的说明，也没有找出严格的规律。目前发现，对主帆而言，大部分时候是帆的下部先受力，对前桅帆而言，一般是帆的上部先受力，而如果帆在后桅上，基本是下部先受力。由于中国船上的习俗都有实操

GC 主缭绳
GF 副缭绳
ABDNE 上挠性部分
ABC 下挠性部分
DEF 环道销钉
G 缭绳的引导部分
H 吊帆系统
I 主帆升降索
J 提头索（拉帆索）
K 主帆辅助升降索
L 牵引限位索箍（定帆绳）
M 限位索箍（抱桅索）
N 帆边绳
O 上帆桁
P 下帆桁
Q 缭绳紧绳器（穿绳板）
A
B
C
D
E
F
G
H
I
J
K
L
M
N
O
P
Q

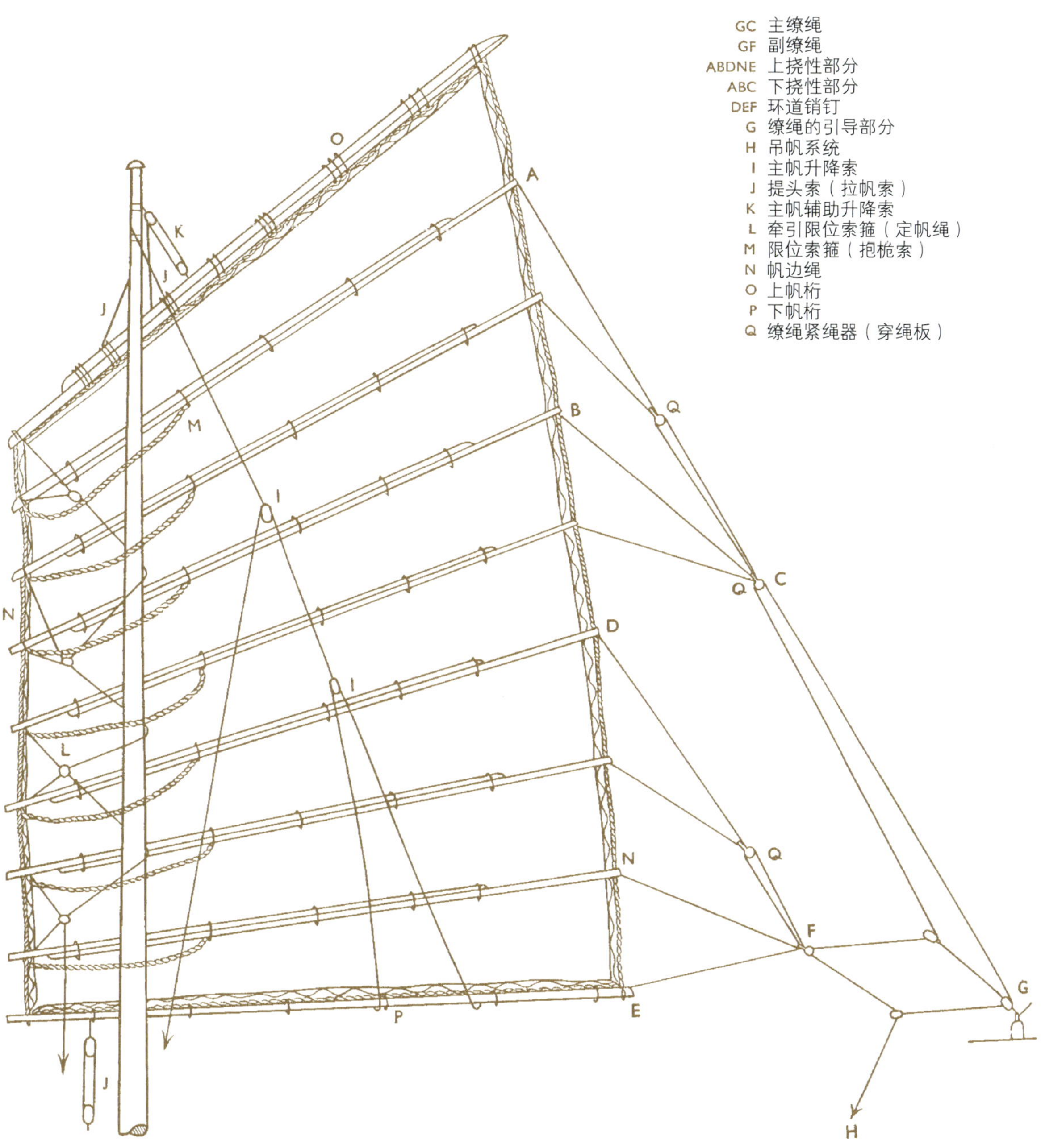

图 5-1 主帆的平面图

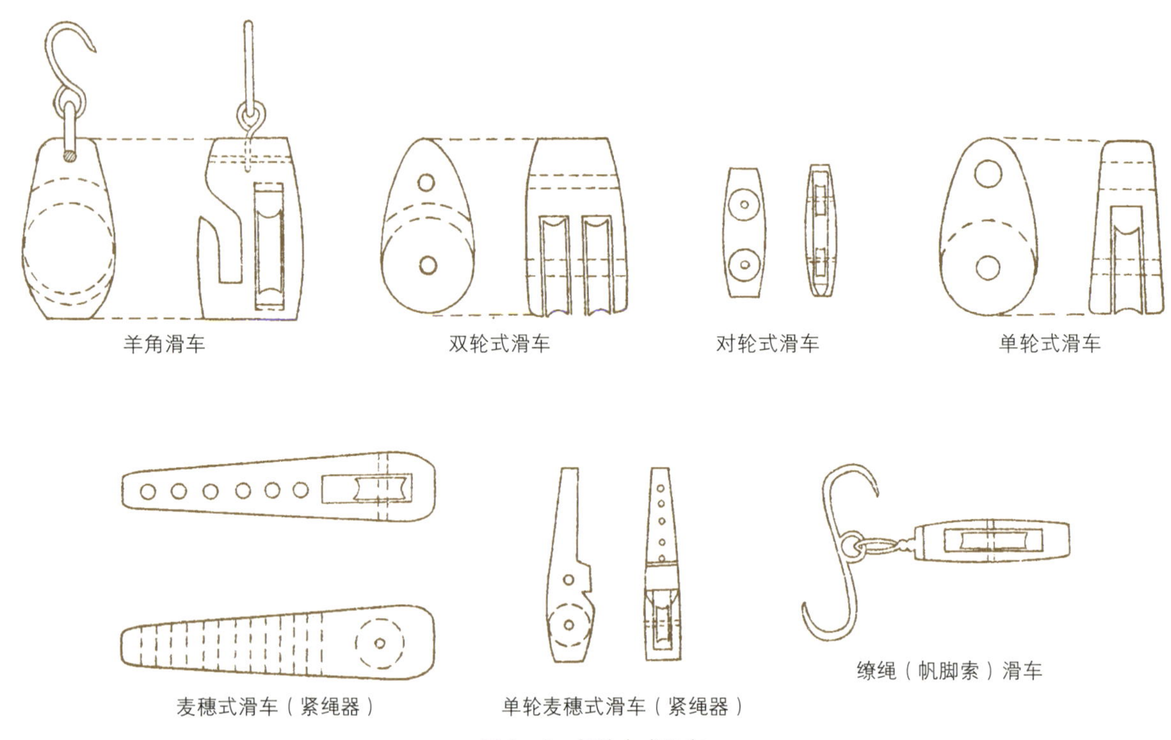

图 5－2 各种中式滑车

方面的来源，同样可以从这个角度考虑上面这个问题。

对前桅帆而言，可能的解释是，前桅一般向前倾斜，所以船帆的上部起到牵引的作用。如果前桅垂直，则通常是帆的下部先受力。关于主帆脚索的牵引，一种似是而非的解释是，如此可以避免污损。

有趣但未必对研究有益的是，重型帆船，如江苏商船和崇明船，三张船帆都是帆面的下部先受力。就福州运木船而言，如果是前桅帆，几乎无一例外都是上部先受力，如果是主帆和后桅帆，则是下部先受力。

对六种宁波和舟山帆船的研究显示，如果是前桅帆，基本都是上部先受力，如果是后桅帆，下部先受力，而如果是主帆，则上部和下部先受力的几率几乎各占一半。

有人对福州运木船的风帆做过细致的分析，得出一些很有趣的结论。如前所述，整个船帆截然分为两个帆面，由挠性接头连接，这里首先从帆撑条排列分组的方式谈起。

如果是前桅帆，分界位于第三组和第四组撑条之间，见图 5－3C 样船。该区域由主帆脚索的上部控制，包括整个船帆 43%的部分，另外 57%由主帆脚索的下部控制。上帆面上的两根绳索或绳环，分别承受船帆上 21%面积的拉力。下帆面由三根绳索控制，分别覆盖约 19%的面积。因此，总共有五个力的累积，意即，每拖曳 5 英尺长的帆脚索，船帆移动 1 英尺。不计阻力，五根绳索的受力非常接近。千百年来，中国人的经验和试错造就了在数学上如此平衡的结构，令人称奇。拉进前桅帆角索时，前桅帆顶部最先受到拉力，然后逐根撑条地将拉力传递下去。

就同一种船的主帆（见图 5－3A）而言，帆上部占 51%的面积，接头以下部分为 49%，四根绳索的受力基本相同，因此力的对比是 4 比 1。

如果帆船使用的是斜杠帆，而非通常使用的有帆撑条的中华斜桁四角帆（见图 5－4），操帆方式基本也是上述步骤。但复式帆脚索不是与每根撑条连接，而是从后缘构成船帆的水平和平行帆布的每个接缝端开始。这种复式帆脚索，一般而言，在主帆上有20根左右，在小前桅帆上为8根或少于8根，在主帆上分成一到两组，而在前桅帆上通常只有一组。有时绑上一幅辅帆，即在主帆底部系上一块数英尺长的帆布（见图5－4B）。在这种情况下，无论帆脚索在主帆上如何分组，辅帆上的帆脚索单独分为一组，当拉动辅帆时，通常是帆上部先受力。图5－4C可见另一种帆脚索的分组方式。图5－4A所示为前桅帆。

要述及所有帆船类型的帆脚索结构，是不可能的，因此这里仅选取名气较大的帆船，对其扣帆法进行分析。

福州运木船也许是最为人所知的船型之一，对其帆脚索系统的讨论，会比较有意义。不仅因为福州运木船自身，还因为它可能是其他船型的样板。福州运木船为三桅，帆脚索结构根据各船帆上撑条数量的多少各有不同。例如，主帆可能有8到9根撑条，基本都在帆的左舷方向。如果是8根撑条，则分成两组，每组4根，两组结构完全一样，都与主帆脚索连接并受其控制（见图5－3A）。如果是9根撑条，仍然分成两组，上面一组为5根，下面一组为4根。5根撑条的一组，结构自然有所不同，但奇怪的是，下面四根的一组，其结构却和图5－3B所示的一样，尽管如果使用图5－3A所示的4根一组的较为简单的结构，可能更加合理一些。两种情况下，都是主帆的下部先受力。

如果是前桅帆，撑条数量为6到8根，并且似乎和主帆上的撑条数量无关。所有撑条同行都是帆的右舷。如果撑条是8根，则分为3组，两组各3根，一组2根。但中间3根的一组，其穿接方式有两种。此时拉动主帆脚索，帆的上部先受力，见图5－3C和D。后一种结构通常与9根撑条的主帆配合使用。通常，帆脚索的固定部分紧固在主桅铁箍的带环螺栓上，或帆船一侧的带环螺栓上，穿过一个大双轮滑车（见图5－3D）或两个小滑车（见图5－3C）。有时带环螺栓没有安装在主桅或船侧，而是在靠近船艉的位置。

如果前桅帆有7根撑条，则分为4组，3组各2根，1组1根（见图5－3E），拉帆时，帆上端先受力。主帆脚索要么穿过一个大双轮滑车，要么穿过两个小单轮滑车。如果是6根撑条的系统，其结构就简单很多，3组各2根，拉帆时，帆上端先受力（见图5－3F）。

如果是后桅帆，通常有6根撑条，一般在帆的左舷，也就是说，和主帆上的同侧。6根撑条可以分为两组各3根（见图5－3G），或分为3组，按照递减顺序，分别为3根、2根和1根（见图5－3H）。有时可以是7到8根撑条，这种情况下与劳恰船后桅帆的结构类似（见图5－5D和E）。

劳恰船的操帆结构（见图5－5）大部分和福州运木船一样，很可能是从福州运木船借鉴而来。撑条所在位置和福州运木船一样，主帆在左舷，前桅帆在右舷，后桅帆还是在左舷。

主帆一般有8根撑条，分成4组，每组2根，复式帆脚索则分为2组，每组4根，主要的受力区域落在第四和第五根撑条之间（见图5－5A）。拉帆时，一般是帆下部先受力。

前桅帆（见图5－5B）的撑条一般也有固定数量，通常是7根，分为两组，一组3根，一组4根，拉帆时，一般是帆上部先受力，受力区域在第三到第四根撑条间。两组撑条的内部结构根据图5－5B和图5－5C所示的两种系统，各有不同。主帆脚索的大双轮滑车固定在主帆的带环螺栓上。

后桅帆也可以有7根撑条，2组2根，1组3根（见图5－5D），还可有8根，2组3根，1组2根（见图5－5E）。两种情况下，帆的受力区域一般都在帆下部。极少数情况下，后桅帆不使用复式帆脚索，而是借用西式的操帆方法，最下端的撑条用作下帆桁，两根帆脚索从下帆桁的两侧通向短尾伸杆，尾伸杆位于艏艉线（纵向中心线）向船艉伸出。

杭州商船也是一种有趣的船型（见图5－6）。这种帆船的独特之处在于，三张船帆的底部位于同一

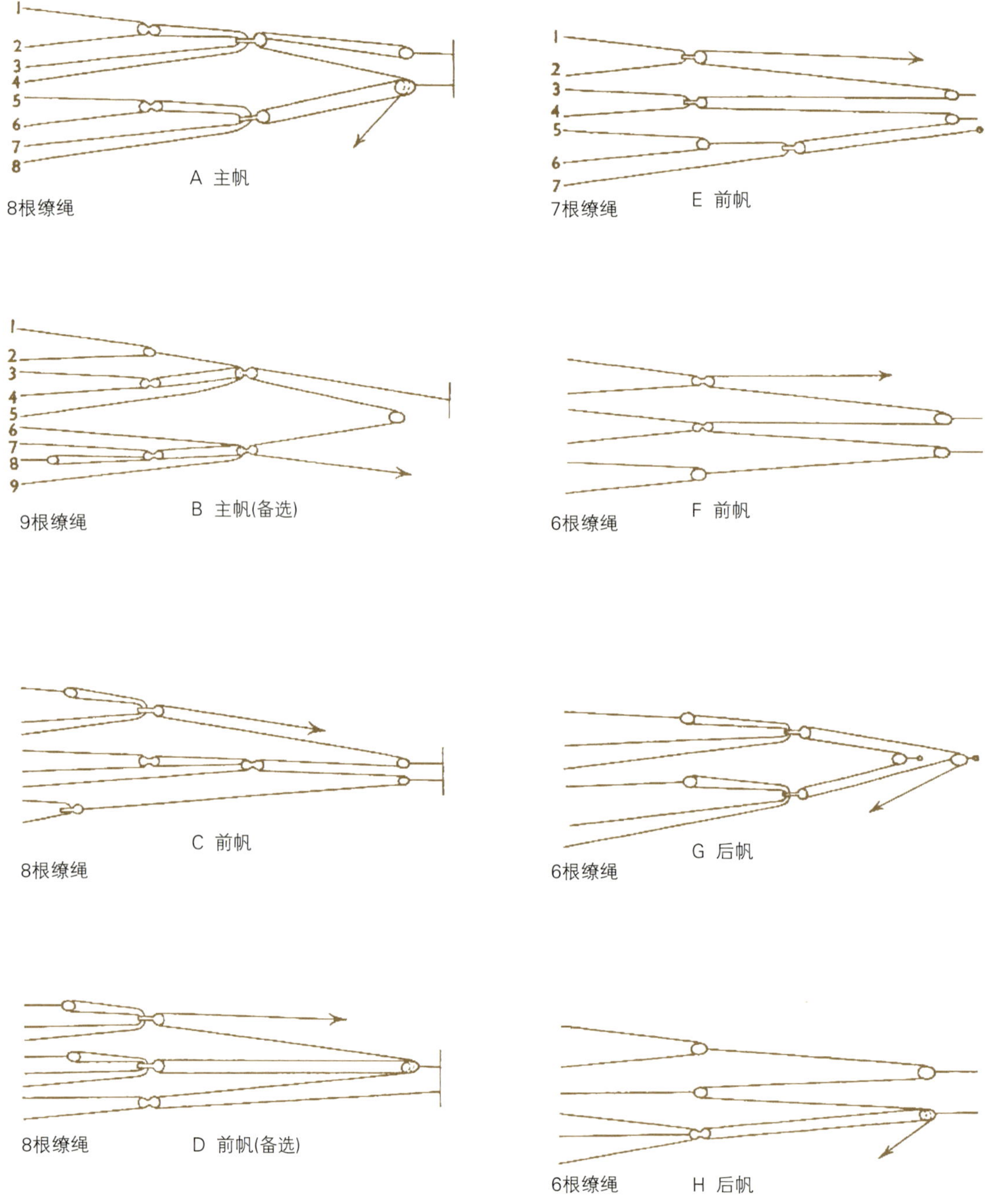

图 5－3 福州运木船帆使用的缭绳安排

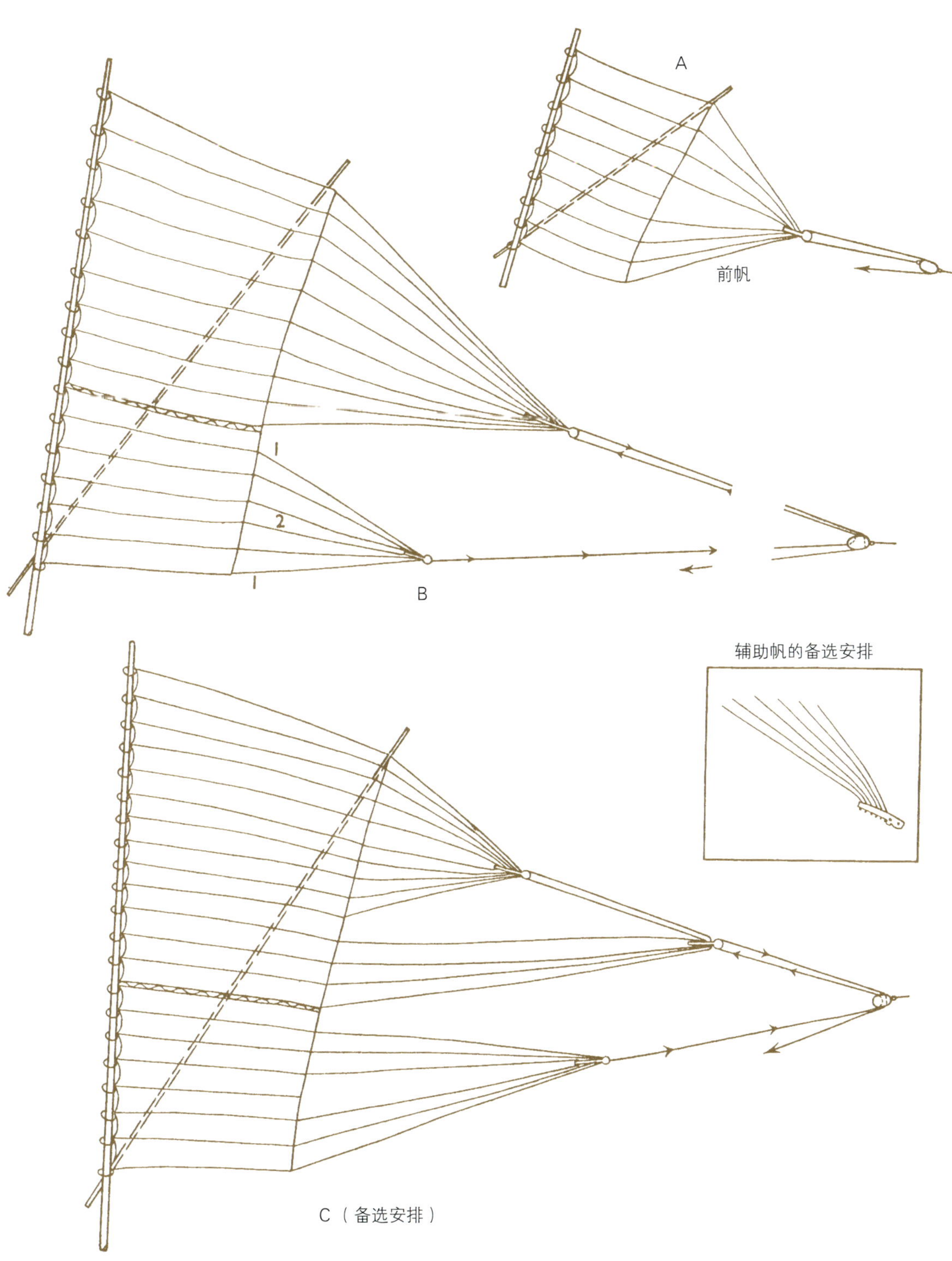

图 5－4 斜杠帆的缭绳安排

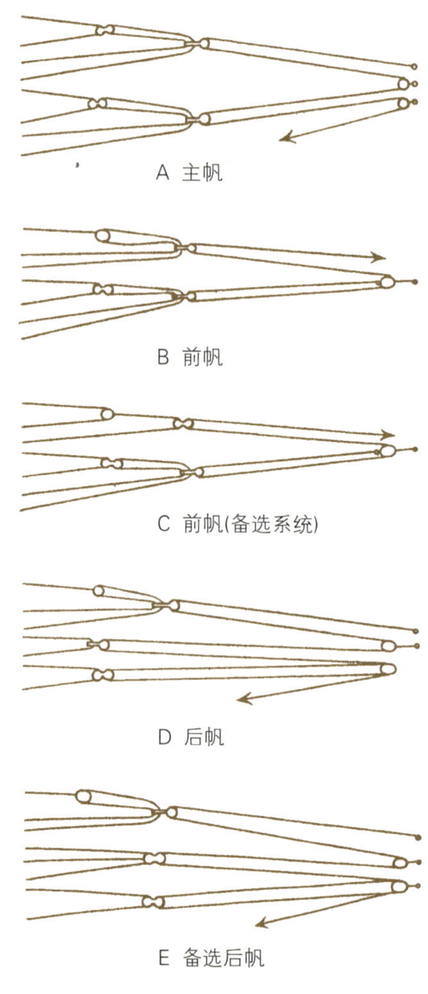

图 5－5 劳恰船的缭绳安排

水平面。此平面较一般的船高，使得帆与甲板间高度足够充裕，利于运载大宗甲板货物，如木柴、木炭、竹子等。

在驶往上海的最大型的此类帆船上，撑条都在船帆的左舷方向，但小一些的游弋于钱塘江面的帆船，前桅帆上的撑条一般在右舷，主帆上的在左舷，后桅帆上的也在左舷，这和福州运木船的撑条位置类似。一般而言，所有老式帆船的主帆必定有 12 根撑条，前桅帆上 10 根，后桅帆上 8 根。新式一些的帆船，主帆上撑条的数量减少为 9 根，前桅帆上 8 根，后桅帆上 5 根。老式帆船上，主帆上的 12 根撑条分为相似的 2 组，各 6 根，分界线在第六到第七根撑条间。主帆脚索的固定部分固定于一种粗糙的羊角导索器(译者注："导索器"的英文为 fair-lead，直译为"顺利导引"，字面含美好寓意)上，导索器形状为横木顶上的一个孔。主帆脚索的滑动部分在穿过最顶端的眼板(见图 5－6A)后，返回来穿过羊角导索器的第二孔，再穿过下滑车的第三孔，最后返回船艉肋板的右舷。如果是 9 根撑条的新式杭州商船，结构相对简单(图 5－6B)，9 根分为 2 组，1 组 4 根，1 组 5 根，挠性接头在两组之间。两种情况下拉帆，都是帆下部先受力。

前桅帆有 10 根撑条时，分为 2 组，1 组 6 根，1 组 4 根，分界线在第六到第七根撑条间靠下的位置(图 5－6D)，拉帆时，帆下部先受力。还有 10 根撑条有一种结构，虽然也是分为 6 根和 4 根的两组，但

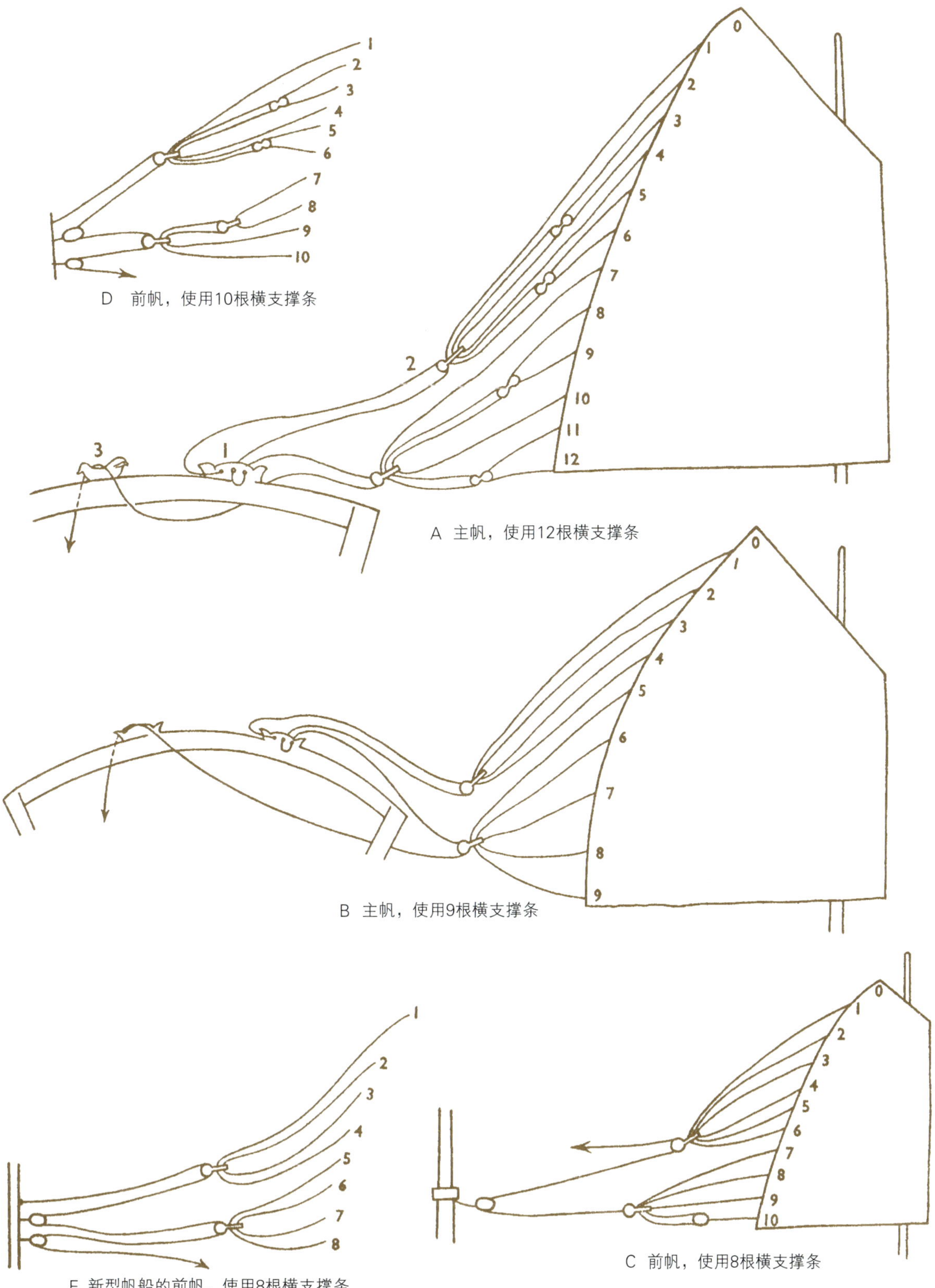

D 前帆，使用10根横支撑条

A 主帆，使用12根横支撑条

B 主帆，使用9根横支撑条

C 前帆，使用8根横支撑条

E 新型帆船的前帆，使用8根横支撑条

图5－6 杭州商船的缭绳安排

拉帆时，帆上部先受力，见图 5-6C。图 5-6E 是一种新式帆船的前桅帆，有 8 根撑条，分为各 4 根的 2 组，2 组结构完全一样，拉帆时，帆下部先受力。

往来上海的宁波船和舟山船，操帆方式受到福州船和绍兴船的影响。这些船的大小不一，桅杆有高有矮，船帆形态各异，尤其是撑条数量各不相同。主帆上撑条为 8 到 10 根，前桅帆 7 到 8 根，后桅帆 6 到 7 根。图 5-7 展示了部分船型的缭绳结构。大船，如宁波商船，撑条的分布与福州船一样，即前桅帆上的在右舷，主帆和后桅帆上的在左舷。小船，如属港为舟山的船、渔船和运鱼船，撑条在左右舷都有可能。譬如，渔船上的撑条一般都在帆左舷。但没有船型将撑条都置于右舷。

崇明船的风帆特别有意思，据称既适合海上航行，又适合在江河上行驶(见图 5-8)。崇明船的桅杆相对而言非常高，需要的撑条数量很多。不同的崇明船，桅杆高度差别很大，使得撑条数量大不相同，同时撑条的分布也有差异。

撑条一般在帆的右舷，但也有例外，后桅帆有时在左舷。尽管崇明船的属港是河口，水域开阔，这种船主要在狭窄的内陆河流航行，如黄浦江及相邻河流。因此，崇明船的高桅杆和悬挂平顶斜桁四角帆，都是内陆船的特点。

崇明船上高耸的主桅总是配备一幅本章前述的垂直辅帆，也就是说，该型船有两幅基本相同的帆，在中间靠下的位置垂直缝合。如前所述，崇明船主帆上的撑条都在帆的右舷，除了一根撑条，有时是一对撑条，从帆的右舷穿过中间接缝，到帆的左舷。[1] 主帆上的撑条从 18 到 20 根不等，最多可以到 25 或 26 根。撑条数量越多，各组撑条越靠近，其组合方式见图 5-9A，4 根 1 组，从帆的右舷穿至左舷。另一种只有 19 根撑条的帆船上，撑条的组合不同，而且在帆上的分布不统一(见图 5-9B)。第三和第四根撑条穿过，一根消失，另外两根穿过，两根消失，另外两根穿过，两根再消失，仅有一根穿过，然后就没有了，虽然后面还有五根撑条。

如图 5-9C 所示的 19 根撑条还有一种组合，为 2、1、2、1，从上往下到船帆一半时，变为 3、2、3、2。18 根撑条的主帆使用同样的组合，除了最后为 3、2、3、1。18 根撑条还有一种组合，包括两组，每组交替，为帆的 1/6(见图 5-9D)。

考虑到撑条的数量，大部分这种帆船的操帆结构就显得出奇简单，分为两大组，有时加上一个很小的组。吊帆索上的大组包括 8 到 10 根撑条，由 4 到 5 个绳环连接，全部穿过同一个眼板(见图 5-8A 和 B)。某些时候，结构复杂些，如图 5-8C 所示，挠性接头上面部分的分组是 6 根和 4 根，下面是 4 根和 4 根。

前桅帆上的撑条有 12 到 16 根。典型缭绳如图 5-8D 所示，与图 5-8C 所示的分组方式类似，但偏复杂，挠性接头位于第八到第九根撑条间中间线偏下的位置。当然，必要时需要使用眼板传送复式帆脚索。

后桅帆上(见图 5-8E)，撑条数量略有不同，从 12 到 14 根不等。撑条的组合方式与图 5-8C 和图 5-8D 所示非常类似。拉帆时，上述三种帆都是帆的下部先受力。

出没于河口的江苏商船，帆上的撑条非常之多。撑条数量相对差别很小，主帆上 20 到 30 根，前桅帆上 24 到 26 根，后桅帆上 17 到 22 根，左舷或小前桅帆上 16 到 18 根，左舷或小后桅帆上 12 到 13 根。所有撑条都在帆的右舷，这在所有北方和江苏船上以及在所有的矩形高帆上都很常见。

还有一个共同点是，辅助强化的撑条都在帆的左舷。辅助撑条或 3 根，或 4 根，仅配备于主帆或前

[1] 西加特先生认为这种结构较江苏船先进。他的论据来自老照片，一些黄浦江和运河上的船有这样的结构，但河口或海上的帆船却没有。

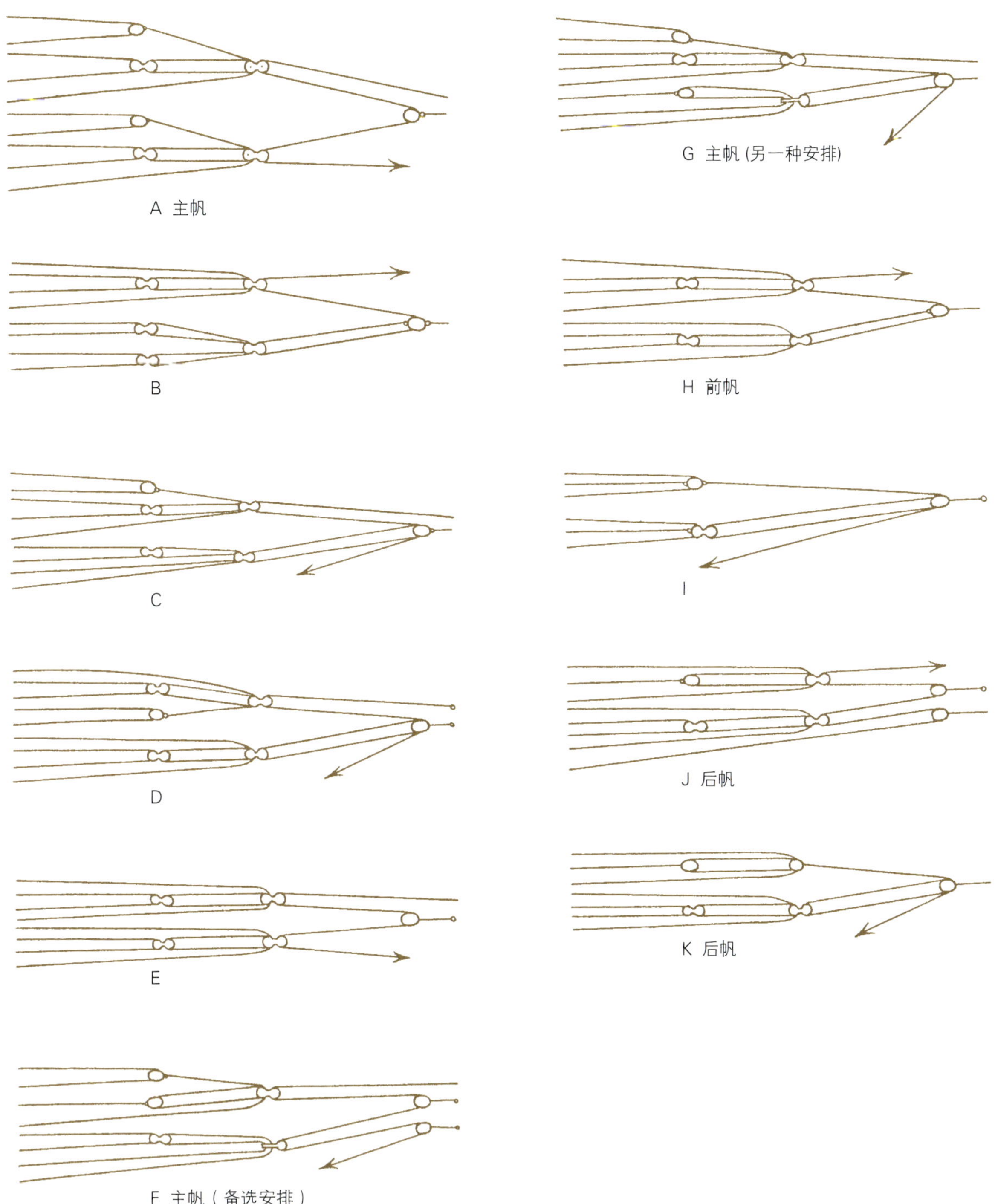

图5-7 舟山船和宁波船的缭绳安排

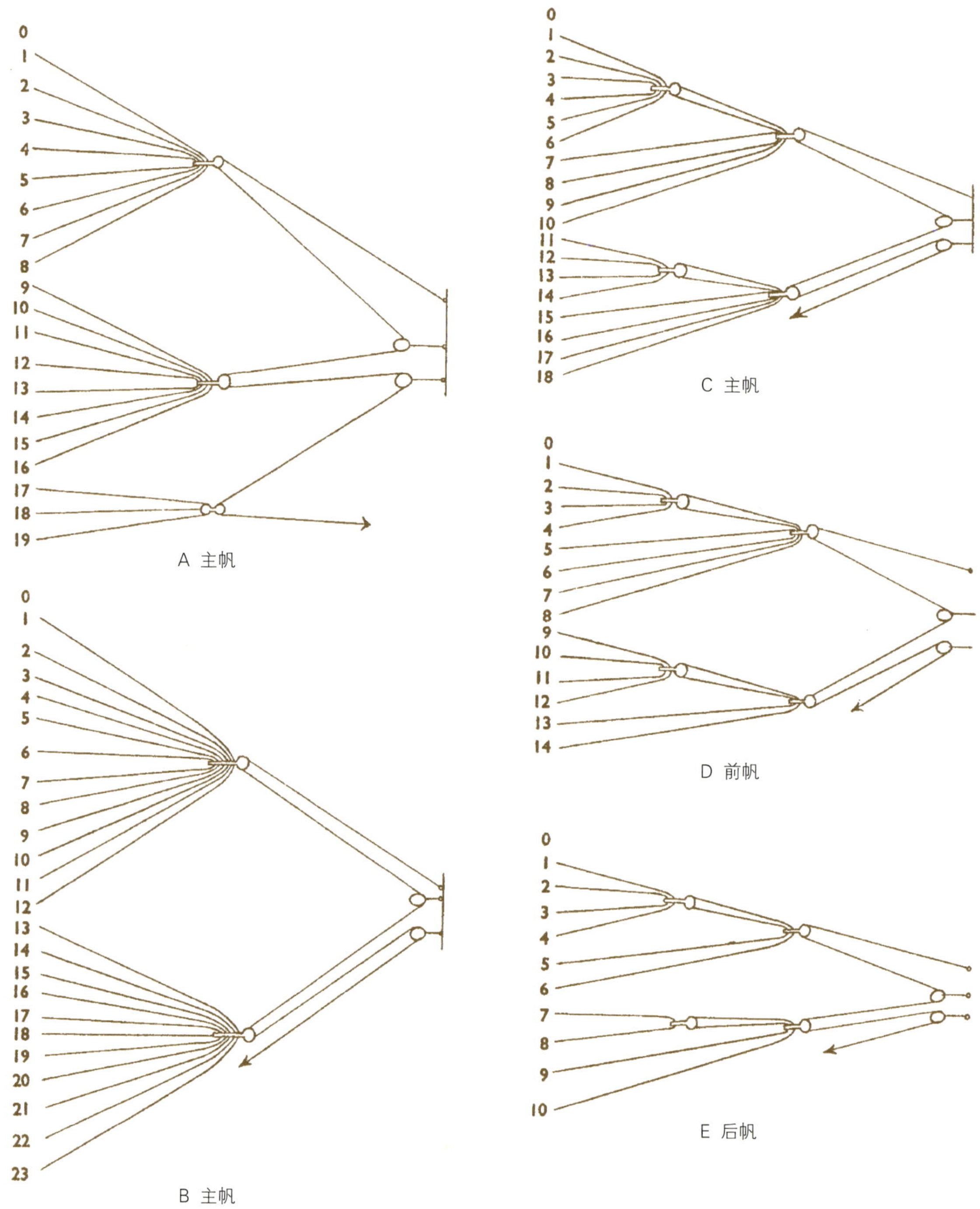

图 5−8 崇明帆船的缭绳安排

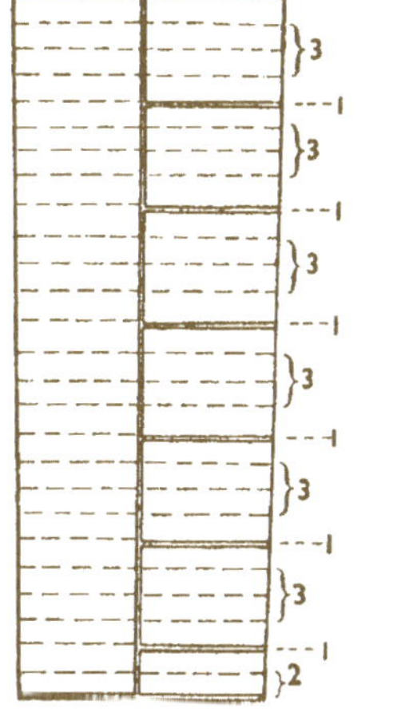

A 使用26根横支撑条

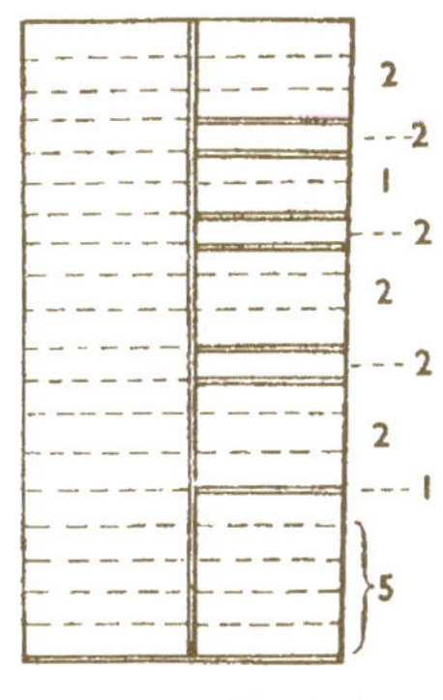

B 使用19根横支撑条

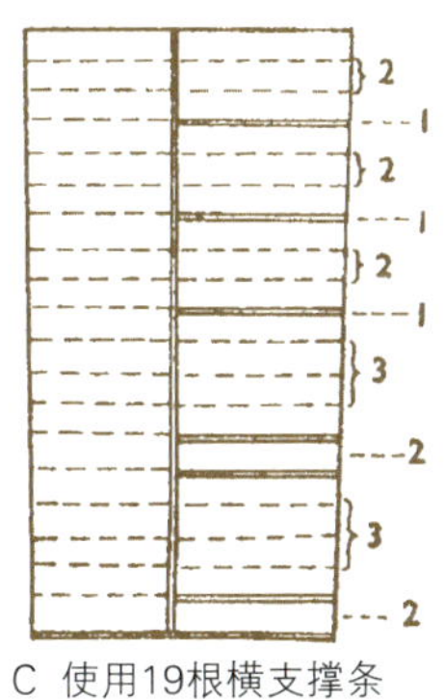

C 使用19根横支撑条

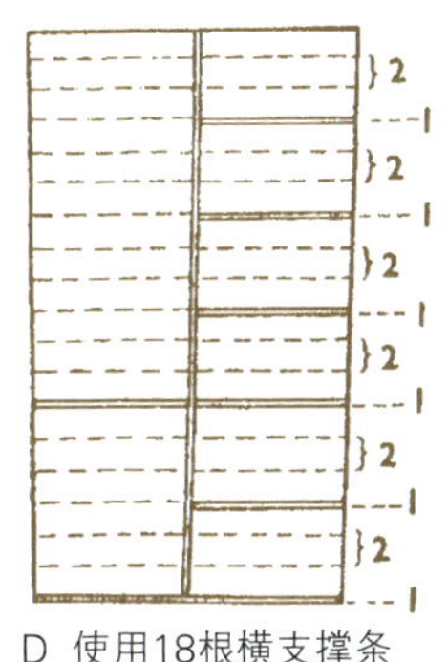

D 使用18根横支撑条

图 5－9 帆撑条的安排

桅帆，或两帆兼配。在帆的下半部分可以看到这几根撑条，通常每到第三根撑条的位置，在帆的另一面有一根。如此可以避免船帆被吊索和滑车磨损，便于快速降帆，确保它能够在吊帆索之间干净利索地降落。

有时操帆系统大幅简化，如图 5－10A 所示，主帆上的 24 根撑条分成 3 个大组，每组 8 根，每组穿过一个四孔的眼板，拉帆时，帆下部先受力。前桅帆和后桅帆上的撑条组合类似，都分为 2 组，每组 10 根(见图 5－10B)。

一些此类帆船的操帆系统是本书讨论中最为复杂的。实际上，在西方人看来，如此繁复似乎大可不必。然而，数百年来，在实际应用上的反复试错，已经淘汰了不必要的繁复，可以说，每一根看起来多余的绳索、每一个滑车，都有其实际的用处。

帆布的宽度和撑条的数量似乎影响着扣帆的方式，但要就此总结出通行的规则或得出确切的结论，鉴于中国帆船的其他特性，这即使不是不可能的，起码也是十分困难的。

但有一条通行很广的规则是，撑条数量越多，复式帆脚索越多，从而船帆可以更平，帆的下风缘的调整幅度也可以更大。

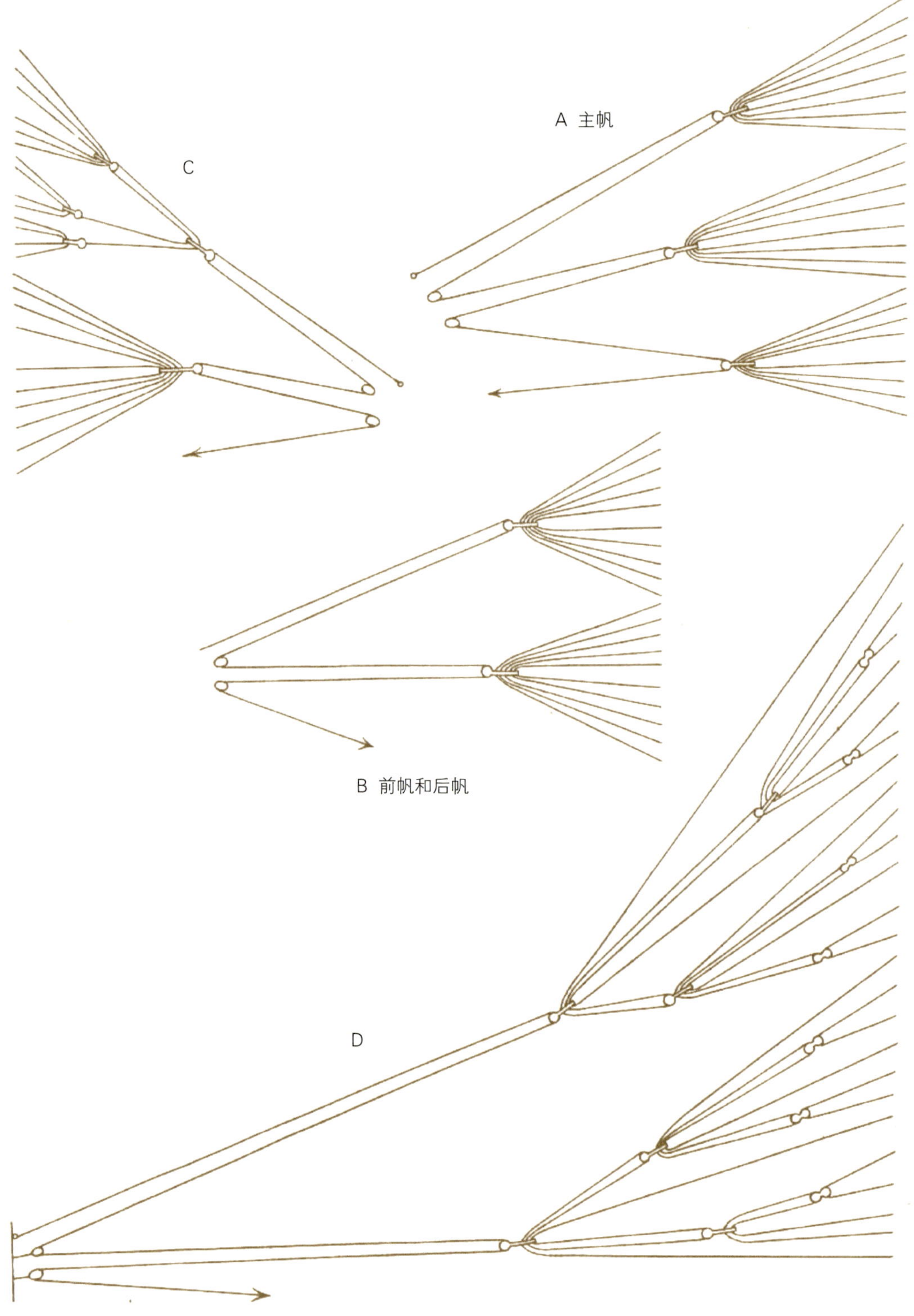

图 5－10 江苏商船的缭绳安排

鉴于这个原因，在海上航行的商船和渔船，尤其是渔船，较之在狭窄水道——如河流、湖泊和运河——之上航行的船舶，船帆上的撑条偏少。这是由于风帆航行有赖于急促的戗风调向，内陆水道上对迎风航行技术要求更高，而在海上，就商船来说，快速航行不是靠一时一刻，而是依赖于已知的风向，一般顺着风向行驶即可。海上捕鱼的帆船更是如此，它们大部分时间放下拖网或流网，顺风漂行。但至少仍有三种船例外于这条规则，它们是丹东、山东和江苏的商船，都是与北方贸易的商船。这些撑条多的船，一些可能是为了避开河口作业。

有关操帆与帆船推动力的关系，如果不是十分相关，起码也是比较相关。也可以这么说，本章提及的诸多问题不是为了求得解决，而是为进一步研究这个费解但有意思的船艺领域提供一些数据。

— 第6章 —

罗盘与绳结

中国的船用罗盘不断发展，今天早已物尽其用。在河流上航行的帆船和小舟，随时可见到陆地，故不需要罗盘。但入海口附近的舟船，需要在海上航行，通常携带多达三个罗盘，以便相互印证。

这是帆船上仅有的航海仪器，很难再找到比它更原始的仪器了。它的基本构成是一个直径3英寸的圆形盒子，由木块雕刻而成。内部有一个约1英寸的浅圆架子。中央部分直径不到2英寸，挖空，深度约为1英寸。中空的部分涂成白色，在中间的一个圆柱销上平衡放置一个黑色箭头形状的指针，并不精准，其悬点比重心略低，并且十分敏感。圆形架子位于中空部分的上部，涂成黑色，用作罗经盘，用白色线条分成24份，分别代表罗盘的24个方位。用从“十二地支”“十天干”和“八卦”中选取的文字指定代表每一个方位。总共有30个字备选，因此，去掉了2个天干和4个地支的名称。[1] 东，是会意字，《说文解字》中对东的解释为“东，动也。从木，从日，日在木中”。西，是象形字，《说文解字》中解释为“鸟在巢上，象形。日在西方而鸟栖”。

在这方面有些非常有意思的现象，“东南西北”四个方位词常常被用于形象地描述某些事情。中国人都知道，让一个人说说一件事的东西南北，就是让他把整个故事完整地讲述出来。东拉西扯，意思是说些完全不相关的事。“宾主东南相尽欢”，说的是主人和客人都非常开心。

罗盘通常放置在帆船“舷窗”内的架子上，“舷窗”实际上就是一个方形的玻璃窗。这样放置是为了让甲板上的人能够看得见，而在夜里，会用一盏油灯或者蜡烛来照亮罗盘。蜡烛固定在一小截竹棍上，竹棍插在圆形的小木台上，并安装有铁制把手。

在《中国帆船模型汇刊》中，梅乐和先生详细介绍了1907年才为人所知的关于海南帆船的一些趣事。与马来各邦从事贸易的海南帆船，都将罗盘放置在一个装有人的骨灰的小托盘上，船工们认为这样可以消除对无意中放在罗盘附近的铁或钢的吸引力。

中国的罗盘上没有船艏基准线。而是，常常将一根与船艏平行的细绳固定在甲板上用于放置罗盘的盒子前面，从而使罗盘置于实际艏艉线上。一根黄铜丝从中间固定在罗盘表面，将其分为均匀的两部分，两端分别固定在南北两个点上。

杜赫德这样描述中国人使用罗盘的方法：

[1] 圣伊莱斯将“地支”定义为时间符号，与“天干”共同命名60年一轮回的年份，“八卦”则是一种排列组合。“天干”和“地支”的选择没有任何道理。而这整套方法也极具争议，即使对于汉学家来说，也总是会出错。

他们用一根丝线将罗盘外表面分为均匀的两部分，南和北，然后，将船艏对准计划航行的罗盘方位。具体有两种操作方法，比如：向东北方向航行，令航行的罗盘方位与帆船龙骨相平行，然后调整罗盘使其指针与丝线平行；或者，令丝线与龙骨平行，然后调整指针使其指向西北方向。最大的罗盘指针也不会超过3英寸长。

古时候，在船甲板上焚香计时是唯一的计时方法，并借以大概判断帆船的航向。而随着西方文明的到来，开始使用便宜的闹钟，极大地简化了船主的导航工作。中国帆船不携带任何形式的海图。船老大们通过各种娴熟的技巧来确定航线，比如，海上的直觉、犀利的眼神、好的记性以及像信鸽一样发达的方向感。经过长期的实践积累，他们可以通过一个个的海岬辨别出航路。如果在恶劣的天气里被风吹到海上而不得不设法求生，与在陆地上完全依靠地形地貌知识来判断位置不同，在海上，他们通过测量水深和自然特性来辨别位置，对他们而言，海底和陆地一样，也有山峰和山谷，他们对海底地貌和每一处的海底类型都非常熟悉。

对于用惯了雷达、电罗经、无线电信标等现代化精密导航仪器的西方海员而言，中国帆船没有任何航海仪器，仅使用原始的罗盘、铅锤、测深绳和锈迹斑斑的闹钟就能出海，简直令人难以置信。

纤夫绳结

许多最简单而有效的中式绳结是所谓的“纤夫绳结”，全中国都以某种方式使用这种绳结。当然，四川使用这种绳索的证据比别处更多，因为长江流经这个中国西部最大省份，从西藏高原而下，汇集无数的大小支流。因此可以说，四川是纤夫之乡，纤夫拉纤以及使用的挽具不大可能受到外部的影响。

纤夫的挽具（见图6－1）包括一根卷起来的约3英尺长的蓝布或者白布带，跨过肩膀绕着身体。这根卷布带的两端用单编结系紧一对9英尺长细绳索的两端。这样形成一个周长12英尺的绳环，由一根3英尺长的布带和两根9英尺长的平行绳索组成。在绳索部分的中间，也就是说，离布带两端4.5英尺，两根绳索通过双编结在远端或者外端系紧15英寸长的方编索，端部是直径约1英寸的骨头或者木头纽扣。编索通过这种纽扣的中心孔滑动，系住普通护舷材或者舷墙或者西方所谓的绳结。这种绳结通过解开和插接各股绳索而成。

因此，完整的纤夫挽具包括一根布带连接两根绳索形成一个绳环，连接一根短编止索或者固定索。

这里可以提一笔，纤夫通常使用中间有方孔的铜钱来代替绳结的纽扣。

中国飞剪式快速帆船时代的老船员们精确使用过这些绳结或者绑结，问题也就自然出现了，他们每天在离海1500多英里的长江及其支流上如何使用这些绳结或者绑结呢？或许是因为受外国影响、共同文明来源的影响或者完全是不同地区的人们各自在类似操作中形成的平行发展吗？

纤夫使用挽具的编索固定索把自己与篾缆纤绳（图6－2D）连接起来，纤夫拉紧篾缆纤绳时身体紧靠纽扣（图6－2E），放松篾缆时形成安全装置，使纤夫能在遇到紧急情况时很轻易地脱身，例如船只“失控”和突然偏航冲进水流时。“打散”是这种事故的技术术语。船只解缆起航后，其安全就全靠船老大高超的技艺和冷静的头脑，他必须获得舵效航速，以免船只打横和撞击礁石。

意大利渔民也用完全相同的绳结和纽扣构成这种挽具，拉动船只沿河上行。他们套上绳结，也就是说，他们抓紧挽具固定索，敏捷地摆动纽扣，环绕绳索，拉紧挽具，打成绳结。中国纤夫使用相同方法。四川是马可·波罗访问过的地方，他早在13世纪前就在游记中提到过拉纤。这种方法有没有可能是马

1. 布带
2. 两端
3. 单编结
4. 平行绳索
5. 双编结
6. 方编索
7. 纽扣
8. 绳结

图 6－1　纤夫的挽具

可·波罗引入欧洲的?

长江的上海地区和其他河段行船使用的纤夫挽具完全不同,拉纤的距离相当短,必须通过矮桥。

龚滩河船只止索的安装方法

甲板室内盘卷的竹篾拖缆通到前甲板,再通向岸上的纤夫,通过拖缆承梁,系紧止索。

每根拖缆都装有一对止索,为了避免重叠,使用非同等长度的止索,一个系紧拖缆承梁,另一个系住拖缆承梁上的拖缆索环。

因为竹篾拖缆具有对礁石的长期耐摩擦力,所以变得很光滑,西方使用的那种普通单编索套不足以固定它。天资聪慧的船员们发明了对止索(见图 6-2A、B、C)的令人满意的修正。这包括环绕七次形成 6 英尺长小环索的细绳。两端相接形成索环,中间插入一根木系索栓,用细绳系紧。

止索通过在拖缆(见图 6-2B)上绕 5 圈或者 6 圈装在竹篾拖缆上面,有几圈相互压在一起,系索栓最后插在拖缆与止索静端之间,如图 6-2C 所示。当然,这样做的成功秘诀在于形成止索的股数。拉紧时,每一股都压住另一股,不仅通过夹紧来防止松弛,而且使各股均匀分布。

龚滩河船只使用的绞盘

根据古希腊历史学家希罗多德(公元前 486—前 408 年)的著作,我们知道古代人对绞棒和绞盘很熟悉,赫库兰尼姆古城壁画中的忒修斯帆船证明,那时就在帆船上使用绞盘。

不幸的是,我们没有找到中国使用绞盘的证据,但是完全可以说,西方知道的东西远东也知道,而且,龚滩河船只使用的简单绞盘好像古已有之。

通过长江及其支流的每一段特殊急流都要求采取不同方法,但是应付各种情况的技能都需要尽可能充分利用漩涡。利用粗缆拉到岸边,有时一次使用多达 6 根。这些都被纤夫以正常方式命名,除了一根系住一块岩石或者一根大树,必要时绞进。实际上,绞盘只用于船只通过急流上行,最强水流带有时只有几码宽。

各种绞拉绳法的不利条件是遇到紧急情况时绳索不能随时解开,因为绳索系紧岸端,能够很轻易松开岸端。

龚滩河普遍使用的绞筒(见图 6-3)已在该书的其他部分被描述为高大的活动式硬木材,位于船只的前面部分,离甲板约 8 英尺高。这种装置具有多种用途,可以用作带缆桩或者帮助纤夫把拖缆系到岸边。然而,它的主要职能是在需要系到岸边时拉紧。实际上,这种装置几乎完全符合《牛津词典》给绞拉绳法的定义:

> 一只有绳索绕着的木滚筒,绳扣插入一根铁棒作为杠杆来绞近距离。

这样使用特别有效,但是必须记住,篾缆很难操纵,不像其他绳索那样能在狭小空间很快被绞紧,都经受不住突然交叉拉紧。可是,它特别适合这种使用需要,例如,如果用作纤绳,它必须经得住拉过多石前滩和不平岩石的摩擦力。

纤绳很坚韧,而且具有很高的浮力质量。看似令人惊异的是,普通船只需要使用粗细长短不同的篾

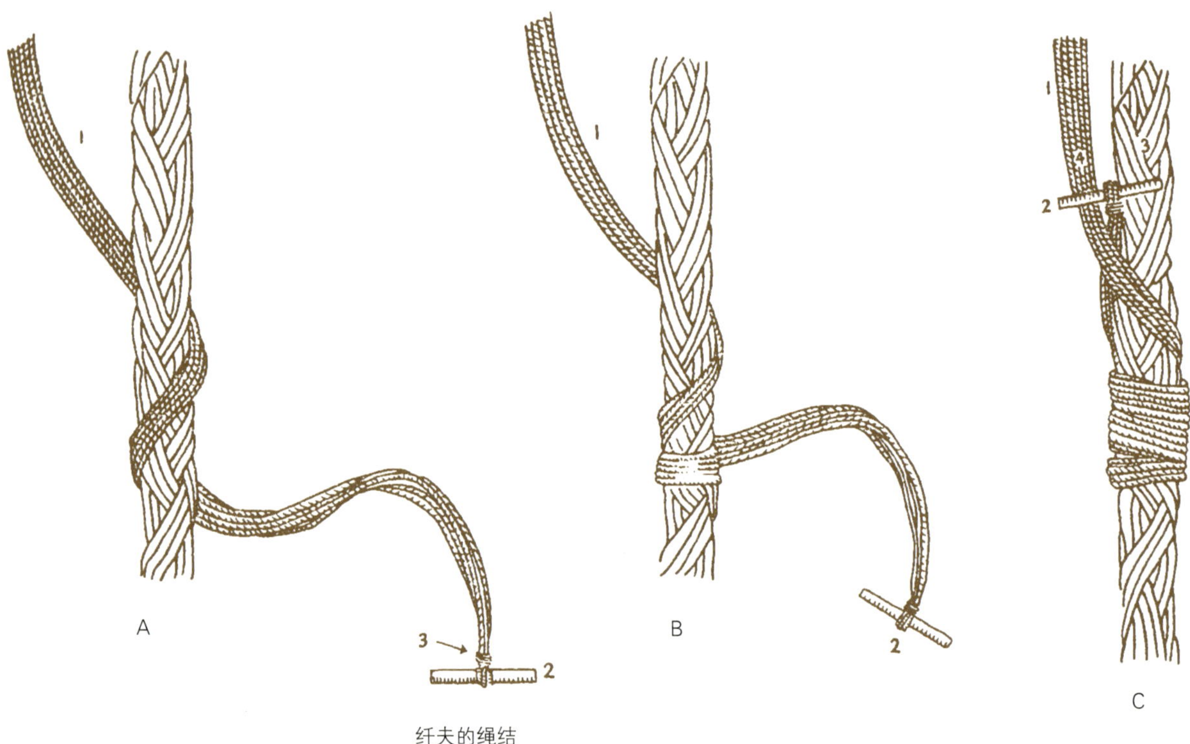

纤夫的绳结

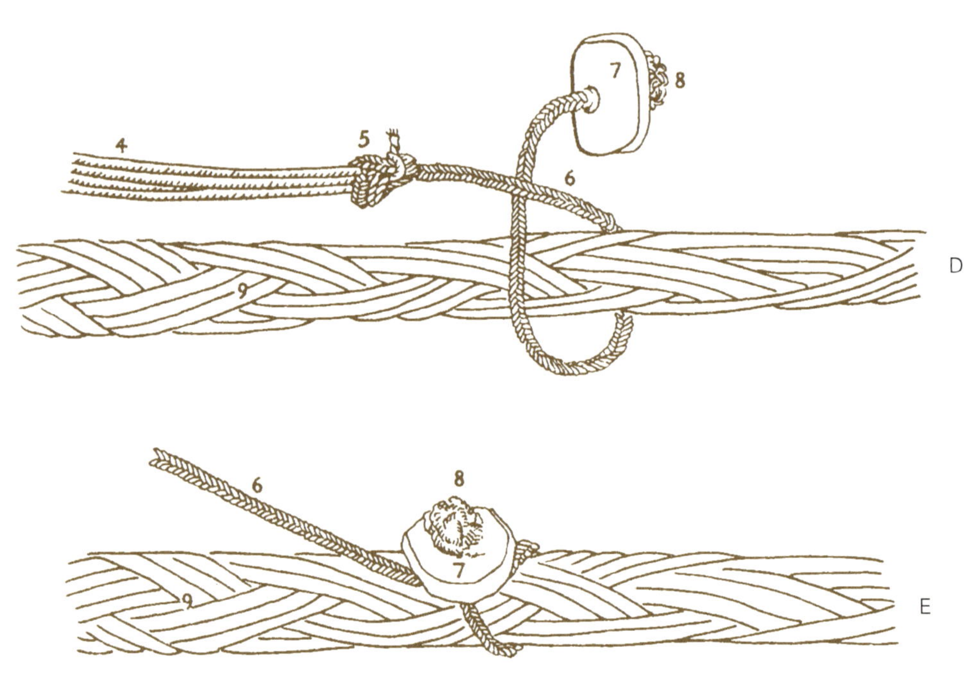

1. 小环索　2. 索栓　3. 细绳　4. 绳索　5. 编结
6. 方编索　7. 纽扣　8. 绳头　9. 纤绳

图 6－2　龚滩河帆船的止索与纤夫的绳结

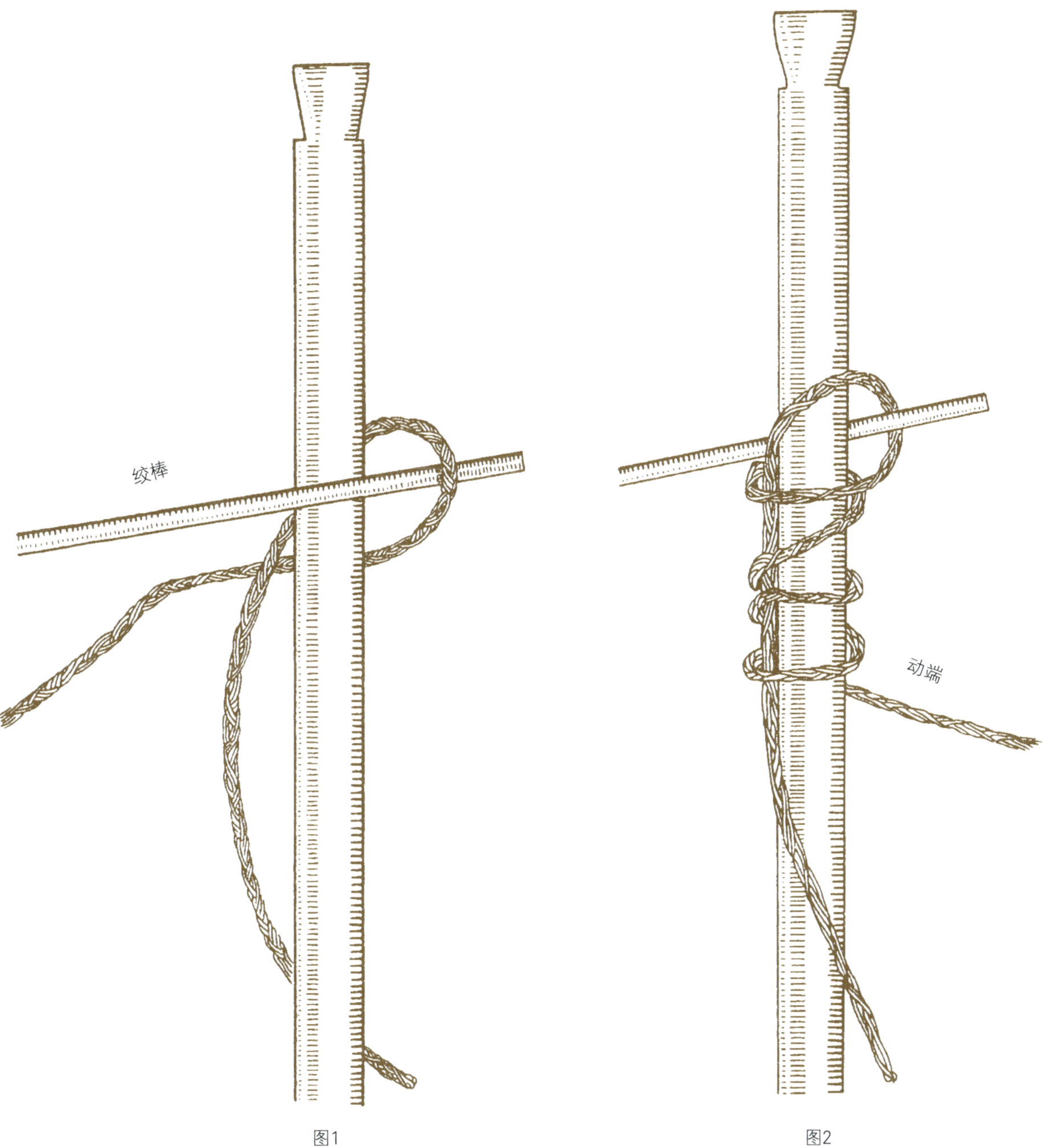

图6－3 龚滩河的绞筒

缆，总共约1英里长，但是使用0.25英里长的纤绳也并不少见。

西方熟知的西班牙绞拉绳法是水平放置的，绞筒架在两根立柱上面。通过急流时的空间至关重要，所以龚滩河上船只使用绞拉绳法的绞筒都是垂直安放的。拖缆这样缠绕在绞筒上面，固定索端有一根绞棒，保持控制篾缆。随着纤绳绞进缠住绞筒，结果产生增加周长的自然优势。

盐井河船只通过急流时的拖缆系紧方法

盐井河上的船只通过急流时系紧竹篾拖缆的方法特别值得一提，这种绑扎装置很简单，能在遇到紧急情况时立即解开。

岸上纤夫拉纤的竹篾拖缆在离甲板约2英尺的高度绑住桅杆，带绳扣的拖缆绑几圈，绳扣中插入绞棒；绞棒上端别住桅杆，下端别住船舷上缘。拖缆的拉力保持绞棒定位，用脚把绞棒下端踢开船舷上缘即可解开拖缆；当绞棒自动从绳扣中脱落时，绳索离开船舷（见图6－4）。

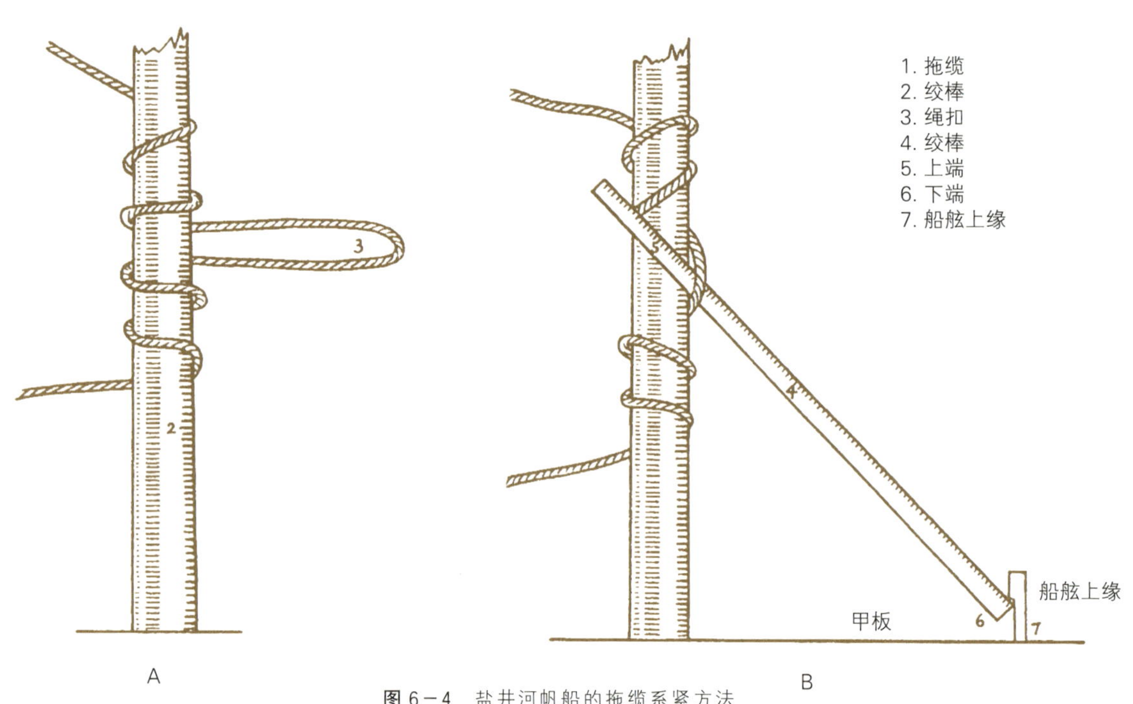

图6－4 盐井河帆船的拖缆系紧方法

— 第7章 —

锚　和　舵

代表锚的汉字“矴”是左右结构合体字，左边是形旁，代表石头的意思，右边是声旁，读作 dìng。公元417年法显从印度航行至中国，他是第一个使用“矴”字的中国人，“矴”的字面意思是“放下一块石头”。他描述道：

> 大海深不可测，无处下石。

后来，“矴”字演变为“碇”，仍沿用石字旁，并且保留了相同的读音。

将航行中的船只停泊下来，最初的方法就是利用拖曳在船底的大石块的重量和摩擦力，后来，大石块被精心设计的物体所代替。中国人，以其聪明的头脑来利用手边的材料，在树杈上巧妙地安装了打磨过的石头，将碇改装成首个“钩形”锚。另一些人则想到了利用锚杆，并由此演变为今天仍在使用的单爪木锚。而上述各种锚最近一个时期均被铁锚所取代。

向铁锚过渡的时间可以得到确认，在公元6世纪左右，一个新词“锚”开始使用。成书于公元543年的《玉篇》中首次出现了“锚”字。“锚”字由两部分组成，左边是形旁，右边是声旁。

由此可以确知，当时已经出现了有金属构件类型的锚。然而，无论中国造船工艺总体如何，在锚的制造使用方面远远地落后于希腊和罗马。

古时候使用的另一种类型的锚被非正式地称为“插入式”锚(泥滩锚)。这种类型的锚被形象地叫作“水眼”。对于该型锚的详细介绍可追溯至宋代，大约公元960年前后，这反映出，即使之前未出现过这种锚，至少在当时已有使用。锚杆的使用方法是，将一根圆木，穿过帆船上嵌于圆形或通常是方形盒子中的管道，直通船底的孔洞，并插入河床中去。这种锚泊方法盛行于长江流域。锚杆通常设在船只最前面的舱室，有时也会放置在船艉。这种锚泊方式有诸多优点，其中最大的优点是对水位的升降有着良好的适应性，船只可以随着水位的升降而沿着锚杆上下起浮。一般来说，越是靠近长江上游，这种情况就越常见。

今天仍在使用的现代锚叫作“锚”。金字旁，发音与犬字旁的“猫”相似。“锚”的造字法很有创意，将猫爪与锚爪联系起来了，或者，猫和锚之间还有更久远的联系，在西方世界中起锚柱就是用猫来作吊柱的限定语。

诸多显而易见的证据表明，今天仍在使用的各种锚的类型没有发生变化，可以推测，中国古代的锚使用直臂，后来一些类型的锚引入了曲臂，是受到外国影响的缘故。

锚爪设计在远东地区出现的时间尚不清楚。单爪锚的使用显然是由古代式样传承而来。图 7－1 中的插图是最简单的构造样式。由 1 个长约 15 英尺的硬木杆构成，在木杆上部约 45°方向有 1 个单爪锚臂。在锚冠处，用铁丝将锚柄与锚臂固定在一起，下面悬挂 1 个约 2 英寸的铁箍。锚爪的尖端是铁制的。锚杆贯穿的孔洞位于锚冠上方约 2 英尺处。此类锚通常用于来自南方港口的航海帆船。这种类型的锚在淤泥海岸特别有用，不会像沉重的铁锚那样陷入泥中。如果使用中发现锚过轻，可以很容易地用石块来增加重量，就像古人那样做。

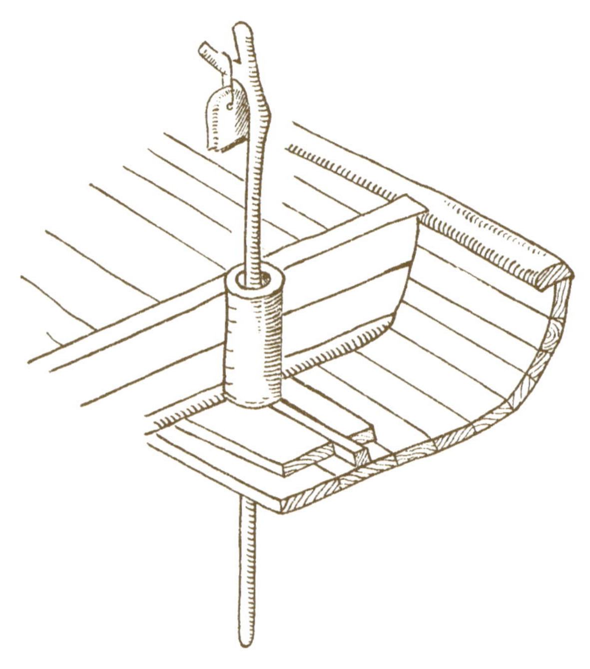

图 7－1 典型的泥滩锚

据《不列颠百科全书》记载，阿特纳奥斯（译者注：1 至 2 世纪罗马帝国时代作家）认为希腊人也使用单爪木锚，看起来与中国单爪锚很相似，甚至必要时也使用石块。

另一种仍在使用的中国锚也几乎与古希腊的锚没有差别，如图 7－2A 中所示，只有锚杆的位置略有不同，希腊锚的锚杆设置在拉环附近，而中国锚的锚杆总是设置在锚冠上方或者下方。这基本上是在河口中使用的锚的标准样式。有 1 个锚爪（图 7－2A）的用作船艉锚，2 个锚爪的用作船艏锚（图 7－3H）。

锚的基本构件叫作锚柄，木锚的锚柄是 1 根垂直木杆，而金属锚的锚柄则是 1 根铁轴。在其上端有 1 个拉环；在其下端是锚冠，从锚冠上伸出 1 个或多个的锚臂。外国锚上每个锚臂都会伸展成宽宽的锚爪，而多数中国锚则只有 1 个尖尖的单锚爪。有 1 个叫作锚杆的横梁，在外国锚上放置在拉环下方，而在中国锚上则通常是放置在锚冠上方，事实上，在有些中国锚上也放置在锚冠的下方。锚杆用于控制锚倾斜的角度，并且它是锚最重要的一个部件，因为利用它可以将单爪锚调整到可扎入泥中的位置。

当锚释放后，先是锚冠碰到河底，然后继续下落，随后锚杆的一端触地，随着帆船的继续移动，锚缆拉动其中 1 个或几个锚爪扎入泥中。

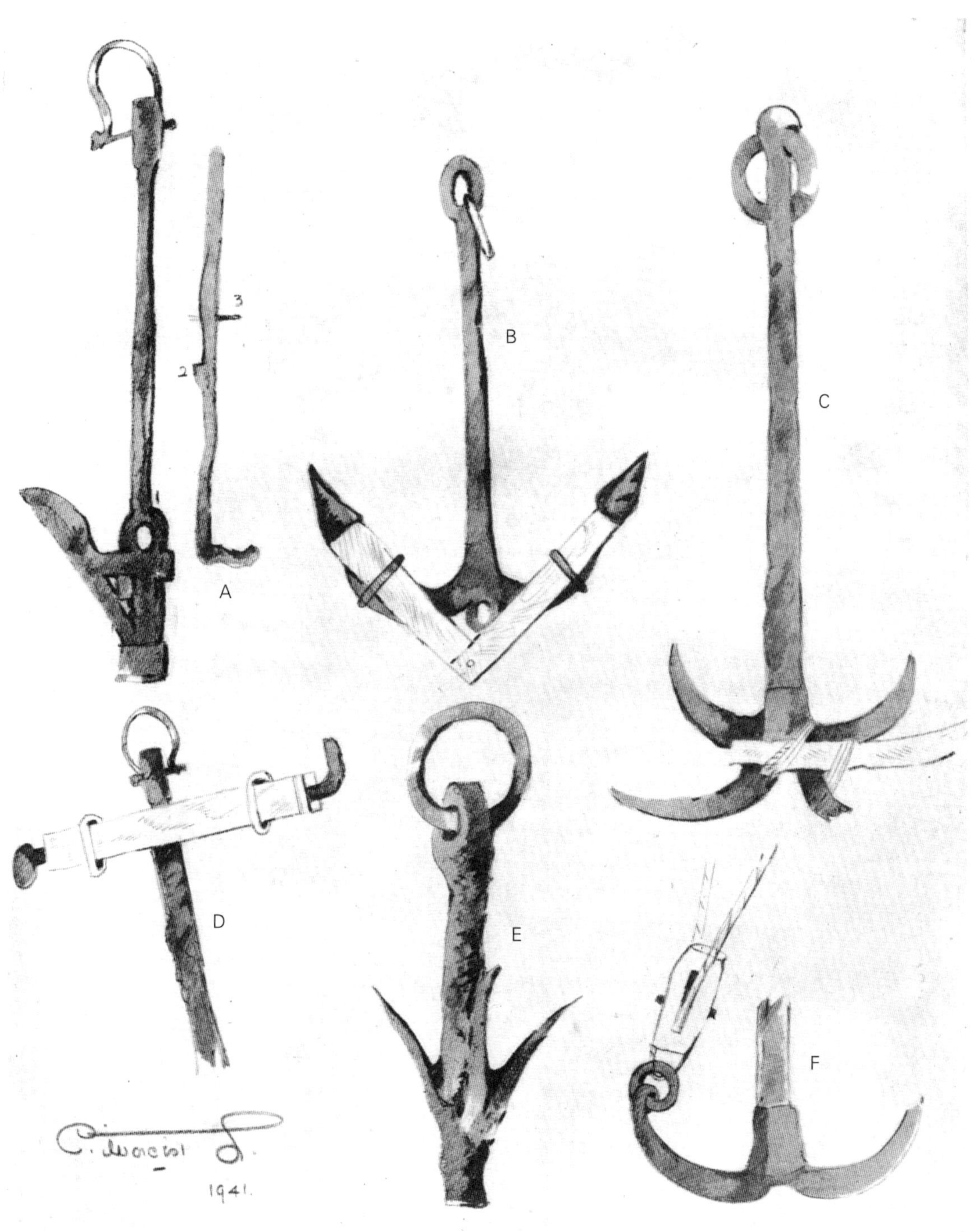

图7-2 长江帆船使用的各种锚Ⅰ

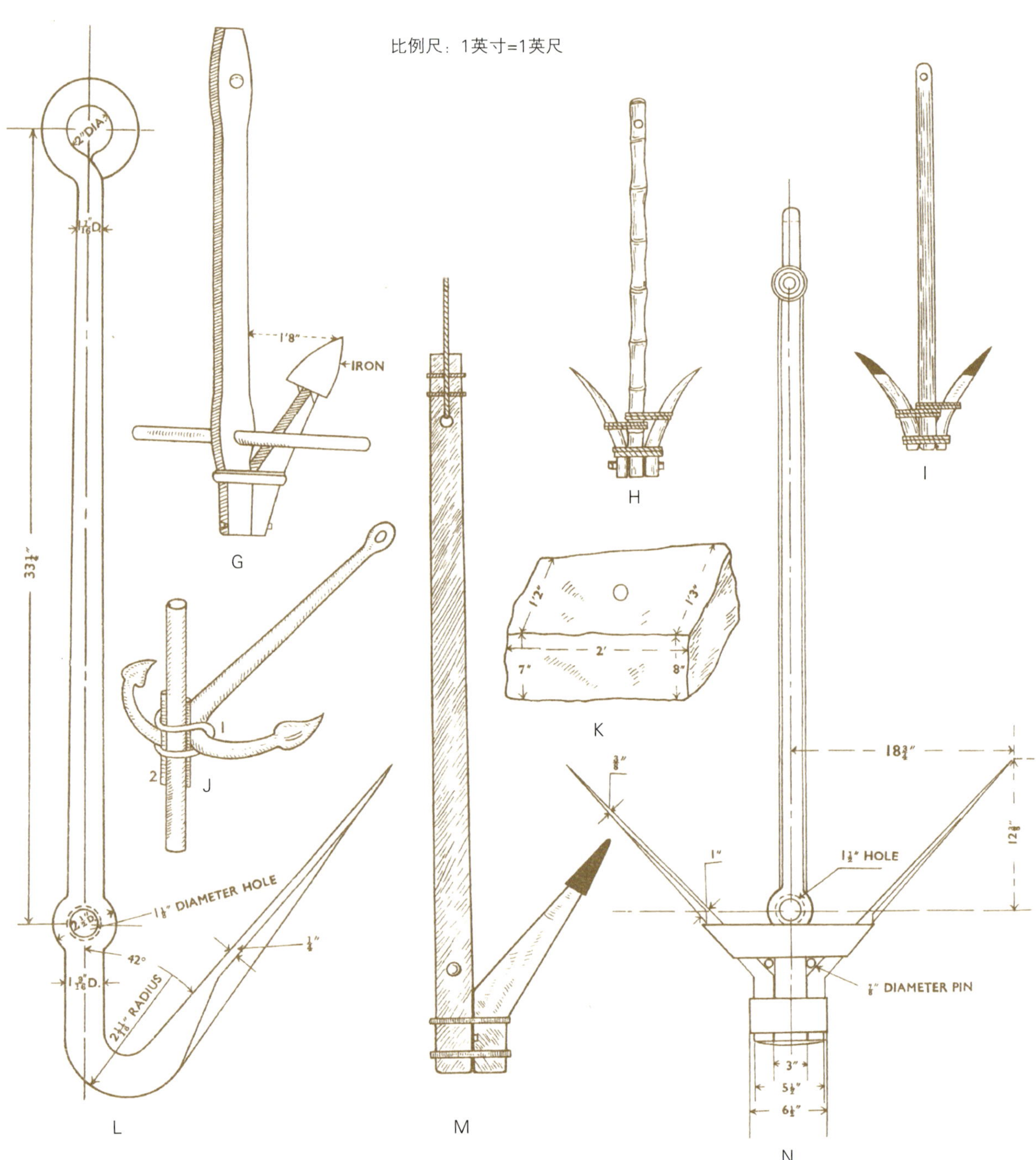

G 福州帆船使用的木锚
H 福州帆船使用的竹锚（竹筒内灌满沙子塞紧）
I 双爪木锚（尺寸从6至20英尺不等）
J 锚杆固定方法（单爪铁锚）
K 滩头石锚
L 单爪铁锚
M 木锚
N 双爪铁锚

图7－3 长江帆船使用的各种锚Ⅱ

中国锚在不使用的时候，可以将锚杆卸下收好，如图 7－2A 所示；当需要使用时，再将锚杆插入锚柄上的孔洞中(1)。锚杆上装有 1 个锁销(2)装置可以防止它漂远，并抵住锚柄的下部。还有 1 个销子(3)，通常是竹制的，穿过锚杆上另 1 个小孔，可使整个锚杆保持在原位不动。由于铁制锚杆可能会生锈，因此，木制锚杆仍在使用，或者在铁制锚杆外加上木制的护套，如图 7－2D 所示。

外国锚有时装配有可拆卸的木制锚杆。由 1 个铁环缠绕锚臂下部组成，锚杆插入其中，并用楔子楔住。当由杉木制成的锚杆从铁环中抽出时，可使锚柄向上运动，不需要的时候再移动回来。把锚杆装在锚冠下方是为了减少污损的风险。四爪锚在长江流域比较常见。其优势在于无论锚下沉的姿态如何，至少能保证有 2 个锚爪抓地，因此就不需要安装锚杆，虽然通常也会配 1 个。它的作用是防止锚扎入泥中过深。如果在特别软的水底使用，有时会对这种锚做些改装，用铁将其中 1 只锚爪和锚柄连在一起。

锚缆系于多爪小锚上。麻制的锚缆穿过拉环，顺着锚柄向下，固定在锚冠上，其散端用锚绳固定在锚爪上。

在后来战争中对各种小型登陆艇非常了解的人，对这些艇用的当时最先进的锚——燕尾锚(丹福斯锚)——有非常浓厚的研究兴趣，该锚的作用方式与中国锚相同，也就是说，在锚冠处装有锚杆，这种设计至今从未在西方锚上出现。锚的制造者称这种锚无污损，这种说法是对的，因为相应的中国锚也是如此。

将制动器安装在锚缆上的方法有很多，如图 7－4 所示为最通用的一种方法。

希腊人和罗马人，与今天一些国家的人一样，习惯于通过锚冠下方的拉环或环绕着锚冠的环索来拉动锚。而中国的船工则使用更原始的方法，将 1 个拉环或滑车装在 4 只锚爪中的 1 只上，以起到同样的

图 7－4 给缆绳装上制动器的方法

作用。这种方法通常用于小锚移船、倒船、多锚或浅水区，在这样的情况下，锚是慢慢沉向水底的，而不是"大撒把"(见图 7－2F)。

锚爪加鞘，即用额外的木片或铁片将锚爪包裹起来，这是中国船工常用的方法。锚爪加鞘以后，能够使锚更有力地抓住软土，当然比单纯的锚爪好用多了。

英格兰规定要依照法令买卖船锚。任何英国船只上的锚未依据法令通过相关检测均不得买卖。而中国船工则不受此类制约影响，不会有劳埃德船级社或商会的规则要求他必须对锚或锚缆进行检测。船工从自身的艰苦实践中总结出自己的"安全工作章法"。如果发现锚用得太小了，便用 1 套非常简单的装置——带有铁尖的木架(见图 7－2B)，把它变大。如果仅仅是太轻了，便用石块来增加重量。

如果木制的锚爪坏了，有时就从断裂处对接好直接捆扎一下(见图 7－2C)。事实上，对于船工在其锚泊装置上临时修补、增加配件以及一些碰运气的做法没有任何限制。世界上没有任何海员愿意铤而走险押赌天意，而期待不受惩罚。

必须要记住一点，中国锚只有在海上航行或大型河运帆船上使用效果最佳。长江及其支流以及其他水道里航行的小船，均使用非常轻便的锚泊装置，或者根本无须使用锚而直接靠岸。

当用于海上航行的船只逐渐增加以后，早期的海员需要解决的第一个问题就是如何操控沉重的锚泊装置。东西方的古人都想到了用绞盘棒和绞盘来解决这个问题。从已知情况看，中国的锚泊装置可能比西方所用的轻一些，但是棘手问题一样不少。

中国人使用样式粗糙的绞车或绞盘来提拉锚、桅和帆。历经几个世纪的实践检验，证明这种简易却重要的实用工具足以满足船工们的需求。没有可信证据能够证实中国式木制绞车首次应用的时间，但一定比绞盘出现的时间晚。除了长江上大木筏上使用的巨大的像滚筒一样的木制绞盘以外，真正在内陆水域使用的中国式绞盘通常是微不足道的轻型结构，其强度只能提拉轻型的桅杆。自从外国帆船到达中国后，船工们才开始采用西方船舶上使用的木制绞盘设计，可提拉重型锚和帆。

最后，这里必须说一下海锚。世界上没有任何海员比中国人更需要它或者更擅长使用它。海锚，漂浮在水面上用于保持船艏向风，以减少船身的漂移。中国海员用一个巨大的竹篮作此用途，真是用对了地方。

舵

在西方，操控舟船方向最早是通过船艉的一片桨来完成的。随后采用了一种被称为"舵桨"的装置，安装在船艉。

同时期的埃及石刻显示，大约公元前 3000 年，小船是靠划桨来推进和掌舵的。1500 年后，人们用小型桨叶来划船，而用安装在船艉的大型桨来掌握方向。事实上，这就是舵的起源。

后来，船艉的单桨或多桨被安装在短柱上的舵桨所取代，即在船艉两凸出翼之间依次排列桨叶，这就是舵柱的前身。

埃及船只有很小的龙骨或没有龙骨，以适应尼罗河流域的沙洲，船身特点使其能在某些条件下提升桨叶，比如在浅水航道中，这些都体现在后来的航海精神中。埃及哈特谢普苏特女王远征彭特国的舰队就使用了双舵桨。

稍晚些的希腊船通常使用双"舵"。2 个舵常常用横梁或舵筋连接在一对舵柄上，舵柄与舵桨之间成一定的角度。

后来在大海上驰骋了几千年的北欧海盗船，也使用了同样的方法，只是它们仅有1个安装于右舷的舵桨。

边舵和舵桨在欧洲一直沿用到中世纪，其间只进行了一些很小的改进和调整。

权威人士一致认为，直到13世纪初期或中期，欧洲才出现真正的用舵栓和舵枢吊起的尾舵。这方面进步缓慢，是由于古代造船工人在当时倾斜不平的船艉上安装舵经历了非常艰难的摸索过程。这项技术革新标志着造船业的重大进步，使得船只吨位大幅度提高成为可能。将操舵装置从右后舷转移到船艉带来了船体结构上第一次大变革，导致船艏与船艉的建造完全不同。为了把舵牢牢地固定在船艉，要求船艉柱要尽可能平直；同时，船艉铺板上部要成方形，还要留一个小的舵杆开口，保证舵杆可以从其孔洞中穿过。让人难以置信的是，数千年来，竟没人想到用这样一种简单又浅显的方法来固定舵，但是，就像前面解释的那样，几乎所有早期舟船的船艉都是弯曲形状的，使得艉舵的安装成了相当困难的事情。意识到这个问题以后，人们就将船艉柱做得尽可能平直并成方形。

在西方，现代操舵装置取代舵桨的进程很慢，确实是惊人地慢，从硬币和徽章的图案上看这个进程跨越了几个世纪。但是，在中国，舵的发展过程与船只其他部件的历史一样，所有中国史学家、中国文化或是中国学者都解释不清，只能靠推测。

然而，公元90年前后，班固在《汉书》中记载，汉代皇帝们乘坐的御舟在舟尾装有舵。此舟插图参见图7－5。

图7－5 中国国画《洛神赋图》

从一幅名叫《洛神赋图》的画作中可以看到，当时的船艉上安装有精巧的装置。这似乎可以确证，舵处于被提升的位置，便利了船艉橹的使用。画面上显示使用了船篙，说明舟船是在浅水中航行。这幅画是公元12世纪一位佚名画家临摹顾恺之的画作。重点在于，如果确认这幅众所周知的画作精确地复制了已经失传的完成于公元4世纪的顾恺之的原稿，那么它就成为确切的证据，证明公元4世纪前后中国已经普遍地使用了舵。

然而，确凿的事实是无可争议的。关于舵的起源，与西方一样，无疑是船艉的桨，也就是说，中国舵的原型是艉桨。在暹罗和印度，特别是在马尔代夫和马来半岛，短桨或转向桨，在某些方面显现出受到了欧洲古代边舵的影响。但是在中国古代帆船上看不出这样的迹象，看起来可以假定中国在艉桨、转向桨和舵之间没有过渡阶段，也就是说，中国没有和舵桨相对应的装置，而是直接从艉桨发展到了舵。作此推测的理由是，事实证明中国的造船匠没有遇到西方同行的尴尬境地，因为自古以来中国帆船的船艉都是方形的，因此，直接采用了舵是因为中国船不适合使用短桨或舵桨。到13世纪，中国航海导航技术有了长足的进步，主要是由于应用了罗盘，[1]中国的帆船开始出现在西方的港口。如前所述，在13世纪中期以前，从船艉柱吊起的舵还未在欧洲出现，因此，尽管没有确切的证据，也不是没有理由推测，今天世界各地广为使用的舵的前身，是由阿拉伯人直接或间接地从中国传入欧洲的。

当然，无法确定哪种样式的舵艄先出现——某种形式的平衡舵是最早的还是后来改进的，假设两种中哪一个是最早的版本似乎都不合理。当遇到与欧洲造船工匠同样的难题时，即由于船体呈圆形导致无法轻易地安装舵时，中国人研究出了舵杆管。此外，他们还安装了一个装置进一步改进了这项技术，当驶入浅水中时，用绞车来吊起深水舵。后来，这个提升原理又推广应用到"中插板"。

事实上，中国没有任何关于造船方面的资料存世，因此，我们也无从得知舵何时开始使用或者刚出现时与今天所用的舵有何本质区别。从对中国人解决问题方法的了解，以及他们对待旧事物和风俗习惯的保守主义，让人不得不认为今天的舵应当与其原型没什么区别。

在当今时代之前，舵的名字叫"杕"，这个汉字现在已经不再使用了，在古汉语中的意思是"树枝"。中国学者认为，这个字的意义是船艉上的桨。这个字见于公元前122年刘安所著的《淮南子》中。

一个引起热议的话题是，从当时到现在舵的名称所用的字未发生变化。公元1世纪成书的《释名》中用"柁"表示舵(但使用了不同的偏旁)，和今天同样的读音。在这本书中，对舵的解释是从船艉拖或拉。这意味着舵就是为众人所接受的含义，而不是指边舵。

毫不意外，最先发明了舵的那些人还可能发展出数量惊人和不同样式的各种舵和操舵装置，每种舵都有各自的独特作用。事实上，毫不夸张地说，其实每一种不同的帆船都有为其量身定做的舵与之相适应，并且独一无二。相互之间的差别还不小。

举例来说，吃水深的船只，比如宁波和厦门一带的渔船，舵很窄，并且只是从船艉柱向后伸出的距离很短(见图7-6)。这种重型舵值得深入研究。它们通常由一堆大小不一并且硬度极好的木块巧妙地组合而成。舵柱(1)以及第一眼看起来好像是毗邻着的另一块木板，即图中标示2和3的木板，实际上是同一个部件，并且是同一块硬木板。木板一块挨着一块依次排列达到需要的长度后，用几道平行的木条4和铁钉将木板固定在一起，再用铁箍带把一些关键点固定好。

而那些吃水浅的船只，比如长江中游的舟船，相比之下，舵更宽更长，而到了长江上游，吃水更浅的大型平底船所用的舵则是非常宽非常深了。在钱塘江上，吃水很浅的帆船所用的舵是一块略长于6英

〔1〕《诸蕃志》，夏德、柔克义译。

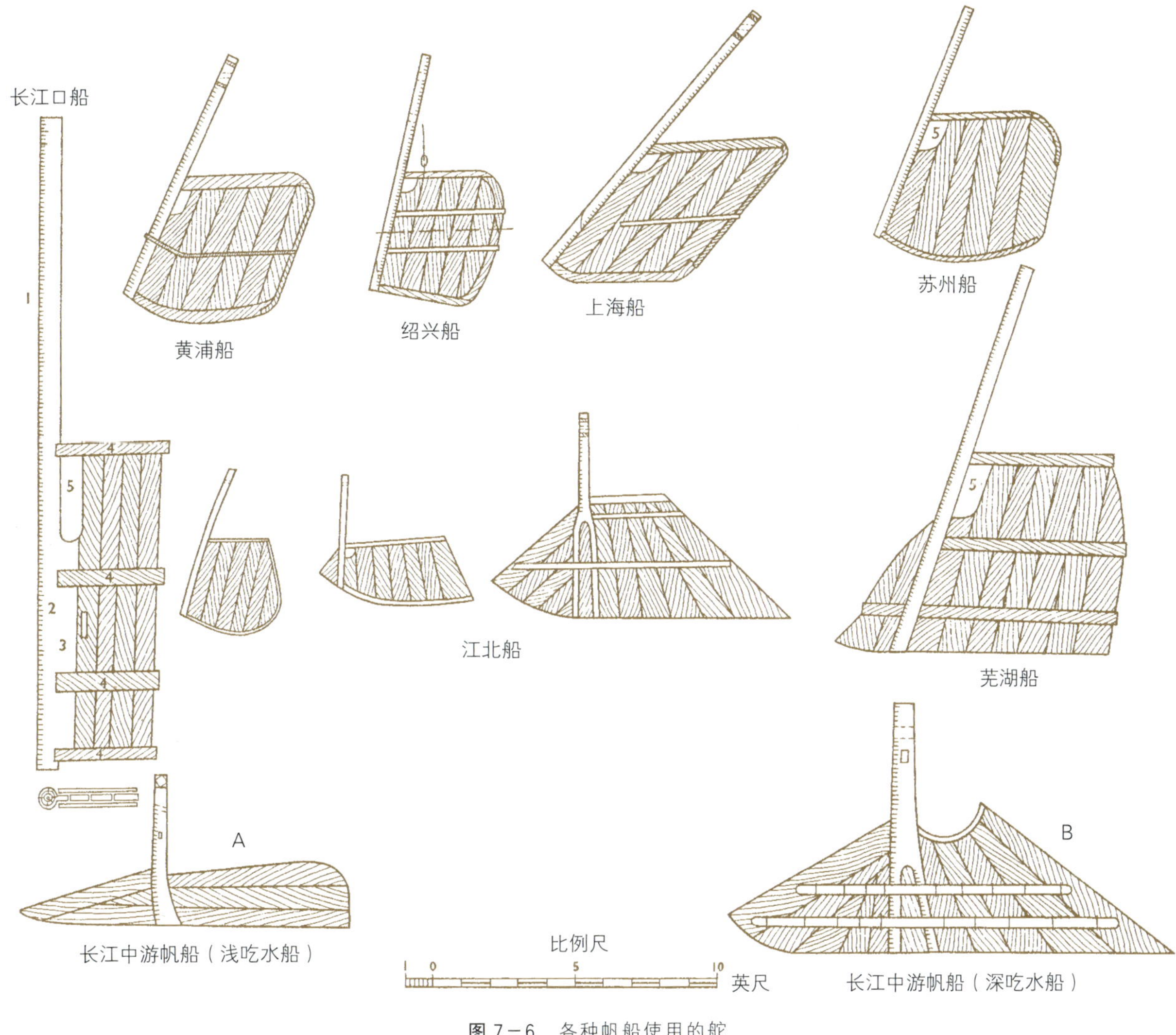

图 7－6 各种帆船使用的舵

尺的木板。而长江三角洲的小帆船比海边的船所用的舵更大更深，因为河船的帆展更宽。最后，还有几类专门在急流中航行的小舟根本不用舵，而是用巨大的长桨代替舵的作用。在这种情况下，桨的长度几乎与小舟自身的长度相当。有些长桨甚至可达到 100 英尺长，使用这样的桨需要巧妙地利用合适位置上的石块来保持平衡（见图 7－7）。

主流意见可能认为，相对于船体的比例来说，中国的舵比较大，相应地需要较大的舵柄来操控。导致这一现象的原因是，在顺风航行时，大舵可以代替龙骨的作用保持船体的稳定。

值得注意的是，平衡舵在上海地区很少见，在那些小河和水道的交汇处，所有大型船只的舵都要吊起来，而小舢板则没有舵。此外，平衡舵对船艉的类型有特殊的要求。

上海和黄浦江区域可以看到各种样式的舵，但该区域最典型的是宁波和上海地区的码头船所用的舵。这种舵的特殊设计是为了适应船体平直但有一定坡度而与船艉呈一定角度的特性。多数上海船只，无论大小，在舵的上部靠近舵柱的位置都有一个孔洞，使舵柄无须触碰索结（5）的任何部分就可以打满舵。很明显对孔洞的长度没有要求，就像无须为在哪个高度操作舵而立法一样。在港内，常常会将一根木栓插入孔洞中以释放索具的张力。

尽管中国人看起来在机械原理和机械力学上没有建树，但是中国造船匠的手艺却让船的每一部分

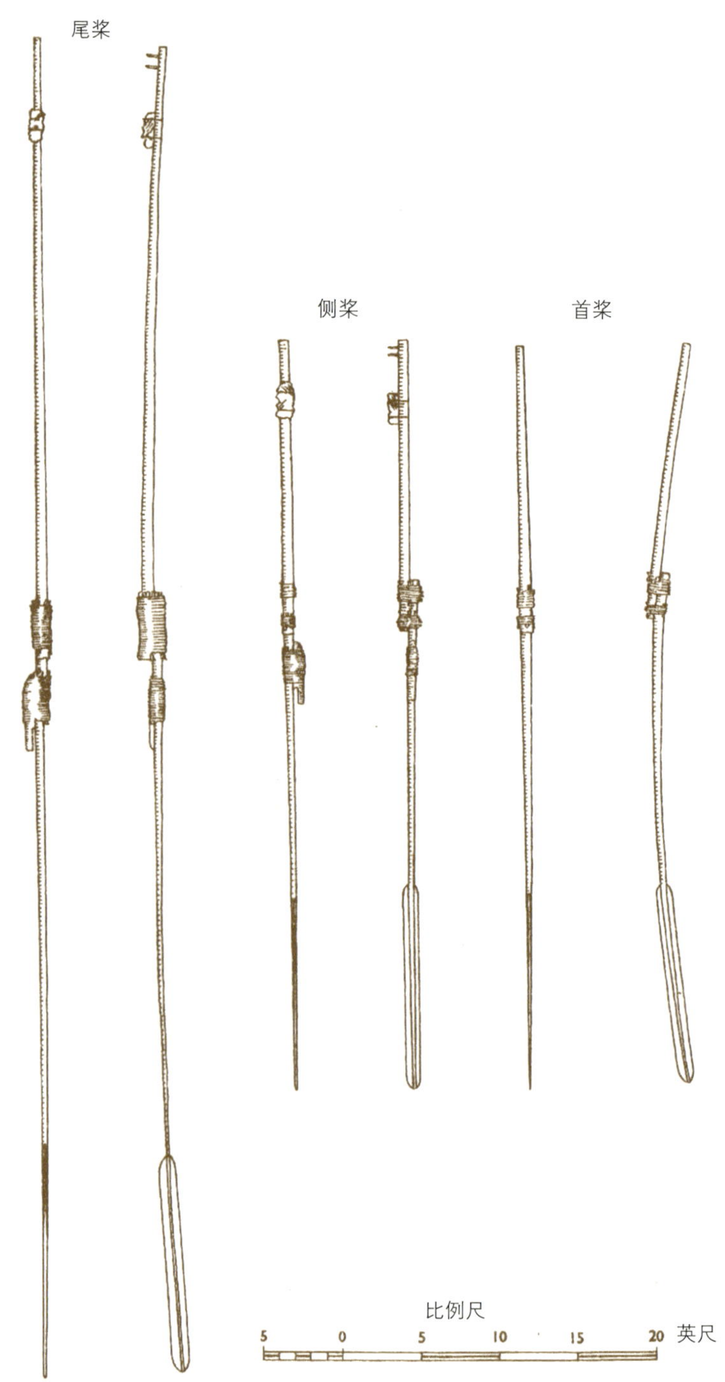

图 7－7　各种舵桨（梢、棹）

结构都展示出惊人的效率。这一点特别适用于与平衡相关的一切问题。比如说，每一类型的船只上所用的每一个舵的重量都精确地调整到刚好适合设计的操舵船工人数。通常来说，当然只有一个船工，但是，有时候对于某些类型的船只或在一定条件下，可能需要两个或者更多船工共同操作舵柄，在这种情况下，舵的重量需要按比例调整。同样，他们的独创性和平衡感还在绞盘和省力装置的设计建造中得到了很好的体现，在这方面，他们远远超出了欧洲国家工匠所能达到的标准水平，这种情况一直持续到两个世纪之前。

升降型舵需要使用绞车将舵吊起。当舵很重时就需要使用起降装置，将一根从绞车绕过的绳索或铁链穿过单滑轮或滑轮组系于嵌入舵中的加固部件，再拉回绞车，或者有时也用嵌入舵中的滑轮代替。

当舵比正常情况向船后凸出更远时，通过平台把船艉部分延长，或者只是用一对船柱，将舵滑车或滑轮上的绳索穿过另一个滑轮再回到绞车见图7-8。

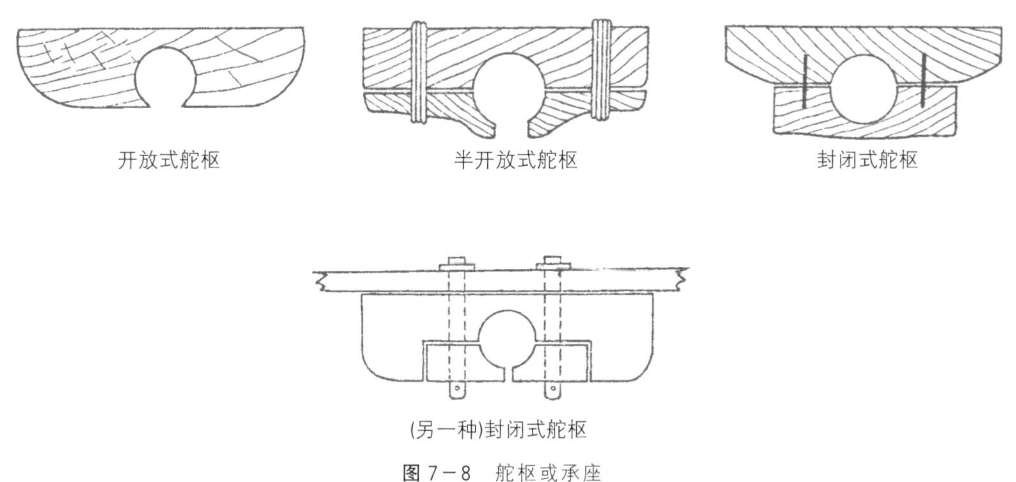

图7-8 舵枢或承座

有三种不同的持舵的方法，为了方便起见，将其分为开放式、半开放式和封闭式舵枢：

对于前一种情况或者说开放式结构，是将舵从上方插入木制的舵枢，舵枢开口可允许舵自由通过。有绞车或其他替代装置的舵都使用这种方式。因为舵柱太粗而不能滑出舵枢的开口，可以避免横向运动。

封闭式舵枢，由两部分组成，舵安装于固定部分，另一部分则沉到相应位置上。

上海地区的"江北"船，亦即来自长江北岸的船和杭州湾的商船，率先使用了平衡舵。溯江而上，越来越多船只使用了平衡舵，直到其真正成形，也就是说，在长江中线以上，约有三分之一的地区都换了平衡舵。

图7-6显示了从海帆船使用的典型的重型舵向长江上游的平衡舵的转变过程。这里选择2个稍晚些的例子，图7-6A，浅水舵，舵柱向前部分约6.12平方英尺，舵柱向船艉部分约19.03平方英尺。图7-6B展示了一个深水平衡舵，舵柱向前部分约19平方英尺，舵柱向船艉部分约30平方英尺。也就是说，这两个种舵分别占现代平衡舵公认面积的5%和10%，是中国造船匠利用"试错法"的成功案例，显然他们并不懂这些道理，却非常正确地运用数学方法解决了碰到的问题。

没有任何一个帆船部件像舵一样有如此多变型。两个甚至更多不同级别的舟船，可能有同样的船艏和非常相似的船艉，却绝不会有相同的舵。这种标志性的特点透露了关于船的出处的很多信息，让人一眼就能认出帆船的起源地，并且了解到船的设计适合风平浪静的环境还是恶劣的天气，适合海运还是河运，适合浅水还是深水航行，适合流急弯多还是开阔平坦的河段。

汉语里"无舵之舟"通常用来辱骂一个寡妇，从中可见"舵"这个部件的独特性和重要性。

对于外行而言，从中国帆船的装置或配件很难看出创造性的巧妙设计或建设性的技巧。然而，中国的造船匠们在他们的舟船、桅杆、帆、橹、锚和舵上，解决了一个又一个对于航海导航来说非常重要的问题。他们的许多发明创造都无法追溯到准确的年代，发明者也都已被遗忘。但是他们的思想被一代一代准确无误地传承下来，有一些方面被西方人采用，而现在，在航海领域，西方人在有些方面领先于他们，在有些方面仍不如他们。

— 第8章 —

船帆、静索与动索

长江上游帆船的所有航行设备几乎都相当原始，船帆的类型可以分为两大类：

(1) 标准的单斜桁四角帆，帆布用竹撑条和复合缭绳加固，全中国通用；

(2) 单横帆，帆布延伸到横桁，使用一根下帆桁。

第一种帆型虽然又重又笨，但是更为有效，用于可航至沙市或者更远下江的大型帆船，而第二种帆主要用于只在万县以上江段航行的所有帆船。这两种类型的帆从头到脚的长度都还不到帆船的十分之一，没有任何定则规定哪种类型的帆专用于单一类型帆船。

图 8－1 显示了小型麻秧子帆船使用的典型斜桁四角帆。船帆使用帆索系住帆顶边和帆底边，包括许多1英尺3英寸宽的帆布缝合到一起，系住硬木上帆桁，也系住轻巧的竹子下帆桁。船帆使用许多撑条加固。每根撑条都系住裂开的竹竿，大约从帆中部通过桅杆延伸到纵帆前缘(1)，作为索箍。复合缭绳非常值得特别注意。它们包括一个较低的复缭绳(2)部件，成扇形从纵帆后缘(3)较低部分的每根撑条到作为定端的下部复缭绳顶点的滑车。从这里，主缭绳通过甲板室上面的滑车(5)，通过第二个较高复缭绳(6)，以相同方式装配形成顶点。主缭绳从这里再次通到指挥位置(7)。以这种方式，统一调整帆的位置以接受全部长度的风压均等分布。斜桁四角帆在这方面有一个极其有益的特性是能够自动收帆。美国和欧洲的平面帆有优越性，中国在设计使用科学的纵帆方面肯定领先很多，如斜桁四角帆设计证明的那样。

帆船在微风中航行时经常使用一种大三角帆。这绝不是标准，但是通常包括三角形帆，帆脚延伸到轻型竹帆下桁，升降索系紧顶点或者帆顶边。下帆桁通常系紧桅杆，当然不总是这样。

然而，图 8－2 显示的是横帆不仅是长江上游帆船使用最多的帆装，而且是许多支流帆船使用最多的帆装，几乎所有使用少量船员的小型和中型帆船全都使用，因为它能在各种天气和航速中轻松操纵，而且，帆卷起来时没有空隙，具有较大优势。

像斜桁四角帆一样，使用垂直棉帆布缝制到一起，系住帆顶边和帆底边。帆顶边也延伸到横桁，以图 8－2 说明的方式系紧。

然而，采用垂直加固而非水平加固，包括使用细绳把它们缝合到一起。帆下缘不像人们可能猜想的那样松开，因为它系住下横桁或者帆下桁，它也作为横帆的下隅角(1)延伸。使用细绳系住系紧甲板的下帆桁(2)固定端，牵制住帆。下帆桁通过桅桁连接索拉近桅杆，包括绳索系紧帆腹(3)和桅杆。上横桁(4)用升降索(5)支撑，帆降下来时也用升降索支撑，因为不用时可以用下列方式卷起来。

当一名船员操纵升降索时，另一名船员把左手插入下帆桁(7)右边的狭槽(6)，用右手抓住木钉的下

图8－1 斜桁四角帆

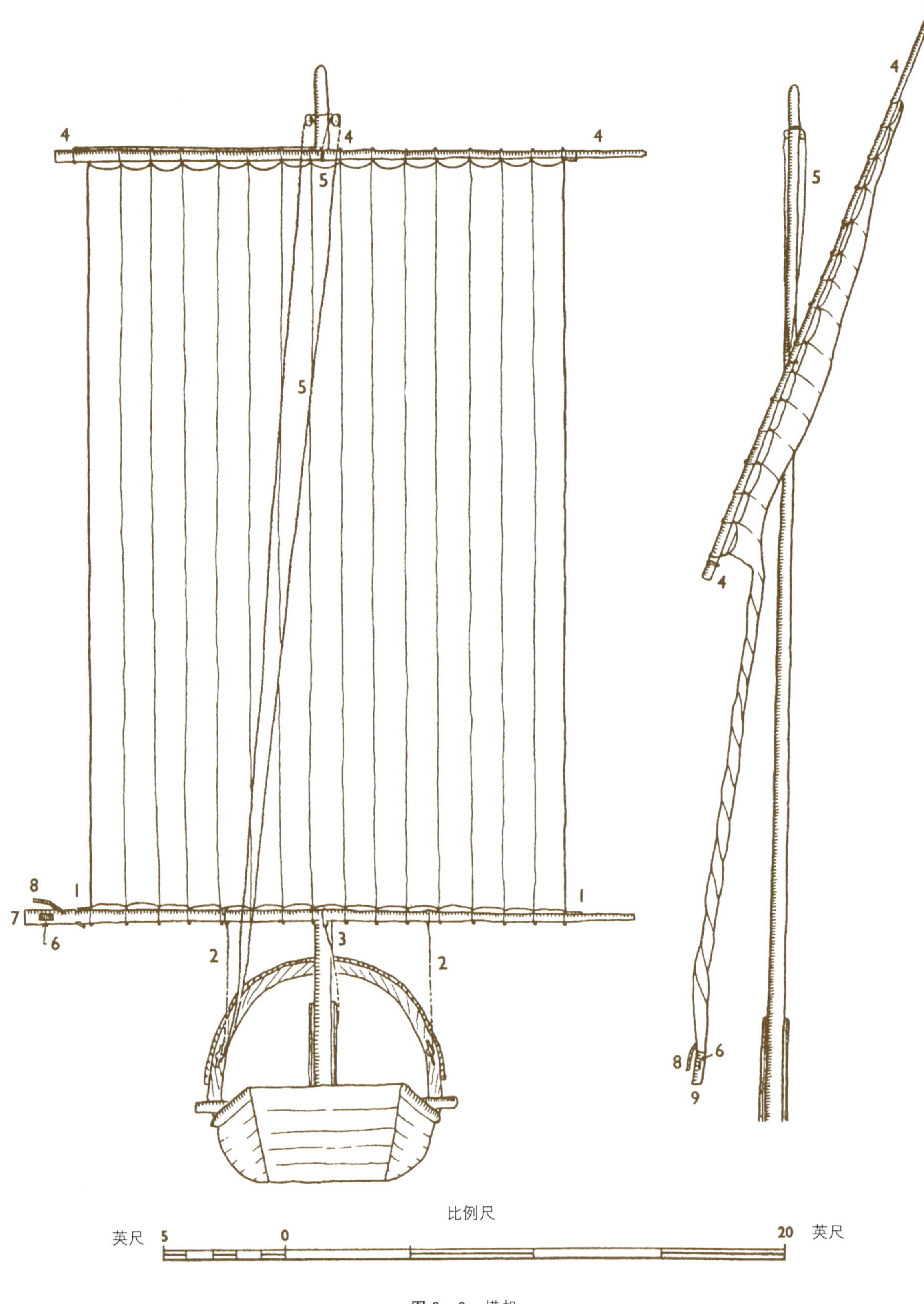

图 8－2 横帆

端(8),倾斜插入竹帆下桁狭槽几英寸。然后,他通过猛拉下帆桁到中心位置放松帆面受风压力,近垂直方向把下帆桁升到到头顶上方,灵敏地连续转动两三次。帆到现在半卷到低端,他更细心地结束转动。结果是把帆收成整齐的长卷,下帆桁(9)隐蔽到帆卷下面,而横桁近平行放在右舷上面。原右下隅角系紧右舷。两名船员用 1 分钟时间就能完成整个行动。帆船航行时竖起桅杆,两根后支索只用常设索具。它们拉住桅顶,尽可能向后拉紧。根据风力,通过降低横桁到所需位置收帆。这使帆能够张满,因此少受风压。

这种横帆帆装以最简单的形式代表帆。确实,有趣的是,这种帆及其帆装实际上同公元前 1600 年埃及桨帆船一样,所不同的只是卷帆方法。桨帆船是降低横桁,而不是像帆船那样,扭曲下帆桁。

如 13 世纪前马可·波罗意外地注意和记录的那样,拉纤由人力拉动,所用纤夫数量从一名到几百名不等,长期被中国人用于大小江河航行。确实,艺术家夏珪 1208 年描绘的中国画显示了今天的帆船所用帆索及其布置的起源。夏珪的另一幅长卷画《万里长江图》表现了岷江帆船,虽然设计奢华和比例不同,但却相当准确地绘制出与今天没什么不同的船艄和舵桨。

图 8-3 中拖缆(纤绳)(1)的固定端显示,总是使用篾缆,系紧后横梁(2),从这里通到桅杆,通过原始的开口滑车(3),使用牢固的竹篾索环(4)系紧桅杆。升降索(5)通过桅顶(6)滑车系紧索环,所以,开口滑车能够保持在桅杆上的任何想要高度,图中显示的开口滑车设计承受三根拖缆,使用铸铁大致抛光制成。使用一个圆环(7)承受升降索,而其他圆环(8)(9)(10)承受拖缆。使用一根收帆索系住圆环(11)。帆船船艄使用一根带环短索,绕过孤立岩石或者悬崖峭壁等障碍时用滑车组放下拖缆。通过这种方式,把拖船点从桅杆移到船艄的所需一边,以便能使帆船紧急转向。

在长江上游使用篾缆而不用其他绳索,操作篾缆当然不像操纵大麻绳索那么容易,在狭小空间盘卷也不会那么快,更不能很好地承受突然的交叉应力。可是,篾缆能够经受住更大拉力,而且比同样粗细的大麻绳轻得多,能顶住凹凸不平岩石的摩擦力,而大麻绳遇到气温突变和连续浸水可能会腐烂。

麻绳弄湿时损失大约 25%的强度,然而,黄浦江河道局进行的试验结果却显示,篾缆的强度在浸透水后反而增加 20%左右。

长江上下游到处都有篾匠,据说最好的篾缆出自宜昌上游大约 20 英里处的一个叫黄陵庙的村庄,该村出产的竹子优点突出,很有名。江河上游帆船通常停靠到那里补充新编的航行用篾缆。帆船通常需要总长大约 1 英里的篾缆,每根长短和粗细都不等,1938 年购买这些篾缆的价格为 53 美元。这是一笔很大的开支。这些篾缆材质很硬,即使爱护有加,也只能使用一个航次。为了节省开支而反复使用是一种危险做法,事实上已经因此造成长江上游许多船只失事。

篾缆经常折断或者需要剪断,以免发生事故;基于这种情况,篾缆很少插接,这是一个技术问题,两根篾缆两端并排交叠约 1 英尺,使用绳索系紧。粗长篾缆可能需要在 1 英尺间距内打三四个结。

废弃的篾缆可用作燃料,也可剪成几英尺长的段卖作火炬,可以持续燃烧大约 20 分钟。

当地编制篾缆的方法基本一样,特别简单,也特别快。最单调乏味的工艺流程和最需要的技能是,首先根据篾缆直径需要将竹竿破成大约 0.25 至 0.5 英寸宽的窄篾条,然后放入水中泡软和柔韧。篾匠破篾时使用长尖刀,戴竹节手指套,坐在小竹椅上面;另一名篾匠站着编篾缆,面向下斜坡,或者站在乡间平地搭建的做工粗劣的竹塔上面。

篾匠腰间围一条保护性围裙,双膝夹紧一节 18 英寸长的半圆竹筒,髋部挂一根细绳,随着按卷离开手指。这样,精细绳索通过一种粗制"导缆器"轻易滑离他站的地方,落到竹塔的高度或者滑落到他面前的斜坡。编织篾缆要用许多篾条,数量总是 4 的倍数,接头错开以增加强度。

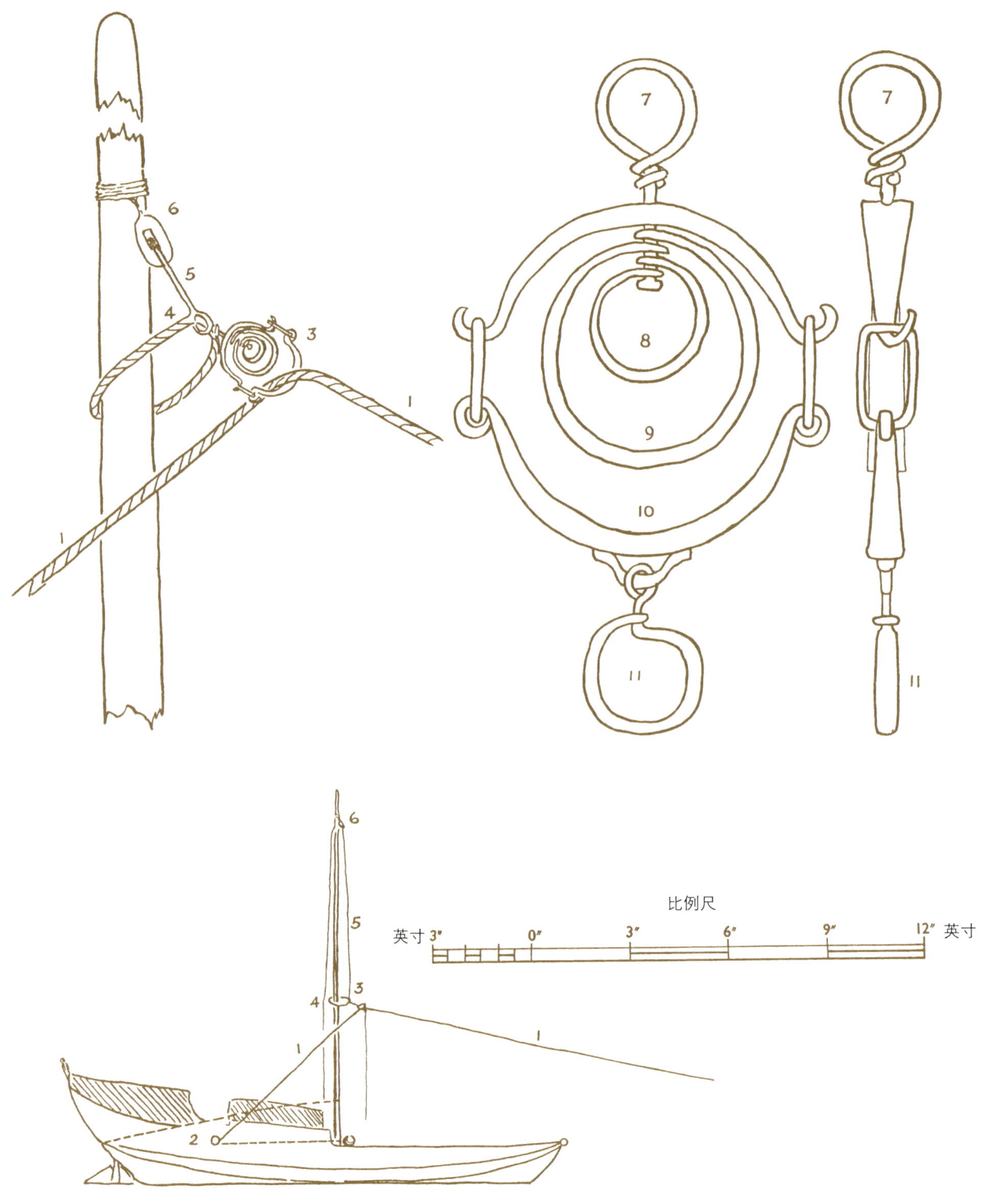

图 8－3　拖缆(纤绳)

长江上游编织篾缆的方法是把篾缆——通常长 1000～1800 市尺(约 400～700 码)——盘卷到长期固定在水泥炉上的高大木盆里。石灰和水溶液通过漏斗倒入水泥框架底部,它上面放着篾缆,由圆形小突出架支撑,使其离开水面几英寸。用另一个木盆扣住,用煤火蒸 4 个小时,用水中石灰来硬化篾缆。石灰水快耗尽时通过外漏斗添加。高大的四边形烟囱作为排烟口和通风口,四周使用到处都有的竹竿加固。

宜昌附近出产更粗的篾缆代替大麻绳。这种篾缆绳索只用于锚泊,从不用于拉纤。

棕榈纤维绳索称为"棕绳",广泛产于重庆和长江上游其他港口。篾缆摆放或者编织都在前滩完成,所需场地的长度约为 50 码。

这种在场地上进行编织的方法可以分为三步:晾晒纤维,拧成细绳,把细绳编入篾缆。

成捆纤维购自乡间。晾晒时从捆扎中抽出一把纤维,在晾晒板上摔打,木板约为 1 英尺长,上面钉有五六个尖铁钉,模仿扫把头和绑紧支架。原料从这些圆杆中抽取,分开并行摆放。随着操作员操作,逐渐增加长度。

编织篾缆在移动式编织机(见图 8－4)上进行,把许多横木钉到一起形成方形框架钉有四个吊钩的一种装置,使用长铁钉钉穿木板,达到某个角度形成把手。其中只有一个弯钩用于编织篾缆。操作员边向后退,边从转钩拉出篾缆,系住纤维一端;左手拉住另一端边走边拉,同时不断用右手插入和编成几根绳索。一名助手转动手柄带动转钩,绞成绳索。达到足够长度后,就开始用三个吊钩进行编织。如果是需要四股的,那四个钩子都得用上。所采用的方法是将每一股绳的末端系紧一个转钩上,而另一端集中起来系缚在场地另一头的另一台编织机的一个类似转钩上。

随着多转钩与单转钩向相反方向转动,操作员再次从分开转钩向后退,布置或者引导绳索通过大约 1 英尺长的截顶硬木锥形体(合股器),锥形体尖端刻出三个等距纵向凹槽。分开插入这些凹槽的绳索随着它们被绞成光滑的绳索而从圆锥体的合股器中脱落出来。

这种原始绳索可能达到 5 英寸粗,专门用作长江上游帆船的动索、帆边索和通用保护拖缆。

在重庆与宜昌之间航行的各种大型帆船都装有桅顶灯柱装置,其形状、颜色和设计都有很大不同,以表明帆船属于哪个城镇所有。

经常在重庆上游进行贸易的帆船不用这种做法。常见这些从上游来的帆船挂着一面小红旗。如果船东的父母去世,帆船会悬挂一面非标准的普通小白旗,表示对逝者的哀悼和敬意,白旗连续悬挂三年,称为服丧期。图 8－5 显示不同船籍港差别很大的各自持特征旗帜。它们可能还表示有宗教意义。

设计最精心的帆船旗帜来自涪州镇,包括两条细长三角旗,下面斜挂着一把剑。棕绳中间挂着一面带装饰绳结的多色燕尾旗。

另一个更常见的装置是使用像松开钢丝弹簧一样的两根铁丝,像天线一样在桅顶旗杆两边下垂,铁丝头系着小钟或者绒球。许多设计包括一些蛋或者彩色木"蛋"。这些都放在锡皮罐内,挂在旗杆上面,上下垂直排列。

该装置的主要部分是旗帜,几乎都是红色、或大或小、正方形或者长方形、细长三角旗或者燕尾旗。有些时候它们只是简单的旗帜,但更多时候旗帜上面写有船东姓名,绘有八卦图或者阴阳图,或者题写祝愿"顺风"的"顺"字等。

老划秋船定期来往于嘉陵江支流遂宁河,经常可以看到桅杆上的旗帜就像撑开的雨伞,系紧桅顶滑车上面,用于升降索。这种装置宽约 4 英尺,像万民伞一样,也就是说,是圆形,垂直边模仿灯罩,用横木支撑。建造用篾骨架、油布或者笋壳。

固定在试验机上普通
夹子里面的篾缆样品
1.5英寸
外层编制缆索
核心为直篾
涂油缆索的绕法
浸油的绳索
A 篾缆编织法
B 移动式编织机

图 8－4 缆绳编织

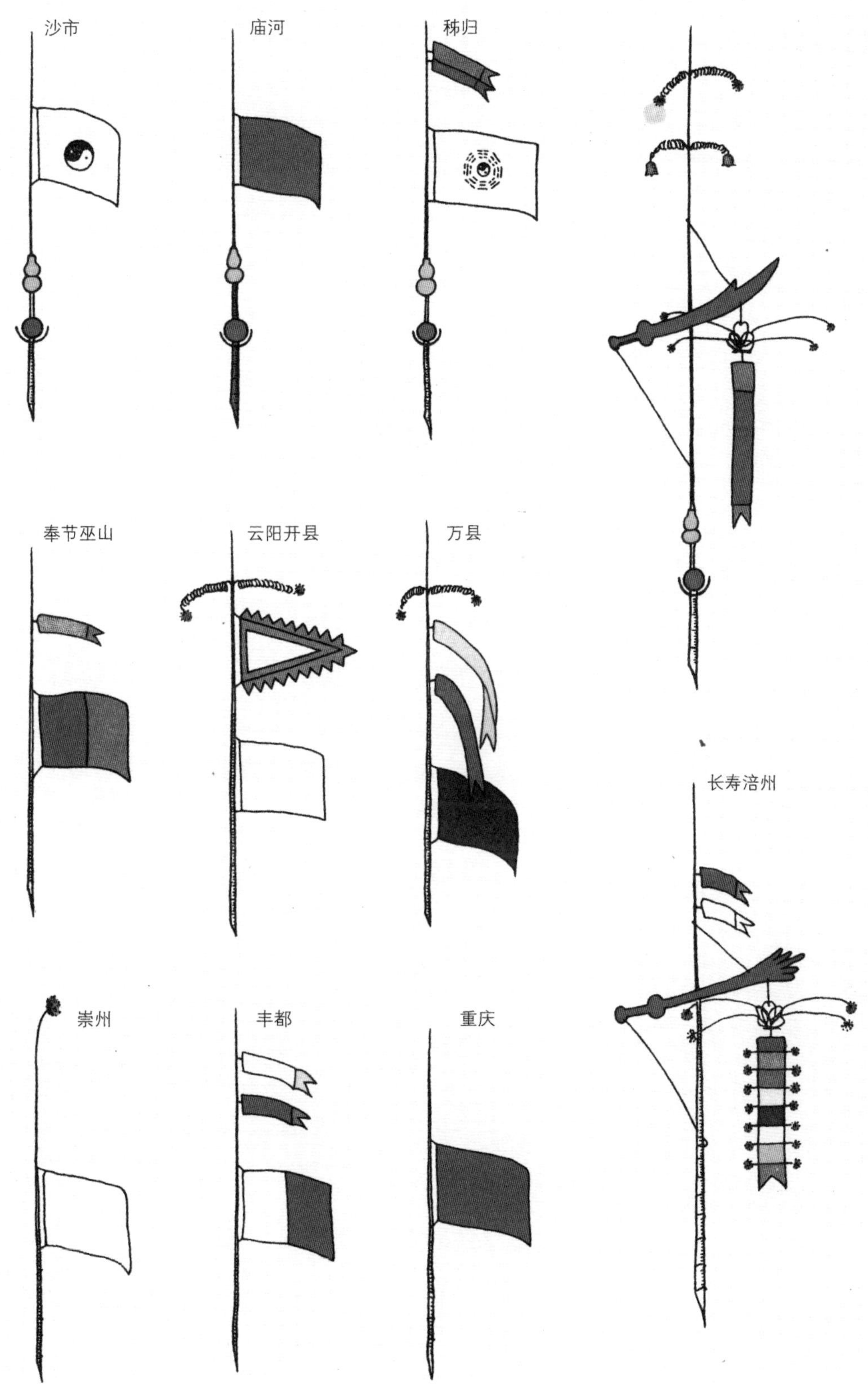

图 8－5　各船籍港不同的象征旗帜

反复疑问总是导致同一答案，即设计用来“避免淋雨”。遂宁河降雨量不大，确实比相邻地区少得多，但是帆船同业公会的官员和船员们都这样解释。

虽然形状与雨伞相似，而且据称功能也类似雨伞，但是从未被这样称呼，而是被称为“风包”，一个很模糊的名称。风包很可能形成桅顶护身符，用于保护整条遂宁河。

虽然解释和起源仍然模糊不清，但是长江上游地区最大帆船的高桅顶，非常接近重庆城东墙下嘉陵江内成群帆船的风格。

— 第9章 —

长江入海口

长江在入海之前，流经一片广阔的冲积平原，间有寥寥可数的几座山丘，点缀于河流泥沙的肥沃积土之中，宛如海中岛屿。冲积仍在继续，据说，长江三角洲正以每年1英里多的冲积速度，60年间，伸展了80多英里。当地居民繁衍生息六十代的时间，据说冲积出45000平方英里的土地。

未尝没有可能，长江入海口外的岛屿，有一天会随着冲积平原的扩张，和大陆连结成一片。不出意外，中国农民会立刻在新产生的每一寸土地之上，筑堤开垦。冯·海登斯坦[1]认为，不出1200年，现在的长江口将延伸到郭实腊岛(译者注："郭实腊岛"为西方曾用地名，因19世纪德籍传教士郭实腊得名，现称大蕺山，属舟山群岛)，而这座岩石山形的岛屿将变成平原上的一座山丘。

长江口面朝东北方向，海水深度自海岸起，每隔约30英里，加深10英尺。长江带来的泥水的颜色，在入海口数英里外仍清晰可见，直到突然出现一条隐隐约约的分界线，海水才从黄色变为本来的颜色。耐人寻味的是，这条奔流3000余英里(译者注：约4800余千米，原文如此，实际应为约6380千米)的河流，源头远在青藏高原，而青藏高原同时也是几条印度大河的源头。

今天，长江入海口景色平淡无奇，而水下的沙洲则暗藏危机，加之水面上自然地标的缺乏，更为这片海域平添几分荒凉冷漠的气息。可将马鞍列岛[2]视为长江泥水和海水的分界线。马鞍列岛以外，海水愈发深蓝。然而，一旦长江洪流汹涌而至，这里将拉出一条浑黄的长江形状的水带。这种异象，为这条历史悠久的大河的广阔三角洲，演绎了几回惊心动魄的神话传奇。

长江入海口最宽处约60英里，在吴淞窄至20英里。长江口外，时隐时现的浅滩和沙洲，延伸很远，从距离陆地50英里处起，航行的难度骤增。

长江口有两条主航道。一条北航道，目前没有使用，距离从沙尾山岛(译者注：今佘山岛)到吴淞以东的5英寻线约60英里。必须做好几次转向，才能避开一群沙洲和小岛。南航道的航行条件好一些，也更加重要。南航道距离5英寻线的距离和北航道一样，但南航道更直一些。两条航道都有潮汐涌动，最厉害的大潮流速度可以达到6节。北航道的潮流呈回旋状，南航道只有潮水回涌时的轻微横向漂流。

长江三角洲边缘低矮的土地上，遍布无数通向内陆的河渠和运河，彼此交织，形成一个水道网，造福此地稠密的人口，让他们在这片富饶的土地上繁荣兴旺。

〔1〕 冯·海登斯坦为时任黄浦江资源保护委员会总工程师。

〔2〕 马鞍列岛包括长江口以东30英里的多个岛屿。来自大陆的渔民在渔汛期居住此地捕捞乌贼。渔汛期从四月延续到六月，来自福建海岸的渔民拥挤在岛屿上，一派繁忙景象。常常有数千艘渔船出没于此。剖开的鱼铺在岩石上，接受太阳强光的曝晒，晾干后再运往大陆。短暂的渔汛期结束后，渔民纷纷离开，留下极少数的岛民继续生活。

广阔的长江流域，密布溪流、河渠、湖泊和湿地，阻碍了陆上通行，却为水上运输提供了无与伦比的便利。中国人不会浪费如此有利的资源。他们不仅利用现存水道，而且开凿了无数运河。

长江流域及其以南的广阔地域，不仅方便潮湿的沼泽地的排流，也给水上运输和旅行提供了很大的便利。在一些地区，例如浙江北部和江苏的大平原，在现代公路出现之前，船几乎是唯一的交通工具。这里有河流、运河和沟渠组成的完善网络，许多水道的宽度和深度，足以满足大型快速渡船在大城镇间穿行。

开凿运河，最初是为了方便水运，但运河还有很多不可替代的功能，如灌溉、饮用、捕鱼、养鱼，以及清洗食品衣物等。

沙船或江苏商船〔1〕

黄浦江和上海地区的本地舟船尽管形态各异，但都是些中规中矩的船型，用于本地广阔水道系统上常年默默的商运。

但也有例外，上海帆船厂建造过几种大型航海帆船。最有名的是上海建造的江苏商船，它有两个显著特征，一是船上竖立五根桅杆，二是船艉宽大平坦，有一个上翘的角度，船艉格栅平台长 10 英尺左右。

本书在其他章节指出过，中国内河帆船的起源时期难以界定，事实上，航海帆船也是同样的情况。但有一点可以确定，最早的航海帆船中有一种叫牛头船，“牛头”的称谓用在江苏商船上也不可谓不合适，江苏商船似乎正是从最早的牛头船改进而来。江苏商船和安东商船被归为北方海船的两种基本船型，很多其他船型都由这两种改进而来。

如今很难见到大型江苏商船。这种船体型庞大，有时长达 170 英尺。以帆船论，如此体型算是庞大的，但以今日对海船的观念而言，江苏商船只能算是小船〔2〕，尤其是对那些必须不顾天气恶劣与否，都要在中国北部海域乘风破浪的船舶而言。

尽管一般认为牛头船（将在后文详述）和江苏商船所属的帆船家族来自北方，江苏商船甚至被称为北直隶商船，但还是有充足的理由相信，这个家族基本上算是长江入海口的船型，在与北方的不断交流当中，虽然被北方船有所同化，但仍保留了其与上海的联系。所以这些船型要么建于上海和山东南部，要么建于这两地附近。

深入的观察可以进一步证明上述观点，这些船不具备北方船的特征，而是典型的长江入海口舟船的风格。例如，船帆的分割方式、帆撑条的根数、船型的线条、船艏的形状，以及突出的船艉格栅平台。

前往安东（译者注：今丹东）、牛庄、芝罘（译者注：烟台）和青岛的海上航程少则一周，多则三周，视天气和风力状况而定。多年前，每年一般往返四次，但在轮船的竞争下，减少为每年两次。

这种船型中的小船叫沙船，沙船是对这种从上海出发的海洋帆船的通称。典型的沙船见图 9－1。沙船全长仅 85 英尺，宽 18.5 英尺，上甲板宽 15 英尺。主甲板到吃水线为 8 英尺。较之上述大型江苏商船，这种船的优美线型值得赞赏。

沙船和它的原型一样，在构造上十分坚固。这样使得沙船的外形看起来有几分笨拙，图示的真正炮塔型船体显得尤为明显，也就是说，桶形的船体上有一个相对狭窄的甲板。

〔1〕 有时也称“北直隶商船”。

〔2〕 德雷克的“金鹿”号（原“鹈鹕”号）全长不足 66 英尺，载重仅 100 吨。但凭借此船，德雷克成功完成环球航行。

图 9－1　江苏商船(沙船)

船体由松木建造，平底，但中部的纵向木板由硬木建造，比其他纵向木板要厚重一些，以作为龙骨。纵向木板宽1英尺2英寸，厚4英寸，贯穿整个船体。船艏板和船艉板从底部转弯处向上都横向铺设。船的大部分承重由14个松木舱壁提供。两个在船中垂直竖立的舱壁，以及在底部交叉的船骨，进一步增加了船的承重。船两侧的船骨也可增加承重，但它们的外形稍异，经过刨整以配合鲸背两侧的形状及其弧线（见图9－2）。

第一个和第二个舱壁之间的空间用来储存淡水。额外的纵向承重在外部由五根榔木提供，每根都是纵向剖开的半根树干，在内部则由三根坚固的纵梁提供，这三根纵梁从船的一端直通另一端，就铺设在舱口围板以下。

横向承重依靠舱壁和大量的甲板横梁（10）。一根甲板横梁在第二个舱壁上方，两根特别粗大横梁的中间穿入前桅（11）和主桅（12），第四根在甲板舱前舱壁处，还有四根小的分别在各适当的间隔处。

鲸背最宽处的船梁长18.5英尺，而甲板上的船梁在舱口围板（9）处仅7.25英尺长。用抽取式的木板铺满甲板和舷墙之间的空隙，即可在弯曲的鲸背（5）上制造出额外的甲板空间，形成一个可临时使用的连贯的齐平甲板。

由于炮塔型船体的弧线在船艏艉突然聚集，前舱（14）和后舱（15）的建造堪称杰作。这项巧妙的设计充分体现在弧形甲板梁嵌接进船体的弧形架构。在船艏，船的张力由三根纵向首肋材（16）分配。这些肋材合成一体，在船底从船艏横梁（17）延伸到前桅桅脚（18），其中前桅桅脚依靠在第一个舱壁上。后舱（20）也使用同样的建造方式——虽然程度上略微减省一些，纵向艉肋材（19）靠在第十二和最后一个舱壁上。

肥大花哨的船艏高高翘起。这种船号称只要进入海洋，就可以适应任何天气。固有船艉（20）和船艏一样，肥大而呈圆形。还有一个假艉（21），伸出船身两侧8英尺，呈上翘弧线，越过船艉板（20），止于一块超过吃水线7英尺的较短的假艉板。此处的甲板表面作为甲板舱的延伸，放置吊舵（23）用的绞车（22）。船舵悬吊在假艉（21）两侧间封闭的空间内。船舵自舵头到底缘长16.5英尺，下部长7英尺。三个开颌木舵枢使船舵可以随意吊起放下。吊舵时，舵在水里的部分只有1英尺多一点，舵手则站在甲板舱顶上。扬帆航行时，船舵基本总是放低，完全浸没在水中，距龙骨线5英尺以上。舵手此时待在甲板舱内，他前方的视野会有所限制，得通过天窗观察航行情况。船柄（24）长16英尺，是一根擦得光亮的精致硬木。通常在不同平面有一到两个备件，在船舵吊起或往下放到一个新位置时，用来协助船柄的重装。

这种船还有两个显著特征：一个是10英尺长的船艉格栅平台（25），突出假艉（21）之外，有一个向上的角度；另一个是桅杆的数量和排列方式。五根桅杆交错倾斜而立，分别是头桅、二桅、中大桅、四桅和尾桅。头桅也就是左舷前桅（26），二桅也是前桅（11），中大桅是主桅（12），四桅是左舷后桅（27），艉桅是后桅（28）。

左舷前桅和前桅向前倾斜，主桅略向后倾斜，左舷后桅向前倾斜，后桅则笔直竖立。和通常情况不同，左舷前桅没有置于舷墙之外，而是置于舷墙内。桅脚在横梁上，有时固定在一个隐蔽地楔入舷墙内的小桅座上。舷墙的另一面是一块成形的曲木，用以加大支撑力。横梁下端和桅杆一样向前倾斜，靠在向上弯曲的坛甲板上。突出舷墙一点的部分呈垂直状态。前桅高46英尺，准确地置于船艏艉线上，插入低桅座。桅脚楔入龙骨上的桅座，桅杆靠着第一个舱壁。桅脚和舱壁只提供一部分向上的支撑，因为前桅毕竟是向前倾斜的。进一步的支撑来自一根贯穿船艏艉的木横梁，这根横梁靠在第二根肋骨（30）上。另一根类似的木横梁（31）位置更高，靠在第一和第二根肋骨上，也起到支撑前桅的作用。主桅（12）

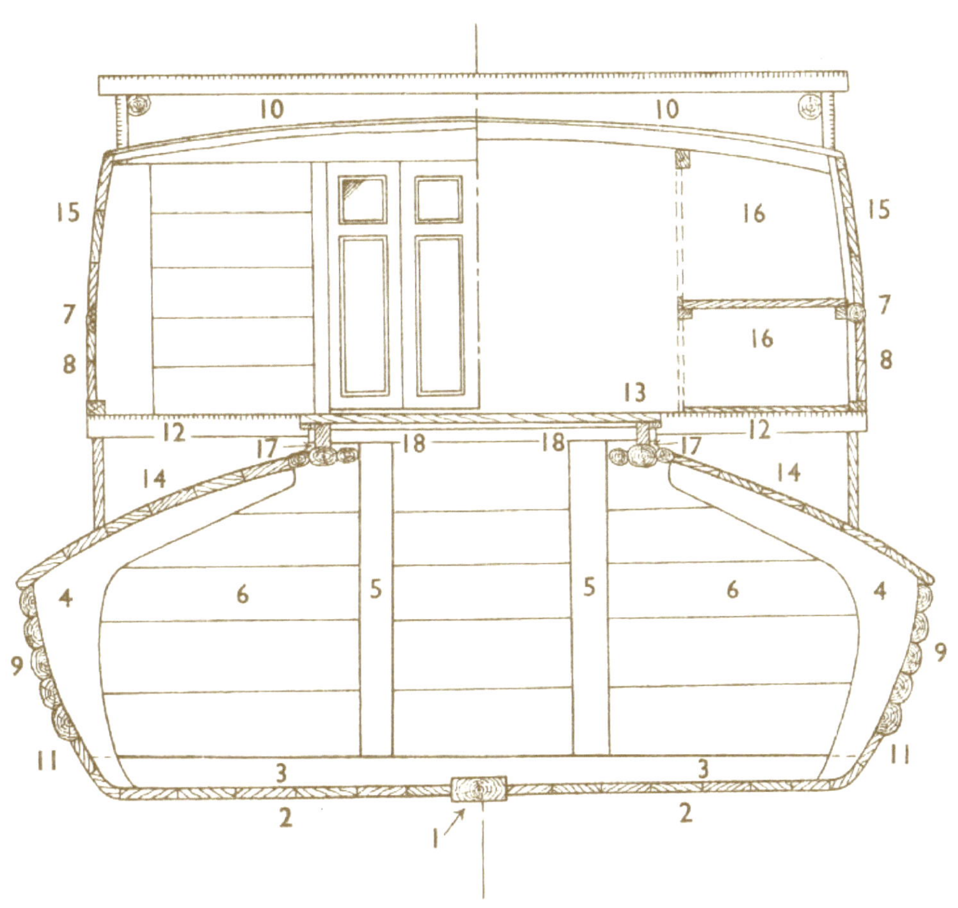

1. 龙骨
2. 船底板
3. 底玉
4. 轧玉（肋骨）
5. 梁头夹板
6. 梁头
7. 旱舟皮面直筋
8. 旱舟皮
9. 船边夹大筋（榭木）
10. 上柜梁
11. 湾角板
12. 柜梁
13. 柜面板
14. 船外柜面板
15. 上舱
16. 叠铺
17. 骨肋口板
18. 舱口边板

图 9－2 江苏商船的截面图

是一根上好的杉木或洋松木，高 70 英尺，到桅肩(32)和固定在多个缝隙上的铁块 60 英尺。这个长度基本是甲板平面除去船艉格栅平台的长度。由于向后而非向前倾斜，主桅在甲板平面靠在第五个舱壁的上部，而不是靠在桅脚上。一根轻中桅(33)由三根铁箍固定。升降索的滑轮在下桅颊部和中桅桅脚之间，保持在穿过两根桅杆的滑轮轴(34)的位置。左舷后桅(27)高 28 英尺，后桅(28)高 48 英尺。两桅在甲板平面楔入船艉楼上的高桅座中。两桅都不在船艏艉线上。左舷后桅(27)位于左舷，靠着舱壁，与舵杆方向交叉。后桅(28)距船艏艉线左舷 2 英尺，上有一根轻中桅(35)，配备两个升降索滑轮，与主桅情形类似。各桅均悬挂方头褐色斜桁四角帆，有关这种帆的描述见前述船帆章节。

每根桅杆有一根轻中桅，其长度比例通常如下(除了左舷后桅)：对主桅而言，到桅杆帽的长度占桅杆从甲板平面起高度的三分之一。有两个滑车的主帆最高，能达到桅杆四分之三的高度。就后桅而言，上面的帆达到桅杆五分之四的高度，主前桅上的帆可以到桅杆的六分之五处，左舷前桅上的帆能到七分之六处。

前桅倾斜很可能是为了给操纵锚和缆绳留出更多空间。后桅的竖立方式显然是为了使用吊舵装置的方便。这同样适用于解释左舷后桅的倾斜方式。前桅和后桅的竖立方式还带来一个好处，不论两桅中哪个是上风帆，都不会因为主后桅帆的缘故而无风停航。这些帆主要还是用来航行。桅杆倾斜的方式似乎与桅脚的设计有关。

如果空间足够，主帆上方有时加装中桅帆。前桅帆上方也可加装中桅帆，但这种情况比较罕见。支索帆和大三角帆都是广泛使用的帆。垂直辅帆在这种船型中不太常见。考虑到这种船的古老程度，似乎可以验证一种说法，在船帆的设计上，这种船是很多帆船的祖师爷。通常，船帆靠竹子、绳索或藤编制作的限位索箍固定在桅杆上。

马克·波罗时代的很多中国帆船已经载有中桅帆的说法，是基本确凿可信的。但在今天的中国沿海，除了大型江苏商船，已经几乎见不到中桅帆的影子。沙船上就没有中桅帆。

在海况恶劣的航道上，帆船靠太平篮(浮锚)顶风停船。太平篮为椭圆形，长 8 英尺，深 1 英尺。转到迎风时，通过缚在太平篮上的绳索，放松太平篮。太平篮有点像水下降落伞，利用水的阻力使帆船顺着风向。太平篮不使用时，置于甲板舱顶上。

这种帆船有两个有意思的装置：一个是原始的航行灯(36)，一盏小煤油灯装在做工粗糙的玻璃箱里，用几条杂七杂八的绳索绑在右舷船艉的一根短杆上；另一个独创的装置，是俄式茶炊原理的白铁壶，只是这种壶以木柴为燃料。

沙船的主桅顶上有时有个与众不同的装置，一个彩色的木蛋顶着一个旋转架，架上挂着一串细长三角旗。最大的是红色三角旗，有 6 英尺左右长，其上是长短不一的小三角旗。这些三角旗都穿在一条棕丝上。

宽敞的甲板舱全长 29 英尺，含船艉格栅平台(37)。甲板舱分为六个舱室，旁边有一个 6 英尺宽的过道。其中四间舱室是上下铺(39)的住舱(38)，各有一个滑门。重要的船员才有资格住在里面。第六间舱室在右舷，里面放着厨灶(42)。船艉板后放置吊舵装置的地方，还有很多其他的用处，如存放燃料、清洗蔬菜等。右舷第五间舱室里有一个大的米仓，米仓上供奉着观音菩萨(41)的小塑像。

后甲板下的两舱(43)也是住舱，里面可以住 20 多人。第一个舱壁(14)前的甲板下还有舱室，绳索和其他贮藏放在这里。船上的其他空间都用来堆放货物。

这种帆船从不漆色，偶尔会涂一层桐油。船上也没什么雕纹或饰物。

遗憾的是，现在已经不再建造大型江苏商船，而且，水面上恐怕已经难以见到这种船的身影。所幸的是，沙船还有一定的数量。沙船在主要特征上与其原型很相像，让人还能想起很久以前，它们从遥遥北方远赴香港和新加坡时的辉煌岁月。还有权威专家认为，正是这种船，远在中世纪以前，最早远赴红海和东非港口做生意。

江苏商船还有一个别具一格的近亲，来自山东，船工称之为“大鸡船”。有时为方便起见，也称其为牛头船，因其外形从正面看来颇似牛头（见图 9－3）。

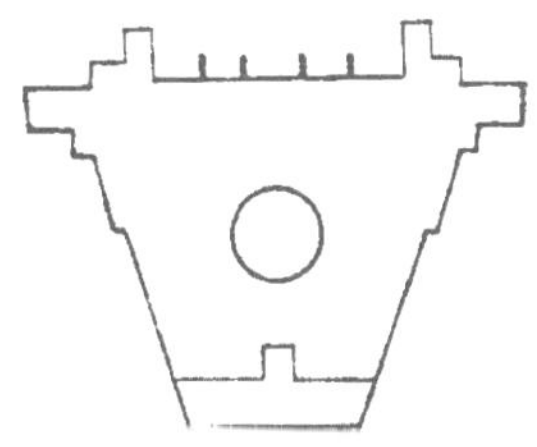

图 9－3　牛头船外形

这种船为五桅，船型结构等方面总体上与江苏商船十分接近。但也有几处个性差异，如船体的大小、坛甲板盖顶的弧度、船桅的高度和比例位置等，而最显著的不同在装饰风格和程度上。大鸡船有一个红色的船头，上面有一个圆白底的黑色“福”字，寓意美满幸福。很远的北方船只能有如此装饰，是比较特别的。

大鸡船的主要特征在于其大胆的装饰风格。这种船可不是简单地涂上一层桐油那么简单，而是把整个深约 1.5 英尺、长 6 到 8 英尺的舷墙，漆成淡绿，再在舷墙顶上和底部漆上 3 英寸宽的红边。衔接这条红边绿带的，是船艉四条白、红、绿、黑的竖纹。

在被问到有关大鸡船的问题时，船老大充满自豪地声称，如今只有三艘这样的船存世。但问题还是没解决：这到底是一种濒临灭绝的船型，还是一种改进船型，而这些赏心悦目的色彩风格只是一些爱美的船主的个人行为？

崇　明　船

如船名所示，崇明是崇明船的建造地。崇明船运载的货物主要是棉花、棉纱、棉籽和棉布。如有剩余空间，有时也装载谷物、杂货和搭载去往上海的乘客。

这种船属于地位尊贵的江苏商船家族。但令人伤感的是，这种船没有很好地维护自身的尊严。从上海返程的路上，船上唯一的货物就是成桶的上海粪肥。

崇明船比其原型江苏商船小，与江苏商船的共同点很多，而与同一家族的卑微小兄弟——摇网船，相同点更多。这三种船都有肥满的线条，向上弯转的圆形船艄，独特的船艉格栅平台突出地建在在船艉板之外，还有弧形的前甲板。

崇明船的大小比较固定，都非常小。如图 9－4 所示样船全长 59 英尺，宽 13 英尺，深 6.5 英尺。如此看来，这种船船身不长，但很宽很深。10 个硬木舱壁和 4 根肋骨的构造使船很坚固。平底的杉木船体是改进的炮塔式结构，3 根榆木提供纵向强度。挡水板从第一个舱壁前延伸到船艉。抽取式木板从舱口围板横向铺至挡水板，使整个甲板齐平。木板下的小小空间做到典型中国式的物尽其用，堆满绳索和护舷木等。有时也在鲸背前甲板上加装木甲板。

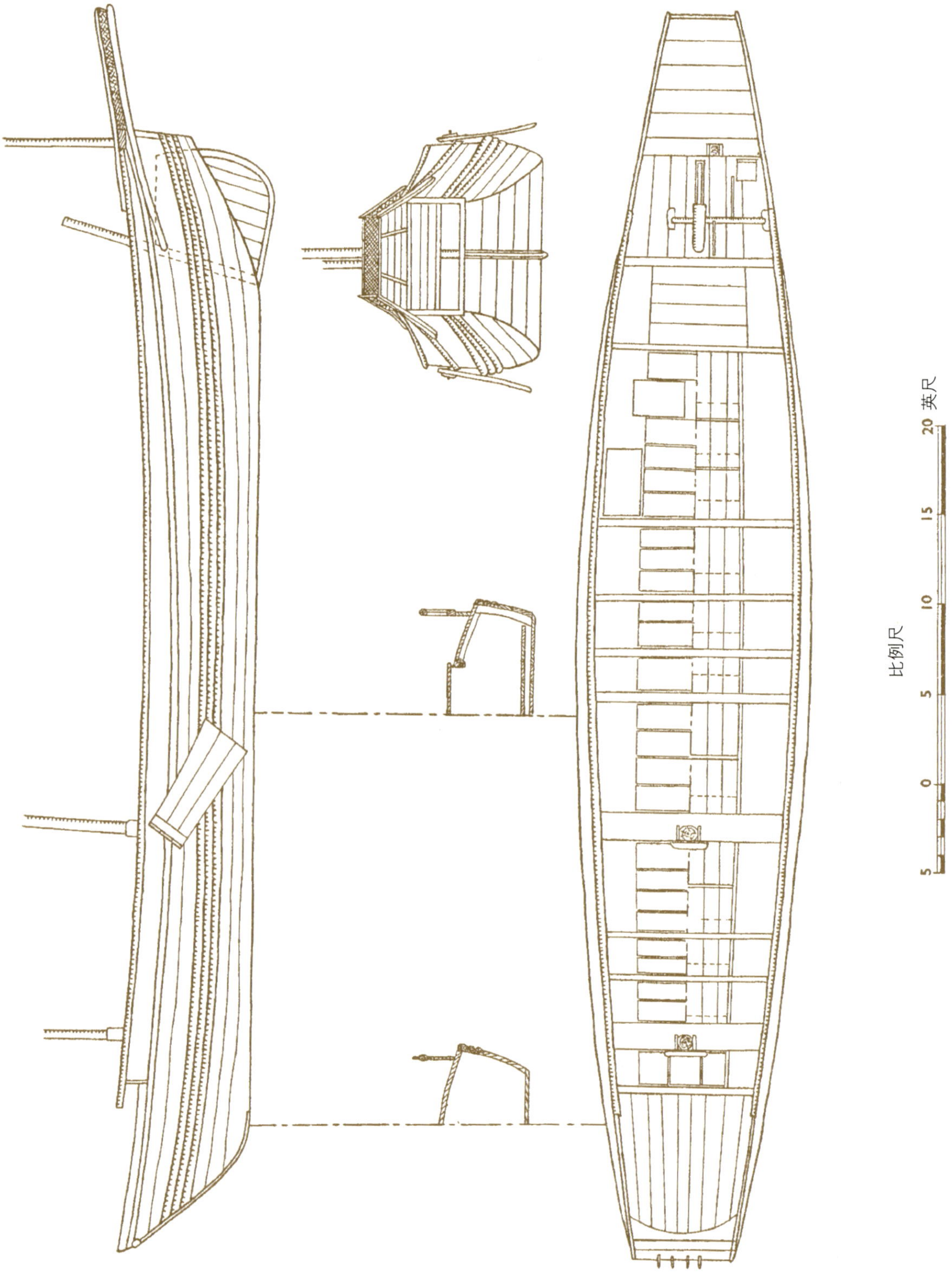

比例尺

5 0 5 10 15 20 英尺

图9-4 崇明运棉船

第四个舱壁向后偏离垂直线 4 英寸，方便楔入桅座的倾斜主桅靠在舱壁上。三根桅杆分别立在低桅座上。桅杆上挂方顶斜桁四角帆。短后桅立在正船艉的甲板上，靠着船艉板，在船艏艉线的左舷，以便避开舵杆管。

船舵在船舱内操作，吊在舵杆下 10 英寸左右的地方。绞车上穿绕着一个线环。绞车上装有两根杠杆，以便必要时吊舵。船轻载时，船舵满吊时也只能刚刚脱离水面。变距范围为 2 英尺左右。

崇明船一般没有甲板舱。船员住在甲板下最靠前和靠后的舱内，似乎是最不舒服的住舱。船艏楼上有一个活门舱口，由此进入船艏下逼仄的住舱，从船艉的两个抽拉式舱口则进入船艉的住舱。厨房在甲板上。

货物通常放在甲板下，天气好时也可在甲板上堆货。在上海贸易发展的早期，有一种说法，如果每个中国人的短衣需要加长一英寸，全世界的棉纺厂就得为此忙活一整年。如今，中国已经越来越能够保障自己的纺织品供给，其中很大一部分产自上海的纺织厂。不断增加的需求保证了运棉船生意的稳定和有利可图。崇明船是黄浦江上一道有名的景观。

摇网船或猪船

摇网船最初来自北方，曾是山东的一种渔船。但现在这种船的活动空间更加充裕，主要从事从长江三角洲到上海的运猪生意，尤其是从崇明岛到上海。

摇网船算是江苏商船家族的后裔，对这两种船进行一番比较也是件趣事。两种船在构造上差别甚微。两者都是炮塔式结构，平底，1 英尺宽的木板以欧洲卡拉维尔小帆船的风格纵向平铺，而肥满宽大的船艏以及平坦宽大的外悬船艉的船底弯转部位都是横向铺设的。

这种船的大小不是很一致。如图 9－5 所示为一艘中型船，长 50 英尺，宽 10.5 英尺，深 4 英尺。

杉木船身由 6 个舱壁分为不同的水密舱，7 根肋骨增加了船身强度。肋骨在大舱内，以便支撑船身构架，因此大船有 8 根以上的肋骨。在第四和第五个舱壁之间，有一间低矮的小甲板舱，充当船员住舱。船员 6 人，通过后端的滑门进出住舱。厨房在甲板舱内。有些摇网船没有甲板舱，船员住在最前端和后端的舱内，而格栅平台则在正船艉。船艏额外的大承重由横跨船艏的一块重木板提供，船艏两侧的纵向承重同样由这块木板提供。

第一根甲板梁建在船体结构内，第二根也是如此，但第二根还用一个木销钉进侧板。

高挡风舷能够很好地保护从船艉到前桅的船体，而从前桅到船艏另有一套新挡板进行保护。整船为炮塔式结构，因而必定是鲸背甲板，而通过在从舱口围板到舷墙的部分另外铺设木板，解决了拱面带来不便的问题。

摇网船有四桅。最靠前和最靠后的两桅都在左舷，竖立在甲板偏离船中心线的位置上。后桅刚好避开绞盘，前桅贴切地置于第一根甲板梁和船侧形成的角度内，由两个桅座进一步支撑，其中一个桅座在船体内，另一个在船体外，而桅脚则靠在腰板顶端。前桅和后桅在需要时很方便搬移。主桅和主后桅以常见的方式在船舯竖立。四桅都悬挂方顶斜桁四角帆。

与这个家族的其他船型一样，这种船的船艉有一个传统的外悬格栅平台。船舵属吊起非平衡型。这种船许许多多，装载着刺耳尖叫的猪群，驶向吴淞的猪市场，再从这里将猪群运往上海的屠宰场。

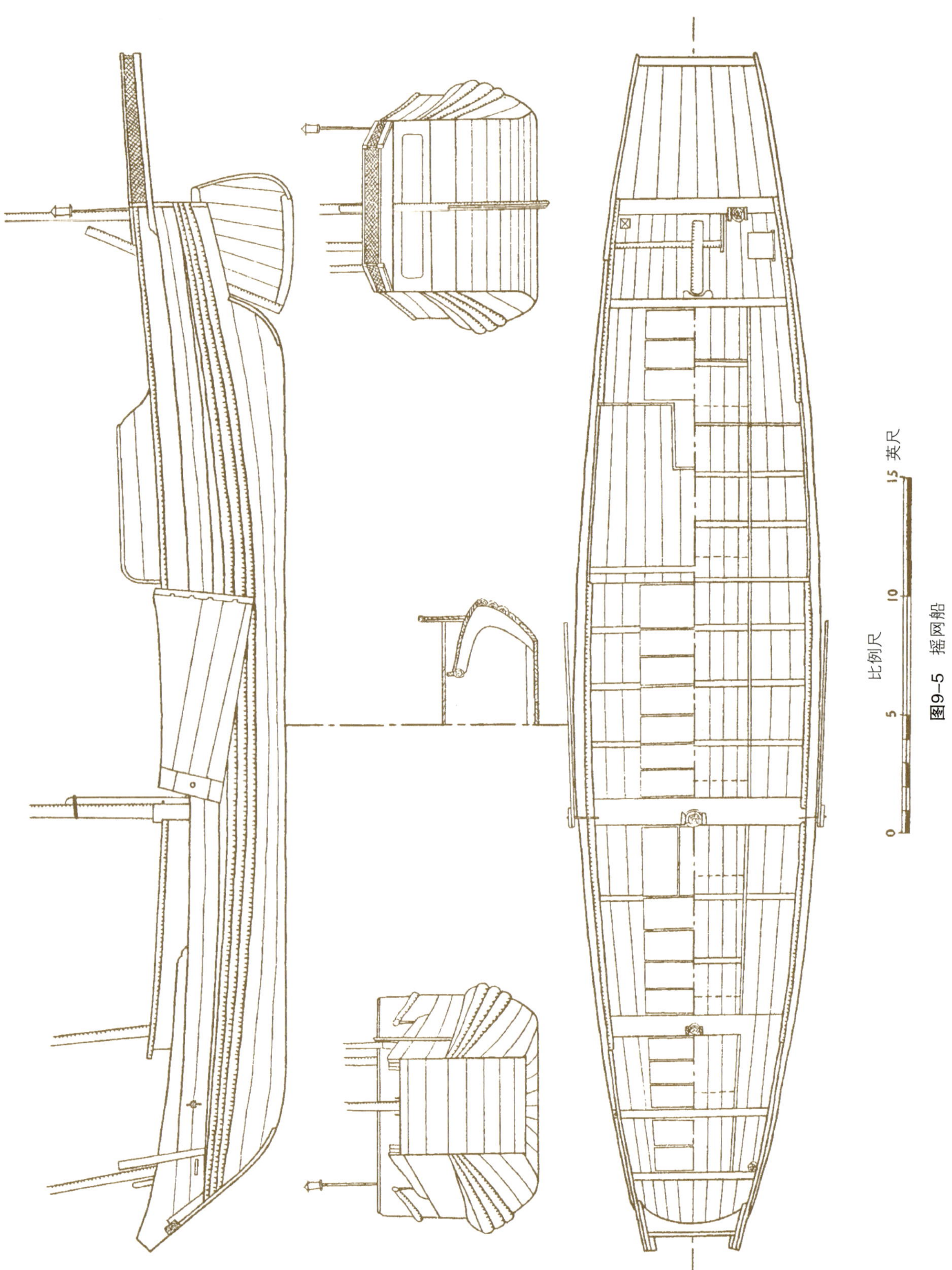

图9-5 摇网船

镇海船或者冰船

镇海地处宁波附近，通常是镇海船的建造地。镇海船还有一个俗名，叫“冰鲜船”。

镇海船是相对现代的帆船。因为，出于竞争的压力，同时由于需要到远海寻找鱼类，捕鱼船队往往需要远航捕捞。在把鲜鱼运回宁波和上海市场的相对漫长的路途上，必须找到鱼类保鲜的方法。于是，冰船就有了用武之地，它们跟着捕鱼船队，购买船队捕捞的鲜鱼，埋在冰里运回来。

天然冰以前贮存在冰库里。1884年，宁波和海洋之间的甬江江岸，有300座这样的冰库。这已经成了宁波一道标志性的风景。

冰库有悠久的历史。史书记载，早在5世纪，南朝的刘宋开国皇帝高祖（译者注：刘裕）在都城建康修建了一座冰库，储藏冰块供炎夏之用。

上海的冰库原先是用泥和芦苇修建而成，但真正的冰库是一种坚固的建筑，在地面以上，有很厚的石墙和泥墙，高18英尺左右。库顶的长竹椽子上，密密覆盖着又厚又高的茅草。库门设在库顶，以草席遮盖。库门需要搭两块斜板或走台阶才能到达。这扇门用来装冰。另有一扇小门，贴地而建，用来搬冰。

冬季，气温接近零度时，挖深冰库周围的稻田，使冰尽量不要接触到泥浆。往稻田里抽水，每天早晨把结成的冰运进冰库。粗糙的竹席铺在路上和台阶上，以便在上面运冰时，不会把冰弄脏。

冰库中的冰分层堆放，各层间以草席相隔。冰库装满后，要铺上一层厚厚的稻草。冰库的地上有一些小水槽，用来排出冰融化的水。

这个简单系统的行之有效令人钦佩，可以使冰安然度过夏日酷暑。土墙在其中发挥着关键的作用。厚黏质土壤制成的土墙，除了表面，永远不会真正干燥，于是热气和水都难以渗入。如果是轻一些或多孔的土质，热气和水就会渗入，造成冰的融化。这种方式储藏的冰可以存放很多年，这让上海人和捕鱼业都受惠匪浅。

如今，冰箱已经进入追求享乐的上海人的生活。现代科学也侵入渔业，工业制冰比冰库制冰要便宜，于是，另一片古老的地标渐渐消失。

如图9-6、图9-7所示为典型镇海船的样船，船长70英尺，宽15英尺，深8英尺，载重100担。镇海船在构造上异常坚固，有8个舱壁和28根肋骨。这种船的特征之一是这些支撑物的数量，以及肋骨的不同形状和大小。还有一个稍微与众不同的特征，第六和第七个舱壁间有一个2英尺宽的空隔舱。纵向强度由5根榭木提供，这些榭木在船艉柱和船艉并成3到4根。

船平底的龙骨前端部有一个相当漂亮的上翘(2)。船体舷板和典型的宁波船艏柱连接，形状上是一个拉长的三角形。宁波船特征的船艏在上翘时变宽，在上翘并分开的双翼(3)之间，有一个3英尺宽的空隙。双船艏梁相隔9英寸并列伸向前桅。

船艏有两种，一种叫顶松头，一种叫绿眉毛，图中所示为第二种。两者的差别很小，非专业人士难以察觉。但对船工而言，这是两种截然不同的类型。两种船艏的差别在木料的长度，顶松头的顶铺板更向前突出。

最前端船舱的底板上，有两个直径1英寸的小孔[1]，用来随意进出海水。船工们对此给出的理由

〔1〕 有时为三角形孔。

图 9-6 镇海船 I

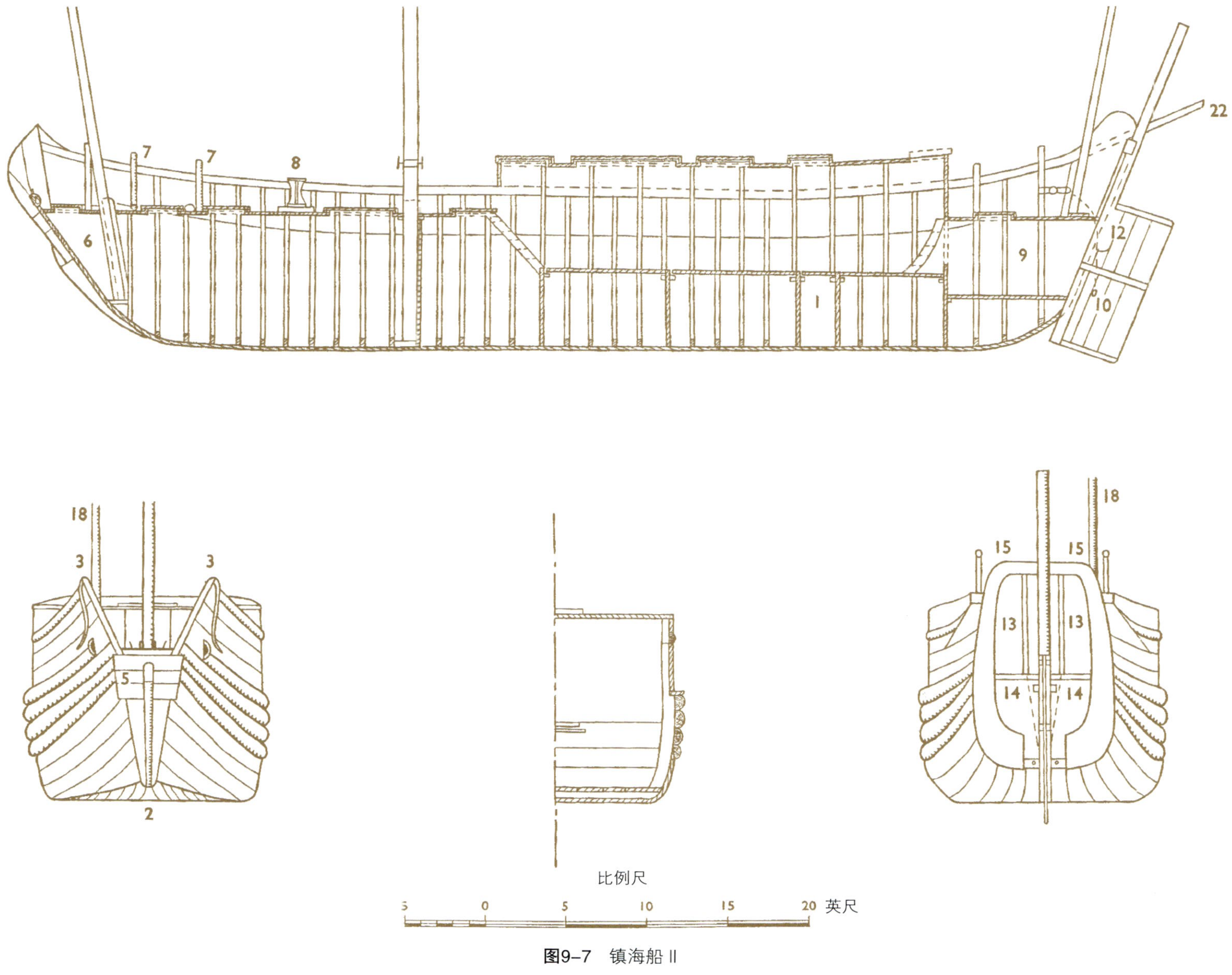

图9–7 镇海船 II

是，当船在海上迎浪行驶时，这样的设计可以减少肥型船艏的压力。他们认为，船艏尖舱(6)的一部分通过这两个孔进出海水，这样可以平衡船底内外的压力，减弱海水对船的冲击。

两座绞车(7)和一座西洋绞盘(起锚机)(8)置于船艏楼。小帆船用缆绳起锚，此时缆绳是“被带向”车绞。锚链用于绞盘(起锚机)。

船艏楼往后一直到甲板舱，都有挡风舷保护。挡风舷是船艏翼的延长。如图 9－7 所示，挡风舷从船艏 5 英尺高起，到甲板舱处降低为 1.6 英尺高。

前甲板上有 5 个舱口。靠后的四个舱口通往鱼舱。敷裹鲜鱼的冰间铺有草席，以免冰融化。冰和船侧也铺有厚草席。舱口小心地紧闭着，上面同样覆盖着草席。船员经常往草席上泼水，以保持舱内的低温。

要进入大甲板舱，须通过甲板平面的滑门，再沿梯子往下走。甲板舱顶上另有五个舱口，在甲板平面以上 3 英尺的位置。甲板舱后的小后甲板是船老大操纵船的地方。左舷的一个舱口通往格栅平台(9)。其下是木柴储藏室。船艉是典型的宁波式。船舵悬挂在插孔里，外形和福州运木船有所区别，船工称其像一把斧头。绞车轴由一圈链条组成，链条穿过一个插在舵里的滑轮(10)，通过船艉板上的两个垂直肋板，止于绞车筒(11)上的固定部分。船舵靠在船艉板顶上，不能向后移动，向前的移动由船艉板上的一个楔子挡着。船舵下降时，超过船底 4 英尺，此时可作为船的龙骨。船舵顶上一般切有一个孔隙(12)，使舵柄在扳满舵时不会碰到船艉板。镇海船的一个显著的特征——也是所有宁波帆船的特征，舵杆和第一块交合线板由同一块木板切割而成，这在木艺和选材上都是很特别的。

风平浪静时，两橹在船艉上使用。为方便起见，长圆形的船艉孔隙两侧的木板(13)被挪到甲板平面的横梁(14)处。此外，也可以在靠前一些位置的两侧使用橹。两橹穿过舷墙上的孔洞，一名水手站在橹担的位置，另一名站舷内的橹旁。孔隙两侧上的双翼(15)比甲板平面高出 7 英尺，使得海浪很难冲打到船艉。

镇海船有三桅。前桅从甲板到桅杆帽高 40 英尺，略向前倾斜，方便上面的帆借助风力。前桅插在桅座里，置于三角舰艏尖舱里的桅脚楔子上，靠着第一个舱壁和肋骨。桅脚旁有一个楔入船艏的木块(16)，防止桅脚向前倒。甲板平面的一根重横梁(17)起支撑前桅的主要作用。主桅在甲板上高 55 英尺，基本垂直，每隔一截有包铁。主桅一般靠在舱壁上，插入桅座。后桅(18)高 32 英尺，置于船中线外，插在甲板上的桅座里，靠在右舷墙和船艉板上。后桅略向后倾。镇海船有三张平衡斜桁四角帆，通过绞盘升起。一个有意思的特征是，一个大竹箍松垮地套在用来固定销的铁架外。这个竹箍的作用是充当高效平滑的导缆器。在船艉的吊艇柱上挂着一艘小舢板(22)。

船员有 10 人，一个船老大，一个船老大的助手，一个算账的，一个卖货的，一个前桨手，一个爬桅的——顾名思义，就是负责攀爬桅杆的人，一个厨子，还有三个水手。他们的住宿比较舒适，箱式床铺就像一个小船舱，内住 2 人，坐卧打牌都很方便。

尽管工艺粗糙，身兼水手和工匠的宁波渔民在帆船的颜色搭配和设计的简单性方面，却罕有匹敌。他们对自家船的自豪程度，是世界其他地方的人比不了的。新漆的镇海船五彩缤纷，但这种奢华现在已经不常见了。黑色的船身上，红、绿、白兼备的顶棚鲜艳夺目。甲板舱舱口端围槛常常饰有龙虎在乡间戏乐的全彩图样。

宁波所有的渔网只在两三个地方生产。宁波以南 140 英里的台州是最重要的渔网产地。编织渔网都是家庭作业，没有正规的渔网厂或渔网作坊。作为甬江门户的镇海也是一个重要的贸易中心，在距宁波东北两小时路途的地方，有两座名为沙溪和陆德的村庄，本地大部分渔网都在这两座村庄生产。沙溪村的全体村民都从事编织渔网的活计。这座村庄修建得很好，村民也相对富裕。男女老少通通忙于搓麻纺线，编网，洗网，染网。编网用的大麻采自苎麻（荨麻属）。苎麻一般一年可以收割三次。村民用手工从苎麻的茎上剥出纤维，这是一项单调费时的工作。指甲是剥皮和抽取纤维的唯一工具，纤维必须粗细合适。将剥出的细长纤维条搓成束状，然后仔细清洗，用木槌用力捶打。在充分漂白后，做成松散的线卷，再把两个线卷放入浅水盆。浅水盆50英尺外是纺车，纺车前有一个长凳，上坐一个摇纺车的男孩或女孩。纺车轮结构简单，由竹子和绳子构成，带动两个小竹纺钩，每个纺钩上连着一根麻线。这些麻线先单独捻，再一起捻，最后制成两股的渔网线。[1]

宁波人使用的织网工具和欧洲人差不多。如果要织大网，工匠坐在一张小圆桌前，圆桌中央有一根垂直竖立的长竹竿，渔网先系在竹竿上。随着渔网越来越长，渔网从房顶吊下来，从房顶盘绕进一个篮子里。这种渔网是最大的一种，做成一条裤子的形状。大多数做好的渔网直接用石头吊着挂在墙上，但大渔网不行。这种渔网摊在三张长凳上，中间的长凳最高，渔网边缘用木栓固定在地上。然后在长凳间的渔网上放上木板，木板上全是重石，这样做的目的是让渔网完全展开。做一张这样的渔网需要200天左右，而且网工每天要工作12个小时。

丝网属绍兴特产。丝网由数百英尺的长带子编成，依照网眼大小的不同，长带的宽度也有所不同。丝网的材料是细的白丝线。网上的浮标是不长的芦秆。网上吊着寥寥可数的几片铅块或干黏土。这种渔网需要在烧开的桐油里浸泡，于是网丝呈淡黄色，在水中十分隐蔽。丝网在水中垂直漂浮。鱼在撞进丝网时，鳃会卡住。有些船，尤其是在平静海湾上打渔的几种很小的船，有一套七副这样的丝网。丝网一般要晒干，浮标和鱼线要用猪血浸泡。

苎麻大网在火炉上染色。火炉一般高2英尺，由砖块砌成。炉中放一个木盆，盆中装有红色的栲树皮溶液。先把渔网放进木盆，再把炉火点燃。盆中的溶液一直沸腾，直到渔网被燃料彻底浸透。随后，为了凝固渔网新染的颜色，同时为了进一步加固网线，还要把渔网泡在猪血中。最后，把渔网置于空气中风干，就可以使用了。如此处理过的渔网，只要使用得当，每月晾干一次，再晒干，可以用上三年。渔网老化后，可以和灰泥混合，用来堵塞船的漏缝。

溜网船或运鱼船[2]

经常前往上海的第二种宁波渔船比镇海船小，称作溜网船。这种灵巧的小船在使用上具备前述镇海船的一切特征，在船形和构造上也很类似。

溜网船体型虽小，却是镇海船的原型（见图9-8）。据船工说，溜网船是宁波制造的最古老的渔船之一。

如果有关这种船的传说有一半是真的，溜网船可算是帆船中的活化石了。老宁波水手中流传着一个广为人知的神话故事，他们由此推断出溜网船最早出现的时期。公元前十一世纪的周代，帆船还没有捻缝技术，但已经可以在水上漂浮。伟大的周文王麾下有位大名鼎鼎的贤臣——姜太公（据称他具有掌控鬼神的法力）。姜太公是许多神话传说的主角。但在这则故事里，主角成了姜太公的夫人马氏。一

〔1〕 据1880年《海关贸易收益》。

〔2〕 捕鱼时，这种船一般两艘一组。一艘装载食物、水和燃料，称作喂船。另一艘撒网捕鱼，称作溜网船。

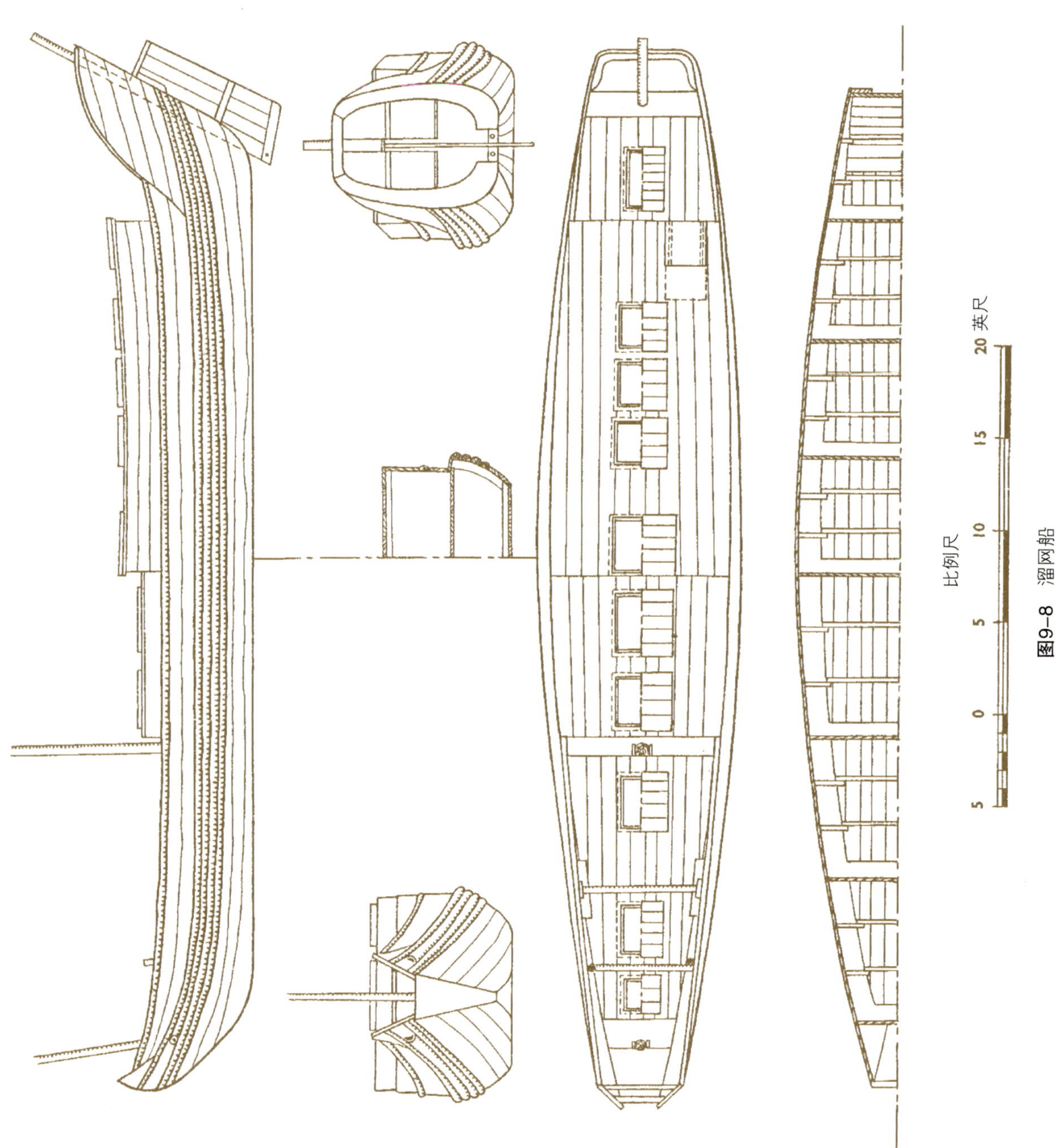

图9-8 溜网船

次，马氏在帆船上过夜，在自然界神力的驱使下，她退到了船底，发现了漏水的问题。船工据此郑重断言，从那天起，帆船必须捻缝。虽然他们的推断不够有说服力，但给帆船捻缝的确是必不可少的一道工序。

另一则生动但更不具说服力的传说，提到最早的宁波渔船与麻将的起源有所关联。一个姓许的渔民，家住宁波附近的湖畔。他开创了乘船到水中去打鱼的习俗，而非原先的涉水撒网的捕鱼方式。他花钱组成了一个打渔船队。正当一切顺利时，船队碰到了恶劣天气，新加入的水手竟然因晕船而丢掉了性命。这种奇怪的病症让所有人感到迷惑，他们认为，应该从心理层面来治疗晕船——这种想法颇具现代医学色彩。于是，许和他的九个兄弟发明了麻将，渔民愉快地打着麻将，很快忘掉了晕船的痛苦。但传说没有提到打麻将是否会影响打鱼。

宁波帆船将操作性能上的笨拙和外观上的美丽奇特地结合了起来。溜网船也不例外。这种船船身细长，比大多数宁波舟船跑得都快。还要考虑到这种速度的前提是长江入海口恶劣的海况。这使得溜网船可以身兼两职，既能打鱼，又可以作为捕鱼船队和上海鱼市之间的短途运鱼船。

如前所述，这种船与镇海船差别很小，主要差别在大小。溜网船长仅57英尺，最大宽度11.75英尺，主甲板以下深3.25英尺，载重50吨。

船体由宁波松木建造，由7个硬木舱壁和14根肋骨提供支撑。船上仅有两桅。这种船没有采用大而重的撑条斜桁四角帆，而是采用高50英尺、宽25英尺的撑杆帆，以及一张前桅支索帆，从帆顶到系住的帆角为32英尺，从系住的帆角到帆耳29英尺，从帆顶到帆耳25英尺。前桅上还挂有一张撑杆帆。

船员共8人，住在甲板舱后部相对舒适的住舱内。这种船的甲板舱比较长，因为甲板舱从桅杆处一直延伸到船艉。船上没有西洋的绞盘（起锚机），有两座绞车用来起锚。船艉的橹同样在风平浪静时使用。

“宁波船”和“宁波水手”皆可谓名副其实。

小 对 船

在谈到浙江渔业这个迷人的题材时，我不得不偏离本书的主题，暂时离开长江，谈一谈舟山的渔船。这同样好玩。而且在长江入海口，常常可以见到舟山的渔民，他们还出现在上海的鱼市，人数众多，形形色色。所以，这里顺便也介绍一下他们的渔船。

如图9-9所示为典型的舟山小渔船，俗称“小对船”。这种船一般长46英尺，宽12英尺，船深6英尺。船如其名，这种船一般成对出海。这种船的大船型叫“大对船”。

小对船来自舟山岛。舟山岛是舟山群岛中最大的岛，舟山群岛的名称也由此而来。舟山岛主产甜西红柿、玉米和黑黍。岛上低矮的泥泞海岸，有许多盐场。舟山岛是整个舟山渔业的中心。

居住在这座岛屿上的渔民和他们的船一样，粗犷坚韧，吃苦耐劳。以前，他们在打鱼的空隙，也从事海盗的勾当，但随着轮船的出现，他们也放弃了这项获利甚丰的副业。今天，他们以热情好客闻名。

他们的妻子不随船出海，而是安守家中，操持家务。岛民都有制作渔网和鱼线的手艺。男女老少，纺麻成线，编织渔网，给渔网染色。渔网由苎麻（荨麻属）制成，其中剥麻这道工序用的完全是老办法。

三月后不久，首个开渔季来临，船队起航。船老大挑选良辰吉日，依照习俗到庙宇祈求一路平安、万事顺遂。这个仪式很重要。“第一个开渔季”有三个月长。第二个开渔季，也就是冬天的开渔季，要短一些。

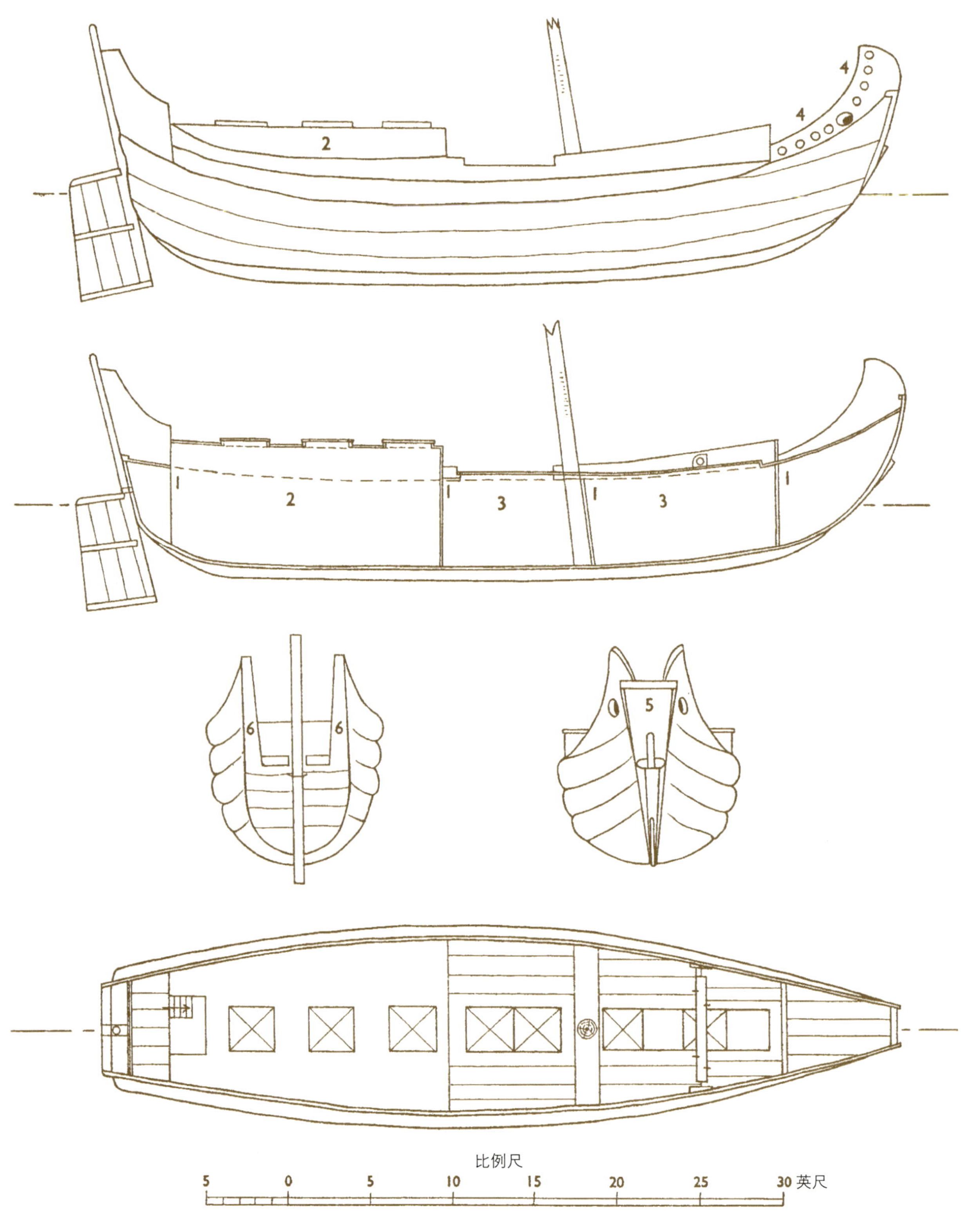

图 9－9 舟山小渔船

捕获的鱼类主要包括黄鱼和鲳鱼。春季结束后，渔船开始捕捞墨鱼。

对于渔网网眼的大小，或渔具的种类，并没有官方的限制。但根据当地海关的说法，每个船队的航行路线都是固定的，不得偏离。

船员当中，有一个船老大，有时他也是船主，他必须是既是好水手和好舵手，又是生意人，并且熟知最好的打鱼海区在什么地方。有一个副手，身兼厨师之职，他在必要时必须有能力操船掌舵。此外还有四到五个水手。

如图9－9所示的小对船长46英尺，宽12英尺，深6英尺。小对船通常为一桅，35英尺高，上挂一张撑杆帆。船老大对他的船帆的剪裁和设计，充满自豪感，其程度丝毫不亚于英格兰考斯港的游艇主。

这种船由杉木建造，肋骨和舱壁为硬木。这种船的主要特征是其色彩丰富的装饰和粗糙却坚固的构造。船上有四个全舱壁(1)，额外的承重由重腰板提供。船员住在尾甲板舱。鱼舱(3)在甲板舱靠前的两个舱室，一直到第一个舱壁。

依照始发港的不同和巡航时间的长短，这种船有几种不同的船型，如长船、短船和春船。这些都是色彩丰富的船。不同之处一般在于船形和船艉的结构，以及至少两种不同的船艏。这些船在构造上差别都很小，主要的差别还在船饰上。按照传统的宁波船饰，眼状饰物各侧都有五个白圆圈(4)。船艏两翼皆为显眼的白色，都漆有一个红色“水上大汉(5)”的图案。

船艉为开放的马蹄铁形(6)，与大一些的宁波和舟山船的封闭式船艉不同。船艉架(6)、甲板舱上部和舱壁都漆成亮红色。

舢　　板

方形的小舢板的专业术语为“远东舢板”。除了后面将要说到的“壶船”以外，舢板绝对是附近水域中最小的船只。

舢板(见图9－10)，用杉木制成，线条极为简单，长仅有9英尺，宽3.5英尺，深1英尺。尽管如此之小，舢板却处处展示着典型上海舟船的特征，比如，圆弧形的船艏、重型的防擦舷缘板、3个组成部分的摇橹，最值得注意的是，船艉除了翼板之外还有个平台，可以做小型厨房。

舢板主要是作为大船和码头之间的交通工具。即使是小孩子都能划动这样的小船，而事实上，也经常是这样的。

绍兴船或杭州湾商船

历史名城杭州，在其悠久而浪漫的历史上以诸多事物而闻名，但是在帆船爱好者的眼中，最有名的是中国最独特、最美丽的帆船　一杭州湾商船(见图9－11)。

关于杭州地理位置的记载最早可追溯至公元前2198年，大禹时代，大禹疏浚了华夏的河道，解决了洪水泛滥的问题。据说他的足迹曾至此地，从那以后，这个城市就有了最初的名字，余杭，意思是“大禹停靠舟船的地方”。大约公元前255年，秦始皇来到了如今矗立着保俶塔的那座山脚下，并将其御舟停泊在了一块大石旁，现在这块石头被称为“大佛”。马可·波罗曾到过杭州，从他的游记中可以看出杭州古时遗风仍在。

杭州的海港位于澉浦，港口现在已被淤泥堵塞。古时候，这里是锚地，并且是阿拉伯商人的居住地。

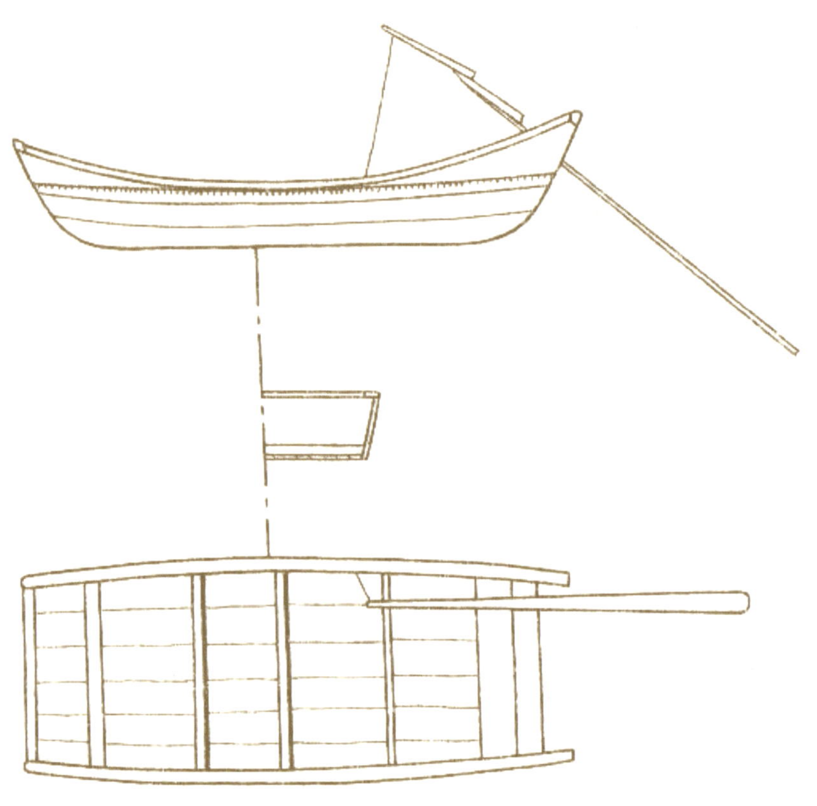

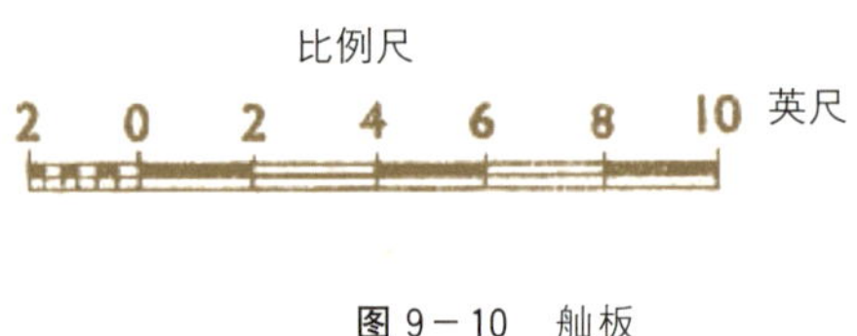

图 9－10　舢板

在后来的几个世纪中，杭州湾商船的外形几乎未发生变化。这些船只通常有 3 根桅杆，在船艏通常画眼睛的位置画上了八卦图，并且船体和船艏均涂画着各种鲜艳的颜色。如今，那些图画大多已经褪色了。

杭州湾商船大小不一，最小的只有 60 英尺长，而最大的有 85 英尺长。图 9－11 中展示的船长 84 英尺，宽 23 英尺，深 8 英尺，有 10 隔舱壁，无肋骨。所有的隔舱壁都用同样的横梁以保证横向强度。

从图纸上可以看出，两根粗壮的纵梁(1)保证了船的纵向强度，在第一道隔舱板(2)到船艉(3)之间画出一道优美的弧线，与船底板平行铺设。船艏呈一定角度，横铺的船艏板座落在翘起的船底板圆弧端的后部。船底板当然是纵向排列的。

甲板明显呈鲸背形，拱形的甲板通常由隔舱板支撑，并在船艏和船艉处突然上翘。

第一道横梁上打有孔洞以插入系缆柱。这些长而坚实的硬木杆可插入甲板上的孔洞中。一般情况下，木杆底端可插到船底。然而，在某些情况下，如果甲板前部堆满了货物，那么系缆柱可根据需要调整到任意高度，因此，系在上面的绳索就不会受到货物的影响。适度的张力足以将系缆柱锁定在新的位置上。

开放式船艉是平的，涂成白色并精心装饰，艉板横向铺设，由涂成红色并装饰过的双翼板(7)支撑。

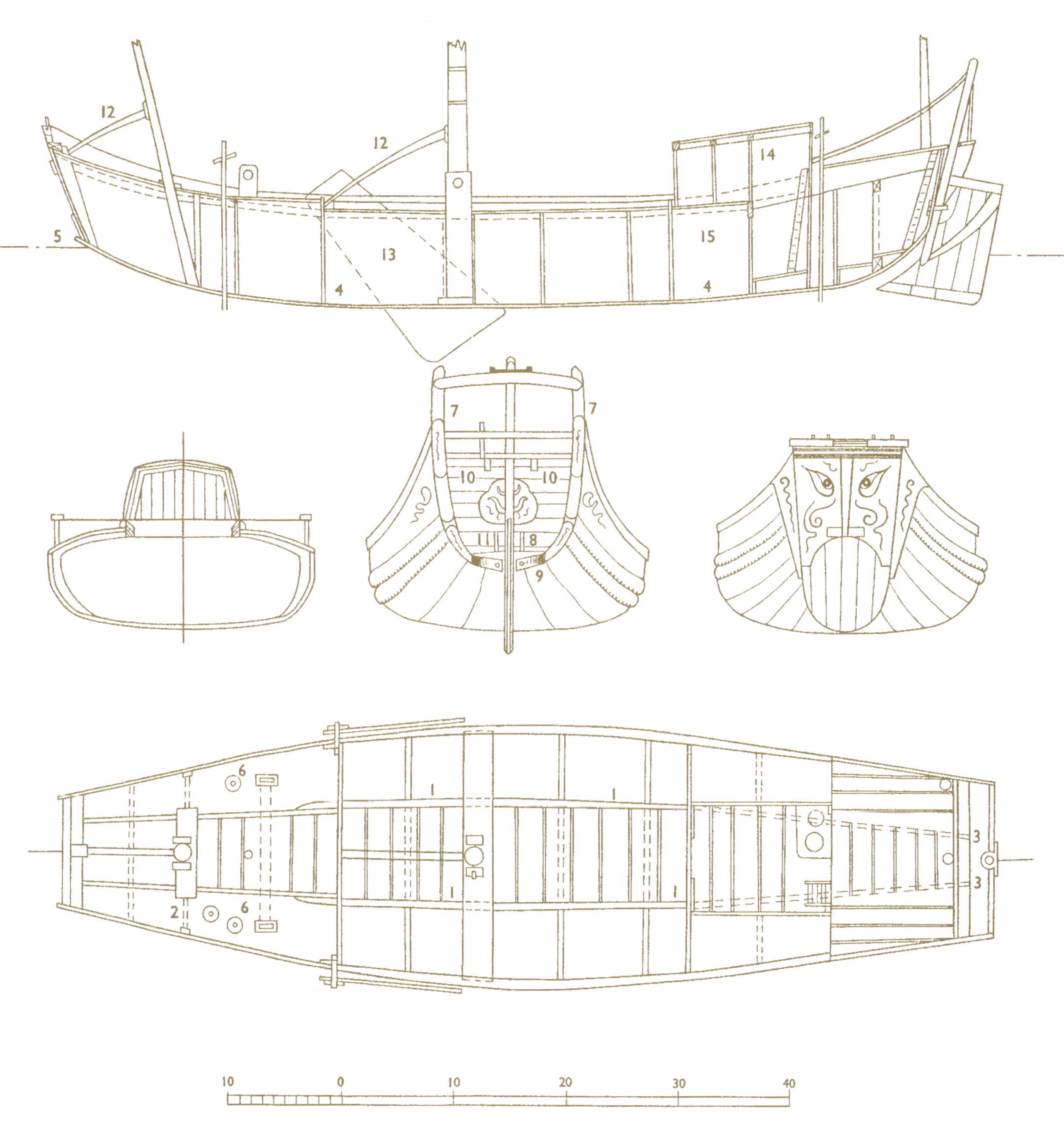

图 9－11 杭州湾商船

下舵角限制器(8)安装在船底板翘起端(9)以获得支撑,而上舵角限制器则安装在上面提到过的纵梁(10)艉端。

重型硬木舵为半平衡舵,制作粗糙,但很管用。它位于两片红色肘板(11)之间,通过船艉装有木制防擦板的索环来提供支撑。舵角限制器和凿洞安装舵柱,将舵柱以约30°的斜角插入,使舵柄方便抓握。

主桅直立,通常"做成"常规长度的四分之三,并且包铁箍。楔子有时楔入铁箍之间,使桅杆更有刚性。升降索通常有2条,均穿过桅杆的滑轮孔。主帆是平衡斜桁四角帆,通常有12根撑条;前桅前斜,有1个相似但小些的帆,有10根撑条。两桅均由甲板平面上船艏艉纵向支撑物(12)提供纵向支撑。后桅直立于甲板上。关于此类船只的帆,最值得注意的是,每张帆的底部都与下一个对称地排成一列,3张帆的底部保持一致。

披水板由2个或多个坚硬的木板组成。这些木板都用结实的螺栓横向穿过舷墙。螺栓用铁链挂在船边,铁链在船内则固定在甲板横梁上的环首螺钉上。披水板通常在桅杆前约12英尺的位置。

甲板室很小——通常不比船上的厨房大,是通往下层舱室的升降梯口。其屋顶常用草席覆盖。

甲板梁有3根,粗糙且不规则,不均匀排列,并且大小不一。多数情况下,是按照树干的自然形状直接劈开使用的。

这种有趣的帆船令人惊讶的不协调恰恰增加了它的吸引力。比如说,杭州造船匠从不浪费时间去做表面的抛光:这些帆船,尽管很坚实耐用,看起来却工艺粗糙,但是大胆地使用各种颜色,整个船艏的涂色和装饰都颇有独创性(图9-12),船身许多其他部分也被打磨得很光滑并且细节凸显,并且很有品

图9-12 杭州湾商船的船艏[西加特摄影]

位，生动形象。[1]

即使最狂热的帆船爱好者也不会用“优雅”来形容杭州湾商船，但是，这种外形奇特的帆船却具有难以形容的魅力，这或许是因为其始终保持着古老而久经考验的设计。

花屁股船或福州运木船

福建省以山多林密而著称。与湖南省的情况相反，这里的用材林不掌握在任何同业公会手中，而通常是属于家庭私有。因此，木材商人常常派内地代表与当地的土地所有者协商木材运输事宜。

用途最广泛的木材可能要数福建冷杉（或称“杉木”）和福建松树（也称“松木”）了，两种木材几个世纪以来都是广为人知的。前者可提供著名的福州软木，而后者则提供质地更好更坚硬的木材，树脂丰富，广泛地应用于造船业，同时，家具制造也钟爱此种木材。

全国各地均需采购这些木材。采伐季节通常是3月到6月。首先，一群人拿着锄头等工具清理树下的地面和灌木丛，以便尽可能从最低的根部砍伐树木。接下来，专业的伐木工拿着斧头开始工作。砍伐后，将树木放倒，刮皮，然后切割成原木，整个夏季的几个月里放在那里干燥，以便初秋时节处理，然后通过河运输送到全国各地。有时候，需要人用肩扛的方式搬运几英里，其他时候则通过顺着山坡滚或顺着小溪和山泉漂的方式运到河边。运到闽江主要支流以后，再由专门造筏工匠将其制成木筏。

这些木筏又长又窄，约100英尺长，而仅有10英尺宽，是用竹钉和大量的竹绳将原木或木材捆绑在一起制成的。每只木筏由2人用巨大的简易的长桨控制。

当木筏经由闽江最终运抵福州时，既不锚泊也不拆卸，而是直接堆放在岸边，等待用帆船转运到上海或中国其他地方。

沿着中国海岸线将这些木材从富庶的福建内部运输到全国各地的船只，正是独特而与众不同的福州运木船。这是一种大型的适于航海的帆船，最大的长180英尺，宽28英尺，小些的长约60英尺，宽22英尺。

如图9-13中展示的实例，长148英尺，宽30英尺。由其经常运送的福建软木材建造，但是其构建相当结实，因为非常罕见地密集安装了15块硬木隔舱壁，[2]并且大多数都从船底一直延伸到主甲板。此外，还装有37根硬木肋骨，其中一些起到加固隔舱壁的作用。船的两舷还在舷边加装了又长又厚重的木板，以加固隔舱板和肋骨。3根紧密拼合的巨大硬木槲木(1)随着船舱的弧线铺设，保证了船的纵向强度，同时，除了船艏艉位置外，其在船体的位置很低，根据帆船空驶或满载情况不同，保持在水线或水线以下，可起到舭龙骨的作用。3根略细的槲木(2)或侧板，以不同间距排列在甲板或甲板以上的位置。船底和舭板渐向内收。整个纵底板也略弯曲。这种特别的帆船根据航行需要而采用轻型龙骨。

这些帆船必须具有极其坚固的结构，因为它们经常运载重达5000担的木材。较短的木料被装载在前桅(4)至艏部最下层甲板又大又深的货舱内，最前面的三角形船舱保留作为浮力舱(5)。甲板上也装载木材，将较长的木材顺着船艏艉方向捆扎好存放。用竹绳绕过这些木材并穿过船底将其绑牢固定，最后系在主桅(6)上。两边舷外悬挂的木料高度足以防止甲板上装载的货物左右移动（见图9-14）。

〔1〕 这些帆船上迷人的装饰并不是由造船匠完成的，而是出自专门从事此类工作的艺术家之手。

〔2〕 泰坦尼克号，排水量45000吨，拥有同样多的水密舱。

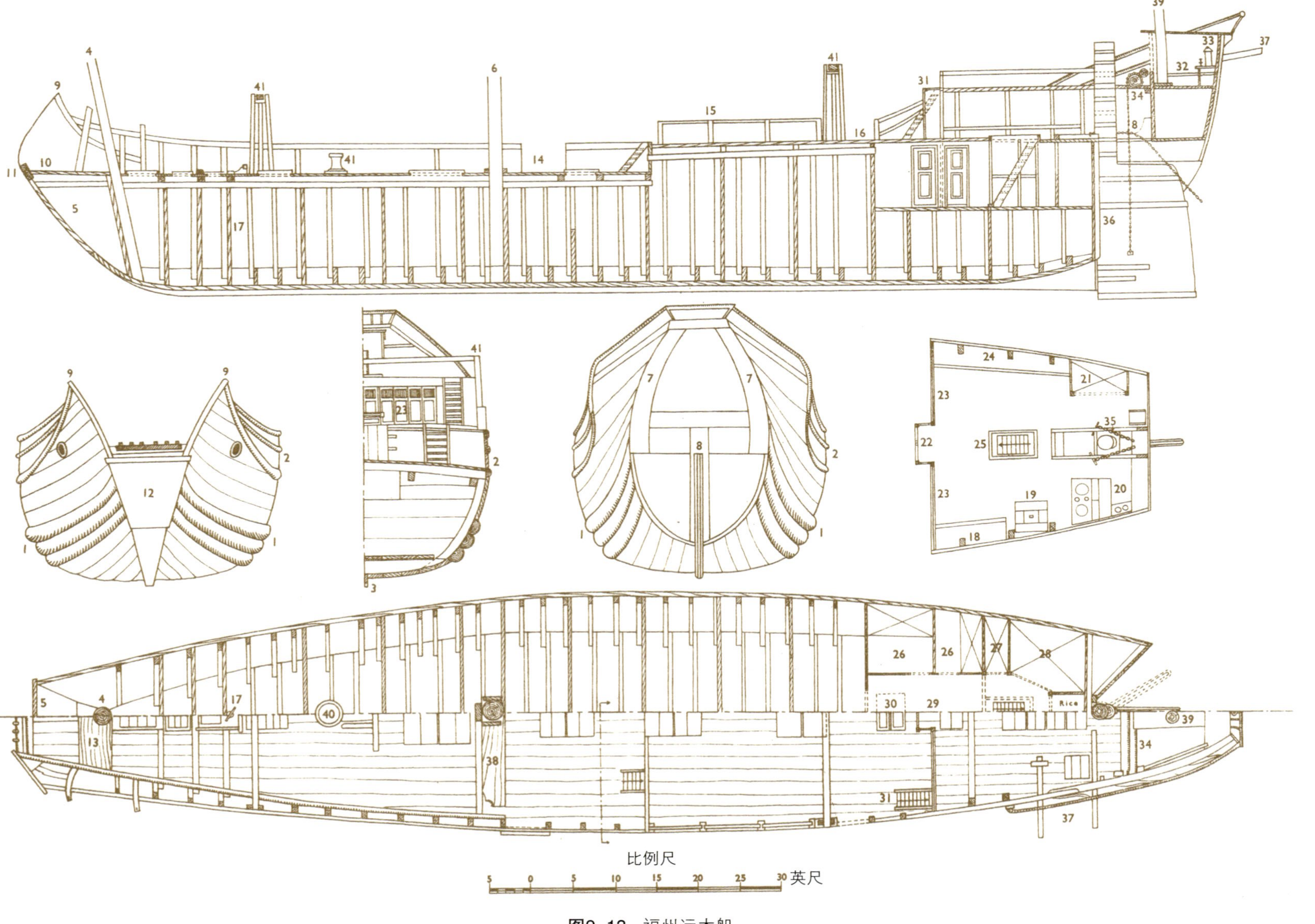

图9-13 福州运木船

这些帆船的独特之处在于用鲜艳的彩绘来装饰椭圆形船艉和又高又炫丽的船艄。船艉的装饰仍保留着传统风格，只是略有变化。两条长而窄的木板与椭圆形船艉板两侧相接。有所不同的是，大型帆船会在船艉的一边画有一条张牙舞爪的龙。船艉面的上部面板往往绘有一只展翅的燕鸟（译者注：原文如此，应该是鹞鸟）站立在怒海中的石头上。它无畏于暴风雨和极快的速度让船员们觉得这就是他们的船的精神象征。

另一惯例是使用三个汉字：永、利、顺，意思是长久、利润和顺利。第一个汉字意味着长寿，这一点通过船老大讲述其所用帆船已有 150 年船龄可以得到很好的诠释。第二个汉字的含义是不言而喻的。第三个汉字含有顺利的意思，即一帆风顺。船名板下面的白底面板上，是船籍登记号，就这艘船来说登记号是 1568。数字下面，也是船艉面最宽的位置，设计的是八仙过海的图案。两幅大型浮雕画占满了最后一块面板，通常绘有花饰，而一些比较重要或者精心绘制的帆船上，则绘有鹿和鹤，象征着荣耀和长寿。在这些绚丽的彩绘中间有个方形的孔洞是锚链筒（8），用于船艉锚泊。在船后部还有诸多装饰，护栏下方的颜色，采用涡卷形样式饰以三原色（译者注：红黄蓝），或者在绿色舷墙上配以红色浮雕图案。在下部，黑色船底上画着一条红色或者绿色的粗壮而扭曲的大海蛇，不过它看起来更像是巨大的鼻涕虫。船艄装饰着窄窄的或白或绿的色带，有时是涡卷形的红、黄、蓝、绿色花饰边。船眼睛又大又醒目，在白色圆圈中画着黑眼球，显得炯炯有神。眼球使用高浮雕法，凸出船舷约 9 英寸。眼白也使用了浮雕法，直径约为 1 英尺 8 英寸。独具特色的船艄有两块翼板，在水线处急剧地收拢，并向甲板面陡然上翘，到甲板以上又立刻恢复原来的弧度。两边翼角的高度超过主甲板 10 英尺以上。这种构造，从侧面看，船艄很古怪，像一只鼻子扁平的鱼，下部的大眼睛使船艄看起来更加高大。很显然这是故意的模仿，据船工们说这种船型最早的设计灵感就是来自一条巨大的怪鱼，船艄破浪处就是牙齿，而两块翼板保护着头和眼睛。桅杆和帆则代表着鱼鳍，而高高的船艉就像是摇摆的鱼尾。

在甲板的水平面上，约有 9 英尺的开放空间，船头那对呈喇叭形的翼角一直延续到加衬在甲板上的一根巨大横梁（11），横梁包铁，上边装有四根销子，用去分开锚绳。

在两翼之间的三角形托浪板下面，横放着一根成型的硬木板。在船艄梁后约 13 英尺处是厚重的甲板梁，可为前桅（4）提供额外的支撑。整个船艄建造得非常坚固，以便抵御海浪的冲击。舷墙的部分肋骨贴在舷外。船艄舷墙有 6 英尺高，在那里与外张的双翼合并，舷墙高度在主桅后面装卸货物的通道（14）处降到最低的 3 英尺。纵向甲板一直铺设到第 10 舱。从这个位置开始铺设后甲板，直到船艉，高度 4 英尺。舷墙由 3 英尺高的栏杆（15）组成，在舱房楼梯前的位置开始升高。有 7 个舱口通往宽敞的船舱。其中一间是淡水舱，需要时可用竹泵抽水。

后甲板后部建有宽大的船舱，向后延伸至船艉，作为餐厅和起居室。舱房里有储米柜（18）、水桶（19）以及由左舷一侧的大炉灶（20）组成的厨房，厨师的铺位（21）设在右舷一侧。船老大在船中部的小舱室（22）操纵帆船，两扇推拉门通向后甲板，右侧安装有长条形储物柜（24）用来装衣服和工具。中间的楼梯（25）通往底舱，那里专供船主和重要的旅客住宿，因为帆船属于一家股份制贸易公司，所以常常有一些合伙人随船航行。下甲板上有八个船舱，其中四个宽敞舒适，每个舱室有两个铺位（26）。另外四个船舱，两个被隔成仅够放置两个铺位的小隔间（27），另两个大些的船舱（28）则设计成上下铺，人只能蜷缩在三角形的铺位上，最后一个人最可怜，只能蜷成一团。船上的开放空间，即船舱间的走廊（29），仅有 22 英尺长、10 英尺宽，被用来为其他船员提供住宿，可容纳 20 至 30 人，船员们要么睡在这里，要么自己寻找其他乘客不用或没有其他用途的空间来睡觉。后甲板有个天窗（30）可以为最下层甲板提供有限的光线和通风。

图 9－14 福州运木船的前甲板

再回到后甲板，有楼梯(31)通向舱房上面的船艉楼，舷墙倾斜并与舱房的边缘并成一条直线。船艉楼装有雕花的栏杆，与三条上升并最终合并的槲木相接。整个船艉楼是齐平的。凸起的后甲板和高高的船艉楼能使帆船在恶劣天气里航行时，遇到海浪仍保证安全又舒适，而船的其他部分则会被海水冲刷。船艉楼后面有个小房间是船长的铺位(32)，此外，它还有一个很重要的作用，就是摆放神龛，供奉着水手们的守护神，大慈大悲的观音菩萨。船上还供奉另一个备受尊敬的保护神即“天后”/妈祖，传说是福建的一名年轻林姓女子。她声名远扬，供奉她的寺庙和神龛在整个中国的航线上都可以看见。

进入兼作神龛的船老大的住舱，必须得跨过舱门前一根厚实的木梁(34)，它横在船艉楼两舷之间，且靠着柱子，形成绞车以吊起舵盘。所有航海木帆船的舵，看起来都几乎大到不成比例，但这种不相称是为了控制帆船以避免向下风方向横移。重达几吨的舵，从舵头到底边长 32.5 英尺，底部舵面最宽处为 11.5 英尺。粗大的舵柱长 15 英尺，每隔 1 英尺就包一个铁箍。舵由一条短绳索吊着，并通过滑轮与绞车上挂着的铁链相连，并用绞车控制升降。这种舵无舵枢，而是用草绳穿在舵上，然后绕到船底再绕过船艏将其系牢。木舵放入水中后，比重仅仅比水大一点，因此，这种帆船所用的重型舵，虽则看起来巨大，还是可由几个人用绞车比较轻松地吊起，绞车上嵌有两根手柄以便于抓握。

在港内，舵保持吊起的位置。在吊起位置使用时，即在港口或浅水区机动航行时，只需将舵放下 7 或 8 英尺，或者略低于船底即可，然后用短舵杆进行操控。当舵放到 11 英尺后，则需要使用长舵杆，且由两组三饼滑车来操作。

图9－15　福州运木船的船艉

船上载有三只结实耐用的小舢板，后甲板两舷各吊一只，第三只吊在船艉。均用吊艇柱(37)吊起。

船上有三根硬木桅杆。[1] 前桅(4)，甲板以上高 61 英尺，按照常规间隔打上铁箍，向前倾斜一定的角度。前桅设在第一间舱室的位置，并且为了给前桅提供持续的支撑，该舱也以相同的角度倾斜。前桅插入甲板横梁，插口宽 4 英尺，深度与前桅高度成比例。主桅直立，露出主甲板以上 93 英尺，周长超过 8 英尺。主桅以常规方式插入桅座，但它是如此巨大，在其固定与受力分布设计方面展现出了不起的创造力。巨大的桅座立于甲板上 3 英尺 5 英寸，嵌入甲板横梁，插口处宽 2 英尺 9 英寸，深 8 英寸。虽然看起来横梁没有理由不顶在两舷上，但事实上其宽度确实没有甲板宽。后桅，甲板以上 54 英尺，偏离中心线约 1 英尺。如此设计的原因尚不清楚。三桅均悬挂平衡斜桁四角帆。19 世纪末之前，帆均由麻制成，后来使用棉布，而现在是用外国进口的 2 号帆布，通常重达数吨。

船上安装有两个桅顶装置，最重要的一个安装在主桅上，另一个相似但小些的安装在后桅上。该装置由桅顶上包金箔的桅冠和一根顶着红球的藤杖组成。杖杆中部是一条涂成白色的鱼形装置，拖着又

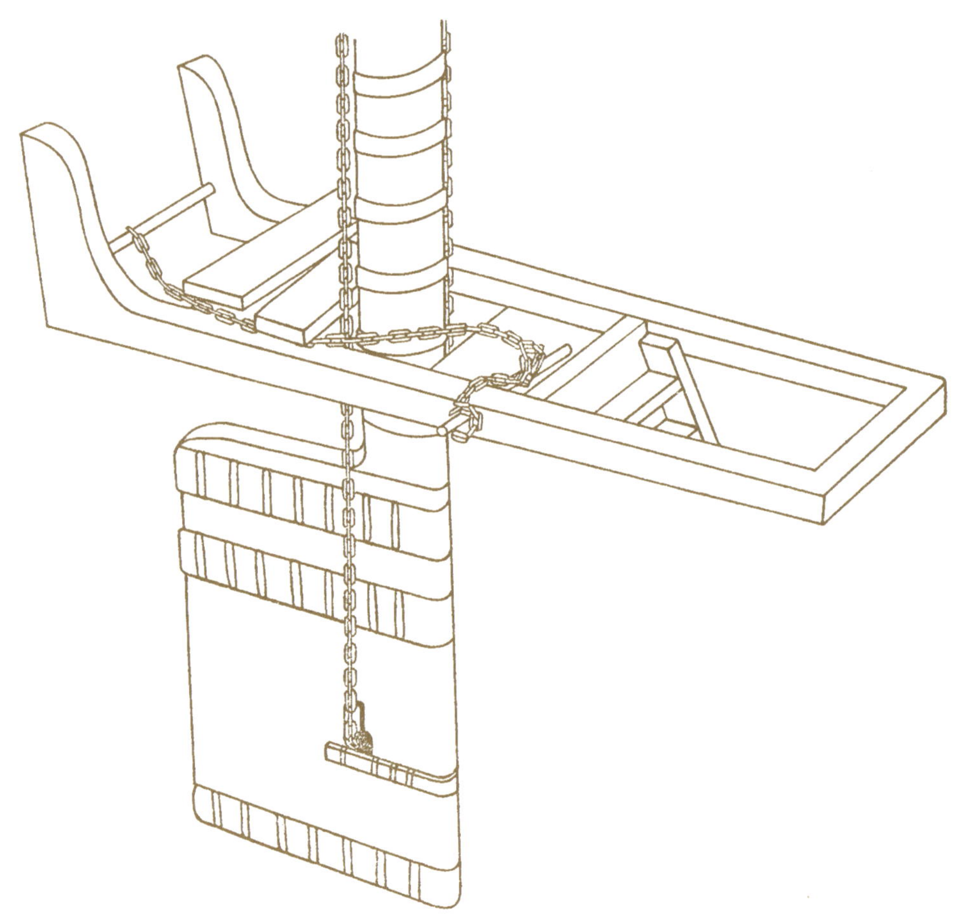

图 9－16 舵的概略草图

[1] 关于这艘船桅杆与船体长度的比例似乎存有争议，同型的另一艘船，金永余号，船长 134 英尺，三根桅杆从甲板到桅冠分别长 80、120 和 60 英尺。

长又宽的红布鱼尾。鱼随风旋转,作风向标使用。鱼有两根长长的弯曲的触须一直延伸到红球。鱼身的中间是一面镜子。前面已经解释过,这样做是为了对付途中遇到的妖魔鬼怪,当其试图窥探帆船的时候,看到镜子照出的丑陋面目,就会马上吓跑了。

绞盘(40)设在主甲板上,位于船艏和主桅之间,用于升帆。帆降下时就被放在帆架(41)上。

享有盛誉的福州运木船是非常卓越的,机动性很好,出入上海港无须外力拖拽。中国人的创造力和独创性在这种船上已达到了极致,从中可以看到他们在船舶设计上的独特巧思和优异的航海技术。

这种较大的船型非常不幸地迅速消亡。船工们说,这样华丽的帆船当今只剩下10艘,并且其中4艘几近解体,剩下的6艘也需要维修。

说起这些,船工们脑海中又浮现出当时黄浦江边的美丽图景。当他们第一次驶入上海的黄浦江时,江上挤满了各种样式、巍峨高贵的中西帆船,引人入胜的一定是重量级的古老中国传统帆船和当时西方最先进的优雅轻型飞剪式快速帆船之间的对比,还有船员们的彼此好奇,以及对彼此帆船工艺的观照、探究。

— 第 10 章 —

上海与黄浦江

码头船或宁波码头船

就航行能力和机动性而言，宁波“码头船”是黄浦江上的骄傲。

这种吃水深的船型，源于一种往返于吴淞和上海之间水流湍急的黄浦江上的中型短途货船，可以在任何天气条件下从事收益不菲的驳运。

无论在上海周边众多的河流水道上，还是在远离上海的苏州，或者另一方向的宁波，都能看到码头船的身影。这种船多在宁波建造，“宁波码头船”的说法即源于此。传统的宁波船夫只有驾驶着本地的帆船，才能有家的感觉。

码头船的大小比较固定，典型船型见图 10－1。船长 60 英尺，船梁 15 英尺，船深 7 英尺。和河流上一起停靠的其他船舶相比，码头船完美地体现了适应任何天气条件的特点。坚固的船体由厚杉木板建成，包括 3 个全硬木舱壁和 13 根硬木肋骨。纵向强度由 4 根粗壮槲木提供，这些槲木位于舷缘下 1 英尺处，从船艏贯穿到船艉。

码头船的一个显著特征是箱式的肥型船艏，以及水平铺设的木板。船艏一直延伸到厚重的横向梁。锥形船艉是典型的三角洲地区舟船造型，艉端有一个外建的船艉格栅平台，由活动木板构成，且常常是空缺部分多于在位的木板。船艉板的双端点外形也是码头船的标志之一。

主货舱（中舱）大而深，几乎占满码头船的中部，顶上覆盖一层油布，用以应对雨雪天气。主货舱的侧壁由可抽取的木板组成，上有一个 3.5 英寸的铁水泵和一个竹塞。

船前部和后部一般装有甲板，作为五个船员和一个厨子的住舱。船上没有家眷。进出住舱得穿过活门舱口。

新码头船很容易辨识——如果能有幸看到的话，因为船身通体都会漆成红色，这是码头船的第一次上漆，也是最后一次。红漆很快磨损，几乎不会留下什么痕迹，宁波水手为之赋予的美感也无缘获得赏识。

码头船的动力来自船艏两侧橹担上的两根橹，第三根橹在船艉左舷，穿过船艉格栅平台取下木板留下的缺口。航行时，要用到一张方顶平衡斜桁四角帆，有时也配合一张撑杆帆使用。

索具和绳缆及其装配都简单至极，但只需几名船员就可以轻松快捷地操控帆船，尤其是使用斜桁四角帆时。时间待这些黄浦江上的水手不薄，他们很少需要顶风航行，除了应付水流的急缓，他们不需要做更多。

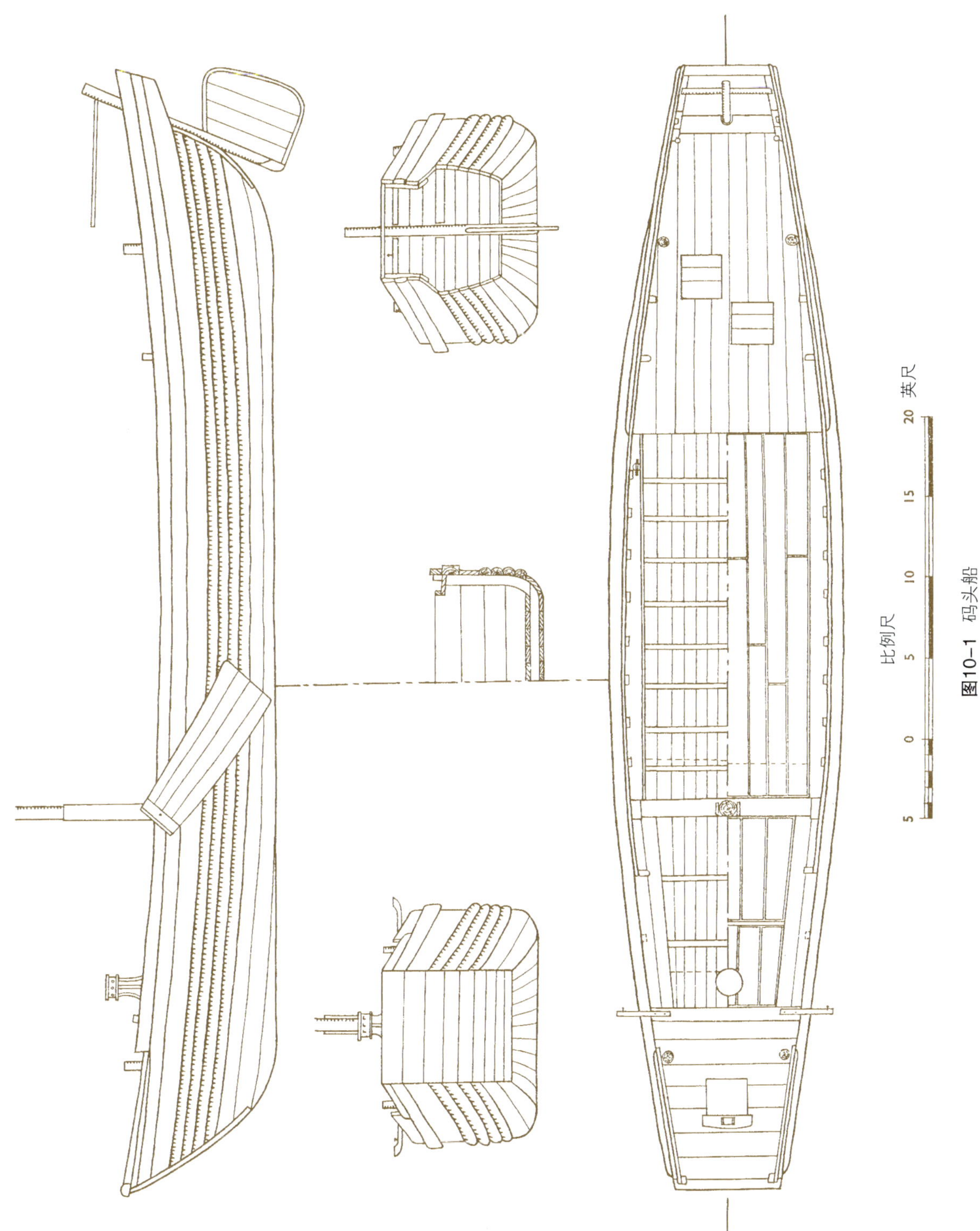

图10–1 码头船

尽管这些船在黄浦江上扬帆航行的姿态令人赏心悦目，而要真正领略它们的魅力，还须看看它们在上海港拥挤的水面上穿行自如的英姿，简直是在示范一堂生动的驾船技术课。

这些码头船的船工、船主和船匠为了生意，经常出入四马路（也叫福州路）上的长乐茶楼。集会商议和洽谈生意的正式时间是下午四点到五点，任何对这种船有兴趣的人都可到这座知名的茶楼坐上一坐。据说，这里的烟民都来自大富之家，他们吸的都是高级品牌的雪茄，以至于捡烟头成了一门抢手的生意，需要和茶楼签订合同才能进来捡。捡来的烟头卖给小摊贩。烟头里的烟丝干燥后，重新卷成烟卷，以“叩头雪茄”的名称再次出售。[1]

上海码头船

上海码头船和前述宁波码头船一样，其设计也是为了在满载时应付黄浦江的天气状况。两种船在上海本埠和周边最为常见，都是从事船船之间或岸船之间的短途运输。两种船十分相似，除非仔细观察，否则难以察觉两种船的差别。最明显的差别本应是宁波趸船身上的红漆，但如前所述，宁波码头船基本不会重新刷漆，风吹日晒之下，质量低劣的颜料很快剥落，红漆的装饰变得形同虚设。

上海码头船的大小差别很大，如图 10－2 所示为较大的船型。线条肥满的船艏船艉宽敞、厚重、方正，讲究实用，利于载重，没有什么值得注意的特点。

这种船造型坚固，有 16 根肋骨，4 个舱壁，其中一个舱壁有滑门。方形船艉半隐藏在突出的船艉格栅平台内，这是上海码头船的独特之处。船舵为上海式。单桅很靠前，上挂一张方顶斜桁四角帆。但大多数时候，还有一个辅助的竹桅竖立在前，上挂一张临时的撑杆帆。船前部的橹担上有两根橹，船艉左舷还有一根橹。

一种说法是，这种实用型的驳船直到 19 世纪 40 年代外贸兴起时才开始出现。尽管这种说法有一定凭据，但不能作为定论。这并不是意味着，这种船来自相对新型的设计，而是说，它可能是本地吃水很深的坚固船型的改进型。至少有一点无可争议，这种运输和贸易的工具在数量上大大增加了。

乌山船

乌山船，可以说属于杭州湾的商船系列，常在上海与杭州之间的小河中来往航行，进行贸易活动。

浙江省有许许多多纵横交错的水路航道，可供船体大小不同和吃水深浅各异的帆船航行，最大程度地进行水上运输活动。

宁波船员们简直就是恪守中国传统的船员们的代表，坚持使用他们自己喜欢的船型。按照很有声望的宁波船匠的观点，优先选择这种船型应该很好理解。

乌山船都是在上海建造，但都是宁波船匠根据他们家乡的内河船型建造。它是经受长期考验保留下来的一种船型，以甬江边的乌山镇取名。

图 10－3 显示的乌山船，长 56 英尺，宽 14 英尺，吃水 5.5 英尺，使用硬木搭建 2 道舱壁和 11 根肋骨，船体使用杉木建造。

乌山船的船艏和船艉比普通船形的锥度更大，变窄到低船艉，使用伸出式斜舵。

〔1〕 这种烟名取自捡烟头时如在叩头的姿势。

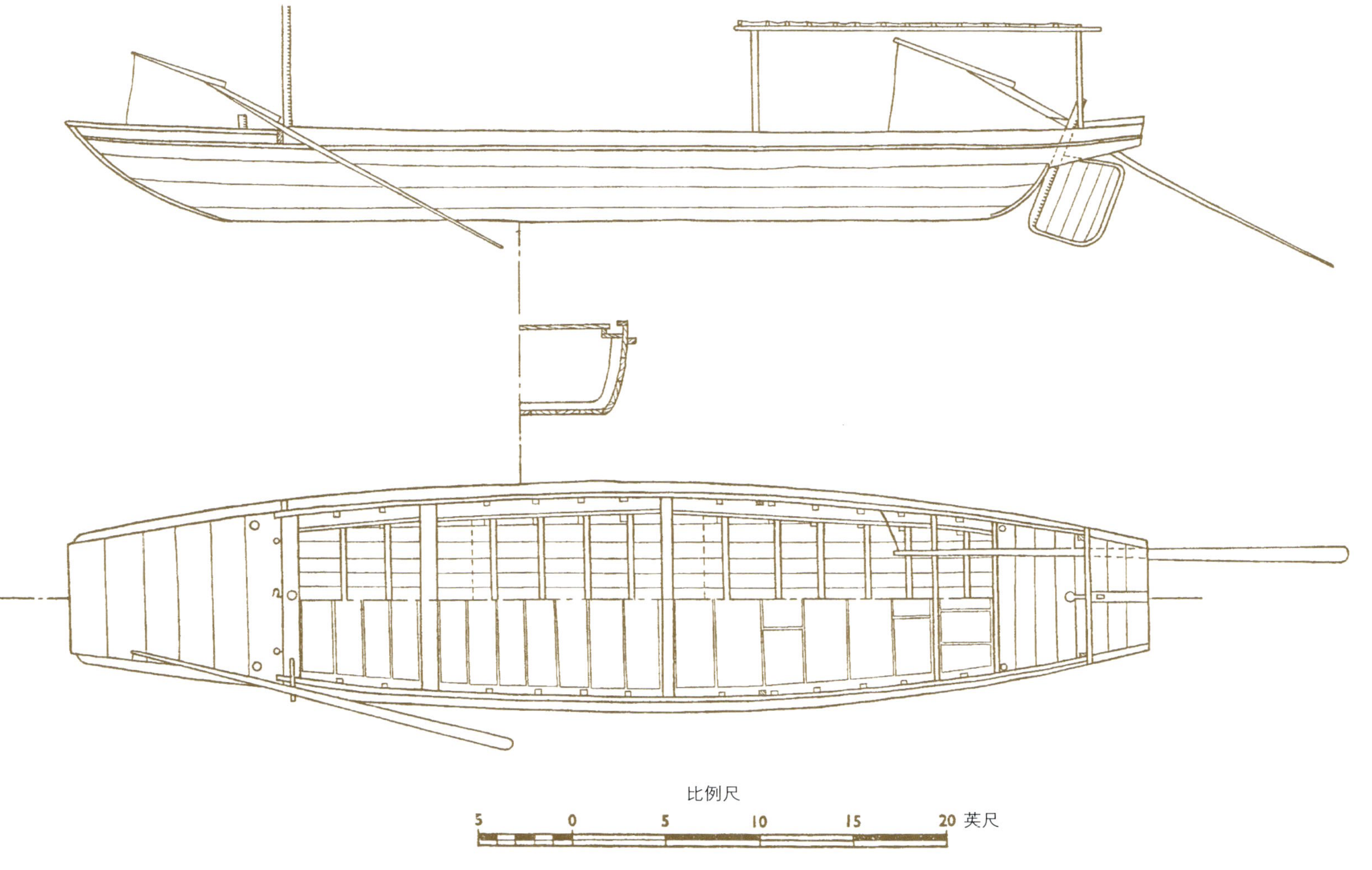

图10-2 上海码头船

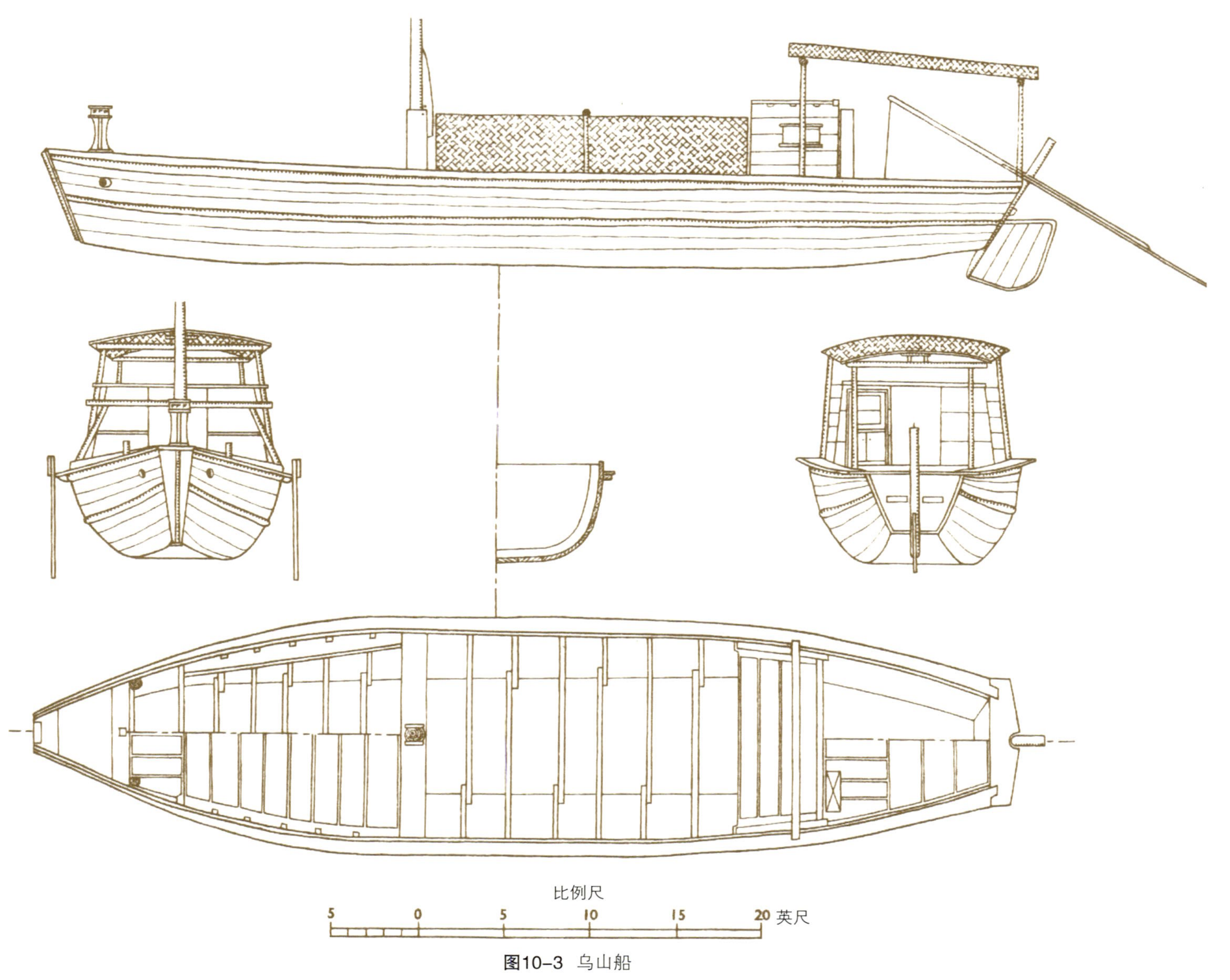

图10-3 乌山船

船艏锥度很大,船艏板水平铺设,甲板高度为2英尺宽,逐渐降到水线高度为10英寸宽。垂直加固材与船艏护材把它一分为二。这里的一个奇怪特点是平底为什么采用这种上升斜度来确保船艏浅吃水。升高的龙骨前端在帆船空载时显示出奇特的外观。

乌山船的这种船体结构必须使帆面的受力中心比较靠后。帆船的主货舱甲板纵向铺设。船艉设有较小的平顶木甲板室,面积为5英尺×10英尺。货舱的移动式席顶可以向前移动到桅杆处,从甲板室向后移动到船艉,船艉设有固定遮篷。

乌山船可以使用斜杠帆推进,通常使用两面斜杠帆,但是航经小河溪流时则主要依靠摇橹或者撑篙推进。船体从艏到艉越过舷边设有撑篙平台。

乌山船使用两支橹,一支安装在船艉左舷,另一支安装在船艏右舷。每支橹由两名船员操纵,一名操纵绳索,一名操纵橹柄。操纵橹柄的船员站在3英尺长×8英寸宽的小型移动式平台上面,该平台突出船艏右舷,安装在枢轴上面,不使用时可以转到舷内。

宁波的船员们通过船艏眼状纹饰来表现自己装饰船只上的偏好。

快 板 船

快板船,正如它的名字所表明的那样,是一种高速船。这种帆船的尺寸比较标准,通常为35英尺长和6.5英尺宽。快板船采用典型的中国式瘦长船体型线,船艏突然变窄升高,船艉缓缓斜升。在甲板高度增设横梁,在船舷(2)向外搭建船工使用的撑篙通道(1),如图10-4中的剖面图所示的那样。帆船的绝大部分都设为长圆形席顶甲板室(3),顶上装有三根强力背材(4)以便放置暂时不用的橹。

快板船通体使用杉木建造,优美精巧,维护良好,使用三道舱壁(5)、五根完整肋骨(6)和六根半肋骨(7),交替布置。因为使用舱壁数量较少,所以在必要时可以增加肋骨数量。

快板船的一个有趣特点是使用在上海水域很少看到而整个长江流域帆船普遍使用的"泥滩锚"。

快板船有许多特点,包括使用尖船艏(9)、升高船艉(10)、泥滩锚(8)、外凸撑篙通道(2),甲板室内不用甲板铺板。这些都是绍兴帆船系列所有的特点。坚持使用这种船型很值得注意,表明过去的帆船制造者们是多么因循守旧。

快板船赢得广泛赞誉的航速变化,靠使用多达四支橹(10)和两面简单斜杠帆来实现。两支橹安放在船艉,两支橹安放在船体后半部橹担(11)上面。快板船使用的橹笔直,由橹柄和逐渐增宽的橹叶两部分组成,全长19英尺。每支橹边站有一名船员摇橹,船艉也有一名船员按所需方向用脚蹬舵柄来驾驶帆船。狭小空间里有四名船员共同摇橹,必须技术娴熟、分秒不差、灵巧优雅和从容不迫。快板船的附加动力来自撑篙者,他们从船艏把长篙插入河底,用肩窝抵住竹篙的上端,身体几乎呈弓形,沿着撑篙通道从船艏撑到船艉。据称,这些船员们能够使快板船每小时航行12里。

快板船使用一个轻型小舵,安装在船艉横梁的圆孔内。船员们不顾自己作为水手的脸面,在不用舵时不是把舵提升离开水面,而是采取几乎普遍的做法,即把舵整个取下来倒插入圆孔内,这种不像海员的做法使快板船看上去最怪异。

快板船主要用于浦东的内河航运,偶尔也远航到黄浦江。通常,它们都是开通定期班船运送乘客。只有稍大型的快板船运送货物而非乘客,货运快板船建造得宽一些,但那时型线不够优美。

时间对农民乘客来说不是什么问题,但对富有的乡村士绅来说则不然,他们急着去赶婚礼或者葬礼,所以这种粗陋的快板船很受乡村士绅们的欢迎,他们随时准备支付更高的船费,以缩短单调乏味的

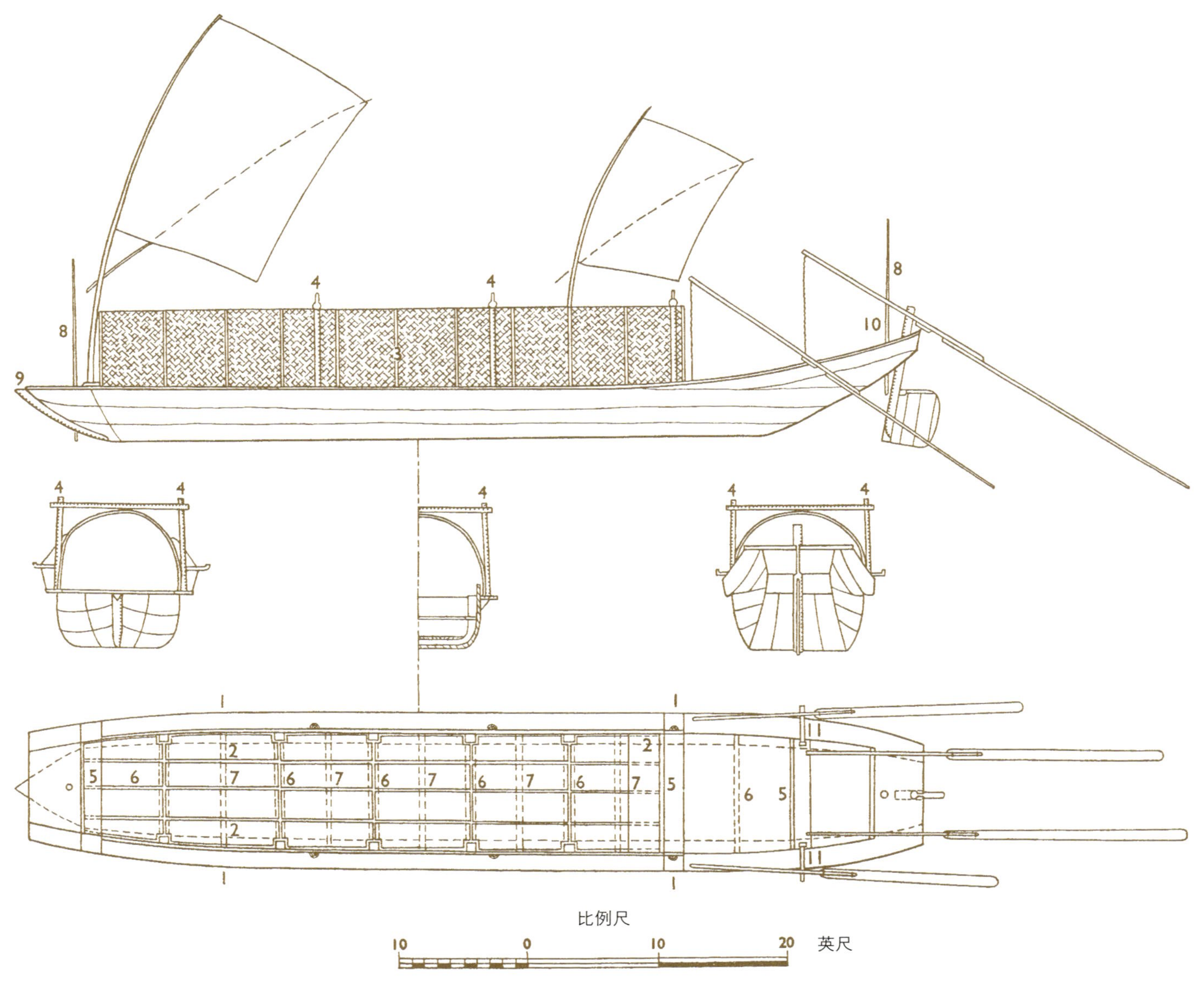

图10-4 快板船

航程。

现代技术的进步和对更高航速的期望已经对这些优美的小帆船造成了严重破坏，现在有许多已经改用讨厌的汽车发动机推进，安装粗陋的铁制平衡舵代替以前所用那种优美的木制舵，而且被涂成丑陋的颜色，显得有些不伦不类。

绍兴船

约公元前2205年前后，玉女进入皇宫成为禹帝的嫔妃，她之前是西宫娘娘的侍女，据说是由西宫娘娘从酿酒的家乡带入西宫。玉女把（酿酒）这个重要的秘密告诉了皇宫里的仪狄（并令他酿酒）。传说，因为治水而非酿酒著称的禹帝，有一天在品尝仪狄酿制的新酒时发现这酒太迷人了，担心喝多了会醉人，以致耽误上朝。因此，禹帝变成一位禁酒主义者，并且把（酒仙）仪狄逐出皇宫，以防患于未然。

然而，中国人很可能更早了解这个秘密。[1] 饮用醪液可以追溯到无从查考的远古时代，酒自古以来就被用于祭祀。

中国的主要酿酒中心位于杭州湾的南部，即杭州与宁波之间的中间地区。这个地区是浙江省的东部地区，叫绍兴，人口稠密，中国有句众人皆知的谚语说："豆腐麻雀绍兴人。"这句谚语的意思是说绍兴人像豆腐和麻雀一样遍及中国各地。据说，绍兴的工业创办得很早，已经延续了几个世纪。绍兴城具有悠久的历史。据说，禹帝习惯于在那里会见封建王公贵族，而且从研究绍兴附近建立的纪念黄帝的石碑得到治水工程的灵感。后来，到公元前551—前479年的孔子时代，绍兴变成了越国的首都。到了元朝，绍兴受到更大重视，忽必烈可汗于1285年颁布了为绍兴免税的法令。根据《本草纲目》记载，蒸馏法就是在元朝首次引入中国。权威著作《本草纲目》还记载，中国在所谓烧酒、火酒或者"三烧"等蒸馏酒出现之前有64种酿造酒。据1909年《海关贸易报告》公布，酿造酒占70%，蒸馏酒只占30%。也是在这个时候，中国人民开始喝烧酒。

稻米是中国的主粮，也是酿造绝大多数中国酒基饮料的基本原料，按重要性接下来依次是小麦、小米和高粱。绍兴最著名的品牌是"黄酒"，黄酒的滋味在中国的任何地方都无出其右者。黄酒取得这种优势是绍兴所特有的水质使然。绍兴位于江河湖泊网的中间位置，周围山川流出的山泉经过多层沙子和砂砾过滤后水质清澈。这种地理形态为绍兴赢得如同苏州一样的"中国威尼斯"称号。绍兴水质本身的酸性和碱性成分特别适合酿酒。因此，黄酒与绍兴一样享誉全中国。全中国其他省市也酿造类似的饮料，并以黄酒的品名销售，使得"黄酒"成为全中国国酒的通用名称。然而，绍兴地产的精品黄酒在公众看来仍是名列榜首。

基督教圣方济各会的威廉·鲁布鲁克[2]修道士曾经在13世纪到中国旅行，他说到中国的黄酒时说："只有闻到过最好的欧塞尔葡萄酒你方能认识黄酒。"罗马天主教圣方济各会的鄂多立克修道士是继马可·波罗之后来到中国的著名旅行者，称中国的黄酒为"好酒"。雅布兰受沙皇彼得大帝派遣于1693至1695年出使中国，他说，中国黄酒贮存一两年之后，在颜色、味道和浓度方面都很像最好的白葡萄酒。最后，古伯察描述了他如何把几瓶绍兴黄酒送给一位英国品酒鉴赏家，后者不仅发觉黄酒很美，而且宣

〔1〕 古代圣贤喜好饮酒的秘密有《孔丛子》记载为证。《孔丛子·儒服第十三》记载："尧舜千钟，孔子百觚；子路嗑嗑，尚饮十榼。古之圣贤，无不能饮者。"

〔2〕 鲁布鲁克，亦译作卢布鲁克（1220—1293年），其《鲁布鲁克东方行记》记录了其旅程见闻，玉尔将这部作品与马可·波罗的著作相媲美，说："图书馆中几乎没有比它更优秀的关于旅行的书了"。

称是“著名的西班牙美酒”。他说，品酒应该按照西班牙葡萄酒的正宗滋味和酒香进行区别。关于著名旅行家的评论，如果他们的报道正确无误，那么绍兴黄酒肯定已经令人遗憾地变质了。

绍兴黄酒使用瓦罐或者瓦缸酿制，称为“缸”。酿制1缸普通黄酒需要使用的原料为1担江苏金坛、溧阳或者丹阳出产的大粒糯米煮成的糯米饭、10斤“母液”或者酒基（使用小麦或者大麦制成，最好使用大麦）、36斤酵母菌、4桶取自鉴湖的湖水和3桶泡米的米汤。经过24小时发酵后，检查缸内的物体并用一双长筷进行搅动。这种搅动间隔两三天重复一次，大缸内的物料发酵到1个星期后装入更小的陶罐精心贮存。存放至100天时通过丝袋过滤到煮锅内加热至沸点。至此，绍兴黄酒的酿造过程结束，分装小陶罐，蒙上荷叶或者竹笋壳，再涂以灰泥密封。这种酒称为“新酒”，贮存6个月或者1年后投放市场销售。

前面引述的1909年《海关贸易报告》对老式酿酒方法与巴氏酿酒法进行了比较，据推算使用巴氏法可以从1担糯米蒸馏提取112斤酒，而使用老式酿酒法只能提取65斤酒。后者的浪费归因于“不懂蒸馏法”。

酿制绍兴黄酒的配料多达40种或者50种。为了“糖化作用”而采用“酵母”，或者说“酒药”（酒曲）的糯米饭中常常还要加入稻壳，只是为了防止“酒药”团粘在一起，他们知道这是许多配料中的一种宝贵配料。绍兴人每逢家中有女儿出生时就要酿制很多罐黄酒，然后保存起来，待到女儿出嫁之日才开封招待来客。这种酒就叫“女儿红”。

波斯诗人和天文学家奥玛开阳写了一篇祷告文记录那个时代的烈酒鉴赏家。该鉴赏家在酒罐烧制窑附近呼出最后一丝气息时，有鉴于自己与酒的关系诚挚地祈祷说：“埋葬我吧！几十年后，他们将用由我的遗体施过肥的泥土制造酒罐，这样我就能再次与酒结为一体。”

关于绍兴黄酒，流传着许多有趣的故事。有个故事是说皇帝有一次如何赏赐一位王子一杯酒。不知出于什么原因，皇帝用力地向着西南方向洒出一些酒。随后，传来消息说成都发生了一场可怕的大火灾，但是被突然来自东北方“带有强烈酒味”的暴风雨浇灭。

绍兴黄酒几乎销往中国各地，并被华侨带到海外享用。将绍兴黄酒运往上海市场的船只是很有特色的绍兴酒船。这种船只在尺寸上很坚持标准，如图10-5所示，绍兴酒船的标准尺寸为长73英尺，宽14英尺，吃水5.5英尺，最大宽度在紧靠主桅后面。绍兴酒船建造结构牢固，使用4道硬木舱壁和10根完整肋骨，以便运送沉重的酒坛。肋骨多且厚，相对弥补了舱壁较少的问题。

绍兴船具有许多不同寻常、也无法说明的奇怪特点，最有趣的是船艄，好像是事后产生的想法。这种帆船特有的船艄在AB线结束，这就使得帆船像是被切掉一块。尽管船艄设有1.5英尺宽和6英尺长的很大甲板横梁，但在它下面变成较窄的尖角。这种副艄材包括每侧3块2英尺宽的水平安放的厚木板，随着从船底外板上升呈大致三角形逐渐加长，到甲板高度的顶部外板达到5.5英尺。它们使用粗加工的圆形木材以副艄柱形式在船艄中线交合到一起。船艄底部稍微升高，帆船空载时可以看到高出水面。该型船也用“泥滩锚”，从副艄材内倾部分插入，就在副艄材和船身结合部的前面穿出，插入河底停船。“泥滩锚”没有套管，因此，整个副艄材的船底孔是非水密的，可以自由进水。榭木到副艄材与船体结合处即AB线处突然停止，使得船艄显得更加奇怪。对于这种结构或者奇怪的船艉都没有合理解释，从图10-5中可以看到详图。令人感兴趣的是，不知为何要用提升式舵，也不知道放下舵时为何要比船底深2英尺，这时船艉特别适合使用平衡舵。然而，舵固定得很不稳固，因为只有2英尺长的船艉横材，用来固定承担全部舵重的开口木舵枢。

操船位置设有席顶篷保护。后支柱被用作舵提升装置的支架，只有单个三饼滑车组。

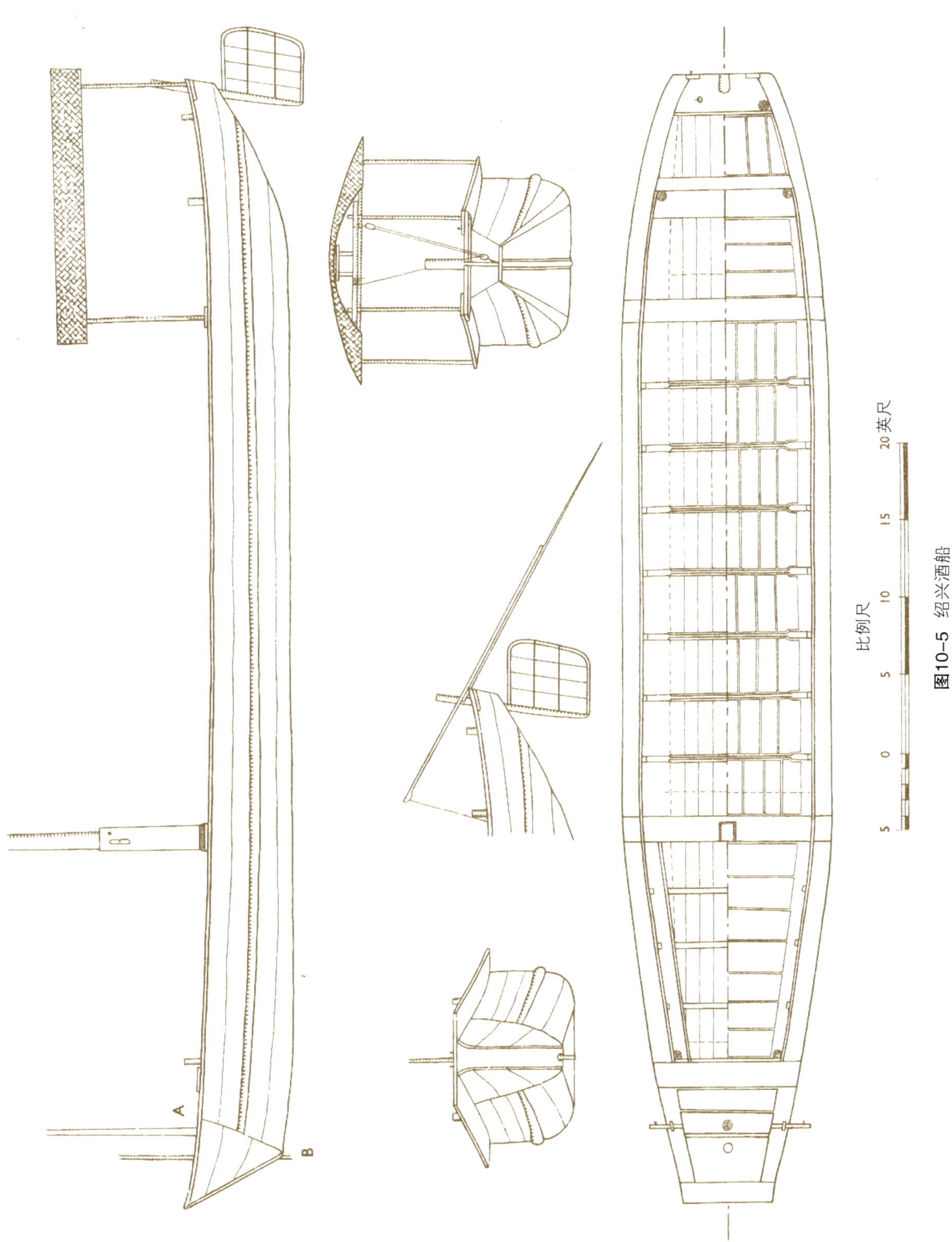

图10-5 绍兴酒船

绍兴船还有其他一些突出特点：一是撑篙平台从船艏通到船艉，突出船舷 2 英尺；二是主桅竖立在甲板上面，使用 7 英尺高的夹桅板支撑；三是使用竹竿前桅，靠前到就在副艏材上面，好像是即兴插在那里一样；四是使用斜杠帆；五是使用普通平顶斜桁四角帆。

绍兴船使用三支直形橹推进：其中一支安放在船艉右舷；两支安放在前甲板的橹担上面，位置比常见方法要靠前得多。

有时，绍兴船搭建 4 英尺高的活动甲板室，从主桅直通到船艉。然而，甲板室内没有铺甲板。或者，设置甲板舱，作为可以容纳 6 人的船员舱室。

绍兴船与前面描述的乌山船有许多相似之处，与下面将要描述的八卦船属于同一个帆船系列。

八　卦　船

八卦船可以说和乌山船有着亲缘关系，因此与绍兴船属同一个帆船系列。

八卦船兼具乌山船和绍兴船的许多主要特点，都源于宁波，特别是使用许多舱壁形成牢固的大型船体结构、带固定天棚的船艉甲板室和能够向前滑动的席篷。

还有其他相同特点，包括使用同类型舵、甲板上夹桅板和船艉直橹。

同样，八卦船也用于在浙江省蜿蜒曲折的运河和小河里进行航运交易，偶尔也能看到它们在长江上航行的身影。

八卦船不同于同系列中其他帆船的特点在于它采用肥型船艏，向船艉逐渐变窄，直到格栅平台，就像典型的上海货船。

这些帆船根据巫术护身符八卦取名，“八卦”是中国古代的一套有象征意义的符号，传说由公元前 3000 年左右的中国古代君主伏羲发明。这种象征符号特别受船员们喜欢，有时将帆船油漆成红色。

图 10－6 显示的八卦船长 60 英尺，宽 15 英尺，深 6 英尺，采用杉木建造，使用 2 道舱壁和 14 根硬木肋骨，两根之间间隔 40 英寸。

小码头船[1]或上海货船

小码头船或称上海货船，都在上海建造，专供港内转运货物使用。这些货船的载重量变化很大，从 28 吨到 70 吨不等。

图 10－7 显示的小码头船长 57 英尺，宽 120 英尺（译者注：原文如此，但应该是 12 英尺才合理），深 5 英尺，结构特别牢固。因为设计为装载货物，就算不是全部也通常都是装在甲板下面，所以只设 2 道舱壁，但是通过把完整肋骨增加到 11 根来增加必要的强度，每根之间相隔 2 英尺。

小码头船采用较低的肥型船艏，具有较大的悬升部，还有典型的上海货船船艉。使用上海货船使用的那种平衡舵，可以提升，吊在船艉横梁上面。没有甲板室，但是更多地设有精心制作的船艉固定天棚，使用木材搭建，顶部用油布。该型船配备 3～5 名船员，生活在第 2 道舱壁前面或者后面的甲板下面。船上厨房设在后舱室。

〔1〕 除定期货船外，1935 年有 297 艘载重量达 60 吨的中式货船，还有 295 艘载重量 100 至 600 吨的货船。其中约有一半随时可用，其余锚泊在河流浅湾处，约有 25%停泊在船东的码头。绝大多数货物卸载都用船上吊杆装置辅以人工劳动完成，只有少数货船装有起重机。

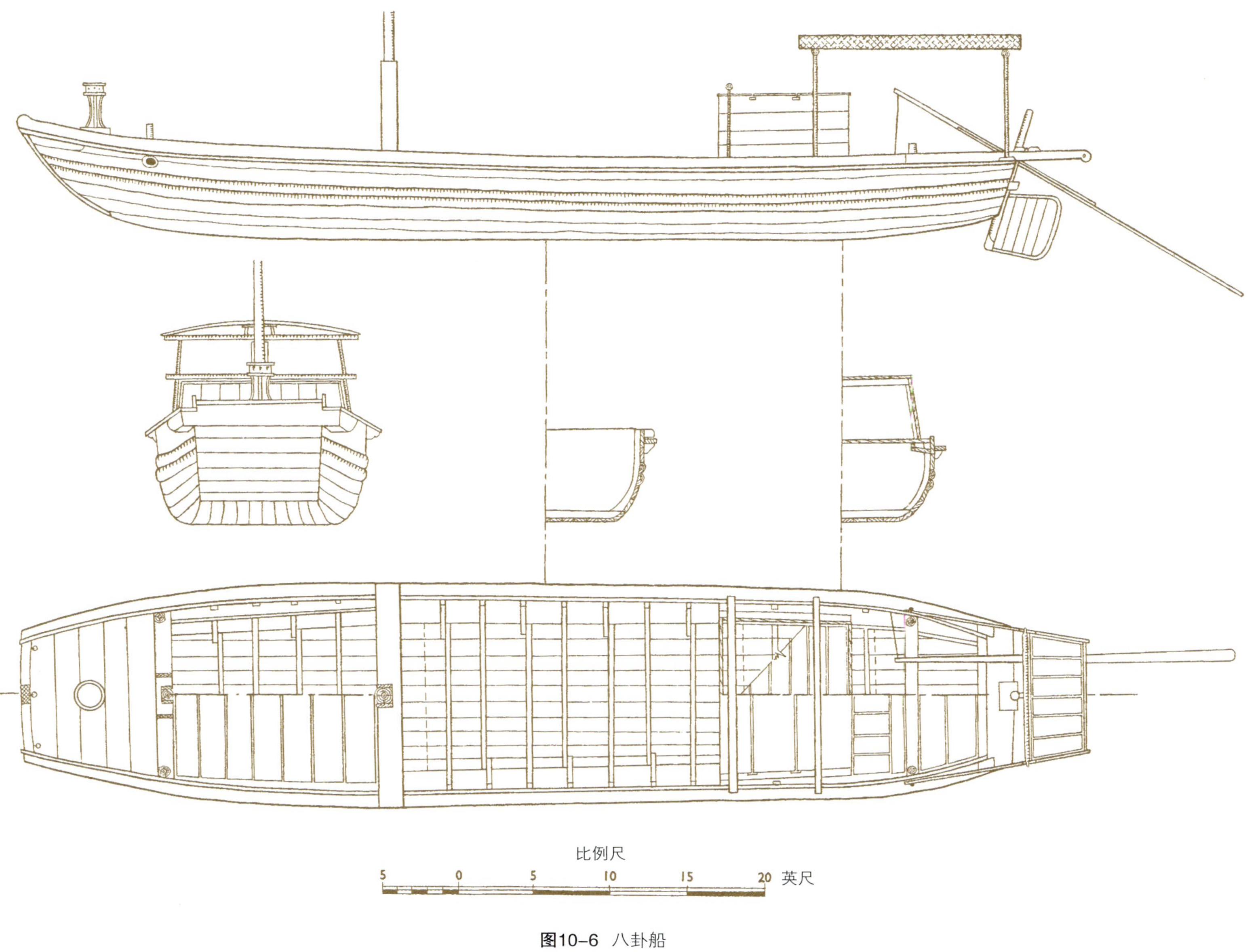

图10-6 八卦船

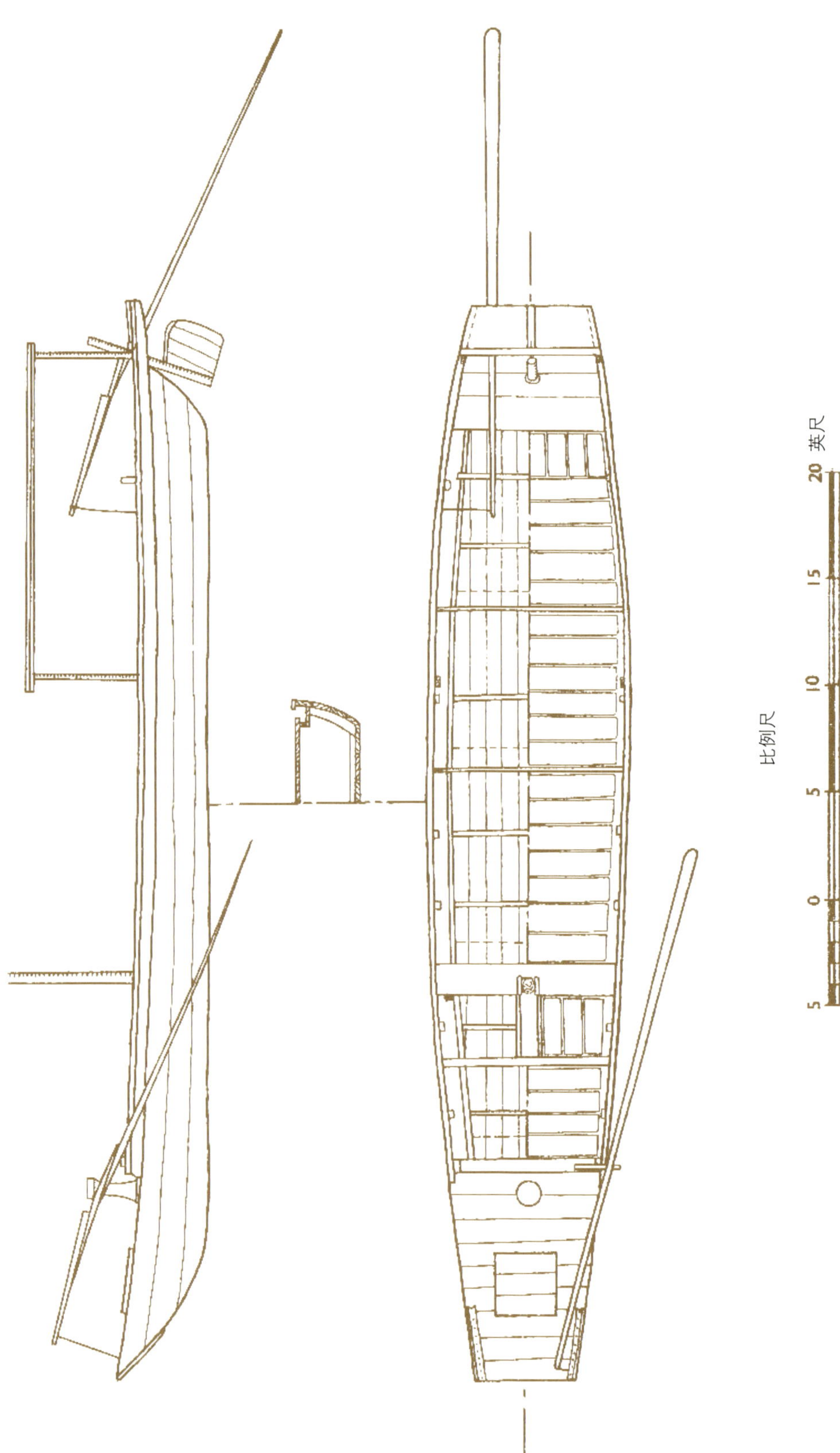

图10-7 小码头船或上海货船

“小码头”船使用1根活动桅杆，通常采用竹竿当桅杆，需要使用时竖立到很靠前的位置。帆几乎总是使用简易斜杠帆，帆船在微风中航行时，竹桅杆经常会双倍弯曲。虽然有帆，但是航行推进的主要方法靠摇橹，安装在船艉右舷。如果是较大的码头船，再增加两支橹提供额外动力。增加的橹装在橹担上面，船艏两边各一支。

正如常见的情况那样，追溯不到这些船只的起源，但是可以找到码头船，很像快速帆船。

“小码头”船宽阔而牢固，虽然显得木头木脑，但是很实用，而在规模和费用方面可能是全世界同类帆船中最好的。这足以让所有船员们称赞，能使全体船员表现出高级船艺。

这些货船让人普遍感兴趣的在于运送货物的广泛多样性，可以看到航行到目的港，货物一直装到船舷上缘，各种货物都有，从笨重的机车到脆弱的鸡蛋，从散装银锭到废物垃圾。

实际上，进出上海的全部货物和商品都是靠水运，进出口的绝大部分运输都是靠上海货船。

上海货船的船东，在其妻子帮助下，带着几个孩子，也许还有1条“呆狗”，3名船员，摇动两三支橹，竹竿桅上挂着简易而粗糙的斜杠帆，安全地通过危险的港口。港口急流和船只拥挤造成一系列危险，可能使保险局感到毛骨悚然。然而，由于船员们具有无与伦比的高超船艺，每天将价值不菲的货物安全地运进运出港口，绝少发生事故。

海宁船或杭州货船

海宁船或称杭州货船，就像在上海地区经常看到的中式帆船一样，因建造地即杭州附近的海宁城得名。这些帆船来往航行于原籍港与上海港之间的黄浦江及其附近的河流。

海宁船是使用杉木建造的一种干货船，如图10-8所示，长72英尺，宽13.5英尺，深5英尺，设置4道舱壁、1道半舱壁和12根肋骨，结构非常牢固，载重量为60吨。

增加附加强度的方法是在较粗壮的双重槲木上面再加一道槲木，缓缓弯曲上升的船艏也使用双层外板，到甲板高度使用一根粗横梁。海宁船体现上海货船的多数常见特点，包括船艉格栅平台、提升式不平衡舵、固定天篷和防风雨板。海宁船使用1根桅杆升帆推进，航经小河时靠摇动安装在橹担上的船艏橹推进。

海宁船从桅杆向前部分都铺了甲板，从桅杆向后到甲板室为主货舱。这部分没有铺甲板，但是使用防水油布遮盖。设有甲板室，但是很小，只有12英尺长和3.5英尺高，分为两个更小舱室，通过滑动门进出，供船东及其家人使用。船上厨房位于第四道舱壁与船艉之间，厨灶在左边。船上五名船员都生活在船艉甲板下面非常狭窄的前面小舱室里，通过带活动盖的小舱口进出。

海宁船这种较为现代型帆船是一种值得赞美的货船，可以说是上海和宁波码头船的杭州型。当然，这三种帆船是同类型船，在上海港经常能看到它们。

小 乡 下 船

这种船称为小乡下船，因为它们在黄浦江边的浦东乡下建造而得名，用作上海周边所有河流上的燃料供应船。小乡下船都使用普通的杉木建造，如图10-9所示，长39.5英尺，宽8英尺，深3.5英尺，都遵循上海船型的普通型线，船艏低而变窄，船艉有格栅平台，小甲板室后面有固定木板天篷。

小乡下船结构轻巧，只设置3道舱壁和3根肋骨，但能提供载运轻泡货物所需的足够强度。该型船

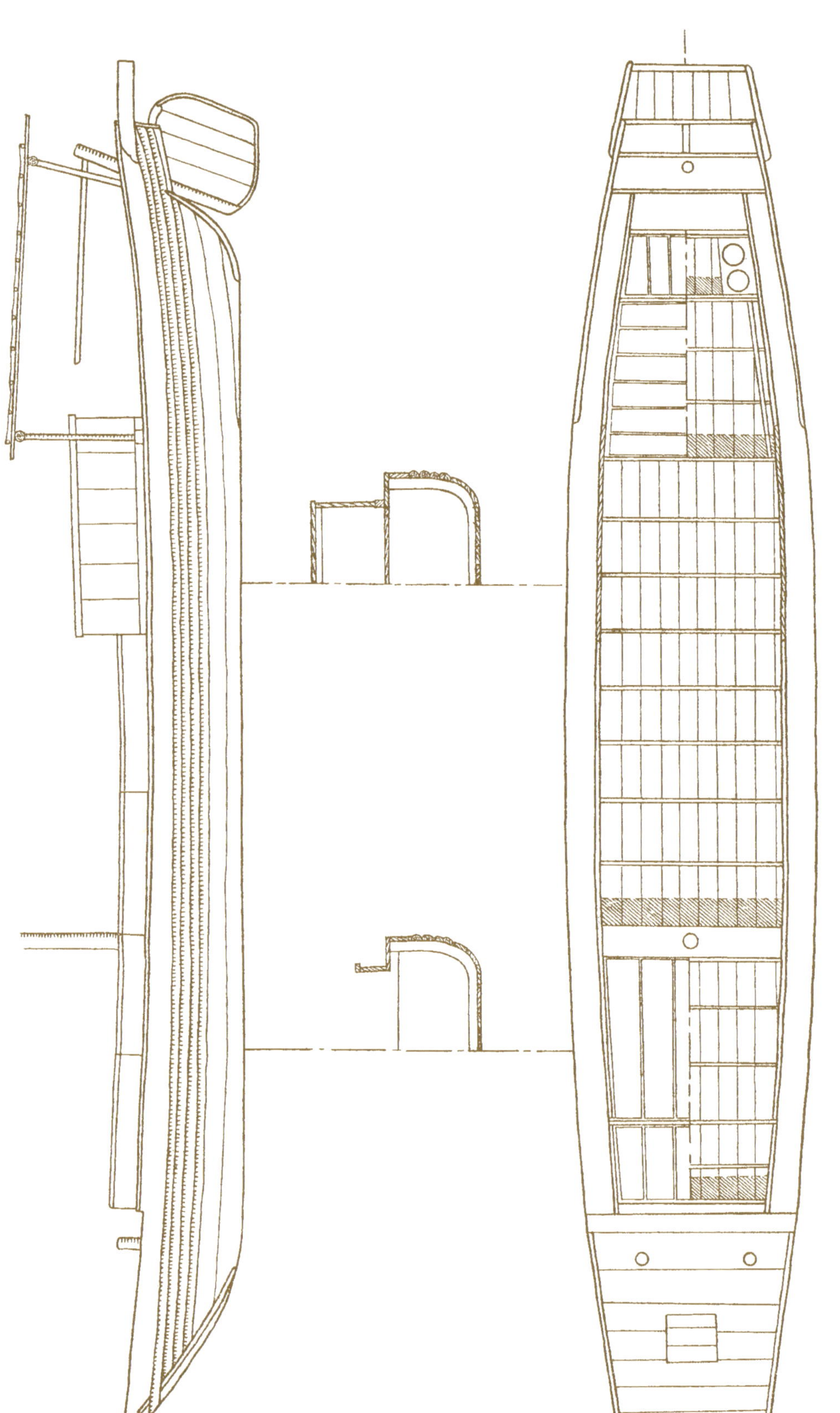

图10-8 海宁船或者杭州货船

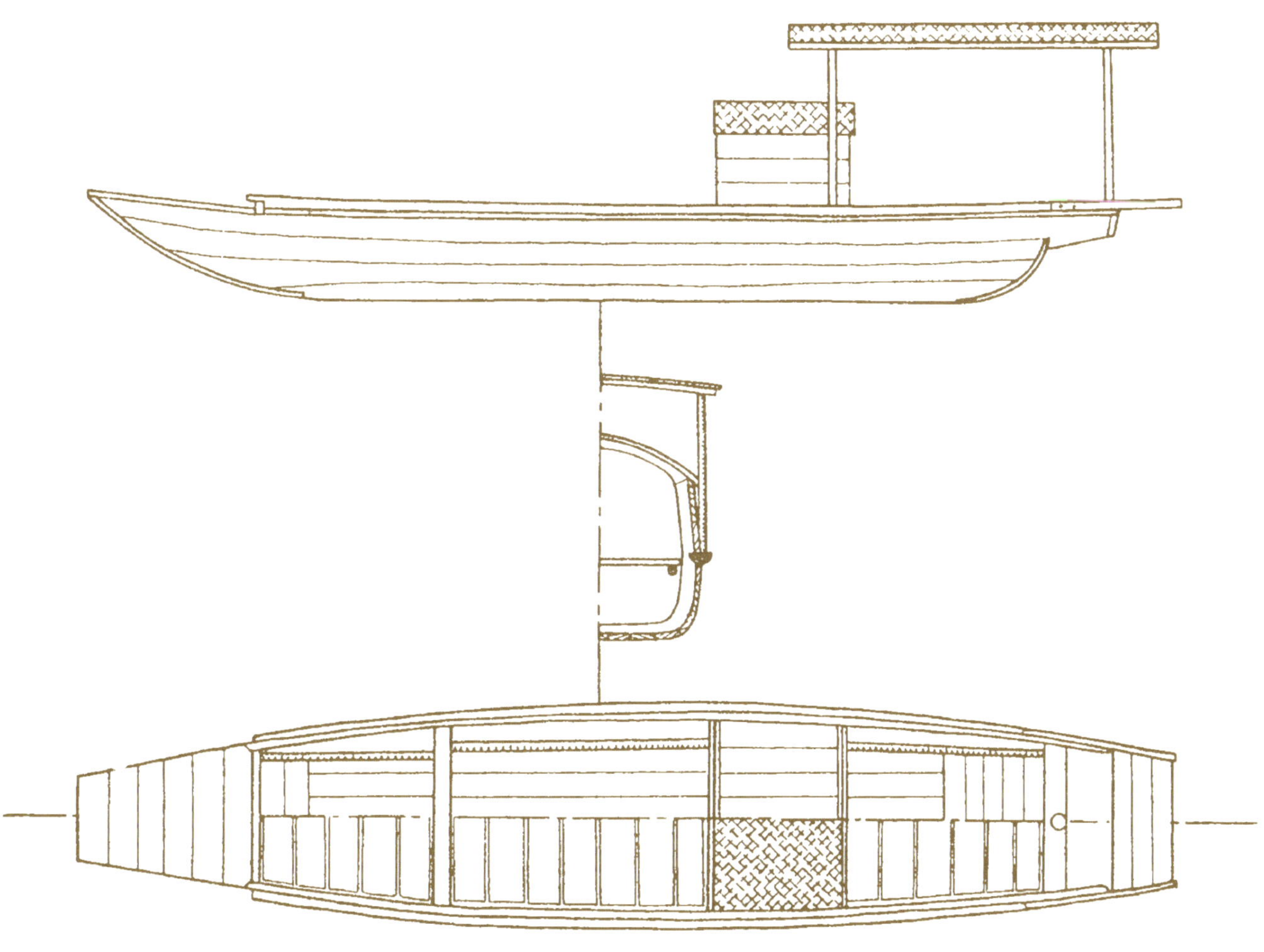

图10－9 “小乡下船”

不用桅杆和帆，只靠摇橹推进，有时装有舵控制前进方向。

这种船只使用 2 名船员，生活在只有 5 英尺×8 英尺的小甲板室内。它们也用于从浦东运输蔬菜到上海，但是主要用途还是运送三角洲地区农场生长的植物燃料。这种燃料包括没有其他用途的农作物茎秆。豆茎、棉株、油菜、小米、稻草都被捆成捆出售。它们主要是家用，也用于烧石灰和烧砖烧瓦。

当使用这些分量轻而蓬松的燃料用于烹饪时，船东通常指定一名家人，一般是小孩，一只手添加柴火保持火势，一只手操纵风箱确保通风。

红头舢板或上海舢板

这种奇特而多彩的小船是上海港口的一大特色。这种船称为"红头舢板"，因为船头漆成红色，但是更多地因为观感类似家禽而被称为"母鸡船"。实际上，如果要把这种船比作家禽，比作鸭子更合适，因为外观是蹲伏的，船艉翘起，就像鸭子在跨越河流。

红头舢板完全由中国人自主设计和建造，好像是受厦门船的影响。这种船的历史朦胧模糊，但是没有同业公会，历史好像比较短。

建造红头舢板的船匠喜欢使用福州松木建造，如果买不到，就用宁波造船用的软木建造。舱壁使用香樟木，它是生长在江西的一种硬木。这种木材由批发商以丈八筒（即一丈八尺长的圆材）的形式供应。这些舢板都在上海或者在上海附近的地方建造。

图 10 - 10 显示的这种舢板全长 18 英尺，宽 5 英尺，深 2 英尺。这种舢板只有最低干舷，空载时吃水只有几英寸。

红头舢板设置 3 道舱壁，形成 4 个舱室。此外，还有 2 道半舱壁和 4 根肋骨。前面部分装有甲板，中部设置座舱，上面为有效密织竹席搭成的小甲板室，竹席分为部分重叠（搭接）的三节，涂成白色。甲板室可以搭载乘客，实际上可以搭乘 5 名或者更多乘客，最多为 9 名。后舱室为厨房，安装有一个厨灶。这里，还有橹手，担任驾驶员。因此，如果这里只有一名橹手，他在摇橹的同时还要盯着煮饭。如果他的家人也在船上生活，他们在工作期间也把自己藏在这个狭小空间内。前舱室内存放被褥、衣物、粮食、油类、木炭和烹饪用具。

红头舢板靠摇橹推进，橹是一种很原始但是极其有效的工具，前面已经详细描述过。橹长 13 英尺，由三节榫接而成，微微弯曲。橹柄 2 英尺 8 英寸长，橹颈 2 英尺 2 英寸长，橹叶 9 英尺 8 英寸长，重叠部分长度都长于 10 英寸。摇橹时，橹叶深入水里，即 3.5 英尺或者三分之一多深入水里面，橹叶宽 6 英寸。这样制作的橹能发挥更好的杠杆作用，产生更大动力。

橹以 3 英寸长的橹钉为枢纽，橹钉的末端为球形。橹钉位于横梁上面，橹柄使用 5.5 英尺长的棕绳固定，一端系住橹柄，另一端系住甲板上面的环形销钉上。

橹手摇橹的手举到头顶高度后面，抓住棕绳的手在胸前晃动。值得一提的是，好天气行船时每分钟摇橹能达到平均 41 次，航速可达到令人满意的每小时 8 里。"红头舢板"有时被称为宁波舢板，因为它们具有许多常见的宁波帆船特点，例如船艏和船艉形状、最前舱室自由进水、标准的花哨设计，有时还有眼状装饰。除此而外，这些舢板在各个方面都很一致，因为全都采用统一结构和尺寸，就连船艏和船艉的描画装饰几乎都毫无二致。然而，红头舢板明确地分为两类，称为两帮：第一类是宁帮，即宁波人所谓的红头舢板；第二类是"苏帮"，即苏州人、上海人和江阴人（长江上游方向距离上海 80 英里的小镇）所谓的"红头舢板"。

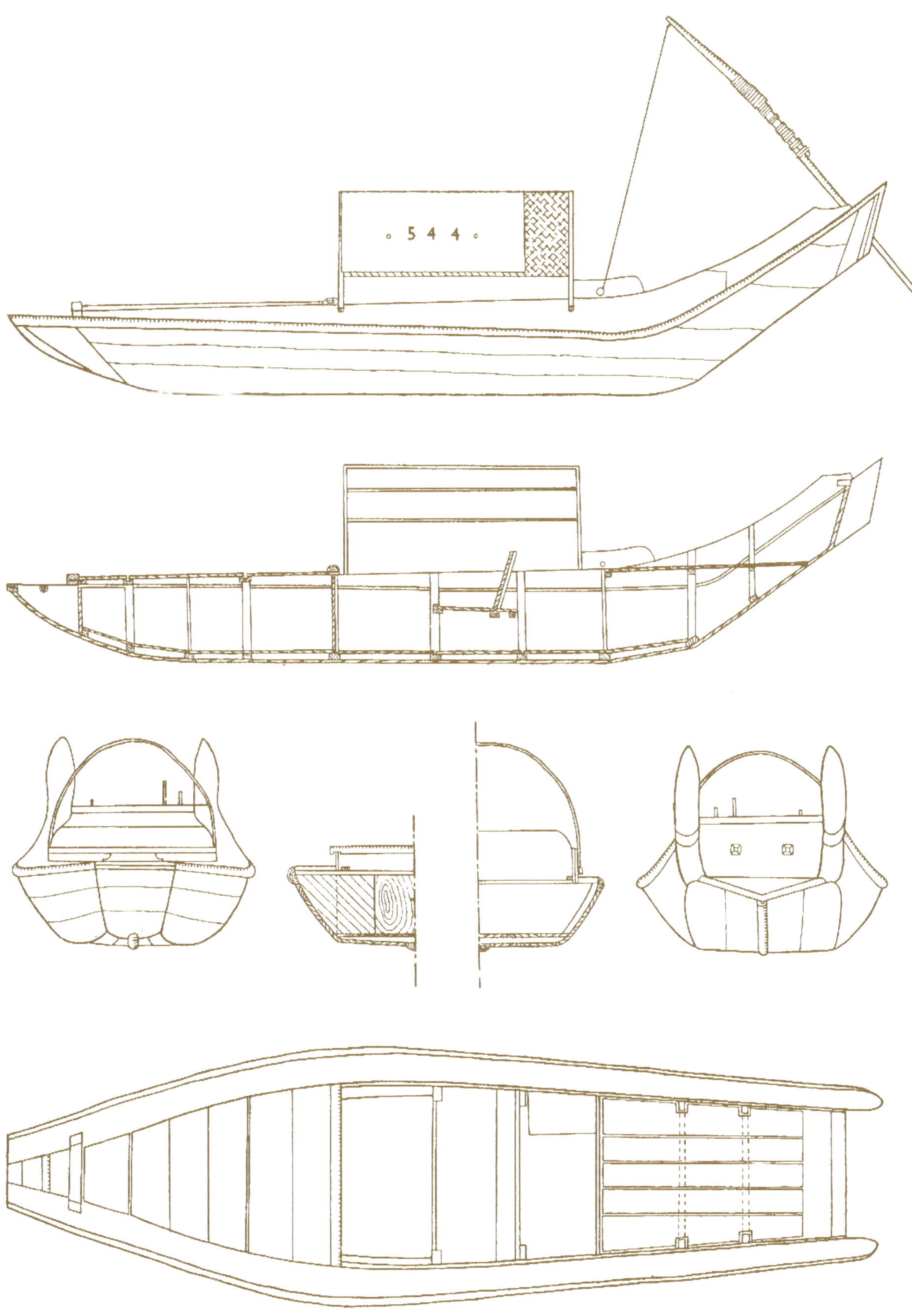

图 10－10 红头舢板或上海舢板

然而，即便是经验丰富的观察家也难以找出这两类“红头舢板”之间的区别。实际上，特点是宁帮“红头舢板”的橹枢位于左舷，橹手必须使用左手摇橹；而苏帮红头舢板的橹枢位于右舷，橹手必须使用右手摇橹。这两种方法各自的拥护者都认为自己的方法才是唯一合理的推进方式。其他区别包括：一是宁波船员从不带妻儿上船，而苏州、上海和江阴船员则不然；二是宁波船员在船上生活时满足于睡在第一道半舱壁与第三道舱壁之间的有限空间内，迫使他们只能卷曲着身体睡觉。这些宁波船员好像是天生受到不公平的遭遇，滨水地区有一句中国谚语说：“情愿与苏州人吵架，不愿与宁波人讲话。”（译者注：这是比较两地的方言。因为宁波方言硬梆梆的，而苏州方言比较绵软，所以夸张地说：“宁愿与苏州人吵架，也不与宁波人说话。”）

另一方面，苏州人普遍受到欢迎，女人美丽漂亮，男人风度翩翩。而且，苏州人比宁波人的腿修长灵活，船员们成双成对地睡在第二道与第三道舱壁之间 5 英尺 4 英寸的舱内。冬天，全都睡在第一道半舱壁与第一根肋骨之间的舱内。滑动部分可从第一道舱壁缩回，以使船员们全身伸展地睡觉。

如前所述，苏帮红头舢板的船员们带着妻儿都在船上生活。令人惊异的是，这么小的空间竟然能够作为永久的住家，家里有两个大人，几个小孩，此外还要搭载乘客。这些船员们的妻子和儿女可以轮流摇橹。他们轻蔑地认为，宁波女人不到船上生活的原因是她们怕晕船和笨手笨脚帮不上忙。

有 813 艘“红头舢板”，需要到中国海关水警所登记注册。每年登记注册一次，通常都在四月份进行。登记注册无须缴费，但是船员需缴 40 分的船只编号油漆费。舱口罩棚的两边都涂有带彩色点的舢板注册编号。颜色每年变化，一眼就能分辨出注册年份。水警所记录舢板所有者的姓名、住址和其他详细信息，坚持要求舢板适合航行和无不良记录。船员们声称自己属于中国海关，并且以此为荣。

对宁帮红头舢板的船员们来说，苏帮的船员们可能更灵敏地适应有限空间，既能将红头舢板用作客运船，又能将其用作住宿船，这种舢板具有惊人的适航性。此外，红头舢板型线优美，颜色鲜亮。

这种漂亮的小舢板在不久的将来从黄浦江上完全消失，也不是不可能的事。只有它们存在，滨水地区才散发出浪漫和魔力。

淌桨划子

长江流域的每条河流及其支流都有其特殊的船只，多多少少都各不相同。舢板被广泛地用于长途运输，确实被用于各种运输。在长江三角洲地区，几乎家家户户都有各自的船只，用于从事农业和渔业生产。

在浦东地区可以看到各种帆船和舢板，类型不同，式样各异。虽然这些船只都有地区细微差别，但是同类型船只几乎没有区别，例如图 10－11 所示的这种划子，代表一种依靠划桨推进的小型两用船。

外国人根据这种船只的产地通称为烂泥渡（译者注：旧上海著名的黄浦江渡口之一，位于浦东陆家嘴）舢板，而船员们称其为淌桨划子，意即靠划桨推进的小船。

这种牢固耐用的小艇是一种敞口艇，设计用来载运 30 担货物。这种小艇比普通舢板短，但是比普通舢板宽，也比普通舢板深，具体为 23 英尺长、6 英尺宽和 2 英尺 5 英寸深，设置 2 道舱壁和 4 根肋骨，前甲板内倾。船头和船艉同样，舒缓地翘离水面。

淌桨划子依靠划动双桨推进。桨手面向艇艏站立推桨划艇，以十字交叉的形式相互交叉桨柄。通常不用舵，但是升帆航行时，使用带有铁舵栓和舵枢的西式舵。

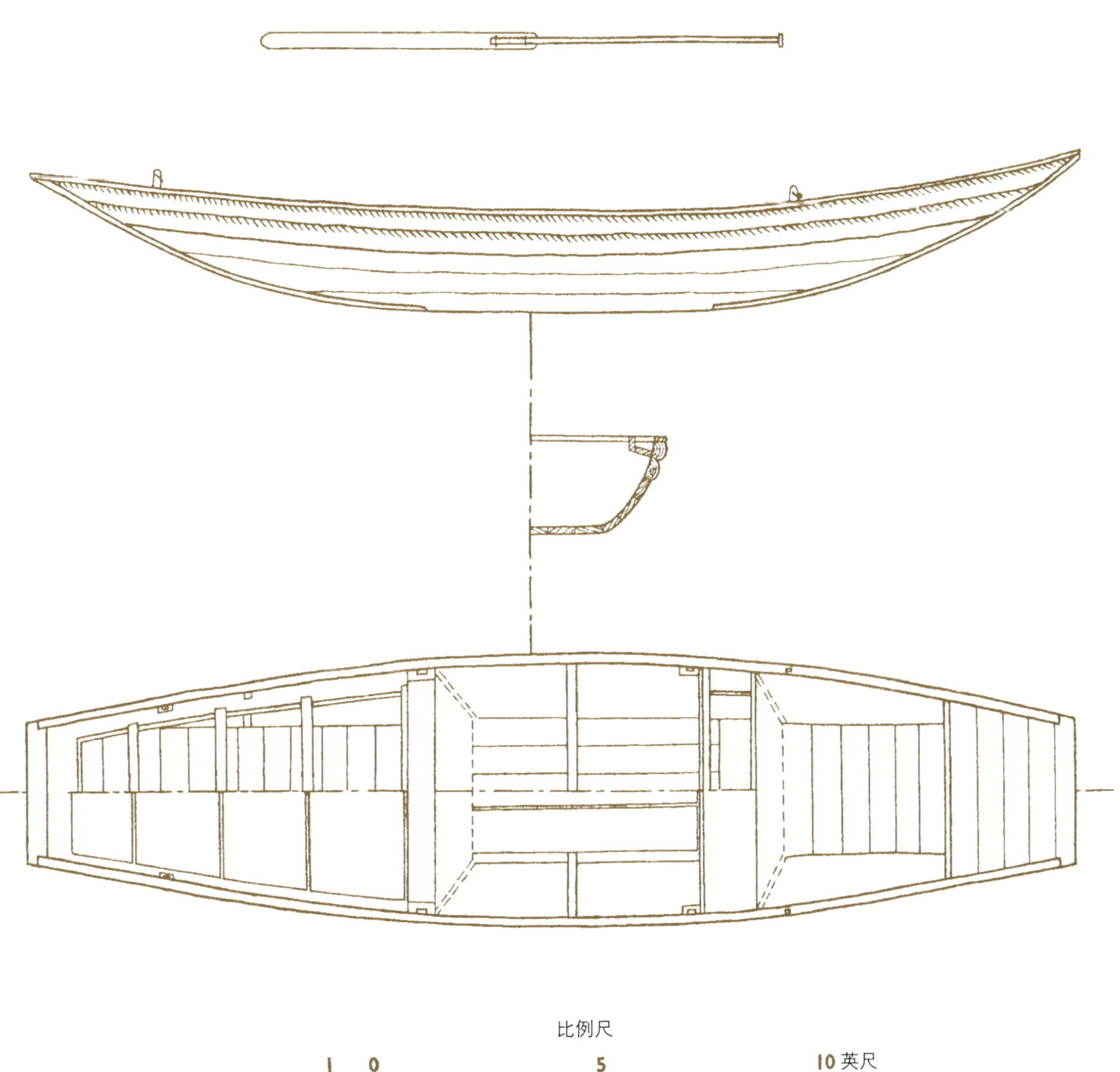

图 10－11 淌桨划子

最近，因为察觉“淌桨划子”在从事赚钱交易，主管机构为了便于监视，规定其必须到中国海关水警所登记注册从事的业务。

现在可以得到的数字表明，淌桨划子的数量在大量增加，令人悲哀的事实是，这些看似愚笨但是耐用的小艇，在快速取代漂亮彩绘的港口舢板，是因为后者不能装载同样多的货物和/或乘客。就在几年前，还有 1300 艘港口舢板，只有 1200 艘淌桨划子。而到 1940 年，港口舢板已经骤减到 836 艘，“淌桨划子”则剧增到 2789 艘。

吴淞方头船

吴淞方头船是一种船身宽大和适于航海的理想船只。这种船只设计主要用于在吴淞和黄浦江上进行航运，能够经受住恶劣天气，并不是同上面描述的上海舢板进行竞争，但是后者在港口中已经很少见。因为它们来往航行于人口较少的地区，所以到中国海关水警所登记注册的吴淞方头船只有 221 艘。

吴淞方头船外观显得有些笨拙，但是提供了良好造船技术的证据。如图 10－12 所示，这种船只的尺寸有所变化，从 12 英尺长 4 英尺宽到 18 英尺长 6.5 英尺宽。吴淞方头船通体使用杉木建造，方形部分使用 2 道完整舱壁(1)和 3 根龙骨(2)。还有一个假头(3)，船艏小舱室通过船艏弯曲处(4)，船底孔自由进水。

吴淞方头船在水线下安装的 4 根角材(5)非同一般。甲板铺板与船底护板可以互换，必要时可以整船铺设甲板，但是更大的船体中部(6)通常作为座舱，白天容纳乘客，夜间供船员们睡觉休息。前舱(7)和后舱(8)都有更高的船底护板，分别用于堆放个人物品和烹饪用具。女桨手站在这种凸起的船底护板(9)上面，下面的空间用于堆放船具和燃料。支柱上安放活动天篷。

吴淞方头船使用竹竿桅和悬挂简易的斜杠帆，竹竿易于弯曲，所以帆下角几乎拖到水里。这种船只通常依靠摇橹推进，因为不用舵，也靠摇橹掌握航向。这根单橹粗而且长，通常同舢板一样长，由 3 节组成，很像上海舢板使用的那种橹，只是对同样尺寸的船只来说，橹有双倍的长度伸入水里，也就是说，橹有 7 英尺而不是上海舢板的 3.5 英尺伸入水里。这种杠杆效率给吴淞方头船这种更笨拙船只提供了充足的动力。

吴淞方头船时常配备两名船员摇橹，第三名船员，通常是更年轻船员，摇动绳索来帮助摇橹。这种活动中的同步行动特别值得注意，事实上，绝大多数船员都是当地妇女，因为她们的丈夫都到大船上工作。

妇女们是极好的“船员”，她们完全有能力训练儿子帮助驾船，所以这些非常漂亮和养护良好的吴淞方头船被称为一些中国最好船员的摇篮。

摇橹划子

摇橹划子的外观很像吴淞方头船，但是不像吴淞方头船那样既运货又载客，而是只运货物，所以确实可以称其为黄浦货运舢板，载重量为 40 担左右。

当然，船员们绝不会搞混这两种船。它们在建造结构方面有几个区别：首先，摇橹划子没有假船头；其次，使用从头到尾覆盖全船的两块天篷代替只覆盖船体中部的单块天篷；第三，后面的天篷在必要时可以升高 1.5 英尺，进入船艉定位板。

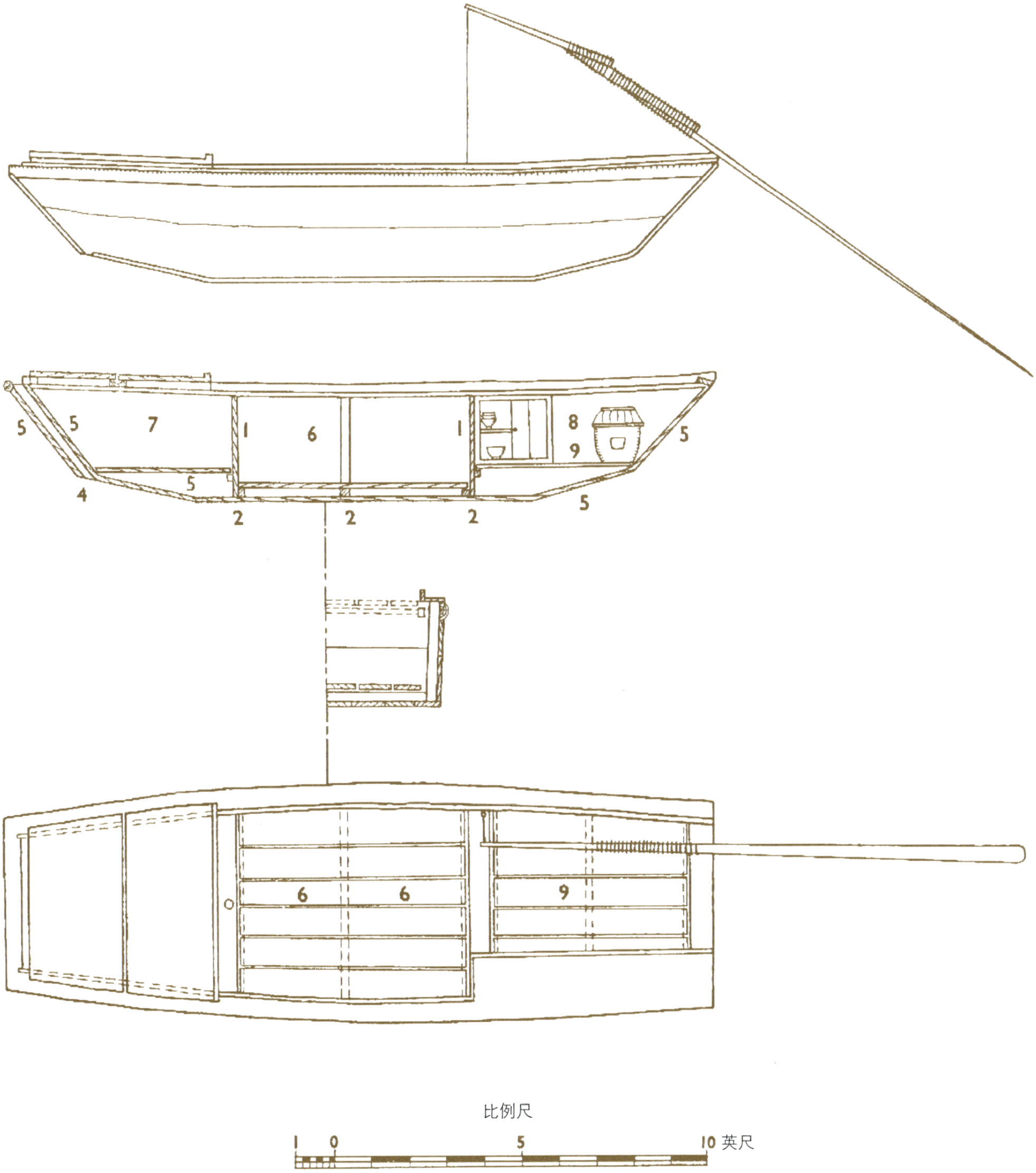

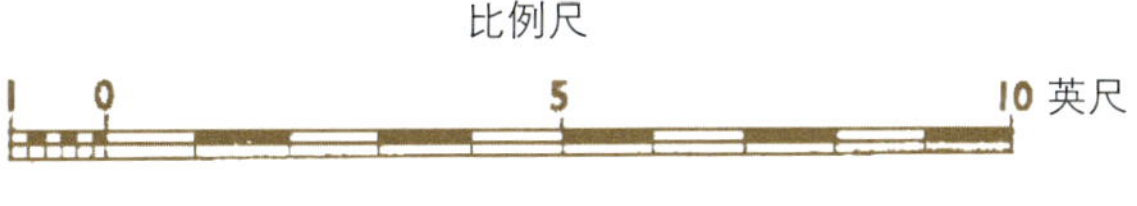

图 10－12 吴淞方头船

摇橹划子结构的一个奇异之处是，船艉底部比甲板层面宽，而厨房位于前舱室而非后舱室。另一个突出特点是左舷和右舷都吊着一根长杉木杆作为护舷材。它们能够起到保护船体作用，但是有损这些船只习惯的良好通风。

摇橹划子对船员们来说具有更多更舒适的空间，就像吴淞方头船，船员一般包括他们的妻子和儿女。

摇橹划子同样依靠摇橹推进，这支橹也安装在右舷，有 7 英尺伸入水里。这种船只不用舵，但有时也看到竖有桅杆挂有帆。

摇橹划子设置 2 道舱壁和 3 根肋骨。有些摇橹划子比其姐妹船吴淞方头船大，达到 23 英尺长和 7 英尺宽，如图 10－13 所示。

船上的人们漫不经心地操持着他们的家事，尽管暴露在光天化日之下，却好像身处密室那样地悠然自得。

小江北船

这种称为“小江北”船的小船是菜贩子使用的一种舢板，得名于黄浦江浦东的一个地名。这种小船也常常被称为江北船，不过这种带有歧视的称谓绝非仅仅是指这种小船。

“江北”在上海方言里是指“长江北岸地区”。上海人将所有不熟悉或不知道出处的东西都可能称为“江北”，甚至包括那些来自偏远或名不见经传的地方来的人。

建造江北船的小镇也叫“江北”，这种小船的主要用途是在上海周围，还有太湖附近的小河和水道里穿梭贩卖蔬菜，这些地区盛产蔬菜，可以在附近的村民中找到现成的市场，因为蔬菜供应在村民内部分配不均。

这种小船在规格上有些差异。图 10－14 就是这种小船的典型样本，长度为 21.5 英尺，船体宽 5 英尺 9 英寸，深 1 英尺 10 英寸。小船的轻巧结构正好可以满足装载重量轻但体积大的货物，因为只有两道隔舱壁和一道半隔舱壁。一个明显的特点是船艉有一个向后突出很小的虚梢（假尾），小一些的船突出 6 英寸，大一些的也从来不会超过 10 英寸。

向后延伸到第一道舱壁的低船艏有一个长长的突出部。船艏板和船艉板都横向铺设，并向水下的船底延伸，分别到前后隔舱壁为止。

尚不清楚为什么两道舱壁上相互支撑的甲板上承梁，会一个在船舷上缘之上，一个在船舷上缘之下。

船上建造的大得不成比例的带有草席棚顶的木头住舱，从第一道舱壁的后部一直延伸到尾部虚梢（假尾）的末端。这可以为船主人和他的家人提供较舒适的住宿条件，却无法像通常那样在船艉摇橹——摇橹是当时唯一的驱动方式。

有经验的船工总是可以找到合适的操纵方法。对于江北船而言，船工们并没有过多地考虑船的外观、前人的做法或是传统，传统的方式都是船头在前，并向前移动。而现在把橹安装于船头之上，对于水手而言，看到一条船倒退行驶可能也会感到很惊奇。

滩　船

除了通常的帆船航道外，还有很多较小的水道，可以通航吃水在 2.5 到 3 英寸的船只，此外该地区

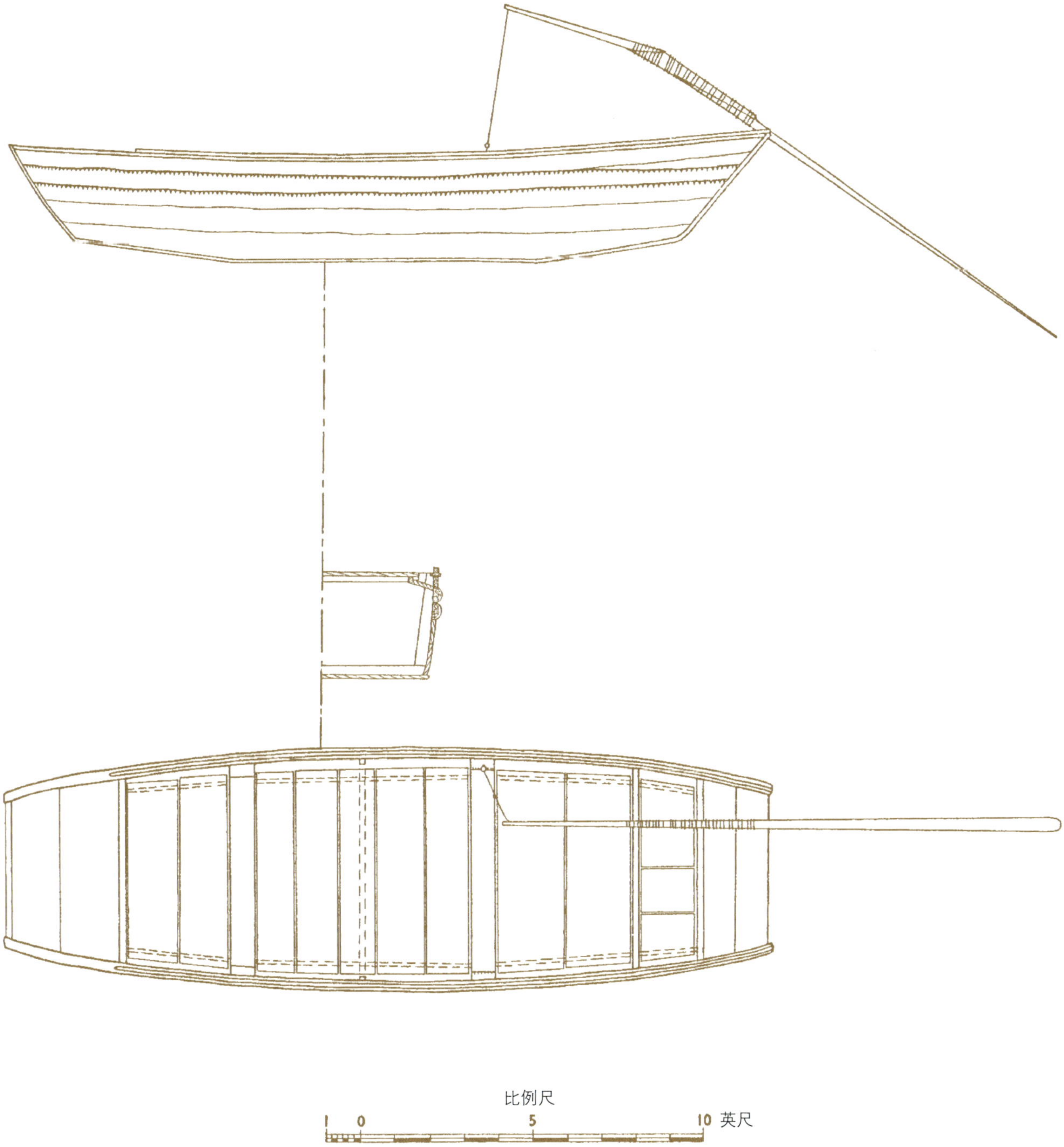

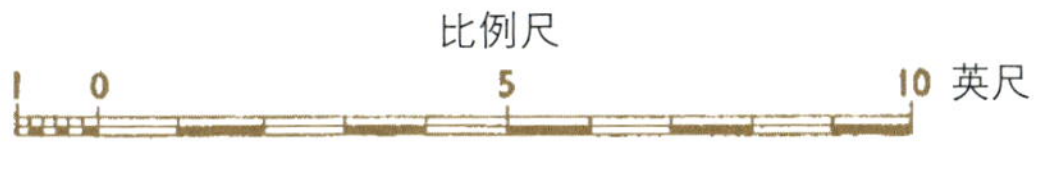

图 10－13 “摇橹划子”

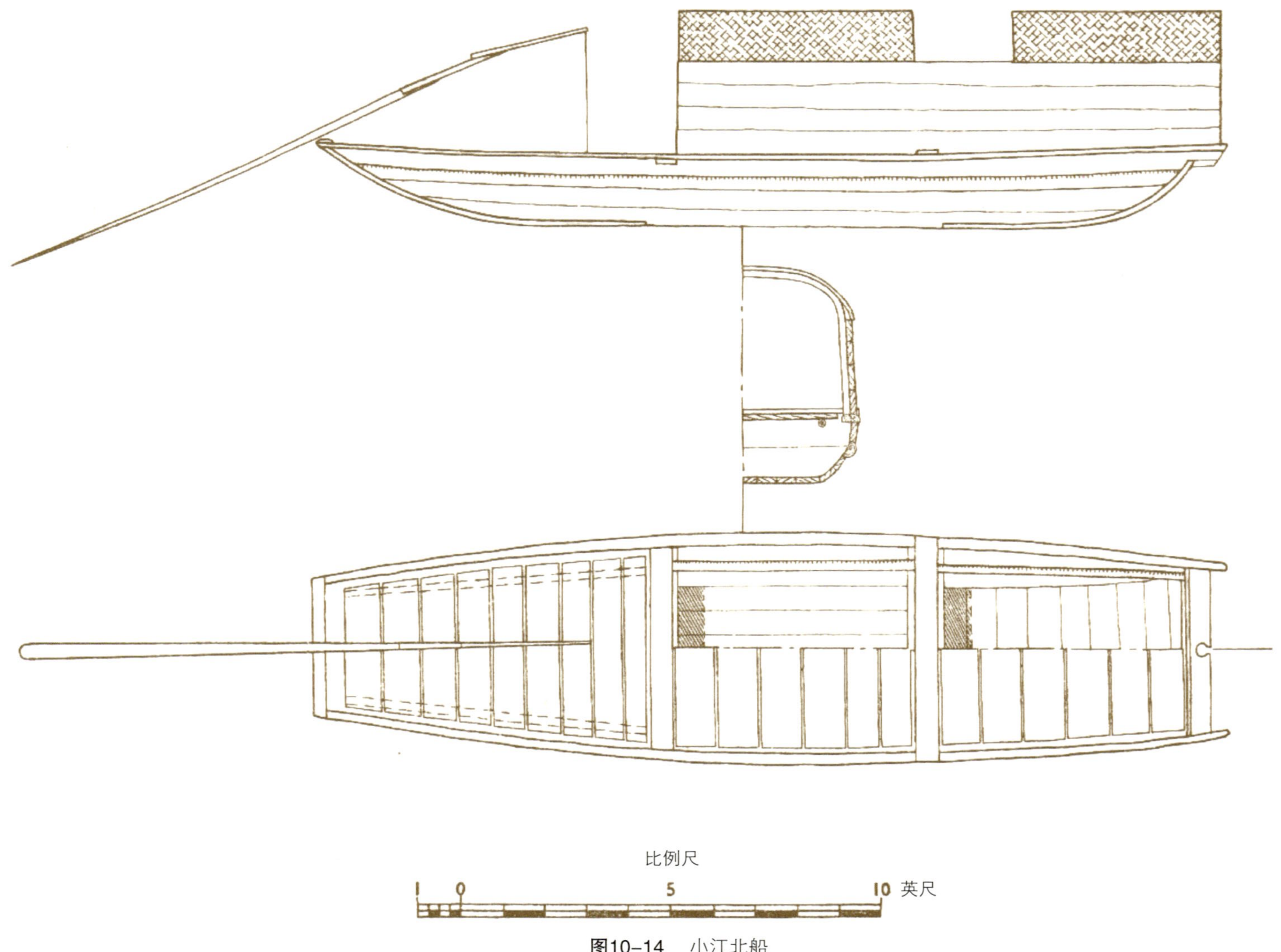

图10-14 小江北船

还有一些更小的水道组成的完善水网,可以通行吃水很浅的小舢板。长江三角洲地区小河和运河纵横交错,不夸张地说,几乎每个村民都可以划船到达自己的家门口。

这里所介绍的小船被当地人称为"滩船"。"滩"这个字的字面解释是沙滩或岸坡。这些小船都停靠在船厂,这些船厂散布于黄浦江浦东一侧的内陆河道上。当农户搜集到足够装满一船的产品时,他就以固定的价格(几年前是每天 5 毛钱)雇一条船,通过纵横交错的水网将他的产品运送到集市上。由于长期的实践,这些农户和他们的妻子孩子都变成了"船家"中的行家里手。

通常也有运河支流通到较偏远的农舍。这些水道行驶的农船取代了农场马车的功能,经常可以看到满载农产品的船只来往穿梭。

如图 10-15 中所示的中型船长为 30 英尺,宽 6.5 英尺,吃水 3 英寸。最大的船长度可达 50 英尺。

这种船建造结构坚固,有 2 道舱壁和 6 根肋骨,从前到后都安装有可移除的木板,货物存放在最前面两个舱室里,第三个舱室有一个可在船舷间滑动的舱盖,甲板下的空间就是船工们住宿的地方。

突出的艉部虚梢是这种船的特点之一,这样可增加甲板的空间,船艉还有一个船舵孔,尽管很少使用。这种船由 15 英尺长的橹驱动,在浅水河道里,摇橹时只有 3 英尺在水线以下。从来不用船帆,尽管有时船上会竖一根小的桅杆。

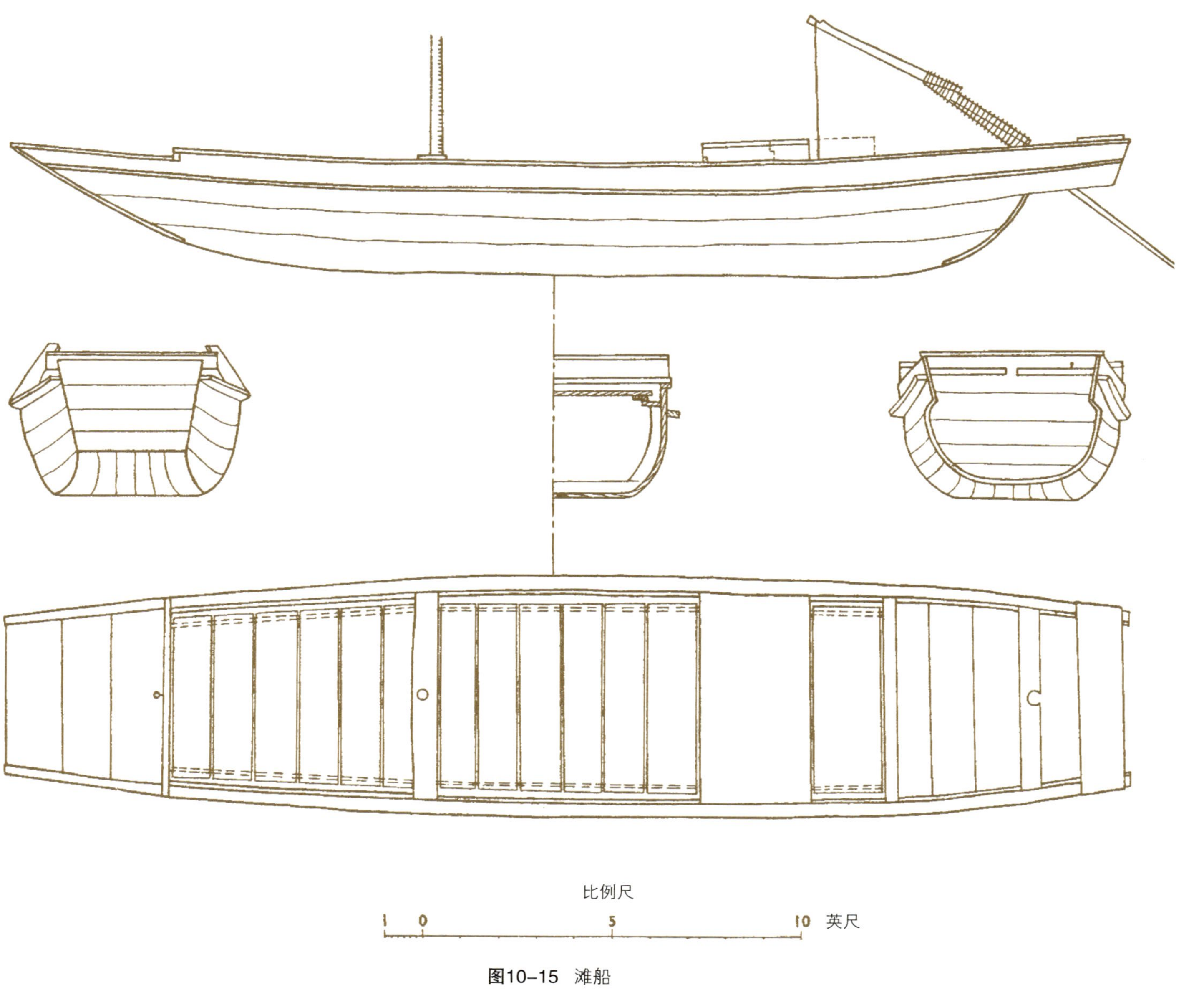

图10-15 滩船

— 第 11 章 —

苏　州　河

府　　船

府船建造于常州，常州位于无锡西北，大运河从无锡向北流经镇江，河道路线与沪宁铁路平行。府船主要运行于从太湖到上海的水道，不过偶尔也会在长江上见到。这种船，或其原型船，似乎原来是用于某种官方用途，但是现在尽管其仍拥有令人印象深刻的名号，实际上已经沦为一种货船，将石头运到上海，然后再空船返回。

府船的材质为杉木，长约 66 英尺，宽 13.5 英尺，高 6 英尺，建造得异常坚固，事实上其用途也需要这样，有 9 道硬木舱壁和 8 根肋骨，装载量可达 42 吨。府船的线型优美，朝船艉部越来越细，船艏非常狭窄，这是太湖府船的特点。总之其构造体现了一些与众不同的特点，较为显著的是在两舷撑篙走板下的“转弯处”都有两根贯通船体全长的槲木。图 11 – 1 中的剖面图说明了这种特别的船体结构。

可拆卸的矮小住舱位于舯部，可容纳 6 名船员。船主人和他的家人住在后部的甲板之下，在第七和第八道舱壁之间，而厨房也在甲板以下，位于第九道舱壁至船艉的位置。

府船有两根桅杆，两根桅杆都配有桅杆座，位于船体前部；事实上，这种船的前桅杆通常不会太靠船艏。船舵属于那种上海式的非升降型。备用或辅助的驱动力是两个船艏橹，安装在外伸的橹担上。

由于所运送货物重量的原因，运石船应特别避免过载，但实际上这些运石船在这方面根本很少考虑，总是把安全界限降低到可能的最低限度。由于使用了防浪板，可以稍稍降低沉船的危险系数，沉船时船员们的生命安全几乎完全依赖防浪板。

内 河 航 船

通常，在浦东建造的内河航船，几乎在所有的河流里都可以见到它们投运的身影，只要有适航的足够水量。它在各个小城镇之间以及与上海之间的联系上发挥了很大的作用。

这些船在规格上大小不一，小的长 30 英尺，船体宽 7 英尺，大的长 65 英尺，船体宽 15 英尺。图 11 – 2 中选择的这条内河航船长 50 英尺，船体宽 9 英尺，船深 4 英尺。

由于所需的吃水较浅，内河航船也是用杉木建造，结构不算太坚固，有 1 道硬木舱壁和 10 根肋骨。船艏和船艉都配有延伸的平台。两边都有一个狭窄的走板，几乎从船艏一直延伸到船艉，其中大部分都

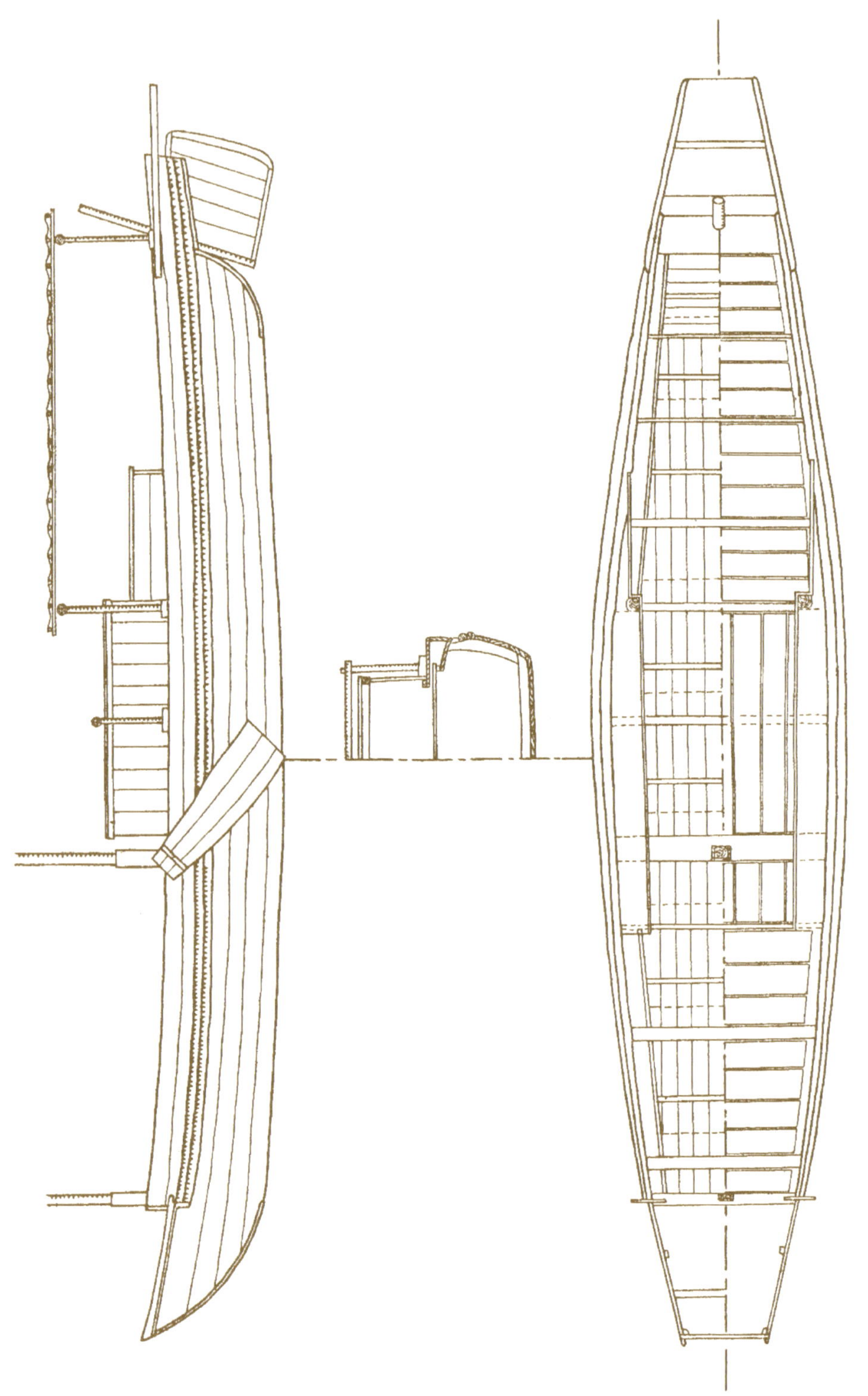

图11-1 府船

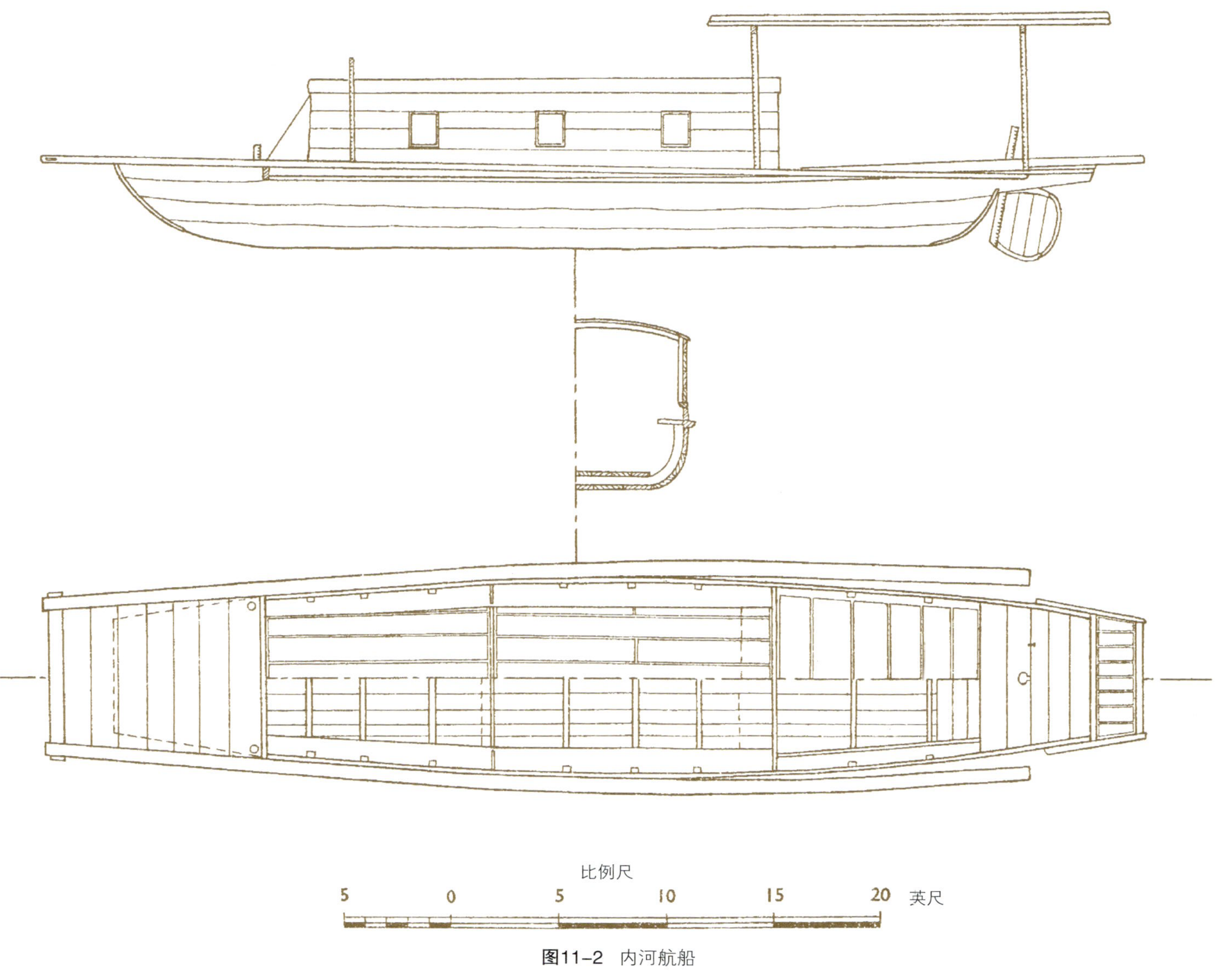

图11-2 内河航船

是由轻巧的舷缘板支撑着。船上的固定天篷,还有一个大得不成比例且安装有三个滑动窗户的船舱可提供挡风避雨的地方。船的后部用作厨房。船舱里面是没有甲板的,这样可以有更大的高度空间,沿着船两侧有座椅。内河航船没有为长途的旅客准备铺位,所以到了晚上,只好在河边停靠一两晚。

乘客的数量根据他们随身携带的行李数量而定。驱动靠船艉部的巨大摇橹,有时靠纤夫。船主人和他的家人通常就担当船员。

通常情况下,雇这种船只要每天几块钱就可以了,因此很受中产阶层游客的欢迎。

窑 货 船

无论是从历史的角度,还是从艺术的角度来看,砖瓦都在古代文明中扮演着重要而有趣的角色。砖瓦的发明可以追溯到很久远的年代,大约 6000 年前的迦勒底的吾珥人洞穴里已经有制造砖的痕迹。

根据最早的中国记载,人们一开始是冬天生活在岩洞里,夏天则生活在“窝棚”里。中国古代典籍《易·系辞》和《礼运》中提到了这一点,还有首先发明建造房屋的不知名的造福者。《礼运》是关于古代礼仪的记录,据说由孔子的追随者编撰而成。它描述利用了人们如何“用火的力量来熔化金属,炼制泥块来建造墙壁、房屋和亭子”。不过,商朝和周朝时期,还有人生活在岩洞里。

现在无从知晓第一座房屋是如何建成的,就像西方一样,是否用了石块,制砖是否与(从穴居走向盖房子的)新活动同属一个时代;但中国的砖瓦肯定有很悠久的历史。关于其发明的年代没有权威的记载。公元 3 世纪,谯周[1]在其编撰的《古史考》中宣称,砖瓦首先是由夏朝的乌曹(Wu Ts'ao)发明的,时间大约为公元前 2205 至前 1766 年间,但这肯定是一种纯粹的臆测。

古时候称砖为“坯”,第一次出现于公元前 650 年的诗歌里。另一参考史料出自汉朝时代的毛苌,他在研究、传讲古代诗歌《诗经》时指出:

中唐有甓,邛有旨鹝。

大约 300 年后,一个新字“塼”出现于荀卿的哲学著作中,并一直沿用至今。第三个字“墼”出现在著于公元 100 年的字典《说文》中,但这似乎指的是晒干的泥砖,而非烧制的砖。

已知最早的中国古代砖可追溯到公元前 221—前 207 年的秦朝,有关古代艺术珍宝的书籍对此进行了图解说明。这些样本据说是从废墟中挖掘出来的,上面还打有表明其出产年代的标记。当然,最具纪念意义的造砖样本发现于中国的长城,长城也同样修建于秦朝。修建长城用的砖在规格上差异很大,但最常见的是 15 英寸长、7.5 英寸宽、3.5 英寸厚。在经历了这么多世纪后,砖石建筑仍然用砂浆作为黏缝剂。这种砂浆的混合方法似乎已经失传,尽管中国人认为是用糯米石灰溶液混合的。制作中国最早砖块的方式目前仍在中国各地沿用,也就是说,利用手工和模具制成,然后再在太阳下晒干。

不过,我们这里所说的窑货船运送的并不是这种砖,也不是长城砖,而是从嘉兴和苏州这些制砖中心运送到上海市场的现代砖。

更为详细的制砖程序是,先是将砖泥晒干,碾碎,在碾成粉末后过筛,再在里面和上水,进行拍打使之达到一定的黏度,最后将其压入模具内成砖。湿砖需要在场院里晾晒四到五天。当可以烧制时,将砖

〔1〕 谯周是一名蜀汉著名学者,据记载,他常常通宵研究典籍。他会用一种方式摆放点燃的麻绳,如果他因困倦而开始打盹,麻绳就会点燃他的头发。

坯码到窑里，然后将所有的开口都封死，在顶上放置一个铁盖。通过砖窑底座的通风口将空气引入窑内，空气量由阀门进行调节。一旦开始出现白色火焰，就停止烧窑，砖还留在仍然密封的窑内，进行慢慢冷却。砖瓦的红色是由于泥土中含有氧化铁的成分。

烧砖人将他们的砖卖给定购或付现钱的商人。如果是付现钱，烧砖人就需自己将砖运到上海。

上海差不多有 100 个从事砖瓦生意的老板，属于同一个行会，但分成两个集团。大商人的年销售额超过 10 万美元，这并不奇怪，因为上海市场对这种商品的年总消费量达到了 300 万美元。

商人与房屋建造合同商之间的业务谈判几乎都是在一家名叫“四海升平楼”的茶楼里进行。“四海”这个词在当地的语言里也有“心胸宽广”的意思。这家茶楼位于福州路上。

通常，如果船主有足够的业务或资金，或者两者都有，那么他就会直接从窑主那里购买砖瓦，然后再运到上海市场销售，这样可以获得丰厚的利润。

装载这种货物的船只被称为“窑货船”，图 11-3 就是一艘典型的窑货船。正如其名称那样，窑货船的用途是将砖瓦运到苏州河去，窑货船建造于上海，尺寸为长 77 英尺，船体宽 14.6 英尺，船深 7 英尺。

这种船的建造异常坚固，这样才可以装载重达 60 吨的货物，因此一般用 5 道硬木舱壁和 16 根全尺寸的肋骨对杉木船体进行加固。此外，窑货船有坚固的两根榭木，下面有一根单独的榭木，而上面的则是方形的护舷木，比其他榭木更为坚固，体积也更大，这样的护舷木同时还用作挡水板。挡水板下还安装有从船艏至船艉的固定风雨板。

尽管结构十分坚固，但这种窑货船的线条还是十分流畅的，至船艉处逐渐变细，船艉处的突出部通常是上海样式的尾部平台。

窑货船的升降舵装置要比一般船的升降舵精巧得多，在一个很沉的楔形木垫上安装一个小型的绞车，通过两根短绞棒进行操作。

窑货船的动力是靠帆和橹。橹有两支，稍弯曲，安装于船艏两边外伸的橹担上。窑货船有两根桅杆，都安装在很靠前的位置。与两根桅杆在一条直线上的甲板前后木板及两根桅杆之间的木板上都安装有十字形的压条，落下桅杆时，可方便地将这些甲板木板移除。每根桅杆都有一对底部方形的支座支撑，两个支座之间用一根铁棍进行加固。窑货船有两块披水板、两对缆柱，根据相当流行的上海做法，位于靠近船艉住舱的位置。

船的重量位于前部位置，因为货物码放于第一和第四道舱壁之间的前部和船体最宽的部分。

船主人及其家人生活在小舱室里，也是在甲板以下，面积为 8 英尺×13 英尺。通过一个滑动的门道，然后沿着梯子下去才能到达住舱。8 名船员生活在前部甲板下的舱室里，通过隆起的舱盖进入。厨房为 8 英尺×10 英尺，也位于船主人住舱内的甲板下。

粪　船

中国实际上是个农业国，根据历史记载，中国人从很早的时候起就已经掌握了农业技术。众多的人口都是农民，他们在全国难以计数的农庄里辛勤耕作。

一个文明国家最引人注目的习俗之一就是看他们如何利废，保持土地的肥沃。中国的农民什么都不会浪费——超文明的西方人将污水排入大海，而中国人将其用作肥料。这个做法已经延续了超过三千年，据估计，如今 4 亿中国人口每年向他们的土地里送回 15 万吨的磷、37.6 万吨的钾和 115.8 万吨的

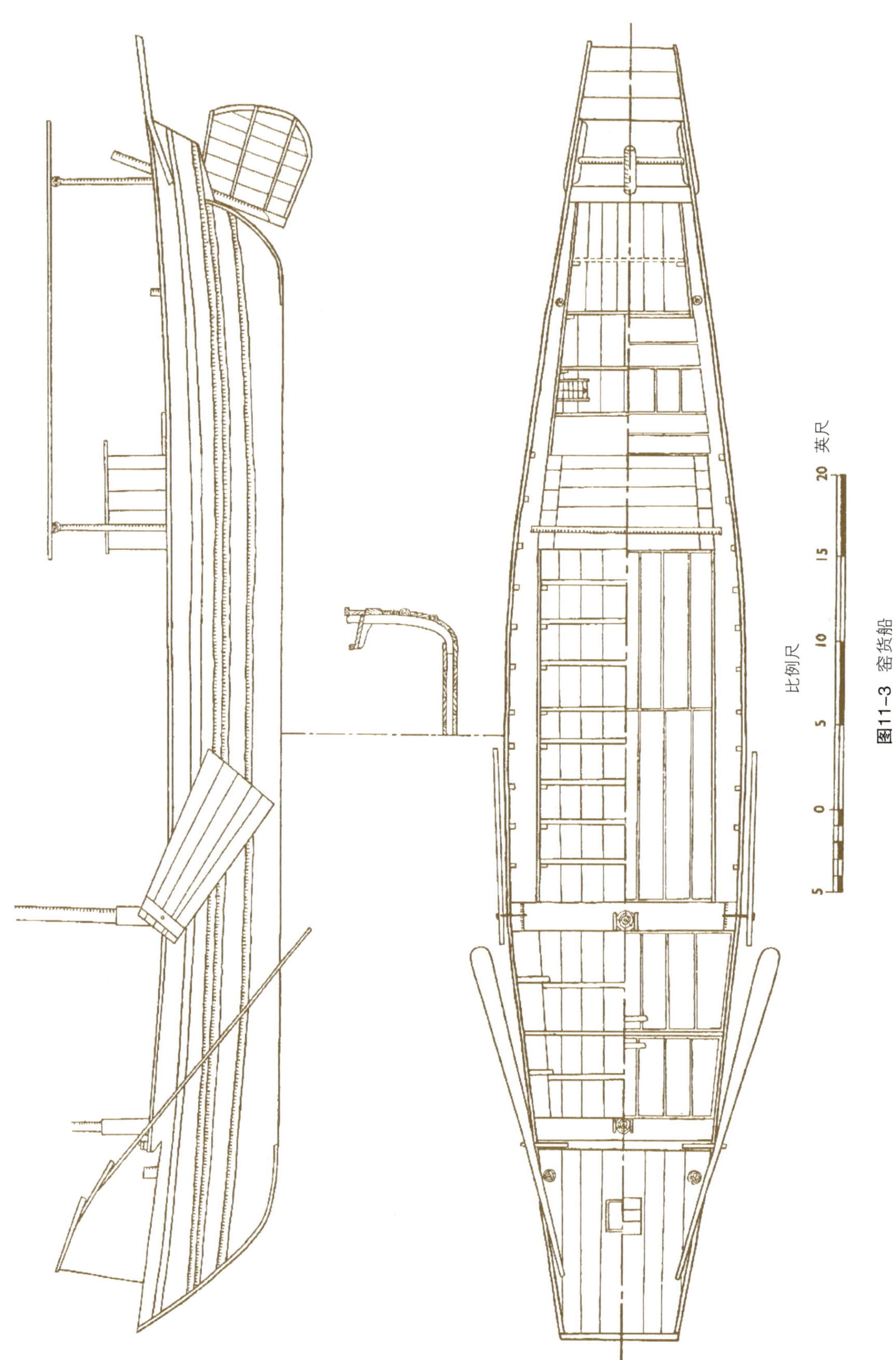

图11-3 客货船

氮，而包含这些土地养分的盐和化合物的总重量则超过了1.82亿吨。[1] 中国人对这种肥料的保存和使用都是十分精心的，放置于背阴的地方，混凝土的容器内或是陶缸里，部分埋于地下，密封保持10天左右，才可以使用。肥料保持的时间不能太长，否则氮的含量就会流失。使用时兑上三四倍的水，用来浇庄稼或是蔬菜。尽管没有任何的化学知识，但中国农民通过不断的实践，很显然已经认识到了这一科学事实。

在农村里，粪便的收集与处理很简单，但要处理大城市里源源不断产生的大量粪便就需要有大量的组织，围绕着粪便的处理产生了一个相当庞大的行业。

当然，任何时候在中国最廉价、最方便也是最常见的运输方式都是水运。因此，常常可看见特别设计用于运输这种难闻货物的船只就不足为奇了，从事这一行业的船队数量庞大。

这些粪船的容量大小不一，从35车到150车不等，"车"是衡量这种货物的技术用语。

这里所说的粪船，其规格为50英尺长，船体宽9.5英尺，分成5个舱室。船中部的3个舱室用于货物运输。最前面的舱室是4名船员的住舱，通过舱盖出入，第五和第六后部舱室上面搭到固定的遮棚，是船主人及其家人生活的地方，人们或许会感到惊奇，人类能够而且确实生活在这样的船上，似乎丝毫没有受到这种并不受人欢迎的行业氛围的影响。事实上，他们准备饭菜和吃饭都是在船上，第六舱室就是船上所有人的厨房，而在其附近，即隔壁的舱室，就是存贮他们货物的木桶与水瓢，如图11-4所示。

高高的栏板从绞盘一直延伸到船艉部突出船体的厨房处，船艉部还安装有一个小的倾斜舵。方形船头在甲板处用铁皮进行了加固。

石 灰 船

石灰石在中国基本上到处都有，通过在窑里炼制的方法可以生产生石灰。这种工业产品用途十分广泛，例如可用于混合砂浆和胶凝剂，制造漂白粉和肥皂，用作肥料，作为糖的精炼剂，制造煤气，制造皮革和各种化学品，制造玻璃，用作消毒剂，用于冶金工程和其他很多用途。

石灰只要是干燥的就很安全，但如果湿了，就会产生大量的热量，一准使附近任何可燃物着火。

因此，丝毫也不奇怪为什么需要一种特别的船来专门用于运载这种相当危险的货物。这种船就是"石灰船"，有时也称作平棚船。石灰船建造于太湖的芦墟镇。石灰船的另一个建造中心是苏州。当然，上海是这种商品最有利可图、实际上也是永不枯竭的市场，上海的石灰供应主要来自位于苏州东南的太湖地区，那里有两个重要的镇从事石灰产业，一个是陈墓，一个芦墟，均通过苏州河直达上海。

石灰船长为65英尺，船体宽12英尺，深4.5英尺，装载量700担，建造十分坚固，有6道舱壁和8根肋骨。石灰船从舯部向船头和船艉部慢慢变细，由于船艉部狭长的平台式假艉，所以看上去其后部的线条还要比实际的更流畅一些。石灰船有两根桅杆和方头的梯形帆。船舵是那种非平衡型的上海样式。另外的动力就是位于船艉右舷侧的一根弯曲摇橹。6名船员生活在一个小舱室里。这种石灰船引人关注的主要特点是在第一和第二道舱壁以及第三和第四道舱壁之间的两个货物舱里使用的隔绝装置，这两个舱室用第二和第三道舱壁之间的围板隔离开来。这两个主舱上面采取的隔绝措施很聪明，且十分便宜，就是在两层竹席中间夹上四层的油纸制成盖子。整个盖子固定在船的边框上，这种方法能使货舱内有空气流通。舱壁也以同样的方法进行遮盖，以防止水渗入，如图11-5所示。

为防止水进入船内，还采取了进一步的措施，不仅在从第二肋骨处到船艉住舱再到第六道舱壁处安

[1] 想要继续跟进这一讨论热烈的话题的学生应参考富兰克林·H·金的《四千年农夫》。

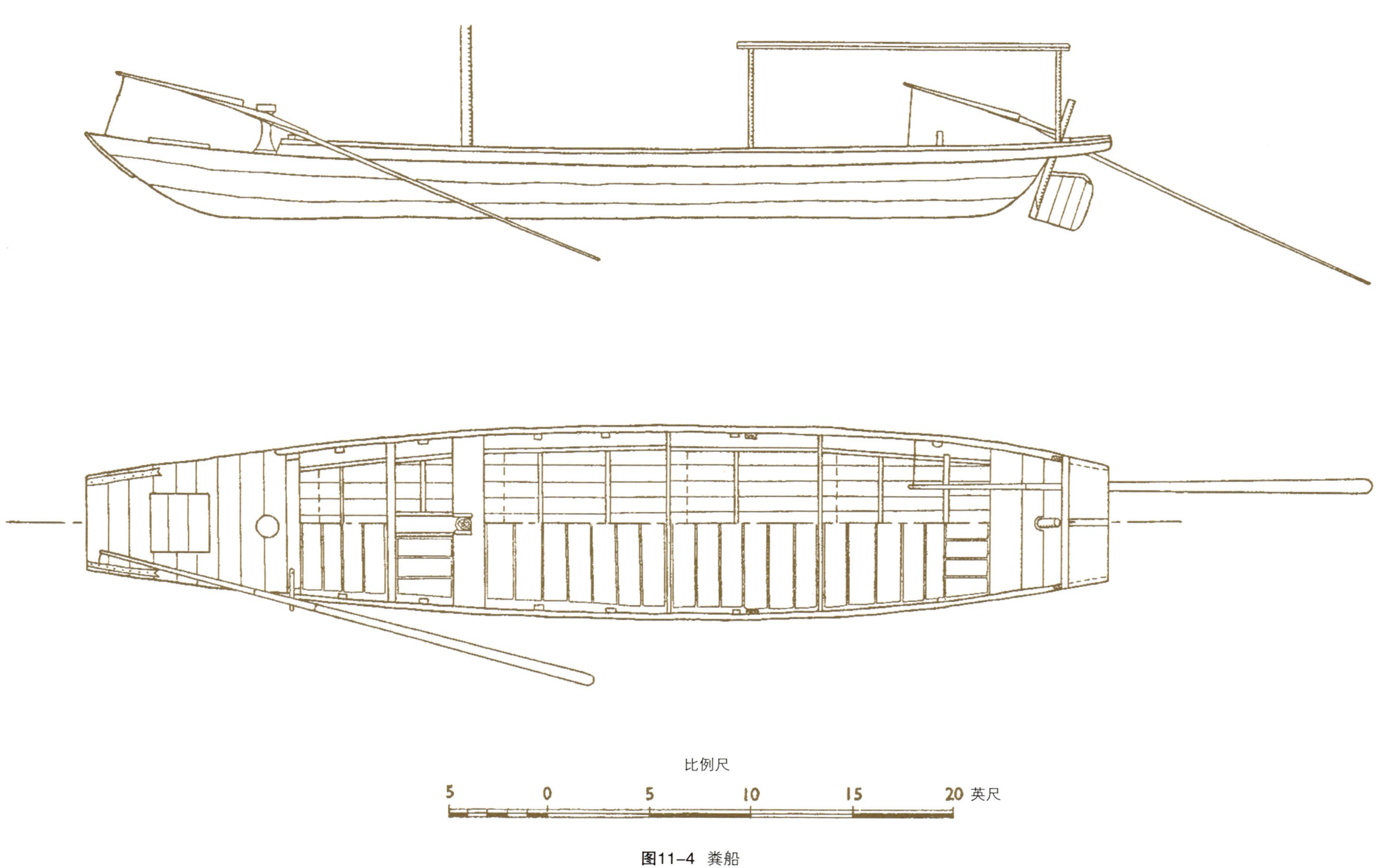

图11-4 粪船

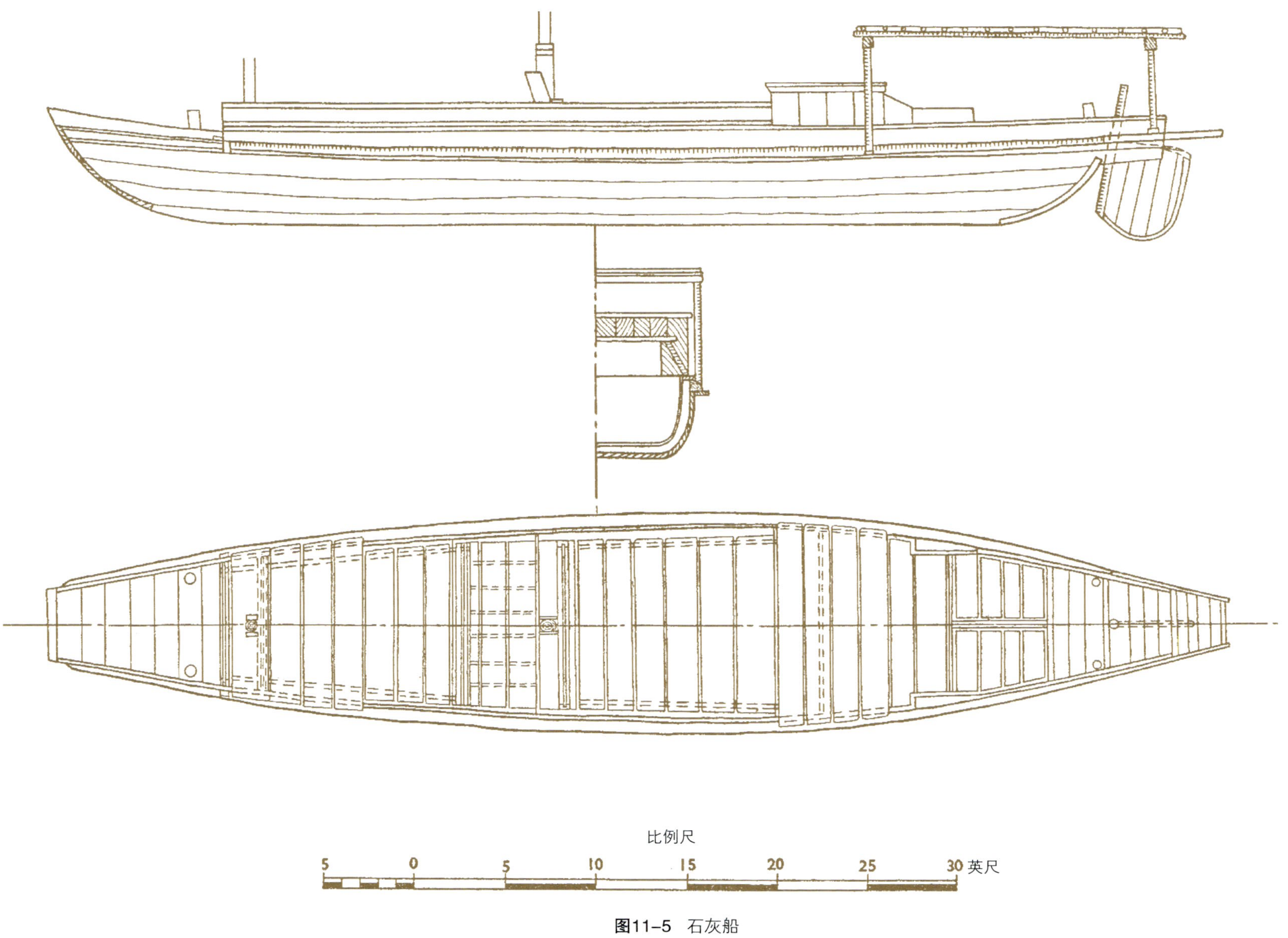

图11-5 石灰船

装有高高的风雨板，而且在船头两侧还有6英寸高的防浪板，以防经过的船只溅起的水花进入船内。

尽管特别小心，但由于货物容易受潮，偶尔还是会有事故发生。最近，就听说苏州河上有艘石灰船在巨响中爆炸，船的残骸碎片飞向四面八方，是一起全损事故。

江北住家船

江北住家船可能是对任何已经不能继续运营的小船进行利旧而来的，因此任何船型规格都有。图11－6中所示的江北住家船长42英尺，宽8英尺，深3.5英尺。可将江北住家船看作住家船中的贵族，因为尽管长江上的船只通常尺寸要大得多，但黄浦江上的船只则更为舒适，生活条件也要更好。

不过，十分拥挤的情况还是会存在。八个人挤在一条小住家船上的情况并不鲜见，通常人数还要更多，包括祖父母、父母，有时还有叔叔婶婶和两三个孩子，几乎所有的船上都有一个婴儿。婴儿就系在母亲的背上。饲养的猪、狗和家禽更是增加了有限生活空间的拥挤。尽管孩子很多，但似乎再多也没关系，因为父母用一种竹子制成的安全带将他们固定好，然后用一根短绳子系在方便的吊钩上，这样即使孩子落到船外，也可以很方便地拉回来。有些父母还在这种救生装置上装上铃铛，这样可以大大加快救生的速度。

虽然船上的卫生标准肯定不会很高，但女人们的大部分时间好像都花在洗衣服上，因为她们有用之不竭的水源，船的两边就是，而在岸上情况就并非如此。

这些船上的住户并非一定是船家，经常有一些普通的工人阶级家庭因为付不起岸上高昂的房租而住到这种船上。辛苦的工厂工人、拉黄包车的苦力和类似他们这样的人，可以在这里找到家人团聚的安宁——即使不太安静。他们的家人经过一整天的奔波会很累，白天他们可能会出去走街串巷贩卖一些小物件，或是去翻垃圾堆，以期找到数量不多但对他们来说有用的小东西。他们做饭的大部分燃料都是通过这种方式获得的。拥挤的生活空间可能昏暗而沉闷，但作为船上最重要的部分，厨房却始终保持亮堂，因为据说灶神可以从厨房看到一个家庭的优点。

中国家庭的灶台上都有供奉灶神的祭台，灶神每年农历腊月二十四日都会上到天庭，向玉皇大帝报告其所在家庭的言行。这一天他都会得到主人家米饭和甜食的供奉，这样就可以将他的嘴唇粘住，嘴里也是甜的，好让他不向玉皇大帝报告家里任何不好的事情。

以船为家在中国是很古老的传统。多米尼加修士约翰·科拉[1]大约于1330年写了如下有趣的文字：

> 中国一大半的领地都是水。在这些水域上居住着大量的人口，因为中国领地范围内的人口数量十分庞大。他们在船上建造起木头房子，随波起伏，这样他们可以沿着水道四海为家；住在这种船房里的人从一省来到另一省，在此过程中他们与家人生活在一起，带着老婆孩子，还有他们所有的家当和必需品。他们就这样终身生活于水上……如果你问这些人他们的出生地，就像我告诉你们的那样，他们会告诉你他们出生在水上，而非其他地方。

当他们的船不再适航时，还可以在陆上继续使用，用石头垒起四个高出水面的柱子，将船体放在上面，变成离开水面的住房。

〔1〕 亨利·玉尔，《东域纪程录丛》。

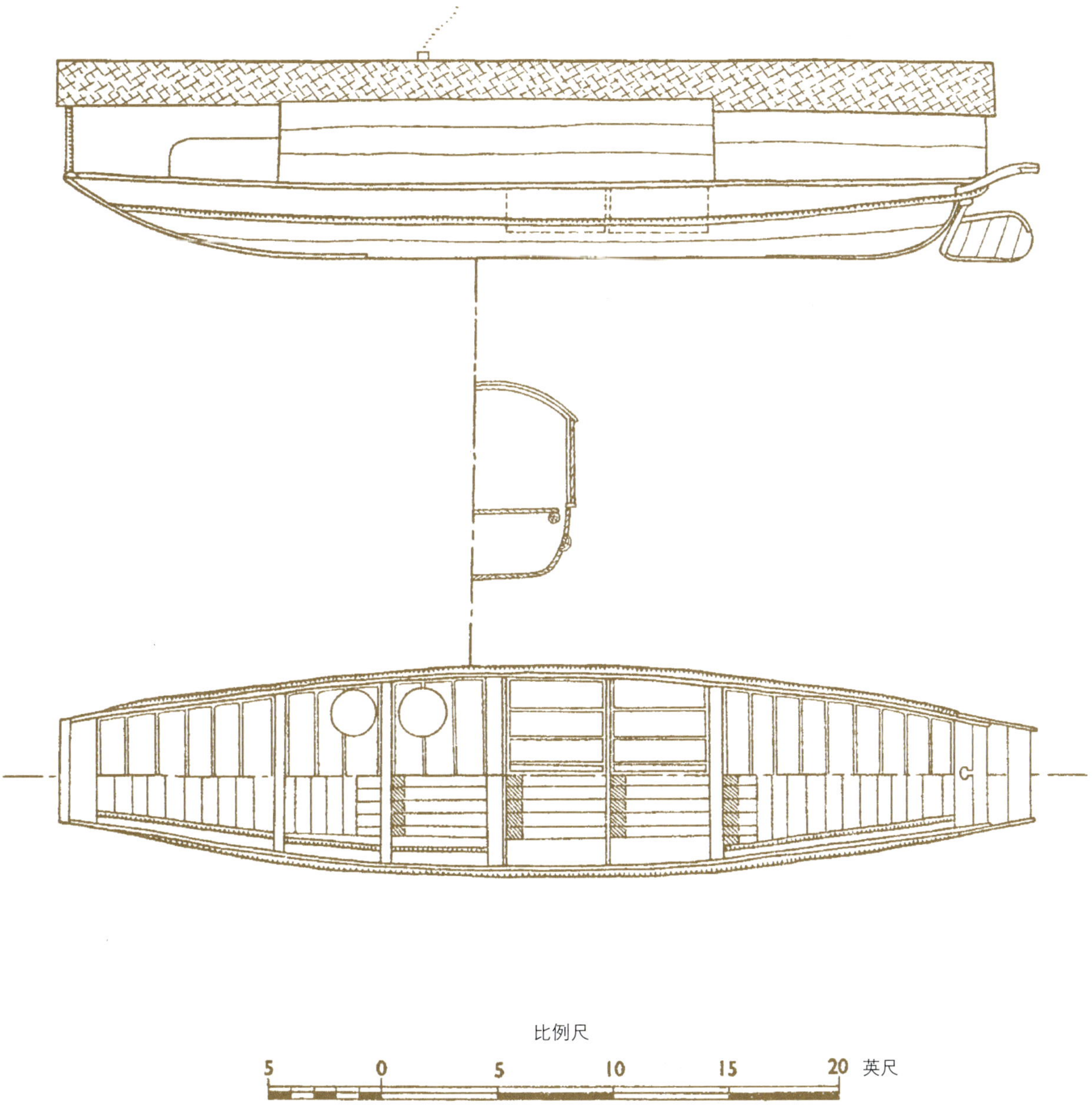

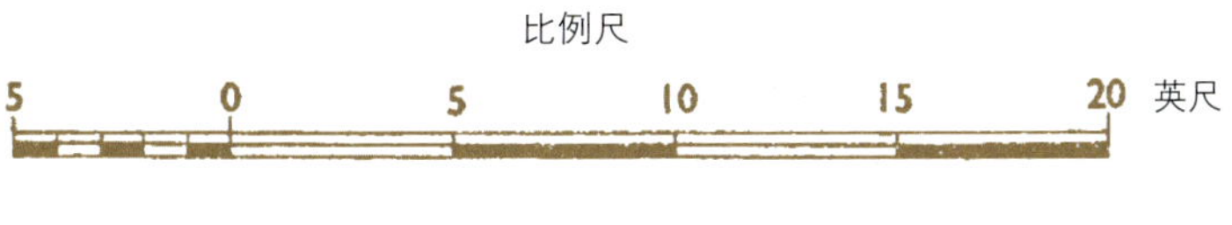

图 11－6 江北住家船

带铺位长途客船或无锡快船

有两种带铺位的长途客船，一种是中国特色的带铺位的长途客船，还有一种是具有外国特色、被称为“无锡快”的长途客船，无锡快船得名于大运河上的一座城镇无锡，这里通常是这种船的建造地。

图 11－7 对后面的这种带铺位的长途客船进行了说明，这种船线型宽厚，船体长 67 英尺，宽 14 英尺，深 4 英尺。由于这种船本身并不重，也不会装载太沉的货物，因此船壳并不是特别坚固，其加固措施为 3 道全舱壁和 14 道半肋骨。

其不同寻常的构造特点是：突出船头为宽大的方形，而船艉则逐渐变细。船艉部还是通常的上海样式，为翼状船艉假尾，上海样式吊舵的上面部分就在假尾里面，假尾之外还有一个更加突出船艉的平台。船艏部位也有一个突出的小平台。船两边有两块贯通船体全长的船板，供撑篙人前后走动。“无锡快”从第二道舱壁至船艉逐渐变细，但这种两边的撑篙人走道并没有同样变细，而是在两侧形成了方形的外框。船上的住房占据了第一与第二道舱壁之间的所有中部空间，房子两边精心装饰有两排可移动的窗户，窗户的上半部分是固定的，而下半部分需要时可以向外打开。后面甲板下面的三级台阶可以通往带铺位的长途客船下面，沿着过道的左侧有三间客舱。船厅里有带桌子的矮沙发，可坐 8 人，虽然实际的铺位只能容纳 5 位客人，包括两名服务人员，服务人员的铺位在前甲板处三级台阶的两边。

出租无锡快的船主人居住在上面的客舱里，而 8 名船员的住处则位于船后部由固定的木遮棚和风雨板围起来的棚子里。厨房位于船后部的甲板以下。

不管尺寸如何，这些无锡快都有一个显著的特点，就是舱室前部都是单坡型，包括门道，好像是从前甲板上升起来的一样。船上完全西式的结构是延伸过半个房顶的天窗——这也许是因为外国人特别喜欢新鲜空气的缘故。

拖　船

拖船被上海的外国人称作“船队”，得名于汉字“拖”，碰巧的是，汉字里的“拖”字与英文里“tow”有着相同的意思。

拖船建造于上海，这种载客船的活动范围主要是苏州河，有时也到黄浦江，最远的可能到达浙江省。然而，最常见的则是奔波于太湖的各个港口之间。

这种船的规格基本上是标准的，但在装修和上层结构等细节方面却有很大的差异。为了能够增加载客数量，从而获得更高的回报，一些船主在稳定性方面考虑得不是那么多。

图 11－8 中所示的拖船长为 68 英尺，船体宽 13.5 英尺，深 4.5 英尺。可以看到，拖船其实与有铺长途客船并没有太大的区别。为了能够承受 200 名乘客加上他们为数不少的行李的重量，拖船建造得十分坚固；虽然仅有 2 道舱壁和 3 道半舱壁，但拖船有不少于 15 根密排的全肋骨，可以提供必要的载重能力。

船舵为上海样式的非平衡升降舵。拖船没有桅杆或船帆，完全依靠拖轮。拖缆在船舷通道和船艉突出部之下贯通全船，最后从前甲板的两个安装有拖环的孔中引出。据说，这种拖曳方式可以防止船队拱曲。

位于拖船最后一道半舱壁处的两个船后部桨钉可用来操作一对划桨。只有当拖船脱离拖轮时，才用桨来进行小范围的机动。

以前船主人为提高旅客的舒适性做出了很多努力，拖船上通常会有一定数量的客舱。船上的铺位

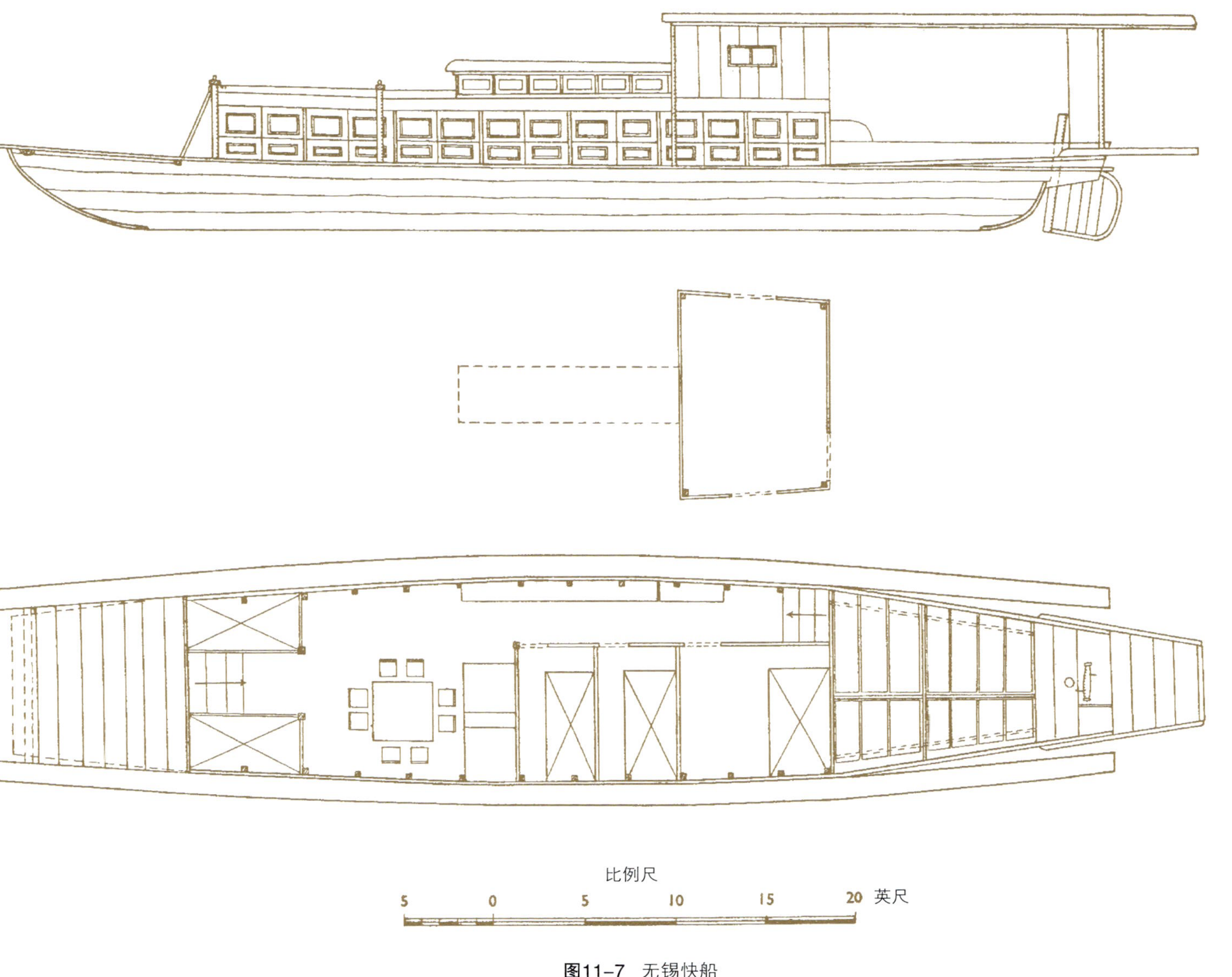

图11-7 无锡快船

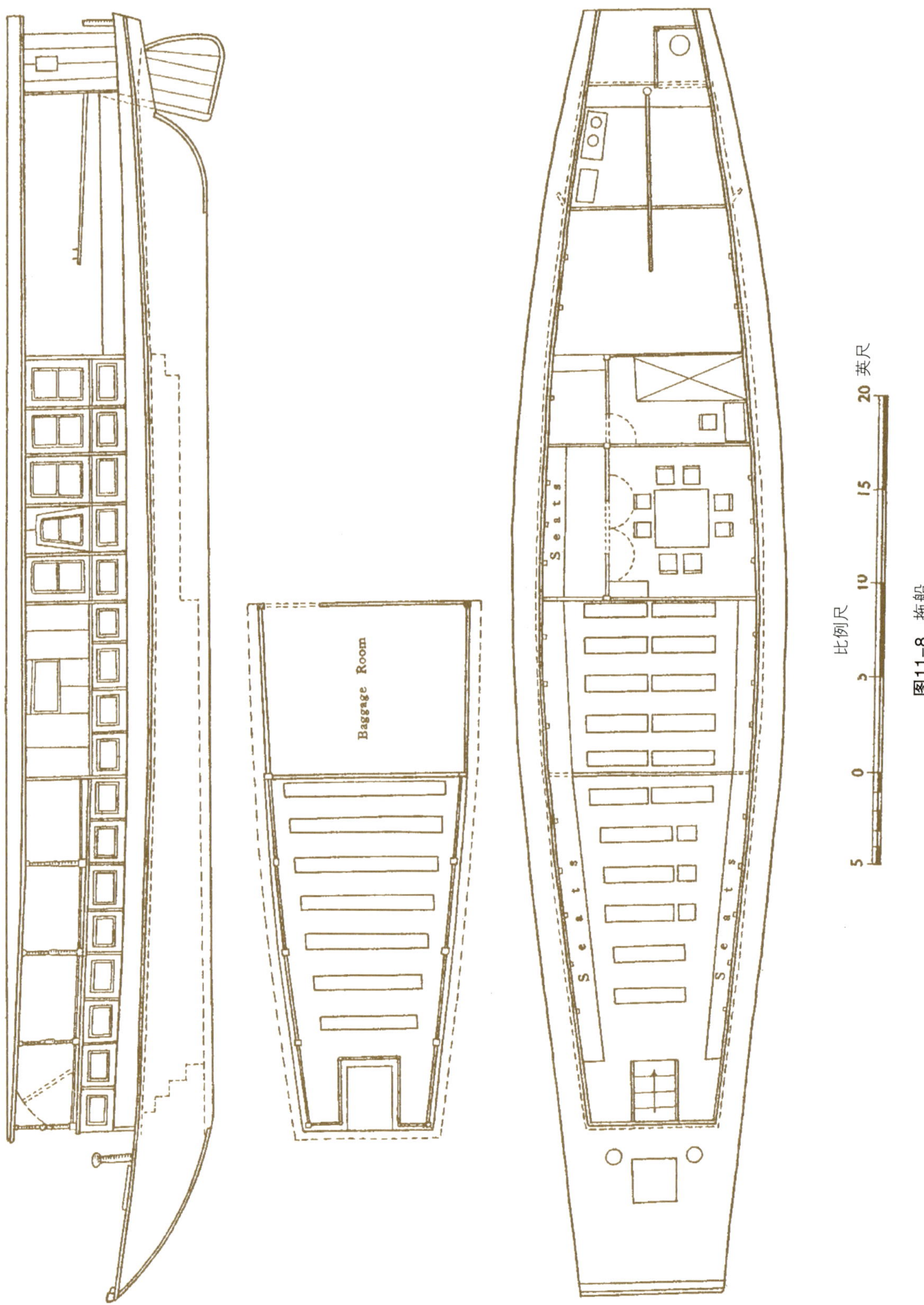

图11-8 拖船

是由不足30英寸宽的木板搭成的，没有扶手也没有床头，铺位相互之间用一块高6英寸的板子隔开。旅客自带被褥。每个客舱有一个供吃饭用的小桌子。隔断开口处有一盏灯供相邻的两个客舱使用。

客舱上面的甲板，被横向分隔成两排铺位，有一个天篷。这里的铺位是为不太富裕的旅客准备的，他们头靠头睡觉，彼此之间用一块6英寸高的床头板分隔。天篷的高度只够旅客坐直。不用说，这里的通风条件很好，但私密性差。40年前，这种条件的铺位去苏州旅程花费是25美分，而客舱的收费可能是1美元。

多数情况下，这种拖船队是被贫困人光顾的，因为小型的私家包船所载的旅客数量很少。现在乘船旅行就跟当时一样并非最好的选择，但其中也不乏源源不断、毫无怨言的快乐。

船上为所有等级的旅客免费提供饮食，还有一个茶童不时地在甲板穿梭，为需要泡茶的客人加热水。

如此优惠的待遇早已不复存在了。为了能够拉满200位旅客，相对宽敞的客舱已经被取消了，200位客人中有60位被安排在上层甲板上，其他地方安排140位。现在也不再提供免费的饮食。饭菜、茶，甚至白开水也要收费，船上这种生意利润很丰厚。后甲板右舷处有一个特制的茶炉可以烧开水。主甲板下面是供船主、他的家人和船员们使用的厨房，如果客人不在意，或是足够富裕，也可以在这里订餐。

剩余的一间舱房是为船主人及其家人预留的。他可以驾船，因为他是船老大也是船的所有者，他也可以将船出租给安排拖轮的轮船公司。

拖船雇佣的人包括2名舱面水手[1]、2名票务员和2名茶童。他们都生活在行李舱内，平时就睡在客人的箱子和行李卷上面，似乎也很舒服。

上海与周围港口之间正常的客流量很大。各个公司都有自己由大型带铺位的长途客船组成的拖船队，每艘船都由一艘拖轮来拖曳。偶尔一艘拖轮也会拖曳两艘带铺位的长途客船，但这种做法不像在长江中游那样普遍。

每天计划出行的人都有很多，因此这些拖船总是满员。他们每天离开的时间由警署来控制。杭州船队离开上海的时间是每天下午4:30，到达目的地的时间为第二天下午的5:30，117英里的距离需要航行25个小时。船队在夜间是系泊不走的，黎明前再继续前进。

苏州船队于下午离开。没有什么能比这些船队的数量更能见证中国国内运输的繁忙了，什么时候都是一样的拥挤，通常情况下，这些船队会继续续航在上海后面广大内陆地区的小河与运河。

这些船队离开苏州河的情景很值得一看。那种情景极富人文情趣，呈现出一种无与伦比的忙乱场景。摆摊叫卖的、拉车的苦力、游手好闲的，还有茶童，他们都围在要上船的旅客周围，免费介绍各种信息，或是提供价格昂贵的服务。每个人似乎都有一个或几个拿起来不合手的行李。但是旅客们关注的焦点还是那些聚集在一起的各种各样的船只，它们看起来把苏州河完全封住了，于是问题来了，船队如何才能从这些帆船、舢板、小船、拖轮和驳船汇成的洪流中找到出路？已经身陷其中，那如何才能脱身？

西庄船

西庄船得名于一个村庄，这种船建造于无锡，无锡坐落于大运河与太湖的交汇处。

就和上面刚刚介绍的载客的拖船一样，西庄船是运输货物的拖船，其营运线路和载客拖船相同。

西庄船在总体设计上并没有什么突出的特点(见图11-9)，实际上就是装有甲板的驳船。西庄船

〔1〕 这些船只上的大量水手是罗马天主教徒，尤其是船老大，他们对外国的同教徒很忠诚，即使在1884—1885年中法战争期间，他们也表现出了勇气和奉献精神。

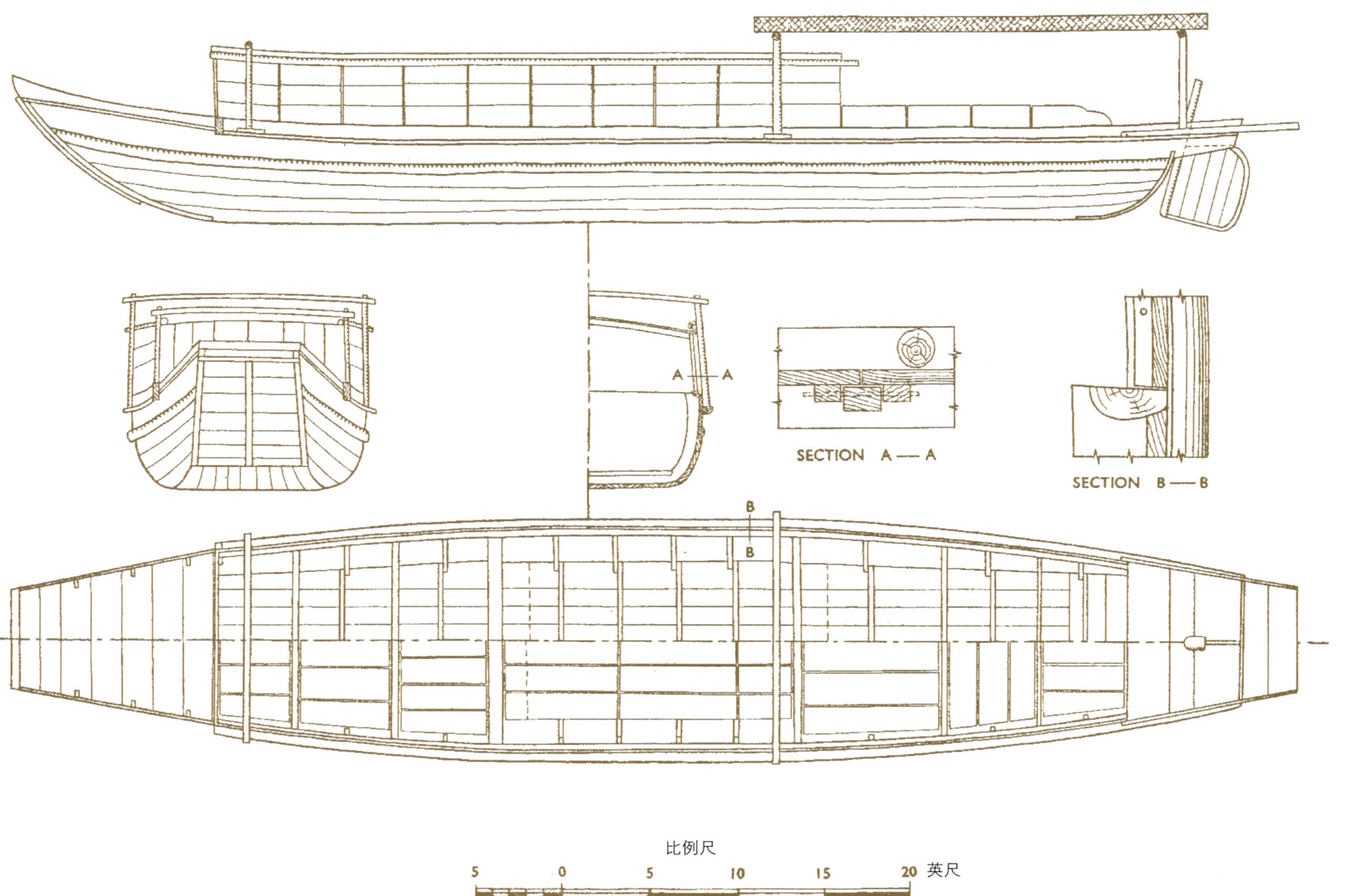

图11-9 西庄船

的材质为杉木，通常有13根硬木肋骨和6道舱壁，通常的规格是长73英尺，宽14英尺，深5.5英尺。西庄船体现了上海船只的三个主要特点，即突出的船艉部平台、固定的木质天篷和水平的船艏部外板。船舵也是典型的上海样式，是那种非平衡的吊舵。船的两边垂有两根刚好在水面之上的长杆，用作挡水板。建造上唯一值得一提的细节，是通过船体相对部分的木质结构上的铁钉固定可移动房屋的方法。船上特别大的舱屋36英尺长，4英尺高，房顶为草席，两边装有低矮的防雨板。船上的房屋被分隔成多个住舱，第一至第四道舱壁之间为6名船员的住处，而船主人的住舱则位于第五至第六道舱壁之间，因为上面都是甲板，所以这些住舱净空很小。从最后舱壁至船艉部分是厨房，因此没有铺装甲板。西庄船没有桅杆、船帆或是披水板，甚至没有橹，因为西庄船完全依靠拖轮拖曳，因此没有多少值得一提的地方。西庄船的载重为56吨，向上海运送的货物通常是袋装的谷物。

小 渔 船

如图11－10所示的小船叫小渔船，这也是所有小船的总称。这种船长15英尺，宽2英尺10英寸，深1英尺2英寸，用于浅水渔网捕鱼。这种船在河里耐心地来回穿梭，但通常所获的只是一种在西方看来不值得端上餐桌的鱼。

从建造结构的角度来看，小渔船并没有什么特别之处，但这些中国人的捕鱼方式的特别之处就在于简单和对原始器具别出心裁的利用，即使对此进行专门的研究也不可能穷尽渔民现实中所使用的很多办法。从远古时代开始，这一点几乎少有改变。

渔网的框架在形状上与一块大的圆盘罩盖没有什么两样，底部为一张4英尺×1英尺的矩形网，只是三面有高约1.5英尺的边网，留一面开口。四个角由弯曲的竹竿支撑，形成一个锥形的顶。有一根垂直的竹竿从渔网底部一直延伸到顶部尖端，高出顶部的部分是把手。

渔夫握住这根垂直竹竿的顶端，将渔网慢慢放入河底，另一只手握着一根末端带有一个十字木架的竹棒，作为诱捕工具，将那些没有觉察的鱼赶进网内。由于渔网只有4英尺宽，所以动作敏捷的鱼很容易逃脱。由竹竿上面装上铁叉齿制成的渔叉也是一种捕鱼工具。

用这种方法要想成功地捕到鱼，必须要有足够的时间和特别的耐心。

无锡帮捉鱼船

无锡帮捉鱼船得名于大运河上的一座城镇，这里也是其发源地；不过尽管如此，这种船经常在黄浦江的吴淞至龙华段进行捕鱼作业。

这种船的一个显著特点是材质为柏木，而不是其他船几乎都使用的杉木，有3道硬木舱壁和4根肋骨。

这种船在规格上相差不大，如图11－11所示，船长为26英尺，宽5.5英尺，深2英尺10英寸。

虽然其结构并不算特别坚固，但这种做工精良、方便实用的小船具有特别好的适航性；渔民们充分利用了这一优势，其他船和更大一些的船都在寻找避风地时，小渔船还可以继续待在捕鱼的地方。差不多和船身一样长的高高防浪板可以防止其被经过船只的水浪所淹没，倾斜的船舷上缘也有助于水快速流走。

船艉部有一个平台。小渔船很少使用船舵，经常是放在家里，而不是装在船上。小渔船的设计动力是一根长长的橹，不过通常会在竹桅杆上安装有一个临时性的斜杠帆，竹桅杆可能结合了钩篙的功能，也可能没有。据猜测，这种临时性的斜杠帆在不用时可能会被当成被子使用。船上有四个铁木架子来

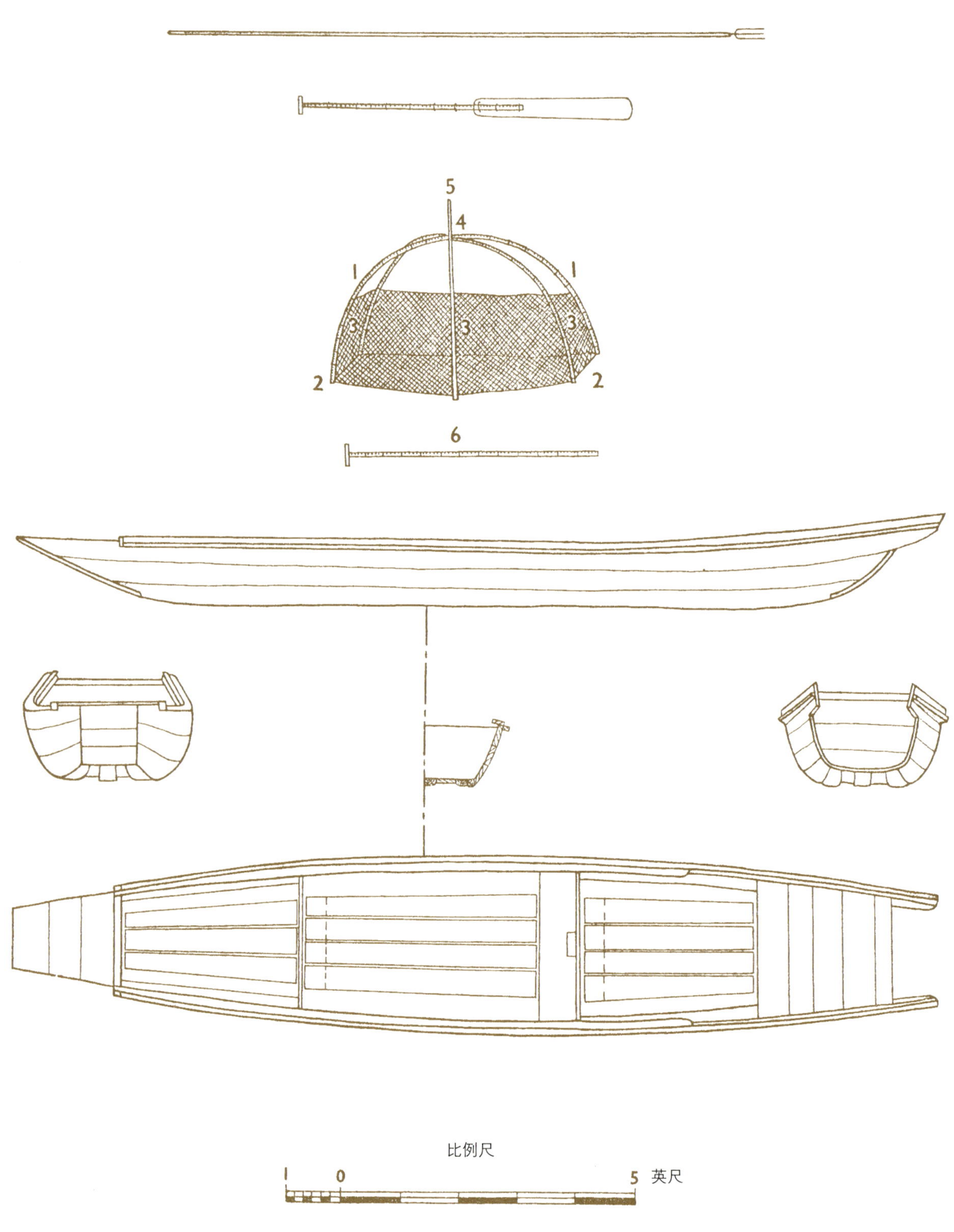

图 11－10　小渔船

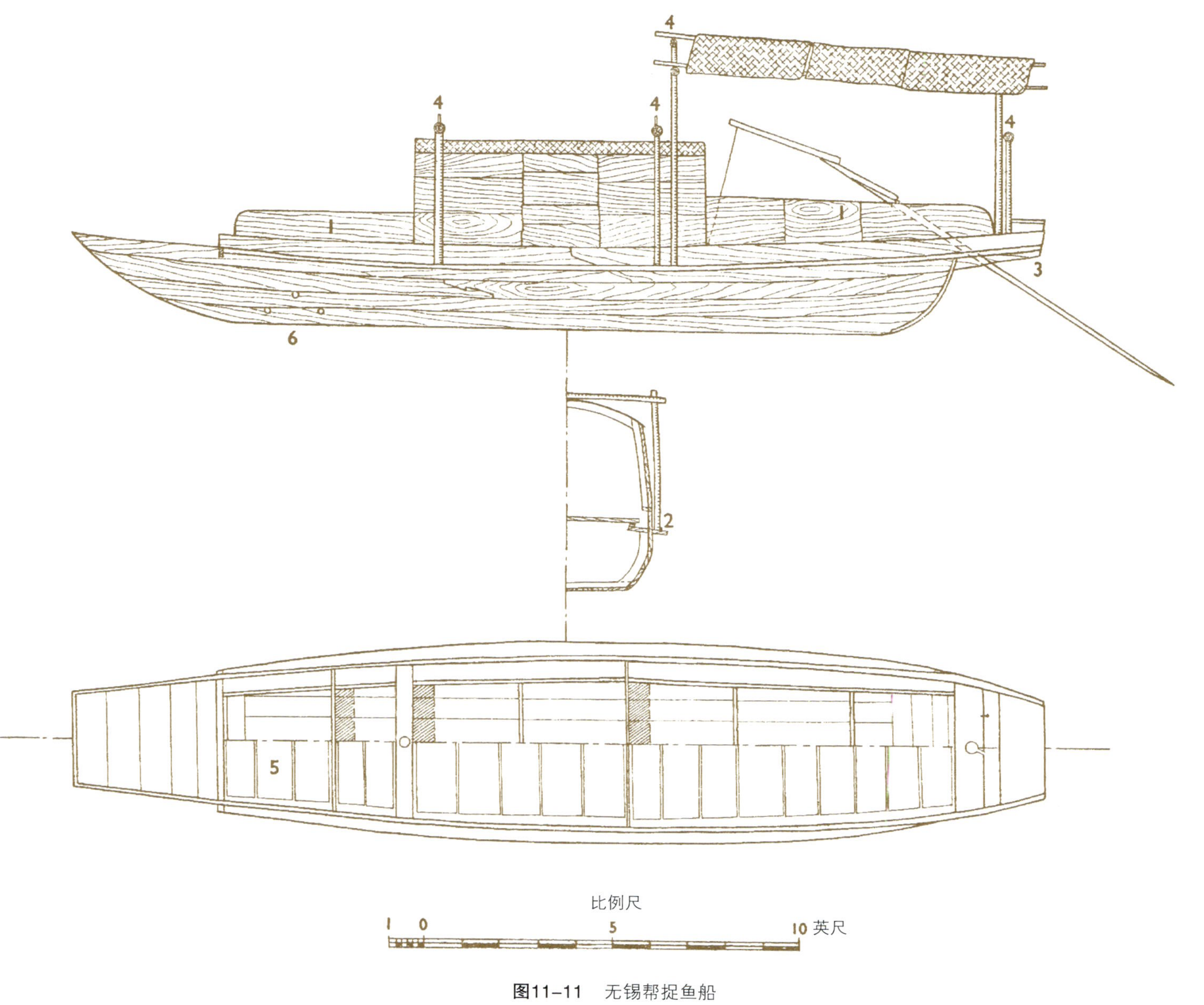

图11-11 无锡帮捉鱼船

存放钩篙、抄网、圆材等。小渔船上的住舱为长 8 英尺、宽 4.5 英尺，渔船主人及其家人都住在里面。厨房就在船艉部。

捕获的鱼存贮在船艏与第一道舱壁之间的舱室里。这个舱室在两边的船壳上各凿有三个处于水位线以下的小孔，这样可保持舱室里的活水流通。

小渔船采用撒网捕鱼的方式，撒网直径为 26 英尺。主要的渔场有两个。在龙华外的上游，主要是捕小鱼，使用小网眼的渔网。在陆家嘴与吴淞之间使用的渔网是一样的，但网眼要更大一些。鱼通常会聚集到码头附近。冬天是最佳的捕鱼季节，特别是下过雨后。

螺　蛳　船

螺蛳船是专门设计用于捕螺蛳的船只，螺蛳的市场销量很大。

螺蛳是陆生软体动物，属腹足纲，种类有很多，是中国人餐桌上的一道菜。中国人也大量食用淡水软体动物。常见的软体动物主要种类有螺蛳、香蛳，还有最大的田螺。清明时节，农村人食用香蛳。

螺蛳在冬天很常见，尽管要用酒来烹饪，但螺蛳被认为是很便宜的。黄浦江的浦东一边有很多螺蛳，不过主要产地还是在上海港和苏州河上游。

如图 11－12 所示的螺蛳船长 24 英尺，宽 7 英尺，深 2.5 英尺。螺蛳船有 3 道舱壁和 3 根肋骨，最后两道舱壁挨得很近，几乎就跟一个隔离空舱一样。由于捕螺的重量不大，螺蛳船的构造也较轻巧，低船艏处突然变细，船艉部甚至更窄。船艏和船艉都有横板，船艏还附加有一块短的双层板。螺蛳船既没有桅杆，也没有船舵，靠一根弯曲的橹来驱动，橹穿过常见的船艉悬空平台未铺板部分来工作。

高高的防浪板从第一根肋骨处一直延伸到船艉，构成了一道舷墙。船舯部为船主人及其妻子的住舱。拱形的舱顶是在竹箍和作为横档的竹压条搭成的架子上铺上油布。船艏和船艉部固定天篷的高度并不一样，这样可以使摇橹的人通过住舱顶看到前方。实际上，整个船上都有搭建的东西，这样螺蛳船就成了一个小小的很舒适的浮动的家，就像捕捞的螺蛳一样，船主人将房子背在背上缓慢移动。

捕捞螺蛳的工具是铲子形状的手持抄网，有一根长长的木棒，顶端是像无齿耙子一样的推子。一只手握住网降到河底，另一手用推子将螺蛳赶到网里。长期的实践使得这些捕螺人特别精于这种操作，他们可以用 20 英尺长的木棒在 12 英尺深的河里捕捞到大量螺蛳。这种技艺在其他方面对他们也很有帮助，在苏州河上，他们经常利用这一技能打捞小煤块，因为那些运煤的小船或蒸汽船在运输途中经常会有煤块掉到河里。

由于现在燃料价格上涨，与捕捞螺蛳相比，捞煤已经成为更赚钱的营生。

活鱼运输船（民间简称为“鱼船”）

将活鱼运送到上海市场的货船是经过特别设计的，装载这些活鱼的舱室里的水可以流动。

如图 11－13 所示的就是这种运鱼船，称为“鱼船”，建造于苏州河上游的南沙。

鱼船最突出的特点是只有两根肋骨和两道舱壁，这样有足够的空间来运载这种重量不算太大的货物，尽管这样的构造并不算太坚固。鱼船长为 37 英尺，宽 8.5 英尺，深 3 英尺，至船艏慢慢变细，船艏长、低且平，典型的上海式样的船艉及平台，船舵为悬吊式的。

鱼船有两根肋骨和两道舱壁。这种小船主要明显的特点是其自由进水装置，至第一舱壁的整个前舱被改装成养鱼池，这样在经过从渔场至上海的三天行程后这些活鱼还可以保持可出售的状态。在运

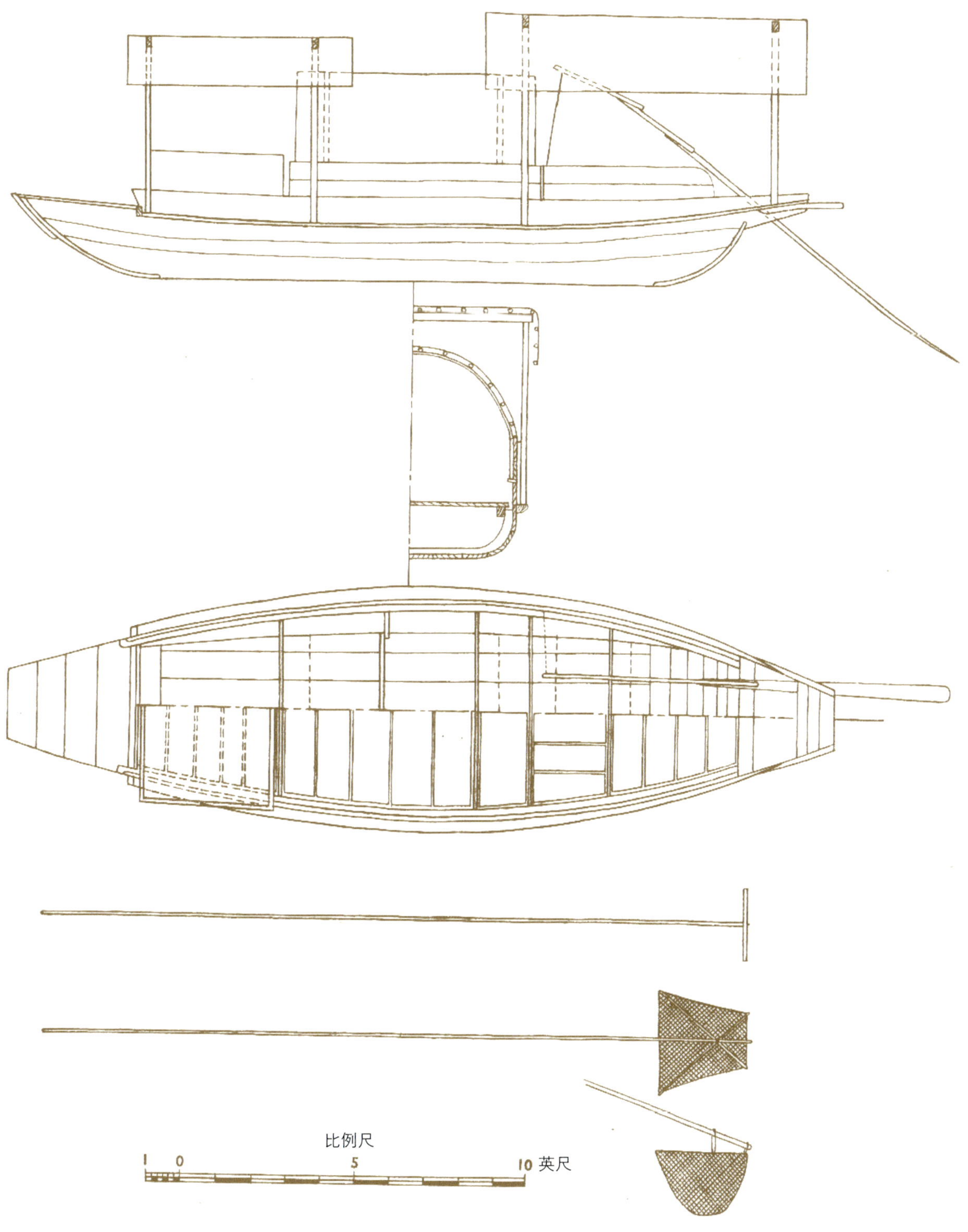

图 11－12 螺蛳船

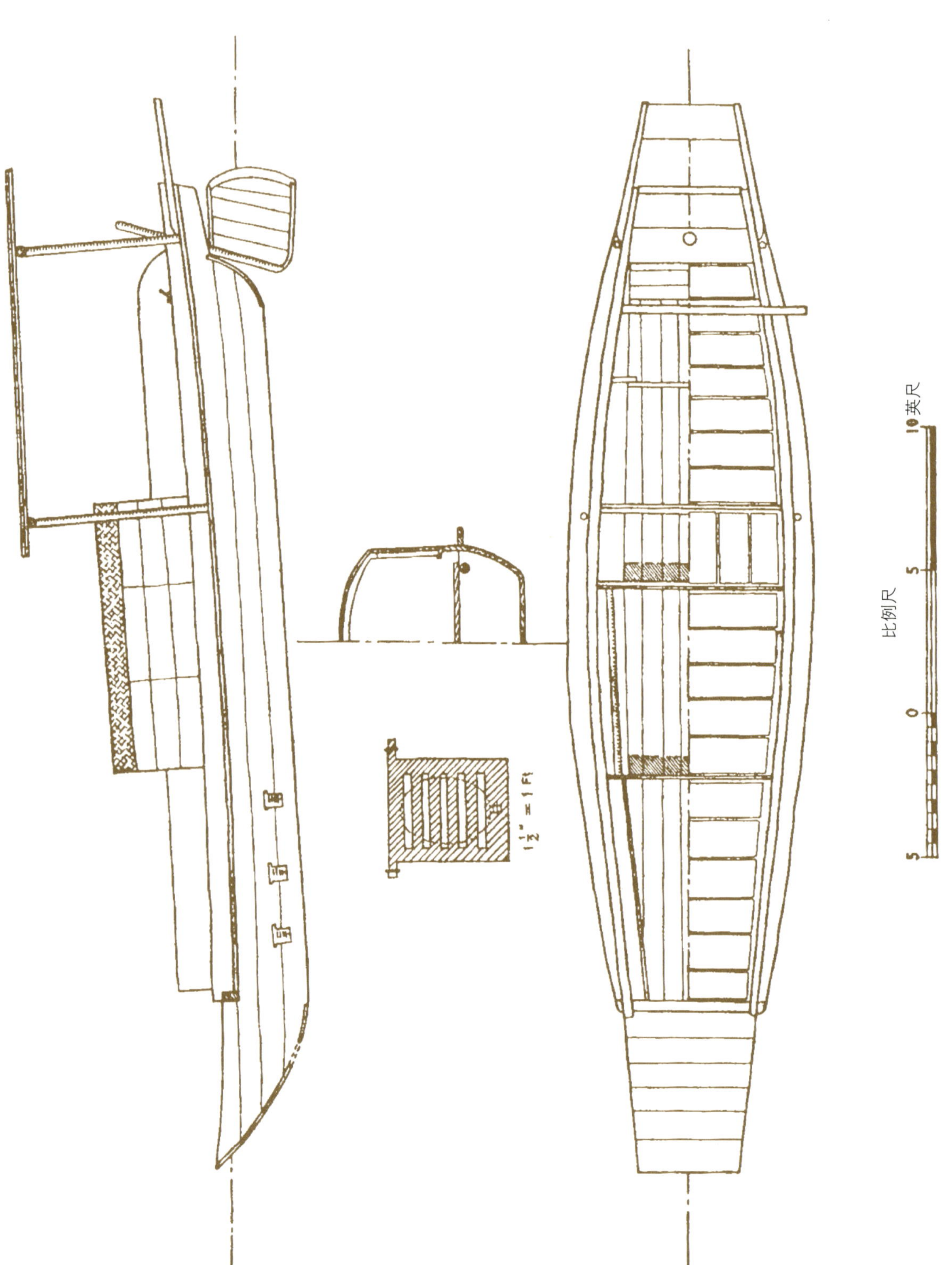

图11-13 渔鱼运输船

送行程中，给鱼喂食蛋粉，以使其保持良好状态。自由进水是通过安装在船壳两边第一根肋骨与第一舱壁之间水线以下的三个方形装置来实现的，还有一个同样的装置安装于船艏横向铺板下方拐角处前面。

想往鱼箱里注水时，这些装置上配有底部用钉子固定的木格栅形状的铰链式翻门（参照图 11－13 中的小图）。当将活鱼卸完后空船返回时，就将木格栅更换成中间装有布垫的贴附性很好的木堵漏，这样使水箱具有很好的水密性。水箱注满时，船前部自然就会被压低，事实上有时候船头只能露出水面几英寸，如果旁边有船经过，溅起的水花经常会从船艏落入船内。为了防止落入船内的水向后流过水箱顶部，如果前甲板舱盖被水冲得浮起来，鱼就有可能逃走，于是就在船艏第一根肋骨上面安装了一块 4 英寸高的横防浪板，在船舯部小住舱两边各装有一块船体长度的高防浪板。

船上带有两块很大的压舱石，根据需要放置在鱼船的不同位置，以调整船体的平衡状态。鱼船上有一根短桅杆，上面是方头帆。备用的驱动方式有一支橹，安装于左舷船艉木梁的橹担上。这种橹的特别之处在于其桨叶边缘包有一层铁皮。根据船员的说法，这是为了抵挡运输途中一些河流底部石子的磨损。不过，这种解释并没有说明为什么铁皮包层会把桨叶包裹到那么高的位置，因此另一种原因可能是顺桨时桨叶可以更好地入水。

鱼船从来不会走拥挤的苏州河里的快速航道，因为即使对于在养鱼场里用厨余食物喂养的鱼而言，被污染的快速航道里那些难以消化的成分也是无法承受的。因此鱼船会走交通流量较少的航道，即那些弯曲的航道，水质要更清洁一些。上海的家庭主妇对此无疑是欢迎的，另外这些船通常都很干净，保养得很好。

不那么让人接受的是，那些在运输途中死亡的鱼会从水箱里捞出，放到一个大桶里。这个大桶就是那些死鱼的存放地，到了市场后会以较便宜的价格卖出。

鱼船的船员为五人，居住在住舱内，其中一些船员居住在甲板下活鱼与死鱼中间的狭小空间里。在这个空间里，到处充斥的鱼腥味肯定是最强的，特别是在炎热的夏天。鱼船夏天的运载量为五六担，但在冬天可能会翻番。

鱼船到达黄浦江时，会有汽船将它们拖曳到鱼市场，汽船拖曳的鱼船为三排，每排三艘。整个过程中一个鲜明的特点是所有参与其中的人行动都很悠闲，因为尽管有“让鱼起死回生”的独特办法，但这种货物多多少少还是容易变质的。

到达上海的鱼码头后，会用长柄的手抄网将鱼从水箱里捞出，接着鱼船会通过苏州河返回养鱼场，装下一船货。

扳网渔船

扳网捕鱼在三角洲地区的水域十分常见。这些渔民会坚持不懈地从岸边和船上用扳网将整个河道不加遗漏地梳理一遍，如图 11－14 所示。

扳网的构造是两对以大约 120 度角绑在一起的竹杆，中间部分落在河底，构成整个渔网的支点。一对竹杆支撑渔网，另一对则作为杠杆，会在竹杆的重心点放置石块，以调节渔网的平衡。

扳网的操作需要很高的技巧，才能将网放入水中，渔网会在水里停留一段时间，直到操作者认为网上有鱼。然后他利用联接在作为杠杆的那对竹杆顶端的绳子将网拉起，将渔网拉到水面，如果碰巧有不幸的鱼落网，他就用一根长手柄的竹抄网将其抄出来。

这种形式的渔网也可以安装于固定的架子或是河岸上，但如果装在舢板或是小船上则会效率更高，

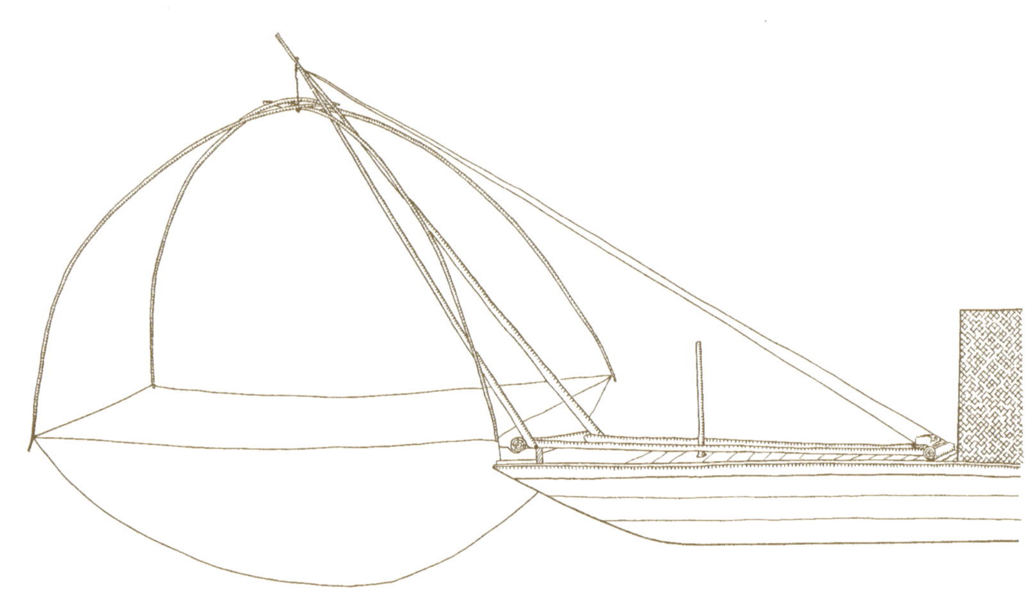

图 11－14 扳网渔船

因为鱼群是流动的，捕鱼地也要经常变化。

网的中心有一个口袋，用以装载捕获的鱼。

拖网船

从拖网船的名称上可以看出，使用这种船的渔民是在江苏的河道与运河上讨生活的，有时候他们也会成百人到黄浦江和上海周边的河道上去捕鱼。

拖网船的材质为杉木，结构较轻，有6道舱壁和8根硬木肋骨，在形状和规格上相差无几。图11－15所示的拖网船长28英尺，宽7英尺，深2.5英尺。拖网船很少使用船舵，也没有桅杆，不过有时会临时使用斜杠帆。拖网船的动力通常为三支船桨，其中两支安装于船艄，且总是在同一边，还有一支位于船艉。船主人的家人也是船员，居住在舯部的住舱内，住舱的规格为9英尺×6英尺。厨房也在住舱内，下两级台阶，在船的底部。住舱前后两端各有一个铁木架子用于存放船钩、圆材等配件，如图。

拖网船最突出的特点之一是船上空间很有限，六口或更多人口的船家虽然挤在这狭小的空间，但也自得其乐。事实上，让人惊奇的是他们是如何生活的——他们在哪里吃饭，还有最重要的是，他们在哪里睡觉。船处于负载状态时，这个问题还好解决一些，因为不同的家庭成员会分散在各处负责不同的职责——掌握航向、摇橹、拉网、做饭等。

这些水上吉普赛人或许可以被恰当地称作职业拾荒者，他们是那些陆上运气不好的阶层在内河上的翻版，那些陆上的拾荒者则是大部分时间都在垃圾堆里翻寻，或是用一根长叉子从排水沟里熟练地捡起烟头。拖网船的做法也差不多，他们是在垃圾码头等待垃圾船倾倒时捡拾垃圾。

如果碰上机会，拖网船主偶尔也会去运货，或是受雇打捞沉没的财物。他们的另一项活动是抓螃蟹，尽管抓螃蟹与船舶航行无关。从事这种营生主要是在上海周围的河流里，可从农历的八月持续到十月。不过，他们主要的生活来源还是拖网沿河底打捞任何有价值的东西，即使像旧罐头盒这样的分量很重的垃圾也可以用来换钱。这种工作中最赚钱的是打捞落入河里的煤；在上海是远洋货轮的停靠站时，

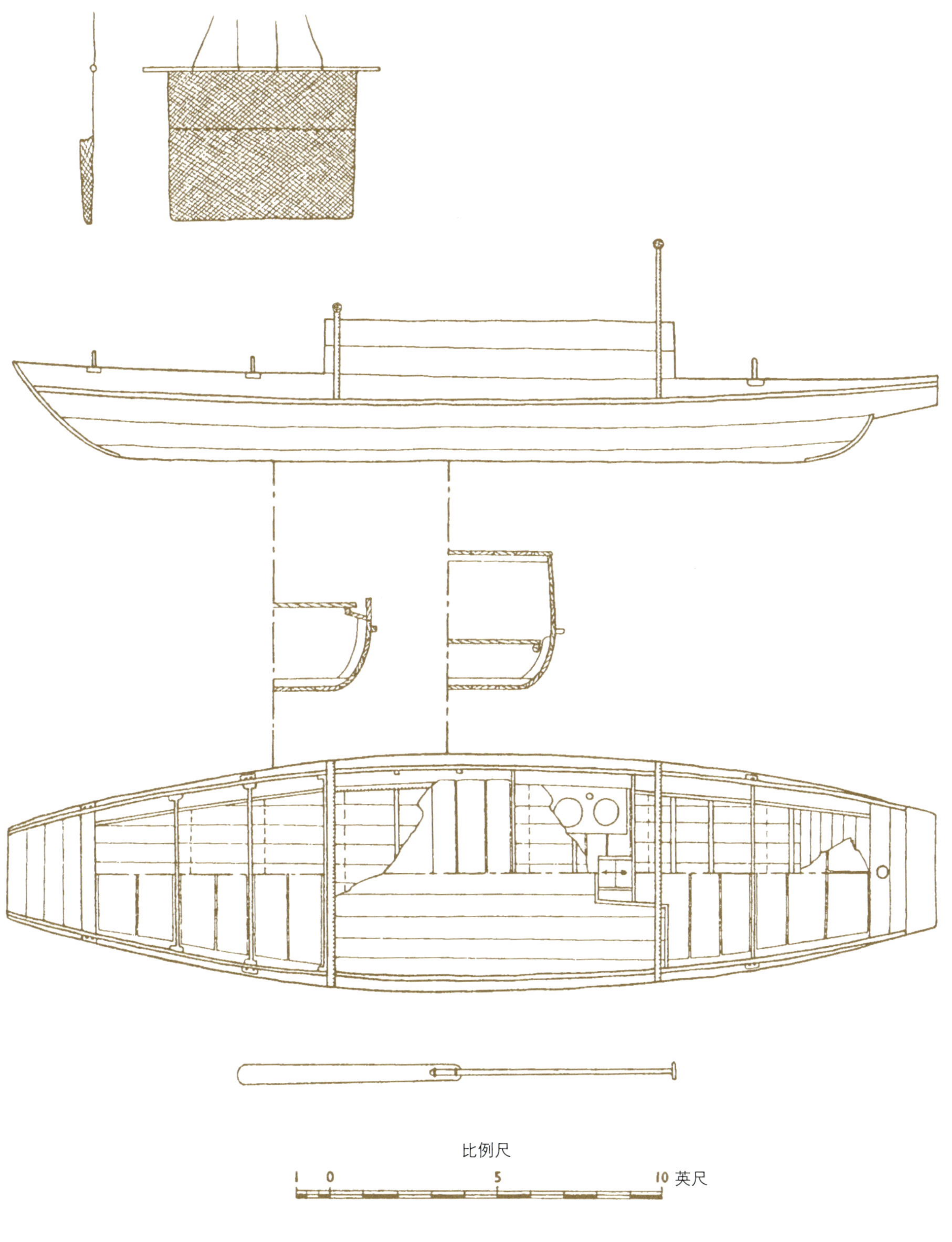

图 11－15　拖网船

拖网船可以获得相当不错的收成，当然他们的收成也要取决于竞争者的数量。

拖网船使用的是由麻绳制成的"袋网"，网眼1英寸，规格为5.5英尺×4.5英尺。袋网上有很多铁环，以保持袋口张开，铁环的重量还可以使袋网保持正确的位置。这种袋网分量很重，用一根船索系在竹子编成的缆绳上，沿船边放入河底，船移动时，袋网也可以袋口向下很灵巧地移动，希望能打捞出煤或是螃蟹。拖网船的船工十分精于这种拖网工作方式，能够从30到40英尺深的河底打捞出需要的东西。打捞出来的猎物会让他们情绪高涨，因为偶尔会打捞出很有价值的财物。例如，在装填燃料的豪华邮船旁拖煤时，他们还有可能打捞起客人的假牙(这样的事情真的发生过)，为此他们得到了适当的回报。

拖网船有时会沿着苏州河深入内陆地区，这些拖网船成群结队，在较浅的河道里搜集一切可以当作食物的东西，甚至包括可食用水生植物的块茎或是肉质的根部。

尽管并非主要的，但这里还是要提一下拖网船的另一项活动。海洋港口警署的侦探会告诉你，如果货船上丢失了任何东西，哪条船丢失了船锚，或是客人的帽子在拥挤的渡船上落入河里，如果遇上此类情况，肯定都会用上拖网船。与上海的其他职业一样，小偷也是有着很高的组织性的。此外还要受到严格的控制，以使大多数人受惠。因此，水上的窃贼也划分了他们的势力范围。

一个码头上的小偷是不被允许到另一个码头上行窃的，而是必须将他的活动限制在自己经常活动的范围。对于上海码头的小偷而言，没有什么可移动的东西是安全的，因此商人可以去小偷帮会追索，支付一定的定金后，小偷帮会可以保证没有人去偷他们的东西。因此，用小偷去抓小偷的事情也是真的。

– CHAPTER 1 –

THE CHINESE JUNK IN HISTORY, ART, AND LITERATURE

Among the meagre arts and crafts practised by primitive man, the knowledge of how to propel himself in or on some form of floating vessel was so certainly acquired from the very earliest time that this fact has been taken for granted by all ethnologists and antiquaries.

The floating trunk of a tree doubtless inspired early man's first nautical venture, and in this connection, in an old Chinese book the *Huai Nan Tzǔ*, dating back to about 122 B. C. , it is suggested that rafts owe their genesisto man's observation of leaves drifting by on the stream, and it is said that "he who looked on a hollow log floating on the water was the first shipbuilder."

In the earliest writings of any country there are always allusions, albeit lamentably vague, to ships and boats. Vague of course, for we cannot expect to find documents describing how early man came to build the first boats, and histories of various nations in the world contain no records of the initial stages of navigation, for the good and sufficient reason that boatbuilding came before writing.

According to Chinese legendary history, all useful inventions, together with the philosophy of the sages, were said to be mentioned in the earliest of the classics, *I Ching*, or *Book of Changes*, and its appendices. The art of boatbuilding is also claimed by some (although this is difficult to believe) to be represented in the system of symbols of which *I Ching* consists. One of these appendices, written after the time of Confucius, describes how Fu Hsi, the first of the five great rulers, traditionally dated 2852 B. C. , taught the people many useful arts, including that of fishing with nets and how to make the first boats. These were built by "hewing planks and shaping and planing wood."

Tradition makes a lot of Fu Hsi, who was credited with being the offspring of a nymph and a rainbow. One of the most outstanding of the legends describes how celestial aid was sent him in his efforts for the enlightenment of his people by the sudden appearance of a dragon horse bearing a scroll on which were inscribed the eight mystic trigrams known as the *pa-kua* which play so important a part in Chinese divination and philosophy. Little more is told us of this interesting personality except that he "dwelt in a hall, wore robes, introduced rafts and carts," and fittingly terminated his picturesque career by ascending to heaven on a dragon's back.

There is so large a substratum of truth upon which Chinese myths and legends have grown up through the efforts of the unlearned to explain some noticed fact or phenomenon that the staging of the important incidents of Fu Hsi's life by the banks of the Yellow River seems the Chinese way of designating that area as the cradle of their civilization. Certainly it is a tradition among the junkmen that the craft of the Yellow River antedate those of the Yangtze, which, in their turn, preceded the ocean-going junks.

This young industry of shipbuilding then, so it was said, was fostered and developed about 700 years later by the great Emperor Yü, sometimes called the first shipbuilder.

The Emperor Yü has played such an important part in the history of the rivers of China that a few remarks on his spectacular achievements are apposite. According to tradition, his mother saw a star falling through one of the constellations and in a dream connected with it swallowed a magic pearl. And so, in due season, Yü entered the world. He started life with the handicap of having, according to the bamboo books, "a tiger's nose, a large mouth, and ears with three openings." The Emperor became ancient China's most famous and efficient conservancy engineer. His labours are too numerous to mention, but chief among them were the "bringing to order of the Nine Kiangs," including the T'o and the Ch'ien Rivers, and the draining of the marshes of Yün and Mêng. He carried out repairs to the existing works of the T'aiyüan, moving from thence on to the "cross-flowing stream of Chang." It is said that he is buried near Ningpo.

Early Chinese writers attribute boatbuilding and other inventions to one or other of the mythical sages with a bewildering lack of discrimination, for according to another of the Chinese Histories, *Ch'un Ch'iu*, edited by Confucius (who put forward the claims of Fu Hsi above as the first naval authority), and also the writings of Mo Tzŭ, it is claimed that the boat was introduced by Yü Jên, Hua Hu, Kung Shui, P'an Yü, Pai I, and Ku Huo Ti, all officers of the Emperor Huang Ti, and so the Emperor Huang Ti as well as Fu Hsi is very generally credited with building the first boat.

In *Shih I Chi* it is stated that the Emperor learned the importance of maritime power during his campaign in Hopeh against his great enemy Ch'ih Yu. The Emperor, who lived over 4,000 years ago, must have been something of an inventor, for in addition to boats he is said to have introduced the oar as a propelling agent, the smoke screen, and finally the compass.

As has been indicated, it seems that the art of shipbuilding in a country with so old a civilization as that of China probably dates back very much further than these legendary periods, for a crude form of navigation was one of primitive man's earliest discoveries, wherein he was, no doubt, inspired by the desire for food and suitable surroundings.

The calm and sheltered waters of China's rivers and lakes were admirably adapted to the development of craft from the floating log, man's first nautical venture.

The ubiquity of the bamboo must probably have caused rafts of this material to have been used most generally where it was to be found. In the north it would appear to have been replaced by skin rafts, still in use in some places to-day. From these primitive beginnings gradually evolved the built-up craft which were the forbears of the junks and sampans we know to-day.

Indeed, we have it on the authority of *Shih I Chi*, written by Wang Chia in the Ch'in Dynasty, more than 1,500 years ago, that before the invention of the boat the ancients used a form of raft for ferrying purposes.

Between neolithic man and modern man in China there is, despite gaps, a fairly clear continuity, so that it is reasonable to suppose that the first attempts at boatbuilding were handed down and perfected generation by generation, until various kinds of simple craft evolved which were efficient enough to be eventually stabilized into types. These types must have been the progenitors of all those still in use today in China.

More or less authentic descriptions and paintings, dating back to 2600 B. C., exist of the ships of ancient Egypt, Greece, and Rome, and even of India and Persia. That is to say, the data available can be safely assumed to be so tolerably accurate in general that these ships can be reasonably reconstructed, and many old pictures of them are to be found which would not offend the historian or the sailor; but there is nothing of the kind relating to ancient Chinese junks.

No chapter in the history of China is so incomplete as that concerning ships and sailors. There is no general collection of pictures, nor can literary sources be regarded as satisfactory.

In the effort to trace back the earliest mention of foating craft, therefore, a brief survey of the origin of Chinese writing is necessary, particularly considering the pictographic character it showed in its initial stages.

The rise of the art of writing, even more than that of shipbuilding, will always be a mystery quite impossible to solve. It is claimed by many Chinese scholars that the kindred arts of writing and drawing came into existence together from one and the same source. Legend tells how, under the same Yellow Emperor, Huang Ti, from whose reign date the principal arts and crafts of the Chinese, there were two inspired sages.

The first was Ts'ang Chieh, who was a Minister of Huang Ti. He was born a sage and was, naturally enough, precocious as a child. He is said to have invented writing by imitating the footprints of birds and animals on the ground, and thus doing away with the old clumsy method of using knots.

The other sage was Shih Huang, who was also a Minister of Huang Ti; indeed, some authorities state this is another name for Ts'ang Chieh. This official is credited with the introduction of drawing and of himself making the first picture. According to some, however, the first painter was a younger sister of the Emperor Shun named Lei, *circa* 2255 B. C.

The written characters in use in very early days were originally crude pictures of men, houses, and the like. It is possible to trace in the modified modern forms of those characters resemblances more or less to the objects intended. Thus, for sun the ancient Chinese drew a circle with a dot in it; for mouth, a round hole; and so on. These are called pictograms. Later, ideograms came into being, that is to say, ideas. Thus, a pig under a roof indicated home; one woman under a roof, peace; two women under a roof, strife; a woman with a broom, a wife; and so on.

By Shang times, however, the art of writing had progressed beyond this primitive order, although early pictograms in some form or other still survived. Indeed, in some cases, though still further modified, they are in use to-day. This is the case with various pictograms relating to boats, as will be shown later.

The most ancient surviving Chinese writing as yet discovered is that found on the bone and shell fragments known as the oracle bones. [1] These, therefore, constitute the earliest references yet found to boats in China.

These bones formed a part of the royal archives of the Shang Dynasty, which flourished from 1766 B. C. to 1122 B. C. The Shang people were the successors of the stone-bronze age men, the site of their capital being at Anyang (安阳), in North China.

The bone fragments vary in size from pieces only large enough to carry one character to those of a couple of feet in length. They were used for divination purposes and are of two kinds. First, the shoulder-blades of oxen or large deer and, secondly, the under side of turtles, the latter being caught by fishermen in the autumn and offered to the Government. The surface was smoothed and polished, and then shallow, slim, oval indentations were hollowed out of the back of the bone surface. The number of these pits varied with the size of the bone. There were as many as 72 in a large tortoise-shell. Heat was then applied to any spot on the edge of the oval, probably by means of a heated bronze skewer. This resulted in the cracks intersecting somewhere on the centre line of the hollowed oval in a T-shaped figure which constituted the utterances of the oracle, the shapes and direction being interpreted according to fixed rules. Essentially, however, the answer was either affirmative or negative.

Apparently the Shang people did very little without first consulting the oracle. If ever they got into any sort of trouble they told the spirits about it and asked their advice; and the bone and shell fragments are the results of various questions put to their ancestors and the gods by these careful people.

They always kept the spirits fully informed, and asked advice and guidance on all possible subjects, not only on important matters such as making wars on hostile neighbours, political moves, and so on, but on comparatively unimportant details connected with their daily life-also, of course, boats (Fig. 1-1 A).

So cautious were they about leaving nothing to chance that they would make full and detailed inquiries before proceeding on a voyage and all the routine matters connected with travel.

In the matter of hunting and fishing they were just as particular, and they had, apparently, so little confidence in themselves that the oracle was called upon to supply answers to the most elementary questions.

The Shang people lived by agriculture, herding flocks and cattle, and by hunting. They were by no means a nautical people, but we do know that they traded by boats over considerable distances; indeed, by inference, it is supposed that they had trade relations with portions at least of the Yangtze Valley. [2] No doubt a considerable part of the journey was water borne, indeed, the pictogram for a boat is as commonly found on the oracle bones as that of a horse, [3] so that it is hard to determine which form of transport was

[1] Towards the end of the last century some inscribed turtle shells and animal bones were unearthed by farmers in Honan, who decided they must be "dragon" bones. The villagers, after scraping off the invaluable inscriptions, sold the bones to the local medicine shops, where they were ground into powder and were very highest eficacy in curing ailments, particularly nervous disorders. A curio dealer, being struck by the antique writing on some of the pieces, showed them to a Chinese scholar. The discovery caused a sensation, and so came to light by accident the earliest examples of Chinese writings and the most ancient records of the Chinese people. Some hundreds of thousands of fragments are in the hands of collectors, and now all have been catalogued. Needless to say, as soon as it was realized that these bones were worth money they were immediately forged in very considerable numbers.

[2] *The Birth of China*, Herrlee Glessner Creel. Strongly recommended to all readers anxious to follow up this fascinating subject.

[3] "Communications in China during the Shang Period", *China Journal*, Vol. XXVI, May 1937. A most conceivable article by Mr. H. E. Gibson, which should be read by all interested.

A.—CHOU: A BOAT. B.—PAN: TO PROPEL A BOAT BY MEANS OF AN OAR.

ORACLE BONES, SHANG DYNASTY, 1766–1122 B.C.

C.—SHOU: TO RECEIVE FROM HAND TO HAND. D.—CHÊNG: TO CAULK THE SEAMS OF A BOAT.

ORACLE BONES, SHANG DYNASTY, 1766–1122 B.C.

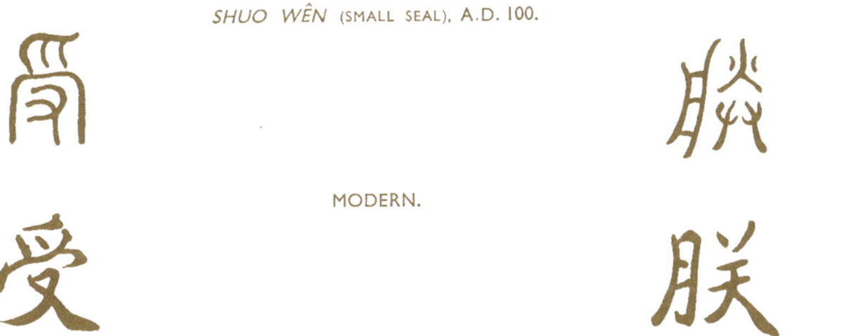

Fig. 1-1 BOAT IN PICTOGRAM

most in use.

It is disappointing that so far no evidence of the use of sails has come to light on the oracle bones. The character *pan* (Fig. 1-1 B), to propel a boat by means of an oar, oars, or by a sweep, appears in their pictograms. This, however, is no proof that sails did not also exist. The Shang writers were masters of the art of shorthand, and sails may have been omitted in the interests of simplicity just as the cart is always shown without a horse, horse-lovers though the Shang people were. [1]

The men of Shang had a considerable culture and showed outstanding freshness and artistry in their handicrafts, sculpture, and bronze. We may safely assume that their boatbuilding, although we know so little of this aspect of their life, was not inferior in efficiency to their other activities. From the word chêng, meaning to caulk the seams of a boat, which appears on the oracle bones, we know, for instance, that the boats were caulked, and this indicates that they had progressed beyond the dug-out stage of naval architecture.

That water transport played a very important part in their daily life is abundantly evidenced by the fact that the pictograph *shou* (受), which has the archaic meaning of to "receive from hand to hand," is illustrated by the character for a boat being, according to Mr. H. E. Gibson, loaded or unloaded. This pictograph will be seen in Fig. 1-1 C, the crosses at bow and stern being pictographs of hands, it is thought, at work on the cargo. The cargo cannot be seen [2] in the oracle bone characters but becomes apparent (with a little imagination) in those of the *Shuo Wen* [3] and Chou bronzes. This pictograph persisted, with comparatively small change, down to A. D. 100, and even to-day forms the basis of the modern character for boat.

Excavations carried out at Anyang show that the Shang people buried with their dead a great variety of objects, some of exquisite workmanship. Moreover, their royal tombs were most elaborately constructed and decorated. It is infinitely to be regretted that nothing nautical, apparently, has come down to us. The inclusion of but one model boat would have been of inestimable assistance to nautical research. So cultured were these people, unlike some of the dynasties which followed them, that great reliance could have been placed on any contribution they made. The Anyang sites, it is comforting to know, are still being excavated, and it is possible that some nautical artifacts may yet come to light.

The Shangs were conquered by the Chous, who founded the dynasty of that name. At first they were vastly inferior in their culture and quite unimportant from a nautical point of view except that they produced that great man the Duke Chou, who is credited by some with the invention of the compass, and this dynasty provided much literary material, notably the *I Ching*, or *Book of Changes*; the *Shang Shu*(《尚书》), or

〔1〕 In Monsieur E. Sigaut's opinion, although adjacent countries such as Burma, Malaya, Netherlands East Indies, developed their craft through the dug-out, it by no means follows that China did the same. This contention is much strengthened by the fact that there are no dug-outs to be seen to-day in China, although many of these survivals still exist in the countries named. He argues, therefore, very convincingly for China's development of her built-up craft straight from the raft. Evidence against this opinion, however, is the statement attributed to the Emperor Huang Ti, *circa* 2697 B. C, that "boats were made by hollowing out logs".

〔2〕 Perhaps itwas down in the hold.

〔3〕 *Shuo Wen*(说文), the celebrated dictionary of the Lesser Seal chara i Shen (许慎), who died in A. D. 120. It is a collection of all the Chinese characters then in existence, amounting to about 10,000, analysed by the author into their original picture elements with a view to showing the hieroglyphic origin of the Chinese language.

Book of History; the *Shih Ching*, or *Book of Poetry*, and others which will be referred to later.

Interesting as all this may be, it casts no real light on the subject of nautical research in China. In default, therefore, of any reliable records of Chinese craft, the would-be historian, in trying to trace their evolution, is naturally led to make researches into the craft of contemporary or more ancient civilizations in that cradle of all civilizations, the Near East, and then to endeavour to link up with, or in some way explain, the Chinese types. The more this method is pursued, the more similarities come to light, so that it would seem that so many likenesses could not be due to mere coincidence. Yet, unhappily, the exact opposite is equally easy to prove. [1]

The views of those seeking to solve the problem may be divided into two distinct schools of thought. The one insists that in very ancient times a Western people with great natural abilities and a high type of culture migrated to China and settled there, first in the Wei River Valley and then in that of the Yellow River. From these areas, it is believed, they gradually spread their civilization among their backward neighbours and thus evolved present China.

Another school of thought, equally insistent, affirms that the Chinese civilization has evolved without any outside aid whatsoever. The discovery and study of the oracle bones, already referred to, and the excavation of the Shang Dynasty site at Anyang has given a solid foundation for the beginning of history in China about 1500 B. C. , and the neolithic discoveries in recent years (revealing the cultures of the black pottery people) push the indigenous civilization still further back.

The prevailing opinion, therefore, today is that Chinese civilization is indigenous, though probably influenced from time to time by outside elements.

That there is some resemblance, however it arose, between Chinese craft and the early Nilotic types may be taken as an accepted fact. Various theories have been put forward as to the channels by which this influence flowed and the grounds for the likeness, real or fancied.

These influences, according to some authorities, had incontestably reached India and were certainly apparent there by about the seventh century B. C. , when Psammetichius I in Egypt and Nebuchadnezzar the Great in Babylon first organized trade in the Mediterranean and the Indian Ocean. If they journeyed to China by land, these contacts must have travelled by the old Central Asia routes which entered through the remote western provinces.

That there was before the Christian era communication by sea with the Far East we know, and these voyages of the ancients from the Eastern Mediterranean would account for the many traces in the Far East reminiscent of Egyptian and Arabian craft, and for the retention by the conservative junkmen of many devices such as were known to those early civilizations of the West.

Which of these interesting survivals, however, were communicated to, and which borrowed from, the Far East by the Near East is a matter for endless conjecture.

However they evolved, the early Chinese formed their settlements in the valley of the Yellow River,

[1] Those interested in following up this subject are referred to the *China Review*, Vol. II, of 1873, page 194, where 17 most convincing similarities in the cultures of Egypt and China are given.

which must have been the stimulus to their efforts at boatbuilding.

Before reaching the sea the early inhabitants of China must have had experience of wide spaces of water. In neolithic days the great plain of North China, across which the Yellow River flowed, was more marshy than at present and included many lakes and lagoons.

The inhabitants soon separated themselves into tribes under local chieftains. Wars were of constant occurrence, and the use of boats for fighting or moving troops must have begun very early in a country so well provided with natural waterways — too well, perhaps, for there is frequent mention of a great flood in the twenty-third century B. C. which was said to have lasted for 13 years and which, it seems not improbable, was due to the Yellow River cutting a new passage for itself to the sea, causing the devastation described by geographical writers, until in time the waters drained away, assisted by the eforts of the great Emperor Yü, who built embankments and cut channels to control and carry off the great waters.

It has for long been conceded that the sea-going junks of North China are among the oldest known types of vessels, with a basic structure dating back perhaps some thousands of years. A factor contributing very largely to the unchanging continuity of design in these northern craft is that they were never subjected to any modifying outside influences, as in the southern China seas; for their inter-colony coastal operations crossed no trade routes, but served a sparsely populated area devoid of commercial opportunities for foreign shipping. Of these ancient coastal types, the Antung trader, So often to be seen in Shanghai, has, it is thought, probably changed the least during the last 2,500 years.

Without disputing the age of the northern sea-going junks, the contention that they represent the oldest existing basically unchanged types would appear open to serious question. For if, as is affirmed by all the eminent authorities, the Chinese race settled by the rivers first, it is only logical to assume that the fatbottomed riverine craft, the descendants of the raft, are the earliest of all types in China. The argument in favour of the priority of the riverine craft would seem to be borne out by the fact that the farther inland and away from outside modifying influences these craft are to be found plying, the nearer they seem in basic design to the ancient simple conception of a boat. This premised, it may well be, though it has yet to be proved, that many of the craft of the Yangtze derive directly from the craft of the Yellow River, and must have altered little in their main structure from their early prototypes, if only because there is fundamentally so little to change. This, of course, applies to craft of the delta, particularly to those indigenous to waterways in direct communication with the Grand Canal.

In seeking to trace the origins of the various types of craft it is natural to study not only the sculpture, literature, drawing, and painting of a country, but also its ceramic art, together with coins and seals, which have all, in the West, proved such a fruitful field for nautical research.

Very little can be gleaned from the earliest known representations of Chinese craft. Probably the oldest are three sampans on a sculptured slab of stone from a rock tomb of the Later Han Dynasty, A. D. 25–221, situated at Hsiao T'ang Shan. These are depicted as assisting in the operation entitled "the Urn of Chou being brought out of the river." The seated occupants of the boats use a paddle, while in one boat a man stands with a pole, which he may be using either as a quant or as a sounding-pole.

Probably the second oldest portrayal of sampans is similarly sculptured on the walls of a stone tomb of

Fig. 1-2 THE HAN BAS RELIEFS, A. D. 25–221

a family named Wu, at Tzŭ Yün Shan, also in Shantung, dated about A. D. 147. These craft are heavier in type and have a more characteristic shape. The method of propulsion seems to be more in the nature of an oar than a paddle and is still operated from the stern.

Fig. 1-3 RELIEFS ON THE WU TOMB AT TZŬ YŬN SHAN

As sculptors in stone the Chinese have produced very little else that is of interest to the nautically-minded. It is notable that in their stone or earthenware tomb figures and articles junks play no part at all. Except for those described above and the much-quoted fresco at Ajunta, in India, to be described later, which, even if it represents a Chinese junk, was probably not executed by a Chinese artist, there are no other murals of note showing junks, and the only examples of junks carved in stone are the fanciful jade or soapstone objets d'art from the curio shops or, last and worst of all, the Dowager Empress's marble boat in the Summer Palace in Peking. This stone atrocity of dreadful design was built from funds which had been ear-marked for the navy.

As regards drawing and painting, junks and sampans frequently appear as motifs in early Chinese paintings of all dynasties after the Han Dynasty, of which no authentic drawing or painting has come down to us. Some of the early representations clearly incorporate many features and fittings still in use today; but these are accidents reflecting more credit on the artist's powers of observation than his knowledge of rigging and seamanship. It is noteworthy that the Chinese artists confine themselves to painting the craft of river and lake, never do they attempt the sea-going type of junk. They never drew a boat for the sake of the boat, but only as an accessory because a sage, philosopher, or high official happened to be meditating in the vicinity.

Landscapes, in particular those depicting mountains and streams, rank highest in Chinese paintings, after which come studies of birds and flowers, dragons, and mythical creatures, and animals. Chinese art is so stylistic that everything is cast in a stereotype mould. The rules require that any large sheet of water portrayed should be studded with sails, and a recognized technique was developed for depicting boats in a strictly conventional manner. Thus most of the junks that appear in old pictures have little connection with reality and show exaggerated and bizarre features-from a nautical research point of view — from which little can be deduced. In the case of sampans, however, some degree of comparative accuracy is shown. For instance, in a "Winter Landscape" by Wang Wei (王维), of the Tang period, A. D. 618–907, there is a perfect representation of a sampan, banked in, complete with stick-in-the-mud anchor, a contrivance which will be described later. Wang Wei was a high official during the Tang Dynasty, and a celebrated artist of whom it was said that in his drawings there was poetry, and in his poetry pictures, for in China these two arts are inseparably linked. There seems little reason to doubt that Wang Wei drew the sampan more or less correctly.

It is difficult to arrive at any conclusion from many of these drawings owing to the obviously inadequate knowledge some of the artists had of the craft they illustrated. The Chinese practice of repeating famous pictures, with variations sometimes, and their habit of copying earlier masters is a great help to the student of the periods and styles of ancient artists but it is unfortunately no help to nautical research. In the study of Chinese art due allowance must always be made for the conventionality of the drawing, and this applies with equal force in the matter of Chinese junks.

In Chinese literature there is much more material upon which to draw, although the allusions are not very specific or instructive. There are always references to junks and sampans in the classics and the old dictionaries. Vague mention is made to the tribute brought by various tribes to the Emperor Yü, which are described as "floating along down the rivers Huai, Ssŭ, and Huang." The semi-barbarous kingdom of Yüieh, comprising what is now Chekiang, about 472 B. C. had the largest navy of any of the feudal states and fought always on water, never using war chariots. There was a 21-years' war between this tribe and the state of Wu. The state of Yüeh became a maritime power, and it is probable that, when it is said that the Chinese reached the Yangtze cape in 1200 B. C. , this was the occasion of the foundation of this maritime tribe.

Although the date of 1200 B. C. has been asserted with some confidence as being the time that the sea coast in the vicinity of the Yangtze was first reached, it seems far more probable that the Chinese had started their maritime adventures at a very much earlier date, although their excursions would have doubtless been at first confined to fishing, fighting, and other purely local activities.

Sea fights are specifically mentioned as early as 485 B. C. , and it is stated in *Shih Chi*, the first general history of China, dating back to about 90 B. C. , that —

> The King of the Wu kingdom made an attack upon the Ch'i kingdom from the sea, but was defeated and turned home.

In 473 B. C., the ruler of the Yüeh ordered his general to proceed along the coast and carry out an attack up the Huai River, which at that time entered the sea by its own estuary.

Among the many voluminous Chinese dictionaries there is the *Shuo Wên* by Hsü Shên, who died in A. D. 120. It comprises some 10,000 characters, but, despite numerous references to ships, there is nothing really descriptive of any craft that can be used as evidence of the existence of any definite type at any particular time. [1]

In respect of one of the earliest mentioned voyages to the East, researches into the *Book of History* reveal how it is recorded that in 219 B. C. the Emperor Shih Huang, of the Ch'in Dynasty, ordered Hsü Shih to go on an expedition with "several tens of thousands of youths and maidens to search for the three fairy Isles of the Blest." Other authorities have described how they started off from Shantung, and it is confirmed by various sources that they actually reached Japan. Unhappily, history does not appear to relate what success attended their mission. Although no material result was brought to the avaricious Emperor, the story goes to show that sea navigation was widely opened-at least along the north part of the China coast-by that time.

As a result of the incursions and campaigns of the Chinese, the aboriginal Tribes gradually withdrew south to the regions now known as Fukien and Kwangtung. In the *Han Shu*, or *History of the Former Han Dynasty*, written by Pan Ku, *circa* A. D. 90, mention is made of the "Crossing Sea General" Han Yüeh, who was ordered to —

> Float on the sea and proceed eastward *via* Kuchang (now Ningpo)

[1] References to junks and boats in Chinese literature are innumerable, if not very illuminating. Those interested in following up the subject are referred to the following: *Han Shu*, *Huai Nan Tza*, *Shan Hai Ching*, *Shuo Wen*, *Han Shu Chu*, *Shih I Chi*, *Shu I Chi*, *Fei Yen Wai Chuan*, *Hua Shan Chi*, *Hou Han Shu*, *TaiP'ing Ching Hua*.

The result of the fighting was that the tribes were subjected and forced to migrate by Imperial orders to the regions north of the Yangtze.

To leave the realms of war and return to those of peace, we find frequent references to floating craft in the works of China's various poets who flourished during the eighth century.

About a thousand years ago there lived a man who ranks among China's most famous poets. His name was Li T'ai-po. He wrote mainly of wine, sadness of lonely hearts, crows calling each other to rest, sages resting in pavilions, birds singing at dusk, and so forth; but he produced a poem which should make an instant appeal to every ship-lover. It is called the "Song of the River," [1] and runs as follows:—

My boat is of ebony;
The holes in my fute are golden.
As a plant takes out stains from silk,
So wine takes sadness from the heart.
When one has good wine,
A graceful boat,
And a maiden's love,
Why envy the immortal gods?

But writing odes to the moon and lolling in boats on quiet waters are habits which, desirable as they may be from a literary point of view, are quite sterile as regards nautical research.

Apart from the pottery rafts, which will be mentioned later, the ceramic greatness of China yields no help in tracing the evolution of the junk through the centuries. Such representations as are to be seen on porcelain are of the usual stereotyped nature and not very informative.

The potter, like the poet and landscape painter, views the junk and sampan through romantic and non-technical eyes. Nevertheless, their evidence cannot be altogether disregarded, as it must have been at least a reflection, accurate or not, of what they saw around them. In this connection it is interesting to speculate as to why, in the painting after Ku K'ai-chih as well as in the paintings on various articles of chinaware, boats are shown with tiled roofs. [2] Before ruling them out as fantastic it must be remembered that on the upper Yangtze there are many types of craft to be found with tall built-in brick kitchen chimneys, or galley funnels as the sailors would call them.

In Europe, coins and, later, seals form a useful source of our knowledge of the craft of the ancients. From seals especially the evolution of the sailing ship can be followed. By their aid the development of the rudder, the growth of the forecastle and poop, rigging, the bowsprit, and even fenders can be accurately traced and, which is so important, dated. Unhappily there is nothing of the kind in China.

And so we leave our researches with a final regret that Chinese painting, literature, and culture in all its

[1] *Chinese Lyrics*. Translated from the French of Judith Gautier by James Whitall.

[2] Monsieur Sigaut suggests that maybe they were made of bamboo and designed to look like tiled roofs.

many forms and with its amazing and continuous tradition of 2,000 years should contain so little about her ships and sailors.

A great deal has been written about the first Europeans to visit China but little or nothing in the case of the earliest Chinese to visit Europe or to come into contact with Europeans outside China. Nor is this to be wondered at considering the prohibition placed by the early Ming Emperors on their subjects trading and residing abroad. Those Chinese who went abroad in defiance of this ban were, no doubt, confined to seamen, smugglers, pirates, vagabonds, and the like classes of people who do not as a rule leave written records of their adventures, that is, if they are wise. Scholars of the literary class or even well-educated merchants must needs have been singularly few and far between in those far-off days and, even so, it is doubtful if they would have interested themselves in nautical research or chronicled the adventures and habits of sailors or fisherfolk. This is probably the reason why we cannot expect to find anything of importance on our subject in Chinese annals.

Western historians and writers are unfortunately not much more helpful in clearing up the mystery surrounding the date of origin of types of Chinese craft, or indeed as regards anything concerning the craft in current use.

The Catalan Map, dated 1375, is said to have served to introduce the Chinese junk to European eyes, although it cannot claim to add very substantially to our knowledge. The map, however, is extremely interesting (Fig. 1-4). It consists of six plates drawn on parchment, attached in the middle to wooden boards and bound in book form. It is considered to be the most comprehensive cartographic work of the fourteenth century and shows the known coasts of the world at that time. Cordier and Nordenskold agree that the unknown cartographer took almost all his facts about China from the accounts of Marco Polo's travels.

True, almost any nautical book of reference has something to say about Far Eastern craft, but it is astonishing how uninformed are most of the comments on the Chinese junk.

Western paintings and etchings of the nineteenth century depicting junks are quite valueless, as they are too unconvincing and inaccurately portrayed to facilitate any recognition of definite types. An exception to this must be made in favour of William Alexander of the Macartney Mission in 1792.

It is greatly to be regretted that so many erroneous and misleading statements about, and drawings [1] of, junks have crept into the pages of modernbooks by well-known and respected writers on nautical subjects. Doubtless in the absence of first-hand knowledge they were obliged to tap such sources as were available to them, notably the Far Eastern models in various museums, which models, alas, are sometimes far from being correct.

The Chinese carpenter has a wide reputation for the excellence of his work, and so it might be expected that he would provide material for nautical research. Unhappily this is not so.

Model-making, *per se*, was scarcely ever practised in China. One of the few old specimens is on display in the Musée Heude of the Aurora University in Shanghai. It was presented in the thirteenth century to

[1] Actually the correct drawing of ships of any sort under sail is, perhaps, the most difficult subject in art. For instance, apart from the actual craft itself, the force and direction of the wind and sea must be apparent and the sails must be shown as they would appear in nature, to say nothing of the delineation of the rigging in motion. All these must harmonize if they are not to offend the practised eye of the sailor.

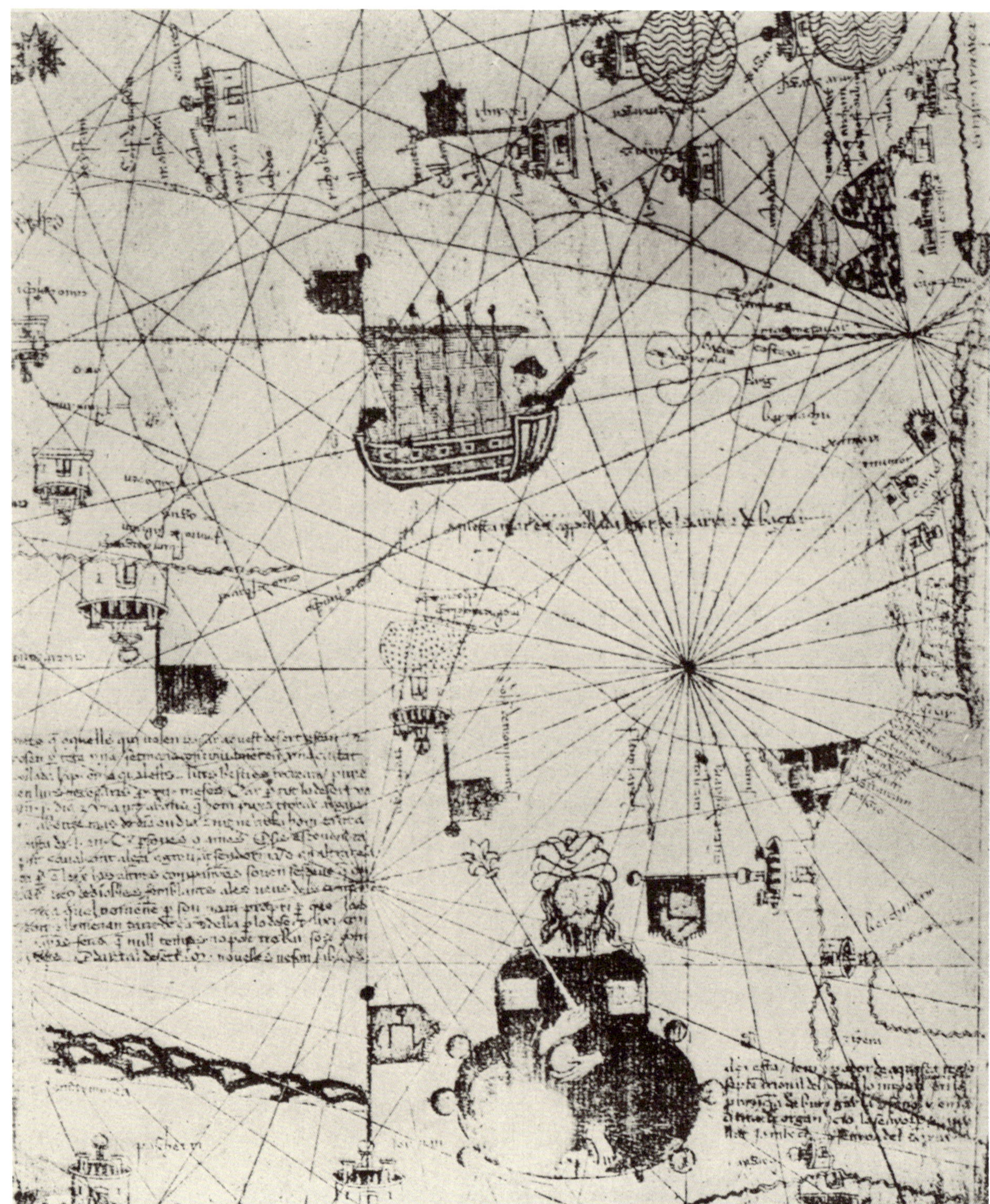

By permission of the Trustees of the National Maritime Museum, Greenvich.

Fig. 1-4 PART OF THE CATALAN MAP OF 1357

the Emperor by a well-known scholar, Chao Yu-jen. Later, in the nineteenth century, it was removed to Ningpo, where it was preserved in a temple. Artistically, or rather from a craftsman's point of view, it is a fine piece of delicate carving, but as an historical record it is quite useless. The same applies to the expensive objects d'art produced by the silversmiths, ivory-workers, and stone-carvers (Fig. 1-5).

The next type of models to be reviewed are the votive offerings. The ancients were accustomed to suspend in their temples shields with appropriate inscriptions and other offerings in honour of their gods. Daedalus, after his safe return from his first flight, is said to have consecrated his wings to Apollo. The Romans, when saved from shipwreck, hung up their wet clothing in the temple of Neptune. The custom of making votive offerings is still observed in Catholic countries, as their various churches amply testify. In the West nowadays, however, the numerous ingenious inventions and improvements in navigational instruments have so greatly diminished the difficulties and perils of ocean travel that this pleasing custom has fallen into desuetude. In China, however, it still persists, and fairly reasonable models may sometimes be seen hanging in the temples frequented by junkmen. These models, though, are quite unreliable from a nautical research point of view, despite their sentimental and romantic interest.

Towards the latter part of the nineteenth century the Chinese model-maker made his appearance for the benefit of the tourists or the retiring foreigner anxious for souvenirs of his years of service in the Far East. These craftsmen are unsurpassed in the art of producing fancy junks of no known type. The trap for the innocent buyer is often baited with fluttering pennants and carving and paint in a riot of colour.

Unlike a drawing, which however inaccurate may yet present a faithful impression of a ship, a model, since it deals with three dimensions, increases the possibility of error, whereby not only is all true likeness destroyed, but the result is made infinitely more misleading than a bad drawing.

Casual model-making of this sort is, of course, prevalent everywhere, but is nowhere more in evidence than in China, where not only is the idea of a scale model unknown to the Chinese carpenter, but almost invariably a due sense of proportion is lacking. [1] Add to this a lively imagination, and the effect is a mere conventional work of art with little if any relation to reality.

And so it came about that illustrious visitors to the Far East, on their return home, brought with them gorgeous-looking models of Chinese junks. These, in time, found their way into museums, where they have been accepted in all good faith as true replicas.

It is very distressing to see these spurious models convincingly labelled and displayed in museums of repute. It is to be hoped that all such institutions will take careful stock of their Chinese craft in order that wrong information may not be perpetuated.

The civilizations of Europe and China developed independently, each being for a long time ignorant of the other's existence. Overland trade routes, however, must have indirectly served to connect them by means of trade marts from very early times, for Herodotus, writing of the fifth century B. C., refers to the description of a caravan route by a traveller 200 years earlier, and the estimated date of the first arrival of foreign

[1] An exception must, however, be made in the case of the model-makers of Ichang. Some of their models, which are often to be seen in the shops of Shanghai, are excellent in every way.

Fig. 1-5 MODEL JUNKS TO BE SEEN IN SHANGHAI

influence by sea is placed as far back as 650 B. C.

There are records innumerable of early contacts with the West. The Phoenicians, the Babylonians, the Arabs, the Romans, and others all established connections with China by one route or another, but prolonged research gives no authentic records of the Chinese having at this time ventured farther west in their own craft than Cochin-China, Annam, and the Straits of Malacca, and north as far as Japan.

The first mention of Thinae by Western writers occurs, says the "Chinese Repository," in a book ascribed to Aristotle. Eratosthenes, who lived 250 B. C., placed Thinae at the end of the earth, bordering upon the Eastern Ocean. Arrian, *circa* A. D. 150, after describing an island, says:

> Still farther towards the north, beyond the sea which bounds the country of the Sinae, is the great city of Thinae, in the interior from which raw and manufactured silks are brought. It is extremely difficult to reach Thinae because it lies at a great distance, and few go there.

The Chinese did little in ancient as well as in modern times towards making themselves acquainted with other nations, so that it is not surprising that, while there are innumerable records of contacts from the West reaching China, first by land and then by sea, there is the greatest difficulty in establishing proof that the Chinese themselves travelled overseas in their own ships. Probably the main obstacle to long ocean voyages on the part of the Chinese, for which their ships were quite sufficiently seaworthy, was their inferiority in mathematical knowledge. This lack of mathematical science was accentuated by the fact that their language and writing were quite unsuited to the exact science of working out mathematical navigational problems. That they did penetrate as far as India and beyond by "guess and by God" methods is therefore vastly to their credit.

They seem to have obtained their first definite knowledge of Rome during the reign of the Han Emperor Wu Ti, 140-87 B. C., and the recorded attempt to establish communication was made in A. D. 97 by Pan Ch'ao, who sent an official named Kan Ying on a mission to the West to acquire information. This seems to have marked the beginning of extensive trade relations. Contacts with the West increased. It is known, in the second century B. C., jugglers (male and female), dancers, and musicians, famous in Alexandria, were transported from there by sea, entering China through Burma, the earliest means of access. It is claimed in the "Han Shu," or "Han History," that Wu Ti established a sea route to India, and that in 140 B. C. a cargo of gold and silks was carried to a town near Madras. We may therefore, with great respect, assume that Mr. Rockhill was incorrect in affirming that at the beginning of our era there were no Chinese vessels at all in the Indian Ocean, although the Chinese "often crossed it in ships of the barbarians." [1]

It is probable that soon after this period other Chinese vessels must have reached Hindustan, but it is clear that, until the Alexandrine merchants had established a regular trade with the coasts of Malabar, and

[1] W. W. Rockhill. Chao Ju-kua (赵汝适): his work on the Chinese and the Arab trade in the twelfth and thirteenth centuries, entitled *Chu Fan Chih* (《诸蕃志》).

probably for some considerable time after, the chief Chinese commercial traffic with the West was conducted by means of caravans overland.

A century later sea-borne trade entered by what is now Indo-China, through the port of Tonkin, as the maritime peoples of Western Asia were finding out the easier sea route to China *via* the Straits of Malacca. Burma then ceased to be the high road between East and West. An important early terminus for the sea route was Hanoi, then known as Cattigara, and, of course, Canton. The Arab merchants were welcomed in China on their first arrival there in A. D. 787, and although the Chinese imposed upon them strange modes of selling goods, yet the founding of agencies was permitted, the traders were exempted from fiscal burdens, and justice was permitted to be administered by their own judges. Few ships, however, ventured on a voyage so full of risk as that to the distant seas of China. The Arab trade which later carried on such a thriving business was probably responsible for the Egyptian influence on Chinese junks as evidenced by the oculus, for the Arab ships themselves derived from the Egyptian or Nilotic types. There is another possible source for these alien influences in the earlier sea contacts with the Mediterranean peoples, for it is believed that the Phoenician merchants, in their voyages in search of the "land of fine silk," reached Indo-China about 650 B. C.

Lin Yu, writing in *T'ien Hsia Monthly*, gives it as his opinion that the end of the Liu Sung period, A. D. 420–479, was the probable time when China first began to build craft for her sea-going trade. These were known as the bull-head ships, and the largest were said to be capable of carrying 300,000 catties of cargo. The descriptive title is not an inapt one; for if, as seems probable, the Kiangsu trader evolved from the earlier bull-head type, it fits this latter-day descendant very well.

All that is known of early China and the industry and enterprise of its merchants tends to show that they would not have confined their marine activities to the rivers and estuaries only for the many centuries of their highly advanced form of civilization and culture which obtained before the Liu Sung period. Without desiring to enter any controversial field as to the date and extent of their overseas trade with outside nations, it seems pretty definite that they must have made use of junks for coastal trade considerably more than 1,500 years ago.[1]

The earliest concrete evidence of the antiquity of the Chinese sea-going junk is in the shape of a representation said to be that of a three-masted North China junk in a fresco in the caves of Ajunta, in Hyderabad, India. These 29 caves were the centre of the Buddhist religion in those days. Although no date can be given for the portrayal of the junk, it must have been completed some time during the process of digging out the caves, which spread over a period of 800 years from the second century A. D. That Chinese travellers had visited the caves we know, too, by the records of that amazing pilgrim Hsüan Chuang (玄奘), who journeyed overland from Shensi to Ajunta in the early seventh century. This fresco has been quoted in Torr's "Ancient Ships" as a representation of a Chinese junk. There are others who believe the drawing is meant to depict an Indian vessel.

In the year A. D. 411 Fa Hsien (法显), the Buddhist monk, travelled from India to China, and was

[1] "China's International Relations", Harley F. MacNair. *Journal of the R. A. S.*, 1925.

probably the first Chinese to leave any real record of a voyage. He describes the ships of that day as each carrying 200 souls, and says:

> "Behind the large vessel was a smaller one, to be used in case of disaster to the larger one."

The voyage from Java to Canton was estimated to take 50 days; actually the ship was driven far from her course by contrary winds and bad weather, and finally, after 90 days, reached Shantung instead. During the latter half of the seventh century 37 holy men made the trip to India by sea. Ardent Buddhists and keen observers they may have been, but they were astonishingly poor recorders on nautical matters.

It is generally believed, but in no way proved, that the ships they sailed in were foreign, that is to say, not Chinese ships, but Indian or Arab, or, as one of the pilgrims says, quoting his own case, Persian. The port of departure was usually Hsüwên, slightly north of Hoihow.

In the early days of the T'ang Dynasty, at the start of the seventh century, the greater part of China's sea-borne trade was in the hands of the Arabs, who were not slow in perceiving the advantages to be gained by adopting devices used in Chinese junks. The Western world, therefore, through the medium of Arab shipping, is indebted to China for the lee-board, the centre-board, the balance and slotted rudder, the windlass, and, above all, the watertight compartment, unknown in the Mediterranean at that time. Another feature common to both Chinese and Arabian craft is the practice in some cases of painting their boats with a mixture of lime and wood oil. [1]

Gradually the Chinese maritime traders were growing bolder, and they soon penetrated to the Persian Gulf and the Red Sea. During the early days of Hsiao Tsung (孝宗), 1162-1189, the ocean liners of the period were known as the single-mast ships, with a capacity of 200 tons; next in size with one-third of the capacity were the bull-head ships, already mentioned; and thirdly, a class of junks known merely as wooden ships with the same capacity, and another type of equal size, *i. e.*, less than 80 tons capacity.

The main impetus for trade had been the Western desire for silk; and with the introduction of silk culture into Europe by two Nestorian monks who smuggled the secret out, silk imports decreased and trade languished. Under the Yüan Dynasty of Mongolian Khans the old sea routes which had lapsed were re-established.

The large junks in the Yüan Dynasty are said to have been of 36 feet beam with a length of more than 100 feet. No writer of nautical experience has described these vessels or provided us with information on which reliance can be placed. Writers on shipping were, or seemed to be, practically unknown in those days; the few that refer to it are so inaccurate and laconic, or both, that their works have little if any real value, and so everything relating to the ships of the period is in a great degree a matter for

[1] The following is taken from the Customs *Annual Reports on Trade*, China, 1869:

"A characteristic of the junks mentioned by Friar Odoric of Pordenone in the fourteenth century attracts the attention of every visitor of the present day. He remarks that 'all the vessels are as white as snow, being coated with whitewash,' and this whitewashing of the junks is as much in vogue — now especially with the junks of Chinchu (the Zaitun of the Middle Ages)—as it was apparently five centuries ago. This whitewash is a mixture of lime with wood oil (extracted from the poisonous seeds of the *Dryandra cordifolia*), which preserves the ship's bottom and keeps out the worm."

conjecture. The opinion of a contemporary Chinese traveller on the hazards of sea voyages in those days is worth quoting [1]:

> The great ocean spreads out over a boundless expanse. There is no knowing east or west; only by observing the sun, moon, and stars was it possible to go forward. In the darkness of the night only the great waves were to be seen, emitting a brightness like that of fire, with huge turtles and other monsters of the deep all about. The merchants were full of terror, not knowing where they were going.

Although the existence of junks and some conception of their appearance must have been known in the West long before his day, Marco Polo is the first traveller to provide any authentic description of Chinese craft, and with one or two notable exceptions few have since interested themselves in the subject, the tendency being to classify all Chinese craft merely as junks without recognizing any individual difference or characteristic. Polo, in his memoirs, gave a detailed description of a Chinese merchant trader of his day:

> They have a single deck, and below this the space is divided into about 60 small cabins, fewer or more according to the size of the vessel, each of them affording accommodation for one merchant. They are provided with a good helm. They have four masts and as many sails, and some have two masts which can be set up and lowered again.

His reference to the craft he saw navigating the Yangtze in 1295 is not very illuminating and savours of exaggeration, for he puts the number seen in Chinkiang as being 15,000. Elsewhere he speaks of Yangtze junks with a mast and one sail and "covered with a kind of deck." [2]

Marco finally left China in a fleet, provided and equipped by the Khan, of 14 ships, each of which he tells us had "four masts and was capable of being navigated with nine sails." He here admits that "the construction and rigging would admit of ample description, but is for the present omitted." He goes on to say "among these vessels there were at least four or five that had crews of 250 to 260 men and stores and provisions for two years." They took three months to reach Java.

Of his actual voyage Marco Polo has recorded little, but in another connection he describes the ocean-going ships of the Chinese merchantmen as being four-masters, made of fir, double planked, with a single deck. They had stout iron nails and huge wooden anchors, and wood oil took the place of pitch. Their compartments were watertight, a novelty at that time. It took four men to wield one of the massive oars held in reserve for calms. These sweeps were very long, heavy, and designed for emergency use. In the West until comparatively recent times even tolerably large sailing vessels used sweeps to set them round when they missed stays, but more especially, it would appear, in case of being chased by the enemy. Thus the combined oars and sails of the ancients may be said to have survived almost to our own time.

[1] Chao Ju-kua (赵汝适), author of the *Chu Fan Chih*(《诸蕃志》).

[2] Actually this would seem to be a mistranslation on Yule's part, for in *Le Livre de Marco Polo*, by A. S. H. Charignon, the French word used is "pillasson", which means a straw mat.

After Marco Polo many-albeit sketchy and unreliable — accounts of junksare to be found in the annals of medieval travellers. One of the most adventurous of these was Ibn Batuta, a pious Mohammedan pilgrim, who left his native town of Tangier in 1324 and for a period of nearly 30 years travelled over a great portion of Asia. He described how, on the Malabar Coast, he found 15 Chinese junks at anchor. One of the most interesting things about his story is the evidence it gives us of the great activity of shipping in the Persian Gulf and beyond. Much of this was Arab, but we also hear of large and luxurious Chinese junks. Literary giants, sinologues, and authorities of various sorts disputed every place name, phrase, nay, even every word of the travels of this great man as he approached China. To avoid the many pitfalls, Yule's version of Ibn Batuta's description of the Chinese junks he saw is quoted verbatim:

> The greater ships had from 3 to 12 sails, made of strips of bamboo woven like mats. Each of them had a crew of 1,000 men, viz., 600 sailors and 400 soldiers, and had three tenders attached which were called respectively the half, the third, and the quarter, names apparently indicating their proportionate size. The vessels for the trade were built nowhere but at Zaitun, Sinkalan, and at the city also called Sinulsin, and were all made with triple sides, fastened with enormous spikes 3 cubits in length. Each vessel had four decks, and numerous private and public cabins for the merchant passengers, with closets and all kinds of conveniences. The sailors had frequently pit-herbs, ginger, etc., growing on boardin wooden tubs. The commander of the ship was a great personage, and when he landed the soldiers belonging to his ship marched before him with sword and spear and martial music. The oars and sweeps used on these great junks were more like masts than oars, pulling by means of a strong cable fastened to the oar, and singing out to the stroke la! la! la!
>
> Whenever a Chinese junk is about to undertake a voyage, it is the custom for the Admiral of the port and his Secretaries to go on board, and to take note of the number of soldiers, servants, and sailors who are embarked. The ship is not allowed to sail till this form has been complied with. And when the junk returns to China the same officials again visit her, and compare the persons found on board with the numbers entered in the register. If anyone is missing the Captain is responsible, and must furnish evidence of the death or desertion of the missing individual, or otherwise account for him. If he cannot, he is arrested and punished. The Captain is then obliged to give a detailed report of all the items of the junk's cargo, be their value great or small. Everybody then goes ashore, and the Custom House Officers commence an inspection of what everybody has. If they find anything has been kept back from their knowledge, the junk and all its cargo is forfeited. [1]

The next series of voyages were made in A. D. 1407 by a famous eunuch Chêng Ho, who was by no means too emasculated to make long sea voyages of conquest to the south. He, in company with another eunuch Wang Ching-hung, was commissioned by the Emperor Yung Lo, and they visited many foreign "tribes" and brought back many valuable commodities as tributes to the Emperor and succeeded in impress-

[1] Henry Yule, "Ibn Batuta's Travels in Bengal and Cina", *Cathay and the Way Thither.*

ing on them the grandeur and power of the Empire. Their voyages were recorded in the books *Ying Yai Shêng Lan*, by Ma Huan, and *HsingCh'a Shêng Lan*, by Fei Hsin, and made the subject of a romantic novel entitled *San Pao T'ai Chien Hsia Hsi Yang*. The description of their journey, compiled by Huang Shêng-tsêng in the fifteenth century, states:

> With 100 mighty ships they began their journey from Fuh chow at the river mouth of the Five Tigers. With rudders hoisted and sails unfurled they took their course where sea and sky are blended. Hence forth, amid the thundering billows and surges rearing mountains high, helped by their flying masts and labouring oars, now with their cordage tightly strained and now under loosened sails, they journeyed many myriads of *li*, and in their voyaging to and fro spent nigh on 30 years. And yet the lands they saw were but a score or so in number ... Beyond Sumatra ... Cochin-China is the most remote, and on again of the six or seven countries more, Arabia is the farthest.

Huang Sheng-tsêng also quotes from a treatise on navigation by compass called *Chen Wei Pien*, but no copy can be traced of this work, which it would be indeed interesting to read.

From this time onwards practically all the exploration and writings on China were made by men who made their journeys in the interests of religion, from the Franciscan Friar Odoric, 1286–1331, to John de Marignolli; and all the many early adventurous. Jesuits from Ricci in the early seventeenth century to Du Halde in the eighteenth century. All these missionaries must have frequently travelled long distances by junk. Friar Odoric has recorded that he sailed from India in a Chinese junk *via* Sumatra, Java, Borneo, and Cochin-China to Canton, then known as Chin-Kalan, and described by the friar as being "as big as three Venices, and all Italy has not the amount of craft that this one city hath."

The Jesuit, Mattheo Ricci, also went long voyages in junks during his 27 years in China as one of the founders of the modern missions to that country. He travelled by junk from Canton up the Yangtze and lived for several months in that craft under the walls of Nanking. Completely alone among the Chinese, and with nothing but his faith, courage, and enthusiasm to protect and sustain him, he presented himself before the gates of that impenetrable city and peacefully forced them open.

These saintly adventurers were, of course, utterly unskilled in all nautical matters, and their spelling of place names caused Colonel Yule and other authorities to expend years of research in their efforts to straighten out the tangle they had made.

All alike bear witness to the great volume of shipping they saw in Chinese ports. A point much stressed by these early writers was the astonishingly large crews carried by Chinese junks. Ibn Batuta's ship, as we have already seen, carried 1,000 men, 400 of whom were soldiers; Odoric speaks of 700 souls on board; while Marco's ships each carried 600, excluding the crew, but "nearly all died by the way, so that only eight survived," from which it would appear that the passengers were not very well looked after.

But most astonishing of all is the alleged practice of constructing the vessels of that day with three skins. Marco Polo (who usually gives a little more than anyone else) mentions six. He says:

> When the ship has been a year in work and they wish to repair her, they nail on a third plank over the first two and caulk and pay it well; and when another repair is wanted they nail on yet another plank, and so on year by year as it is required. Howbeit, they do this only for a certain number of years, and until there are six thicknesses of planking.

The Jesuit, Gabriel Magaillans, writing in 1688, contented himself, in alluding to junks, in estimating that the number of rice junks he saw on theYangtze was 9,999. He could, one would have thought, have added one to the number without fear of being accused of undue exaggeration. The same number of tribute junks is quoted by E. Ysbrand Ides, the Russian Ambassador from Moscow. This could hardly be coincidence. It would be interesting to know if he echoed the number of junks as stated by Magaillans, or if by any chance that was a symbolic number as used by the Chinese to suggest magnitude. Ides, in his book *Three Years Travels from Moscow Overland to China*, published in 1706, graphically describes Yangtze junks thus:

> In China the quantity of the ships is innumerable as the sand of the sea. Those that carry corn only to Peking amounting to 9,999 large ships sufficient to carry above thirty to forty thousand weight, and their passage from Nanking to Peking, being seven or eight hundred Italian miles mostly through artificial channels, takes up fully six months time. Besides this there is an equal number of ships made to carry silk, stuffs, and other goods thither; so that they are prodigiously numerous, besides the ships which belong to particular merchants; so that it is not only feasible to step from ship to ship as on a water key [*sic*] from Nanking to Peking, but as the Jesuits expressing their incredible number say, if it were but practicable here are ships enough to make a bridge from China to Europe.
>
> Besides these smaller ships there are at Nanking, and also at several other havens of the Empire, ships which are twice as large as these, being of seventy or eighty thousand weight burden; and these serve to carry salt throughout the whole land. There are also abundance of magnificent barks or ships which belong to the Mandarins, Governors, and others of the Nobles, which are provided with spacious halls and apartments, very richly furnished as also with galleries, rails, windows, and doors for convenience and pleasure. There are likewise several pleasure boats made use of by the Chinese for diversion and mutual merry making: these are also provided with chambers and apartments which are finely painted so that indeed they deserve rather to be termed floating houses than ships. Besides all which all parts are abundantly provided with all sorts of necessary barks or boats for travellers; for there is scarce a city whether large or small of which there is not a passage by water. And what is yet more, there are a sort of driving floats on which whole families live by keeping ducks or following some other trade. So that indeed when one sees such various sorts of craft in one row, they seem like nothing more than a floating city in which the vessels run together like ants.

There is, of course, and always must be, an uncommon interest attached to the recorded impressions of the early travellers, but it is a mistake to attach any very profound meaning to much of their descriptions, which, on careful analysis, often prove to be superficial, and their impressions and writings on the subject of ships and craft of all sorts are more often than not almost pathetically inept.

If their descriptions are to be unreservedly accepted, the theory that the basic types of present-day junks are little changed from those of hundreds of years ago breaks down. This period is in the dark ages of nautical history, but we may justly assume that the sea-going junks of Marco Polo's day were considerably larger than those of the present day, and moreover were probably larger than ships used in Europe up to, and even after, Drake's *Golden Hind.*

After the vigorous policy of the Mings was abandoned, Chinese shipping grew less venturesome, and Malacca was about the uttermost limit of their voyages. With the arrival of European ships in the China seas in the sixteenth century, Chinese shipping became more and more tied to home waters, and thereafter it has hardly been possible to speak of a Chinese mercantile marine on the high seas, though, of course, the junk traffic on the inland waterways remained unchanged.

An ambassadorial mission productive of a sketchy description of the construction of riverine craft is provided by Sir George Leonard Staunton, Secretary to Lord Macartney's Mission to China in 1792, who wrote:

> The boats in common use among them consist of five planks only, united together with ribs and timbers. These planks are rendered flexible by being exposed, sometimes, to a flame of fire, and are then brought to the desired degree of inflexion, the ends being thus connected together in a line. The edges are joined and fixed by tree nails (wooden nails) and stitches with flexible threads of bamboo. The seams are afterwards payed with paste, made by mixing water and quicklime from sea shells. Other boats are made with wicker work, the interstices of which are payed, or filled up with the same composition as used by the former, and this luting, as it may be styled, renders them watertight. They are remarked for withstanding the violence of the waves, and being stif upon the water, and for sailing with expedition.

It is disappointing that Sir George, who wrote so fully and so entertainingly of comparatively unimportant matters, should, when he touched on the subject of junks, have provided such a meagre account, and an account, moreover, which is open to serious question as regards most of the statements contained therein.

The British mission travelled back from the capital to Canton in junks, escorted for part of the way by war junks. As their route led down the Grand Canal, and by devious rivers and waterways through several provinces, they had unrivalled facilities for studying junks, and must have seen a representative assortment of most of the types of North, South, and Central China. This cross-country journey would be a unique experience even in this century. It must have been stupendous a hundred and fifty or so years ago; but this golden opportunity for recording interesting facts about ancient types of craft was wasted. With the exception of Sir George Staunton, none of the learned gentlemen on Lord Macartney's staff showed any interest in this neglected subject, although voluminous reports, official and unofficial, were compiled describing the voyage, the country, and the people and their customs.

The only valuable record made on the journey in respect of Chinese craft is a set of eight engravings and a water-colour made by William Alexander, the official artist attached to the mission. These are probably the oldest Western drawings of any accuracy of Chinese junks now extant. [1]

Unfortunately there are few who bridge the gap between this period and the early fifties. That great and instructive publication the *Chinese Repository*, and writers like Gutzlaff, John Henry Gray, and others give pleasing albeit superficial word pictures of the Chinese junk, mostly in Kwangtung. All these should be read by the serious student of the Chinese junk.

There is, however, one other source of voluminous and accurate information on all subjects connected even remotely with Chinese affairs, and in the Customs Trade and other Reports the enthusiast, if he can only get access to these out-of-print publications, will find a wealth of knowledge even on the subject of junks.

The Chinese Customs was, and still is, far from being merely a revenue-collecting machine, for from it there sprang into being that wonderful series of *Trade Reports* and *Decennial Reports*, and later the *Marine Department Reports*. [2]

These interesting documents are now relegated to the most inaccessible shelves of Reference Libraries because they look dull and because the gems they contain are hidden beneath a conglomeration of statistics. Actually no serious student of China, her history, people, or industries should neglect these publications. Written in faultless prose by men of a bygone generation who were scholars as well as administrators, their work is bound to be of the greatest historical value. Nothing was too unimportant, nothing too trivial for these earnest, lucid compilers of the Trade Reports. Statistics on the movement of umbrellas in Canton, vermicelli from Chuenchow, animal tallow from Chinghai, and coal dust from Putien were all treated with the same care and attention to detail as was vast " Treasure, Imported and Exported. " The statistical tables were prefaced with masterly summaries of the trade and history of the period. The old Commissioners of Customs wrote on every subject under the sun and drew conclusions from everything, and so, of course, they wrote about junks in a general sort of way from a revenue point of view. Nevertheless, in these pages a picture, or rather an impression, is given of what the Chinese junk meant to China before the coming of the steamer, the chicken-boat, and the dreadful Japanese "puff-puff". From a nautical research point of view it must have been a wonderful period in which to have lived.

It is interesting to make a comparative review of Chinese and Western European sea-going craft. England, the greatest maritime power of Europe, has, comparatively speaking, a very short sea history. The sailing ship period may be said to date from the long ships of Alfred the Great to the *Victory* at Trafalgar only, for a few years later the era of the steamship set in and ranged, in just over a hundred years, from the *C'omet* to the *Queen Elizabeth*. The whole process of evolution from ships of 100 or more feet long, pulling some 30 oars, to square-rigged sailing ships and thence to the steamer of 1,032 feet in length and 85,000 tons displacement covers a period of just over a thousand years.

[1] William Alexander was the first to hold the appointment of Keeper of Oriental Prints at the British Museum, where reproductions of his drawings of junks may be seen.

[2] The Shanghai Custom House seems to have published *Trade Returns* before 1854, although lttle can havebeen done before 1863. In 1874 regular *Annual Trade Reports* began to be issued. In 1892 there appeared the firstissue of the *Decennial Reports*, of which by now five issues have been published. *Monthly* and *Annual Returns* arenow issued by the Customs. The compilation of statistics has become a science. Junk statistics are based on the control of certain Native Customs Districts by the Maritime Customs, 19 such districts being a one time controlled by the Inspector General.

In the beginning then, as regards sailing ships, China must have for long been far ahead, with stout seaworthy craft fitted with watertight compartments, hoisting rudders, and various valuable devices. Up to a period about 400 years ago her craft must have equalled, if not surpassed, the ships which sailed under Magellan, Cabot, and even perhaps Drake. Even to-day, unaltered as they are from designs dating centuries back, the junks of China compare very favourably with the coasting craft of many Western countries.

Similarly, too, as is always the case where there is a deeply indented coast-line as in Britain, the Scandinavian countries, and Brittany, a breed of hardy Chinese seamen grew up to man their craft.

When the ships of the West began to make advances in design and ingenuity, the only way China could have maintained her former position as a maritime nation was by copying Western models and keeping pace with foreign ideas.

But, though the West recognized its need for Chinese co-operation in trade, China in their early days of contact felt no need for, or interest in the West; and in China stagnation in maritime affairs may be traced to the fact that it was not until after the wars with Britain and France that she realized that she had anything to learn from the intruders despite her ancient apathy and dislike of change in any form.

The junk, therefore, like so many customs and articles in China, has survived down the ages as a sort of perpetual and useful anachronism, and is in most essentials very little altered from its ancient prototypes.

– CHAPTER 2 –

THE JUNKS AND SAMPANS OF THE YANGTZE ESTUARY AND SHANGHAI WATERWAYS IN GENERAL

The word "junk" in its present form is really a product of the age of the East India Company, but its origin dates back some hundreds of years to the thirteenth century.

According to various dictionaries the word has several meanings. In the first place it signifies a rush; a form of splint; an old or inferior cable or rope; pieces of old rope used in making a fender; any discarded or waste material that can be put to some use; a piece or lump of anything; the mass of thick tissue beneath the nostril of a sperm whale; waste film, such as old unwanted cut-outs; a name for a join in the bedding of slate or other rock; to discard or throw away film; and, lastly, it is a name for "the common type of sailing vessel in the China seas".

Other early references are disparaging, such as "all manner of odd-looking craft, but none so odd as the Chinese junk." One dictionary describes the word "junkman" not as the member of the crew of a junk, but as "a man who sells junk or waste material".

One world-famous encyclopaedia dismisses the Chinese junk in 40 words, none of them being flattering or even accurate, and another encyclopaedia devotes one slightly longer and no less uninformative paragraph to the same topic, equally unflattering. It is surprising that so little interest has been shown in this subject by standard works of reference.

The English word junk has its counterpart in many languages: the French *jonque* (or *joncque* in old French), Portuguese and Spanish *junco*, Dutch *jonk*, German *dschonke*, and Italian *giunco* sprang from the Javanese word *djong* which was applied by the first Portuguese and Dutch merchants to the vessels which they found established as traders with Java and the Malay Archipelago. This word *djong* in turn derived, so it is said, from the Chinese ch'uan for boat or ship. This derivation is more clearly demonstrated by the Amoy dialect pronunciation of the word as *ch'un*.

The first reference to junks in European literature is in the year 1555. Richard Eden, in a translated work from the Italian entitled *The Decades of the New World*, says:

> From the Islandes (the Moluccas) they are brought to India in shyps or barkes made without any iron tooles ... these they call *giunche*.

Nowadays the word junk has come to be applied to all types of Far Eastern native sailing vessels and even, more loosely, to Southern India craft.

As we have already seen, the Chinese attained to a high degree of civilization long before most portions of the world, and since then have been jogging along for ages without any alteration in their institutions. They were satisfied that they had perfected the art of living with the minimum outlay of money and effort; their costume was cheap, comfortable, and practical, this latter markedly so in the case of small children, who wear trousers of a design which is the acme of labour-saving devices. From the most primitive looms they produce the best silks in the world; a mere handful of fuel will suffice to cook a meal for a dozen people; finally, to omit numerous other such instances of common-sense inexpensive methods and contraptions, their junks have been unchanged for centuries, precisely because they have been so excellently suited to their needs.

When a man decides to build a junk he is not confronted with any difficulty in choosing his design; that was decided for him centuries ago, for certain types are proper to certain districts. Some slight modifications are permitted to meet peculiar requirements, but these are in no way allowed to interfere with the essential design, which is scrupulously adhered to.

In parenthesis, it may be mentioned that this is not only true of China, it is true of every great nation of sailing ship seamen: England, France, the Netherlands, the Scandinavian countries, and others. Sailors the world over are a conservative people. They seem to have an inordinate horror of any change. Nationality, suitability, pride of locality, materials available, and local customs must, of course, account for the lack of any sort of uniformity in dealing with shipbuilding problems. These factors, however, only inadequately account for this. What is the basic reason?

Conversely, the dullest uniformity seems to govern the design of steam craft, the same type of tug or small launch being equally at home on the waters of the Thames or the Yangtze. The sad conclusion is forced upon us that when sailing craft eventually die out, by this is meant useful rather than pleasure craft, with them will vanish all individuality and local colour.

To return, however, to the Chinese junk, such differences as there are, however, do not materially alter the main structural principle of junk design, which depends for its strength upon a system of bulkheads interspersed with frames or timbers.

It is, of course, well known that the Chinese were the first to adopt the watertight bulkhead, not only as a strengthening device, but as a safety arrangement. Marco Polo describes this in the following words:

> Moreover, the larger of their vessels have some 13 compartments or severances in the interior, made with planking strongly framed, in case mayhap the ship should spring a leak, either by running on a rock or by the blow of a hungry whale (as shall betide oftentimes, for when the ship in her course by night sends a ripple back alongside of the whale, the creature seeing the foam fancies there is something to eat afloat, and makes a rush forward, whereby it often shall stave in some part of the ship). In such case the water that enters the leak flows to the bilge, which is always kept clear, and the mariners having ascertained where the damage is, empty the cargo from the compartment into those adjoining, for the planking is so well fitted that the water cannot pass from one compartment to another. They then stop the leak and

replace the lading. [1]

It will be of interest to American readers to know that an unpublished letter from Benjamin Franklin, written about 1787, contains a paragraph referring to the mail packets between France and the United States, and says:

> As these packets are to be laden with goods, their holds may, without inconvenience, be divided into separate compartments after the Chinese manner, and each of their compartment caulked tight so as to keep out the water. In which case if a leak should happen in one compartment that only would be affected by it and the others would be free, so thatthe ship would not be so subject as others to founder and sink at sea. This being known would be a great encouragement to the passengers.

The famous *Nemesis*, well known in China as the first steamer ever to enter the Whangpoo, was also probably the first to be built with watertight compartments, of which she had seven. [2]

The methods employed in building junks vary, of course, according to the locality and the type and size of the junk, but essentially the initial operation in the building of a small-sized junk is to lay the flat planks for the bottom boards side by side on the site selected as the shipbuilding yard and to secure them together. These planks number eight or more, according to the size of the junk, and have, where necessary, extra lengths scarfed on to make them of uniform measurement. Usually the planks are flat on the inside, but unhewn and left in their natural state on the outer side where exposed to the water.

At suitable intervals, according to the length of the junk and the strength of construction desired, transverse bulkheads and/or ribs are placed in position on the bottom planks to act as stiffening. Longitudinal strength is provided by heavy wales. The bulkheads consist of planks laid vertically one upon the other, edge to edge, and built up to deck level. If they are not too large to be easily handled, they are first assembled and secured together on the ground and then moved bodily into their positions, where they are retained in position by shores and ribbands. The heavy side planks of the hull and the wales are cut to shape by the sawmen, who work without a foot rule, using only the carpenter's string.

The side planks are then placed longitudinally in position and hove down by a Chinese windlass, after which they are firmly nailed to the edges of the bulkheads. The spacing of the transverse frames, or ribs, varies according to the work for which the junk is intended and the number and disposition of the bulkheads. The ideal, of course, would be to make the ribs in one piece, but very seldom is this possible, and they are therefore composed of two, three, or more members or parts bolted and joined by heavy nails or scarfed according to the circumstances. In the smaller junks a remarkable fact is that the roots of trees are often utilized, and timber grown to shape is used in all junks whenever possible. The natural shapes of trees, branches, and spars are used also to the fullest advantage, not only for ribs and knees, but for rudder-posts,

[1] These accidents were not perhaps so extravagant as they sound. The American *Neptune*, Vol. 1, page 393, quotes several classical examples of attacks made on ships by angry whales.

[2] It was in 1850 that the Marine Department of the Board of Trade in England came into being, and one of its first enactments was that all steamers should be divided by watertight compartments.

sweeps, thole-pins, stick-in-the-mud anchors, and countless lesser fittings.

The string line-marker referred to above is of outstanding interest and consists of a wooden cup filled with cotton waste soaked in ink and 2 or 3 yards of string wound round a movable bar running through the middle. When required, the string is pulled out. Attached to the outer end of the string is an awl which is stuck into the plank at the spot where the required line is to begin. With the fingers the thread is taken to where the line is to end and there held. The carpenter then grasps the inked line in the middle with his other hand, lifts it and allows it to rebound against the wood. A straight black line is thus obtained between the points. [1] An allusion in the Chinese classics in A. D. 560 shows the antiquity of this device. The line-marker of the shipwright differs in appearance from that used by other carpenters, for it is roughly boat-shaped and divided into three compartments by bulkheads. The foremost compartment carries the drum round which the string is wound, the midship compartment carries the bamboo brush for line ruling, while in the after one is stowed the inked cotton waste through which the string passes. Imitation wales, a handsome bow, and a transom stern complete the illusion. When the brush for ruling a short line is in position it gives the appearance of a mast (Fig. 2-1).

The nails used are wrought iron. Those most generally used are the *yang-yen*, or sheep's eye; the *tsao-huo-ting*, or date stone, a odouble-ended pinning nail; the *ch'an-ting*, or joining nail, an unheaded, all-purpose nail; *the pa-t'ou-ting*, or scratch-head nail, a large sized, rectangular-headed, tapering nail; and the *t'ieh-ting-tzŭ*, or iron bobbin, with a split tail so that the ends may be fared. This type is used for pinning large planks, such as hatches and the like. This method of pinning is preferred in Shanghai, where the use of iron dogs and clamps is not common.

The Chinese shipwright's tools are far inferior to those of his brother in the West. The axe, the chisel, the plane, the drill, and the saw are all different in design and they are all used in a different manner.

In the West there is a great variety of hammers, each used in a different type of work; the Chinese junk carpenter, however, only uses one type for all his work-the back of his axe. This axe is interesting, since its blade is usually of a rounded shape and sharpened on one side only.

The European carpenter uses the tang type of chisel, that is to say, the chisel fits into the handle, whereas the Chinese carpenter uses the socket type in which the handle fits into the chisel. With the former type the foreign carpenter uses a wooden mallet, but the Chinese uses the back of an axe, and, to avoid splitting the handle through this unnecessarily violent method, a buffalo-hide grummet or an iron ring is placed on the butt or extremity.

The Chinese plane differs very much from the foreign variety. In the first place it has no back-iron, and consequently it tends to tear up the wood on the cross grain. It would be simple and effective to fit one, but the Chinese carpenter has never used one in times past and sees no reason to change now. He manages to reduce the tendency of wood destruction by pushing the plane and working the wood away from him, for which purpose a cross handle is fitted. Secondly, the cutting irons of a Chinese plane are placed well in rear

[1] It is perhaps of interest to mention here that the carpenter of the West uses a white chalk line and dry, while the Chinese use a black line and wet. The Chinese mason uses a red line.

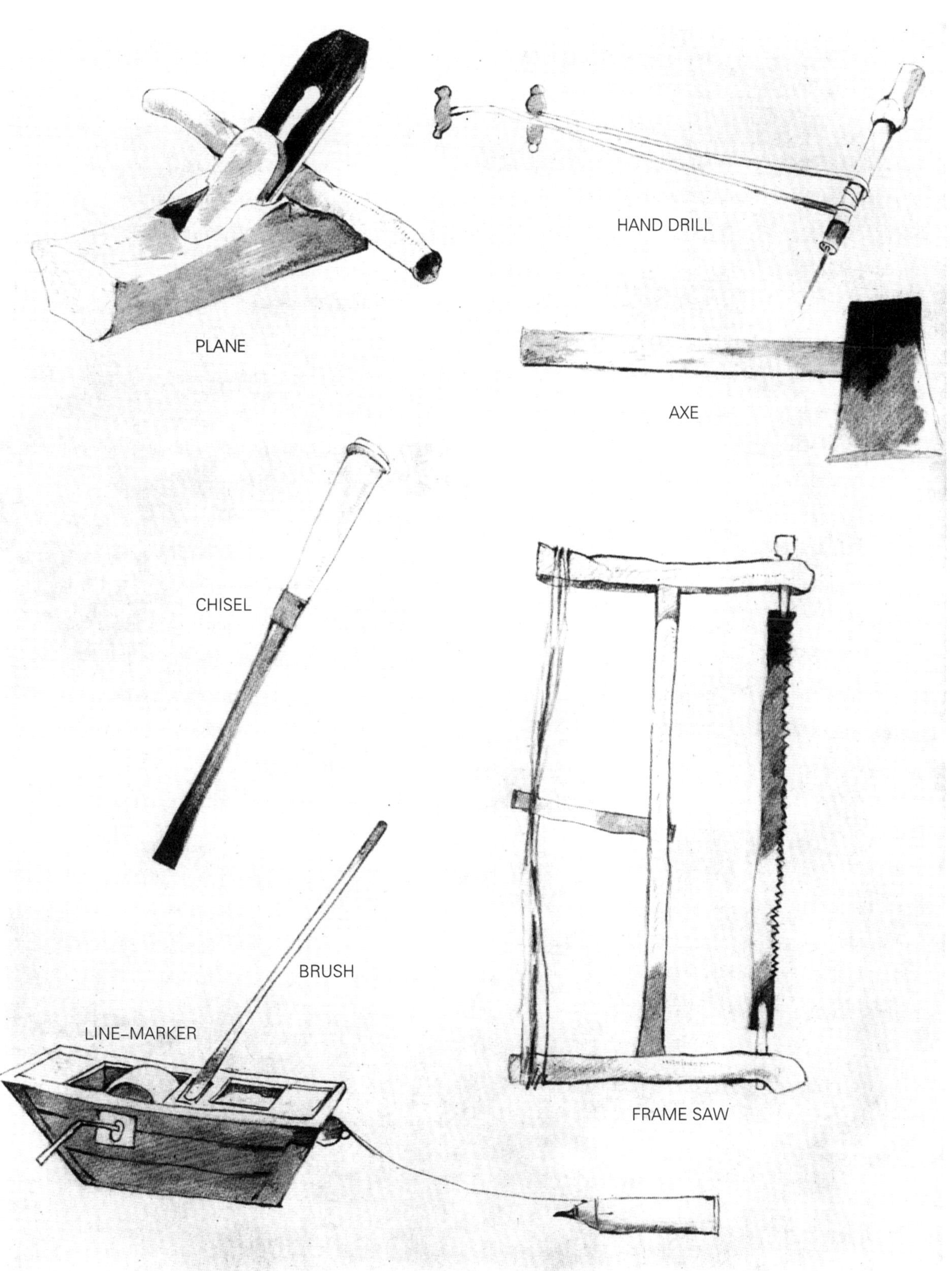

Fig. 2-1 CARPENTER'S TOOLS

of the centre line and not well forward of it as in the West. Lastly, the irons are removed by the European carpenter by tapping a small metal button placed for the purpose on the fore part of the plane, whereas the Chinese method is to hit the rear side of the plane sharply with an axe.

The Chinese hand-drill has doubtless changed little through the centuries. It consists of a hardwood stick into the lower end of which a drill is introduced. At least two men are required to operate the drill: one man to hold the handle, or stock, which revolves freely, and another to pull the buffalo-hide thong which causes the drill to revolve. The action is a "backwards-and-forwards" motion rather than "round-and-round" as in the West, and the tendency is to wear through rather than cut through the wood.

At least 10 different types of saw are used by the shipwright of the West. The Chinese junkbuilder, however, accomplishes all his work with one type-a frame saw.

In shipbuilding two sizes of saw are used. One is a small hand-saw for general use, measuring about 2 feet with a width, including the frame, of about 1 foot. All its teeth run in the same way as in a foreign-type saw; the teeth are set to cut on the push. The other type of saw much in use with Chinese shipwrights is the large log-cutting variety measuring about 5 feet in length and 3 feet over-all in width. Mainly similar in design to the small saw, it requires two men to operate it. The teeth on the blade run in opposite directions from a 4-inch long central area without any cutting edge. This arrangement of the teeth has been evolved so that each saw-man does the same amount of cutting work. To saw through a log longitudinally, one man stands on the tilted end of it and pulls the saw up towards him, after which his colleague sitting on the ground below pulls the saw down again. In the West, where the teeth of the saw run in the same direction, only the man below does the actual cutting while the man above merely pulls the saw back into place again for the next stroke. In China the saw blades are always set at an angle to the plane of the frame. Why this is done is not clear, and no Chinese carpenter so far has, when questioned, been able to give a completely satisfactory reason. The tautening of the blade is effeeted by putting a stick between the separate strands and twisting the rope joining the extremities of the side pieces, on the principle of a tourniquet.

There are many different methods of holding the log in place during the process of sawing, but essentially the wood to be sawn is supported in various ways upon two trestles, to which it is secured sometimes by long iron "dogs" often as long as 6 inches, and sometimes by an ingenious arrangement of interlocking.

The Chinese carpenter, moreover, does not require a tool bag. He manages to transport all his tools suspended from a saw which he slings over his shoulder on an axe.

All Chinese tools are hammered out by hand from mild "bamboo steel" [1] except the saws, which are often made from the iron hoops of cotton bales.

[1] The following story is taken from *The Principal Articles of Chinese Commerce*, by Ernest Watson. Chinese Maritime Customs publication, Special Series, No. 38—"Many years ago a large consignment of steel was very urgently required from Europe by a Chinese merchant. The order was given to a British firm, who, on coming to roll the steel, found that their rollers were not exactly suited for the particular size required, and that there was no time to make or procure new rollers. Accordingly, small grooves or notches were made in the old rollers to enable them to get a better grip on the bars of meral, with the result that the finished bars all bore small transverse ridges on the surface. The comsignment was sent out and proved to be a great success. Later on the same Chinese firm ordered more of the same class of steel. In the meantime, the firm in Great Britain, who were rather ashamed of the rough state in which the former shipment had been turned out, had procured new rollers and were able to deliver the next consignment in perfectly smooth well-finished bars. The Chinese merchant, however, refused to take delivery of the shipment, on the ground that as the bars were quite smooth they could not be of the same quality as those formerly sent, which were marked like a 'bamboo'. Since that time, this class of steel intended for shipment to China has always been prepared 'with the transverse ridges on the surface and is still known as bamboo steel'."

Fig. 2-2 LU PAN（鲁班）, THE CARENTER GOD

With these primitive tools no finish in the Western sense of the word is possible, but nevertheless it is amazing what excellent work the junk carpenter can produce, and, like all other good craftsmen, he does take a pride in his work.

Any description of tools, carpentry, or boatbuilding would be incomplete without a reference to Lu Pan, the carpenter god. Opinions vary as to when he lived, some placing it as far back as 506 B. C. and others some hundreds of years later. There is a similar disagreement as to whether he lived in Shantung, Kansu, or Kiangsu. It seems probable there were two or more master carpenters. Now, regardless of his origin or whether he be one or two personalities, he, or a composite deity of his name, is revered by all the guilds of the carpenters. He had a wife and a concubine, and images of these two, the one red and the other black, are objects of veneration to the varnishers.

Twice a year, on the 13th of the 5th moon and the 21st of the 7th moon, the guild members meet at a temple dedicated to Lu Pan.[1] On the latter date they celebrate Lu Pan's birthday and make food offerings on a plate with nine compartments.

Besides being the cleverest man of his generation, he was credited with founding the art of carpentry and inventing oars, paddles, and many improved types of boats. In this connection there is an interesting association in his name Lu with the word *lu*, to scull.

He is also said to have designed various mechanical tools, including the wooden irrigation pumps still used by the Chinese farmers. He also made a "self-moving chariot" or automatic wheel barrow for his aged mother-in-law.

It was said that his skill was so great that he never wasted any wood, and could cut or saw a plank without the help of a guiding line. Many are the stories of his exploits. It is believed by the junkmen that when the pillars upholding the sky were in danger of collapse, Lu Pan successfully repaired them.

Under the reign of the Ming Emperor, Yung Lo, he was given the title of Grand Supporter of the Empire and became the patron saint of all artisans.

One of his most notable inventions was a ladder which reached the sky and raised and lowered itself as required when he attacked his enemies from the air. He also carved magpies out of wood with such skill that they flew into the air and remained away, some say for several days and others for three years. Unfortunately, as this flight was not authenticated by the Aero Club of that day it must be regarded as strictly unofficial.

Nor was this his only venture in aeronautics, for the carpenter god invented a wooden machine into which his father climbed, and on his knocking three times on the door, it rose into the air and transported him to a place near Soochow, whereupon the men of Wu, taking the visitant to be a devil, killed him.

The indignant Lu Pan avenged his father's death by carving a wooden effigy of one of the immortals and placing it to the south of the town of Soochow. The image was represented as shaking an angry fist towards the south-east, and this produced a three-years' drought which only ceased when the proper apologies were sent to Lu Pan. Placated, the great artisan cut off the statue's hand and rain immediately fell.

There are other legends showing how air-minded was this ingenious deity. It is told that at the age of 40

[1] The temple dedicated to Lu Pan in Shanghai is situated in the Hsiao Pi Lung (硝皮弄). It is easy of access and is well worth a visit.

he journeyed alone to the sacred mountain of Li (历山), near Tsinan, and there acquired various marvellous secrets, including the power to travel on a cloud. His final end was dramatically in keeping, for he was transported to heaven in broad daylight, presumably to live in retirement from his profession, for he left his axe and saw behind him.

The boatbuilders are an industrious class. After an early meal they start work at 8 a. m. With an interval of an hour at noon for another meal they work on until dark, and finish off their day with a third and last meal. It is usual for the master shipwright to supply the food.

Between the 5th day of the 5th moon, that is to say the Dragon Boat Festival, and the 15th day of the 8th moon, the Mid-Autumn Festival, they have an extra hour for the midday meal, which is usually devoted to sleep.

The saw-men start their career as children. The planks are divided into two lengths, 7 and 14 feet long, and two skilled men can saw 40 planks a day, or 30 if less adept. It does not rank high as a trade, as is evidenced by the saying *yi tan mi hu-ch'in*; *yi wan fan chü-chiang*, meaning 1 picul rice, fiddle; one bowl rice, sawing workman.

A free translation of this is that it needs more than the time taken to consume a picul of rice than to learn to play the fiddle, even passably; whereas the time taken to eat a bowl of rice will suffice to train a *k'ai-chiang*. Nothing, it may be said, could be more unjust to the saw-men.

In building an iron ship the angle bars are simply heated in a furnace and then bent to the required curve, but in a wooden junk it is a matter of careful and skilful workmanship to saw or hew from the rough logs curved timbers, many of which have to be scarfed to form a single rib. The sawing of planks, too, requires great skill.

The caulkers are a different class and are known as *nien-fêng-chiang*. Caulking is, of course, of very antique origin. In the West the ancients appear to have used it in very early times by introducing pounded sea shells into the seams between the planks, a process which was found to be satisfactory only for a short time.

In later days other methods were adopted, one of which, according to Lindsay, is attributed by Pliny to the Belgæ, and consisted in beating pounded seeds into the fissures between the planks of vessels—a substitute, he says, found to be more tenacious than glue and more to be relied upon than pitch. This is evidently the same in principle as the modern practice of caulking.

The first mention of caulking in China would appear to be on the oracle bones, to which Chinese tradition assigns the dates 1766–1122 B. C. The character *chêng* is of surpassing interest, for it shows a boat (Fig. 1-1 D) and two hands with caulking tool.

Methods of caulking in China were noticed and recorded by Marco Polo in the thirteenth century, who says:

> The fastenings are all of good iron nails and the sides are double, one plank laid over the other, and caulked outside and in. The planks are not pitched, for these people do not have any pitch, but they daub the sides with another matter, deemed by them far better than pitch; it is this. You see, they take

some lime and chopped hemp, and these they knead together with a certain wood oil; and when the three are thoroughly amalgamated, they hold like any glue. And with this mixture they do pay their ships.

The mixture alluded to was, of course, what is known to-day in China as chunam (油石灰), which is a compound of lime and wood oil, a product of the t'ung nut. As a point of interest it should be added that despite Marco Polo's reference to the excellent qualities of t'ung oil, it did not become known to the outside world until 1516, through the Portuguese traders. Even then the first shipment did not reach America until 1875, and the wood-oil trade did not develop to any appreciable extent until the twentieth century.

Sir George Staunton, Secretary to the Embassy sent to China in 1792, wrote of quite a different form of caulking, for, as he describes it, the "seams are payed with paste, made by mixing water with quicklime from sea shells."

Caulking in China nowadays is carried out exactly in the manner described by Marco Polo 700 years ago; that is to say, oakum is laid along the outside of the seam for a distance of about a foot, and then bit by bit inserted and hammered home together with small portions of chunam, which are picked up with a caulking chisel from a kind of crude pallet carried by the caulker.

Caulking of large seams is carried out with a mixture of oakum and old discarded fish-nets. The net is beaten soft, cut into strips, smeared with chunam, and mixed with oakum. Considerable extra strength is thereby imparted to the area to be caulked. Old caulking is jerried out by means of a caulking knife.

In addition to its use as a vehicle for chunam, the junkmen on the Yangtze use nothing else but wood oil to varnish or finish the surface of their junks. A liberal coating is rubbed in with the hands, and this is repeated, as a rule, until three or more coats have been applied at intervals of a few days. At the annual overhaul, carried out in the dry winter season, fresh coats of wood oil are applied. It is undoubtedly largely to this that the junks owe their long life, for the *t'ung* oil serves to preserve the wood.

Junkbuilding or repair yards are usually situated up the smaller creeks. Sometimes craft have to travel a

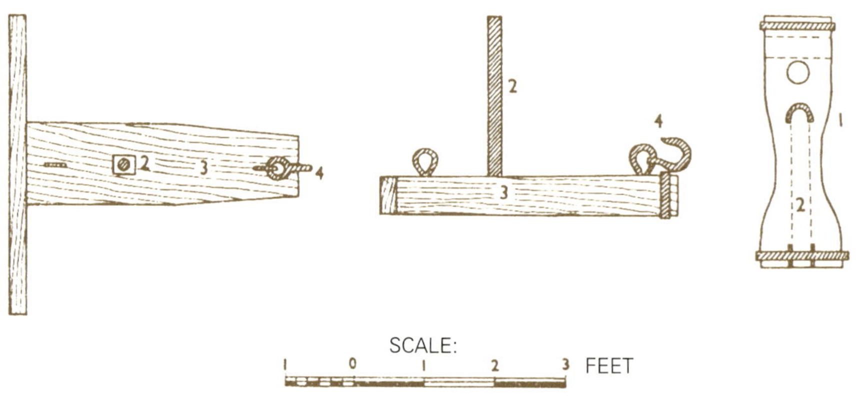

Fig. 2-3 PLAN OF A CHINESE CAPSTAN

mile or more up a narrow waterway before being hauled up on the bank for overhaul, though a convenient foreshore is also very generally used.

The vessels are slipped by means of a primitive form of capstan, ilustrated in Fig. 2-3, which consists of a wooden barrel revolving on a heavy iron pivot[2] fitted in a wooden bed[3]. Posts are driven into the ground, and the portable capstan is secured thereto by ropes leading to the hook[4].

In many types of junks, both sea-going and riverine, the foremost compartment (and sometimes the after compartment as well) is made free flooding by boring holes in the bottom. The sailors of the Lower Yangtze claim for this practice that it has a tendency to stop junks fying up into the wind, while those on the Upper Yangtze affirm that resistance to the water is thus reduced to a minimum. It is difficult to understand these theories, although it may perhaps reduce pounding in a heavy sea or a rapid.

A more probable explanation is that these holes are made for the purpose of draining water shipped over the bow or getting in through slack seams. This compartment is very difficult to keep dry owing to the method of construction, and the practice of free fooding saves bailing and at the same time prevents the accumulated water from remaining dead.

It is quite possible that the idea of the fathom and the word "sounding-lead" were both derived from the Chinese. It is recorded that an envoy sent to Korea used a sounding-lead in order to ascertain the depth of water and found 32 fathoms. The word t'o is still used by the junkmen to mean "a two-arm reach", which is what fathom means.

According to "Notes and Queries" in the *China Review*, the correct word for fathom is *t'o*. In the chapter regarding navigation contained in the "Tung Hsi Yang K'ao", Chapter 9, it is stated that, when heaving the lead to ascertain the depth of the sea, the depth is expressed in so many *t'o*, and an explanatory note is added saying that, according to the "Fang Yen", the length of the two arms extended makesone *t'o*. This quite corresponds with the original meaning of our word fathom.

The making of rope is, of course, of very ancient origin. *Ezekiel XXVII* mentions the vessels of Tyre as having sails of Egyptian linen and palm rope for tackle; and Pliny records the use of hemp for ships, stating that it was in common use among the Romans in the first century. [1]

Rope is made very extensively in Shanghai. There are many varieties, not all of which are used in junks as cordage, although most of them are used for tying the bundles, bales, and other cargo.

In the Shanghai area at least eight kinds of rope are made from coir, hemp, and rice stalks, and it is perhaps surprising that with so many different varieties, not only in size but in fibre, they are all made on the same jenny.

The first operation in the making of rope is known as "softening", which makes the fibres more supple. This is done in Shanghai by beating the material with a heavy top-maul, a simple and inexpensive treatment.

A rope is composed of a certain number of strands, which are in turn made up of many yarns. The rope

[1] Hemp was introduced into China in the beginning of the seventeenth century B. C. when it was brought in by the Chou (周), who, according to Mr. E. T. C. Werner, may have learned its use from the Scythians of Central Asia.

spinner walks backwards, feeding in even proportions of fibre as he goes, regulating his pace so that the amount of twist communicated to the yarn is uniform. He draws the fibre from the basket at his waist with his left hand and works it into the rope that is forming in his right hand. At the same time he draws the rope towards him with a jerking movement which serves to revolve the spool on its stand. When a length of 15 feet or so has been laid it is wound back on to the spool and the spinning is renewed.

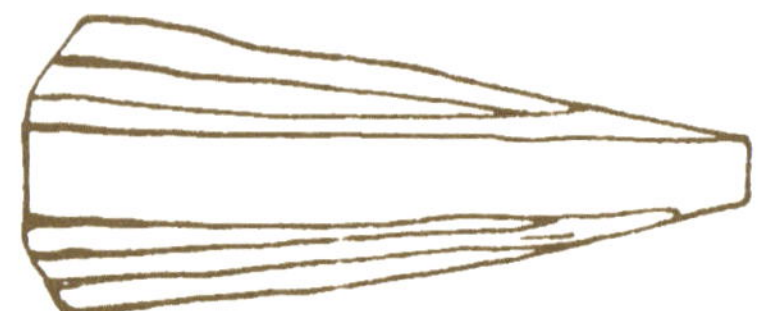

Fig. 2-4 PLAN OF A TOP

The next process is to carry these strands to some unfrequented street, where they are made up into rope. This is done in a "walk" of 300 feet between the spinning machines at both ends. At one end is a spinning jenny consisting of three hooks in a frame, on to which the strands are hung. The whole is set in motion by a wooden bar. At the other end of the rope walk is a frame with only a single hook, on to which the opposite ends of the rope are secured. A conical block of wood, technically known as a top (see Fig. 2-4), is inserted between the strands, which fall into the equidistant grooves cut therein. The single hook is now rotated, and the three hooks holding the strands at the other end are correspondingly revolved in the opposite direction so as to maintain the requisite amount of twist. The framework carrying the single hook carries a large stone as ballast together with a boy standing on it and engaged in winding in the rope. Nevertheless, despite its weight, the whole structure is dragged down the walk by the process of shortening the strands as they are wound together in the finished rope.

A man and two boys working together will in a day produce 70 to 90 lengths of rope, each measuring 50 feet. Lack of space for the rope walks precludes the making of greater lengths in Shanghai, where the public roads may not be used. In the suburb of Nantao, where this objection does not exist, a small compensation is paid to the shopowners for the use of the road or shop frontage and longer ropes are spun. Only hemp and coir is made into rope in this way, as the rice stalks are now spun into cord by machinery. There are two kinds of hemp rope: one from hemp produced in Hangchow, which is known as *hung-ma*, red fibre; and the other from Hankow hemp, known as white hemp.

Sailors of all ages from the time of the Phœnicians have taken pleasure in adorning their ships; indeed Platus, the historian, classes together ships and women as equally greedy of ornament.

In China the decoration of junks is largely bound up with religion, mythology, and symbolism. The worship of Shang Ti, the supreme spirit, is regarded as the most ancient belief of the Chinese. Later this worship was extended to spirits of the river, mountains, and so forth. They did not make images of these supernatural beings but they were suggested by symbols.

And so from the time when the *pa-kua* was first revealed to Fu Hsi the Chinese have been the greatest exponents of the art of symbolism. It first made its appearance in the early bronzes, and so on down the ages

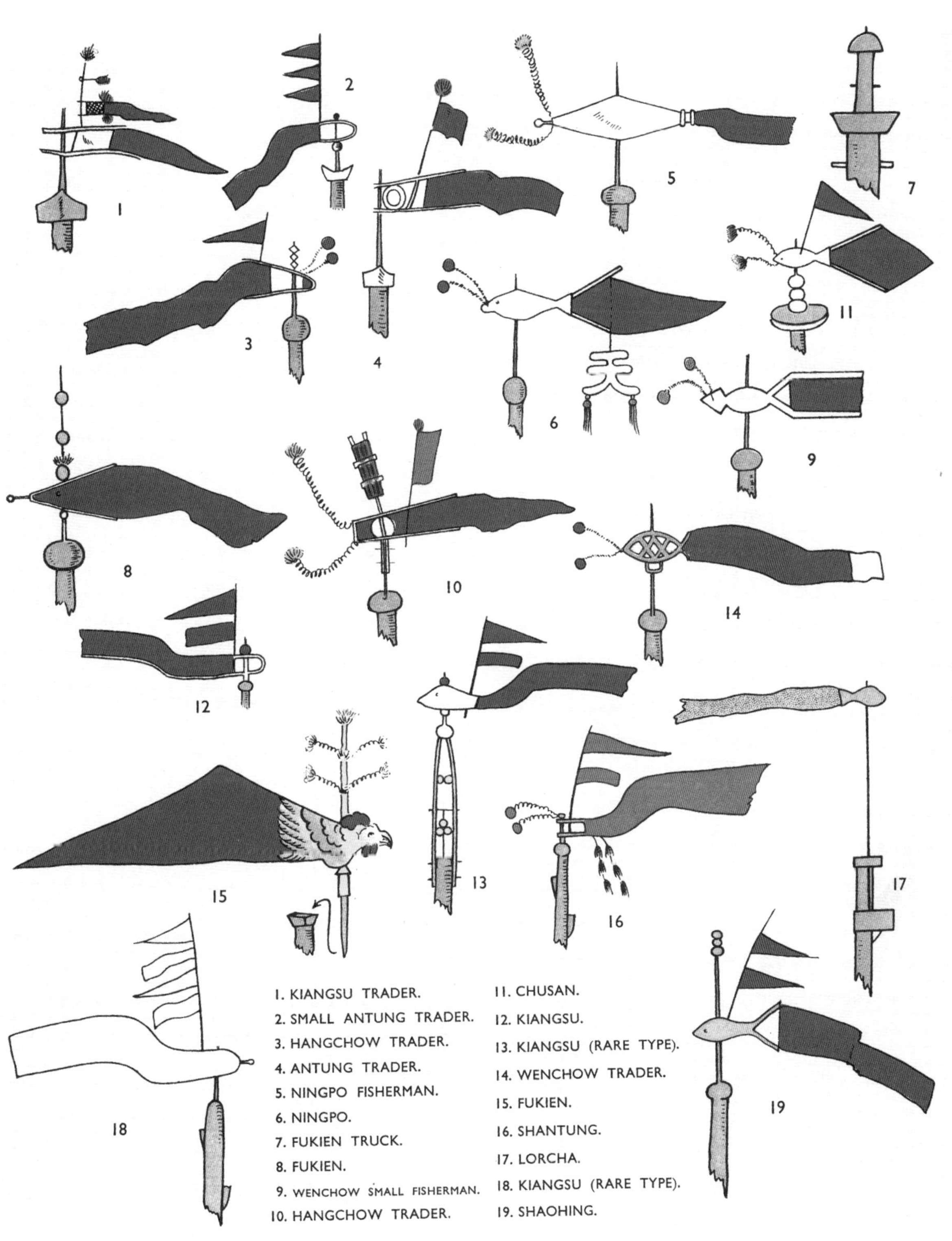

Fig. 2-5 MASTHEAD DEVICES

until today, when symbolism still plays its part in every phase of life throughout the Middle Kingdom.

In a modified form the symbol figures on the masthead devices or wind vance carried by nearly all junks. Although the original religious meaning, if any, has probably been forgotten, these picturesque pennants serve as distinguishing marks and are, in addition, regarded as securing good luck and prosperity, and are portents of happy omen.

The wind vanes of sea-going and estuary craft are not, as on the Upper Yangtze, altogether and solely indicative of the actual port of origin of the craft but rather denote in a general way the district from which the junk hails.

There is not complete uniformity. For instance, two junks of different types from the same district will differ albeit in small details only as regards their wind vanes; two junks of the same type from the same district will carry wind vanes still more alike.

The single-masted junks of the Whangpoo seldom have a wind vane. Some Tsungming junks also are to be found without one, although generally speaking they follow the design of those of the Kiangsu craft. The wind vanes of the now defunct lorchas were dull indeed, consisting of no more than a wooden fish and a red streamer mouhted on an iron rod.

The most favoured motif in the wind vanes is the fish, which is a symbol of wealth on account of the similarity in the pronunciation of the words *yü* (鱼), fish, and *yü* (馀), superfluity. Moreover, it is happy in its own element or, sphere and is regarded as a symbol of harmony. The fish, too, never closes its eyes and is therefore considered to be a fit model of vigilance.

The mirror is a charm or anti-spectral device for protection against demons or warding of evil influences. If a fish forms part of the masthead device, a mirror, usually diamond-shaped, is very often superimposed on the centre of its body. This serves to frighten away the evil spirits when they see their ugly faces reflected therein.

Red is the prevailing colour of the pennants, for it is a powerful devil-dispelling colour and constitutes a really formidable agent against maliciously-disposed spirits.

The wind vanes illustrated in Fig. 2-5 are by no means complete butare sufficient to give a good indication of this interesting feature of junk decoration.

Particularly interesting are the many forms of distinguishing devices and symbols carried by some small craft, always at a small staff on the mizzen. A device in fibre at the masthead denotes the port of origin or the district. There would seem to be at least eight different kinds of these. Below this are three pennants. The highest is the "wind flag" or vane, the second denotes the association to which the owner belongs, and the third the firm or company in control of the junk. This short bamboo, therefore, can convey a good deal of information to the initiated. Junks belonging to, or chartered by, a government organization such as the Salt Gabelle paint their mastheads white, including the truck. A sprig of bamboo, less the leaves, covered at its base with yellow cloth denotes that the junk has recently been on an ocean pilgrimage to Pootoo.

Signalling is carried out by the laodah by hoisting and lowering the mizzen at specified intervals, this forming a code to indicate various requirements.

Other signals used are the hoisting of a matting raincoat at the masthead to hail the Fishing Guild, or a basket at the foremast summons the tax collector, hard as it may be to believe that anyone would willingly invite his officious attentions.

With at most two exceptions the oculus [1] as a form of decoration is never to be found on Yangtze craft and on only some of the estuary types mentioned in these pages. Broadly speaking, the oculus is present sporadically in the north, but its main habitat is from the mouth of the Yangtze to Amoy. It reappears in Tonkin and even in Singapore, though there and in Indo-China it is more akin to the Egyptian sacred boat oculus, that is to say, elongated more in the form of the human eye than the round eye of the Chinese junk.

Actually the use of the oculus in the Far East has given rise to a great deal of interesting but rather unproductive discussion in learned treatises and technical periodicals, since little can be deduced as to its origin. It is usually accepted as a truism that the eye on the bows of Chinese junks is not indigenous but was borrowed from the Arabian craft; but even that is by no means proved.

If that is so, why is the eye not universally used in Canton, for so long the greatest sphere of Arab influence, while it persists (indeed, it is its chief stronghold) in and around Ningpo? Why is it that on the Song Ca River, where Annam joins Tonkin, in Indo-China, on one bank the Chinese staring oculus is to be seen on craft while on the other is to be found the long oval eye suggestive of Arab influence?

Why again do the traders from Hangchow, one of the most important Arab trading stations, have no oculus but instead the *pa-kua*, while those just across the estuary at Shaohing have neither? Further, the eye is not unknown in Shantung and Manchuria, places where no ancient Arab ever set foot.

The theory, which is so often quoted, that the oculus is only to be found in craft hailing from ports which in ancient days were Arab trading stations needs considerably more proof than is at present available to make it convincing.

A great number of fishing-junks off the estuary are lost through being caught in typhoons; but the Observatory at Siccawei, under Father E. Gherzi, Director of Meteorology, has done a great service to the junkmen in instituting wireless warnings. It has been said that Padre Gherzi is the father of typhoons, although unable to control these unruly children of his. Actually the term "sky pilot", as applied to a priest of any denomination, seems a more apt designation, for with the aid of wireless he has been the means of guiding countless junks to safety. On the approach of a typhoon, telegrams are sent out from Siccawei to the chief fishing ports telling the junks not to leave harbour. In the fishing fleet at sea one junk is equipped with a small wireless set, and on receipt of the wireless warning she hoists a black ball at the masthead and leads the fishing fleet to the safety of the nearest refuge.

There are three varieties of guilds in China. The *kung-so*, public halls, or trade union guilds with which alone we are concerned here are very old in origin and, it is claimed, date back in some instances to the Former Han Dynasty or even before. All the craftsmen of every calling were more or less obliged by public opinion to join a trade guild, which derived its income from entrance fees and per centage on sales. The guilds were purely democratic in their administration, which was under a Manager and Committee elected an-

[1] In fishing-junks the eyeball is often set low in the white so as to be on the alert to observe the fish, unlike the trading junk, wherein the eye looks straight ahead so as to perceive and avoid distant perils invisible to mortal sight.

nually, each member serving in rotation as Manager. Rules were made to govern the price of products and hours of work, and to regulate questions of storage, packing, insurance, and prices. An important function was to arbitrate in any dispute between members. The guilds would also subscribe handsomely to the funeral expenses of even the poorer members, sometimes donating a coffin, and generally care for the bereaved widows and orphans. A newly-joined member, for his part, was expected to make a donation in the form of a scroll or set of lanterns.

Today, sad to relate, the ancient guilds representing the interests of the silk and tea merchants, the goldsmiths, butchers, bakers, tailors, barbers, and innumerable others, even including the thieves and beggars, are said to be passing away, and an association which claims to have similar objects has taken their place. There are, however, still four nautical guilds in Shanghai, namely, the Owners of Sea-going Junks, the Shipwrights, the Cargo-boat Owners, and the Coal and Stone Lighters Guild.

These *kung-so* for the owners, junkmen, longshoremen, and all boatmen have existed from ancient times. Each has its own patron saint, and his birthday is celebrated by the members at the close of each year, when a service is held in general thanksgiving to the gods for the benefits of the past year.

Following the capture of Nanking by the Kuo-min-tang Army in 1927, labour unions were immediately organized on the Russian model, and the picturesque customs and organizations of the guilds gave place to the more modern and rather dull "collective bargaining". As a matter of interest, the Seamen's Union was formed in 1927, the entrance fee being $1, the annual subscription $2.40, and its avowed purpose to "unite Chinese seamen all over the world and promote common interests".

Mention must here be made of another institution which is closely interwoven with the fabric of Chinese daily life, and that is the tea-house. In addition to being a centre for social intercourse, fulfilling the functions of a club, it is closely associated with the commercial side of life, and the average man from every class of the community patronizes his own particular tea-house, wherein he spends a leisure hour or so, transacts some bargain of buying or selling, or merely looks round for an opportunity to do so.

Others who frequent the tea-houses, though not to use them as a club or a business rendezvous, are the dealers, pedlars, beggars, and, more welcome than these, the professional story-tellers, who sit on stools or upturned boxes and recount their endless tales of a bygone age. Occasionally the proprietor will hire a vocalist as an additional attraction.

The tea-house, moreover, serves as a sort of Labour Exchange. Each has a regular clientele of customers who attend at different hours of the day.

The junkowners, the laodahs, and the junkmen in particular are ardent devotees of the tea-house system and meet there constantly to exchange gossip, render mutual aid, and find or give employment. If a junkowner obtains a cargo too big for him to handle, he divides it up among his friends, and the whole transaction will be carried through at his favourite tea-house. It may be said, and said with confidence, that more business is done over the tea-cups than is ever done on the waterfront or on board a junk. Here the junkowners arrange for their cargoes, discuss the details of their negotiations, settle their outstanding accounts, and arrange for credits, for most of the borrowing is done in tea-houses, where loan contracts are kept ready in case of demand. Here, too, cargoes are insured. Marine insurance in England may be said to have first seen the light in the equivalent of a tea-house, for Lloyd's in 1688 was a coffee-house which served as a meeting place for those interested in shipping.

It would be interesting and salutary for the present day great insurance companies of the West, ensconced in their vast temples of commerce, to reflect that in this, as in so many other respects, the Chinese were before them by numberless centuries. The origin of insurance as practised in China is lost in antiquity, but it is certain that from a very early period the merchants took steps to secure recompense for loss or damage to their goods through the perils of sea transit. Not only was the ship and cargo insured, but also the life of the laodah. One of the earliest forms of contract was in respect of capture by pirates. [1]

In every coastal town, all up and down the Yangtze, and along all the creek routes, wherever junks bank in for the night, are to be found tea-houses which, besides catering for all classes of the community, are specially frequented by the floating fraternity. In some towns the prosaic bath-houses perform the same functions as tea-houses and are used for business transactions, while barbers, ear-pickers, and others are always in attendance.

An instructive and amusing hour or two may be spent in Shanghai in the Foochow Road, which is the street of tea-houses. Those interested in the craft themselves, however, rather than in their crews and owners, can spend an enthralling hour on a seat in the Bund Public Gardens, where they can command a view not only of the harbour and the Whangpoo, but also of the Soochow Creek. Here within a short space of time may be seen passing in procession the brick-boats of Wusih, the Soochow *kang* boats, wine-boats from the Ningpo hinterland, firewood boats, fishingboats, and junks and sampans of all sorts taking in and discharging cargo. Some are laden with rice, beans, cabbage, grain, and eggs; others with brooms, poles, or ricks of straw with scarcely a part of the boat discernible. Boats with flowers, lime-boats, and drag-boats. Boats carrying beancake resembling grindstones or with firewood neatly arranged. Bamboo rafts and rafts made of enormous tree trunks add a characterof their own to the scene. Boats containing sugar from Swatow, others with millet and blocks of paper, wood oil from Szechwan, seaweed and salt fish from Bangkok, oranges from Swatow and Canton, pumeloes from Amoy, and bale after bale of cotton, the product of Chinese toil and industry.

Not only the craft but the workers too. Among the army of coolies who, day after day, carry heavy loads to and from the junks, the great majority come from Shantung. Almost all the men connected with the fishing trade, such as fish hawkers, dealers, and fishermen, come from Ningpo, the vegetable-boats' crews alone being Shanghai men, because they have a better connection with the local farmers.

From the same seat in the gardens may be seen the hoisting and striking of masts, the various methods of propulsion, and the perfectly fascinating human side of the floating population living their simple, cheerful, hardy life in the open air.

[1] The *Customs Trade Report* for 1869 described the system of life insurance forced upon the guilds because of the difficulty in obtaining sailors on a coast so badly infested by pirates. Every Shantung junk on entering port paid fee of $100 to the guild, which in turn provided an escorting convoy and paid a refund for loss or damages to the junk and her cargo provided these were occasioned by pirates and not due to natural causes. If a junkman was captured the guild paid the ransom, and in the case of his death a fee in compensation was paid to his family. Junks from Chinkiang and Fukien were similarly insured by their respective guilds.

SAMPANS

The Appendix to the *I Ching*, called *Hsi Tz'ŭ*, states laconically "during the reign of Huang Ti boats were made first by hollowing out logs, and oars by shaping and planing planks." This is probably the first reference to sampans in Chinese history. A junkmen's legend, however, attributes the conception of boats to Ho Hsien-ku, one of the eight Taoist fairies and the only female member of that roistering band of fantastic immortals. [1] It is said that her first effort was a raft, but that while washing clothes in the river she got the inspiration of adding oars and a rudder from watching a fish pass by. She is always represented as standing on a floating lotus petal-a most unsailor-like practice.

Between the log and the complete boat there must have come into existence all sorts of intermediate forms of craft, such as skin boats, skin rafts, coracles, basket boats, calabash floats, bundle-boats, and pottery-rafts. All these are still to be found in various parts of China today.

We do not know, of course, and it is quite useless to speculate on the order in which they came first into being. Tung Fang-shuo, the great Chinese scholar who was born in 154 B. C., writing in the *Shen I Ching*, says:

> In the extreme southland there grew gigantic bamboos. . . the stems are used for making ships.

That basket boats existed in ancient China is borne out by the frequent references to them in the *Pao P'o Tzŭ*, one of which says:

> Paddling a basket boat, he crossed the great river.

The basket boats of Indo-China are still in existence today. They are very simple in construction and caulked with a mixture of cattle-dung and coconut oil. It is not thought that the Chinese invented basket boats but that they derived from the Mesopotamian "goofa" *via* Persia and Northern India.

The skin boat of China is also a survival of ancient culture and must have co-existed with the early rafts. There is an illustration in the *San Ts'ai T'u Huei*, a Chinese encyclopedia of the medieval period. The skin boat is still to be found on the upper courses of the Yangtze.

The skin raft is almost international, being found to this day in Japan, the Ganges and Sutlej, Baghdad, Babylon, Syria, Morocco, and Peru. In China it is to be found on the Yellow River.

Another illustration also to be found in the *San Ts'ai T'u Huei* represents a *mu-ying*, or pottery-raft. It is described therein as consisting of many earthen jars or pots tied together so as to form a raft.

In the illustration the jars are not visible, being beneath the raft. The pottery-rafts in use today usually

[1] This is a typical example of the vague unrelated sense of time displayed by the early historians of China, for Ho Hsien-ku is said to have been born in Canton in A. D. 700, which, as fairies go, is comparatively modern and centuries after the art of boatbuilding was perfected by the Chinese.

consist of about 78 jars, 13 rows of six jars in each. This type of raft is also in use in India, on the Nile, and in Japan, as well as on the Upper Yangtze.

The pottery-raft was probably the first "assault craft" in the world, for in *Ssŭ-ma Ch'ien's History*, written in 95 B. C., it is recorded that *mu-ying* were used by the troops of General Han Hsin, of the Han Dynasty, who made a surprise crossing of the Yellow River and subsequently achieved a remarkable victory. A short footnote to the term *mu-ying* was added by Fu Ch'ien, of the Later Han Dynasty, to the effect that the rafts used were made of earthen pots with a wooden framework.

The calabash as a means of water transport is mentioned in the *Yen Fan Lou*, written during the Sung Dynasty, wherein it is described as a waist boat. It goes on to say:

> ... a full-grown fruit, which is very large and strong, may be cut into two parts and made into pots for crossing the water. It is so strong that it can cross even deep water without mishap.

The book does not mention in what way the calabash was used in crossing the water, but presumably it was made airtight and fastened to the waist or under the arms of the user as a primitive form of water wings. In the *Shih Ching* there is a poem which suggests the use of the calabash for ferrying across the streams among the ancient people of China. One verse runs:

> Bitter are the leaves of the calabash.
> Deep is the ferry sometimes, though shallow at other times.

Again it is recorded in the *Chuang Tzŭ* how Hui Zi was presented with a calabash seed the king of wei.

He sowed it and cultivated it with the greatest diligence, and was both pleased and surprised to find his care rewarded when the seed developed into a gigantic growth of strange design. Hui Zi tried various experiments with the produce of this novel plant. He found it was extremely unpalatable; it was too heavy to move when used for storing water; it made an indifferent ladle and an even worse receptacle. Hui Zi was at his wit's end to know what to do with this embarrassing present, indeed he was, it was reported, on the verge of having it destroyed when some nautically-minded official of his court recommended it should be made into a boat. And so it was.

This practical suggestion proved a complete success, and the King of Wei was frequently to be seen disporting himself in or on his calabash. It is pleasant to be able to record that the amateur yachtsman who was responsible for the idea was suitably rewarded.

The word sampan is derived from the Chinese *san*, meaning three, and *pan*, meaning planks, the whole being a symbolic definition of a small boat. This form of spelling has arisen from the fact that early foreign intercourse with China was more or less limited to Canton, where the pronunciation of "*san*", for three, is "*sam*". The presence of the "m" is further explained by the Annamese name of *tam* (for *san*), again meaning three, and the Spanish *cempan* and Portuguese *champana.* The first recorded mention of this word in Europe dates as far back as 1620, from which time it has been recognized as the generic term for any small boat of Chinese design and as such has found its way into the *Oxford English Dictionary*.

Curiously enough, despite the Chinese flavour of the word, the Chinese themselves, unless dealing with foreigners, never use it, but have other names which vary in different parts of the country. In the Shanghai district, for instance, they always refer to a *hua-Tzŭ*, literally, a "small boat". The word sampan, nevertheless, however it attained its present popularity, has during the last 300 years become so firmly established as to need no apology for its use here.

As a class it represents a boat in its most rudimentary form, and doubtless the derivation of its popular name indicates an origin from a raft of three planks or logs. If its construction be studied it will become apparent how, by a process of natural evolution, it would occur to the primitive experimentalists in naval architecture to turn up the fore end of the raft, thereby forming a bow. Later improvements would include the introduction of a transom in the stern. From such simple beginnings evolved the sampan as we know it today.

No race is so amphibious as the Chinese, and their genius for adapting themselves to the most uncomfortable living conditions is here amply illustrated. The sampan men and women and their families know exactly how to stow themselves away in the smallest possible space, and it is surprising that they can so cheerfully accustom themselves to the conditions under which they have to live. It is fortunate that they have this gift, for it is often necessary for them to remain for hours in the same position, which they do without apparent weariness or need of a change.

When the day's work is over the sampanmen fall asleep huddled together in their limited quarters in a perfectly stifling atmosphere which would be sufficient to suffocate the ordinary person. In the cramped space at his disposal a sampan man sleeps restfully, regardless of the fact that throughout the night he can probably neither stretch himself nor even change his position, and that his pillow, if he has one, is a log of wood. Such a night's rest would be a misnomer to the ordinary person, but the tough dwellers in sampans awake as refreshed as though they had retired to a comfortable bunk-or rather bed-in a luxury liner.

The generations of children born in sampans very soon acquire their sea legs and display an aptitude for the life. Their inherited and/or acquired sense of equilibrium is extraordinary, and they rarely fall overboard. It is a lesson in the effect of environment to watch the bearing of a small junk baby, still too young to be promoted to real trousers instead of the utility sternless type devised by economical Chinese mothers for their children of both sexes. The child of an age to be unsteady on its feet, even on land, will instinctively straddle its legs and sway to the motion of the sampan in a choppy sea.

The junior members of the family soon become important members of the crew and at a very early age learn to "hand, reef, and steer" and to "catch a turn" round a bollard in a manner which would do credit to an old sailing ship sailor. Occasionally a more cautious mother will tether her offspring to the mast or provide against a fatal accident by tying on an improvised lifebelt in the shape of a large dried gourd or small baulk of wood. The hard but healthy outdoor life inures these children to climatic changes. In warm weather they are often to be seen wearing little more than two such "lifebelts". In cold weather, in voluminous padded coats they cheerfully face all extremes of the China coast winter. At the age of about four or five a child learns to handle an oar, an art which with its attendant rhythm must be subconsciously inculcated almost from birth, for the sampan woman will row for hours with a young baby strapped to her back. Small wonder if, in this practical school of experience, the sampan folk, whatever their sex, develop into expert sailors. The women and their daughters usually act as crew for the ferry and cargo sampans, while the fathers and husbands act as sailors in the larger junks. From a Chinese point of view these families enjoy comparative prosperity. They very seldom have need to go ashore, for smaller boats, laden with various commodities, ply the harbour and satisfy the needs of their floating customers.

Even the livestock carried in a sampan—or junk too for that matter—readily become adjusted to an unstable and restricted mode of life. Fowls, when free, congregate on the transom or roost together in groups wherever opportunity offers, but as a general rule they are herded together in a miserable improvised coop which consists of a box with a sloping roof and a small hole to enable the incarcerated fowl to put out its head and long for freedom. The coop is hung over the stern. The ducks are freer in that they are usually tethered by a long string to one leg and so permitted a good deal of cruising about in home waters. Cats and dogs and even pigs all make themselves completely at home and show marked sagacity in avoiding disaster.

Altogether, community life in a sampan is very sociable and demonstrates a form of communism as practical as the seamanship. All the family, including the furred and feathered members, live amicably together, satisfied with the very barest necessities. The women in particular are an object lesson in contentment with their lot.

The women of the big cities, more especially in these modern times, enjoy all the comforts of a well-ordered life, though to some tastes it might seem to offer little variety beyond the occasional excitement of a wedding, a funeral, or an outing. It may well be that their simpler sisters who ply the waters of the Whangpoo and have neither time nor money to spend on lipstick, rouge, or perfumed curls may find a compensatory spice in the stresses and storms and calms of their existence amid a very different type of permanent wave. [1]

[1] The astonishingly low price for a permanent wave in Shanghai is now bringing it within the reach of all classes of women, and the younger members of the Shanghai sampan women, though the last to make this drastic change in fashion, are at last succumbing to its lure.

– CHAPTER 3 –

VARIOUS METHODS OF PROPULSION

No matter in what part of the world primitive man's first attempt to propel his crude craft was made, doubtless it was by paddling with his hands and later with the branch of a tree. So, with dawning intelligence, the shaped paddle gradually developed.

From the paddle was evolved the oar, for it was not long before it was discovered that much more power could be exerted by rowing than by paddling. In the latter case the stroke depends on the strength of the arms alone, but in rowing the oarsman is able to make use of the long leverage of his oars and can in addition use the whole weight of his body.

In China, as elsewhere, nothing of course is known of the early history of propulsion, but one thing is pretty certain, and that is that the Chinese oar as in use today is probably very little changed from that which the mythical Emperor Fu Hsi is said to have taught the early people of China to use in 2852 B. C. It should be remembered that at this early date there seems nothing to indicate the use of wind as an aid to propulsion.

Probably the first delineation of an oar in Chinese history is to be found in the early Chinese character *pan*, to propel, as shown on the oracle bones. In this character the oar can easily be seen, or rather imagined, in the hand.

Although reliable descriptive references to junks and sampans are quite lacking in Chinese history in the main, there are early allusions to rowing which would seem to prove that the methods in use today are identical with those of over 2,000 years ago, and are very likely vastly older. The first reference to oars is in the *Shang Shu*, a history of the Shang Dynasty, 1400 B. C. The latest of these documents is supposed to have been written in 600 B. C., but many are forgeries of later dates up to the third century A. D. In one place it makes the rather obvious statement:

> When you want to cross a big river, you require a boat and oars.

The *Han Shu*, or *History of the Former Han Dynasty*, written by Pan Ku, *circa* A. D. 90, describes how the Emperors of the Han Dynasty, 206 B. C. to A. D. 25, were rowed on the Yangtze in boats with "oars resting on pivots far in front and a rudder at the stern."

The oars of China may be classified under three main headings. They are —

(a) The paddle.

(b) The *chiang*, or oar proper.

(c) The yuloh, or sculling oar.

It is more than probable that oars in China developed in that order, the reason being that the paddle was obviously the most primitive, to be followed by the oar, which is merely a paddle with a fixed fulcrum. Finally, the yuloh, which is a much more scientific instrument of propulsion.

All the early Western travellers of note made references to the Chinese oar, and indeed, accustomed as they were to seeing galleys with their banks of oars, it is not surprising that the old writers should have expatiated on the Chinese sweeps. The wonderment expressed is the measure of their novelty. Marco Polo, although he remarked on their size, did not describe them so fully as the Arab traveller, Ibn Batuta, who is quoted by Yule as saying:

> They are moved by large oars which might be compared with great masts in respect of size, over which 25 men are sometimes placed, who work standing.

The oar proper — that is to say, in the sense of an implement to propel by means of pushing or pulling-is hardly ever used in the Shanghai area except in one or two types of small sampan, although it has a very considerable vogue in many other parts of China, notably on the Yangtze.

In rowing, as in many other arts, the Chinese again show their great independence of thought. In the West the blade of the oar must be just nicely covered, it is important that it should not go deeply into the water (Fig. 3-1). Thus:

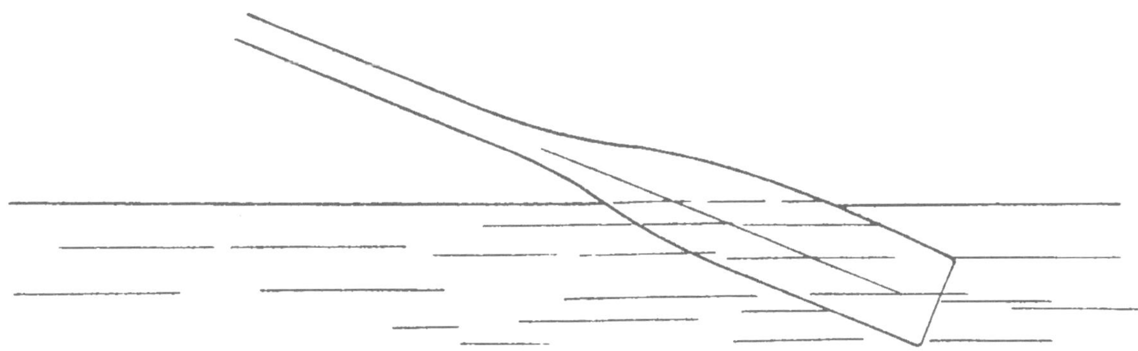

Fig. 3-1 BLADE OF WESTERN OAR

With the junkman of China the exact contrary is the case. With him nothing matters beyond propelling his heavy boat at a moderate speed with a minimum of exertion. This is necessary because he may be required to row sometimes with hardly a stop for most of the daylight hours.

He stands to row instead of sits, and pushes his oar rather than pulls it. The rowers stand on the opposite side of the junk to that on which the oar is operating, so as to give greater leverage. There are, howev-

By permission of Messrs. Kelly & Walsh.

ROWING

Photograph by Monsieur E. Sigaut.

YULOHING

Fig. 3-2 BOWING AND YOLOHZNG

er, further differences which require to be noted. The oar, instead of making a stroke just below the surface of the water and then returning in the reverse direction just above it, dips deeply, indeed very deep, and moves in more or less of a vertical plane. The whole curve of the blade in the water is therefore A B C D in China as against A E D in the West. The "catch", or instantaneous application of weight and muscles to the oar at the moment it enters the water, is made with the arms partially extended, in the case of heavy junks, the loom of the oar being actually above the head of the standing oarsman. Then comes the push, with force of arms and legs pressure being exerted against the thole pin. The blade is at an angle, and for the first part of the stroke goes down sharply in the water at an angle of perhaps 60°. "The recovery", or those movements at the end of the stroke that are necessary before another stroke can be commenced, is short and sharp, the arms being shot out full length(Fig. 3-3).

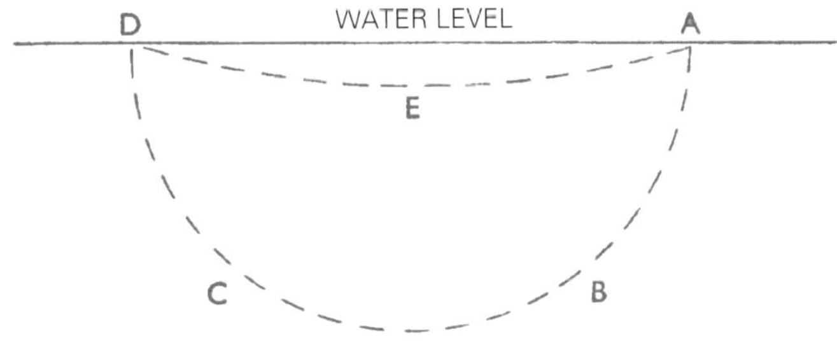

Fig. 3-3 TRACK OF OAR

More work is therefore done by the Chinese per stroke. Pushing the oar tends to increase the lunge, and the legs and body certainly play an important part in propulsion. In sampans the crossing of the oars in front of the rower is essentially Chinese and is inspired by the idea of economy of effort.

From this oar doubtless developed the more scientific yuloh. The word *lu* is first mentioned in the *Shih Ming*, a dictionary written by Liu Hsi in the Later Han Dynasty, A. D. 25–221, where it is defined as denoting:

"The thing on the boat's sides which is to be managed by strong muscles before the boat moves."

The word *lu* is again used in the *History of the Three Kingdoms*, by Ch'ên Shou, written during the third century. A. D. The word *yao* is the verb to wave, shake, or sway, and from this derives the word yuloh, denoting the act of sculling.

The yuloh, as such, is mentioned in the "Tung Ming Chi", a book which dates back to the Later Han Dynasty, A. D. 25–221.

Generally speaking (Fig. 3-4), it is a broad blade[1] of hardwood joined to a shaft[2] and a loom[3]. On the extremity of the loom isa cut-away portion to which a fibre rope[4] is made fast (or alternatively, to a ring in the loom), the other end being attached to a ring-bolt in the deck[5]. The yuloh rests at about its centre of balance upon a fulcrum in the shape of a sloping iron pivot[6].

This pivot is either set into a beam situated over the stern or, if used any-where else, into a removable hardwood bumkin, to be described later.

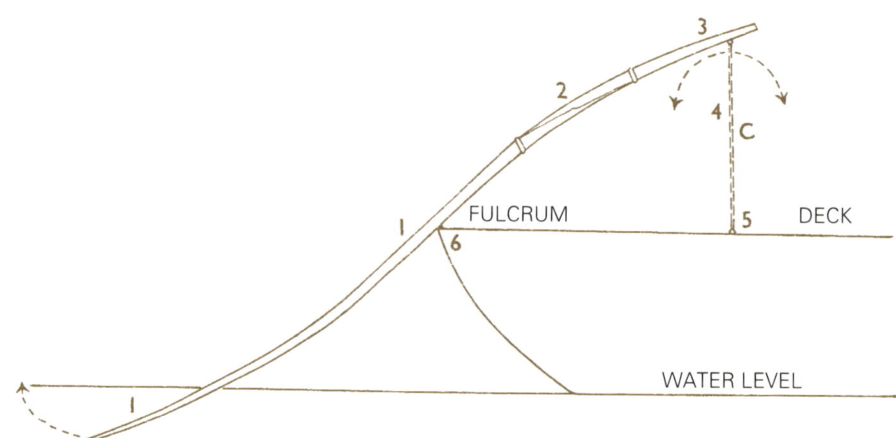

Fig. 3-4 DIAGRAM OF YULOH

Briefly, the yuloh operates on the principle of a screw. It is a bent sculling oar working on a fixed point[6], and having the extremity of the loom attached to another fixed point on the hull—by a rope[4]. The loom being thus attached by the rope, the yuloh is compelled to move in the arc of a circle. Equally, the blade of the oar must, on the other side of the fulcrum, or bearing pin, be likewise compelled to move in the arc of a circle but in the reverse direction.

If the blade of the oar remained tangential to the curve there would be no movement ahead, and if the boat were under weigh the yuloh would float up and off the pin. For propulsion the oar is more efficient if angled, and here is to be found the reason why the yuloh is usually bent. A pull or push of the hand at the point C puts the feather on the oar, that is to say, a pull or push on the rope primarily controls the feather.

The motion of the yuloh is now reduced to a reversible screw, and the problem naturally arises how propulsion is maintained when the angle of the blade is altered and it must pass through the tangential position. The answer is to be found in the jerk given to the centre of the rope just when the feather changes. This not only changes the feather but the temporary shortening of the rope decreases the radius of the circle in the arc in which the blade of the oar works. Thus propulsion is absolutely continuous, with the yuloh travelling in a zigzag path through the wake of the boat. Thus:

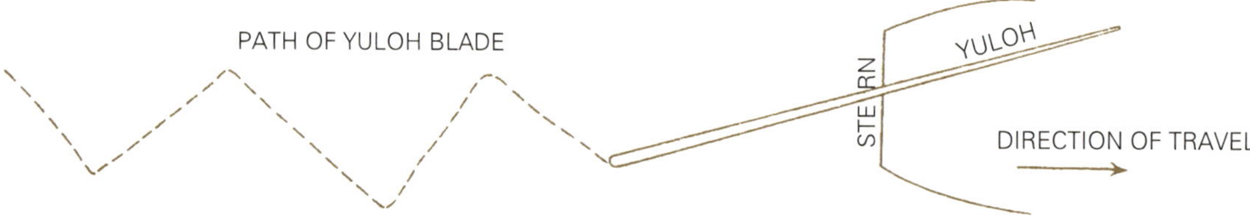

Fig. 3-5 PLAN OF TRACK OF YULOH

As previously stated, the yuloh rests at about its centre of balance upon a fulcrum in the shape of a sloping iron pivot. This pivot is set either into a beam situated over the stern or, if used anywhere else, into a removable hardwood bumkin (Fig. 3-5). The angle of inclination of the yuloh over the stern is nicely calculated to obtain the best results.

The bumkin,[1] as used in China for this purpose, is of ancient origin, for it is mentioned in a footnote in the *Fang Yen* (《方言》), a dictionary compiled by Kuo P'o in the third century A. D., in the following words:

> A small wood to bear the yuloh is called *hu-jên* by the Kiangtung people.

An interesting feature is that the friction is reduced to the absolute minimum by the fact that the fulcrum is an iron tenon or bearing pin. Moreover, Chinese attention to economy provides a small wooden block fitted flush into the yuloh on the under side for the pin to take into, so that when it shows signs of wear the block can be replaced without damage to the yuloh itself.

In junks of light draught, such as the *pai-ch'uan*, the block extends for about 10 inches on the under side of the neck, whereas in deep-draught craft, such as the wharf-boat (码头船), the block is as long as 5 feet. The reason for this is not far to seek, and may be found in the fact that the yuloh requires to be adjusted to the trim of the junk.

In the Whangpoo and around Shanghai there are two distinct and easily recognized types of yuloh. The first, the *p'i-p'a* (琵琶), so named after the form of guitar to which fancy may compare its lines, is shaped in a gentle curve. This is achieved by making the loom, the neck, and the blade in three different overlapping sections, scarfed, pinned, and lashed together with rattan. The second type is known as the *shaohing* (绍兴), so named after a town, or, more commonly, the *pan-lu* (板橹), or plank oar. This yuloh is quite straight in shape with a substantial overlap, the ends being bound together with iron bands.

Fig. 3-6 shows variations of the yuloh. Very slight differences in both types occur, according to the whim or custom of local boatbuilders.

It would seem that the junks from Chusan, South Chekiang, and Fukien, and indeed many sea-going junks, have generally straight yulohs, which is probably the most primitive variety. The curved yuloh is more generally found on the rivers.

It is difficult to ascertain why some junks use the straight and others the curved yuloh, and it is utterly impossible to lay down any hard-and-fast rules as to which districts use one kind or the other. It is, however, a fact that all the boats of a certain type keep to their own kind of yuloh.

Some yulohs are iron bound round the blade. There are two reasons for this. Firstly, it is to provide weight to the blade, and secondly it is to give a smooth cut when entering the water.

[1] This fulcrum was called *chiang* (桨) in the Former Han Dynasty, 206 B. C. to A. D. 25. In the third century A. D. it was known as hu-jên (胡人), and today it is spoken of as *lu-mi-t'ou*(橹泥头).

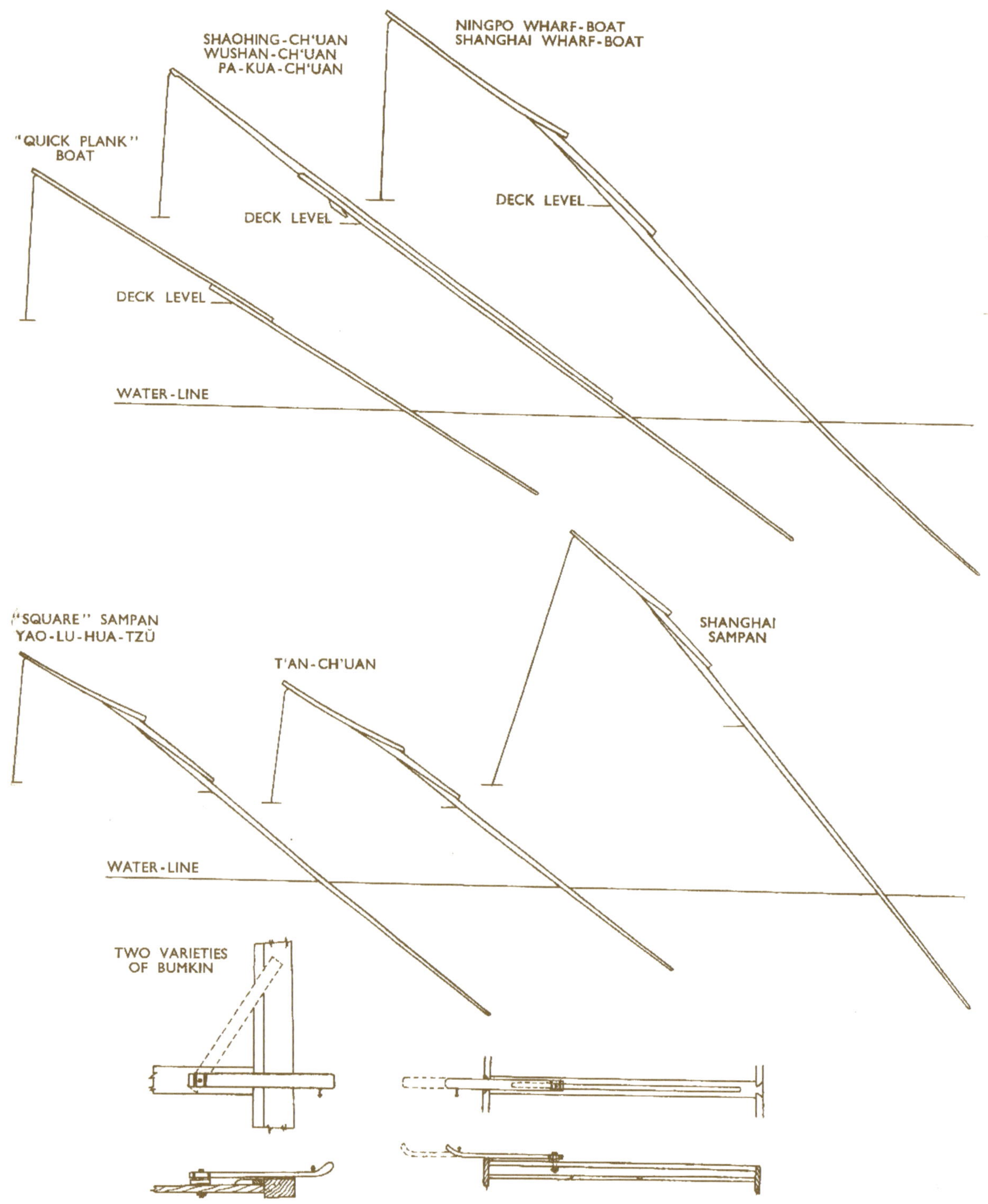

Fig. 3-6 JUNKS AND SAMPANS: TYPES OF YULOHS AND FITTINGS

The oar as used in the West is a far more powerful lever than the yuloh, or indeed any form of scull, and even as used in China it still probably has the lead for power, although the junkmen claim that a given number of men at the yulohs will make better speed than the same crew under oars.

Leaving out the question of speed, the Chinese method of propelling by yuloh is probably unrivalled for its purpose. Not only can it be handled by a child or old woman with the minimum of physical fatigue and expenditure of effort over a long distance, but also, when worked over the stern or from short bumkins over the bow or quarter, the yuloh, as it takes up no room laterally, is ideal for working in crowded waterways which may be narrow also and are generally shallow.

In narrow waters the rudder, if present, or lowered for use, is seldom used, for the yuloh imitates the action of a fish, which with a flick of its tail can shift the balance of impulse as desired to either side. In 1740 the Jesuit Du Halde, with an observant eye which does credit to a landsman, was sufficiently impressed to write of the yuloh with considerable detail. He noticed the same likeness, for he says:

> ... being continually moved to the right and the left in the water like a fish's tail, cuts obliquely in the same manner as your birds of prey in the air when they fly with their wings extended, making use of their tails as oars.

The obvious inference to be drawn is that nothing of the kind had been seen elsewhere.

The man or woman at the yuloh holds the rope in one hand and with the other works the yuloh to and fro in a circular manner. If more than one is at the yuloh, the second works the rope while the others work on the loom.

It is not uncommon to see children of all ages working in with the men and women and so learning the peculiar swinging motion of the yuloh.

In the West power is gained by increasing the number of oars, but in China more men are put to work on the yuloh. Eight men on a yuloh is no very uncommon sight, with two at least on the rope. This latter is a very highly specialized branch of the art; the rope-men throw themselves backwards with great abandon until they lie almost flat on their backs, their opposite numbers, doing the same thing, bringing them to their feet again. The speed of diferent junks varies considerably, but under favourable circumstances an average rate of 3½ miles, or 10 *li* per hour is a fair average under yulohs.

It is interesting to compare the Shanghai type of yuloh with that of Szechwan. The Shanghai yuloh has a large blade which plunges into the water at an angle of 45° or more and rests on an iron nail-head, while the Szechwan yuloh is slightly straighter with a narrower blade and meets the water at a much more oblique angle. Each is designed for its own particular sphere and type of work and craft, yet it would be instructive to compare their leverage power and respective merits. The Shanghai yuloh might well prove to have more power, yet be unsuitable for use in swift waters.

In the yuloh, as in other inventions, the Chinese have never bothered to investigate the principles of mechanics, and indeed have never pursued their investigations beyond the point where they ceased to be of practical use. The yuloh is probably the most scientific of the Chinese inventions, but seemingly its mechanical aspect has never been investigated. [1] The many problems connected with the yuloh are here mentioned not to solve them, but to provide some data for the purpose.

To summarize. The difference between sculling in the West and in China is that in the West the feather, or twist, is put on by hand instead of, as in China, by means of a pull on the rope. The Western method is more wasteful of energy in that it lacks the continuous propulsion obtained by the little kick at the end of each stroke, and is therefore all the less efficient.

TRACKING

Next in importance, after the almost universal means of propulsion by yuloh, is tracking, which is resorted to when conditions of wind, tide, or current are adverse. Tracking is much easier work than yulohing, and although the speed of the junk may be somewhat less it is more certain. About 3 miles per hour should be made good unless against a head wind or current. This very obvious method of progress is carried on in much the same manner all over the world, except that horses, so much in demand in the West, are never used for junks.

By indirect allusion it would appear that horses were used in China for tracking, even perhaps very extensively, but unfortunately no definite references can be obtained as proof of the indirect hints of early travellers.

Marco Polo described how junks were tracked up-river by as many as 10 or 12 horses. No other foreign writers make any reference to tracking by horses, so there is no reliable indication as to when this custom was started or when it was discontinued, nor can exhaustive search produce any other written evidence to show that they were used on the Yangtze.

Du Halde, in his *Description of the Empire of China*, 1736, writes with some detail on tracking. He mentions horses, but in a curious way, for according to him each mandarin was assessed at so much horsepower, and this was then multiplied by three and translated into man-power for tracking purposes, thus:

> The barks have their rowers and, in case of necessity, are also drawn with a rope along the bank by men who are furnished by the mandarins of each city and changed each day. The number of the horses appointed by the Kiang Ho, or Patent of the Emperor, namely, three men for every horse; hence, if eight horses are appointed for an envoy, they supply him with 24 men to draw the bark.

Although tracking is nowhere in the delta area developed to the science that it is on the Upper Yangtze, nevertheless it may often be necessary for six or eight men to track a heavily-laden junk for weeks at a time.

Along the creeks, canals, and waterways there are regular tow-paths with bridges over the mouths of any tributary creeks, and these are kept up by the nearest villagers. In many cases, however, there are no tow-paths, and only very slow progress is made, particularly when unbridged side creeks have to be negotia-

[1] Photographs taken with a slow-motion camera would be of the greatest interest.

ted. In such cases the trackers wade out with the tow-line and board the junk, slipping off again into the water to regain the shore when the obstacle is passed.

In order to overcome such dificulties, quite a different form of harness has evolved from that in use on the Upper Yangtze.

The Shanghai and district type of harness consists of a wooden breast batten, 25 inches long by 2 inches broad and ½ inch thick, forming the base of a 2-foot bridle into which an 11-foot hemp tail is made fast. The wooden batten ensures that the harness will float in the water and be easily retrieved when it becomes necessary to throw it through the arches of bridges or across a narrow creek. Unlike the gear of the Upper Yangtze trackers, there is no elaborate knot and bamboo button, for the delta tracker merely attaches himself to the thin hemp tow-line with a half hitch about 18 inches from the end of the tail of the harness, while the knotted end of the tail is made fast again farther down the line by the ordinary tracker's knot.

Tracking is never done by hired professional men as on the Upper Yangtze, but always by the junks crews themselves. Unless there is a fair wind, they may have to track from dawn to dusk, with intervals for meals on board three times a day.

The routine of this arduous work, through constant rehearsal, has become a fixed drill requiring the minimum of orders from the laodah or of discussion among the men themselves, who carry out their duties almost automatically. Indeed, the absence of the usual argument and noise that accompanies so much of China's labour is a marked feature of the navigation of the waterways around Shanghai.

POLING

The last alternative to sailing is poling, or quanting, to give it its technical name, and it is also very much used on the creeks and waterways. No rule can be laid down as to when it is more desirable to use trackers, quants, or yulohs, but the two last are very frequently used in conjunction when there is suficient man-power available. The quanter is armed with a wooden or bamboo pole made for the purpose, which ends in a long, heavy iron spike. Lodging this firmly into the bottom of the creek, and with the other end of the pole pressed against the front of his shoulder, the junkman, with his back to the bow, walks down the length of the vessel, often braced at an almost incredibly oblique angle. A deft twist at the end of his beat releases the spiked end of the quant from the bed of the stream, and the quanter walks back to the bow to continue his task.

Bamboo poles are the most commonly used on account of their strength and elasticity. They are grown locally in the hinterland, and the name *tsang kao-chu*, of a small-leafed type much in demand for quants, means literally the "punting-pole bamboo", indicating the importance of this use for it. Almost as strong as the *mao-chu* (毛竹) variety of bamboo, it is less hollow inside and therefore well adapted for this purpose. A full-grown culm is 15 feet high with a diameter of 2 inches. It is seen at its best in the Canton area.

– CHAPTER 4 –

MASTS AND SAILS

Sails were a much later addition to the craft of the ancients than other means of propulsion.

It is claimed by some Western authorities that Chinese sails should come chronologically after those of Egypt, Mesopotamia, and the Eastern Mediterranean, where it is supposed sails of the oldest type, that is to say, square sails, were first evolved.

All the scanty evidence, however, seems to indicate that there is no reason at all to suppose that in China the development of sails was any later in coming to fruition than in the West. Indeed, it might even have been considerably earlier, since many of their most excellent nautical devices bear the stamp of great antiquity. Moreover, in many respects they were well in advance of the West up till about the middle of the sixteenth century.

Taking, therefore, a purely arbitrary and uncontroversial period from which to date the use of sails in China, a convenient starting-point would seem to be about the same time as they were supposed to have been first used in the West.

Actually, if this date, which experts vary in fixing at 2600 [1] and 4000 B. C., [2] is the earliest of which there is any representative evidence of the use of sails, to the speculative mind it in no way proves that sails are not infnitely older. The ingenuity of early man was such that it seems reasonable to suppose that he experimented with skin sails at a very remote period of his development.

The primitive sailors, as has been stated, used a square sail, and their craft were unable to go to windward at all. Sail was consequently an auxiliary to oars and paddles and could be used only when the wind was fair. Nor was there any advance in this respect in the Mediterranean until the introduction of the lateen sail in the ninth century and in North-west Europe until the start of the fifteenth century.

Our knowledge of the development of sail in China is meagre in the extreme, and we do not know at what period the square sail began to give way to the lug-sail, but it may reasonably be assumed that the Chinese-when is not known, but probably centuries before the West-were the first to solve the problem of going to windward by the development of the lug-sail; and certain it is that for flatness of sail and handiness the

〔1〕 *The Story of Sail*, by G. S. Laird Clowes.

〔2〕 *The Sailing Ship*, by Romola and R. C. Anderson.

Chinese sail led the world and is still unsurpassed.

Probably the first mention of sails in China occurs in a dictionary compiled during the Later Han Dynasty, A. D. 25–221. In the *Shih Ming* they are described as being:

> . . . like a tent, opened to the wind, so that the boat will go lightly and swiftly.

In this book, as in a later one, the *Notes on Tso's Chronicle*, by Tu Yüan-k'ai, the character used is 帆, In the *Shuo Wên*, a dictionary by Hsü Shên, who died in A. D. 120, there is another pair of characters, but with the same pronunciation, written 颿 and meaning a horse gallop. This pair of characters is composed of a horse and the wind to give the idea of speed in sailing, and this has given rise to some confusion in the etymology of the character for sail. Yet a third character 艥, composed of a boat with the wind and still pronounced the same, appears about the sixth century in *Koo Yeh Wang's Dictionary*, and was alleged by him to be an old character for 帆 dating back to Confucian times or before; but there is no further evidence for this statement.

It is curious that it is difficult to trace any allusions to sails in earlier books of reference, nor is there anything very illuminating to be found in the later well-known Chinese dictionaries. And it is disappointing to find that there is no reference to sails on the oracle bones.

From the early Chinese square sail it would certainly seem that the balance lug in use to-day developed easily by the moving of the position of the halyards on the yard. From this it was but a step to the discovery of tacking. This evolution had far-reaching effects on ship propulsion, for the lug-sails gradually became, we may suppose, larger and more efficient. The ancient Chinese lug-sails were probably much squarer than they are today and became peaked as a result of the Arabian influence.

The Catalan Map of 1375, which is extremely interesting even if it does not provide very much cartographical information, is still preserved in Paris. It is claimed by some writers that by means of this map Europe was first introduced to the mat sail of China. This may well be so, but a study of the craft in question, a reproduction of which will be found in Fig. 1-4, will show that nautical research in Europe could not have been very much richer from the picture. This is borne out by the fact that the lug-sail in Europe, astonishing as it may seem, did not come into general use until as late as the seventeenth century or thereabout. It evolved from the square sail by way of the lateen. [1] The probability must also be borne in mind that Dutch and Portuguese traders to the Far East must have brought back descriptions of junk sails.

The lug-sail in China is considered to be of very ancient origin, and without doubt evolved direct from the square sail. This contention is based on the fact that some junks, notably those on the Ch'ient'ang River, carry a square sail slung from the centre of the yard, which they use when the wind is fair. When, how-

[1] It may reasonably be supposed that in order to effect some improvement in the square sail the yard was cock-billed until one yard-arm almost reached the deck, causing the other to project high above the mast. In this new position the lower triangular portion of the rectangular sail now became useless and was therefore cut away, leaving the upper triangular: section of the sail in much the same lateen shape as we see it now. The yard, of course, in-process of time, became very greatly lengthened. The further development from this early lateen sail to the lug-sail is really only a matter of moving the position of the halyards on the yard and a slightly different cut to the foot of the sail.

ever, they require to tack, this square sail is at once transformed into a lug-sail by the simple expedient of bousing down the tack without even bothering to shift the position of the halyards. Thus:

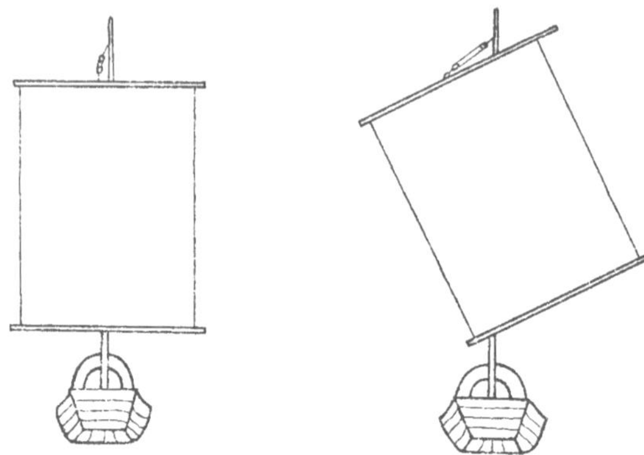

Fig. 4-1 CONVERSION OF SQUARE SAIL INTO LUG-SAIL

In ancient times the sails were made of matting, which is said to be lighter for handling, and this custom persisted until quite recently, but with the advent of cheap machine-made cotton cloth the mat sails have almost totally disappeared; [1] the reason for this being the greater durability of canvas or cloth. Matting sails only lasted a year at most, and often got so full of holes that there was a risk of their carrying away completely in a hard blow when the sails were coming to the end of their career. It is possible that the cotton-producing districts of the Yangtze were the first to discard the mat sail. Formerly, too, blue cloth sails, or striped blue and white, were used, but this picturesque custom prevailed principally in the Chinese official craft and has also died out.

Sails are mentioned by most of the first foreigners to arrive in China, and there is something to be gleaned from all these mediaeval travellers. One point of special interest to all the ancient writers was the large number of sails carried by the junks they saw. Ibn Batuta quotes "from 12 down to three"; Friar Jordanas writes of "10 sails"; Nicolo Conti, "five sails"; and Marco Polo (who always saw more than anyone else), "four masts and 12 sails". This, if true, would imply that junks of that day carried top-sails, [2] which is by no means impossible, but a rig which could take 12 sails into account and still be in keeping with the period and the traditional junk sails would indeed be interesting, albeit not impossible if each bonnet was counted as a sail. Marco Polo evades the issue by saying "and I could easily give you all particulars about these, but it would be so long an affair I will not enter upon it now." Ibn Batuta, however, gives a brief description of the sails of his day, but unhappily they add little to our knowledge of the sails of that time. He does, however, imply that top-sails were in use in some of the ships he saw.

[1] Except, of course, in Kwangtung.

[2] A good example of this will be found in an excellent model of a Shantung junk in the National Maritime Museum at Greenwich.

Four-cornered top-sails are a comparatively modern invention in Europe, [1] and this raises quite an interesting question, namely, that the top-sail as used in junks may have been an original Chinese feature and not derived from Western influence or from Malaya, where it has been in use for centuries. Support for this belief is to be found in the Kiangsu trader of the past few decades, where top-sails were frequently used. [2]

The excellence of the Chinese type of rig has never been widely recognized, but it is interesting to note that early in the nineteenth century, when auxiliary steamships became common in Eastern waters and they adapted their rig to local conditions, one of these ships, at least, was rigged with Chinese sails, and may be seen in a plan dated 1829, in the Macpherson Collection, showing the *Forbes Steamer in Calcutta* (Fig. 4-2).

Fig. 4-2 "FORBES STEAMER IN CALCUTTA"

Chinese sails are designed to fulfil two main considerations: strength and economy. As has already been said, the true sail of China is the balance lug with vertical luff, and this type of sail in all its many forms is in the main used on practically all Yangtze craft. It takes its name from the fact that from one-sixth

[1] Sir Allan Moore, Bart, in *Last days of Mast and Sail* (a book which should be read by all ship-lovers), gives the fifteenth century as being the date of introduction.

[2] Monsieur Sigaut does not agree with me in this. He holds that as Chinese sails are so easy to reef, if they required a greater sail area it could be obtained merely by lengthening the sail without recourse to fitting an awkward sail such as a top-sail.

Fig. 4-3 RIGGING OF THE FORESAIL (FOOCHOW POLE-JUNK)

Fig. 4-4 RIGGING OF THE MIZZEN (FOOCHOW POLE-JUNK)

to one-third of the sail area is usually before the mast, thus helping to balance the remaining portion abaft the mast. Moreover, the sail is usually hoisted from a point about one-third along the yard.

We shall see elsewhere how every river and port in China has its own particular class of junk, but in masts and sails only does any approach to uniformity prevail. There are, of course, endless varieties in the different parts of China in the cut of the sail, chiefly in the luff; but in the main the Chinese sail consists of the balance lug, stiffened by transversal battens or laths of bamboo, each of which connects with, and indeed forms part of, the sheet, thus keeping the sail very flat.

These variations in cut may be considerable, and range from the square-headed type of some of the craft of the Whangpoo to the high-peaked sails of the Siang River. Differences may also exist in the arrangement of the battens, parrels, and sailcloths, or in the leads of the sheets. Fundamentally, however, all these sails spring from a common origin and can be readily recognized as belonging to the same big family.

Fig. 4-3 to Fig. 4-5, therefore, though showing typical rigging of a Foochow pole-junk, a common visitor to the estuary, are nevertheless representative in a very general way of the sails used on many Yangtze craft.

The sails are bent to a yard and also to a boom at the foot, and are slung to the mast in a fore and aft position. The side of the mast on which junks carry their sails is not uniform. As a general rule the sail is carried on the port side of the mast in all square-headed lugs and in the junks from the Yangtze and Shantung. It is carried on the starboard side by vessels from Fukien and Chekiang. There is, of course, the usual exception to the rule in this case: it is the Foochow pole-junk, which carries her fore-sail on the port side of the mast and the main and mizzen on the starboard side. Many junks from Ningpo follow the same disposition.

In the case of the Yangtze junks it is impossible to lay down even a general rule. The sails are set with complete impartiality before or abaft the mast. Often it is a matter of making the best use of the wind, and if a junk carries two, or, more rarely, three sails, they may be set differently.

The chief characteristic of the Chinese sail is the battens. [1] These batten shave at least five uses. They assist in keeping the sail flat, and thus allow the junk to head closer into the wind; secondly, they simplify the process of reefing, so that sail can be carried on longer; thirdly, they enable the sail to be doused with great rapidity; fourthly, their system of sheeting enables a much less strong type of sail-cloth to be used than in the West, because the strain on the sail is evenly distributed over battens and sheets; fifthly, the battens are frequently used to enable a man to go aloft, using them as ratlines. The simplicity of this is as startling as it is eficient, for any part of the sail can be reached direct from the deck by simply climbing up the battens. To appreciate the comparative value of this labour-saving device one has to visualize the difficulty involved in reaching the peak of, say, a lateen sail.

[1] The Song Ca River, on the borders of Annam and Tonkin, shows the mysterious southern demarcation line of the sail with and without battens.

Fig. 4-5 RIGGING OF THE MAINSAIL

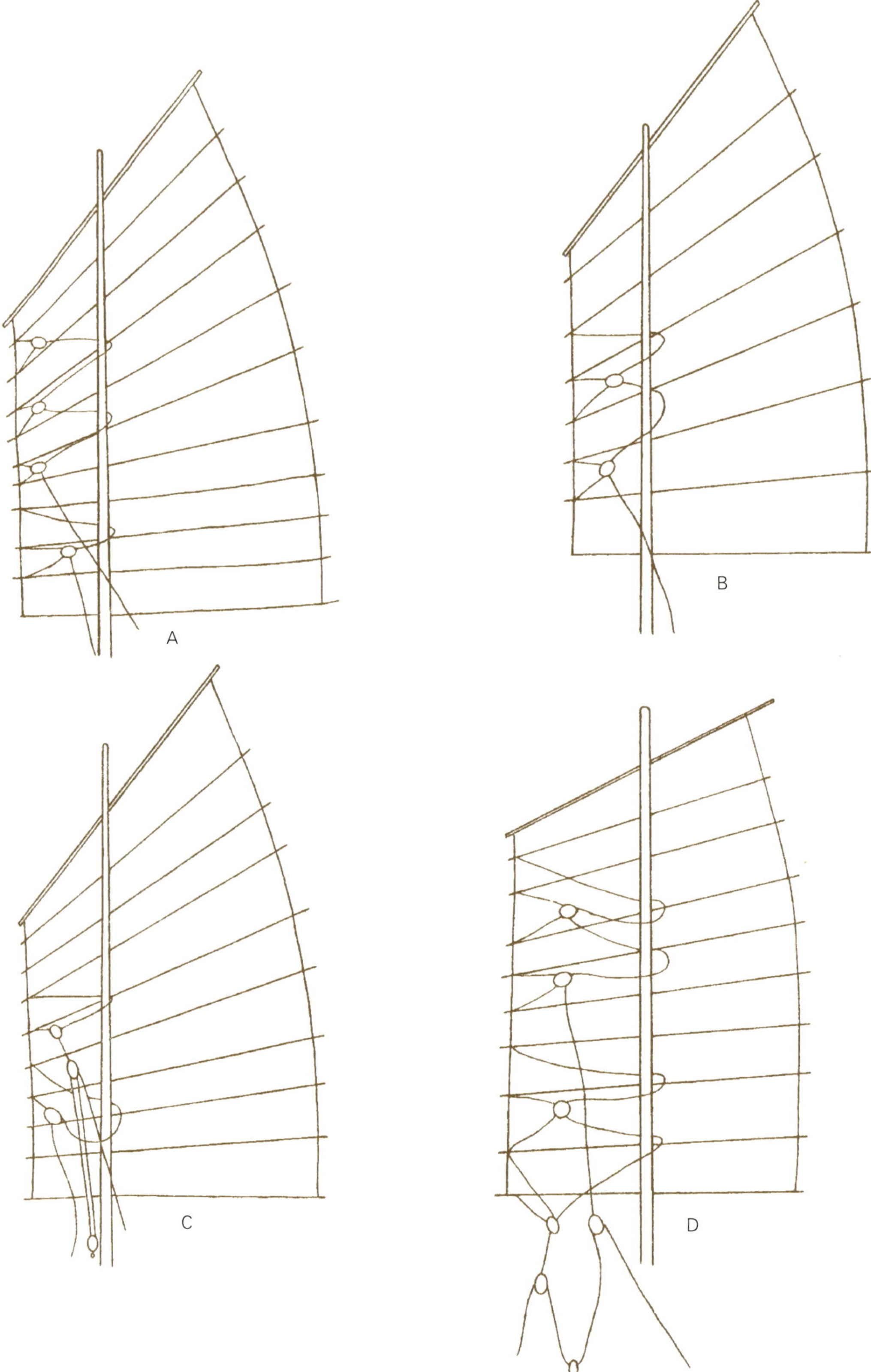

Fig. 4-6 VARIOUS METHODS OF REEVING THE HAULING PARREL

To these uses of the batten might perhaps be added an unofficial one. When a foreign-type sail is badly torn it is of no further use and must be replaced, but a Chinese sail can, with the support of its battens, have half of its surface full of holes and still be drawing well (see Fig. 4-11).

Each batten has its own parrel round the mast and its own single part, leading, in the form of a crow-foot, to the main sheet. In these simple essentials lies the secret of the Chinese flatness of sail.

Fore and aft sails have a natural tendency to move forward, and for this reason are fitted with a truss to keep the boom close to the mast. In the smaller sails this takes the form of a light rope round the mast and made fast to the boom, but in the large sails it consists of a heavy strop with five or six turns round the mast. Large sea-going junks have, in addition, what may be called a hauling parrel which, through the medium of the battens, keeps the sail in place and serves to adjust the balance. There are many different ways of reeving this rope, four typical examples being shown on Fig. 4-6.

The running part of the hauling parrel usually, although not always, has its standing part aloft made fast to a Chinese pattern block or to a batten on the fore part of the sail, and travels downward through a succession of blocks on bridles between each pair of battens and round the mast, thus evenly distributing the strain over the whole of the mast. The most complicated variety hails from Ningpo, as is illustrated in Fig. 4-6 D. In the heavier sails a lazy line, or batten lift, is fitted from the yard round each batten and finally made fast to the boom. The function of this rope is to keep the battens at a uniform distance and to prevent the sail bellying out between the bamboos.

Making sail is a long and noisy operation. The yard and sail are often very heavy, and the whole crew is required at the windlass or capstan. Stowing and reefing the sail, however, is a very simple operation, for when the halyards are slacked away the weight of the sail with its battens brings it down into the topping lifts fitted to each side of the sail. Generally it stows snugly, like a folded fan.

The topping lifts are not at all uniform and can be amazingly complicated. The type of gear depends for the most part on the weight of the sail. Two simplified varieties of topping lifts are illustrated in Fig. 4-7 A, B, and C.

The arrangement of the topping lifts is in most cases precisely, or almost, the same, on either side of the sail they encircle, as in Figs. A and B. Fig. C illustrates a typical Whangpoo variety.

Sometimes in the lighter sails a topping lift is dispensed with and the sail comes down on to a short, stout bamboo slung from the hounds.

The halyards (Fig. 4-7 D), of which there may be as many as four, usually consist of two separate purchases. One travels from the yard[1] through a sheave[2] in the mast and down to a twofold or threefold purchase[3], the lower block of which is shackled to a ring-bolt on the large cross-beam[4] in the way of the mast, the running part being made fast to a cleat on the tabernacle[5]. The second purchase runs from the yard[6] through a purchase[7] and down on deck through a large single block[8].

Labour is, or rather was, exceedingly cheap in China, and so the owner, or junkmaster, could afford to have a large crew, by which means huge spars could be handled. The mainsail of a Foochow pole-junk, for instance, weighs more than 5 tons.

It is the practice in junks to put mat covers over such sails as cannot be readily bent and unbent when the junk is in port; they are then lowered and furled and covered with cloth, or more often oiled matting, which is also laid over the yard. The halyards are, of course, removed, the blocks being unhooked and attached to slings which pass under the booms and over the cover.

In most junks a mizzen is fitted for the same reason as in Europe. This sail decreases the speed of the junk to some extent but renders her much easier to handle. It is also useful for manoeuvring in port, in that it saves hoisting the heavy mainsail.

The fore-sail takes the place of jibs and is a very important agent in sailing, for it steadies the junk on her course and helps her round when she is put about. It also prevents her from suddenly running up into the wind.

Although in the estuary, and on the Yangtze and its tributaries, the sail is necessarily all important, on the small inland waterways and creeks the methods of propulsion are governed by the shallow water and narrow fairways which have to be encountered. All available types of progress are here pressed into service, and in addition to the limited amount of sailing possible, yulohs, tracking, quanting, and towing by launches are used and, though more rarely, oars.

The sails of the Shanghai craft and those of the estuary, [1] when the finer degrees of variation are omitted, can be reduced to two main groups, namely:

(1) A more or less standard, square-headed, balance lug-sail of cloth, stiffened with bamboo battens, and

(2) A spritsail.

The illustration in Fig. 4-8 shows one of the typical square-headed lug-sails as used in the Shanghai area. The main general arrangement of these sails is always the same but is subject to small variations. This type of lug-sail is divided into what for want of a proper nautical term may be described as vertical bonnets, which are laced together with small fibre rope down the join, which, in the case of a sail composed of two bonnets only, is as often as not central. Two bonnets is the most usual number, but occasionally three may be seen or, very rarely, four, although actually in some junks every sailcloth is a form of vertical bonnet.

The cut of the sails is not always uniform, some being rather more peaked than others, though for the most part they are comparatively narrow, with straight luffs and leeches.

These lug-sails are very interesting in that they illustrate the early stages of evolution from the original and primitive square cut sail similar to that used by the ancients in Europe and still to be found in a modified form in use on the Upper Yangtze.

As already mentioned, the initial development was doubtless achieved by the simple expedient of altering the original central position of the halyards aloft and bousing down the tack. Later refinements produced the strengthening by battens and the euphroe and multiple sheets which are always in evidence in this type of sail. The battens to stiffen the sail each have their own part leading to the euphroe. Each also is provided

[1] Omitting the Hangchow Bay trader, which may be regarded as a visitor.

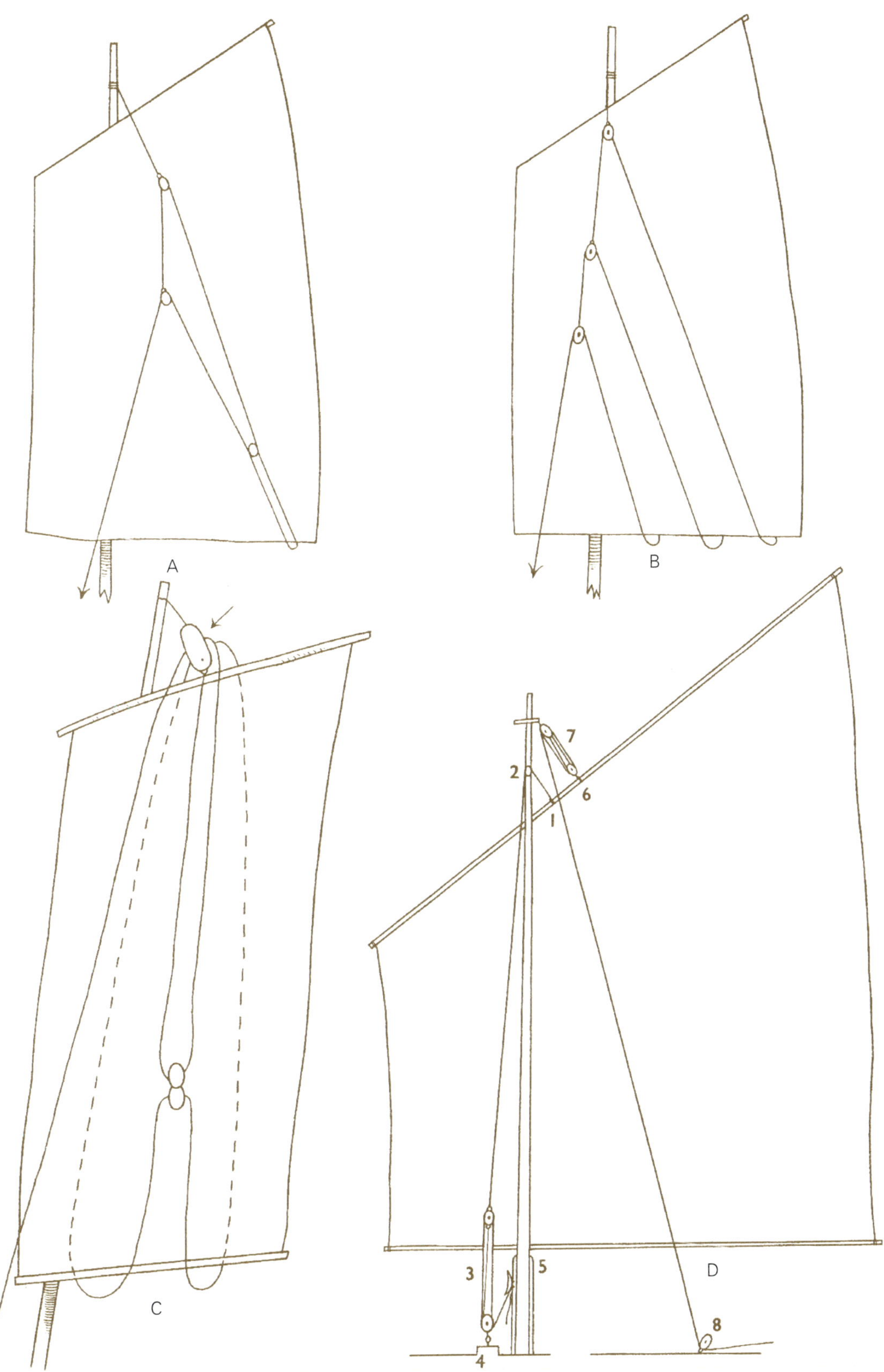

Fig. 4-7 TOPPING LIFTS AND HALYARDS

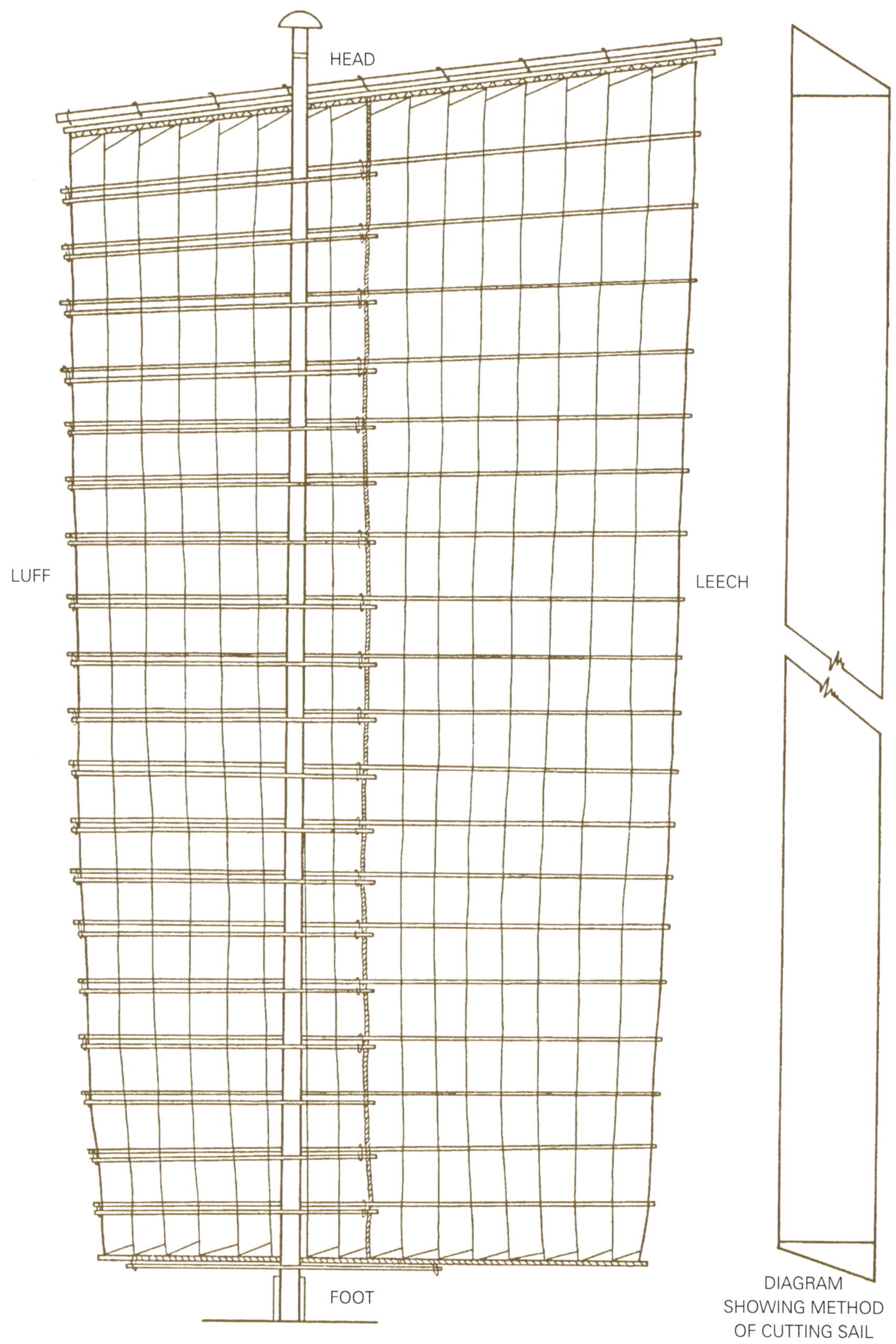

Fig. 4-8 SQUARE-HEADED–LUG-SAIL

with a parrel, made of rope, rattan, or bamboo, generally split, as is common in other parts of China. This local departure from custom is doubtless motivated by the need for maximum flexibility when striking masts. A sailor would expect to find a part also leading from the euphroe to the yard, particularly as one part does lead to the boom, but close observation would seem to indicate that this omission is intentional, for whatever reason.

The sail illustrated in Fig. 4-8 is made up of two vertical bonnets each of eight sailcloths, sewn together and roped down each seam. It will be seen, therefore, that all the sailcloths are attached to each batten, and each batten has its own part in the crowfoots, which in turn leads to the final controlling sheet. This arrangement, which provides for an equal distribution of sail pressure down the whole length of the mast, is another secret of the efficiency of this type of sail and has for long placed the Chinese far ahead of the West in their practical knowledge of the principles governing the scientific use of the fore and aft sail.

The second type of sail, that is to say, the flat-headed spritsail, of which there are several varieties, is much employed for harbour and creek work in the Shanghai area and for practically all fishing-junks in the Chusan-Ningpo area, where it is also sometimes used as a head sail. It finds favour, too, with small craft. In riverine craft this sail is very simple indeed (Fig. 4-9), and consists of a single pole on which is set a square, or nearly square, loose-footed sail formed of a varying number of horizontal sailcloths which may sometimes be found roped at the seams. The spritsails of the Ningpo-Chusan fishing craft are not as simple as they seem at first sight and are extremely difficult sails to cut (Fig. 4-10). The horizontal seams are double-roped alternately on each side of the sail, the ends being sewn back on themselves in the form of beckets. Those on the luff are used as parrels, while those on the leech serve to take the multiple sheeting. Moreover, the sail is not rectangular: the cloths are sewn sc that the luff is longer than the leech and the head is longer than the foot. The sail is secured to the mast by a succession of parrels at regular intervals up the luff. These parrels may, or may not, coincide with the seams, and may be made of bamboo, rattan, rope, or even wire.

The spritsail (or, in old English, "spreet"), from which the sail derives its name, is a spar, generally of bamboo, which is used to extend the peak of the sail. It stands at an angle of about 45° with the mast, diagonally across the sail, the head, at the peak, fitting into the roping of the sail, while the heel fits into a snotter low down on the mast. In the larger sails there is a small purchase fitted to the snotter at the heel of the spritsail to keep it well up to its work.

As the mast and sail are raked well aft, the peak of the sail is much lower than the throat, the leech does not stand up and down, nor is the peak vertically over the clew. The proportions have to be very well judged, otherwise the sail does not set well. As in the case of the lug-sail, and indeed in most types of Chinese sails, there are the usual multiple sheets leading into one or more euphroes.

In the estuary spritsail a bonnet or more rarely two bonnets are fitted, often each having reef points.

There is no boom, but one can be, and sometimes is, fitted if thought necessary. The junkmen, however, say that they prefer to be without, as the sail can then be spilled more easily.

From its great simplicity it may be assumed that the spritsail represents a very much earlier adaptation or development of the square sail in China than the lug-sail, if it does not actually antedate the square sail itself in origin.

RIVERINE TYPE AS ILLUSTRATED IN THE *K'UAI-PAN*

Photographs by Monsieur E. Sigaut.

SEA-GOING TYPE AS ILLUSTRATED IN THE CHUSAN FISHERMAN

Fig. 4-9 SPRITSAILS

The spritsail in Europe is considered by some authorities to have originated in the Netherlands about the second half of the fifteenth century. This, if so, is interesting, for the Dutch have much in common with the Chinese in that their country, though in miniature, reproduces the network of narrow and shallow waterways to be found so widely distributed in China.

The Chinese type of spritsail varies very much from that used in Europe, the requirements of which necessitate vangs made fast to the upper end of the sprit, whereas the euphroe and Chinese type of sheets make these unnecessary. Nor do the Chinese have brails, for the sail is taken in or set by hoisting or lowering the halyards and tending the sprit purchase. Reefing a spritsail is not as simple a matter as it is in a lug-sail. Sometimes three reef points are fitted, one for each of the three lower seams of the sail. If it is desired to take in still more sail it is necessary to unlace the bonnet, which enables the whole of the lower part of the sail to drop together with its parrels and separate sheeting.

Very often for lack of a sufficiently long bamboo for ease in reefing the sprit consists of two pieces, the lower and shorter piece being affixed to the main sprit either by inserting one into the other or joining them by means of a piece of hardwood fitting into both ends of the bamboo.

The top end of the sprit being more slender and pliable, and thus liable to bend or jump out of the rope eye through which it passes, a small becket is sometimes used to keep the sprit in place. This takes the form of a small piece of rope diagonally joining the bolt ropes of the head and the leech and passing over the sprit.

Sailmaking in the West, notably in England, has for centuries been very scientifically carried out according to various rules laid down in this strictly conventional industry. In the British Navy, strictly enforced regulations laid down that there should be 120 stitches to the yard of material. In China, however, the making of sails is a family affair. Anyone who can handle a needle is pressed into service, and their "homeward-bound stitches" of about 72 or less to the yard of cloth would have shocked the master sailmakers of Nelson's day. Nevertheless, these rough-and-ready methods apparently suffice to produce the required results.

Chafing cloths are sometimes fitted in the way of the bamboo battens, and rope, the size of which varies according to the material of the sail and its size, is sewn down each seam. This is generally to be found on the chafing cloth side of the sail, but is also found sometimes on the other side.

Shanghai sailcloth comes in bolts, mostly 11 inches in width, or considerably less than European sailcloth, which is 24 inches wide, but the junkmen affirm that the narrower the cloth the flatter the sail.

The simple operations of the Chinese sailmaker depend upon no sail plans. The rough dimensions of the sail having been determined, the yard, boom, and battens are laid out on the ground and connected up to the bolt ropes so as to form a frame. The bolt of cloth, which usually measures 105 Chinese feet, is opened up and the required number of lengths cut. Each length is dressed to fit by cutting diagonally across the sailcloth to a point 8 inches down and at right angles to the edge of the cloth for the head of the sail, and 2 inches off, in the opposite direction at the foot, as is shown in the margin on Plate No. 17.

The sailclothes are then laid over the framework, and the family set to work to join them together in inch-wide seams. Strengthening pieces are affixed where necessary. The sail is next sewn to the bolt ropes. Usually the sails are double roped, the sail being sewn to the inner rope, to which the outer one is secured by twine stops at irregular intervals of about 6 inches. The sail is next laced to a bamboo at head and foot, which in turn is lashed to the yard or boom at intervals of about 46 inches.

In the Shanghai district it is held that the sail of a junk is shaped like the human ear, and it is said to be "always listening for the wind". For this reason it is not unusual for an ear to be referred to as *shun-fêng* (顺风), or favouring wind. [1] Such sailorly association of ideas is not without a human as well as nautical interest, particularly as the old-fashioned ideas and customs are rapidly giving way to the new. One other such custom should be recorded. It is still not an uncommon sight for a junkman to hold up a sheet, or an umbrella, or even to open out the two sides of his coat, like wings, to catch the wind and so help his ship along.

Once the sailcloths have been made, additional life is ensured for them by soaking them in a solution of *k'ao*, *p'i* (栲皮), or mangrove bark, for several hours, intended to act as a preservative on account of its tannin content, after which they are washed and dried.

Even so, however, a set of sails seldom lasts intact for more than two years, and towards the end of that time it is often pretty ragged and full of holes. Indeed, the sails of the Whangpoo craft may often be described as being one-fourth cloth, one-fourth holes, and one-half miscellaneous material. The junkman, however, does not object to this greatly, and indeed affirms that a sail with holes in it is more efficient than one with a solid surface, for not only does it save reefing, but it gives automatic relief to the junk in a breeze. Strange as it may seem, moreover, these ragged sails seem to hold the lightest airs (Fig. 4-11).

MASTS

When a strong wind is blowing the pressure upon the sail carried by a mast amounts to many tons, the mast itself therefore must be of great strength. Masts may be, as in the case of small junks and sampans, a single tree called a pole-mast, or else a "made" mast, formed from several united pieces-this type is always used in the larger classes of junks. A large made mast is stronger than a pole-mast and less liable to spring, but for a small junk the pole is more resistant. Masts and spars are often to be seen cracked along the fibres, but the junkman pays no attention to this as it does not materially affect the essential elasticity or strength. The yards and boom are invariably woolded, that is to say, strengthened by winding around pieces of rope where they are fished.

The Chinese have a saying that a mast is a "general commanding 10,000 soldiers", and this and similar sentences, such as "may fair winds blow from every side of the compass" or "may this mast scorn the tempest" are written in flowing calligraphy on red paper and stuck on the mast as charms.

It is not here proposed to enter into a description of masting. Suffice it to say that one of the most controversial problems of ship construction in the days of sail was the scarfing of the wooden masts. In the case of junks, the Chinese shipwright does not have to concern himself with the various schools of thought on the subject. He knows one way only of joining the component parts of his mast, and that is by means of iron

[1] Monsieur Sigaut has drawn my attention to the interesting fact that the French expression for a fore and aft sail is voile aurique, meaning a sail shaped like an ear. Also, that among the French maritime people a man with protruding ears is said to be sailing before the wind.

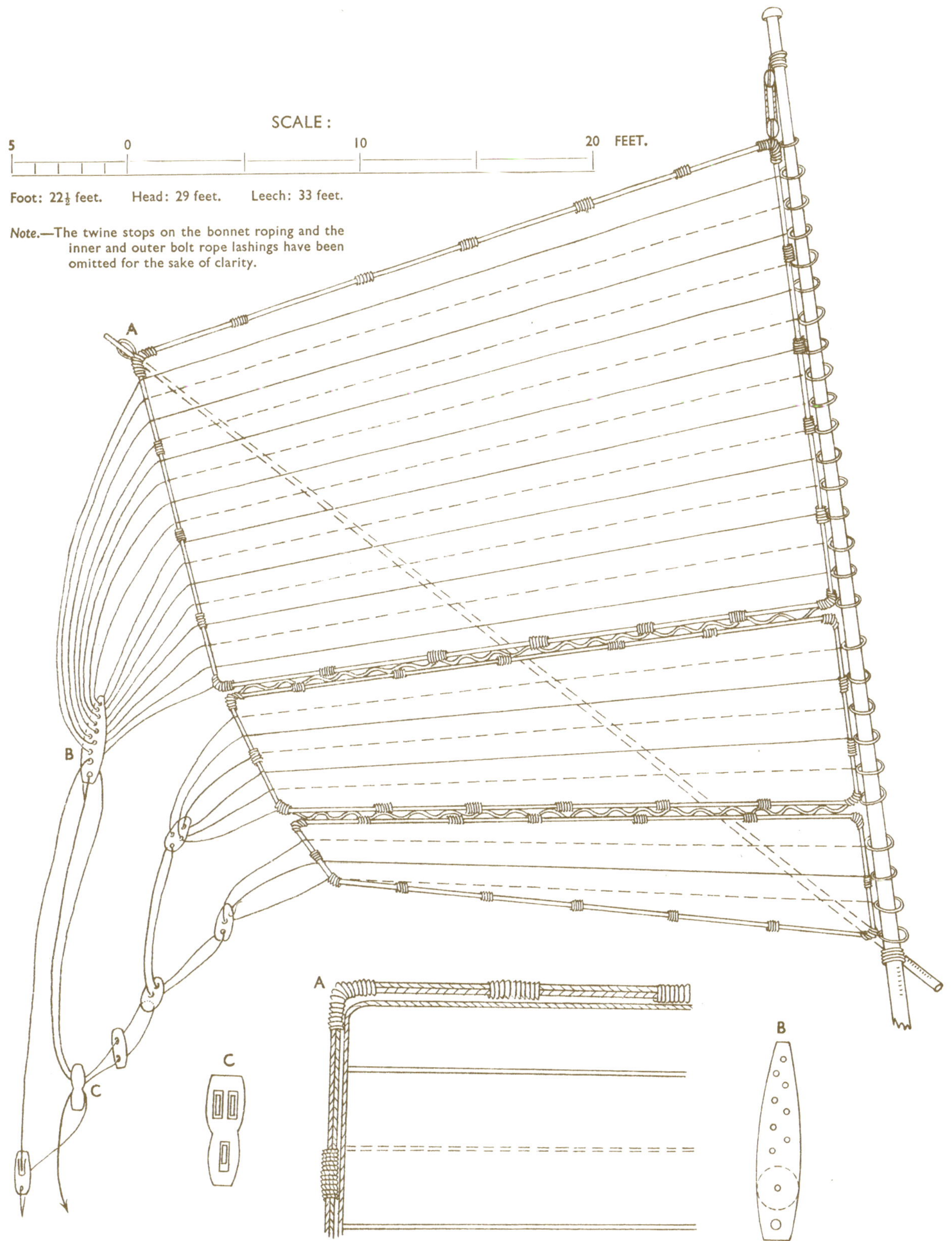

Fig. 4-10 SPRITSAIL

Fig. 4-11 RAGGED SAIL

(The Junkman, however, does not object to this greatly.)

bands, nor is he hampered by any conventions in his manner of using them. Nevertheless, no one knows better than the Chinese sailor that it is important that masts and spars of all kinds should be properly designed, proportioned, and constructed if they are to function properly.

Junk masts range, according to the size of the craft, from 35 to 90 feet in height, and from a few to 78 inches in diameter at the heel. The mast often costs more than the junk itself. Oregon pine is much in favour with the junkmen, but failing that they use Foochow pine, which actually provides excellent material with rather more elasticity (Fig. 4-12).

The average age of a tree when ready for use is 60 years, but the Fukien mast tree does not attain its maximum growth before 80 years. Efforts have been made to prevent the felling of immature trees; but, even so, the Fukien loggers cut down far too many that yield only one or two logs. The firewood trade is responsible for a great deal of waste, for whole hillsides are planted with pine trees which are cut down in from 8 to 10 years and swell the annual export of firewood to 1½ million bundles. As long ago as 1868 a Customs Report for Ningpo mentions the large cargoes of wood imported into that port from abroad. Throughout the coast and to the Lower Yangtze softwoods from Puget Sound and British Columbia-the Oregon pine of commerce-have been shipped to China in ever increasing quantities since the sixties of last century for shipbuilding and chiefly for masting.

By permission of Sir Frederick Maze, K. C. M. G.

Fig. 4-12 MAINMAST OF A FOOCHOW POLE-JUNK

A favourite method of seasoning a mast is to bury it for some time in damp earth. Some of the junk masts are of great age and may have been in use in several different craft. In small junks and sampans the heel of the mast is sometimes taken into a step, or block of wood with a hole or recess in it to receive the heel of the mast, while at deck level it rests between small partners. Usually, however, in the larger types of junks where the mast can, if necessary, be struck, they are fitted with tabernacles, that is to say, a housing, or case, extending from a foot or so above deck level to the bottom of the junk. The office of this is to distribute the weight of the mast over as great an area as possible and to carry the pivot on which the mast lowers-when it does lower.

The tabernacles support the mast laterally, and a chock of wood between the heel of the mast and the bulkhead next forward prevents the mast from falling backwards; the bulkhead against which the mast rests stops it from falling forward, and all help to hold it up securely. The masts of Chinese vessels do not, as in the West, depend upon stays and shrouds for their support, for the sail battens and multiple sheets, embracing as they do a large area, provide a steadying factor to the mast.

The lower part of the mast is usually square, so that it fits snugly into the housing. At a short distance from the masthead are the hounds on which rest the pennants for the halyard blocks and topping lifts.

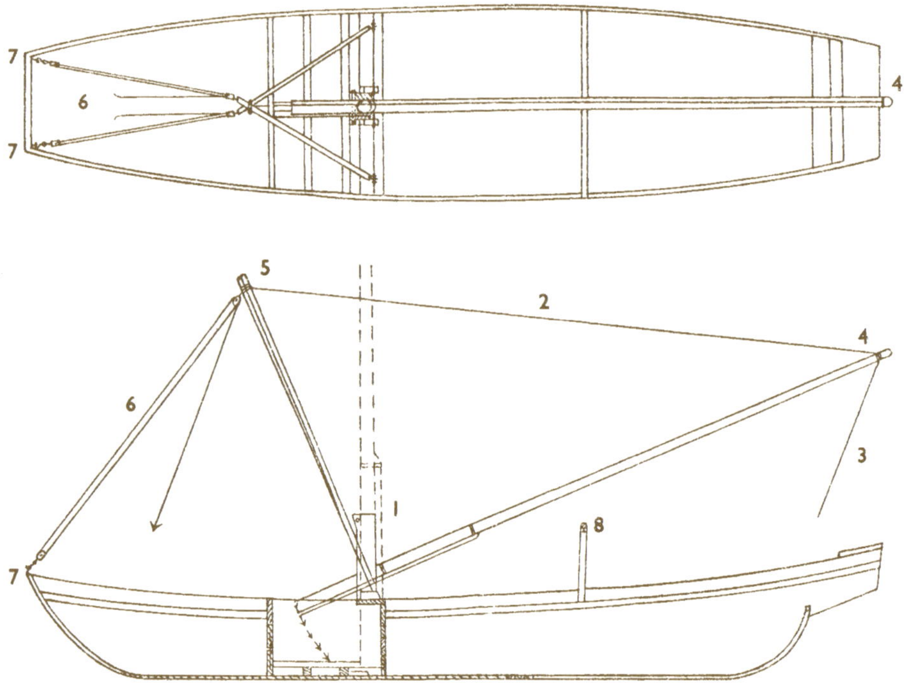

FIG. 4-13 METHOD OF STRIKING MAST

Masts in the Shanghai waterways are proportionally higher than those elsewhere owing to the need for catching every possible breath of wind over the high banks between which they have often to pass. Moreover, they are so designed as to permit of their being easily struck. For this reason a cheek-piece[1] is secured to the after side of the mast and at right angles thereto. A wire topping lift[2], with a downhaul[3] to control it, leads from the masthead[4] to the head of the sheerlegs[5], where two twofold purchases[6] are fitted, the lower blocks of each connecting to ring-bolts on each bow[7].

In striking the mast the sail is topped up to an angle of 45° by means of the sail topping lifts and is eased on to the lumber irons[8] by two men. One hand, usually a woman, clears the sheets, while one man tends and eases away each purchase[6]. The whole operation from the rigging of the sheerlegs takes less than five minutes, and the mast can be sent up in about the same time.

- CHAPTER 5 -

SAIL BATTENS, CHINESE SHEETS AND METHODS OF SHEETING

To deal in detail with the subject of Chinese sheets and their methods of sheeting would require a very bulky volume. In a single chapter it is possible only to deal briefly with some of the more representative types.

As already explained, the junkman of China has perfected a sail which places him in the vanguard among the fore and aft sailors of the world. This sail, the balance lug, made it possible for Chinese junks to sail well on a beam wind at a time when European vessels could do little more than run before the wind. It is the result of centuries of trial-and-error methods in the course of which almost every conceivable idea must have been given a chance to prove itself.

As regards the methods of sheeting used with this sail, they display even more originality and ingenuity. Although the lug-sail found its way into Europe-whether from China or not-it is curious that the Chinese incredibly efficient system of multiple sheeting has never been copied, and indeed seems to have escaped serious study.

The system, consists of a scheme whereby each batten, incorporated in a group, is connected by means of a succession of bights and leads to the rest, and the whole system of sheets, passing through blocks and euphroes of different types and dimensions, leads from the extremity of the battens until it terminates in one main sheet on deck. By this means the sail is divided into two or more flexible sections (Fig. 5-1, marked *A B C* and *D E F*). This, for obvious reasons, is of the greatest assistance in tacking.

The sheet arrangements are in two main parts, which may be described as, firstly, the multiple sheets made up of the small component parts leading from each batten, and, secondly, the main sheet, starting from a fixed point **G**, and connecting up *via* **G C** and **G F** with the component parts **A B C** and **D E F**, terminating in a single rope, that is to say, the feeding end in the laodah's hand marked **H**. Thus the sail can be trimmed with as much ease as the single-sheeted sail of an Occidental craft.

The blocks used consist of double blocks, single blocks, sister blocks, and euphroes of varying size, design, and capacity from two to five or more holes. The Chinese euphroe is a long cylindrical block with a number of small holes in it to receive the legs or lines composing the crowfoot and terminating in a sheave.

In the matter of blocks the Chinese seaman is extremely original. He has evolved and perfected for his needs types of blocks and tackles exactly suited to the uses required of them and they are, like so many of

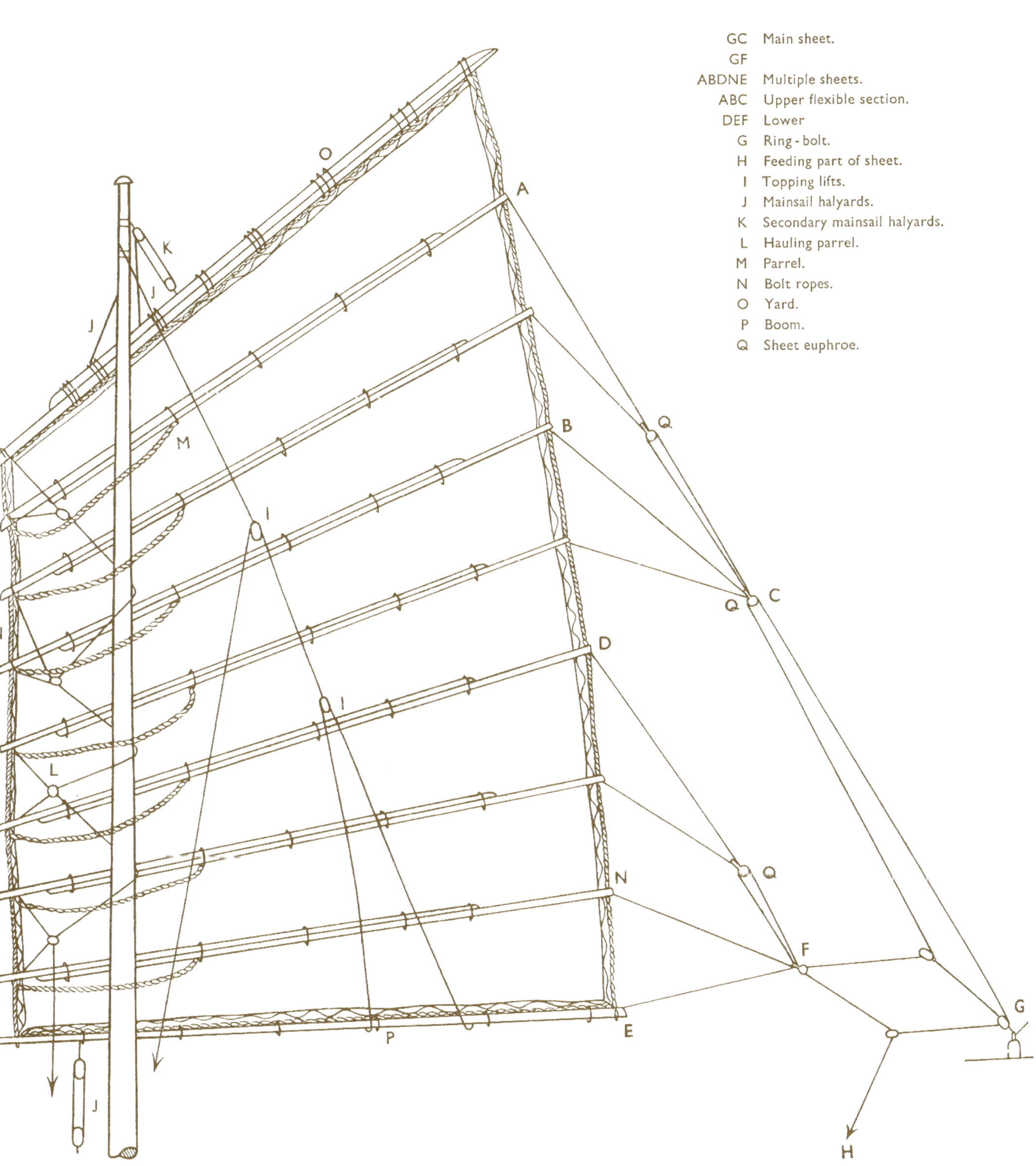

Fig. 5-1 PLAN OF A MAINSAIL

his other fittings, not only extremely simple but exceedingly efficient. A few representative types are shown below(Fig. 5-2):

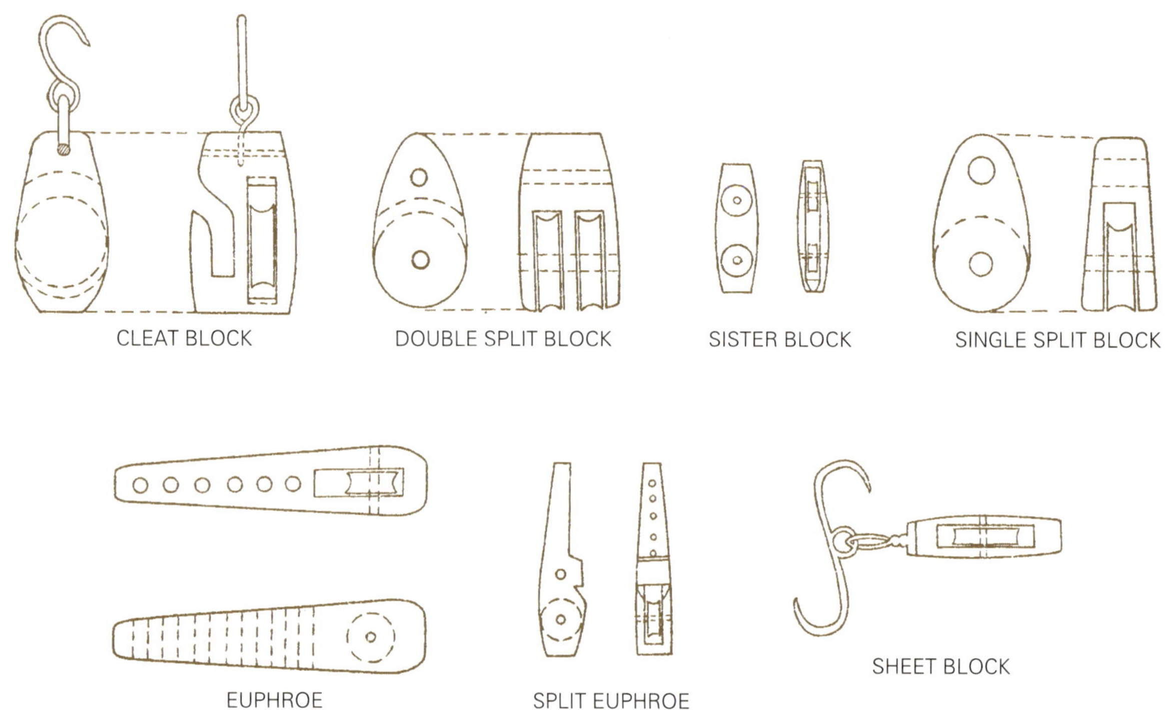

Fig. 5-2 VARIOUS TYPES OF CHINESE BLOCKS

The principle of multiple sheets is in general use throughout China except in the case of some river junks using a square sail. The arrangement of these sheets is by no means uniform and varies considerably according to the type of junk, not only in the number of battens but in the system of grouping them. For instance, the sheeting of similar sails with an equal number of battens will be differently arranged according to the type of junk. Small differences may also be observed in the same types of junk, and these may probably be traced to the material available at the time or the individual preferences of the laodah.

The primary pull on the sail, that is to say, which of the flexible sections is first affected, is also by no means uniform. An analysis of this in several types of junks yields no adequate explanation of the methods used and no hard-and-fast rules can be laid down, yet it would appear, however, in the case of the mainsail the primary pull more often than not is on the lower part of the sail, and in the case of the fore-sail rather more often on the upper part of the sail, whereas with the mizzen it is almost invariably on the lower part of the sail. As there is always some practical reason for all Chinese customs it would be interesting to know what prompted them in this matter.

In the case of the fore-sail a possible explanation is that the foremast is often raked forward and so the upper part of the sail would provide a better lead. In types where the foremast is vertical the primary pull is usually on the lower part of the sail a plausible explanation for the lead of the main sheet is so as to avoid fouling.

It is interesting-but not at all illuminating-to find that in certain of the heavier types, such as the Kiangsu trader and the Tsungming junk, the primary pull is always on the lower sections of all three sails. In the case of the Foochow pole-junk, the primary pull is almost invariably found to be on the upper portion of the fore-sail and the lower portions of the main and mizzen. A study of six types of Ningpo and Chusan junks shows that the primary pull, while practically always on the upper portion of the fore-sail and lower part of the mizzen, may be almost equally on either portion of the mainsail.

A careful mathematical analysis of the respective areas of the sails of the Foochow pole-junk, for example, yields some interesting results. To begin with, by the arrangement of the battens into groups, the total sail area is, in each case, split up into two distinct sections connected by flexible joints, as already described.

Taking the fore-sail first, this division falls between the third and fourth battens in the specimen illustrated in Fig. 5-3 C. This area, controlled by the upper part of the main sheet, comprises 43 per cent of the whole sail as against 57 per cent controlled by the lower part of the main sheet. As there are two ropes or bights to the upper section, each receives a pull equivalent to 21 per cent of the sail area. The lower section is controlled by three ropes, each of which covers an area of approximately 19 per cent. The total multiplication of force is therefore 5, that is to say, for every 5 feet of sheet hauled in the sail moves 1 foot. The strain on all five ropes, therefore, disregarding friction, approximates very closely, and it is interesting to see how the Chinese methods of rule-of-thumb and trial-and-error have been perfected through the centuries until they have achieved results which are mathematically so well balanced. When the fore-sheet is hauled in, the top portion of the fore-sail receives more of the initial pull and comes over, batten by batten.

In the case of the mainsail (Fig. 5-3 A) of the same craft, the upper portion contains about 51 per cent of the sail area as opposed to 49 per cent in the lower portion below the flexible joint, and the strain on all four ropes is about equal, the multiplication of force being only 4 to 1.

When a junk, instead of the ordinary Chinese lug-sails with battens, carries spritsails (Fig. 5-4), the sheeting follows much the same lines. The multiple sheets, however, instead of being each connected to a batten, start at the leech from the end of each seam of the horizontal and nearly parallel sailcloths making up the sail. These multiple sheets, which usually number about 20 for the mainsail and about eight or less for the small fore-sail, may be arranged in one or two groups in the case of the mainsail but always one only for the fore-sail. Sometimes a bonnet[1] is fitted, that is to say, an extra portion comprising a few feet of sail is laced to the foot of the mainsail (Fig. 5-4 B). When this is the case, whatever the grouping in the mainsail itself, the sheets of the bonnet are always arranged in a separate group[2] and the primary pull is almost always on the upper portion of the sail. An alternative method of grouping the sheets may be seen in the same Plate, Fig. 5-4 C. Fig. 5-4 A shows a fore-sail.

It is impossible here to give an analysis of all the various sheeting arrangements of each type of junk. A selection only, therefore, is given of the methods adopted by the more striking junks.

The Foochow pole-junk is perhaps one of the better-known types, and an examination of the systems used for this craft will be of value, not only in itself, but because it has probably provided models for other types. In this craft, which always has three masts, the sheeting arrangements vary according to the number

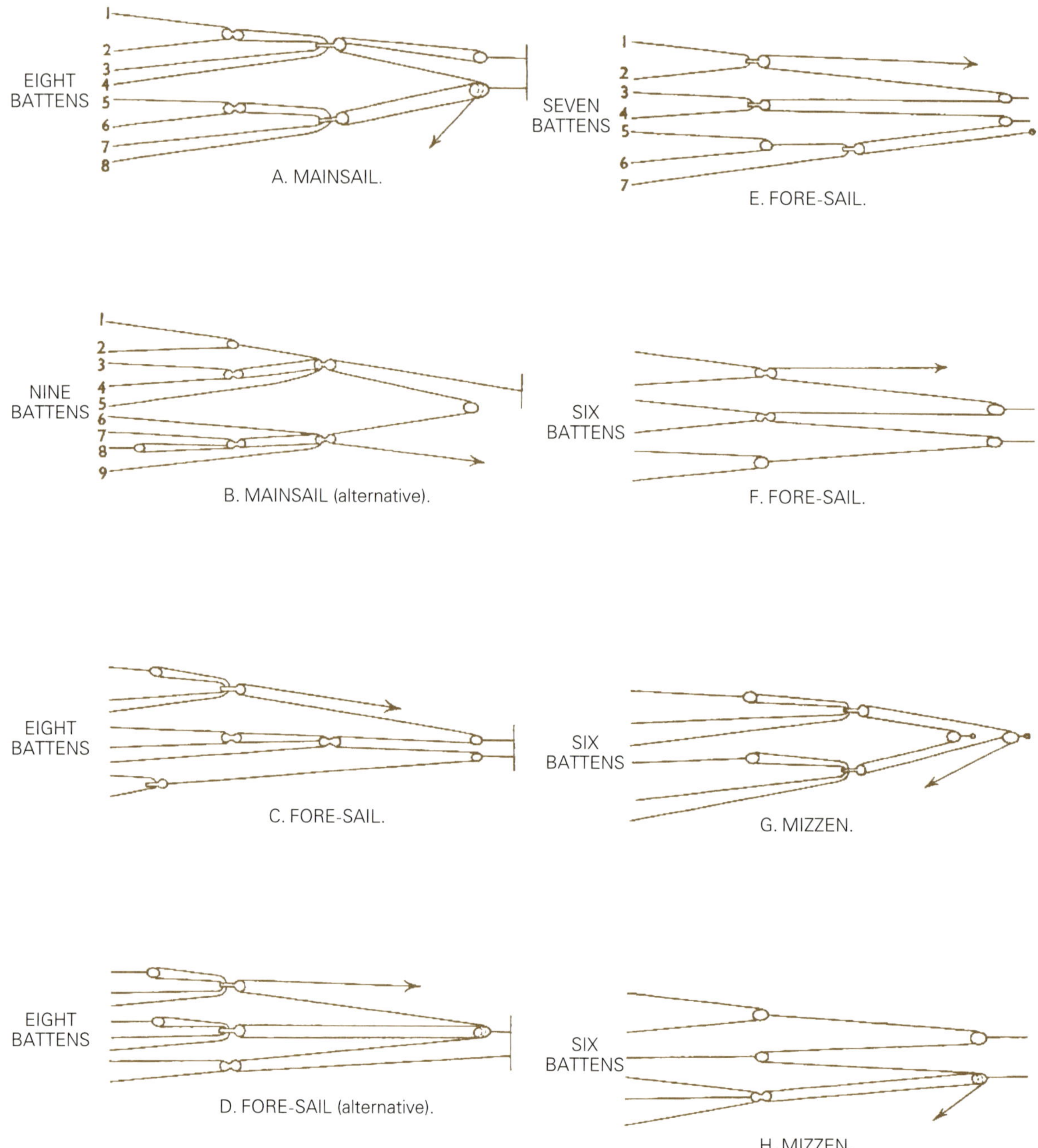

Fig. 5-3 FOOCHOW POLE-JUNK

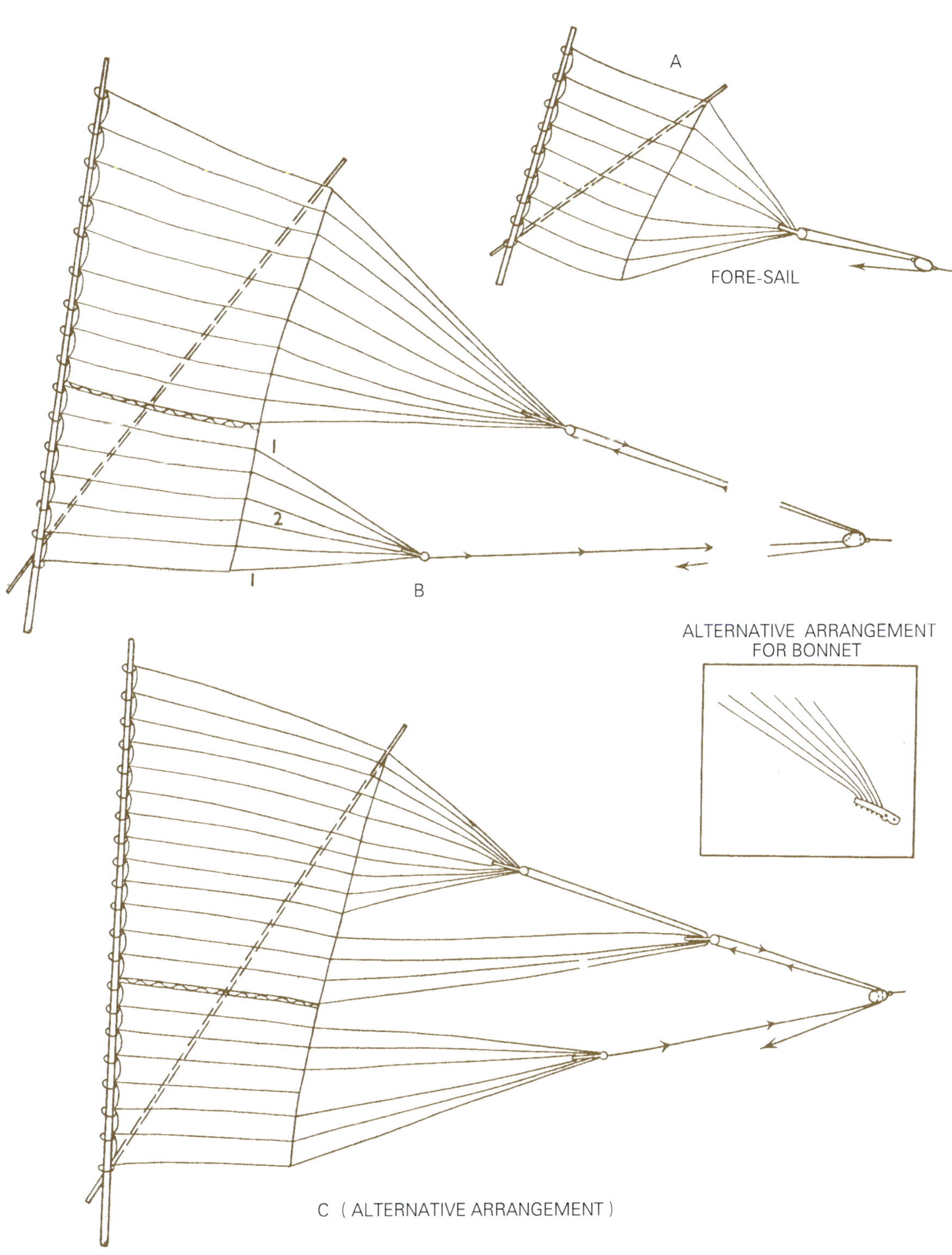

Fig. 5-4 SPRITSAILS

of battens on each sail, which are not always identical. The mainsail, for instance, may have eight or nine battens; all of them, however, are always to be found on the port side of the sail. When there are eight battens they are divided into two groups of four, both groups being identically arranged with the main sheet connecting and controlling them (Fig. 5-3 A). When there are nine battens they are still arranged in two groups, but the uppermost group contains five battens while the lower one has four. The presence of five battens naturally necessitates a different arrangement, but oddly enough when there are nine battens the lower group of four could be arranged according to Fig. 5-3 B, although there seems to be no apparent reason why they should not follow the same system as the less complicated groups of four in Fig. 5-3 A. In both cases the primary pull is on the lower section of the mainsail.

With regard to the fore-sail, the number of battens on this sail ranges from six to eight and appears to have no relation to the number of battens on the mainsail. All are always situated on the starboard side of the sail. Where there are eight battens they are arranged in three groups of three, three, and two battens respectively. There are, however, two alternative ways of reeving the middle group of three whereby the main sheet exerts a primary pull on the top section of the sail as in Figs. 5-3 C and D. The latter arrangement is usually to be found accompanying a mainsail with nine battens. Usually the standing part which passes through a large double block in the case of Fig. 5-3 D, or two smaller blocks in the case of Fig. 5-3 C, is made fast to a ring-bolt attached to an iron band round the mainmast or to ring-bolts situated on either side of the junk. Sometimes the ring-bolt may be found situated farther forward than the mainmast and on one side of the ship.

Where the fore-sail has seven battens they are arranged in four groups of two, two, two, and one (Fig. 5-3 E), the primary pull being at the upper end. The main sheet may pass either through one big double block or two single blocks. In the case of six battens the system is greatly simplified. The groups resolve themselves into three pairs of battens, with the primary pull still at the upper end of the sail as in Fig. 5-3 F.

In the case of the mizzen this usually carries six battens, which are always on the port side of the sail, that is to say, on the same side as the battens on the mainsail. These six battens may be arranged either into two groups of three (Fig. 5-3 G), or in descending order, in groups of two, one, and three (Fig. 5-3 H). Sometimes there may be seven or even eight battens, and when this occurs they are arranged in a similar manner to those of the mizzen-sail on the lorcha (Fig. 5-5 D and E).

The sheeting arrangements of the lorcha (Fig. 5-5) for the most part follow those of the Foochow pole-junk, from which they were very likely adopted. The battens are on the same side of the sail as the Foochow pole-junk, that is to say, on the port side of the mainsail, the starboard side of the fore-sail, and the port side again for the mizzen.

The mainsail always has eight battens arranged in four groups of two, the multiple sheet arrangements being in two groups of four, and the division of the main strain areas falling between the fourth and fifth battens (Fig. 5-5 A). The primary pull is always on the lower section of the sail.

The fore-sail (Fig. 5-5 B), too, has always a stereotyped number of battens, that is to say, seven, which are arranged in groups of three and four, the primary pull being always on the upper section and exerted between the third and fourth battens. The internal arrangement of the two groups, however, can be according to two alternative systems which will be seen in figs. 5-5 B and C. The large double block of the main sheet is secured to a ring-bolt on the mainmast.

The mizzen may have either seven battens arranged in groups of three, two, and two (Fig. 5-5 D), or eight battens arranged in groups of three, three, and two (Fig. 5-5 E). In both cases the main division of the strain area of the sail is always exerted on the lower portion of the sail. Occasionally the mizzen has no multiple sheets and a Western style of sheeting is used. The lowest batten is then used as a boom, from either end of which two sheets lead to short bumkins projecting one on either side in the fore and aft line over the stern.

The Hangchow trader is another interesting type (Fig. 5-6). A marked peculiarity of this junk is the fact that the foot of each of the three sails is on the same level; this line, being unusually high, allows ample head room for bulky deck cargo, such as firewood, charcoal, bamboos, and so forth.

In the largest type of these junks trading to Shanghai the battens are on the port side of all the sails, but on the smaller types which frequent the Ch'ient'ang River the battens are generally on the starboard side of the fore-sail, the port side of the mainsail, and the port side of the mizzen, if any, similar to the usage of the Foochow pole-junk. Generally speaking, and certainly in all old junks, the mainsail has 12 battens, with 10 on the fore-sail and 8 on the mizzen. In the case of more modern junks, the number of battens is reduced to nine on the mainsail, eight on the fore-sail, and five on the mizzen. The old type of junk with 12 battens on the mainsail has them arranged in two similar groups of six each, with the division between the sixth and seventh battens. The standing part of the main sheet is secured to a crude type of cleat fair-lead[1]-a word coined for want of a better in the shape of a hole in the top of a cross-piece, the running part after passing through the topmost euphroe[2] (Fig. 5-6 A) returns to pass through a second hole in the cleat fair-lead, thence back through a third hole in the lower block, from where it returns to the starboard side of the transom[3]. When there are nine battens in the new-style Hangchow trader they are more simply arranged (Fig. 5-6 B) in two groups of four and five with the flexible joint between them. The primary pull is in both cases on the lower part of the sail.

The fore-sail when it comprises 10 battens has them arranged in two groups of six and four, the division thus falling rather low down between the sixth and seventh battens (Fig. 5-6 D), the primary pull being on the lower part of the sail. An alternative arrangement of the two groups of 10 battens with six and four may be seen in the same Plate, Fig. 5-6 C, where it will be noticed that the primary pull is now exerted on the upper portion of the fore-sail. Fig. E shows the fore-sail of the new-type junk, wherein the eight battens are grouped into two lots of four, identically arranged. The primary pull is on the lower part of the sail.

In the matter of sheeting the Ningpo and Chusan junks, frequent visitors to Shanghai, show the influence of the Foochow pole-junk and the Shaohing types. The sizes of these craft vary, as does, of course, the height of the mast, and these factors necessarily govern the sail areas and especially the number of battens. The number of battens varies between eight and ten for the mainsail, seven or eight for the fore-sail, and six or seven for the mizzen. Fig. 5-7 shows the arrangement of some of these types. In the case of the larger craft, such as the Ningpo trader, the battens are situated as on the Foochow pole-junk, that is to say,

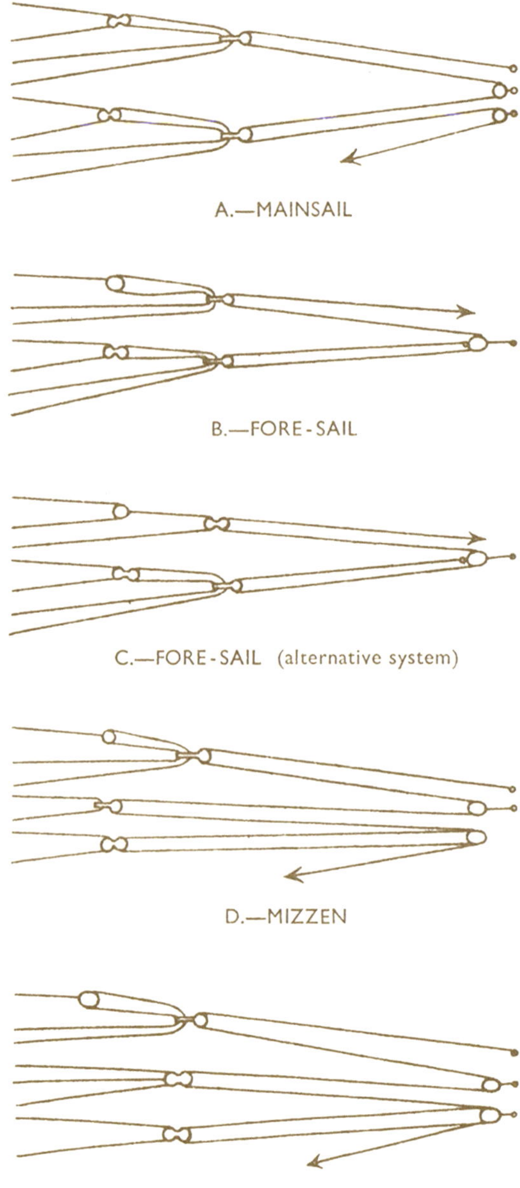

Fig. 5-5 THE LORCHA

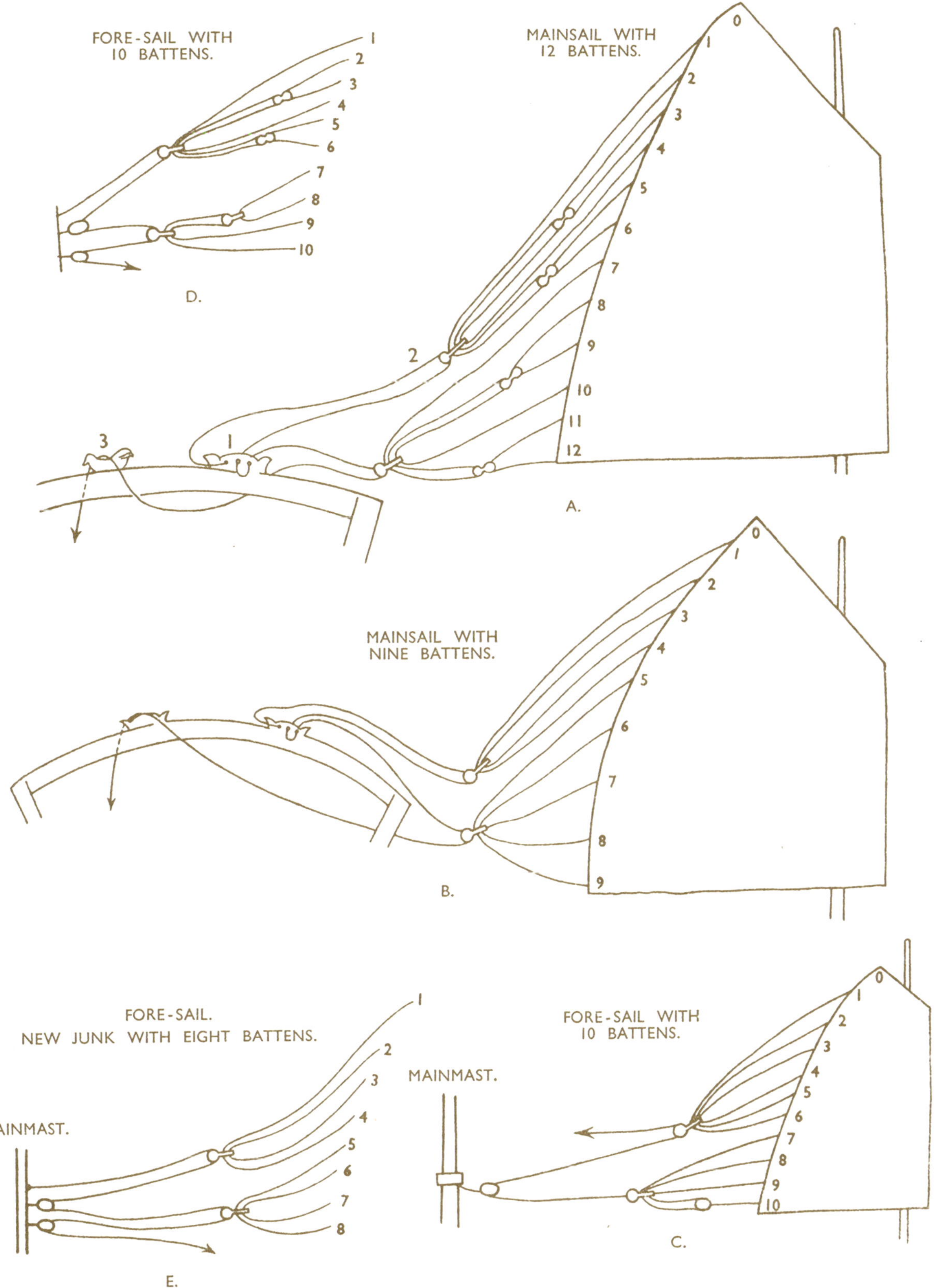

Fig. 5-6 HANGCHOW BAY TRADER

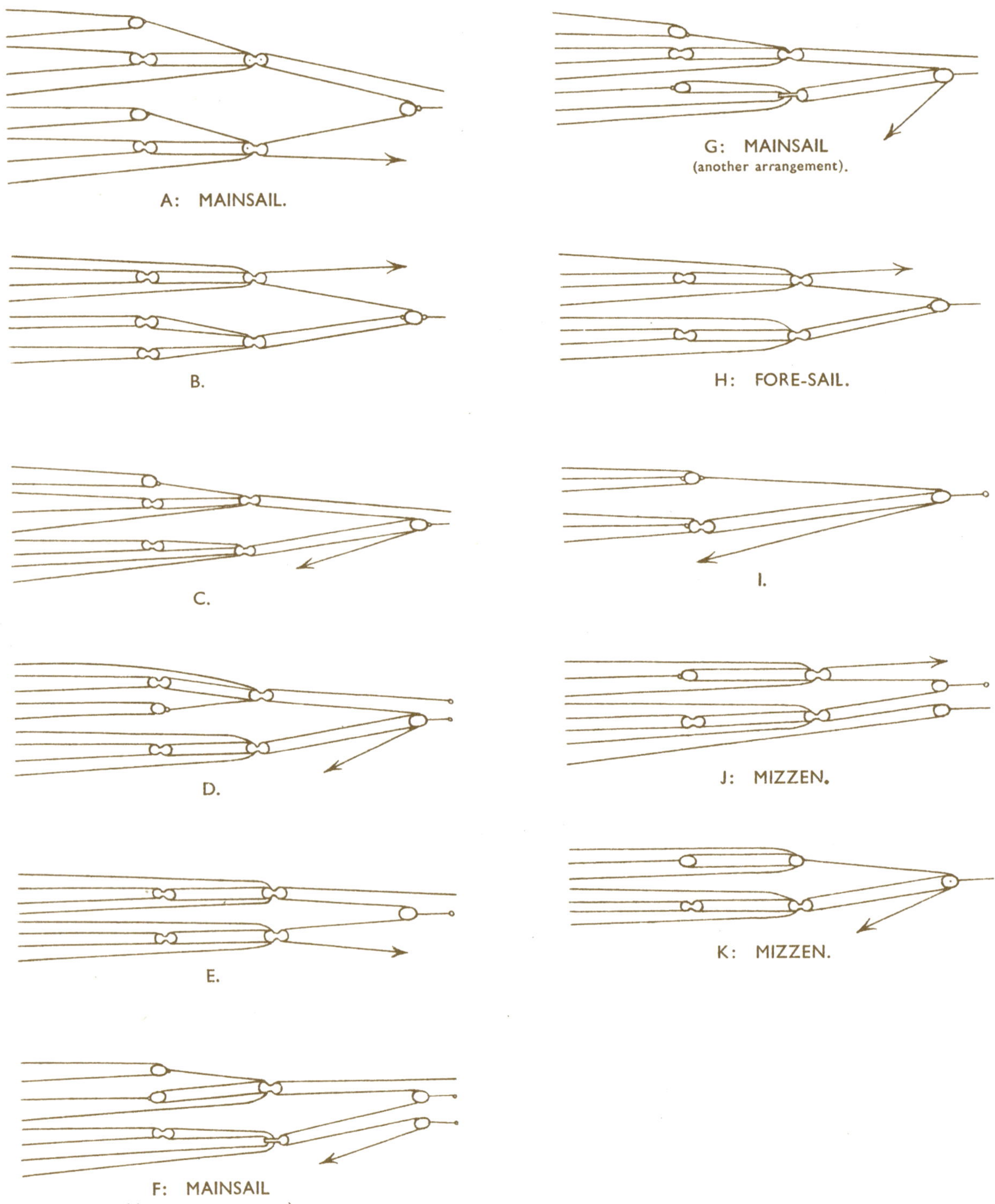

Fig. 5-7. CHUSAN AND NINGPO JUNKS

on the starboard side for the fore-sail and on the port side for the main and mizzen. The smaller types, however, such as those hailing from Chusan, the fishing-junks, and the fish-carriers, vary as to the side of the sail on which the battens are placed. The fishing craft, for instance, often carry all the battens of all their sails on the port side. None, however, has all their battens on the starboard side.

The sails of the Tsungming junks are particularly interesting as they may be said to be the connecting link between the sea-going visitors here described and the riverine sails proper (Fig. 5-8).

As their masts are actually, as well as relatively, very tall, there are necessarily a great number of battens. The masts vary a good deal in height, however, and this, together with a by no means uniform spacing of the battens, makes for some variation in the number of the latter.

They are generally to be found on the starboard side of the sails, although there are exceptions to this rule, particularly in the case of the mizzen, the battens of which are sometimes to be seen on the port side. Although hailing from the broad waters of the estuary, this type chiefly operates in the narrower inland waters of the Whangpoo and the adjacent creeks; for this reason it carries the tall masts and flat-headed lugsails characteristic of inland waterscraft.

The lofty mainsail of this type is always rigged with what has already been described in the chapter on sails as a vertical bonnet, that is to say, it consists of two almost equal portions of sail joined vertically down the middle by lacings. As has been said, the average junk of this type has all the battens of its mainsail on the starboard side of the sail except for one batten, or sometimes a pair of battens, which, commencing on the starboard side of the sail, pass through the central lacing on to the port side of the sail. [1] The number of battens on the mainsail ranges from 18 to 20 up to as many as 25 or 26. Where the maximum number is reached they are more closely grouped together, and the arrangement is as shown in Fig. 5-9 A, every fourth batten passing through from the starboard to the port side of the sail. In another junk with only 19 battens the arrangement is not only different but not uniform throughout the sail area (Fig. 5-9 B). The third and fourth battens pass through, one is missed and another pair of battens pass through, two are missed and another pair pass through, two are again missed and then only one batten passes through, and no more, though there are five more battens to follow.

Another arrangement of 19 battens appears in Fig. 5-9 C, where the system is 2, 1, 2, 1 until half way down the sail, and then becomes 3, 2, 3, 2. For a mainsail with 18 battens exactly the same grouping is used except that the last groups are 3, 2, 3, 1. Another arrangement of 18 battens consists of two, one alternately the length of the sail six times (Fig. 5-9 D).

The sheeting arrangements are, considering the number of battens, surprisingly simple and, in most junks of this type, resolve themselves into two large groups and sometimes a third quite small group. The large groups on the crowfoot principle consist of eight or 10 battens connected by four or five bights of rope which all pass through the same euphroe (Figs. 5-8 A and B). In some cases, however, the system is less simple, as may be seen in Fig. 5-8 C, when the grouping is six and four in the upper portion of the flexible

[1] Monsieur Sigaut considers this arrangement is comparatively modern in Kiangsu types. He bases hisopinion on the fact that old photographs show it on some of the Whangpoo and canal craft and not on the estuaryor sea-going junks.

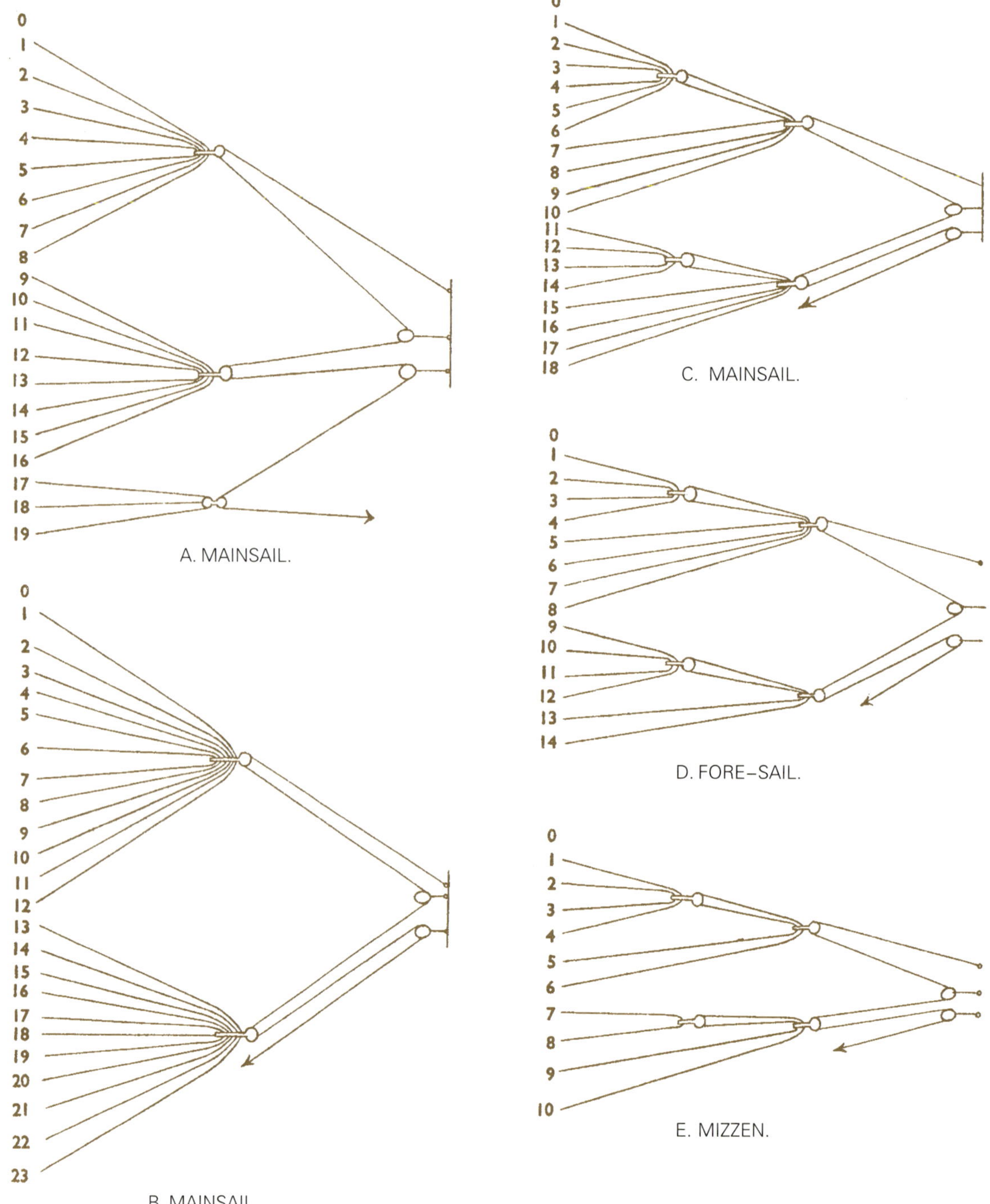

Fig. 5-8 TSUNGMING JUNKS

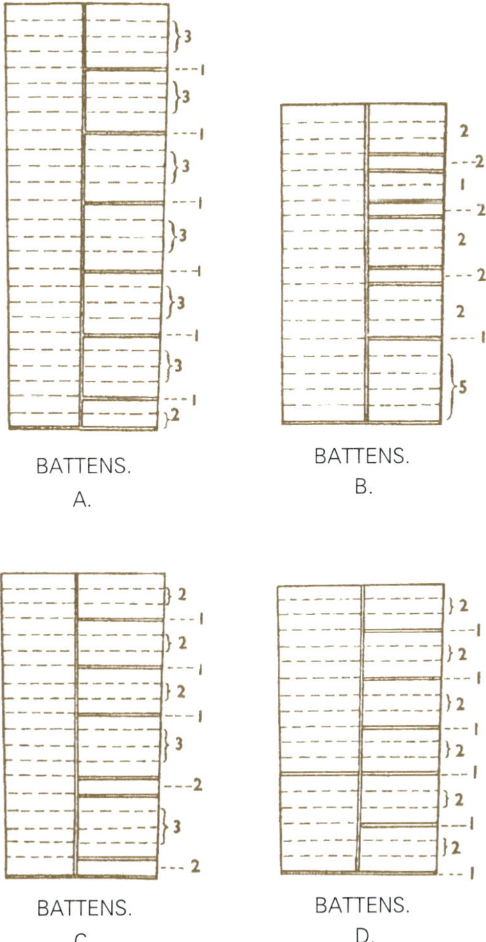

Fig. 5-9 ARRANGEMENT OF BATTENS

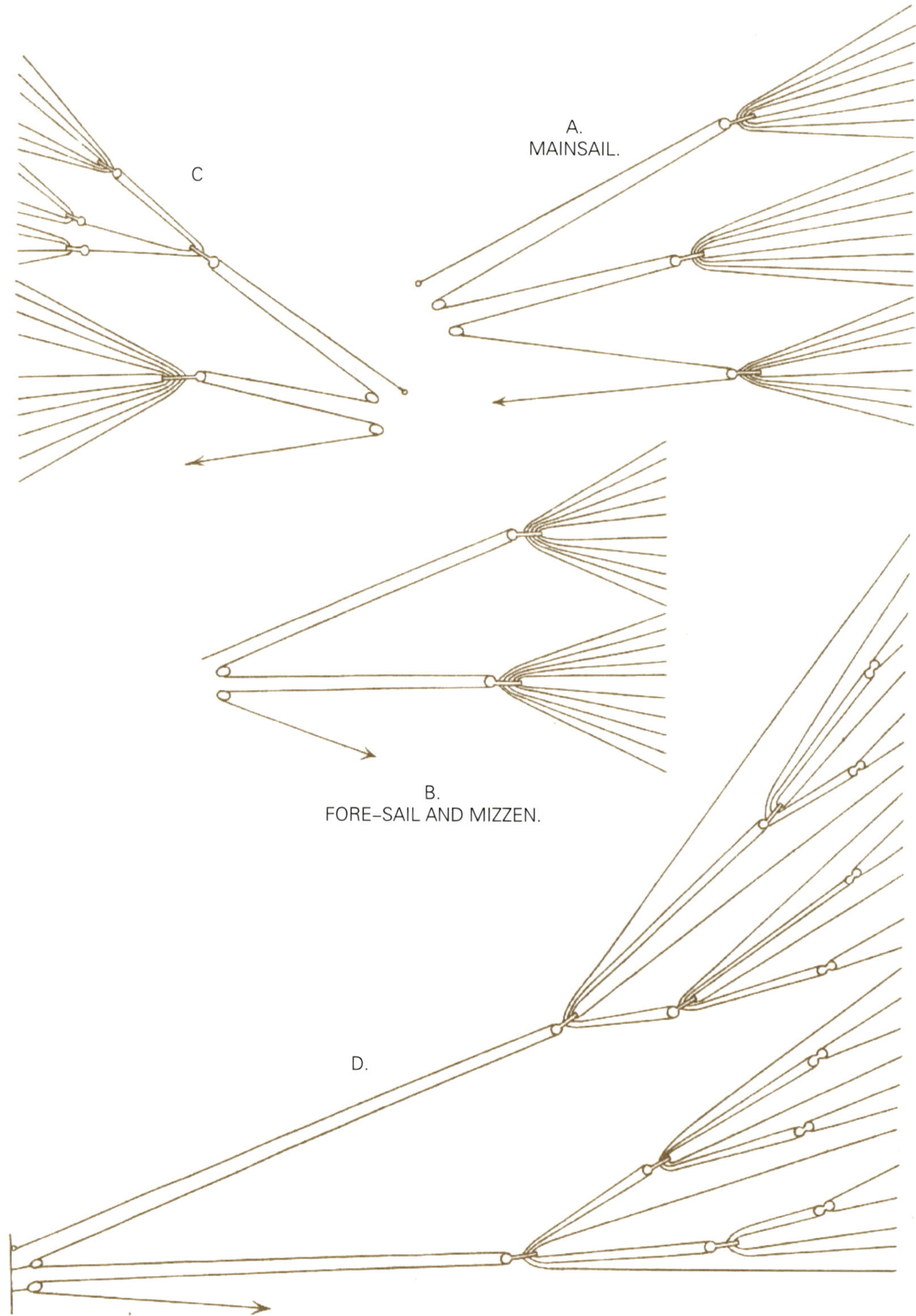

Fig. 5-10 KIANGSU TRADER

joint and four and four in the lower portion.

The number of battens in the fore-sail varies from 12 to 16. A typical example is shown in Fig. 5-8 D, with a similar but rather more complicated method of grouping to that shown in Fig. 5-8 C, and the flexible joint rather below the centre line between the eighth and ninth battens. Euphroes are still, of course, used if necessary to carry the multiple sheets.

In the case of the mizzen (Fig. 5-8 E), there is slightly less variation in the number of battens, which may range from 12 to 14. The arrangement followed is very similar to those of Figs. 5-8 C and D. On all three sails the primary pull is exerted on the lower portion of the sail.

The Kiangsu trader, frequently met in the estuary, carries a very great number of battens. There is comparatively little variation in the number of these battens, which range between 20 and 30 for the mainsail, 24 to 26 for the fore-sail, 17 to 22 for the mizzen, 16 to 18 for the port or small fore-sail, and 12 or 13 for the port or small mizzen. All the battens are on the starboard side of the sails, which is usual for all northern and Kiangsu types and, generally speaking, for all tall rectangular sails.

Another common feature often to be found is the presence of supplementary strengthening battens on the port side of the sail. These supplementary battens may number three or four and are fitted on the mainsail and/or fore-sail only. They are always to be seen on the lower half of the sail and are usually placed against every third batten on the opposite side of the sail. This is to prevent chafing of the sail by the topping lifts and blocks, to facilitate the quick dousing of the sail, and to ensure its coming down cleanly between its topping lifts.

Sometimes the sheeting is greatly simplified as in Fig. 5-10 A, where a mainsail of 24 battens has the latter arranged in three large groups of eight each rove through a euphroe with four holes, the primary pull being on the lower part of the sail. The fore and mizzen are similarly arranged in two groups of 10 each (Fig. 5-10 B).

The sheeting system adopted in some of these junks, however, is the most complicated of all the types here studied; indeed, to the Western mind it often seems quite unnecessarily so. As centuries of their highly practical trial-and-error methods would tend, however, to eliminate any superfluous intricacy, it may be assumed there is good reason for every additional rope and block. It is possible that one reason is to be found in the impracticability of having more than a limited number of ropes pass through the euphroe.

The breadth of the sailcloths and the number of battens seem to influence the scheme of sheeting but, as with other features of the Chinese junk, it is difficult, if not quite impossible, to lay down any definite rules or draw any conclusions.

As a very general rule, however, it would appear that the greater the number of battens the greater the number of multiple sheets, and, consequently, a flatter sail and a greater degree of finer adjustment in the leech of the sail is possible.

For this reason probably, sea-going traders and especially fishing craft have fewer battens to their sails, for, in narrow waters such as rivers, lakes, and canals, where any progress under sail depends on short tacks, a greater windward work is required than at sea where, in the case of traders, quick passages are not matters of moment, and junks can rely on known winds, usually following ones. Even more does this apply to fishing-junks, much of whose time is spent lying by the wind with a trawl down or to drift nets. There are, unfortunately, at least three exceptions to this rule and all trade with the north. They are the Antung, Shantung, and Kiangsu traders. The reason for their large number of battens may, perhaps, be found in the fact that some of their work lies up estuaries.

What has been said in connection with propulsion applies with equal, if not more, force to sheeting, namely, that the many problems are here mentioned not to solve them, but to provide some data for the purpose of further study in this interesting albeit baffling field of seamanship.

– CHAPTER 6 –

THE COMPASS AND KNOTTING

However the Chinese mariner's compass evolved, they certainly make good use of it to-day. The riverine junks and small craft which are never out of sight of land have, of course, no need for a compass, but the sea-going junks and craft of the estuary carry as many as three, which serve as a check on each other.

This is the only nautical instrument to be found on board a junk, and a more primitive one can hardly be conceived. It consists essentially of a round box 3½ inches in diameter cut out of a solid block of wood. Inside a shallow circular shelf is left, measuring about ½ an inch. The central portion of rather under 2 inches diameter is then hollowed out to a depth of about ¾ of an inch. In this cavity, which is painted white, a black arrow-shaped needle is balanced, none too accurately, on a central pin, its point of suspension slightly below its centre of gravity, and is very sensitive. The circular shelf surrounding the top of the cavity is painted black and serves as a compass card, for it is divided by white lines into 24 points of the compass. These are designated by characters selected from the "twelve earthly branches" and the "ten heavenly stems" of the "eight trigrams". As there are 30 of these characters from which to choose, two stems and four diagrams are omitted. [1] *Tung* (东), meaning east, is derived from the conventional figure of the sun rising above the tops of the trees; while *hsi* (西), west, is a form derived from the image of a bird sitting on its nest at sunset.

In this connection it is interesting to note that in order to express the phrase "to explain something in detail" the four cardinal points are used. A Chinese thereby understands that when he is asked for the north, south, east, and west of the matter he is required to give the whole story. To talk east and west is to talk in an irrelevant manner. Completely happy east and south means host and guests thoroughly enjoying themselves.

The compass is usually kept on a shelf inside a junk "port", which is really a square glass window. In this way it is visible to those on deck, and at night it is illuminated by a small vegetable-oil lamp, or by a typical Chinese tallow candle mounted on a short bamboo wand and stuck into a shallow circle of wood, for

[1] Giles defines the "earthly branches" as horary characters which, combined with the "heavenly stems", give names to the 60 years of the Chinese cycle, and the "eight diagrams" as arrangements or combinations of adivided line. There seerms no reason in the selection of the branches and stems. The whole subject, however, is controversial and full of pitfalls even to the sinologue.

which an iron bracket with the legs stuck into either side serves as a handle.

In the catalogue of the *Maze Collection of Chinese Junk Models*, Sir Frederick Maze recounts how an interesting detail was brought to light in 1907 in connection with the Hainan junks which trade with the Malay States, when it was noted that each compass was set on a small tray of human bone ash which, so it was believed by the junkmen, had the property of annulling the attraction of any iron or steel that might happen to be in the vicinity of the compass.

There is no lubber's line to the Chinese compass. Instead, a string running parallel to the ship's head is sometimes fastened to the deck in front of the box when it is desired to place the compass in the true fore and aft line. A piece of brass wire is permanently fastened across the whole face of the compass, dividing it into two equal parts, the opposite ends being placed at the north and south pointsres pectively.

The Chinese method of using the compass has been described by Du Halde as follows:

> They put the head of the ship upon the rhumb that they desire to steer in by the help of a silken string, which cuts the outward surface of the compafs in two equal parts, north and south, which they do in two different manners: for instance, to sail north-east they put this rhumb parallel to the keel of the ship, and then turn it about until the needle is parallel to the string; or else, which is the same thing, they put the string parallel to the keel, and let the needle point to the north-west. The needle of the largest compass is not above 3 inches long.

In former days lighted joss sticks suspended from the deck head were the only timepieces whereby the time a ship had been on a certain course could be roughly judged. The advent of Western civilization in the form of the cheap alarm clock has greatly simplified navigation for the junkmaster. The junks carry no charts of any kind. The laodahs find their way by means of a skillful combination of sea instinct, keen eyesight, good memory, and an instinct for direction nearly as well developed as that of a homing pigeon. By long practise they are enabled to feel their way from headland to headland. If they get blown out to sea by bad weather and manage to survive, they stand in for the land, depending entirely upon their knowledge of its appearance and the depth and nature of the soundings to give them their position, for to them the bottom of the sea has its hills and valleys like the land, and they acquire an intimate acquaintance with its contours and the type of bottom to be expected in each locality.

To the sailor of the West, accustomed. to radar, gyro-compasses, radio-beacons, and such modern refinements of navigational aid, it is almost incredible that a junk, with no nautical instruments save its primitive compass, a hand-lead and line, and a rusty alarm clock, should seldom overrun its port.

THE TRACKER'S KNOT

Quite the most simple and efficient Chinese knot is what may be termed the tracker's knot, which, in one form or another, is used all over China. In Szechwan it is, of course, more in evidence than anywhere else, for through this western province, the largest in China, flows the Yangtze, still tumultuous and rock bound after its headlong descent from the uplands of Tibet, and fed by innumerable tributaries, large and small, but all torrential, with gorges and rapids of their own. It may therefore be said to be the home of trackers and tracking, and the harness in use there is unlikely to have been much affected by outside influences.

The tracker's harness (Fig. 6-1) consists of a band of blue or white folded cloth[1] about 3 feet in length, which passes over the shoulder and round the body. To each extremity[2] of this cloth band are secured by single-sheet bends[3] the two ends of a pair of small ropes[4] 9 feet long. Thus a loop is formed 12 feet in circumference, composed of the 3 feet of cloth[1] and 9 feet of the two parallcl ropes.[4] At the middle of the ropc section, that is to say, 4½ feet from each end of the cloth, the two ropes are secured by a double-sheet bend[5] to a 15-inch length of square sennit,[6] at the far, or outer, end of which is a bone or wooden button[7] about 1 inch in diameter. The sennit passes through a central hole in this button, and is secured from slipping by terminating in the ordinary wale, or wall, knot[8] as it is called in the West. This knot is made by unlaying and intertwining the strands.

The cormplete tracker's harness, therefore, consists of a cloth band joined by double ropes into a loop to which is connected a short sennit stopper, or tail.[6]

Parenthetically it may be mentioned that in the days when cash were in current use, ome of these coins-which have a square hole in the middle-was generally used in lieu of the button.[7]

The old sailor in the days of the China clippers would have used precisely these knots or bends, and the question naturally arises, how do they come to be found in daily use on the Yangtze and its tributaries, 1,500 miles and more from the sea? Is the coincidence due to foreign influence, to a common source of civilisation, or to the process of evolution unfolding along parallel lines in widely separated areas?

The trackers hitch themselves to the barmboo hawser[9] (Fig. 6-2 D) with the sennit tail of their harness,[6] which bears against the button[7] when the strain is un (Fig. 6-2 E), but lousens lirectly the tensien relaxes, forming a safety device whereby the tracker can easily release himself in an emergency, such as when the junk "takes charge" and sheers out into the current. *Ta-san* (打散), meaning "break loose," is the technical term for this accident. Once a junk is cast off, her safety depends on the skill and cool head of the laodah, who must get some steerage way on to prevent hier getting broadside on to the current and colliding with a rock.

Harness such as this, the knot and button being precisely the same, is used by the Italian fishermen to haul their boats up the beach. They throw the knot on, that is to say, they hold the tail of the harness, and with a deft swing the button is mnade to encirclc the rope, and the harness is pulled light, jamning the knot. The Chinese trackers use the same technique. Szechwan was visited by Marco Polo, and tracking was mentioned by him as long ago as the thirteenth century. Can it be that Marco Polo introduced the practice into Europe?

The trackers' harness used in the Shanghai area, and on some parts of the Yangtze River where tracking is only of comparatively short duration and low bridges have to be negotiated, is totally different.

Fig. 6-1 Tracker's Harness

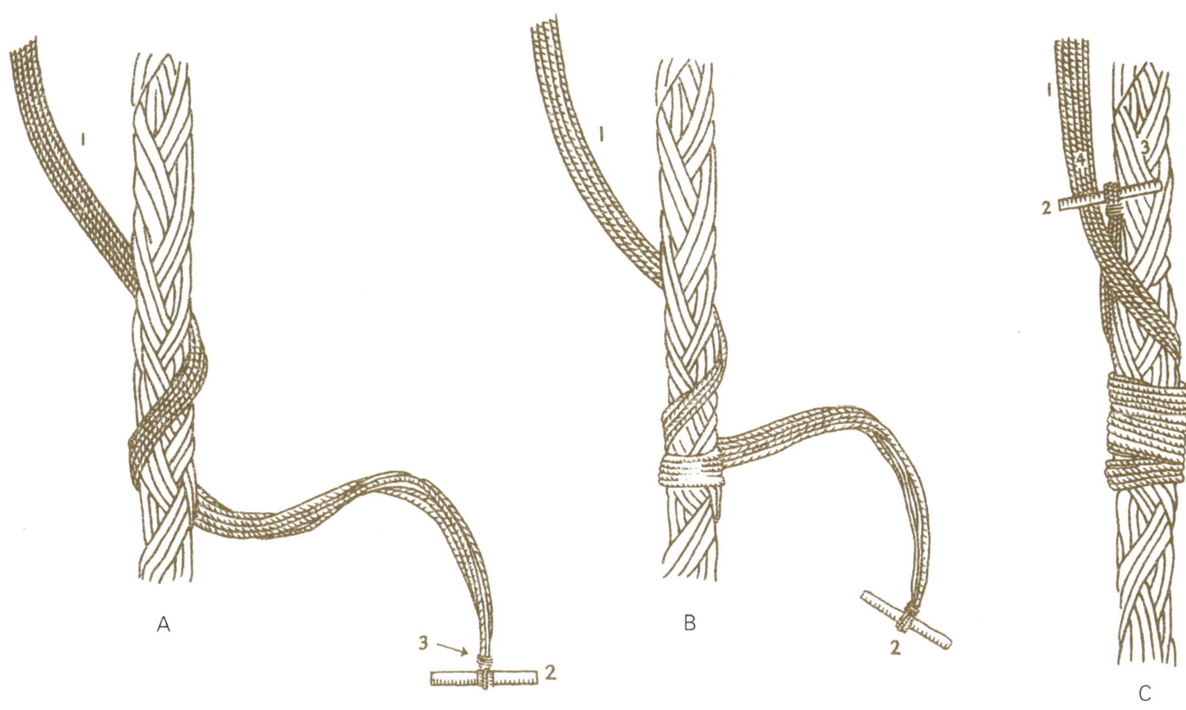

TRACKER'S KNOT

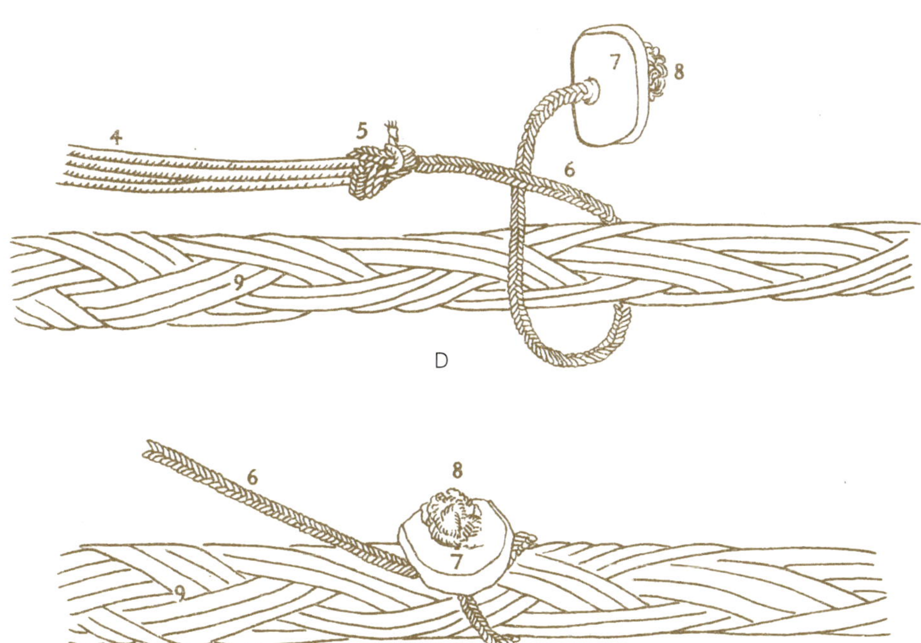

Fig. 6-2 KUNGT'ANHO STOPPER

THE KUNGT'ANHO CAPSTAN

From the writings of Herodotus, who lived from 486 to 408 B. C. , we know that the ancients were conversant with the handspike and capstan, and a painting in Herculaneum, which is said to represent the ship of Theseus, demonstrates that some form of capstan was then in use.

Unfortunately we have no such proof in respect to China, but it may not be wide of the mark to suggest that, generally speaking, what was known in the West was known also in the Far East, and the primitive type of capstan used on the Kungt'anho would seem to point to its antiquity.

Each particular rapid of the Yangtze and its affluents calls for a different method of approach, but the skill in each case lies in taking advantage of the eddies whenever possible. Hawsers, sometimes as many as six at a time, are sent ashore. These are all manned by trackers in the normal way, except for one which is made fast to a rock or a tree and hove in as necessary. Actually the capstan is used only to get the junk over the head of a rapid, where the belt of water having the maximum strength is sometimes only a few yards in width.

The distinct disadvantage normal to all Spanish windlasses, in that the rope cannot be readily slipped in an emergency, is obviated here, for the reason that the line, being made fast ashore, can be let go very easily at the shore end.

The capstan in general use on the Kungt'anho has already been described elsewhere in this book as being a tall, hardwood, removable timber standing on the fore part of the junk, some 8 feet above the deck. This contrivance has several uses. It can be employed as a bollard, or to assist the trackers when the tracking-lines are made fast ashore. Its chief function, however, is as a means of heaving in on these lines when so made fast. Actually this device corresponds almost precisely with the definition given in the *Oxford Dictionary* for a Spanish windlass, namely:

"A wooden roller having a rope wound round about it through the bight of which rope an iron bolt is inserted as a lever for heaving it round. "

When used in this way, it is surprisingly efficient. Bamboo rope, it must be remembered, is very difficult to handle and will not coil so quickly, or easily, or in so small a space as other varieties of rope, neither will it stand a sudden cross-strain nearly so well. Nevertheless, it is admirably adapted for the service required of it, as, for instance, if used as a tracking-rope, when it has to withstand the friction of being hauled over stony foreshores and ragged rocks.

Besides being tough, it possesses the quality of buoyancy so valuable in a tracking-rope. An average junk, astonishing as it may seem, requires about a mile of bamboo rope of varying sizes and lengths, and it is not uncommon to have a tracking-line a quarter of a mile long.

The Spanish windlass as known in the West is laid horizontally, with the barrel engaging with two uprights. Space is a matter of vital importance when working a rapid, and so the Kumgt'anho Spanish windlass is vertical. The tracking-rope is put an in such a manner that the purt through which the lever-in this case a handspike-is inserted is jammed by the standing part, thus retaining the lever in place and keeping the bam-

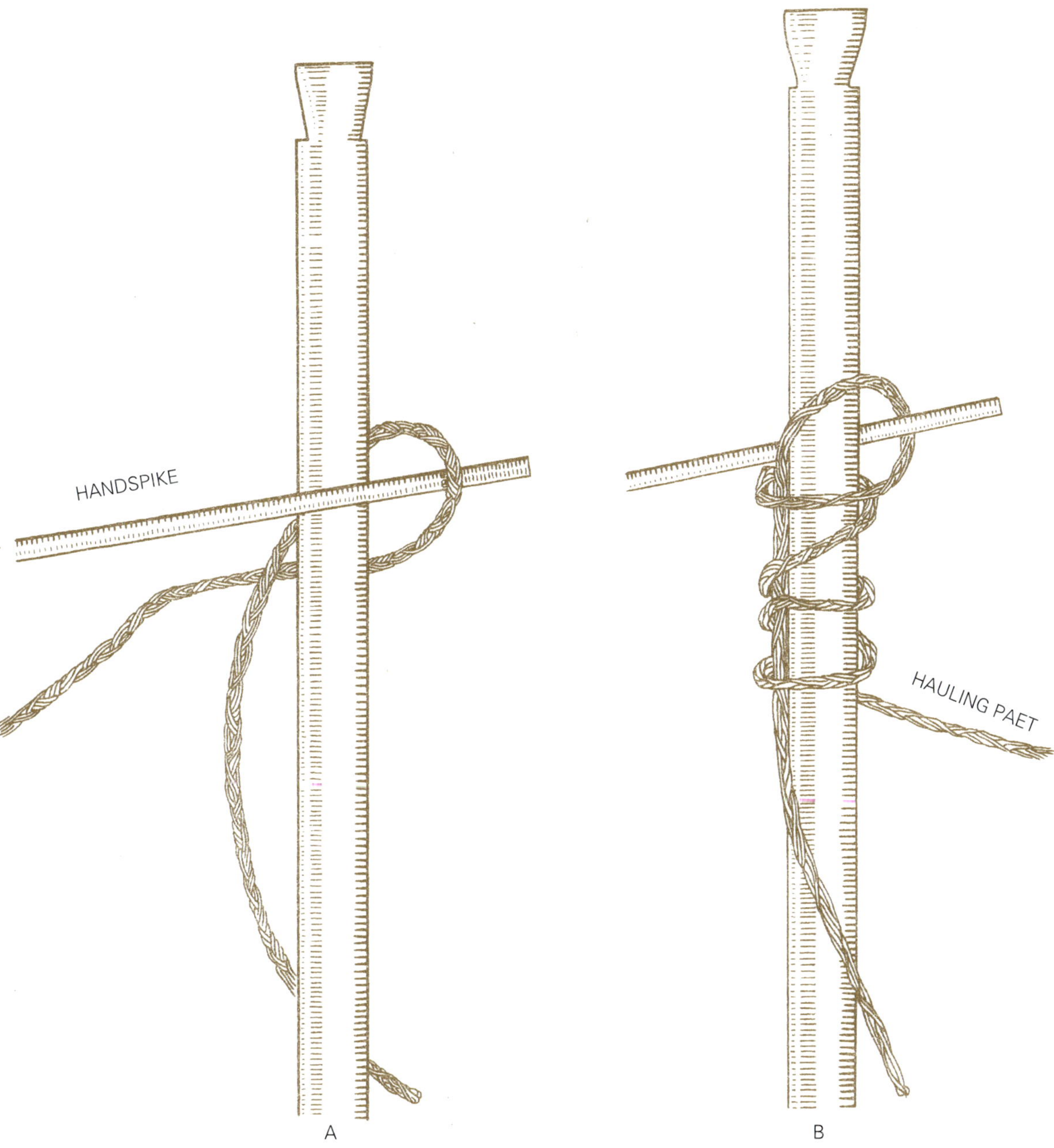

Fig. 6-3 KUNGT'ANHO CAPSTAN

boo rope under control. As the rope is hove in, it accumulates on the capstan, and the resultant incrcase of girth is naturally an advantage.

METHOD OF SECURING A TRACKING-LINE IN A RAPID, YENTSINGHO

The method of securing the bamboo tracking-line used in the rapids of the Yentsingho is particularly worthy of mention, in that by a simple device it can be almost instantly slipped in an emergency.

The bamboo rope[1] leads from the trackers on the shore to the mast,[2] where, at a height of about 2 feet above the deck, several turns round the mast are taken with the bight,[3] through the end of which a handspike is finally inserted,[4] with the upper end[5] resting against the mast and the lower end[6] against the gunwale.[7] The strain on the tracking-line keeps the handspike in position, but it can in a moment be slipped by kicking the lower end[6] clear from the gunwale,[7] when the handspike[4] automatically falls out of the bight and the rope disappears over the side(Fig. 6-4).

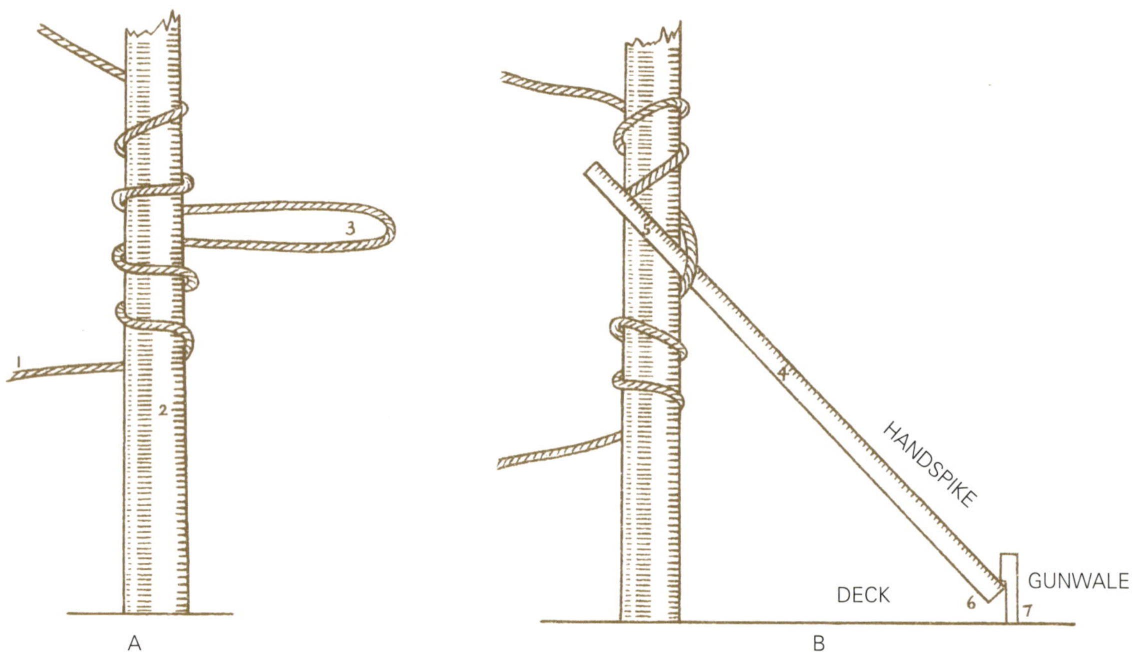

Fig. 6-4 METHOD OF SECURING A TRACKING-LINE, YENTSINGHO

– CHAPTER 7 –

ANCHORS AND RUDDERS

The character used for anchor was composed of two parts, the left, called the radical, means a stone, while the right-hand part gives the pronunciation, that is to say, *ting* (矴). Fa Hsien, the first Chinese who has left a record of a voyage from India to China, in A. D. 417, makes use of this word, meaning literally "let down a stone". He says:

> The sea was deep and bottomless, and there was no place they could anchor (下石).

Later a variation of the word *ting*, but still with the stone radical and identical pronunciation, came into use: 碇.

The primitive method whereby a vessel was held merely by the weight and friction of a large stone dragging along the bottom was next superseded by something more elaborate. The Chinese, with their economical genius for utilizing what is to hand, doubtless improved their first "hook" anchor by weighting the fork of a tree with a cunningly adjusted stone. Another branch would suggest a stock, and so probably evolved the single-fluked wooden anchors they use today. These in comparatively recent times were alternated by iron anchors.

The time of this transition can be gauged with some measure of certainty by the fact that a new word for anchor came into use about the sixth century A. D. It makes its first appearance in a dictionary, the "Yü P'ien" (玉篇), written in A. D. 543. The character used was likewise composed of two parts, the left-hand one meaning metal, while the other gave the pronunciation: 锚.

By this it is clear that a type of anchor was now made with metal in some form as a component part. Nevertheless, despite her general progress in ship-building, China was still very far behind the Greeks and Romans in the matter of anchors.

Another type of anchor in use in former times was what may be termed unofficially the "stick-in-the-mud" anchor. This type of anchor is known, very aptly, as the *shui-yen* (水眼), or water eye. Delineations of this type of anchor are extant dating back to the Sung Dynasty, about A. D. 960, proving that it was in use at least at that time, if not before. The method employed is to drive a pole right through the junk by means of a round or more generally a square boxed-in form of navel pipe and out through an aperture in the bottom of the junk into the bed of the river. This form of anchoring is much in vogue on the Yangtze. It is usually situated in the foremost compartment of the vessel, although sometimes it is to be seen in the stern. More than one type of junk is known to have one in both bow and stern. Among many obvious advantages of this method is its adaptability to fluctuating levels of water, for the junk can travel up or down the stationary pole as the water rises and falls. As a general rule it may be said that the higher one penetrates up the river, the more universally is the custom to be found.

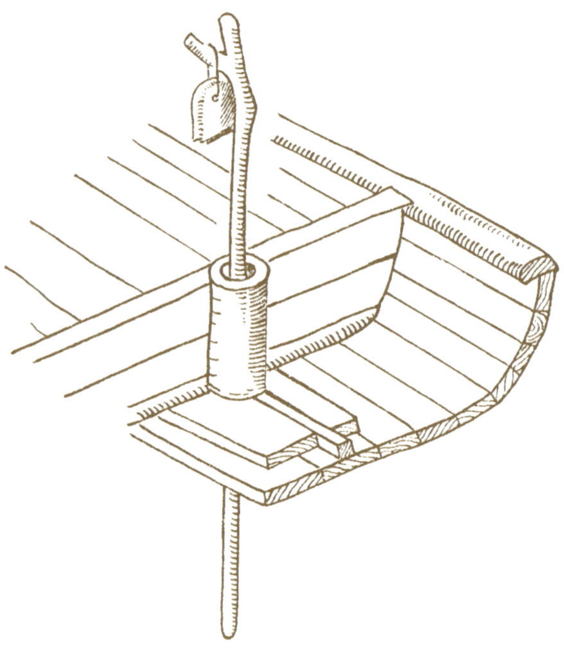

Fig. 7-1 TYPICAL "STICK-IN-THE-MUD" ANCHOR

The modern anchor in use to-day is known as *mao* (锚). The radical is "metal", and the phonetic identical with that of the word *mao* (猫) for "cat", which has the "dog" radical. Ingenious minds may strive to trace a connection between the claws of a cat and the flukes of an anchor, or, still more far-fetched perhaps, the association of cat with the anchor in the Western world by means of the cat davit.

By the evidence of obviously unchanged types of anchor in use to-day it seems probable that the old Chinese anchors had straight arms and that the curves which were introduced later in some of their anchors were the result of foreign infuence.

It is not known at what date flukes made their appearance in the Far East. The use of one fluke only is obviously a survival of an antique pattern. That illustrated in Fig. 7-1 is of the simplest construction. It consists of a 15-foot baulk of hardwood with a single arm set at an angle of about 45°. Shaft and arm are bound together at the crown by iron wire and a 2-inch iron band below. The bill is iron tipped. The aperture in which the stock engages is situated about 2 feet above the crown. This type of anchor is usually to be found on sea-going junks hailing from southern ports. It is very useful for work in soft mud, for it does not sink into it as does a heavy iron anchor. If they are found to be too light they can readily be weighted with stones in the manner of the ancients.

According to the *Encyclopaedia Britannica*, Athenaeus states that the Greeks also used wooden anchors with one fluke, which, it seems probable, resembled the Chinese variety, even to the use of a stone when necessary.

Another type of Chinese anchor in use today, which probably differs little from that of the ancient Greeks, is that shown in Fig. 7-2 A, except that the position of the stock in the Greek anchor was near the ring whereas in China the stock is always just above or below the crown. This is the more or less standard pattern anchor of the estuary. With one fluke (Fig. 7-2 A) it is used as a stream anchor, with two it functions as a bower (Fig. 7-3 H).

The essential parts of an anchor proper consist of a vertical beam in the case of a wooden anchor and an iron shaft in a metal anchor, called in either case the shank, with a ring at its upper end. At the lower extremity is the crown from which branch out one or more arms. Each arm spreads out in a broad palm in a foreign anchor or a sharp fluke in most Chinese anchors. A transverse piece called the stock is placed below the ring in foreign anchors, but in the true Chinese anchor it is always just above the crown, indeed in some varieties it is actually below it. The stock is used to cant the anchor and is a most important part, for it is the agent by means of which the flukes are brought into a position to bite.

When the anchor is let go the crown first strikes the bottom and then falls over in such a manner that one end of the stock rests upon the ground, and the subsequent movement of the junk and the cable cause one or other of the flukes to enter the ground.

In the Chinese anchor when not in use the stock can always be unshipped for ease in stowing (Fig. 7-2 A). When required for use, the stock is inserted through the aperture[1]. A cotter[2] on the stock prevents it travelling too far and fits against the lower part of the shank. A pin[3], usually of bamboo, passing through another small aperture in the stock itself, retains the whole in place. Should the iron stock rust through, a wooden one is used in its place, or it is covered with a wooden sheathing (Fig. 7-2 D).

Sometimes the foreign type of anchor is to be found fitted with a removable wooden stock. It consists of an iron strop passing round the lower part of the arms through which the wooden stock is inserted, being set up with wedges. When the stock, which consists of a *sha-mu* pole, is withdrawn the iron strop can be passed up the shank and removed altogether when not required. The reason for having the stock below the crown of the anchor is to lessen the risks of fouling. A grapnel anchor with four flukes is commonly used on the Yangtze. The advantage of this is that at least two flukes take hold of the ground at once, no matter how the anchor falls, and consequently no stock is required, although one is often fitted. Its use is to prevent the anchor from sinking too deep into the mud. For work in very soft ground a variation of this pattern of anchor is sometimes found with an iron extension joining one of the flukes to the shank.

The cable when made of hemp is attached to the grapnel-type of anchor by passing it through the ring, down the shank, and securing it to the crown, the loose end being made fast to one of the flukes by a succession of stoppings.

All who have had experience of the various types of small landing craft used in the late war will surely be interested to learn that the latest development of the anchors used by those craft-the Danforth anchor-is in

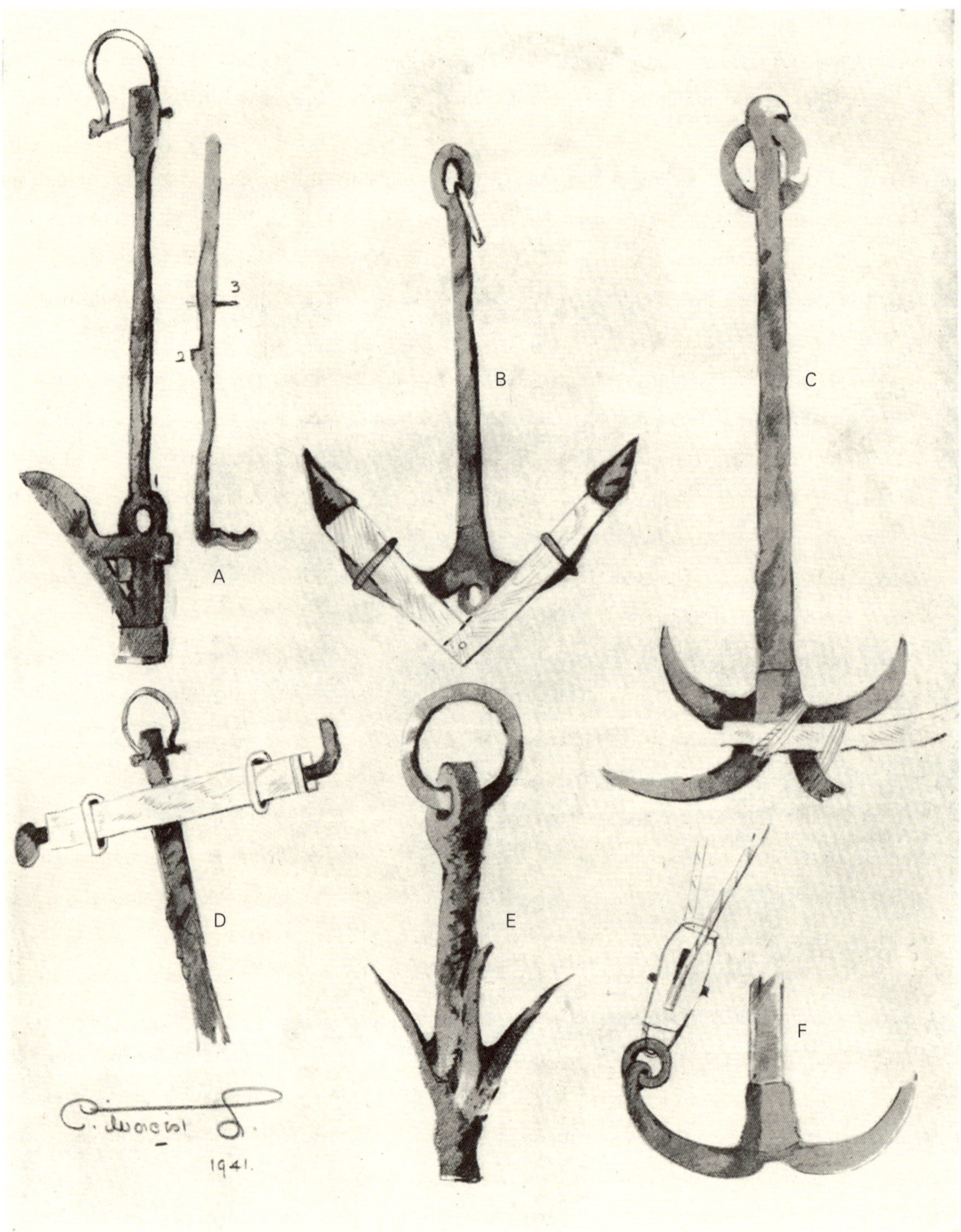

Fig. 7-2 ANCHORS I

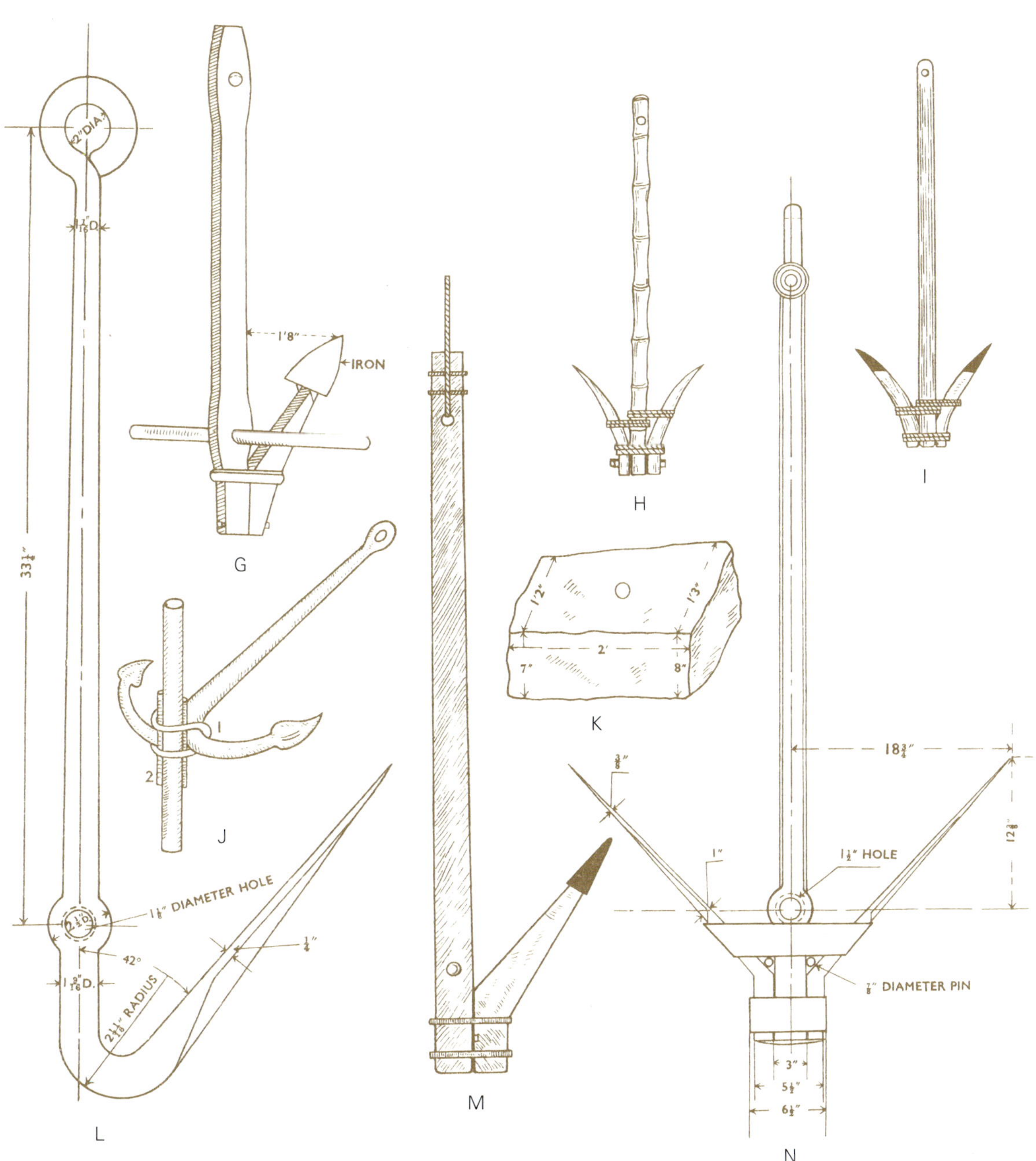

G Wooden Anchor, Foochow.
H Bamboo Anchor, filled with Sand and Plugged, Foochow.
I Double-fluke Wooden Anchor (size varies from 6 to 20 feet).
K Stone Anchor, T'an T'ou.
L Single-fluke Iron Anchor.
J Method of Securing Stock.
M Wooden Anchor (obsolete type).
N Double-fluke Iron Anchor.

SCALE: 1 INCH = 1 FOOT.

Fig. 7-3 ANCHORS II

effect basically formed on the same plan as the Chinese anchor, that is to say, it has the stock at the crown of the anchor, a practice never hitherto employed in the West. The maker's claim that this anchor is non-fouling is justified, for this is true of the Chinese counterpart.

There are many different ways of putting a stopper on the cable, that in most general use is illustrated below:

FIG. 7-4 METHOD OF PUTTING STOPPER ON THE CABLE

As mentioned above, the Greeks and Romans, like some countries to-day, used to trip their anchors by means of a ring below the crown or a strop round the crown. The junkman, always original, fits a ring and block to one of the four flukes of his anchor to achieve the same purpose. This is usually seen only in kedge, or stern, anchors and in shallow water, and in such a case the anchor is lowered slowly to the bottom and not "let go" (Fig. 7-2 F).

Shoeing, that is to say, covering, the flukes with additional pieces of wood or iron is a very common practice with Chinese seamen. The area of the additional fitting is, of course, much greater than the flukes, in order to give the anchor a stronger hold in soft ground.

In England rules for the buying or selling of an anchor for ships is controlled by Act of Parliament. No anchor may be bought or sold for use in a British ship until it has passed certain tests which are required by the Act. The junkman knows no such hampering influence. He is not restricted by any Lloyd's or Board of Trade regulations requiring him to have his anchors and cables tested. He evolves his own "safe working strains" by bitter experience. When he finds his anchor too small he enlarges it by the simple device of adding a wooden frame carrying heavy iron peaks (Fig. 7-2 B). If it is merely too light he weights it with stones.

When a fluke is broken a wooden one is sometimes lashed to the jagged edge where it broke off (Fig. 7-2 C). Indeed, there is no limit to his ingenuity in improvising, adding to, or taking chances with his ground tackle. No seaman in the world tempts providence more and with less impunity.

It must be remembered that the Chinese anchor is only to be seen at its best in sea-going or large riverine junks. The small craft of the Yangtze and its tributaries and waterways either anchor with very light ground tackle in the shoalest water or dispense with its use altogether by banking in.

The handling of heavy ground tackle was one of the first problems which had to be solved by the early sailors when the size of their sea-going vessels increased. The use of the handspike and the capstan for this purpose was known to the ancients of both East and West. In China, as has been shown, the ground tackle was probably lighter than in the West; nevertheless the problem was much the same.

The Chinese use a crude form of winch or windlass for hoisting their anchors, masts, and sails. This simple and eminently practical device must, for many centuries, have proved sufficiently satisfactory for the needs of the junkmen. There is no available evidence to show when the Chinese style of wooden capstan was first used, but it would appear that it must have been considerably later than the windlass. With the exception of the huge drum-like wooden capstan in the big Yangtze timber rafts, the true Chinese capstan in use on inland waters is usually an insignificant light framework, just strong enough to hoist the light masts. Since the arrival of the foreign sailing ship in China, the junkmen have adopted a wooden capstan designed on Western lines for use in craft with heavier anchors or sails.

Finally, mention must here be made of the sea anchor. No sailor in the world needs it more than the Chinese or is more skilled in its use. The sea anchor, of course, foats on the surface of the water and is used to keep the ship's head to the wind and to decrease her drift. The Chinese sailor for this purpose uses a huge bamboo basket, and well it serves its purpose.

RUDDERS

The earliest method of steering a ship or boat in the West was by means of an oar over the stern. This was followed by the adoption of what might be termed rudder-oars, which operated from the quarter or the stern.

Contemporary Egyptian stone carvings show the boats of about 3000 B. C. propelled and steered by paddles. Fifteen hundred years later we find small bladed oars being used for rowing, and large paddles attached to the quarter or over the stern for steering. Virtually this was the dawn of the rudder.

Where, instead of an oar or oars on the quarter, a rudder-oar was used it operated on a short pillar, the forerunner of the rudder-post, which in turn stood on the stern between two projecting wings.

As the Egyptian boats were built with little or no keel so as to negotiate the sandbanks of the Nile, the advantages of bodily raising this oar under certain conditions, such as in shallow channels, would soon occur to the nautical mind. Representations of Queen Hatshepsut's Expedition to the unidentified land of Punt show two rudder-oars.

The Greek ships of later date usually had two "rudders". They were often joined by cross-bars or rudder-bands attached to the pair of tillers, which were set at an angle to the rudder-oars.

The Viking ships which sailed the seas some thousands of years later were steered in exactly the same way save that they had only one rudder-oar on the starboard or "steor-borde" side.

The use of quarter rudders and rudder-oars persisted in Europe down to the Middle Ages with only comparatively small improvements and adaptations.

All authorities are agreed that in Europe it was not until the beginning or middle of the thirteenth century that the true stern-post rudder came to be slung by pintles and gudgeons. The slowness of progression in this respect is attributed to the difficulty experienced by the ancient shipwrights in adapting a rudder to the sloping stern of that day. This innovation marked a most important advance in shipbuilding, as it at last made it possible to have a large increase in tonnage. The shifting of the steering gear from the starboard quarter to hinges on the stern-post brought about the first big change in the form of the ship, resulting in a definite difference being made between the bow and stern of the hull. In order to hang a rudder firmly it was necessary for the stern-post to be more or less straight; at the same time the stern planking had to be squared off in its upper part and a small transom introduced in which the hole for the tiller was pierced. It is almost unbelievable that so many thousands of years should have passed before this simple and apparently obvious way of fittig a rudder occurred to anyone, but the explanation, as already stated, is almost certainly to be found in the curved shape of the sterns in all early ships, which would have made the fitting of a stern rudder rather difficult. Once the idea was thought of, the stern-post was made as straight and as square as possible.

The slow, indeed surprisingly slow, process by which the rudder-oar in the West was gradually superseded by its modern counterpart can be traced down through the ages with comparative certainty by means of illustrations on coins and seals; but in China, despite all her historians, her culture, and her scholars, the development of the rudder, like that of other parts of the ship, is very obscure and a matter for conjecture only.

It was, however, mentioned in the *Han Shu* (《汉书》), written by Pan Ku(班固), *circa* A. D. 90, where it is recorded that the Han Emperors were rowed in boats with a rudder in the stern. Such a craft is illustrated in Fig. 7-5.

A study of this picture, named *The Nymph of the Lo River*, will show that there is a contraption over the stern. This would seem to be a fairly accurate representation of a rudder in the hoisted position to facilitate the use of the yuloh over the stern. The fact that quants are being used shows the craft is in shoal water. This picture is by an unknown artist of the twelfth century, after an original attributed to Ku K'ai-chih. The point at stake is that if this twelfth century painting was known to be an accurate copy in this respect of the lost original fourth century painting by Ku K'ai-chih, then it would be definite proof that the rudder in China was in common use in the fourth century A. D.

Certain facts, however, are incontrovertible. The origin of the rudder was, as in the West, doubtless

By carey of the Froer Museum of Art, Wahington

Fig. 7-5 CHINESE PAINTING, TWELFTH CENTURY

Illustration of Ts'ao Chih's poem *The Nymph of the Lo River*, after a Fourth Fifth Century Design at tributed to Ku K'ai-chih.

from an oar over the stern, that is to say, the prototype in China of the rudder was the stern-sweep. In Siam, India, and especially the Maldives and Malaya, the paddle, or steering-oar, does in some cases give an indication of the influence of the quarter rudders of the ancients in Europe. But in the Chinese junk there is no such indication, and it would seem fairly safe to assume that in China there was no transitional stage between the stern-sweep or steering-oar and the rudder; that is to say, they had no equivalent of the rudder-oar, but progressed direct from stern-sweep to rudder. The reason for this surmise is to be found in the fact that the ancient Chinese shipwrights were in no way embarrassed, as were their brothers in the West, by the shape of the stern of their junks, which in China from time immemorial had been square, and was therefore as eminently adapted to the rudder as it was unsuitable to the paddle or rudder-oar. By the thirteenth century the art of Chinese sea-going navigation had made considerable progress, due principally to the use made of the compass, [1] and Chinese ships began to be seen in Western harbours. As already stated, the rudder slung from the stern-post did not make its appearance in Europe until the middle of the thirteenth century; therefore, although we have no definite proof, it is not unreasonable to suppose it possible that the rudder, the forbear of that used to-day the world over, came directly or indirectly to Europe from China through the medium of the Arabs.

While it is, of course, impossible to be sure which form of rudder came first, it seems not illogical to presume that some form of the balance type was the earliest variety to evolve. When confronted with the same problem that defeated the Western shipwrights, that is to say, when the hull of the vessel was too rounded to receive a rudder in the obvious way, the Chinese evolved the rudder-trunk. Moreover, they improved upon it still further by installing mechanism to hoist the deep rudder up by means of winches when entering shallow water. From this it was but a step to extend this hoisting principle to the centre-board.

It is a truism that in China no records exist in respect of any form of shipbuilding; and we have, therefore, no means of knowing when the rudder was first adopted or whether its first appearance was substantially different from what it is today. A knowledge of the Chinese methods of solving their problems and their conservatism in retaining old and welltried customs inclines one to the opinion that the rudders of today are lttle changed from their prototypes.

The word for rudder in use before our era was *t'o*（杕）, a character which is now obsolete and had the archaic meaning of "a branch of a tree". Chinese scholars think that this suggests an oar over the stern. The word occurs in the philosophical writings of Liu An（刘安）, 122 B. C., entitled the *Huai Nan Tzŭ*（《淮南子》）.

An argument in favour of the unchanged character of the rudder since that date is to be found in its present name. The character *t'o*（柁）for rudder（but with a different radical）is to be found in the *Shih Ming* of the first century A. D., and the same word is in use today. In the above-mentioned book the meaning given is to draw, or tow from the stern. This would imply a rudder in the accepted meaning of the term, and not a quarter or side rudder.

It is not surprising that the people who were presumably the first to invent the rudder should still have

[1] *Chinese and Arab Trade in the Twelfth and Thirteenth Centuries*. Translated by Hirth and Rockhill.

the lead in the amazing number and variety of their rudders and steering arrangements, each designed for a special kind of work. Indeed, it is no exaggeration to say that practically every type of junk has its own particular rudder specially built for that craft and that craft alone. Nor are the differences small.

For instance, in vessels of deep draught, such as the Ningpo and Amoy fishing-junks, the rudder is narrow and extends only a short distance from the stern-post (Fig. 7-6). The heavier types of rudder repay close study. They are usually made up of an ingenious collection of different sizes of wood and are extremely strong. The rudder-post[1] and what at first sight appears to be the next adjoining plank, marked[2] and[3], are actually one and the same piece of hard-wood. Plank succeeds plank until the required length is arrived at, when they are locked together by retaining pieces[4] kept in place by heavy iron spikes with iron bands at strategic points.

In those of light draught, such as those on the Middle Yangtze craft, it is proportionally wide or extends farther out, until in the large flat-bottomed junks of the lighter variety, as on the Upper Yangtze, it is very wide and deep. In shallow-draught junks on the Ch'ient'ang River the rudder is little more than a plank 6 feet long. In small sailing craft of the delta we find the rudder larger and deeper than on the coast, for riverine craft carry a proportionally greater spread of sail. Finally, there are types of craft used exclusively in rapids which use no rudder at all but are instead steered by huge sweeps. In this case the sweep is about the same length as the junk itself. Some other sweeps are as much as 100 feet long, balanced with great dexterity by stones placed at convenient points (Fig. 7-7).

In the main it may be said that rudders in China are large in proportion to the craft and are operated by suitably large tillers. The reason may be found in the fact that, when sailing, the rudder in a great measure takes the place of the keel in keeping the vessel to the wind.

It is noticeable that the balance rudder is seldom to be seen in the Shanghai area, where in the intercommunicating shallow creeks and waterways all rudders have necessarily to be hoisted in the case of the larger craft or unshipped in the case of small sampans. Moreover, a balance rudder requires a particular kind of stern.

Shanghai and the Whangpoo district show many styles, but the most typical rudders of that district are those of the Ningpo and Shanghai wharf-boats. They are specially designed to fit the characteristically square, yet sloping, sterns and have therefore a considerable rake. Most Shanghai craft, irrespective of size, have an aperture in the upper end of the rudder close to the rudder-post so as to enable the helm to be put hard over without touching any part of the socket[5]. The apparently unnecessary length of this aperture is so as to legislate for any height at which the rudder may be operating. In port a fid is often inserted in this aperture to relicve the strain on the tackles.

Although the Chinese may appear to have made little progress in investigating the principles and forces of mechanics, yet in all their shipwrights' work they have brought the construction of each part to an astonishing degree of efficiency. This particularly applies to all matters connected with balance. For instance, every rudder for every type of craft is accurately adjusted to the exact weight which can be handled comfortably by the number of men designed to man the rudder. Generally, of course, this is one man, but occasionally in some types and under certain conditions it may be necessary to have two or more men at the tiller, and in

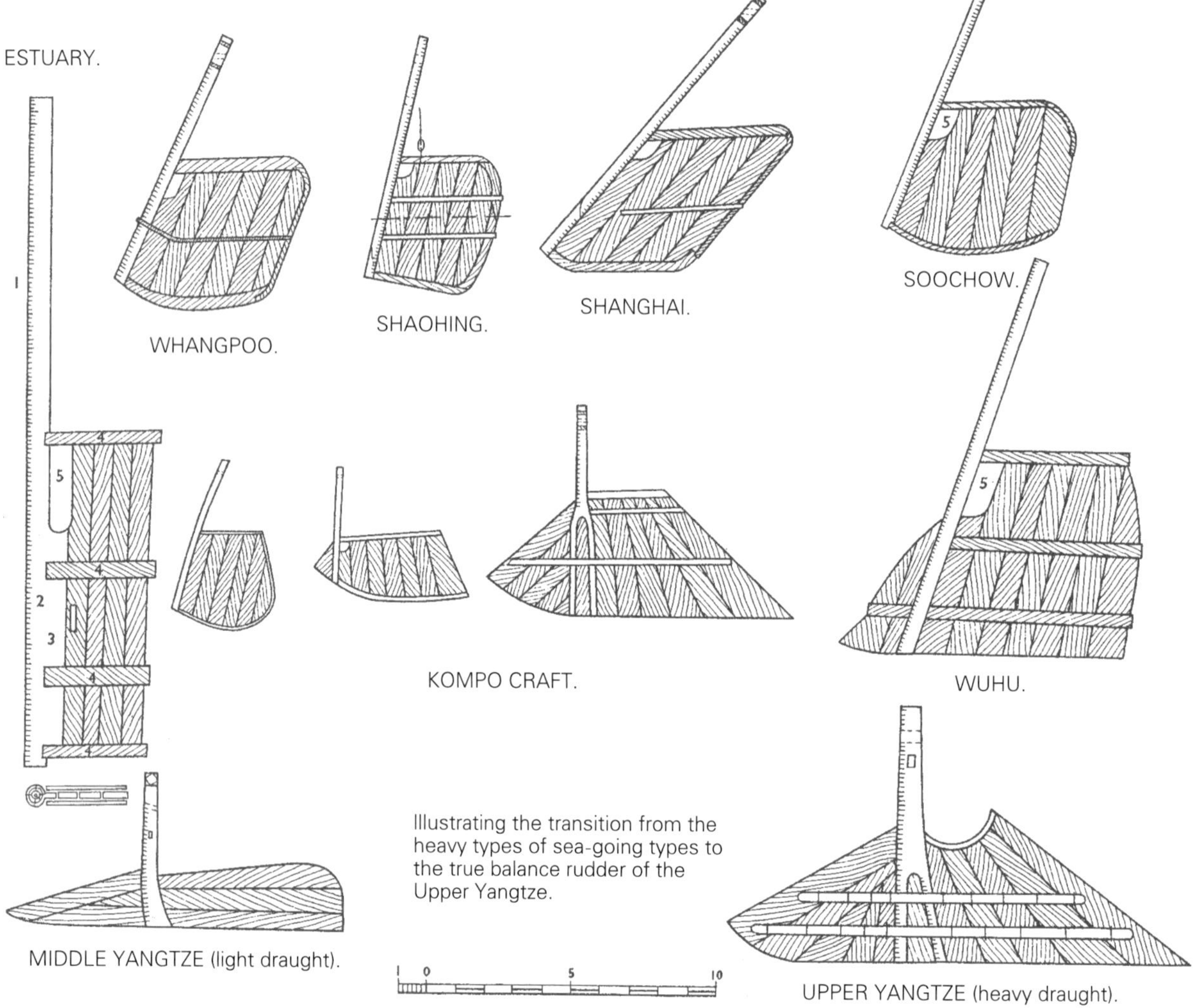

Fig. 7-6 RUDDERS

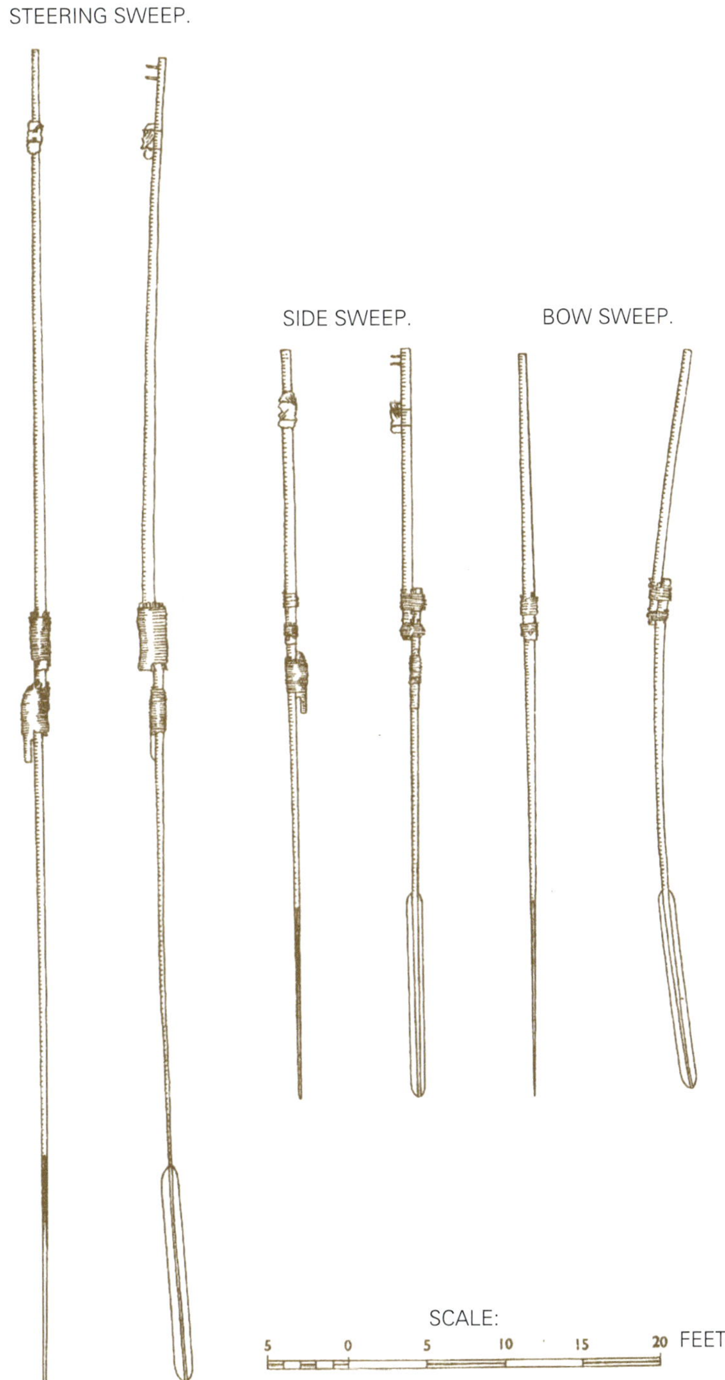

Fig. 7-7 VARIOUS TYPES OF STEERING SWEEPS

such cases the weight is always proportionate. Similarly, their ingenuity, and again their sense of balance, shows up strongly in their construction of windlasses and labour-saving devices, in which respect they would seem to have been always far ahead of the standard reached by European nations until about two centuries ago.

The hoisting type of rudder is slung from a windlass. When the rudder is so heavy as to require hoisting gear, this consists of a rope, or chain, passing from the windlass through a single block or a purchase shackled to a strengthening piece in the rudder and back to the windlass, or sometimes instead through a sheave inserted in the rudder.

When the rudder projects farther aft than usual, the stern is elongated by means of a gallery, or even merely a pair of spars, to which the rope from the rudder block or sheave travels and passes through another sheave on its way to the windlass.

There are three distinct methods of retaining the rudder, which for convenience may be classified as the open, half-open, and closed gudgeons or sockets (Fig. 7-8), thus:

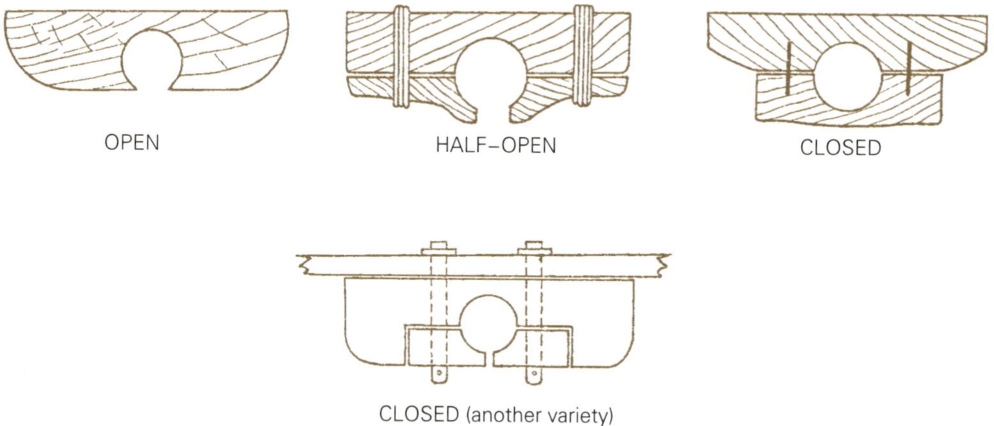

Fig. 7-8 TYPES OF GUDGEONS OR SOCKETS

In the case of the former or open variety the rudder is inserted from above through the wooden gudgeon, the open jaws of which permit its free passage. It is retained at the desired level by the windlass or any other device that may serve in lieu. The rudder-post, being too thick to slip through the open jaws of the gudgeon, is thereby kept from any lateral movement.

In the closed type of gudgeon, which consists of two parts, the rudder is set in place in the fixed part, the other half of which is then lashed into position.

The "Kompo" craft of the Shanghai area, that is to say, those that hail from the north bank of the Yangtze, and the Hangchow Bay trader, show the first beginnings of the balance type of rudder. As the Yangtze is ascended, the more pronounced becomes the balance rudder, until it attains its true form, that is to say, with about one-third of its area before the axis, about which the rudder rotates.

Fig. 7-6 shows the transition from a typical example of the heavy type used by sea-going junks to the true balance rudder of the Upper Yangtze. The two latter examples selected show, Fig. 7-6 A, a light-draught type of rudder with an area of 6. 12 sq. feet forward of the rudder-post and 19. 03 sq. feet abaft it. Fig. 7-6 B shows a heavy-draught balance rudder with an area of 19 sq. feet before the rudder-post and 30 sq. feet abaft it. That is to say, those two rudders are within 5 and 10 per cent respectively of the recognized proportions for the modern balance rudder, and form an excellent example of how the junkbuilders by "trial-and-error" methods, and apparently without knowing it, have accurately arrived at a correct mathematical solution of their problem.

There is no component part of a junk which displays more variety than the rudder. Two or more classes of craft may have identical bows and very similar sterns, but seldom will the rudder be the same. This marked distinctiveness indicates much to the initiated, who at a glance will recognize the junk's port of origin, and know if she was designed for calm or rough weather, for sea or river, for shoal or deep water, for tortuous rapids or broad, quiet reaches.

The individuality and importance of this part of a boat's equipment may be summarized by the fact that the words a "rudderless boat" signify in Chinese a widowed woman.

To the uninitiated there seems little in the rig or accessories of the Chinese junk that would call for any great display of inventive ingenuity or constructive skill. Yet, as with their craft, so with their masts, sails, yulohs, anchors, and rudders, the Chinese junkmen have solved numerous problems of primary importance to navigation. Many of their inventions date back to obscure periods, and the originators are forgotten. But these ideas have been faithfully handed down from generation to generation until they were, in several instances, adopted by the West, who were now before them and now behind them in nautical enterprise.

– CHAPTER 8 –

SAILS, THE STANDING AND RUNNING RIGGING

Nearly all the sailing equipment of the Upper Yangtze junks is rather rudimentary and may be classified in two main groups, namely:

(a) A standard single lug-sail of cloth stiffened with bamboo battens, and multiple sheets, common throughout China; and

(b) A single square sail of cloth extended upon a yard, with a foot batten.

The former type, though heavy and unwieldy, is more efficient and is used in large junks which travel as far down as Shasi (沙市) or even below, while the latter type is most generally used in all junks plying above Wanhsien. As a general rule, it may be said that in both types the sail from head to foot measures about one-tenth less than the length of the junk. No definite rule can be laid down as to which type of sail is used exclusively by any one type of junk.

The illustration in Fig. 8-1 shows a typical lug-sail as used by a small-type *ma-yang-tzŭ* junk. The sail, which is roped at the head and foot, consists of a number of 1-foot 3-inch wide sailcloths sewn together and is laced to a hardwood yard and also to a light bamboo boom at the foot. The sail is stiffened with a number of battens. On to each of these is lashed a split bamboo, which extends from about the middle of the sail across the mast towards the luff[1] and acts as a parrel. The multiple sheets are worthy of special notice. They consist of a lower crow's-foot,[2] the component parts of which lead fanwise from each batten on the lower part of the leech[3] of the sail to a block at the apex of the crow's-foot, which is the standing part. From this the main sheet leads through a block[5] on the deck-house, and up through another which forms the apex of a second upper crow's-foot[6] rigged in the same manner. Thence the sheet leads down again to the conning position.[7] In this manner the set of the sail uniformly adjusts itself to receive an equal distribution of wind pressure down its entire length. The lug-sail has one extremely useful attribute in that it is self-reefing. Until comparatively recent times, when the superiority of the modern flat-sail became apparent in the United States and Europe, it should be considered that the Chinese were unquestionably ahead of others in their conception of the principles of scientific fore and aft sails, as evidenced by the design of their lug-sail.

In light airs, with a favouring breeze, a form of spinnaker is often used. This is by no means standard, but usually consists of a triangular sail, the foot of which is extended upon a light bamboo boom, the halyards being made fast to the apex or head of the sail. The boom is usually-though not always-secured to the mast.

Fig. 8-1 LUG-SAIL

The square sail, Fig. 8-2, however, is the rig most employed by junks, not only on the Upper Yangtze, but on its many tributaries, and is almost exclusively used by all small and medium sized junks. with small crews, for it can be handled with ease and speed in all weathers, and when furled takes up no space, which is considerable advantage.

Like the lug-sail, it is made of vertical cotton sailcloths, sewn together and roped at head and foot. The head also is extended upon a yard, to which it is laced in the manner illustrated in Fig. 8-2.

The stiffening, however, is vertical instead of horizontal, and consists of a light rope sewn up each seam. The sail is not loose-footed as one might suppose, for it is laced to a lower yard, or boom, which also acts as an extension for the tacks[1] of the sail. Light ropes attached to the inner part of the boom,[2] and secured to the deck, hold down the sail. The boom is hauled close to the mast by a truss, consisting of a rope secured near the bunt[3] and led round the mast. The upper yard[4] is sustained by the halyards,[5] which are also used on the rare occasions when the sail is lowered, for when it is not in use it is furled in the following way.

One man tends the halyards, while another inserts his left hand in a slot[6] cut in the end of the starboard side of the boom[7] and grasps with his right hand the lower end of a wooden peg,[8] driven obliquely through the bamboo boom a few inches inboard from the slot. He then spills the sail by jerking the boom over into its centre, and still holding the now nearly vertical boom well above his head, he gyrates smartly two or three times. The sail being by now half-furled at the lower end, he finishes the winding process with more deliberation. The result is a long, neat cylinder of sail, the boom[9] being concealed in the lower part of the roll, while the yard lies nearly parallel above on the outside. The original starboard tack is then made fast to the starboard side. The whole operation can be accomplished by two men in about a minute. Two backstays, which are set up when the junk is under way, are the only standing rigging. They lead from the masthead and are made fast as far aft as possible. Reefing is carried out by lowering the yard to the requisite distance, according to the wind. This allows the sail to belly out and thus exposes less surface to the wind.

This square rig represents a sail in its very simplest form; indeed, it is interesting to note that this type of sail and its rigging is practically the same as that of the Egyptian galley of 1600 B. C., from which it differs in only one essential, that is to say, in the method of furling. In the galley the yard was lowered instead of, as in the junk, being twisted round the boom.

Tracking, which incidentally was noticed and recorded by Marco Polo as long ago as the thirteenth century, is towing by man-power, the number employed varying from one man to several hundred, and has long been used by the Chinese in the navigation of creeks and rivers; indeed, a Chinese picture painted *circa* 1208, by Hsia Kuei, shows a junk being tracked, and the arrangement of the gear and lead of the ropes are as used today. Another picture by the same artist in the same series, Chang-chiang Wan Li T'u, a long scroll depicting "ten thousand li of the Yangtze", shows a junk on the Minkiang, which, though of extravagant design and proportions, gives a reasonably accurate drawing of a bow and a stern sweep which are no different from those in use today.

As may be seen in Fig. 8-3, the inboard end of the tracking-line,[1] which is always made of bamboo rope, is firmly secured on the after cross-beam,[2] whence it travels to the mast, where it passes through a

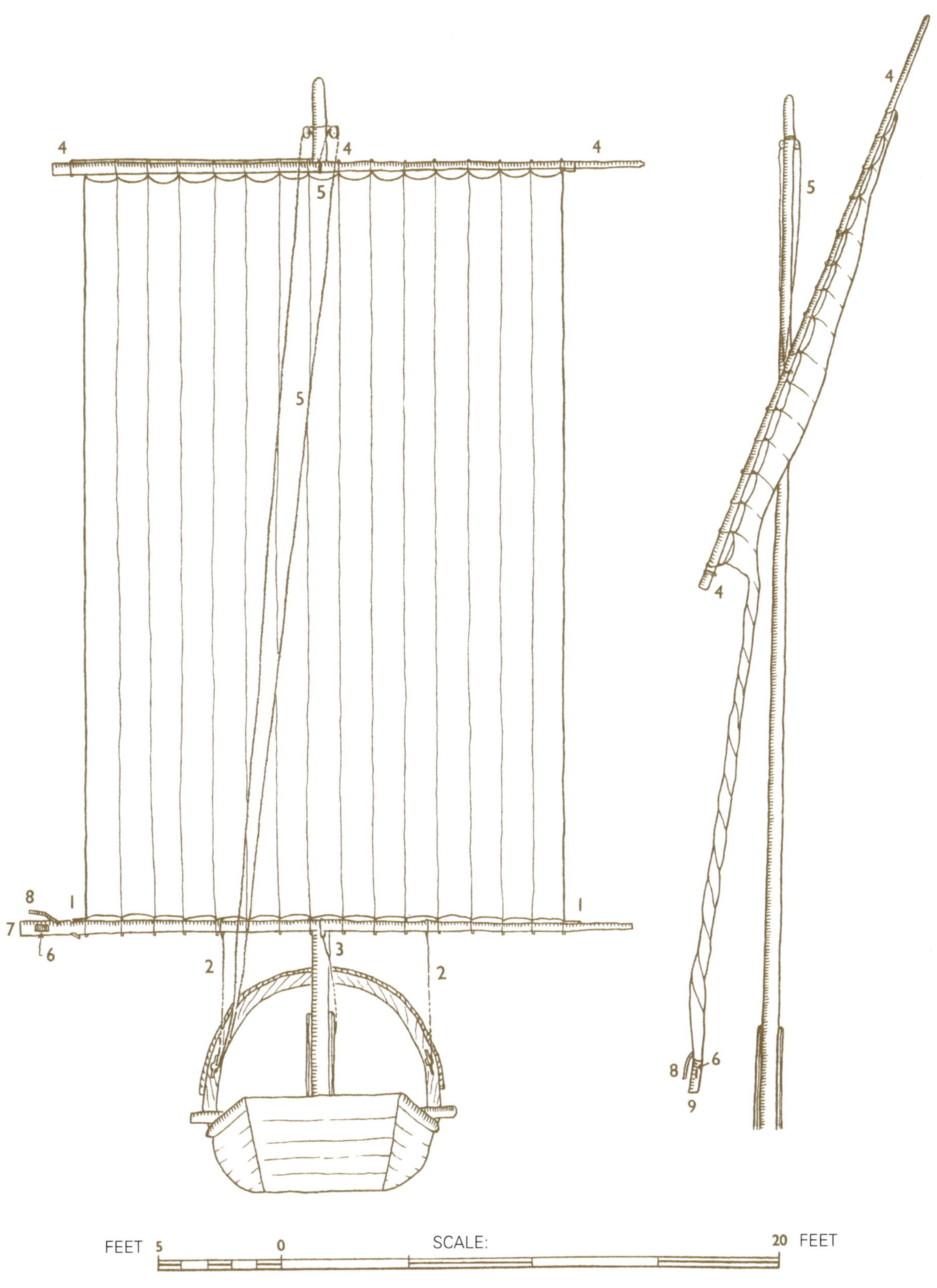

Fig. 8-2 SQUARE SAIL

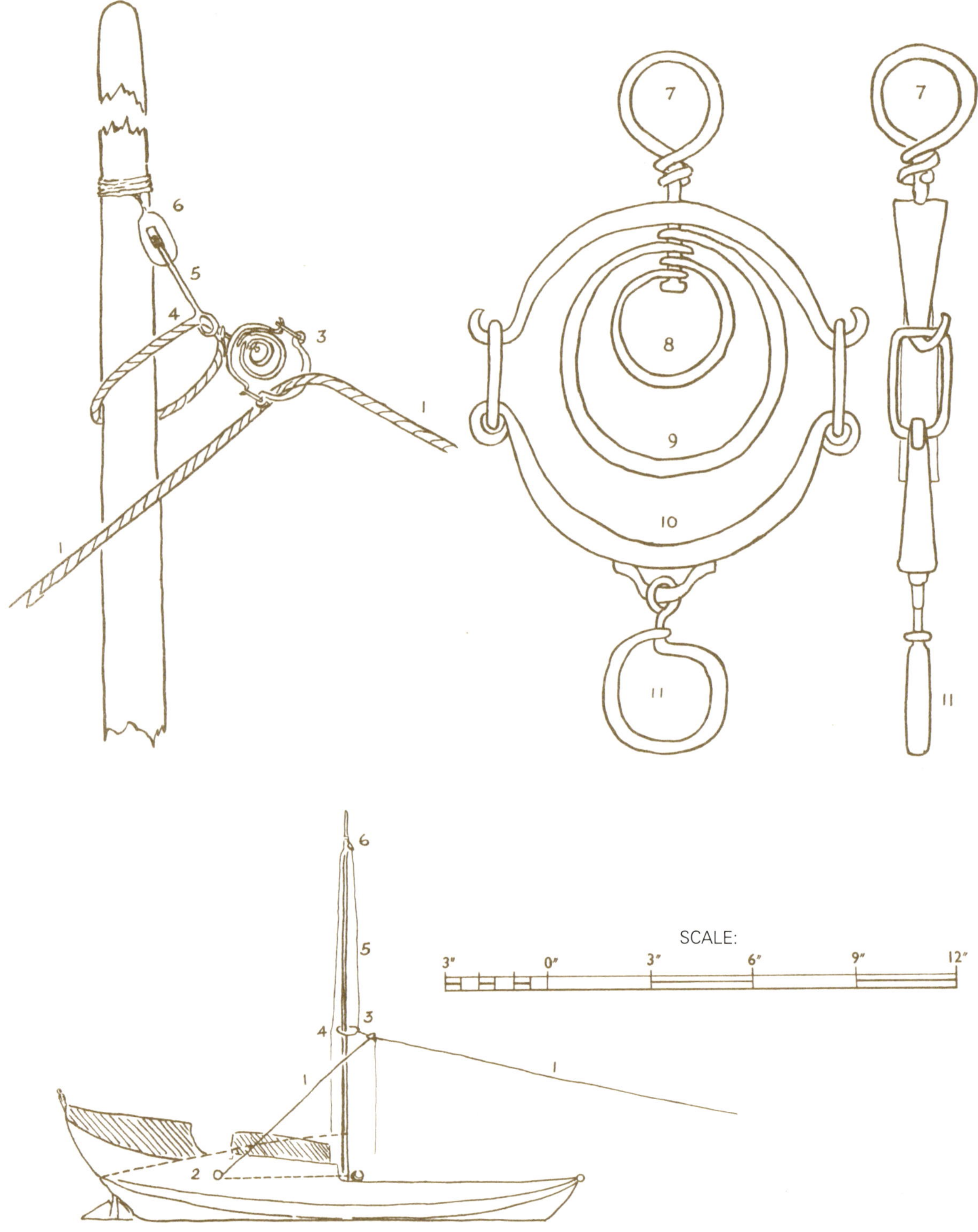

Fig. 8-3 TRACKING

primitive form of snatch-block[3] which is secured to the mast by a strong bamboo-rope grummet.[4] Halyards,[5] passing through the block at the masthead, are fitted to the grummet so that the snatch-block can be maintained at any desired height on the mast to suit the conditions obtaining and the height of the trackers' path, as well as to "masthead" the tracking-lines when overhauling another junk. The snatch-block as illustrated is designed to take three tracking-lines and is made of cast iron crudely finished. One ring[7] takes the halyards, while those marked[8,9], and[10] carry the tracking-lines. A downhaul is attached to the ring.[11] A lizard is used from the bow of the junk to bowse down the tracking-line when rounding an obstacle such as an isolated rock or a projecting crag. By this means the point of towage is moved from the mast to whichever side of the bow it is desired, so that the junk may be caused to sheer out into the current.

Bamboo rope is used to the exclusion of all else for tracking on the Upper Yangtze, but is not, however, so easy to handle as hemp, and will not coil so quickly or in so small a space, nor will it stand a sudden cross-strain nearly so well, Nevertheless, it will endure a greater pulling strain and is lighter in weight than any hempen hawser of the same size, which could never hold out against the severe friction of the ragged rocks and would probably not with the sudden changes of temperature and constant immersion.

Hemp ropes when wet lose about 25 per cent of their strength, whereas, as will be seen later from the results of a test carried out by the Whangpoo Conservancy Board, it would appear that the strength of the bamboo rope is actually increased by about 20 per cent when saturated with water.

Although bamboo-rope makers are to be found all up and down the Yangtze, the best bamboo rope is said to come from a village about 20 miles above Ichang, known as Hwanglingmiao(黄陵庙), which is famous for the excellence of its bamboos. An up-bound junk usually stops there to embark her new supplies of tracking rope for the voyage up stream. An average junk requires the astonishing figure of about 1 mile of bamboo rope of varying lengths and sizes, and could, up to 1938, acquire this for $53. This is accounted a heavy item of expenditure, for, tough as they are, these ropes only last one trip despite the utmost care. Economy in tracking-lines is a dangerous policy and has been responsible for many an accident on the Upper Yangtze.

Not infrequently a bamboo rope carries away, or has to be cut to avoid an accident; when this is the case, the rope is very rarely joined by splicing, as this is a technical matter, but by laying the two ends side by side and securely seizing the rope at the overlaps at an interval of about 1 foot. A large rope may have three, or even as many as four seizings at 1-foot intervals.

Discarded bamboo rope is used as fuel, and is also cut into lengths of a few feet and sold as torches, which last about 20 minutes.

The method of making the rope, which varies very little in the different localities, is surprisingly simple and quick. The most tedious process, and that demanding the must skill, is the preliminary splitting of the bamboo into narrow strips about ¼ to ½ inch in width, according to the diameter of the rope required, the canes being first soaked in water to make them soft and pliable. The splitting is done with a large sharp knife by a man who wears a finger-stall made of bamboo and who sits on a low bamboo stool. The plaiting of the rope is carried out by another man who stands facing a long, steep, downward slope or, where the country is too flat to permit of this, is perched on a flimsily-built bamboo tower.

Fig. 8-4 DIAGRAM

He wears a protective apron and grips between his knees an 18-inch long half-cylinder of bamboo, slung on a string round his hips, into which he presses the coil as it leaves his fingers. The finished rope thus passes through a sort of crude "fair-lead" and slips easily away from where he stands, either falling down the height of the tower or else sliding down the beaten earth slope before him. The twist consists of a varying number of bamboo strips, always in multiples of four, the joints being irregularly placed for extra strength.

The method used on the Upper Yangtze is then to coil the rope, which is usually in lengths of 1,000 to 1,800 Chinese feet (about 400 to 700 yards), into a large, high, wooden tub permanently fixed over a cement stove. A solution of lime and water is poured through a funnel in the base of the cement framework above which rests the rope, supported by a small, circular, projecting shelf which keeps it clear of the water by some inches. The whole is covered with another tub turned down over that containing the rope, and the rope is steamed for four hours over a coal fire, the lime in the water serving to harden the bamboos. The water is replenished through the outer funnel as it becomes exhausted. Draught and outlet for smoke is provided by an immensely tall, four-sided chimney, reinforced at each corner with the ubiquitous bamboo.

A variation is the larger calibre of bamboo rope as made near Ichang, in which the strands are laid as in a hemp rope instead of being plaited, this rope is used for moorings and never for tracking.

Palm-fibre rope, called *tsung-shêng* (棕绳), is extensively made in Chungking and at other ports on the Upper Yangtze. The laying, or spinning, of the rope is done on the foreshore, the rope-walk being about 50 yards in length.

The sequence of operations in this "rope-walk" method of spinning can be divided into three parts, namely, hacking the fibre, spinning the yarn, and laying these strands into rope.

The fibre comes in from the country in bundles. The hacking consists of taking a handful of fibre from the bundle and dashing it against the hacking-board, which is a wooden block about 1 foot long, studded with five or six strong, sharp-pointed, iron prongs, after the fashion of a broom-head, and secured to a trestle. The raw material is drawn through these prongs to separate the fibres and to lay them parallel. As the operator proceeds, a gradually increasing length is thrown onto and drawn through the prongs.

Spinning the rope is carried out on a jenny (Fig. 8-4), a device consisting of a number of cross-pieces nailed together to form a convenient framework to carry four hooks, which have their long iron ends passed through the boards and bent at an angle to make handles. Only one of these hooks is used in the spinning process. The operator walks backwards down the rope-walk away from the revolving hook, to which is attached one end of the fibre; the other he draws out with his left hand as he walks, while constantly inserting and weaving in a few more strands with his right hand. An assistant turns the handle revolving the hook, whereby a twist is imparted to the strands. When a sufficient length has been spun, the process of laying it into rope with the three hooks, or occasionally the whole four when four-stranded rope is required, is commenced.

The method adopted is to make fast the end of a strand to each of the hooks, the other ends being collected together on to one similarly revolving hook on another jenny at the other end of the rope-walk.

As the multiple hooks twist in one direction against the twist of the single hook in the other, the opera-

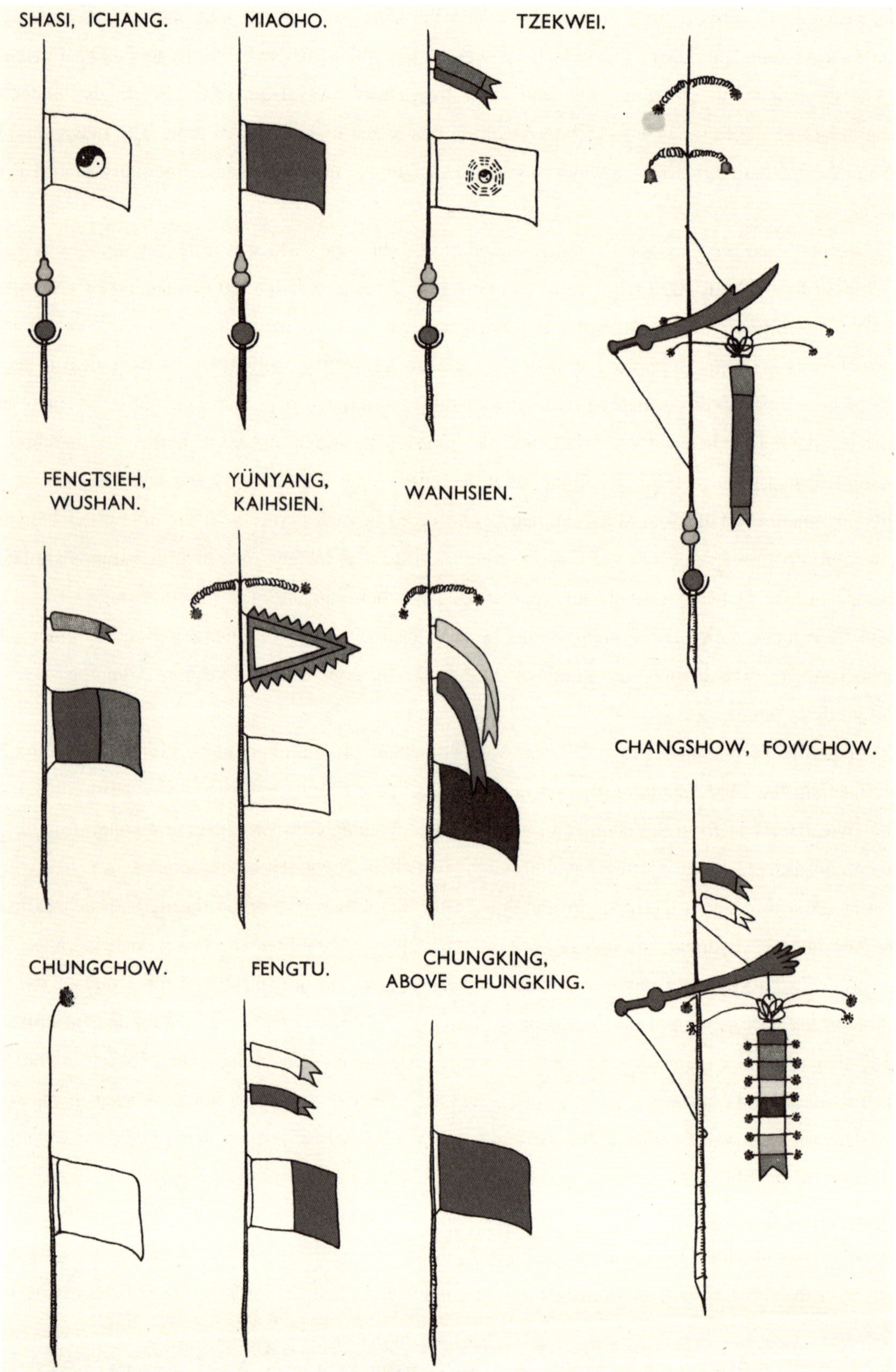

Fig. 8-5 EMBLEMS OF VARIOUS HOME PORTS

tor again walks backwards from the separated hooks, laying or guiding the strands by means of a truncated hardwood cone, about 1 foot long, on which are cut three equidistant, longitudinal grooves which converge at the smaller end of the cone. The strands which enter separately into these grooves slip off the cone as they become the finished rope.

This crudely made rope, which can be as large as 5 inches in circumference, is exclusively used on the Upper Yangtze for the running rigging of junks, roping of sails, and, indeed, for all purposes save tracking.

All the larger types of junks working between Chungking and Ichang carry devices on a light staff at the masthead, which differ a great deal in shape, colour, and design, and denote the town to which the owner belongs.

This practice is not followed by junks regularly trading above Chungking. When, however, they operate in waters where these devices are general, all junks from the upper reaches fly a small red flag. If a parent of a junkowner dies, a plain, small, white flag is flown, inferior to the normal device, as a mark of respect and is kept flying for three years, which is the normal period of mourning. A number of the more common distinguishing emblems of various home ports are illustrated in Fig. 8-5. It is possible they have a religious significance.

The most elaborate design comes from the town of Fowchow (涪州) and consists of two small pennants, and below, suspended obliquely, a sword terminating in an open hand. From the middle of the palm hangs by a cord and decorative knot a multi-coloured swallow-tailed banner.

Another more common custom is the use of two twists of wire, not unlike loose wire springs, which droop like antennae from either side of the staff at the masthead and end in small bells, or pom-poms. Many of the designs include a number of *tan* (蛋), or coloured wooden "eggs". These rest in tin receptacles, one above the other, vertically down the staff.

The principal part of the device is the flag, or flags, which are nearly always red, and may be large or small, square or oblong, pennants or burgees. Sometimes they are plain, but more often they carry the name of the junkowner, the *pa-kua* (八卦), the *yin* and *yang* (阴阳), or a motto such as *shun* (顺), meaning "a fair wind".

The *lao-hua-ch'iu* (老划秋) type of junk, which plies on the Suiningho (遂宁河), a tributary of the Kialing River, is often to be seen with what might be described as an open umbrella lashed at the masthead just above the blocks for the halyards. This contrivance, which measures about 4 feet across, is like an umbrella of the official presentation type (万民伞), that is to say, it is circular, with deep vertical sides after the fashion of a lampshade, and with cross-pieces to give it support. Constructed on a bamboo frame, it is made of oiled cloth, or of the outer husks of bamboo shoots (笋壳).

Repeated questioning always results in the same reply that it is designed to "keep off the rain". The rainfall on the Suiningho is no heavier-indeed, rather less-than in the neighbouring districts, nevertheless the officials of the junk guilds and the junkmen all give this explanation.

Despite its resemblance in shape-and allegedly in function-to an umbrella, it is never known as such, but is referred to as a fêng-pao (风包), a rather ambiguous title which may be translated variously as a "wind parcel" "wind wrapping" or "wind collector or container". It appears not unlikely that the *fêng-pao* may be a form of masthead talisman, particularly as its use is entirely confined to the Suiningho.

Although its explanation and origin remain obscure, its presence at the top of the lofty masts of the longest junks of the Upper Yangtze regions adds an unusual touch of local colour here and there to the closely clustered junks which lie inside the Kialing River below the east wall of the city of Chungking.

– CHAPTER 9 –

THE YANGTZE ESTUARY

In the latter part of its course the Yangtze flows through a wide alluvial plain, and the occasional hills resemble islands embedded in a loamy deposit of the river silt. This process is still continuing, and the Yangtze delta is said to be advancing at the rate of a mile in 60 years over a front of more than 80 miles. In 60 generations of the inhabitants it is said that 45,000 square miles of land have been reclaimed.

It is by no means improbable that the islands lying off the estuary may one day be joined to the mainland in the march forward of the alluvial plain, particularly as every yard of ground thus reclaimed is at once embanked and cultivated by the Chinese farmers. Mr. Von Heidenstam [1] gives it as his opinion that in 1,200 years' time the present Yangtze cape will be at Gutzlaff, which rocky island will by then have become a hill upon a plain.

The China Sea off the mouth of the Yangtze River is open towards the north and east, with depths exceeding 10 fathoms at about 30 miles from the China coast. The effect of the muddy waters of the Yangtze is apparent many miles out to sea, where a more or less abrupt transition from clear to yellow water may be observed. To the reflective there is food for thought in this evidence of waters which have travelled over 3,000 miles from their source in the plateau of Tibet, close to the cradle of the great rivers of India.

The estuary, as it is today, presents no picturesque or beautiful features, and the lack of any natural landmarks adds an unsympathetic and inhospitable air to the dangers of its hidden sandbanks. Nevertheless, there is mystery and romance to the imaginative in the vast delta of this historic river as the deep blue of the outside limits of the estuary waters near the Saddles [2] thickens gradually till it becomes the turbid coffee-coloured flood associated with its name and the immense desolate stretches of water contract into the shape of the river at Tsungming.

The width of the estuary is about 60 miles, narrowing at Woosung to 20 miles. The fluctuating nature of the shoals and sandbanks extending far beyond the embouchement gives rise to navigational difficulties

[1] Engineer-in-Chief, Whangpoo Conservancy Board.

[2] The Saddle Islands consist of a group of islands lying about 30 miles east of the mouth of the Yangtze. They are inhabited during the fishing season by sailors from the mainland engaged in the cuttle-fish industry. The season lasts from April to June, when the islands present a busy scene, being crowded with fishermen from the Fukien bien coast. Thousands of fishing-boats are normally to be seen. The fish are dried and shipped to the mainland. The fish are split open and spread upon the rocks to dry under a bright, strong sun. When this short fishing season is over the fishermen disappear and the islands and their few inhabitants are left to themselves.

which begin over 50 miles from the land.

There are two main channels of approach. The North Channel, or Passage, which is not in use at the moment, is about 60 miles long from the 5-fathom line east of Shaweishan Island to Woosung. It has to make considerable bends to avoid a group of sandbanks and small islands. The South Channel is the better and more important. The length from the 5-fathom line is the same, but it runs practically straight. Both are subject to considerable fluctuations of tide and have strong tidal currents up to a maximum of 6 knots at springs. In the North Channel the current is rotary, but in the South Channel there is only a small lateral drift at the turn of the tide.

The land bordering the delta is low and cut by innumerable creek inlets and canals which spread inland, crossing and recrossing each other and forming a network of useful waterways to serve the dense population that thrives in this fertile area.

The many streams and rivers, the great lakes, and the marshes of the mighty Yangtze Valley, while they impeded travel by land, offered unparalleled facilities for water transport, and the Chinese were not slow to take advantage of this. Not only did they use existing waterways, but they added to those by excavating countless canals.

Over extensive areas in the Yangtze Valley and southward, this served both to drain the swampy marsh land and to provide increased facilities for transport and travel by water. In some parts, especially on the great plain of Kiangsu and North Chekiang, until the advent of the modern motor road there was practically no transport except by boats. This area is an absolute network of rivers, canals, and creeks, many of the waterways being broad and deep enough to allow fast ferries of considerable size to ply between the large towns.

While designed primarily for transportation, the canals also serve countless indispensable functions, such as irrigation, drinking, fishing, and fish breeding, and the washing of food and clothes.

THE SHA-CH'UAN (沙船), OR KIANGSU TRADER [1]

Craft indigenous to the Whangpoo and Shanghai area, although they show a great variety, are in the main unadventurous in type, being built for quiet trading on the creeks of the vast surrounding system of waterways.

There are, however, two or three exceptions to these, for the Shanghai junkbuilding yards have produced a few examples of some of the large sea-going junks. The most notable of these is the Shanghai-built type of Kiangsu trader, a craft easily recognized by the two main distinctive features of five masts and the broad, flat stern, from which projects, at an upward angle, a stern gallery of 10 feet or more in length.

As has been pointed out elsewhere in this book, particulars as to the dates of origin of Chinese riverine junks in general are totally absent, and this is just as true of the sea-going types; but it is at least known that one of the first sea-going junks was known as the bull-head ship (牛头船), and this descriptive title is not

[1] Sometimes known as the "Pechili trader".

inapt to the Kiangsu trader, which would appear to have evolved from the earliest of the bull-head types. The Kiangsu trader, therefore, may be classed with the Antung trader as one of the two fundamental types of sea-going craft of the north from which have evolved various other classes.

The large Kiangsu trader is seldom to be seen nowadays. It was often of considerable size, occasionally as long as 170 feet. This, large as it may seem in terms of junks, is nevertheless according to modern ideas very small for sea-going craft, [1] especially for those which have to beat up the northern waters of the China coast in any kind of weather.

Although the family of junks to which the bull-head, to be described later, and Kiangsu traders belong are commonly supposed to hail from the north, the latter junk having even been designated the Pechili trader, there seems very good reason to believe that they are really basically Yangtze estuary types which through constant intercourse with the north have become, as it were, naturalized there while still retaining their link with Shanghai. So it came about that types of this craft are built either at or near Shanghai or South Shantung.

Close observation strengthens this opinion, as these craft show none of the characteristics of the northern types; indeed, the main features are essentially those of the Yangtze estuary: for instance, the cut of the sails and the number of battens, the general lines and construction, the shape of the bow, and the projecting stern gallery.

The length of their passage north to Antung, Newchwang, Chefoo, and Tsingtao varies from under a week to as much as three weeks, according to weather and wind conditions. Many years ago they made four regular voyages a year, but this was later reduced to two trips owing to steamer competition.

The small type of craft is known by the Chinese as the *sha-ch'uan* (沙船), or sand-boat, a generic name for the sea-going junks from Shanghai. A typical example is illustrated in Fig. 9-1. It has an over-all length of only 85 feet, a beam of 18½ feet over-all, and 15 feet upper deck measurement. The depth from the main deck is 8 feet to water-line. The finer lines of this type will be appreciated by comparison with the measurement given above of the large Kiangsu trader.

Like its prototype, it is extremely strong in construction. This gives a clumsy appearance, especially in conjunction with the fact that the genuine turret-built hull is illustrated to a marked degree, that is to say, a barrel-shaped hull upon which is superimposed a relatively narrow deck.

The pinewood hull is flat-bottomed, but the central one of the longitudinal planks, being thicker and heavier than the others and made of hardwood, serves as a keel. It measures 1 foot 2 inches in width and 4 inches in depth, and continues throughout the vessel. The planking from the turn of the bottom at bow and stern is laid athwartships. Much of the vessel's great strength is provided by 14 pinewood bulkheads. These are further strengthened by two vertical uprights amidships and by timbers across the bottom, joined to side timbers grown approximately to shape and roughly trimmed so as to fit to the sides and curves of the whale-back (Fig. 9-2).

[1] Drake's ship, the Pelican, which he renamed the Golden Hind, was not more than 66 feet long and of only about 100 tons burden. Yet in this small ship Drake successfully concluded a voyage of three years duration and circumnavigated the world.

Fig. 9-1 KIANGSU TRADER

The space between the first and second bulkheads is used for storing fresh water. Extra longitudinal strength is provided externally by five heavy wales, each being a split pole, and internally by three strong longitudinal members running from end to end of the vessel and situated just below the hatch coaming.

Transverse strength is derived from bulkheads and numerous deck beams[10], one on and above the second bulkhead, two especially large ones into which the fore[11] and main[12] masts enter, a fourth at the break of the house, and four smaller ones at appropriate intervals.

The beam of the vessel at the widest point of the whale-back is 18½ feet, while that of the deck proper itself is only 7¼ feet at the hatch coamings[9]. Additional deck space is provided over the curving whale-back[5] by filling in the interval between deck and bulwarks with removable planks so as to make a continuous, albeit temporary, flush deck.

As the curves of the turret-built hull converge more acutely at bow and stern, the foremost[14] and after compartments[15] are masterpieces of ship construction. This ingenuity is exercised to the full in the manner in which the curved deck beams are rabbeted into the curved frames of the hull. The strain is distributed in the bow by three fore and aft stem ribs[16] which are grown to shape, and following the line of the bottom extend from the stem cross-beam[17] to the heel of the foremast[18], which rests against the first bulkhead. The same method of construction, though to a lesser degree, is found in the after compartment[15], where a fore and aft stern timber[19] bears against the twelfth and last bulkhead.

The bluff, flaring bow rises high, and so long as it is kept to the sea the junk can, so it is claimed, weather anything. The stern proper[20] is bluff and rounded like the bow; a sort of false stern[21] is, however, built on by means of extending the sides of the hull 8 feet in a rising line, or curve, beyond the transom[20], where they are terminated in a shorter false transom[21] which ends 7 feet above the water-line. The deck surface of this serves as a prolongation of the house wherein is situated the windlass[22] for hoisting the rudder[23]. The rudder is slung within the enclosed space between the sides of the false stern[21]. The rudder is 16½ feet deep from the rudder head to the bottom edge and 7 feet at the lower band. It works in three open-jawed wooden gudgeons, which permit it to be raised or lowered as desired. When hoisted it is only a little more than a foot in the water, and the helmsman stands on top of the house. When the junk is under sail the rudder is nearly always lowered and is completely submerged, 5 feet or more being below the keel line. The helmsman then is stationed inside the house and has a rather restricted view ahead through it and a view of his sails through the skylight. The tiller[24] consists of a fine piece of highly-polished hardwood and is 16 feet long. There are always one or two spares kept at either level to facilitate the reshipping of the tiller after the rudder has been either hoisted or lowered to a new position.

Projecting beyond the false stern[21] and at an upward angle is one of the two most characteristic features of these junks, the 10-foot long stern-gallery[25]. The other distinguishing feature of the junks of this family is the number and arrangement of the masts. These, of which there are five, are staggered. They are named the *t'ou-wei* (头桅), or head mast, that is to say, the port foremast[26]; the *erh-wei* (二桅), or second mast, that is to say, the foremast Ⅱ; the *chung-ta-wei*(中大桅), or middle big mast, that is to say, the mainmast[12]; the *ssŭ-wei* (四桅), or fourth mast, that is to say, the port mizzen[27]; and the *wei-wei* (尾桅), the tail or last mast, that is to say, the mizzen[28].

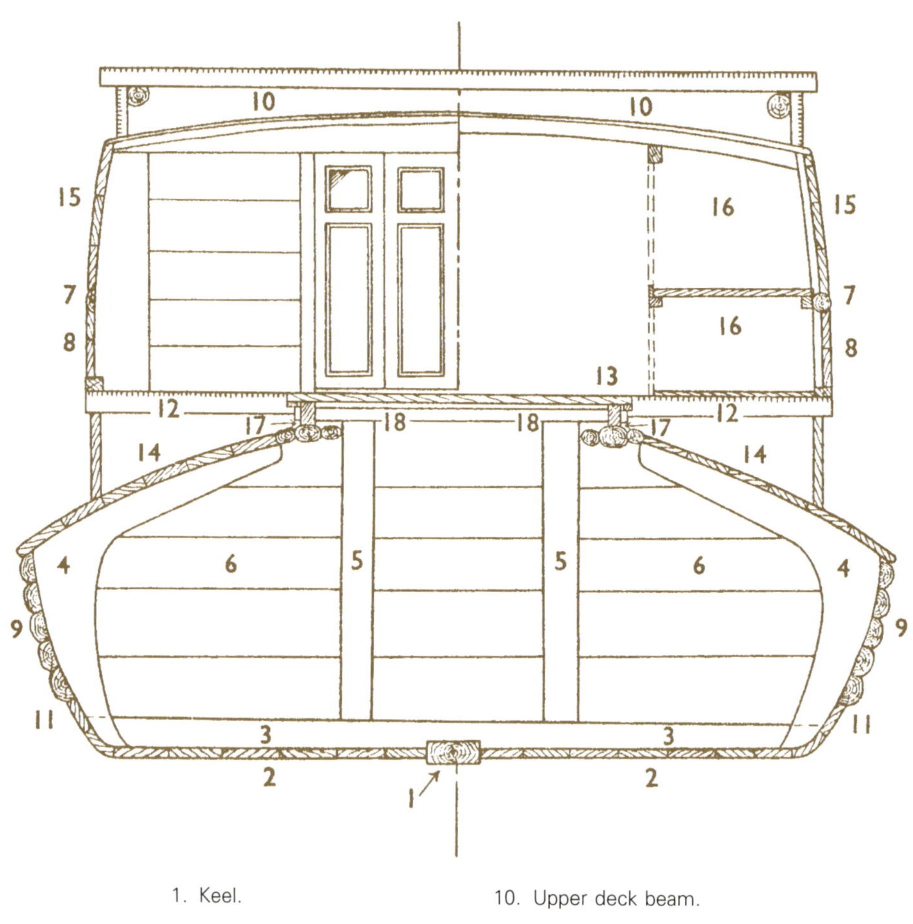

1. Keel.
2. Bottom planking.
3. Floor timbers.
4. Bilge frames.
5. Stiffening bars.
6. Hold bulkhead.
7. Main rail.
8. Topside planking.
9. Strakes, wales.
10. Upper deck beam.
11. Bilge planking.
12. Deck beam.
13. Main deck.
14. Guard deck.
15. Side of house.
16. Berths.
17. Top timbers.
18. Hatch coaming.

Fig. 9-2 SECTION OF KIANGSU TRADER

The port fore and fore masts are raked forward, the main has a slight rake aft, the port mizzen a forward rake, and the mizzen stands erect. [1] The port foremast is 31 feet high and is stepped inboard close to the port bulwarks which is between it and a single-winged tabernacle[29], the heel being stepped on a deck beam. The port foremast is not stepped on the outside of the bulwarks, as is popularly supposed, but inside, resting its heel on the beam and sometimes held by a small tabernacle which wedges it snugly against the inside of the bulwark. The other cheek, consisting of a curved piece of wood grown to shape, adds its support. The lower end of this baulk, which has the same forward rake as the mast itself, rests on the rising curve of the turret. That part which projects like a bit above the bulwark is vertical. The foremast, which is 46 feet in height, is in the true fore and aft line. It is housed in low tabernacles, the heel being fitted into a step on the keel, where it rests against the first bulkhead. This support, however, is not continuous upwards, as the foremast cants forward. Further strength is therefore rendered by a fore and aft baulk of timber bearing against the second frame[30]. A similar baulk of timber[31], though at a higher level and bearing against the first and second frames, serves still further to distributethe strain. The mainmast[12], which is 70 feet high, is a fine spar of *sha-mu* or oregon pine, measuring 60 feet to the hounds[32] and iron bound at frequent intervals. It is practically the same length as the junk itself at deck level but without the stern gallery. It is in the same line as the foremast, and is similarly housed in a low tabernacle. As it is raked aft instead of forward, however, it rests at deck level against the upper portion of the fifth bulkhead instead of at its heel. A light top-mast[33] is secured by three iron bands. The sheaves for the halyards are situated between the cheeks of the lower mast and the heel of the top-mast, and retained in place by the sheave pins[34] which pass through both masts. The port mizzen[27], 28 feet in height, and the after mizzen[28], 48 feet high, are stepped at deck level in high tabernacles on the poop and are out of the fore and aft line. The port mizzen[27] is situated on the port side against the bulwarks and in a traverse line with the rudder-post. The mizzen[28] is stepped about 2 feet to port of the fore and aft line and carries a light top-mast[35] fitted with two halyard sheaves, similar to the mainmast. Each of these masts carries a square-headed brown canvas lug-sail, more or less of the type and pattern already described.

Each mast has a light pole top-mast, the proportions in length of which are usually as follows (excluding the port mizzen). For the mainmast the total measurement to the truck is one-third of the height of the mast from deck level. The height of the mainsail when it is two blocks, that is to say, as high as it will go, reaches three-fourths of the way up the mast. In the case of the mizzen, the sail reaches up for four-fifths of the mast, five-sixths for the main foremast, and six-sevenths for the port foremast.

The reason for the staggering of this foremast is probably to allow more space for the handling of the anchors and cable. In the case of the mizzen-mast, it has obviously been so placed to be clear of the rudder hoisting gear. A study of the plan would indicate that this would also help to explain the staggered position of the port mizzen. An additional advantage to be gained from the position of both these masts is that the weather sail, whichever of the two that may happen to be, can be so set that it can never be becalmed by the

[1] An individual variation is in the rake of the masts, which is peculiar to each junk. For instance, the foremast may have a rake forward or may be vertical, but, whichever it is, the invariable rule is that the mainmast will lean away from it, being vertical if the foremast has a forward rake, and raking aft when the foremast is vertical. Indeed, the general system followed is that all five masts diverge like the sticks of a half-opened fan.

mainmizzen-sail. Their chief use is probably as steering sails, and this theory would seem to be borne out by the light method of housing.

A top-sail is occasionally fitted above the mainsail, in the ample space provided, and, more rarely, above the fore-sail. Staysails and triangular spinnakers are largely used. The vertical bonnet is not usual on this type of sail. The age of this class of junk would seem to justify the supposition that, as regards sails as well as design, it is probably the parent type for many kinds of junks. The sails are held to the mast in the usual way by parrels of bamboo, rope, or plaited cane.

It seems fairly well substantiated that many junks in Marco Polo's day wore top-sails. They have now practically vanished from the China seas and are probably not to be found to-day except in the case of the large Kiangsu trader. They are never seen in the *sha-ch'uan.*

In a heavy sea-way the junk is hove to by means of a sea anchor or drogue. This consists of an oval basket 8 feet long and about 1 foot deep. It is veered to windward by a rope to which it is attached by a bridle. The basket acts as a kind of water parachute, and by the resistance offered by the water keeps the junk's head to the wind. When not in use it is stowed on top of the house.

There are two interesting fittings in this type of junk. One is the primitive navigation light[36]. It consists of a small kerosene-oil light enclosed in a crude glass box and secured by sundry string lashings to a short pole on the starboard quarter. The other is a very ingenious type of tin kettle on the samovar principle, except only that wood is used for fuel in the centre portion.

The masthead distinguishing device of the *sha-ch'uan* is sometimes one *tan*（蛋）or coloured wooden egg worn at the main and surmounted by a revolving framework carrying a series of pennants. The largest, which is red, is 6 feet or so in length, while above it are small pennants of varying lengths. The whole is topped by a tuft of palm fibre.

The roomy house measures 29 feet over-all, including the galley[37]. It consists of a 6-foot wide corridor flanked by six divisions, of which four are bunk cabins[38] with upper[38] and lower berths[39] and sliding doors. These are reserved for the more important members of the crew. In the sixth division on the starboard side is a cooking-stove[42]. The position aft of the transom proper, where the rudder-hoisting apparatus is kept, is devoted to various uses, such as fuel storage, vegetable cleaning, and so on. The fifth, on the starboard side, contains a large rice bin[40], and above it is a joss-house in miniature dedicated to the Chinese Stella Maris, Kuan Yin[41].

Below deck the two after compartments[43] are also used for living quarters for the crew, which may number over 20. Extra quarters are also to be found below decks forward of the first bulkhead[14]. Ropes and stores are also kept here. All the rest of the hull space is given up to cargo.

These junks are never painted but occasionally receive a coat of wood oil. There is little carving or ornament.

The large Kiangsu trader is now, alas, no longer built, and it is doubtful if any now remain afloat. There is consolation, however, in knowing that the sha-ch'uan still exists in appreciable numbers, for this craft follows its prototype so closely in all the main essentials as to preserve the memory and traditions of the craft of old that used to sail the seas from the far north to Hongkong and down to Singapore. Indeed, it is believed by some good authorities that these were the ships which originally traded to the Red Sea and East African ports before the Middle Ages.

There is another and more picturesque relation of the Kiangsu trader. It is known by the junkmen as the *ta-chi-ch'uan* (大鸡船), or big fowl-boat, from Shantung. It may, however, for convenience sake be called the bull-head, for it has just this appearance when seen end on (Fig. 9-3).

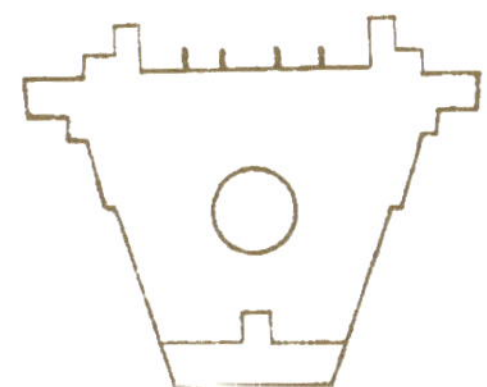

Fig. 9-3 TA-CHI-CH'UAN

This type has five masts, and adheres very closely to the Kiangsu trader type in a general way; yet there are several individual variations as regards size of the hull, degree of turret build, height and proportional position of the masts, and most conspicuous of all, the style and extent of the ornamentation. This takes the form of a red-painted bow on which is depicted the character *fu* (福), meaning happiness, in black on a white circular ground. The presence of an oculus in this supposedly far-northern type is quite unusual.

The main distinguishing feature of the boat is the bold scheme of decoration; for instead of being plainly wood-oiled, the whole sweep of the bulwarks for a depth of about 1½ feet and a length of from 6 to 8 feet is painted dull green with a 3-inch border, top and bottom, of red, This band of colour terminates well aft of the oculus in four vertical stripes of white, red, green, and black.

The laodah, when questioned, affirmed with considerable pride that there were only three such craft in existence. The unsolved question remains. Is this an almost extinct type, is it an evolution, or is the pleasing colour scheme merely the artistic self-expression of some unusually aesthetic junkmaster?

THE TSUNGMING

The Tsungming cotton-junks are built at The Tsungming their name-place, and their staple cargo is cotton, cotton yarn, cotton seed, and cotton cloth. They also fill up extra space with cereals, miscellaneous merchandise, and passengers for Shanghai.

These craft belong to the highly-respected Kiangsu trader family; but, sad to relate, they are rather careless about keeping up their dignity, for their only form of cargo on the return journey from Shanghai is night-soil in buckets.

They have a good deal in common with their very much larger prototype, the Kiangsu trader, and even more with a humbler member of the same family, the *yao-wang-chu'an*(摇网船). All three have the same bluff lines, upturned rounded bow, peculiar projecting gallery built out beyond the transom, and cambered fore deck.

In size the Tsungming cotton-junks are more or less standardized and surprisingly small. The specimen illustrated in Fig. 9-4 measures 59 feet over-all, with a beam of 13 feet and a depth of 6½ feet; that is to say, she is deep and beamy for her length, and is very strongly constructed with 10 hardwood bulkheads and four frames. The flat-bottomed *sha-mu* hull is of modified turret build with three heavy wales to give longitudinal strength. Washboards extend from just forward of the first bulkhead to the stern. Removable planks are laid athwartships from the hatch coamings to these washboards so as to make the whole deck flush. The small space below is, in true Chinese fashion, utilized to the full for the stowage of ropes, fenders, etc. Deck planks are also sometimes fitted over the whale-backed fore deck.

The fourth bulkhead is 4 inches out of the perpendicular with a backward tilt, so that the housing of the raked mainmast may rest against it. There are three masts stepped in low tabernacles carrying square-headed lug-sails. The short mizzen-mast is stepped on deck right aft, against the transom and on the port side of the fore and aft line so as to be clear of the rudder trunk.

The rudder operates in a trunk and is slung from a point about 10 inches from the rudder-post. A wire pendant is rove round a windlass, which is fitted with two levers so as to hoist the rudder as need occurs. When fully raised it is just clear of the water when the junk is light. The range of travel is about 2 feet.

There is usually no deck house, and the crew live below decks in the foremost and after compartments in what would appear to, be the utmost discomfort. Access is provided to these cramped quarters through a booby hatch on the forecastle and two removable hatches aft. The galley, such as it is, is on deck.

The cargo is normally stowed below decks, but in fine weather a deck cargo is carried in addition. In the early days of Shanghai's trade development it was said that if ever the Chinese could be induced to add an inch to the length of their short coats, the cotton mills of the world would be kept busy for years in supplying the increased demands. Now, however, China is fast becoming more self suffcient as regards manufactures, and a great proportion of cotton spinning is done in the Shanghai mills. Their increasing needs provide a steady and lucrative trade for the cotton-junks, and these craft are a well-known feature of the Whangpoo River.

THE YAO-WANG-CH'UAN (摇网船), OR PIG-BOAT

The *yao-wang-ch'uan* originally hailed from the north, being a Shantung fishing-junk, but a more fruitful field for her activities has been found in the pig trade from the delta ports to Shanghai, and more especially from Tsungming Island.

An offshoot of the Kiangsu trader family, it is interesting to compare this boat with her parent craft, already described. Structurally there is little difference between them. Both are turret-built and flat-bottomed, the foot-wide planking of the hull being laid carvel-fashion and longitudinally, except for the portions at the turn of the bottom at bluff, broad bow and flat, broad, overhanging stern, where it is laid athwartships.

These craft vary somewhat in size. That illustrated in Fig. 9-5 is a medium-sized junk measuring 50 feet in length, with a beam of 10½ feet and a depth of 4 feet.

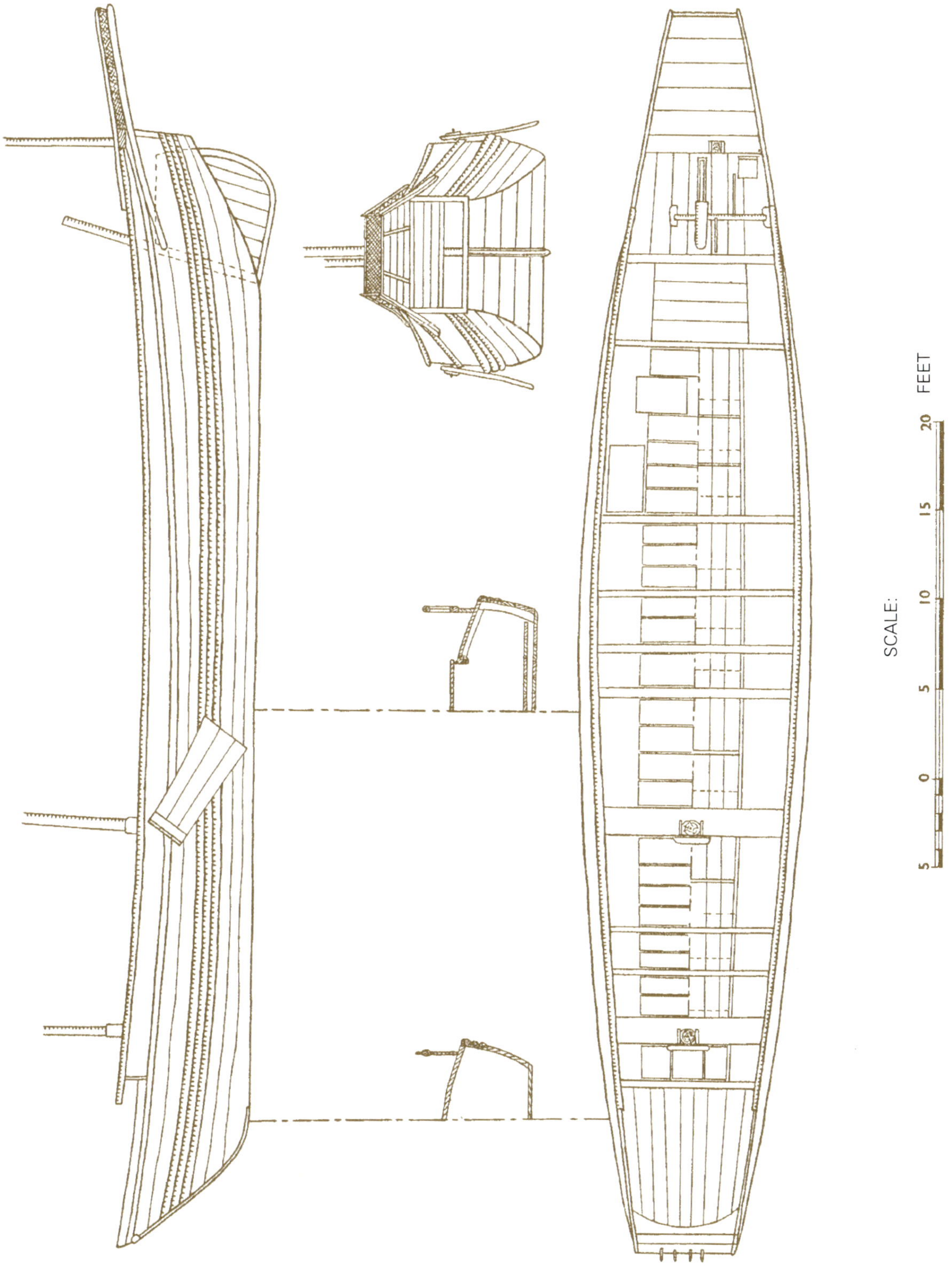

SCALE:

Fig. 9-4 TSUNGMING COTTON-JUNK

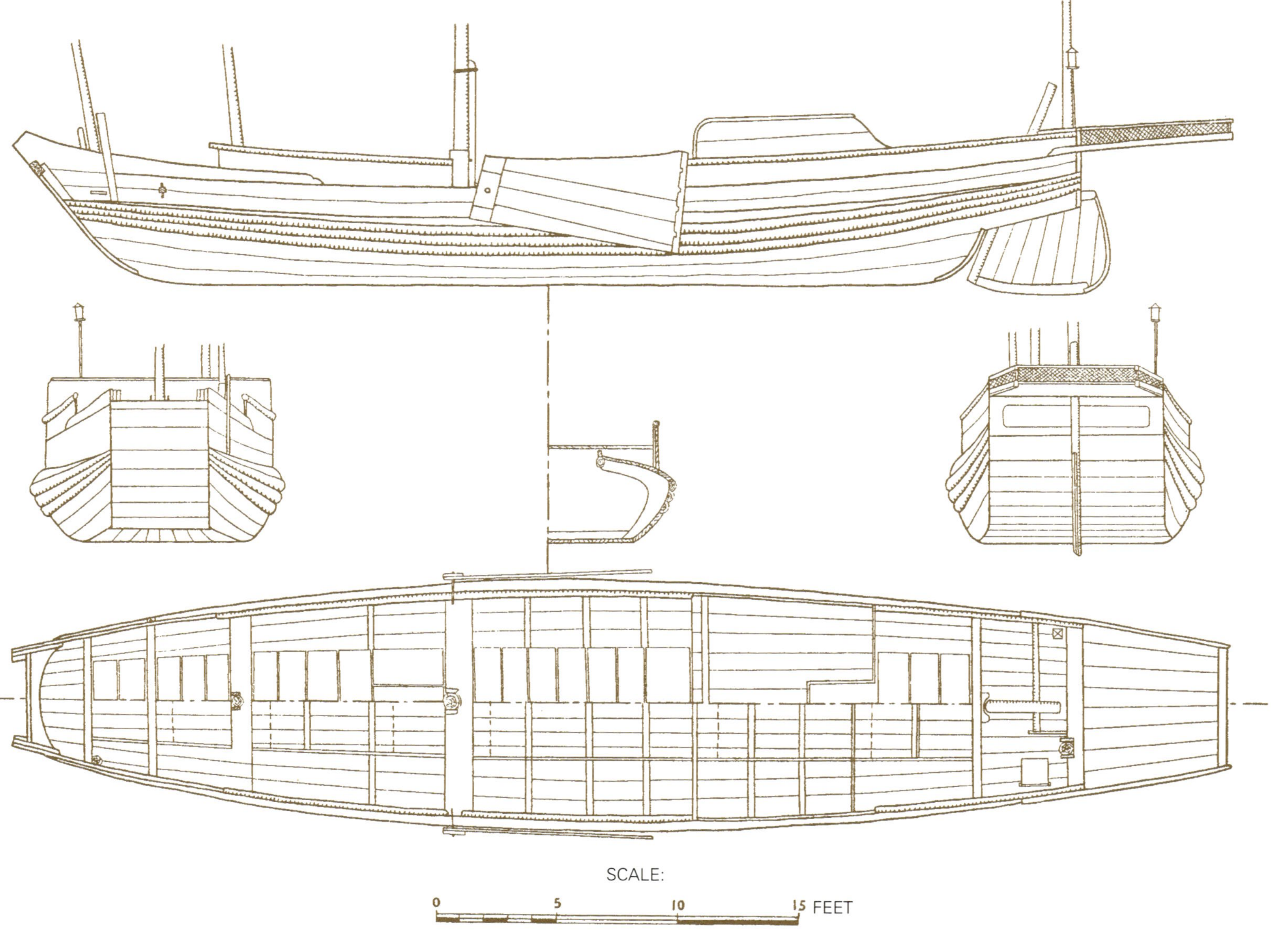

Fig. 9-5 YAO-WANG-CH'UAN

The *sha-mu* hull is divided into watertight compartments by six hardwood bulkheads and further strengthened by seven frames. These frames are in the larger compartments. So as to assist in preserving the shape of the hull, and therefore the larger craft have eight or more frames. There is a small, low house between the fourth and fifth bulkheads which serves as quarters for the crew of six men, access being gained through a sliding door at the after end. The galley is inside the house. Some of these junks have no house, and the crew then live in the foremost and after compartments, the galley being then right aft. Considerable extra strength at the bow is provided by a heavy timber laid across it which takes into the longitudinals on either side.

The first deck beam is built into the structure of the hull, as is also the second, but the latter is in addition locked with a wooden pin into the side planking.

She is well protectcd by high weather-boarding from aft to the foremast, and again from abaft the foremast a new system rises to the bow. Being turret-built throughout, she is necessarily whale-backed, but the inconvenience of this cambered surface is remedied by extending the deck level by additional planking from the hatch coaming to the bulwarks.

There are four masts. Those at the two extremities are both on the port side and stepped on deck out of the centre line of the ship. The mizzen is situated just clear of the windlass, while the foremast is snugly tucked into the angle formed by the first deck beam and the ship's side and is further supported by tabernacles, the one inside the hull and the other outside, with the heel resting on the top of the wale. The fore and mizzen masts are very easily removed when required. The main and main-mizzen masts are stepped in the normal way amidships. All carry square-headed lug-sails.

The stern carries the traditional overhanging gallery of its family. The rudder is of the hoisting non-balance variety. Great numbers of these junks may be seen bringing their screaming cargo to the pig wharves of Woosung, whence they are transported to the slaughter-houses of Shanghai.

THE CHENHAI-CH'UAN (镇海船), OR ICE-BOAT

The first of these craft is the *chênhai-ch'uan*, named after a town near Ningpo where this type is usually built. Another more colloquial name is the *ping-hsien-ch'uan* (冰鲜船), or the ice and fresh fish boat.

The *chênhai-ch'uan* is comparatively modern; for, as competition and the greater distances to be covered in search of fish forced the fishing fleets to go farther afield, a means had to be found to keep the fish fresh while it was being transported over the comparatively long distances to the markets of Ningpo and Shanghai. The duty of the ice-boat, therefore, is to follow the fishing fleets, to buy the catch, and to bring it back between layers of ice.

Native ice used to be preserved in ice houses. In 1884 there were 300 of these ice houses on the banks of the Yungkiang between Ningpo and the sea, and they are still quite a feature of the Ningpo landscape.

Ice houses are of very ancient origin, for it has been noted in historical records that in the fifth century the first Sung Emperor, Kao-Tsu (高祖), built an ice house at the capital, which was then Nanking, so as to store ice for the summer.

The Shanghai ice houses used to be made of mud and reeds, but the ice house proper was a solid structure with very thick stone and mud walls and stood about 18 feet above the ground. The thick, high, thatched roof surmounting the whole rested on long bamboo rafters. A doorway, made in the roof and closed only by straw matting, was reached by means of two inclined planks or by steps. This was used for filling the ice house. A smaller door at ground level served for removing the ice.

In winter, when the temperature approaches freezing point, the rice fields surrounding the ice houses are dug down to a deeper level so as to keep the ice as free from mud as possible. Water is then pumped into the fields, and the ice which forms is gathered every morning and added to the store. Coarse bamboo matting is laid on the path and on the steps over which the ice is carried so as to ensure its cleanliness.

The ice is packed in the house in layers between straw matting, and when the house is full a thick filling of straw is laid over all. Below, in the floor of the ice reservoir, there are small gutters to drain off the water from the melting ice.

This simple system answered admirably, and it was remarkable how the ice survived the intense heat of the summer. Much if not the whole of the credit was due to the nature of the earthen walls, for they were made of the thick clayey loam which never really dries except on the surface and is practically impermeable to heat and water which in a lighter or more porous soil would penetrate to the ice and melt it. Ice stored in this manner would keep for years and was a boon to the people of Shanghai as well as to the fishing industry.

The pampered millions of Shanghai have now been introduced to the electric refrigerator, and modern science has invaded even the fishing industry, so that now, astonishing as it may seem, ice from the ice works is cheaper than that of the ice houses, and yet another old landmark is vanishing.

The specimen of the *chênhai-ch'uan* represented in Fig. 9-6,9-7 is typical of her class. With a length of 70 feet, a beam of 15 feet, depth of 8 feet, and cargo capacity of 100 piculs, she is of exceptionally strong construction, being made with eight bulkheads and 28 frames. A feature is the number of these supports and the fact that the frames are of different shapes and sizes. Athough it is some-what unusual, there is a coffer-dam measuring 2 feet across between the sixth and seventh bulkheads. Longitudinal strength is provided by five heavy wales merging into three or four at the stem-post and stern.

The flat bottom has a good lift[2] at the forefoot. The side planks of the hull meet at the typically Ningpo class of stem-post, which is a sort of elongated triangle in shape, widening as it rises to the characteristic bow of the Ningpo junks, which consists of a 3-foot wide aperture between the rising and diverging wings[3] of the bulwarks. There are twin stem-beams[4] running parallel 9 inches apart forward of the foremast.

There are two types of bow: the *ting-sung-t'ou* (顶松头), or top pine head, and the *lu-mei-mao* (绿眉毛), or green eyebrow, the junk illustrated being fitted with the latter. The difference is so slight as to be scarcely noticeable to the untrained observer, though to the junkmen they remain as two distinct and recognized types. There appears to be no variation for these two types unless it is to be found in the lengths of timber available, for in the first-named type the top planking[5] extends farther forward.

Fig. 9-6 CHENHAI-CH'UAN

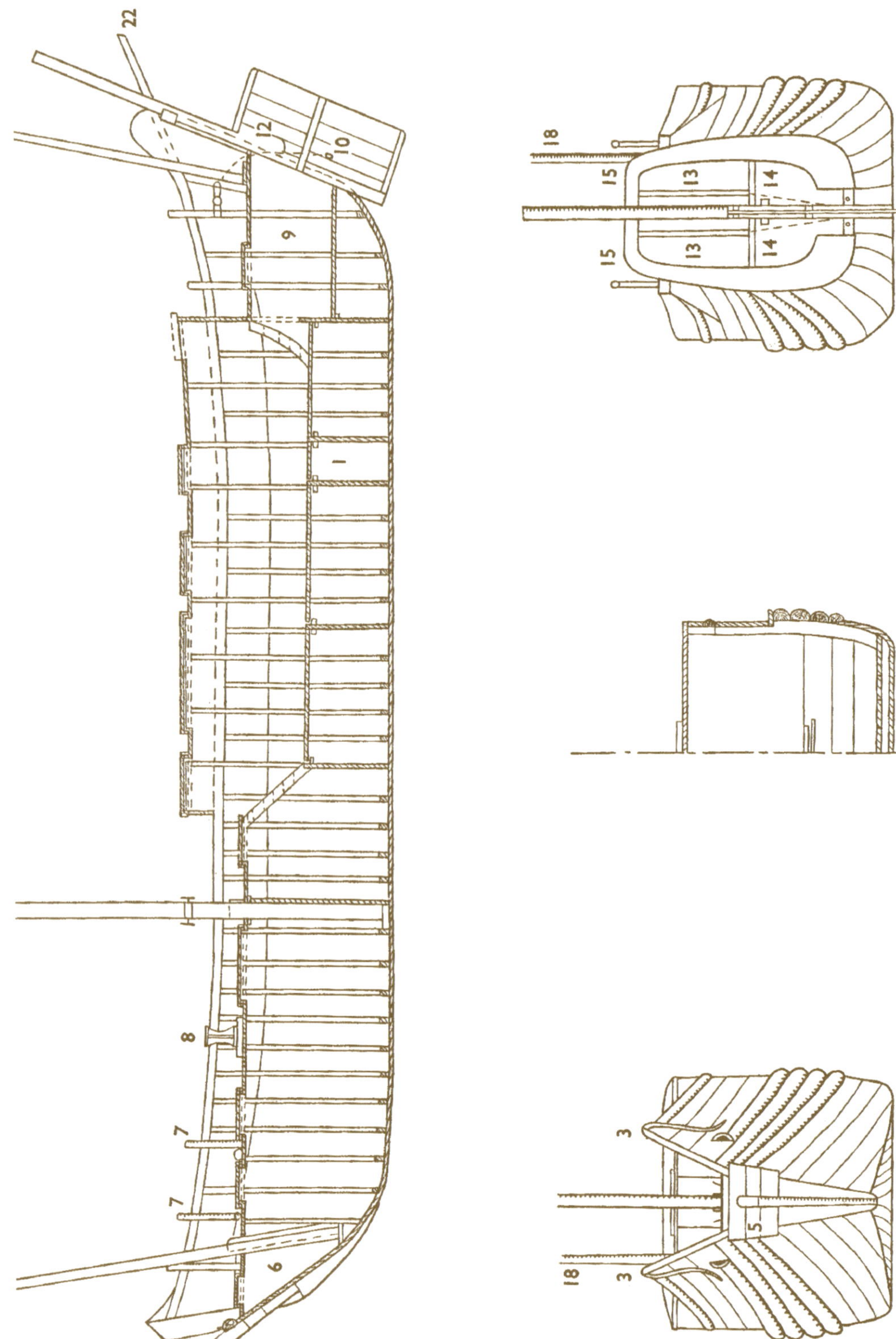

Fig. 9-7 CHENHAI-CH'UAN

There are two holes, 1 inch in diameter, [1] in the bottom planks of the foremost compartment to permit of free flooding. The reason for this given by the junkmen is so as to lessen the stresses sustained by the bluff-bowed junk when she encounters the head resistance from the sea. They claim that the fooding of a part of the fore-peak[6] through these holes, so that water communicates freely with the sea, balances the water pressure outside by that inside and thereby serves to reduce some of the pounding.

Two windlasses[7] and a foreign-type capstan[8] are situated on the forecastle. When rope cable is used for the anchors, as is the case in the smaller junks, it is "taken to" a windlass. When chain cable is used it is worked by the capstan.

The forecastle is protected as far aft as the break of the house by weather-boarding which is a continuation of the bow wings. In Fig. 9-7 it starts at a height of 5 feet at the bow and diminishes to 1. 6 feet at the house.

There are five hatches in the fore deck. Of these the after four give access to the fish holds. The ice used for packing the fish is prevented from melting by being laid between straw mats. Thick straw mats are also placed between it and the sides of the boat. The hatches are kept carefully closed, and straw mats are again made use of to cover them, water being frequently poured over them to keep them cool.

The large house is entered through sliding doors at deck level and down a ladder. There are five more hatches on the roof of the house, 3 feet above deck level. The small after deck abaft the house is for the use of the laodah in handling the ship. A hatch leads down to the galley[9] on the port side. Below is a storage room for firewood. The stern is typical of Ningpo. The rudder, which the junkmen describe as being like a hatchet, is slung in sockets, differing in this from the Foochow pole-junk. The hoisting gear consists of a bight of chain which, passing through a sheave[10] inset in the rudder and leading thence through two vertical knees on the transom, terminates with its standing parts travelling round the barrel of the windlass[11]. As the rudder rests on the top of the transom it cannot move back and is prevented from moving forward by a chock on the transom. When lowered the rudder extends 4 feet below the bottom of the junk and thus serves as a keel. The usual aperture[12] is cut in the top of the rudder so as to enable the helm to be put hard over in all positions without touching the transom. A noticeable feature of this, as of all Ningpo junks, is that the rudder-post and first plank of the bearding are carved out of one piece, a notable example of carpentry as of selection of material.

Two yulohs are used over the stern in calms. To facilitate this the planking[13] on either side of the oblong stern aperture is removed as far down as the cross-beam[14] at deck level. In addition, yulohs can be worked on both sides forward. They operate through holes in the bulwark, one man standing on the bumkin while another man stands at the yuloh inboard. The wings[15] on either side of the aperture rise to a height of 7 feet above the after deck level, and this makes it almost impossible for the junks to be pooped.

There are three masts. The foremast, 40 feet high from deck to truck,rakes slightly forward so that the sail may get a true wind. It is stepped in tabernacles and on a heel chock in the triangular fore-peak, where it is lodged against the first bulkhead and frame; the heel is prevented from coming forward by means of a

[1] Sometimes these holes are triangular.

baulk of timber[16] wedged into the bow. A heavy cross-beam[17] at deck level gives the main support. The mainmast, which is 55 feet above the deck, is almost vertical and iron bound at regular intervals. It is housed in the usual way in tabernacles against the bulkhead. The mizzen[18], which is 32 feet in height, is placed out of the centre line of the ship, being stepped on deck and in tabernacles against the starboard bulwarks and the transom. It is raked slightly aft. There are three balance lug-sails. These are hoisted by means of the capstan. An interesting feature is a large, loose bamboo cuff slipped over the iron holder for the belaying pin. This serves as a very efficient and smooth-running fair-lead. A small sampan is carried on davits over the stern[22].

The crew consists of 10 men: a laodah; assistant laodah; accountant; salesman; a bowman; a rating called *p'a-wei* (爬桅), or mast climber, who, as his name indicates, has to be able to climb the mast; one cook; and three seamen. They have comfortable accommodation, their box bunks being almost like small cabins wherein two men can comfortably sit and play cards.

Despite the crudest workmanship, for blend of colour and simple design the Ningpo fisherman as sailor-artist is hard to beat, and no one in the world takes more pride in his ship. In the matter of decoration the chênhai-ch'uan is a riot of colour when newly painted, though this is a luxury now seldom attaiable. The predominant shades are red, green, and white, on a black hull. The head-ledges of the house are very often decorated with dragons and tigers disporting themselves in a countryside full of colour.

All the nets used in the industry are manufactured in only two or three places. The most important is the department of Taichow, 140 miles south of Ningpo. The work is done in the household, as there are no regular factories or workshops. Chênhai, at the entrance of the Yungkiang, is also a great *entrepot*, and two hours from Ningpo to the north-east are two villages, called Shachi and Lute, where most of the nets used in this district are made. In the first-named place the whole population is employed in this industry. The village is well built, and the inhabitants seem comparatively well off. The visitor will find men, women, and children of both sexes busily engaged in spinning the hemp into thread and twine, making the nets, washing and dyeing them. The hemp used is obtained from China grass (*Urtica nivea*) by the tedious process of peeling its fibres with the finger-nails from the stem of the plant, which is generally cut three times in the year. The nails are the only instruments used to peel off the bark and separate the fibres into threads of the proper size. These long and fine strips are then made into a bundle, which is well washed and pounded with a wooden mallet. The material, being sufficiently bleached, is next made into a loose coil, and two such coils are placed in a shallow tub of water, which stands 50 feet distant from the spinning-wheel behind a bench, upon which sits the boy or girl who attends to the wheel. This wheel, simply constructed of bamboo and string, drives two small bamboo spinning-hooks, to each of which a thread of the hemp is attached. These threads are first twisted singly and then put together and twisted again, which completes the string, made of two strands. [1]

The instruments used by the net-makers are similar to those used in Europe. For the manufacture of the great net, so called, the workman sits at a small round table in the centre of which is fixed vertically a long

[1] *Customs Trade Returns* for 1880.

bamboo on which the net is frst fastened; as it grows longer it is suspended from the ceiling, and from there is coiled into a basket. This net is the largest of all, and is made in the shape of a pair of trousers. Most of the nets when finished are stretched by being simply hung on a wall and weighted with stones. This being found impracticable for the great net, another method is employed. The net is drawn over three benches, the middle one being the highest, and its ends are well fixed to the ground by pegs. Boards laden with heavy stones are then placed upon it between the benches, the result being a thorough stretching. It takes about 200 days to make this net, the makers working 12 hours per day.

Silk nets are a speciality of the city of Shaohing. They are made in long bands of some hundred feet or more, and of varying width, according to the size of the mesh. The material is fine threads of white silk. The foats consist of small lengths of reeds, and the nets are weighted with little pieces of lead or baked clay. They are dipped in boiling wood oil, which gives the silk a slight yellow colour and renders them invisible in the water, in which they float vertically. The fish strike against them and are caught by the gills. Some boats, especially certain very small ones which fish in the quiet bays, have a set of seven of these nets. They are often dried, and the floats and lines are dipped in pigs' blood.

The large nets of *Urtica nivea* are dyed on a stove, built of bricks, generally 2 feet in height; on it a wooden tub is placed, and a solution of mangrove bark is poured therein. The net is put into the tub and the fire is then lighted. The contents of the tub are kept boiling until the net is thoroughly saturated with the dye, when it is taken out and dried. Subsequently, in order to fix the colour and to give additional strength to the thread, the net is dipped in pigs' blood, and after it has been dried in the open air is ready for use. Nets so treated, if carefully used, dried monthly, and re-tanned, will last for three years. When old they are used with chunam to caulk the boats.

THE LIU-WANG-CH'UAN（溜网船）, OR FISH-CARRIER [1]

The second of the Ningpo fishing-junks which is a common visitor to Shanghai is that smaller relation of the *chênhai-ch'uan* the *liu-vang-ch'uan*, according to her local name, that is, the floating net boat Fig. 9-8. This handy little junk shows practically all the characteristics of her larger sisters just described and is very similar in lines and build.

Despite her smaller size, however, she is the prototype, for she claims an older origin, and, indeed, the junkmen say she is one of the oldest kinds of fishing-junk working out of Ningpo.

If but half the legends which have grown up around this type of craft are true, she is of the greatest antiquity. The old sailors of Ningpo tell a naively broad story which throws an interesting light on the assumed age of the *liu-wang-ch'uan*. It is told how, in the days of the Chou Dynasty, in the eleventh century B. C., these junks were never caulked but were still able to keep afloat. The great Emperor Wên Wang（文王）, who had a wise and famous counsellor named Chiang T'ai-kung（姜太公）(who was, incidentally, sup-

[1] When boats fish in pairs, one vessel is used to carry food, water, and fuel, and is known as wei-ch'uan（喂船）, or feeder, while the other does the fishing and handling of the nets and is known as wang-ch'uan（网船）, or net-boat.

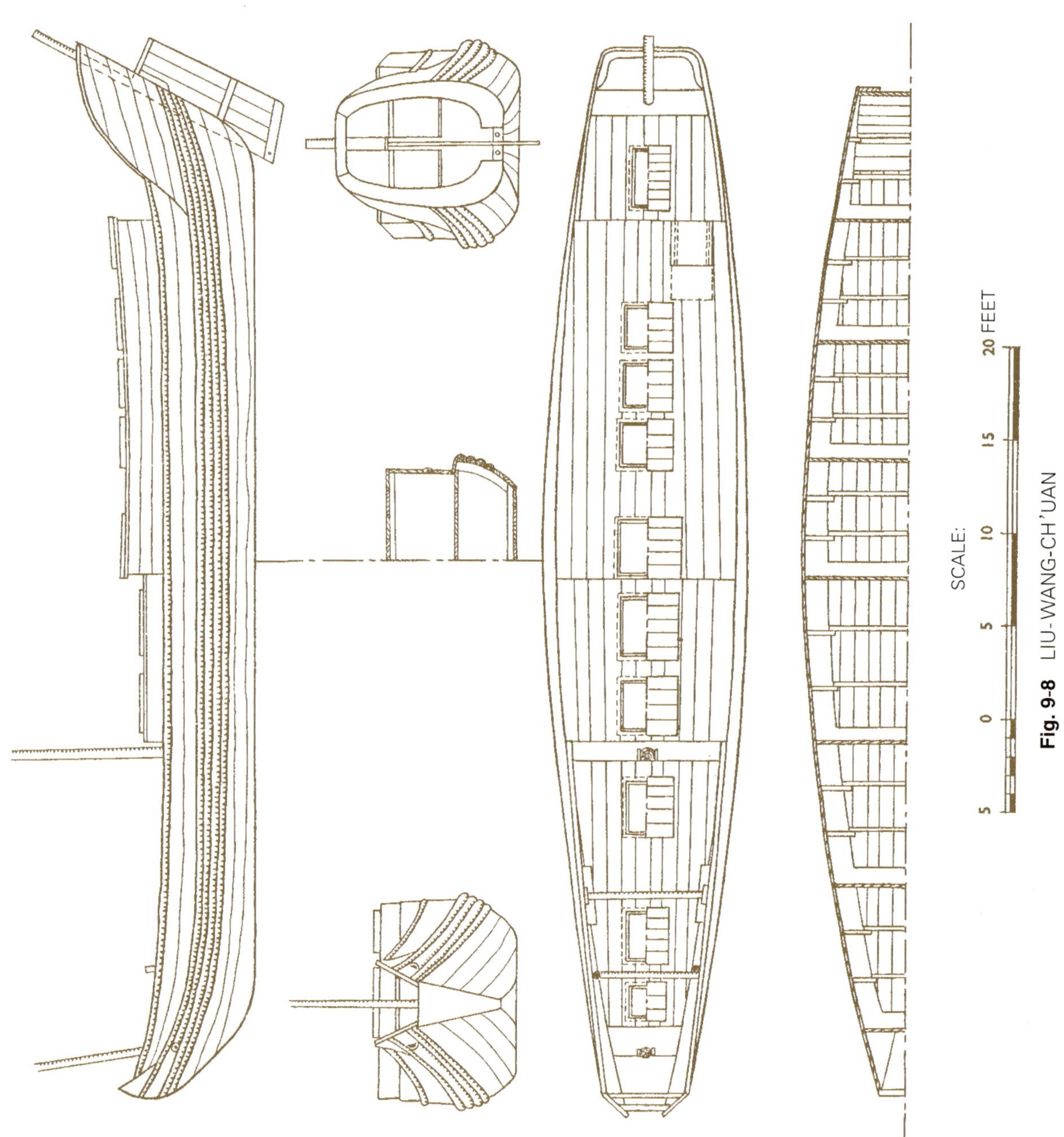

Fig. 9-8 LIU-WANG-CH'UAN

posed to have authority over the spirits of the unseen universe), is the subject of innumerable legends. On this occasion, however, the honours go to his wife. She once spent a night on board one of these junks and, being overcome by the demands of nature, retired into the bilges. From that day to this, so the junkmen solemnly affirm, though their reasoning is somewhat obscure, it has always been necessary to caulk these craft.

Another picturesque but utterly unauthenticated legend links the earliest fishing craft of Ningpo with the origin of the game of mah-jong. It is said that a fisherman named Sze, who lived by a lake near Ningpo, inaugurated the custom of fishing from boats instead of wading into the water with hand nets. He accordingly financed quite a fishing fleet. All went well until they encountered bad weather, when the newly-joined recruits to marine life fell victims to seasickness. All were mystifed by this curious ailment and arrived at the very modern pronouncement that its cure must be effected through the power of the mind over the body. Sze and his nine brothers then invented the game of mah-jong, and the fishermen when playing it soon forgot their seasickness. History, however, does not relate what effect this had on their fishing.

The junks of Ningpo show a strange combination of clumsy service ability and beauty, and the *liu-wang-ch'uan* is no exception. Built on slender lines, she is faster than most of the other types of Ningpo craft; and this quality of speed, linked with the ability to stand up to rough seas around the estuary, has resulted in this craft being diverted from her task of fishing so as to be used as a short-distance fish-carrier between the fishing fleet and the Shanghai market.

As has been said before, this craft varies very little from her larger relative the *chênhai-ch'uan*. The main difference is in size, for she measures only 57 feet in length, with a beam of 11¾ feet and a depth of 3¼ feet from the main deck, and has a cargo capacity of 50 tons.

The hull of *sung-mu*, a pine from Ningpo, is strengthened by seven hardwood bulkheads and 14 frames. There are only two masts. In place of the large, heavy, batten lug-sail she carries a spritsail measuring 25 by 50 feet and a fore staysail measuring 32 feet head to tack, 29 feet tack to clew, and 25 feet head to clew. A second spritsail is carried on the foremast.

The crew of eight men have comparatively comfortable quarters in the after part of the house, which is longer in this type of junk, as it starts just abaft the mast. There is no foreign-style capstan, the two windlasses being used for the purpose. Yulohs over the stern are similarly used in calms.

The Ningpo junks and sailors have a wide reputation which is richly deserved.

THE CHUSAN LITTLE FISHERMAN

To digress on the fascinating subject of the Chekiang fishing industry, tempting as it would be, is outside the geographical scope of this book, but as the Chusan fishermen are often to be seen in the estuary of the Yangtze and are always to be found in large numbers and varieties off the Shanghai fish market, passing mention must be made of these craft.

A representative type known as the Chusan little fisherman, or colloquially as the "small-pair" boat (小对船), is illustrated in Fig. 9-9. Boats of this type are usually about 46 feet in length, with a beam of 12 feet and a depth of 6 feet. When at sea they usually go in pairs, hence the name. A larger variety of this

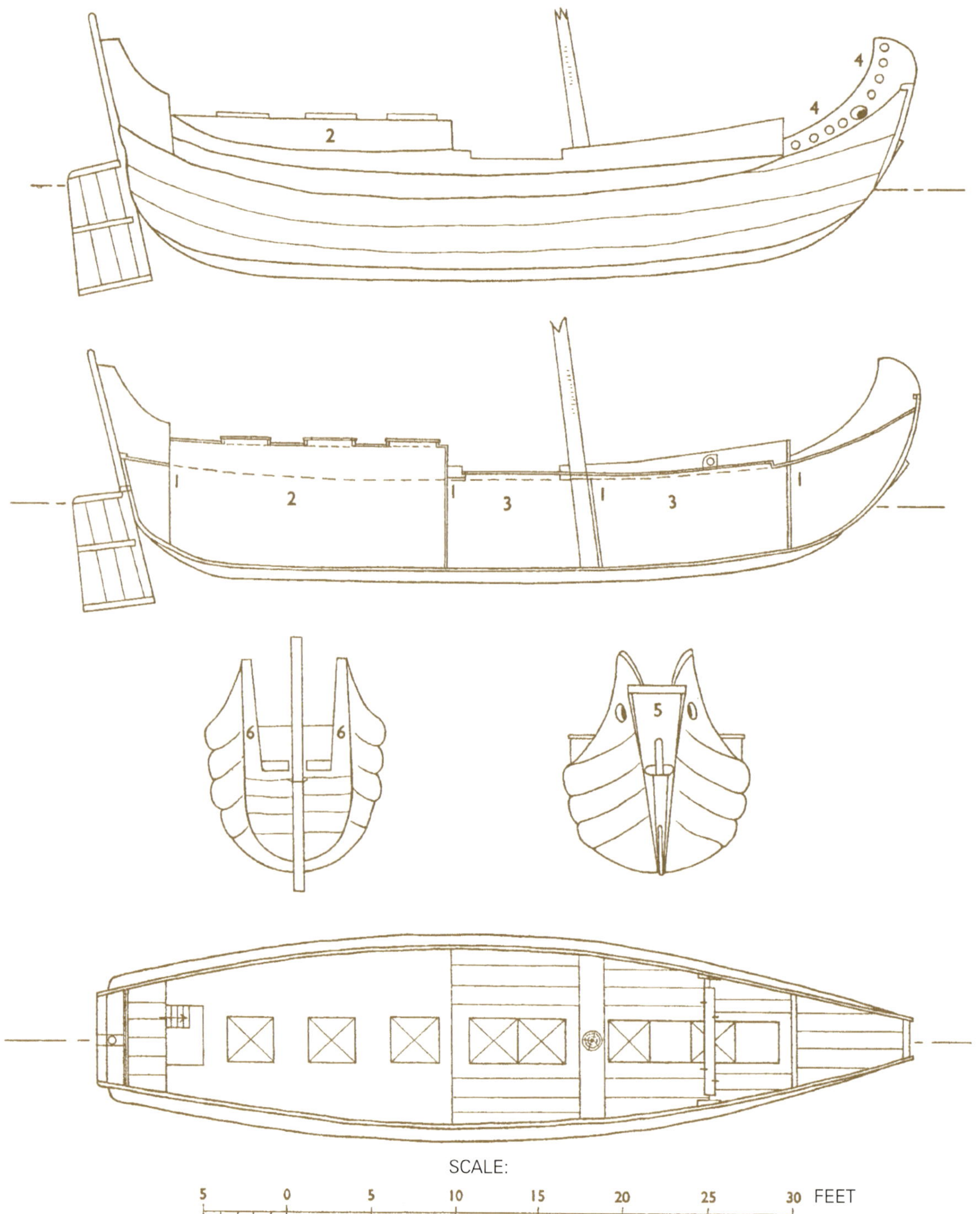

Fig. 9-9 CHUSAN LITTLE FISHERMAN

type is known as the "large-pair" boat(大对船).

The island of Chusan, from which they hail, gives its name to the Archipelago and is the largest of the group. The main products of the soil are sweet potatoes, Indian corn, and millet. On the low, muddy shore numerous saltworks are established. Here is the headquarters of the great Chusan fishing industry. The fishermen who inhabit this island are, like their craft, rough and tough, and capable of enduring great hardship. Formerly they were pirates as well as fishermen, but the advent of steam navigation put a stop to this profitable sideline. Today they are noted for being kind-hearted and hospitable.

Their wives do not accompany them to sea but stay at home and do the housework. Nets and lines are a handicraft of the island, and men, women, and children spin the hemp into twine, make and dye the nets. The nets are made from China grass (*Urtica nivea*) by peeling operations which are conducted entirely by old-style methods.

Soon after March the fleet sets sail for the "first season" of fishing, the laodahs having selected an auspicious day for so important an event by the customary visit to their temple. This "first fishing" lasts for three months. The second or winter season is shorter.

The catch consists mainly of *wong-yü* and *chang-yü*. After the spring season has been concluded the boats are engaged in cuttle-fishing.

No official restrictions are placed on the size of the mesh or the kind of gear used, but each convoy or fishing fleet has its own particular beat from which, according to local custom, it must not stray.

The crew consists of a laodah, who is sometimes the owner and who must be a good sailor and pilot, business man, and know the best fishing-grounds; his second in command, the cook, who is qualified to take command in case of need; and four or five hands.

The boat illustrated in Fig. 9-9 is 46 feet long, with a beam of 12 feet and a depth of 6 feet. Usually she has one mast, 35 feet high, and carries a spritsail. Sometimes a very small sprit fore-sail is fitted as well with, in addition, a small staysail. And the laodah is quite as proud of the cut and set of his sails as any Cowes yachtsman.

Built of *sha-mu*, with hardwood frames and bulkheads, the main char-acteristics of these boats are their colourful decoration and crude but strong construction. They are fitted with four full bulkheads[1], and additional strength is provided by heavy wales. The crew live in the after house[2], while the two compartments forward of the house and up to the first bulkhead are the fish holds[3].

There are several varieties of this type, depending on the port of origin and duration of the cruises. There are, for instance, a long boat (长船), a short boat (短船), and a spring boat (春船). All are colourful craft. The differences are usually to be found in the shape and build of the stern, and there are at least two different varieties of bow. Structurally these differences are small, being mostly in the decoration. One type follows the conventional Ningpo scheme, while that under review carries five white circles[4] on each side of the oculus. The wings of the bow are picked out in white in both cases, and both have a red-painted "water bruiser[5]".

The stern is of the horseshoe[6], open-stern type in contradistinction to the closed stern of the larger Ningpo and Chusan types. The stern-frame[6] is painted right red, as is also the upper part of the house and the bulwarks.

THE JUNK'S SAMPAN

This square-shaped little sampan (Fig. 9-10) may be aptly termed the dinghy of the Far East. With the exception of the *hu-ch'uan*, or kettle-boat, to be described later, it is certainly the smallest craft afloat in these waters.

Made of *sha-mu* on the simplest lines, she measures only 9 feet in length, with a beam of 3½ feet and a depth of 1 foot. Nevertheless, small as she is, she presents many of the distinguishing features of typical Shanghai craft in rounded bow, heavy rubbing-strake, yuloh in three sections, and, most notable of all, the winged stern joined by a plank so as to give the effect of a miniature gallery.

Her duties are to provide communication between ship and shore, and lay out lines. A child could propel these small boats, and indeed usually does.

THE SHAOHING-CH'UAN, OR HANGCHOW BAY TRADER

The old and renowned city of Hangchow has been famous for many things in its long and romantic history, but for none more in the eyes of the junk-lover than for having given its name to one of the most picturesque and ornamental junks in China-the Hangchow Bay trader (Fig. 9-11).

The earliest notes we have of the site of Hangchow date back to the time of the great Emperor Yü (禹王), 2198 B. C., who organized the river system of China and stopped the floods. In his travels he is said to have landed here, hence the original name of the city, Yihang, "the Place of the Boat-landing of Yü." About 255 B. C. the first Emperor of the Ch'in Dynasty came to the foot of the hill here the Needle Pagoda now stands and moored his boat to the large rock now known as the Great Buddha. Marco Polo visited Hangchow, and his description of the city showed that much of its ancient grandeur had remained.

The seaport of Hangchow was situated at Kanpo, its harbour now being blocked by sand. Here in the old days was the anchorage and the ordinary residence of the Arab merchants.

Probably little change was manifest in the appearance of the Hangchow Bay trader during the latter centuries of its existence. These vessels are usually three masted and have the symbolic *pa-kua* in place of the more usual eyes on the bow, and the hull and bow are both painted in bright colours. Nowadays the paint is usually the worse for wear.

These craft vary somewhat in size, the smallest types being about 60 feet over-all, while the largest attain a length of 85 feet. That illustrated in Fig. 9-11 measures 84 by 23 feet, with a depth of 8 feet. There are 10 bulkheads and no ribs. These bulkheads share with the deck beams the responsibility for transversal strength.

As will be seen on the plan, longitudinal strength is provided by two massive fore and aft baulks' of timber[1] which extend from the first bulkhead[2] to the stern[3] in a graceful curve. These travel practically parallel to the bottom planks[4]. The bow is set at an angle, and its athwartship planking rests on and slightly in rear of the rounded extremity of the ascending bottom planking[5], which, of course, runs fore and aft.

The deck is decidedly whale-backed, and the cambered deck planking is secured to the bulkheads in the

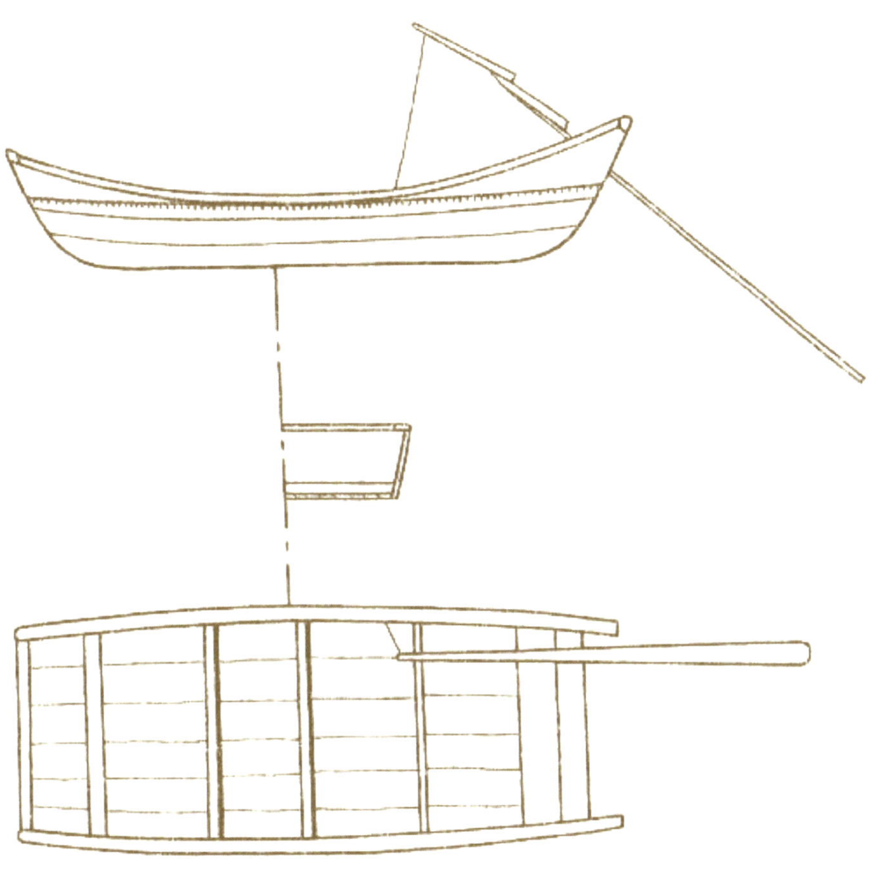

SCALE:

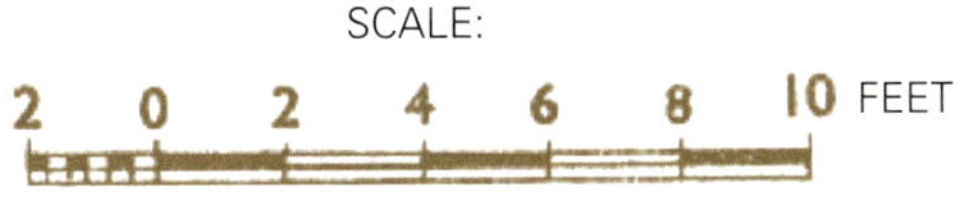

Fig. 9-10 JUNK'S SAMPAN

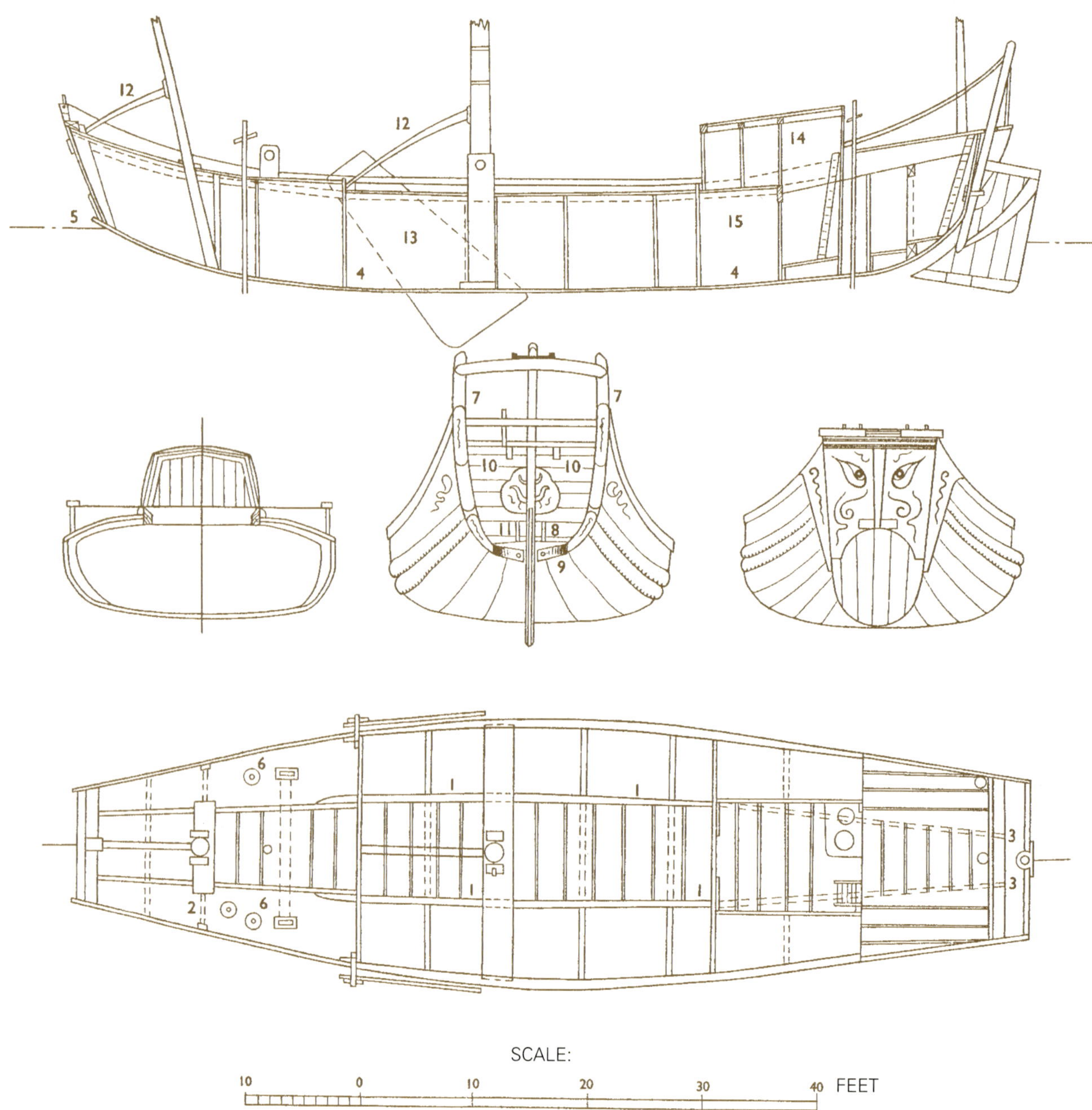

Fig. 9-11 HANGCHOW BAY TRADER

usual manner and rises abruptly at bow and stern.

The foremost beam is pierced to receive the bitts[6]. These consist of a long, stout hardwood pole thrust through an aperture in the deck. On ordinary occasions the foot of the pole rests on the floor of the junk. In the event, however, of the fore part of the deck being piled high with cargo, the adjustable bitts are pulled up to any height required, so that any ropes secured to them shall be clear of the cargo. The strain on the snug-fitting bitts would seem to be sufficient to lock them in this new position.

The open stern, which is painted white and highly decorated, is flat, the planking running athwartships, and is supported by red-painted wings[7], also decorated. The lower rudder chock[8] derives its support from resting on the ascending bottom planking[9], while the upper chock rests on the extremities of the fore and aft baulks already mentioned[10].

The heavy hardwood rudder is semi-balanced, crude in construction, but efficient in action. It rests between two red-painted knees[11] and is secured to the stern proper by a wire grummet fitted with a wooden chafing piece. The rudder chocks are cut to receive the post, which is raked at an angle of about 30° which makes her handy on her helm.

The mainmast stands erect, and is often "made" for about three-fourths of its length and is always iron bound. Wedges are sometimes driven between the iron bands and the mast to give greater rigidity. The halyards are usually double, both passing through sheave-holes in the mast. The mainsail is a well-peaked balance lug, generally with 12 battens; the foremast has a forward rake and carries a smaller, albeit similar, sail fitted with 10 battens. Both masts are supported longitudinally at deck level by a fore and aft prop[12]. The mizzen stands erect, tepped on deck. A most noticeable feature of the sails of these craft is that the foot of each sail is symmetrically on a line with that of the next, making a clean follow-through for all three sails at the foot.

The lee-boards[13] consist of two or more strong frames of plank. These traverse on a stout bolt which passes through the bulwarks. The bolt is held to the ship's side by an iron chain which is made fast inboard to a ring-bolt on a deck beam. The position of the lee-boards is usually about 12 feet forward of the mast.

The deck house[14] is very small-usually it is little more than a galley and companion way to the quarters below[15]. It is often to be seen covered in with an additional mat roof.

The deck beams, of which there are three, are rough and irregular, unevenly spaced, and vary in size. For the most part they are split tree trunks in their natural state.

The surprising incongruity in the make-up of this interesting junk only adds to its attraction. For instance, the Hangchow shipwrights waste no time in superficial finish: the junks, though sturdily built, show crude workmanship, yet the daring colour scheme and originality of the painted decoration which covers the entire bow and many other parts of the vessel is executed with great finish and detail, and is always in excellent taste, however vivid (Fig. 9-12). [1]

Not even the most ardent junk-lover could call the Hangchow Bay trader graceful, but this odd-looking craft possesses a nameless charm which probably derives a good deal from its faithful adherence to an old and well-tested design.

[1] The fascinating decoration of these junks is not carried out by the men themselves, but by artists who make a speciality of this type of work.

Photograph by Monsieur E. Sigamt.

Fig. 9-12 BOW OF HANGCHOW BAY TRADER

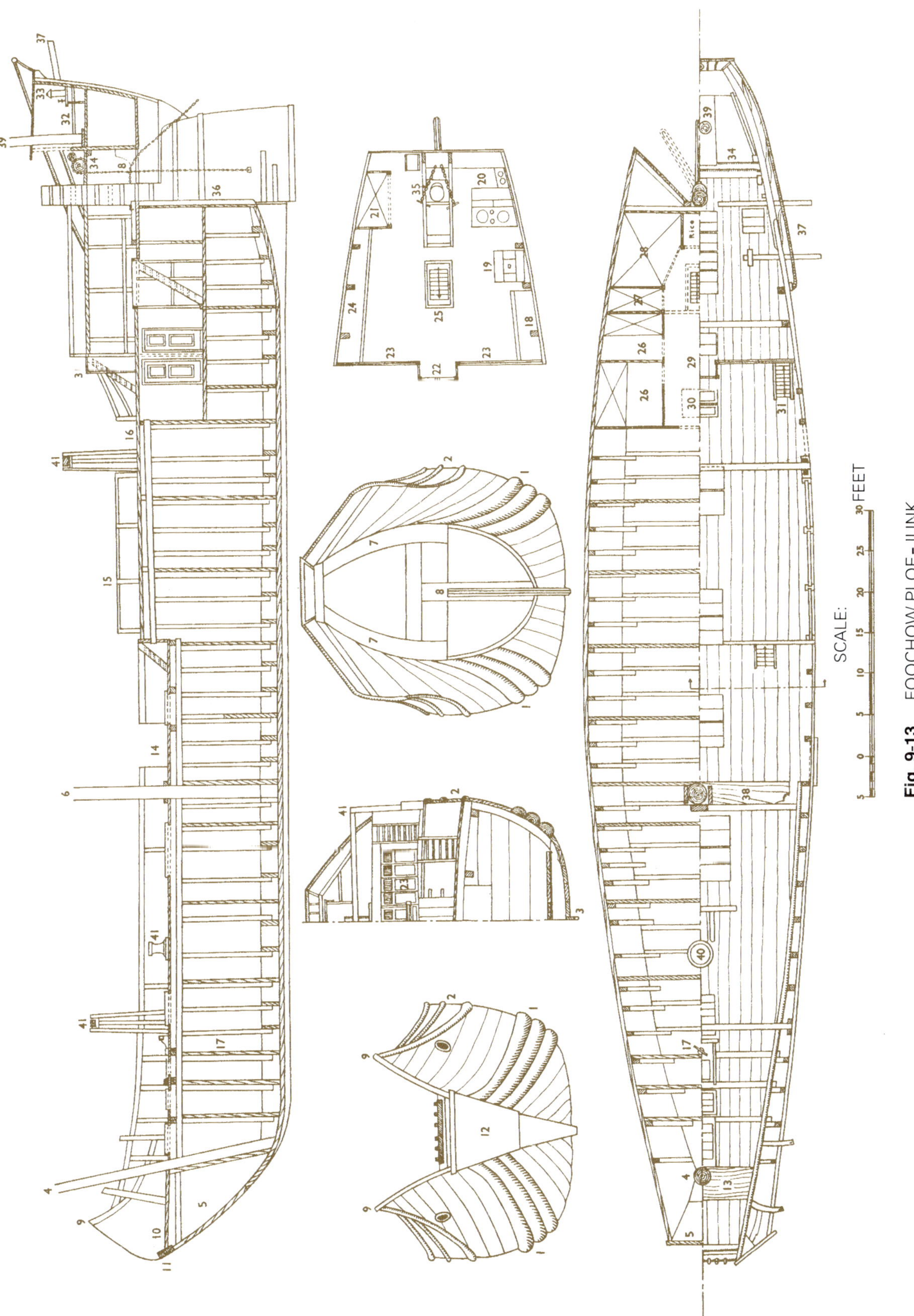

Fig. 9-13 FOOCHOW PLOE-JUNK

THE HUA-P'I-KU (花屁股), OR FOOCHOW POLE-JUNK

The province of Fukien is well known for the forests which grow in its mountainous districts. Contrary to the custom in Hunan, these timber forests are not in the hands of any guild, but are usually owned by individual families. Timber merchants, therefore, send their representatives up country to make arrangements with the local landowners about a consignment of wood.

Probably the most widely-used varieties of wood are the Fukien fir, or *sha-mu* (*Cunninghamia lanceolate*), and the Fukien pine, called the *sung-mu* (*Pinus massoniana*), and both have been deservedly famous for centuries. The former provides what is known as Foochow softwood, while the latter supplies a superior and much stronger kind of timber, full of resin, which, besides being greatly in demand for making furniture, is very largely used in junkbuilding.

The trees are purchased in whole tracts or areas. The season for cutting them down is usually from March to June. First in the field is a gang of men with hoes, who clear the roots of earth and undergrowth so that the trees can be cut down as low as possible. Next come the axe-men, who are experts at their task. After felling, the trees are trimmed, peeled, and cut into logs and left throughout the summer months to dry so as to make them easier to handle in the early autumn, when they are ready to start their journey down to the river. Sometimes they have to be carried for many miles on men's shoulders, at others they travel on skidways down the hillsides or by creek or mountain stream. On arrival at the main tributary of the Min River they are built up into rafts by special raft-builders.

These rafts are long and narrow, being 100 feet in length by 10 feet only in width, and are made by fastening the logs or poles together with bamboo pegs and lashings of bamboo rope. Each raft has a crew of two men, who work the large, crude sweeps.

When the rafts finally arrive at Foochow *via* the Min River they either anchor or are dismantled, and the poles are stacked on shore while they await transhipment by junk to Shanghai and other parts of China.

The vessels which trade up and down the China coast carrying these timber cargoes from Fukien's rich interior are the picturesque and distinctive Foochow pole-junks, large, seaworthy craft which may be as long as 180 feet with a beam of 28 feet, the smaller junks being 60 feet shorter with a beam of 22 feet. The latter junks, have no quarter-deck and usually no cabin on the poop.

The specimen illustrated in Fig. 9-13 measures 148 feet with a beam of 30 feet. Built of the Fukien softwood she carries, she is of quite exceptionally strong construction, for there are at unusually close intervals 15 full bulkheads of hardwood, [1] extending from the bottom to the main deck in most cases. There are in addition 37 hardwood frames, some of which act as an extra strengthening to the bulkheads. The sides of the hull are composed of long and heavy planks laid on edge and secured to the bulkheads and timbers. Longitudinal strength is provided by three enormous hardwood wales[1] which, lying close together and following the curve of the bilge throughout, also serve as bilge keels, as they are placed so low on the hull

[1] The Titanic, a vessel of 45,000 tons, had the same number of watertight compartments.

By permission of Sir Frederick Maze, K. C. M. G.

Fig. 9-14 FORE DECK OF A FOOCHOW POLE JUNK

Fig. 9-15 STERN OF A FOOCHOW POLE-JUNK

that, except at bow and stern, they are at or below the water-line, according to whether the junk is light or loaded. Three lighter wales, or strakes[2], are situated at and above deck level at varying intervals. The bottom and bilges are gently curved transversely. Longitudinally the bottom is also slightly curved throughout its length. This particular junk had a light keel[3], as one would expect from the type of sailing required of it.

These junks are necessarily of extremely strong construction, as they often carry as much as 5,000 piculs of timber. The shorter logs are stowed in the deep, broad holds which occupy all the hull from the foremast[4] to the orlop deck. The foremost triangular-shaped compartment is kept as a buoyancy chamber[5]. Timber is also carried on deck, and the longer poles are lashed in a fore and aft position longside in the shape of gigantic bundles. The bamboo ropes securing them pass right round them under the junk and are secured to the mainmast[6]. The height of this outboard cargo serves to keep the deck cargo from shifting.

The distinctive features of these junks are the tall, oval sterns decorated with characteristic brightly-coloured paintings and the high, flaring bow. The decoration on the stern follows a conservative plan with only minor variations. Two long, narrow panels[7] border the sides of the oval-shaped stern facing. These contain different designs, the larger junks having a sprawling dragon on either hand. The upper panel between these borders invariably depicts a *yen* bird with outstretched wings on a rock in the midst of a troubled ocean. Its indifference to the tempest and its reputation for speed make it a most desirable emblem, for the junkmen consider that these qualities are thereby imparted to their vessel.

Next amongst conventional devices appear three characters "永利顺", meaning permanent, profitable, and prosperous. The first signifies long life. In this case the presage has been amply fulfilled, for the laodah claims for his junk an age of 150 years. The second character is self-explanatory. The third has a bearing on prosperous-that is to say, fair-winds. Below, on a white ground, appears the registered number of the craft, in this case 1568, and under it, half-way down the design, the eight immortals extend in a row across the stern at its broadest part. Two large medallions usually complete the last panel of the decoration. These may contain floral designs or, in the case of the more important and elaborately-painted junks, a stag and a crane respectively, representing official honours and longevity. A square aperture[8] amongst this gay galaxy serves as a hawse-pipe for the stern moorings. Further decoration is to be seen on the quarter, where immediately below the rails colour is again introduced either in the form of a scroll pattern in the three cardinal colours or by green bulwarks adorned with red medallions. Below, on a black ground, is a crudely-drawn sea serpent in red or sometimes in green. This looks more like an enormous slug than a snake. At the bow there is further embellishment in the form of narrow bands of colours, white and others, but with green predominating, or a floral scroll pattern in red, blue, yellow, and green. The oculi are very conspicuous with large, glaring black eyeballs in white circles. The eyeball is in deep relief, and it projects 9 inches beyond the level of the ship's side. Even the white of the eye is embossed, and the whole measures 1 foot 8 inches in diameter. The characteristic bow consists of two wings which, converging sharply at the water-line, rise in a steep diverging curve to deck level, above which they curve abruptly back again. The horns[9] of the wings rise to a point 10 feet above the main deck[10]. This form of construction, viewed in profile, gives the bow of the junk a curious aspect not unlike the blunt nose of a fish, a similitude which is further heightened by the large oculi similarly placed below. The resemblance is obviously intentional, for the junkmen claim that the first inspiration for this craft was from a monstrous fish, the teeth being at the cut-water, while the wings, forming the armature of the head, carried the eyes. The masts and sails represented the fins, and the high stern the frisking tail.

The open space, measuring 9 feet at deck level, between the wide flare of the bow wings terminates in a heavy transverse stem-beam[11] laid over the deck lanking and is iron covered. It is fitted with pin fair-leads for the cables for the anchors, of which four are carried.

Below this the triangular portion between the wings is fitted with a shaped piece[12] of hardwood timber laid transversely. Thirteen feet abaft the stem-beam[11] is a massive deck beam[13] which acts as additional support for the foremast [4]. The whole bow is of exceptionally strong construction so as to take the pounding of the seas. Some of the frames of the vessel are prolonged above deck level, and the horizontal planking forming the heavy bulwarks is laid outside them. These bulwarks are 6 feet high at the bows, where they merge into the spreading wings, and decrease to their lowest height of 3 feet at the cargo gangway[14] just abaft the mainmast. The longitudinal deck planking is continuous until the tenth bulkhead. Here the quarter-deck commences at an elevation of 4 feet and runs through to the stern. The bulwarks which now commence consist of a 3-foot high railing[15] which is pierced again just before the break of the house for the companion ladder[16]. Access to the capacious holds is provided by seven hatches. One compartment serves as a fresh-water tank[17], from which the water is obtained as required by means of a bamboo pump.

Over the after part of the quarter-deck a spacious house is built. It extends to the stern, and consists of one large compartment which serves as a living and mess room. It also accommodates the communal rice in a large bin[18], water in a butt[19], the galley, consisting of a large stove on the port side[20]; the cook, who leeps in a bunk[21] on the starboard side; and the pilot, who cons the ship from a little bay[22] amidships between the two sliding doors leading on to the quarter-deck. A long locker[24] on the starboard side gives stowage space for clothes and gear. A ladder[25] in the centre gives access to the orlop deck, where quarters are reserved for the owner and important passengers, for the junk is owned by a joint stock trading company and some of the partners accompany her on her voyages. Four of the eight cabins on the lower deck are roomy and comfortable, and each contains two bunks[26]. The other four consist each of two small compartments[27] just large enough to hold two bunks and two larger ones[28] each designed to hold two tiers of men, who must necessarily be curled up in the triangular bunks provided. The last man in particular has the smallest and most awkward space in which to dispose himself, but all are compelled to lie in a ball like a hedgehog. The open space, or alleyway[29], between these cabins measures about 22 by 10 feet and provides extra accommodation for the crew of from 20 to 30 men, who may sleep here or in any other place not required for passengers or other purposes. A skylight[30] in the quarter-deck admits a limited amount of light and ventilation to the orlop deck.

Returning to the quarter-deck, a ladder[31] leads up to the poop above the house. The bulwarks slant up and terminate in a straight line in the side of the house, and their place on the poop is taken by an ornamental handrail which in its turn is crossed and superseded by the rising line of the three wales or strakes which finish off the line of the handrail right round the stern. The poop is flush throughout. The raised quarter-deck and high poop enable the junk to be worked in safety and comparative comfort during bad weather when every other part of the ship is awash. At the after part of the poop there is a small house in which is the laodah's bunk[32], but it serves another very important function, for here is housed the shrine containing

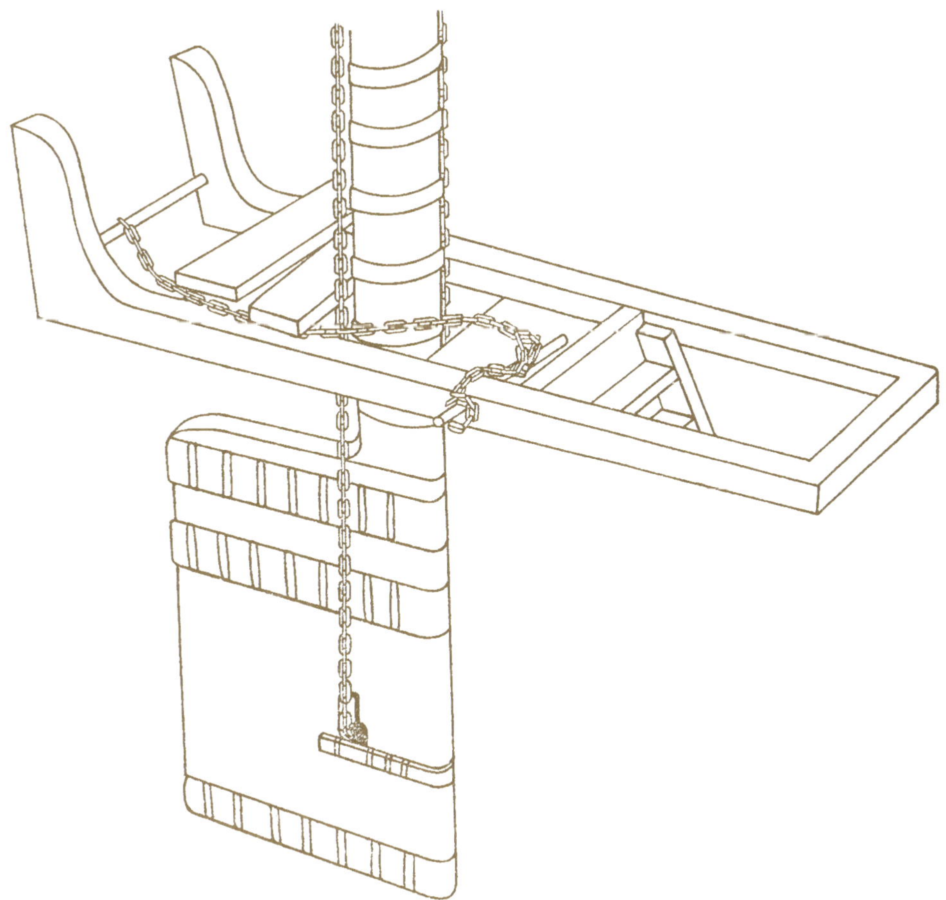

Fig. 9-16 ROUGH SKETCH OF RUDDER

an effigy of the sailors' patron saint, Kuan Yin, the Goddess of Mercy. Another very favourite guardian divinity is the Queen of Heaven (天后), who was a young lady named Lin (林) in the province of Fukien, from which these junks hail. Her fame, however, spread far afield, for temples and shrines in her honour are to bemet with along all the lines of communication throughout China.

Access to this temple cum-laodah's cabin is impeded by the necessity of stepping over a massive baulk of timber[34] which, stretching from side to side of the poop, where it rests in uprights, forms the windlass for hoisting the rudder. The rudder, as is the case with all sea-going junks, appears to be large out of all proportion, but this disparity is explained by the necessity for holding the vessel against a drift to leeward. The rudder, which weighs some tons, measures 32½ feet in depth from the rudder head to the lower edge and 11½ feet in width at its broadest, which is at the bottom. The large and heavy rudder-post, 15 feet in length, is iron bound at intervals of a foot throughout. It is slung by a short tie[35], and is hoisted and lowered by a bight of chain passing through a sheave in the rudder with both standing parts of the chain passing round the barrel of the windlass. There are no gudgeons, and so it is kept in position by grass ropes attached to the bottom of the bearding and passed under the ship's bottom and over the bows. A wooden rudder when immersed is very little heavier than water, and, despite its size, the huge rudder of this type of junk can be hoisted with comparative ease by a few men who manipulate the windlass by means of two handspikes inserted into the holes provided.

In harbour the rudder is kept in the raised position. When in use in the raised position, that is to say, if manoeuvring in harbour or in very shallow water, it draws only 7 or 8 feet, or very little more than the junk itself. A short tiller is then fitted. When lowered the rudder draws as much as 11 feet, and a very long tiller is then used, which is operated by two luff tackles.

Three strongly-built sampans are carried, one on each quarter and a third over the stern. They are slung from spar davits[37].

There are three hardwood masts. [1] The foremast[4], which is 61 feet in height above the deck and hooped at frequent intervals, has a considerable rake forward. It is housed against the first bulkhead, which is similarly raked to afford continuous support. The deck beam[13], already alluded to, into which the foremast takes, measures 4 feet in width and is proportionately thick. The mainmast[6], which stands vertically 93 feet above the main deck, has a circumference of over 8 feet. It is stepped in the usual way, but as it is on such generous lines, great ingenuity is shown in the even distribution of the strain. The massive tabernacles stand 3 feet 5 inches above the deck and fit into an appropriately heavy transverse beam[38] which measures 2 feet 9 inches across by 8 inches in depth. There seems no adequate reason why this baulk of timber should not reach from bulwark to bulwark, but it invariably fails to extend the whole width of the deck. The mizzen mast[39], which is 54 feet in height above the deck, is stepped about a foot out of the centre line of the ship. The reason for this does not seem clear. All three masts carry balance lug-sails in their truest form. Until the end of the last century these sails were made of matting, later cotton was used, and now they are made of foreign imported No. 2 canvas and often weigh several tons.

Two masthead devices are carried, the principal one on the mainmast and another similar, but smaller, on the mizzen. The device consists of a gold leaf truck surmounting the masthead and carrying a wand surmountedby a red ball. Half way up the wand is a white-painted wooden fish with a long, broad, red cloth tail which, as the fish revolves in the wind, serves as a weather-vane. The fish has long, twisted wire antennae ending in red balls. In the centre of its body is a mirror. As already explained, the idea is that any passing evil spirit which may stop to investigate it will be so alarmed by the refection of its own hideous face that it will immediately sheer off.

A capstan[40] on the main deck midway between the fore and the main masts is used for hoisting the sails. The latter when lowered are stowed on gallows frames[41].

For ponderous dignity the Foochow pole-junks are unsurpassed, yet their manoeuvrability is such that they need no outside assistance when entering and leaving Shanghai. The Chinese inventiveness and original-

〔1〕 This junk would seem to be under-sparred in proportion of length of mast to hull, for in the *king-yung-yu*(金永馀), another junk of the same type, with an over-all measurement of 134 feet, the masts measure 80, 120, and 60 feet respectively from deck to truck.

ity have reached their highest point in these craft, in which may be seen epitomized their ingenuity of ship design and the unique skill in seamanship of their crews.

The larger types are, unhappily, rapidly dying out. Indeed, it is said by the junkmen that there are only 10 of these magnifcent vessels afloat today, and that of this number four are almost falling to pieces, while the remaining six are sadly in need of repair.

The fanciful may conjure up for themselves a pleasing picture of the Whangpoo at the time of the first settlers in Shanghai, when the river was crowded with sailing craft of all descriptions and the aristocrats of the East met those of the West. How intriguing must have been the contrast between the weighty age-old traditional junk and the light and graceful Clipper, the outcome of the most modern inspiration of the Western world of that day; and how curiously must the crews of each, masters of their own art, have surveyed each other.

- CHAPTER 10 -

SHANGHAI AND THE WHANGPOO

THE MA-TOU-CH'UAN, OR NINGPO WHARF-BOAT

For sailing qualities and manoeuvrability the Ningpo *ma-t'ou-ch'uan*, or wharf-boat, is the pride of the Whangpoo.

This heavy-draught type of craft, which renders invaluable lighterage service in all weathers, originated in the need for a medium-sized, short-distance cargo-carrier capable of operating in the rough tidal waters of the Whangpoo between Woosung and Shanghai.

It is also to be seen working the numerous creeks and waterways round Shanghai as far afield as Soochow on one side and Ningpo on the other. This type is largely built-in and takes its name from the latter town so as to satisfy the conservative watermen of Ningpo, who man this type of junk and feel at home only in the craft of their own district.

More or less standard in size, this junk finds a typical representative in Fig. 10-1. 60 feet in length, with a beam of 15 feet and a depth of 7 feet, she illustrates the ideal all-weather craft for going alongside ships lying in the stream. The strong bull is made of thick *sha-mu* planks, with three full hardwood bulkheads and 13 hardwood frames. Longitudinal strength is prorided by four heavy wales 1 foot below the gunwale, running from bow to stern.

A marked characteristic is the box — like bluff bow with the planking lying horizontally. It terminates in the usual heary transverse beam. The tapering stern is typical of all delta craft in that it ends in a built-out stern gallery fitted with removable planks which are more often out than in. The double-shaped end-on view of the transom is also distincive of its class.

The large, deep main hold which occupies most of the central part of the vessel is covered with a tarpaulin only in bad weather. It is wall-sided and fitted with removable floor-boards, a 3½-inch iron pump, and a bamboo plunger.

The forward and after parts are always decked in and serve as quarters for the crew of five men and a cool. No families are kept on board. The living quarters are approached through booby hatches.

When new, if this phenomenon has ever been observed, this type would be easy to recognize, as they

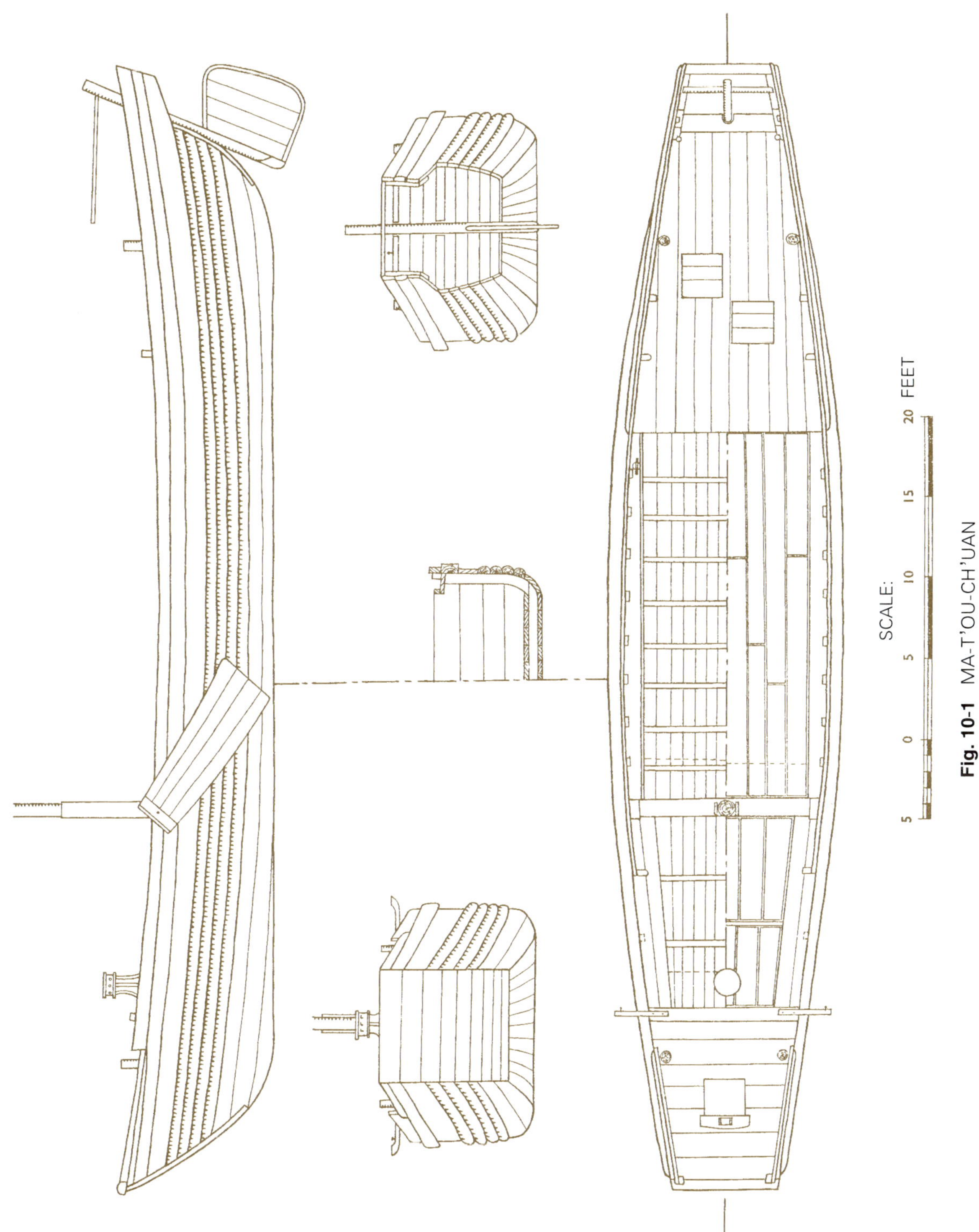

Fig. 10-1 MA-T'OU-CH'UAN

then receive their first and last baptismal coat of red paint over the entire hull. As this soon wears, or is rubbed, off there is generally very little evidence of this tribute to the artistic, so characteristic of the Ningpo sailor.

Propulsion is by means of two yulohs worked from bumkins on each bow and a third which can operate on the port side of the stern, the yuloh passing through the gaps left in the sterm gallery by removing the planks. When sailing, a square-headed balance lug-sail is used, although a spritsail is sometimes fitted instead.

The gear and rigging, equipment and fittings are all of the simplest, yet these junks can be quickly and easily handled by their small crews, epecallly under the lug-sail. Time being of little object to the Whangpoo sailors they are seldom to be seen beating against a head wind and seldom working otherwise than with the tide.

Although always a pleasure to watch under sail in the Whangpoo, these craft are to be seen at their best when manoeuvring in the crowded waters of the Shanghai Harbour, where they provide a fascinating lesson in seamanship.

As a matter of interest, the junkmen, owners, and carpenters of the wharf-boats frequent the Tea-house of Eternal Happiness (长乐茶楼), in the Ssŭ Ma Lu (四马路), or Four-horse Road, also known as Foochow Road. The official time for meeting and conducting business is between 4 and 5 p. m., and anyone interested in this boat should make a point of visiting this well-known tea-house. Here, it is said, the smokers are so opulent, and the brand of cigars smoked so good, that the collection of the cigar ends is keenly sought after and is let out to contract. The collections are sold to small stalls by the catty. There the salvaged ends are dried, rolled again, and resold as *k'ou-t'ou* (叩头) cigars. [1]

THE SHANGHAI MA-T'OU-CHUAN (码头船)

This type of craft, like the Ningpo wharf-boat, already described, is also equally designed to stand up to weather conditions of the Whangpoo when heavily laden. The two types are the most common in and around Shanghai, and both perform the same function of short-distance transport between ship and ship, and ship and shore. They are so similar in almost every respect that none but a very close observer can detect the slight differences. The most noticeable of these should be the fact that the Ningpo wharf-boat has a red-painted hull; but, as already noted, apparently this is seldom if ever renewed, and the weathering effect on poor quality pigment soon obliterates all traces of this adornment.

These craft vary considerably in size, the one illustrated in Fig. 10-2 being one of the larger types. Broad, heavy, and square at bluff bow and stern, there is little worthy of notice in these useful weight-carriers.

She is very strongly built with four bulkheads, one having a sliding door, and 16 frames. The transom stern is half concealed by the overhanging stern gallery, a feature of these craft. The rudder is of the Shang-

[1] They derive their name from the fact that when reaching for butts the collector must bend, as if k'ou-t'ouing.

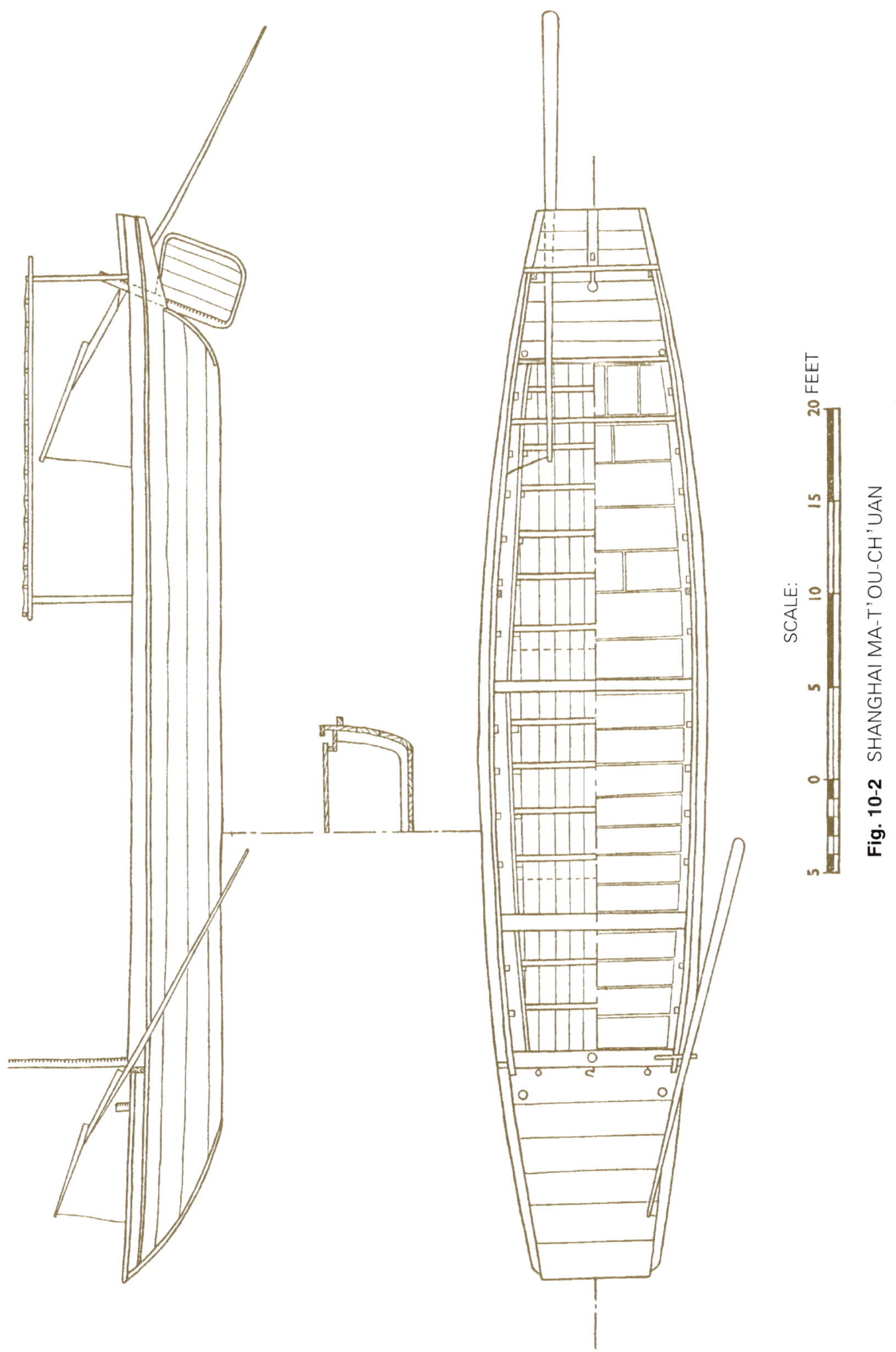

Fig. 10-2 SHANGHAI MA-T'OU-CH'UAN

hai type. The single mast is stepped rather far forward and carries a square-headed lug-sail. Very frequently, however, a supplementary bamboo mast is erected forward and carries an improvised spritsail. Two yulohs operate from bumkins in the fore part of the vessel and one over the stern on the port side.

Whether this utility type of lighter dates back only to the advent of foreign trading influence to Shanghai in the forties cannot be proved, though there is much to support such a theory. This is not to say they are of a comparatively new design, but to suggest they may be adaptations of other suitable local deep-draught sturdy junks, and at least it cannot be disputed that the expanding volume of shipping and trading facilities has enormously increased their numbers.

THE WUSHAN-CH'UAN (乌山船)

The *wushan-ch'uan* may be said to belong to the Hangchow Bay trader family navigating the creeks between Shanghai and Hangchow.

The numerous intersecting waterways of Chekiang are served by junks of varying size and draught so as to utilize water transport to the utmost.

As always in the case of the best traditional sailors of China, the Ningpo men, they insist on using their own types of craft. This preference is quite understandable in view of the justifiable fame of the Ningpo carpenters.

The Wushan junks, though built in Shanghai, are built by Ningpo men after the plan of their home types of inland waters craft, which have stood the tests of time. They are named after a town on the Yungkiang (甬江), at the mouth of which Ningpo itself is situated.

The junk illustrated in Fig. 10-3 is 56 feet long, with a beam of 14 feet and a depth of 5½ feet. There are two bulkheads and 11 frames, all of hardwood, in the *sha-mu* hull.

More tapered at bow and stern than the usual run of delta craft, it narrows to the low stern, where there is a projecting and raked rudder.

The bow, which is quite sharp, is laid with horizontal planking and measures 2 feet across at deck level, decreasing to only 10 inches at the water-line. A vertical strengthening piece and bow fender bisects it. A curious feature is the upward slope of the flat bottom towards the bow in order to ensure very light draught forward. The rising fore-foot gives a very peculiar appearance when the junk is light.

This form of construction necessitates placing the centre of effort of the sail area comparatively far aft. The junk is decked in fore and aft of the main hold. There is a small flat-topped wooden house measuring 5 by 10 feet situated aft. Shelter can be extended forward to the mast by means of a removable mat roof over the hold, and aft from house to stern there is a standing awning.

The junk may be propelled by spritsails, generally two, but when navigating the creeks, depends chiefly on her yulohs or on quanting. There is a narrow quanters' platform running the length of the vessel and built out over the side.

There are two yulohs, one over the stern on the port side and the other forward on the starboard side. Each yuloh is worked by two men; one works the rope, while the other operates the loom. This he does

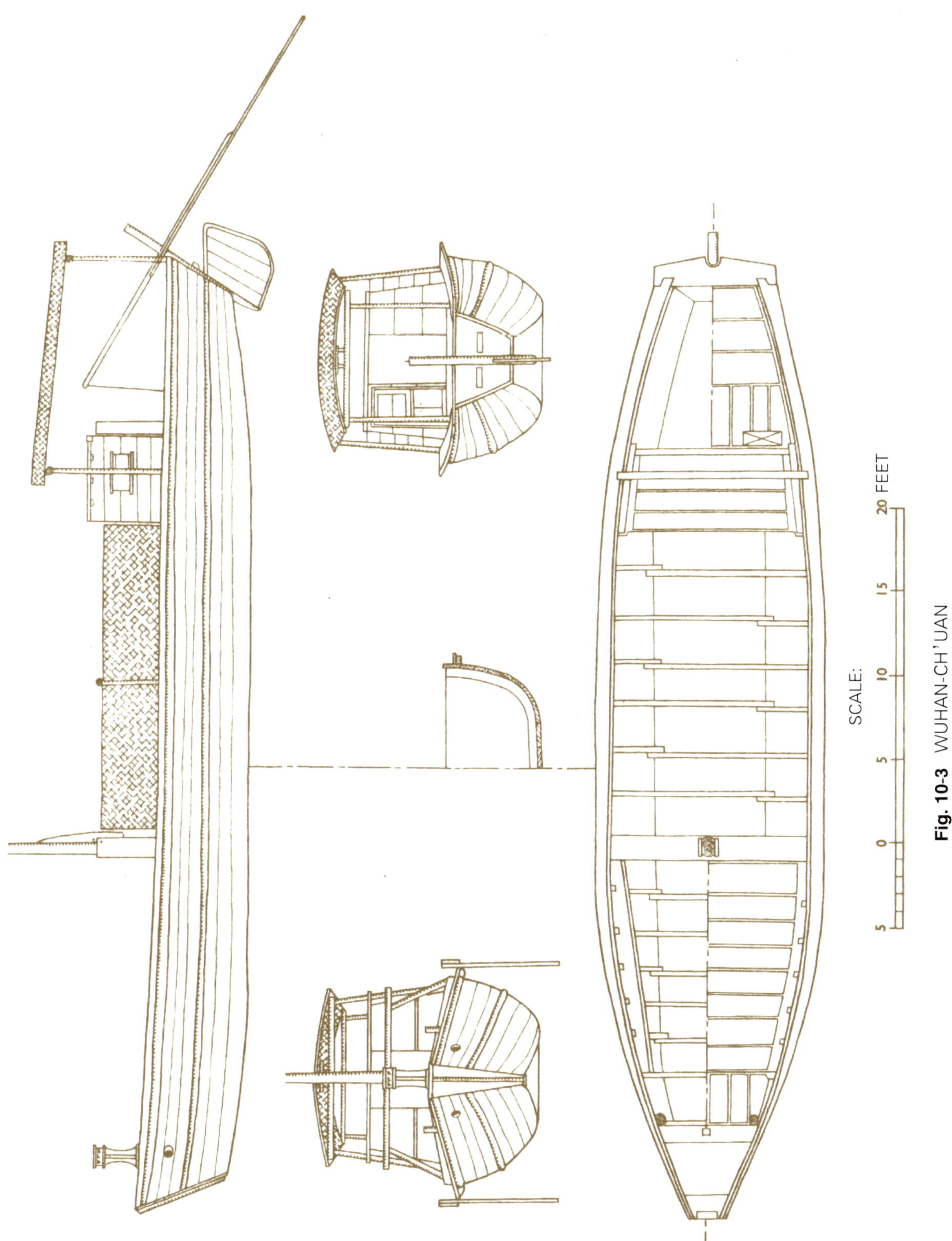

Fig. 10-3 WUHAN-CH'UAN

from a small removable platform measuring 3 feet by 8 inches, projecting from the starboard bow and pivoting on a pin, so that it can be turned in out of the way when not required. A diagram of this device will be found as an inset on Plate No. 11. The yulohs, it should be noted, are both of the straight variety, in three sections, and fitted with a cheek-piece.

The Ningpo sailor's love of adornment for his craft finds expression in the eye on the bow.

THE K'UAI-PAN (快板船), OR SPEED BOAT

The *k'uai-pan*, or quick plank boat, is, as its name indicates, a speed boat. More or less standard in size, this boat is usually 35 feet in length with a beam of only 6½ feet, which for a Chinese craft is very fine-lined indeed, and the long, narrow craft terminates abruptly in a sharp bow and high, sloping, and slightly-tapered stern. Extra beam is provided, however, for the crew to work the ship by a quanters' gangway[1] at deck level, built out from the ship's side[2], as may be seen in the section plan on Fig. 10-4. A long, rounded mat house[3] encloses most of the boat. It is surmounted by three strongbacks[4] to accommodate the yulohs when not in use.

The junk, which is neatly finished and well kept, is built of *sha-mu* throughout. There are three bulkheads[5], five full frames[6], and six half frames[7] disposed alternately. The extra number of frames is necessary because of the small number of bulkheads.

An interesting feature is the "stick-in-the-mud" anchor[8] so rarely to be seen in the Shanghai area, although common enough on the Yangtze.

All the features of the quick plank boat-the pointed bow[9], rising stern[10], stick-in-the-mud anchor[8], projecting quanting gangway[2], and absence of deck planks inside the house-are characteristics of the Shaohing family of junks. This adherence to type is quite remarkable and shows how conservative the old junk-builders still can be.

The turn of speed for which these junks are renowned is provided by no less than four yulohs[10], two operating over the stern and two more from projecting bumkins[11] on either quarter, and two primitive spritsails. The yulohs, which are made in two parts-the loom and the gradually broadening blade-are perfectly straight and measure 19 feet, a sizable length for the craft they propel. One man is stationed at each yuloh, and one of the men in the stern also steers by kicking the tiller in the direction required. Skill, good timing, and neat, contained movements are essential to enable four men to scull together, standing in so small an area. Additional power is provided by quanters, who, from the bow, drive their poles into the bed of the creek and, tucking the upper ends into their shoulders, bend almost double as they walk in succession down the length of the uanters' gangway. A speed of 12 *li* an hour is claimed for this craft by the junkmen.

There is a small, light rudder which fits into a circular aperture in the transom. When it is not in use, the crew, to their shame as sailors, instead of hoisting the rudder or lifting it clear of the water, adopt the almost universal practice of removing it bodily and inserting it back in the aperture upside down, which unseamanlike practice gives the boat a most odd appearance.

These craft operate mainly on the creeks inland from Pootung and rarely appear in the Whangpoo. They

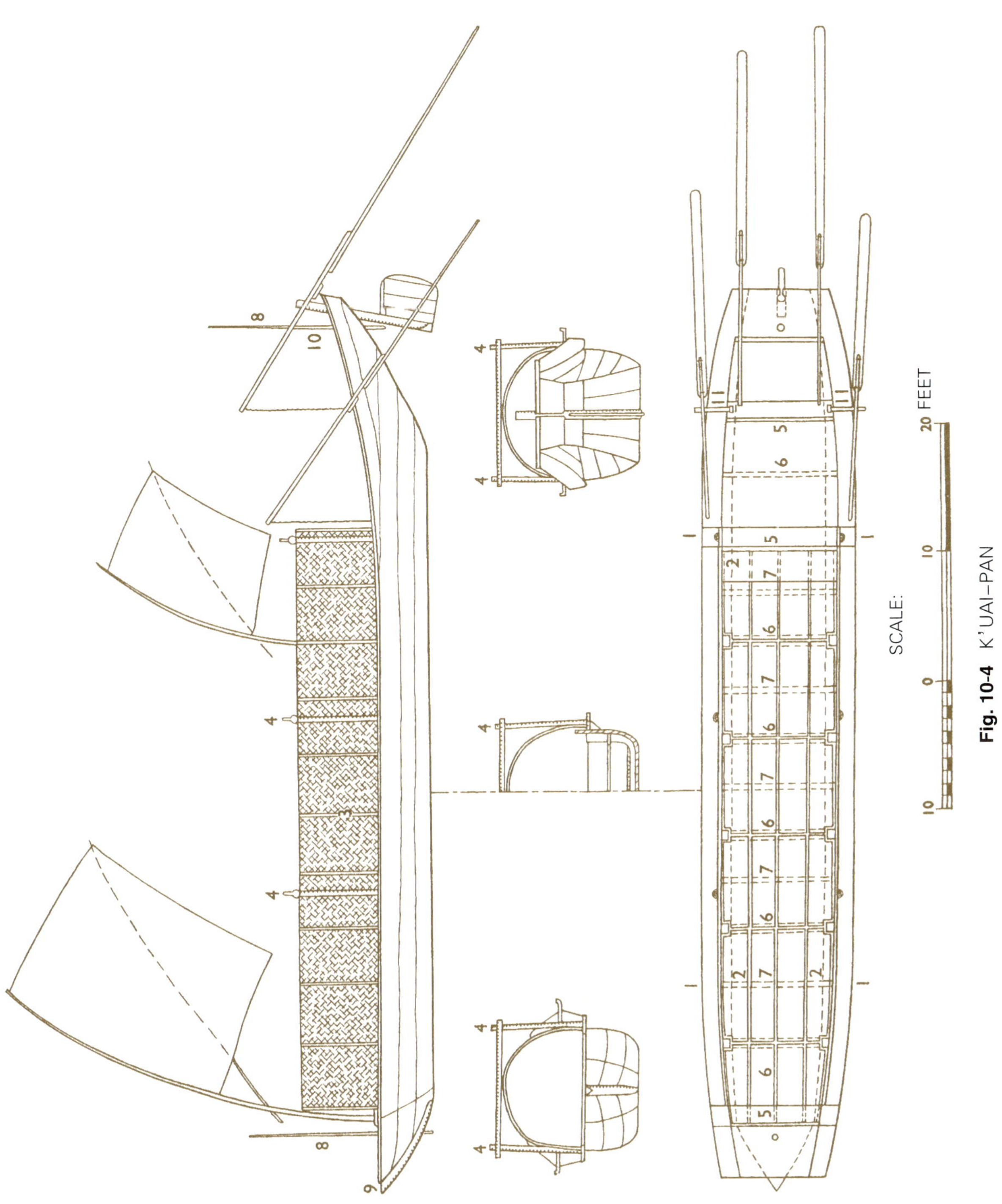

Fig. 10-4 K'UAI-PAN

carry passengers usually on a fixed run. A slightly larger type of the same junk carries cargo instead of passengers, and for his purpose is built on broader and less graceful lines.

To the peasant-traveller time is no object, and the *k'uai-pan* makes small appeal to him; but to the richer country gentry, hurrying to a wedding or a funeral, this humble form of speed boat is very welcome, and they readily pay the higher fare to shorten an otherwise tedious journey.

Modern progress and a desire for even greater speed has played havoc with these beautiful little junks in that many of them now are propelled by condemned motor-car engines, ingeniously adapted to burn kerosene oil. They are fitted with a crude form of balance rudder of iron which replaces their former graceful one, and they are extensively painted in grotesque colours.

THE SHAOHING WINE-BOAT(绍兴船)

In about 2205 B. C. , the jade girl who, before her entry into the court of the Emperor Yü as an Imperial concubine, was the servant of a goddess in the distant western paradise, is said to have brought from there the formula for making wine. This important secret she imparted to one I Ti (仪狄) at the Emperor's court. The tradition is that when the Emperor Yü, whose fame is more commonly associated with water than with wine, tasted the new drink, he found it so attractive that he feared excessive indulgence would overpower his senses and cause him to become neglectful of the duties of his high office. He accordingly became a teetotaller and banished I Ti from his court.

It is more likely, however, that the Chinese had known the secret long before this. [1] The drinking of fermented liquor dates back to such remote times that there is no trace of its origin, and wine for sacrificial purposes has been used since time immemorial.

The chief wine centre of China lies to the south of Hangchow Bay and midway between Hangchow and Ningpo. This district of Eastern Chekiang, known as Shaohing, is so populous that there is a Chinese saying that "three things are to be met with everywhere under heaven: beancurd, sparrows, and Shaohing men." Here the industry is said to have originated, and it has been carried on throughout the centuries. The city has a long historical record. It is said that the great Emperor Yü used to meet his feudal princes there and that he derived his inspiration for the great work of draining the flood waters from studying a tablet erected to the memory of the Yellow Emperor near Shaohing. Later, in the time of Confucius, 551-479 B. C., Shaohing became the capital of the State of Yüeh. Under the Mongol Dynasty the district acquired more importance, and in 1285 Kublai Khan decreed it should be exempted from the imposition of taxes. In the *Pên Ts'ao Kang Mu* (《本草纲目》) it is stated that distillation was first introduced into China during this, the Yuan Dynasty. The same authority mentions 64 kinds of *chiu* (酒) or fermented wine before coming to the clistilled liquors or spirits known as *shao-chiu* (烧酒), burnt wine; *huo-chiu* (火酒), fire wine; samshu or *san-shao*

[1] That the sages of old could take their drinks is evidenced by the *K'ung Ts'ung Tzu* (《孔丛子》). In *The Chinese Encyclopaedia* (《古今图书集成》), under heading of the history of wine, it is stated that "Yao (尧) and Shun (舜) could drink 1,000 chung (钟) of wine, Confucius could drink 100 ku (觚), and Tza Lu (子路), though loquacious, could still drink 10 ho(榼)"(昔有遗谚:尧舜千钟孔子百觚,子路嗑嗑,尚饮十榼。古之圣贤无不能饮也). No time is given, and therefore no comparison is possible.

(三烧), thrice fired, etcetera. According to the *Customs Trade Report* for 1909, 70 per cent of fermented wine as against 30 per cent of distilled products, generally called samshu, was drunk in China at that time.

Rice, the principal grain of China, forms the basis of most of the alcoholic drinks of the country, wheat, millet, and kaoliang ranking next in importance. At Shaohing is produced the most popular of all brands, the "Yellow Wine", the flavour of which has never been surpassed or even equalled in any other district. The reason for the superiority is to be found in the quality of the water available. Shaohing lies in the middle of a network of streams and lakes of unusually clear water which, descending from the surrounding mountains, filters through many layers of sand and gravel. This physical formation has earned for Shaohing, as for Soochow, the title of the Venice of China from some writers. The nature of the water itself is also eminently suitable, containing as it does lime and salt in ideal proportions. The result, known as Shaohing, is justly famous throughout China. Similar beverages are made in nearly all the other provinces and are generally sold under the same name, which has become a generic term for the national drink of the country. Nevertheless, the genuine wines of Shao hing still hold the first place in public opinion.

William of Rubruck, [1] a Franciscan friar from French Flanders, who travelled to China in the thirteenth century, said of this wine that he "could not distinguish it except by smell from the best wines of Auxerre." Friar Odoric, 1286-1331, called it "a noble drink". Evert Isbrand Ides, an emissary from Peter the Great in 1693-1695, said that when kept for a year or two it very much resembled in colour, taste, and strength the very best Rhenish. Finally, the Abbe Huc has described how he dispatched some bottles of Shaohing to an English connoisseur. The latter not only found them excellent, but pronounced them to be "the product of a celebrated Spanish vintage", as he said the wine was distinguished by the true flavour and bouquet of Spanish wines. With great respect to the distinguished visitors, if these reports of theirs are true, the wines of Shaohing must have sadly deteriorated.

The wine is made in large earthenware vessels or vats known as *kangs*. The ingredients required to make a *kang* of the ordinary wine are 1. 5 piculs of boiled rice of the large-grained glutinous variety produced at Chint'an, Liyang, and Tanyang in Kiangsu Province; 10 catties of "mother liquor", or wine base made from either wheat or barley, though preferably the latter; 36 catties of yeast; four buckets of water from a local lake called Chienhu; and three buckets of "rice soup", or the water in which the rice has been steeped. Twenty-four hours after fermentation the contents of the *kang* are inspected and stirred with a pair of long chopsticks. This stirring is repeated at intervals of two or three days until a wek has elapsed, when the contents of the *kang* are poured into smaller earthenware pots and carefully stored. When the wine is 100 days old it is filtered through silk bags and then heated in a boiler to boiling point. The process is now complete. The wine is poured into earthenware pots or jars, sealed with lotus leaves or bamboo sheathing, and plastered with mud. It is now known as new wine and becomes marketable after six months or a year.

The *Customs Trade Report* for 1909, already quoted, makes an interesting comparison between the old-fashioned methods and the Pasteurian methods, and estimated that the latter would extract 112 catties of spir-

[1] Spelt also Rubriquis, or Rubruquis. His travels are described in his *Itinerarium*. Yule ranks this work with Marco Polo's writings, and says "It has few superiors in the whole library of travel."

it from 1 picul of rice as against the former's 65 catties. This wastage is attributed to "ignorance of the laws of fermentation."

The "fermat" or, as it is termed, "medicine" in use for the saccharification of the rice always contains some paddy husk. This-only one out of as many as 40 or 50 ingredients and put in only to prevent the balls of "medicine" from ticking together is, did they but know it, the only valuable ingredient of the lot. The people of Shaohing always distil many *kangs* of wine when a daughter is born in the family. The wine is then kept and only opened on her wedding day.

A prayer worthy of Omar Khayyam is recorded of an ardent connoisseur of those old days. "Bury me," he earnestly begged his relations when he was breathing his last, "near the kilns. Decades later they may use the soil my body has fertilized to make wine pots, and thus I shall again be united with wine."

Many stories are told of Shaohing wine. One tells how once the Emperor bestowed upon one of hisprinces a glass of wine. For whatever reason, he spat some out in a south-westerly direction with great force. Later, news came that there had been a terrible conflagration in Chengtu, but that it had been extinguished by a sudden rain squail from the north-east "which smelt strongly of wine".

The wine is exported to nearly every part of the country and also overseas for the use of the Chinese resident abroad. The craft which carry it to the Shanghai market are of a very distinctive type known as the Shaohing wine-boats. They are very much standardized as to size. The average specimen as illustrated in Fig. 10-5 measures 73 feet in length, with a beam of 14 feet and a depth of 5½ feet, the greatest beam being just abaft the mainmast. Strongly constructed to carry the heavy jars which form her cargo, she has four hardwood bulkheads and 10 full frames. The large number and extra thickness of the frames counterbalance the small proportion of bulkheads.

There are several quite unusual features about this type of craft which are as inexplicable as they are strange, and the most interesting is the bow, which seems a sort of afterthought. The bow proper of the junk may be said to end at the line A B, which would, of course, give a very odd cut to the vessel. Although there is a heavy deck beam 1½ feet wide and over 6 feet long laid across the bow, it narrows below this to a comparatively sharp point. This false bow consists of three horizontal planks on each side measuring 2 feet in width and increasing in length as they ascend from the bottom plank, which is only a rough triangle, to the top plank, which measures 5½ feet at deck level. They are joined and faced in the centre line of the bow by a crudely-finished log in the form of a sort of false stem-post. The bottom of the junk lifts slightly at the bow and, when the vessel is light, is visible above the surface of the water. There is a "stick-in-the-mud" anchor which passes in through the decked-in portion of the false bow and out just forward of its junction with the hull proper. The "stick-in-the-mud" anchor has no boxed-in navel pipe, and the whole false bow is therefore free-flooding through the aperture in the bottom. The odd aspect of the bow is heightened by the fact that the wale ceases abruptly at the join of the false bow with the hull, that is to say, at the line A B. No reasonable explanation is forthcoming for this form of construction or for the curious stern, details of which may be seen in the plan on Fig. 10-5. It would be interesting to know why a hoisting variety of rudder is used and why it should, when lowered, project 2 feet below the bottom of the junk when the stern is so admirably suited to accommodate a balance rudder. Moreover, the method of securing the rudder is weak

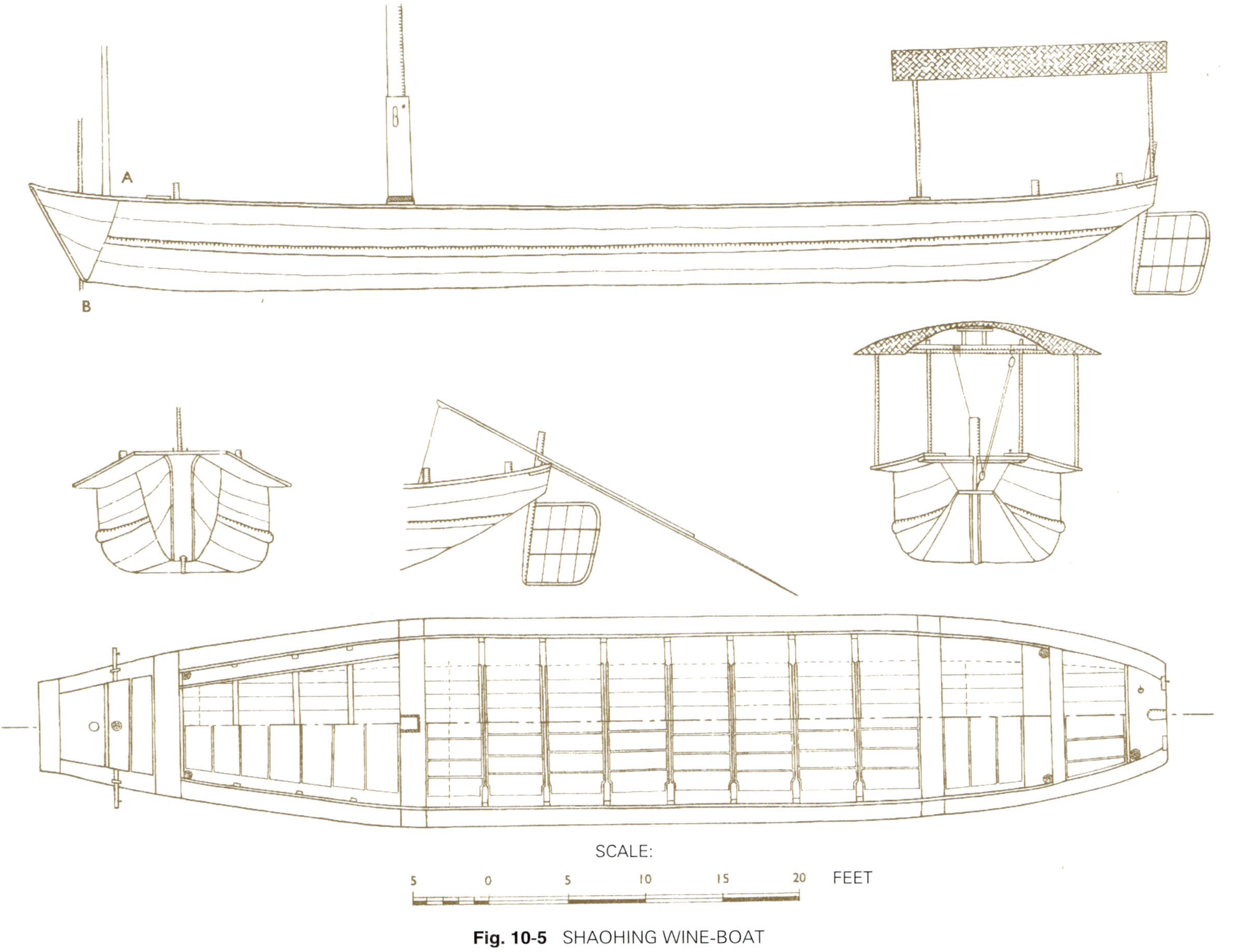

Fig. 10-5 SHAOHING WINE-BOAT

in the extreme, as there is a depth of only 2 feet of transom, to which is secured the open-jawed wooden gudgeon which has to bear all the weight.

A mat roof protects the conning position. The after stanchions are used as a sampson post for the rudder hoisting gear, which consists of a single luff tackle.

Other notable features are the quanting platform, which projects 2 feet over the side throughout the length of the vessel, and the 7-foot tall tabernacle to support the mainmast, which is stepped on deck. The bamboo foremast, which is stepped very far forward and just over the false bow, is usually somewhat of an improvisation. It is fitted with a spritsail. The mainsail is the ordinary square-headed lug.

There are three yulohs of the straight variety, one over the stern on the starboard side and two working from bumkins on the fore deck. The latter are fitted very much farther forward than usual.

Sometimes there is a removable house 4 feet high which extends from the mainmast to the stern. There are, however, no deck planks inside it. Alter natively a deck cabin is fitted for the crew of six men.

This junk has much in common with the *wushan-ch'uan* just described, and is, together with the *pa-kua-ch'uan* (八卦船), dealt with hereafter, of the same family.

THE PA-KUA-CH'UAN (八卦船)

This craft may be termed a half-sister to the *wushan-ch'uan* and is therefore of the same family as the *shaohing-ch'uan*.

Many of the main characteristics are the same for all these craft, which originated at Ningpo, notably the solid, heavy construction with the massive bulkheads, the small house aft with standing awning, and mat house capable of extension forward.

Other features in common are the type of rudder, the high tabernacle, and the straight yuloh over the stern.

In like manner also the *pa-kua-ch'uan* navigates the narrow winding canals and creeks of Chekiang Province, though occasionally it may be seen on the Yangtze.

The principal difference from the other members of this family is in the shape of the bluff bow, tapering to the stern, which latter terminates in the gallery so typical of Shanghai craft.

These junks are named after the magic talisman the *pa-kua*, or eight diagrams, said to have been devised by Fu Hsi, the legendary monarch, nearly 3,000 years B. C. It is a particularly favourite emblem with the junkmen. Some times the boat is painted red.

The craft illustrated measures 60 feet, with a beam of 15 feet and a depth of 6 feet. It is built of *sha-mu*, with two hardwood bulkheads and 14 hardwood frames spaced 40 inches apart(Fig. 10-6).

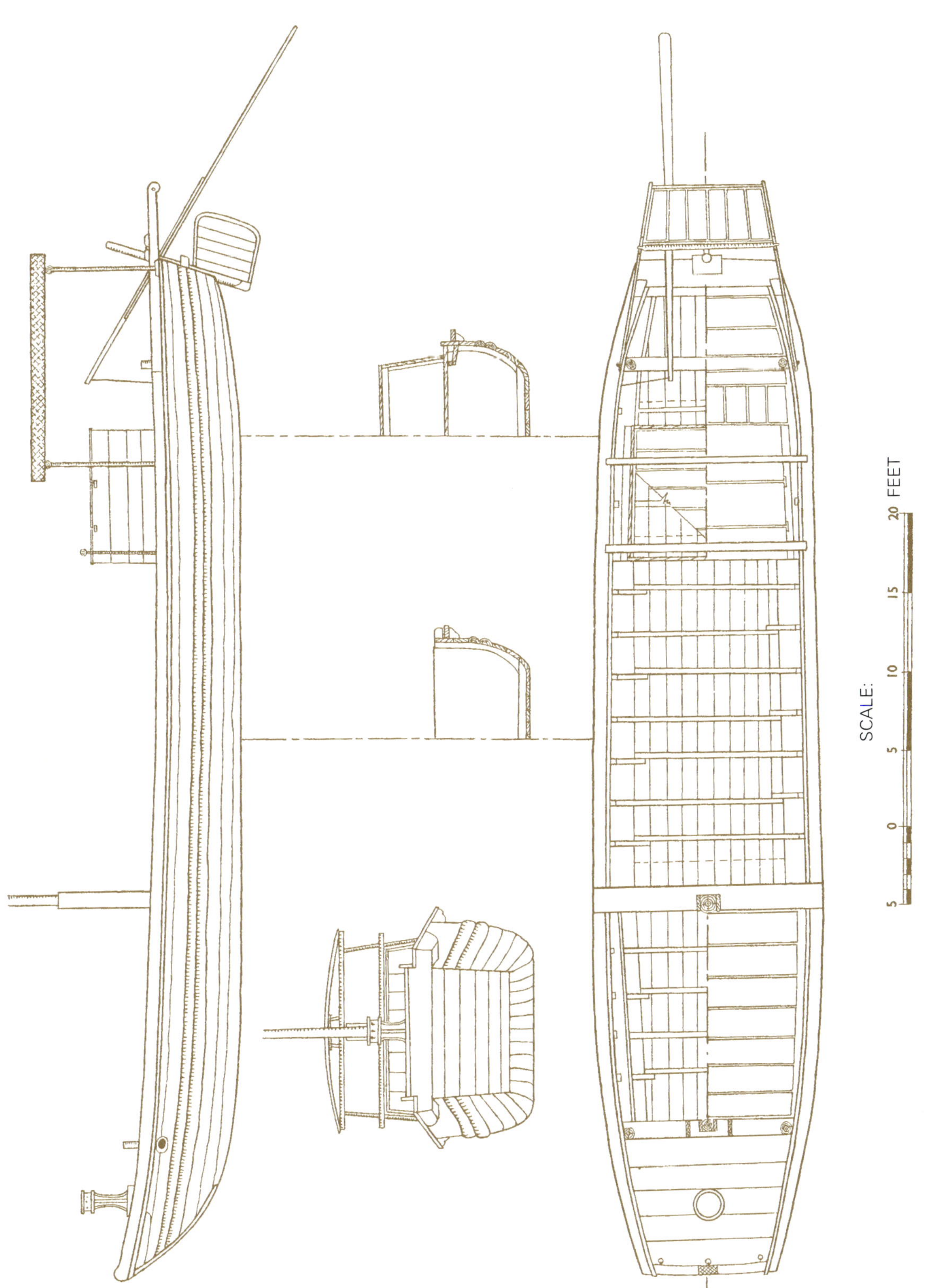

Fig. 10-6 PA-KUA-CH'UAN

THE SHANGHAI CARGO-BOAT [1]

The *hsiao-ma-t'ou-ch'uan*, or small Shanghai cargo-boat, is built in Shanghai and exclusively used for harbour work. These craft vary considerably in size from those capable of carrying 28 tons to others with a capacity of 70 tons.

The boat illustrated in Fig. 10-7 measures 57 feet in length, with a beam of 120 feet and a depth of 5 feet, and is of heavy and exceedingly strong construction. Designed as she is for the accommodation of cargo which is usually, though not always, stowed below decks, she has only two bulkheads, but the extra necessary strength is provided by 11 full frames at 2-foot intervals.

The low, bluff bow has a considerable overhang, as has the typical Shanghai-type stern. The Shanghai variety of non-balance rudder can be hoisted and slung from the after cross-beam. There is no house but a more than usually elaborate standing awning aft, made of wood and covered with oiled canvas. The crew of three to five live below decks either forward or aft of the second bulkhead, the galley being in the after compartment.

There is one removable mast, usually of bamboo, which is stepped, when needed, very far forward. The sail is nearly always an improvised form of spritsail, and in a breeze the bamboo mast is often bent nearly double. The main method of propulsion is by means of yulohs over the starboard side of the stern. Additional power is provided by two further yulohs if the craft is of the larger type. These are operated from bumkins, one on each bow.

As is so often the case with what is in common daily use, it is impossible to trace the origin of these craft, but it would appear probable that they date back no further than the *ma-t'ou-ch'uan*, which they closely resemble, that is to say, the Clipper days.

Broad and solid, there is little outstanding about these dull but useful boats except that for their size and outlay they are probably the best of their kind in the world. This is sufficient to commend them to any sailor, and makes them well worthy of the high standard of seamanship displayed by their crews.

Such general interest as is possessed by these lighters centres in the widely varied nature of their cargoes, for they can be seen making their way through the harbour loaded down to the gunwales almost with anything from a locomotive to a cargo of flimsy baskets of eggs, or from sycee, transported in bulk, to garbage.

Practically all the merchandise that comes and goes is water borne, and a very large proportion of this vast traffic in imports and exports is handled by the Shanghai cargo-boat.

The owner, with the help of his wife, a number of children, and a crew of three men, and perhaps a "wonk" dog, with no more appliances than two or three yulohs and an improvised and usually ragged sprit-

[1] In addition to the regular lighters, in 1935 there were 297 Chinese cargo-boats of a capacity up to 60 tons serving as lighters and 295 lighters of 100 to 600 tons. Of these, about one-half are in use at any one time, the remainder mooring in the shallow parts of the river or, in the case of about 25 per cent, at the owners' wharves. Most of the unloading is performed by the ship's derricks and hand labour on the lighters. Only a few of the lighters are fitted with cranes.

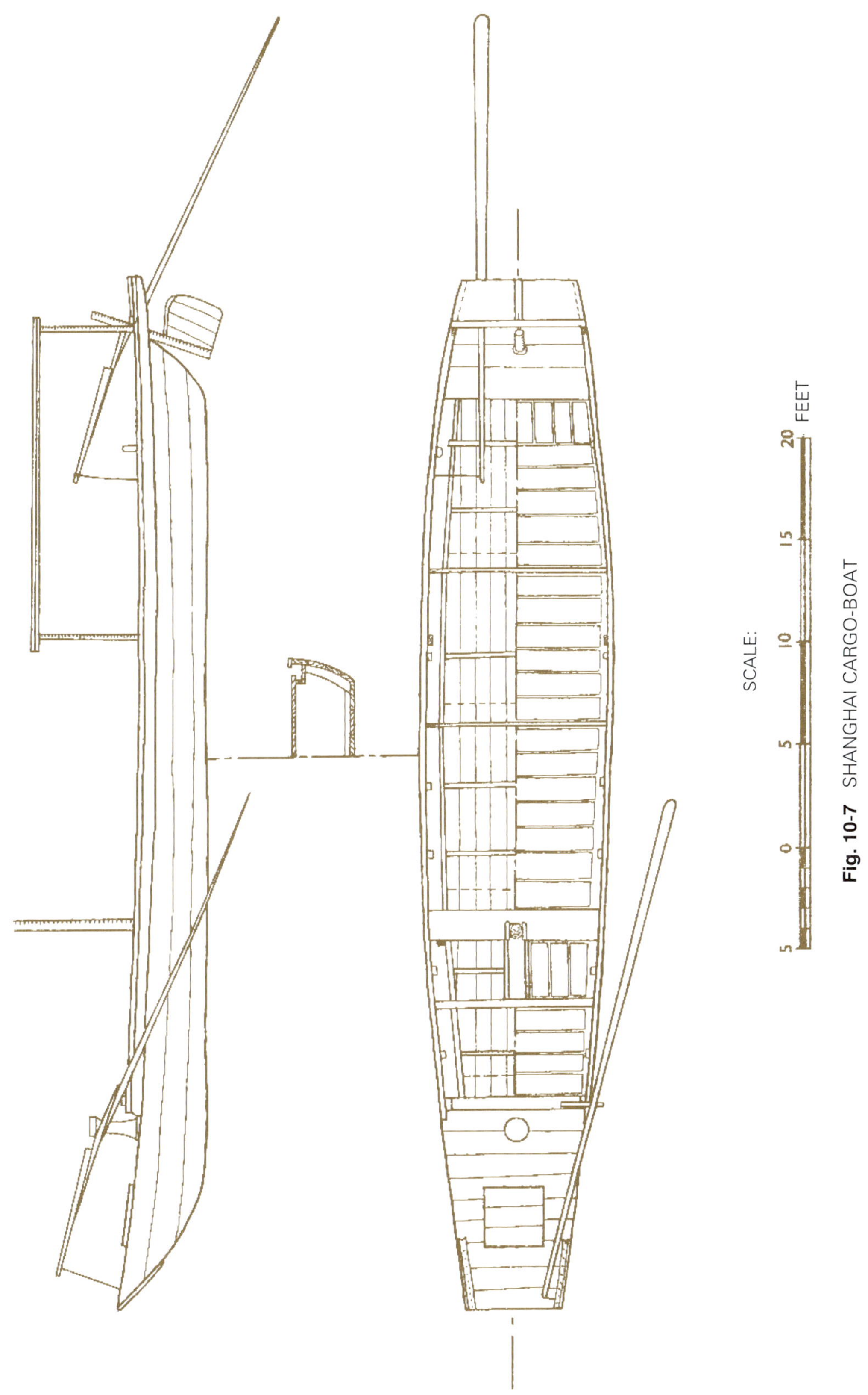

Fig. 10-7 SHANGHAI CARGO-BOAT

sail on a bamboo-pole mast, safely negotiates the perils of the harbour, which, with its swift current and teeming craft, presents a series of hazards which would make the London Board of Underwriters shudder; yet, thanks to incomparable seamanship, cargoes of tremendous value are safely carried every day to and from the shore with surprisingly few accidents.

THE HAINING-CH'UAN, OR HANGCHOW LIGHTER

The *haining-ch'uan* is, as happens so often with Chinese craft in the Shanghai area, named after the place where it is built, in this case a town near Hangchow. It navigates the Whangpoo and creeks between its port of origin and Shanghai.

Built of *sha-mu*, this junk, as shown in Fig. 10-8, measures 72 feet, with a beam of 13½ feet and a depth of 5 feet. There are four hardwood bulkheads, one half-bulkhead, and 12 frames, making a very strongly-constructed general cargo-carrier with a capacity of 60 tons.

Extra strength is provided by a heavy double wale and another wale above it, also by the double planking of the gently curved bow, which ends squarely at deck level in a heavy transverse beam. Most of the usual Shanghai features are present: the stern gallery and hoisting type of non-balance rudder, the standing awning, and the weather boarding. There is one mast and sail. Propulsion in the narrow creeks is by means of two bow yulohs operating from short bumkins.

From the mast forward the junk is decked in. Abaft the mast, as far as the house, is the main hold. This is not decked in but is covered with a tarpaulin. The very small house measures only 12 feet and 3½ feet in height, but is nevertheless divided into two small compartments with access through sliding doors for the owner and his family. The galley is in the space between the fourth bulkhead and the stern, the cooking-stove being on the port side. The crew of five men live in incredibly cramped quarters below decks in the foremost compartment, entrance being through a booby-hatch.

This comparatively modern type of junk is really little more than a glorified lighter and may be described as the Hangchow counterpart of the Shanghai and Ningpo wharf-boats, both of which, of course, come under the same heading. All three are very frequently to be seen in the Shanghai Harbour.

THE HSIAO-HSIANG-HSIA-CH'UAN, OR COUNTRY-BOAT

This craft, the name of which being translated means the small country-boat, is built on the Pootung side of the Whangpoo and serves as a fuel-boat for all the creeks around Shanghai. Made of *sha-mu*, a typical specimen (as illustrated in Fig. 10-9) measures 39½ feet by 8 feet beam and a depth of 3½ feet. She follows the usual fashion of Shanghai craft in her general lines, having a long, low bow, in this case tapering somewhat, a gallery stern, and standing wood awning abaft the small house.

In construction she is light, with three bulkheads and three frames, but this provides ample strength for the light cargo carried. There is no mast or sail, propulsion being by means of a single yuloh. A rudder is

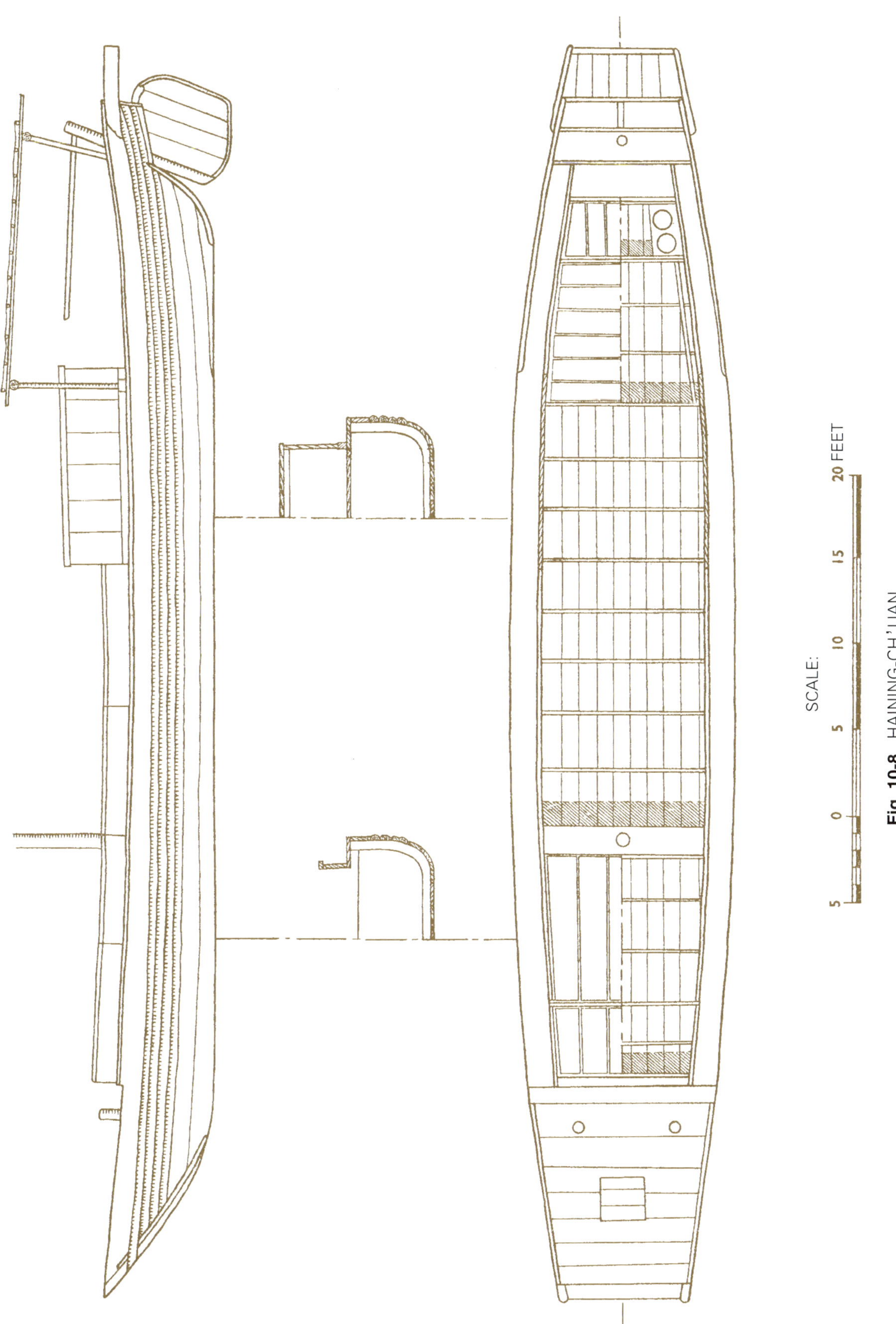

Fig. 10-8 HAINING-CH'UAN

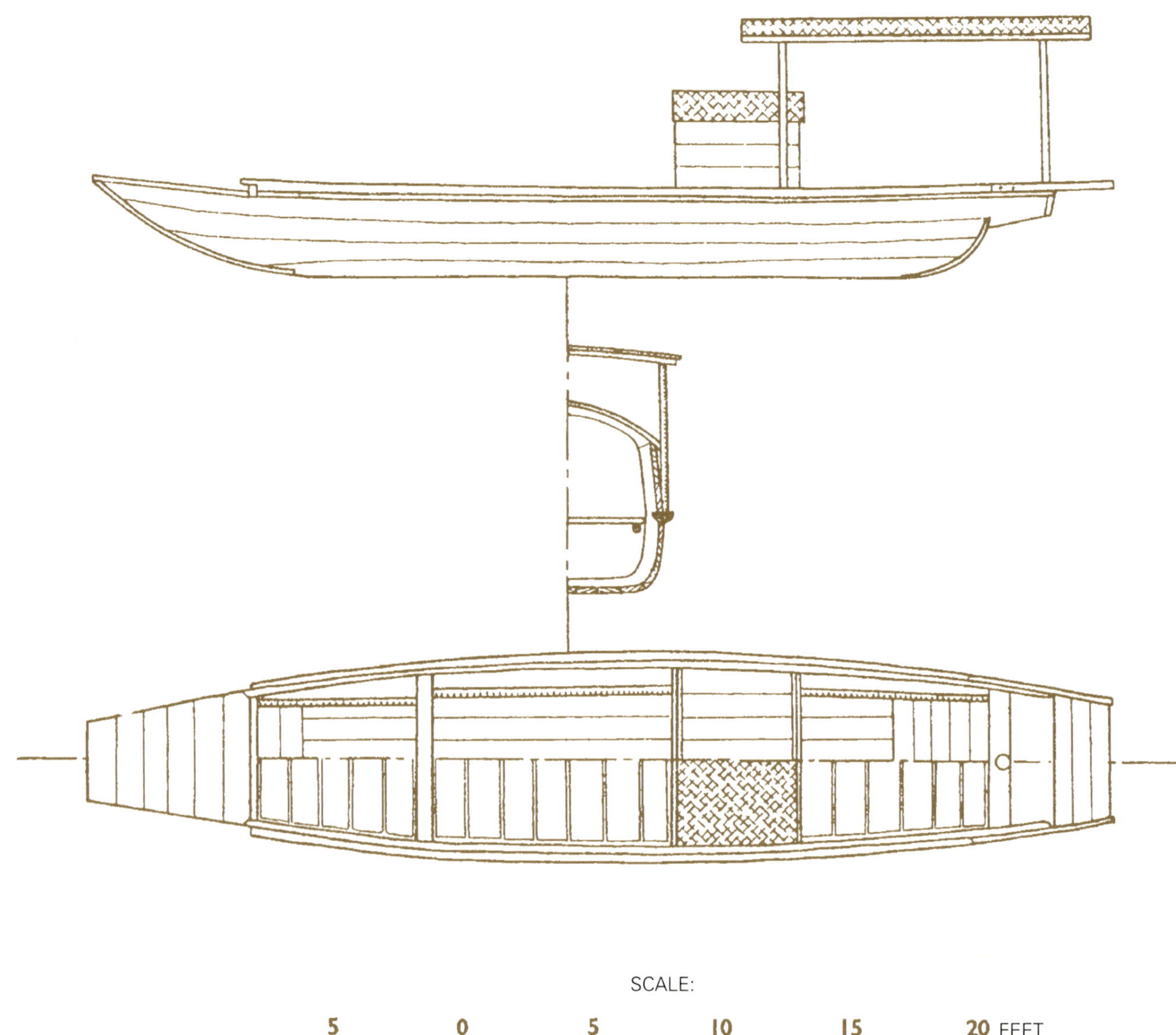

Fig. 10-9 HSIAO-HSIANG-HSIA-CH'UAN

sometimes fitted.

The crew of two live in the small house, which measures only 5 by 8 feet. This craft is also used for conveying vegetables from the Pootung side to Shanghai, but its main purpose is to carry the light vegetable fuel grown on the farms around the delta. This fuel consists of the stems of all agricultural crops which are not required for any other purpose. Beanstalks, cotton plants, rape, millet, and rice, all are pulled up by the roots and tied into bundles for the market. They are bought for domestic use, and also for the burning of lime and for the firing of tiles and earthenware.

When this light, bulky fuel is used for cooking, one of the family, usually a child, is deputed to feed the fire with one hand while working a bellows with the other so as to ensure suficient draught.

THE HUNG-T'OU, OR SHANGHAI HARBOUR SAMPAN

This quaint and colourful little craft is a distinctive feature of the Shanghai Harbour. It is called the *hung-t'ou* (红头), or red head, because of its painted bow, but is more commonly referred to as the *mu-chi* (母鸡), or hen boat, for its supposed resemblance to that fowl. Actually, if one were to liken it to a bird, a duck would be a better choice, for it is squat in appearance, with a turned-up tail, and rides the river like a duck.

These boats are entirely Chinese in design and construction. It would seem hat they owe something to Amoy influence. Their history is obscure, but the fact that they have no guild would seem to point to a comparatively recent origin.

They are preferably built of Foochow pine, but if this is unavailable, softwood from Ningpo is used. The bulkheads are made of *hsiang-chang* (香樟), a hardwood from Kiangsi. The timber is supplied by the merchants in the form of *chang-pa-t'ung* (丈八筒), that is to say, poles of 1 *chang* 8 *ch'ih* (一丈八尺). These sampans are all built in or near Shanghai.

The sampan illustrated in Fig. 10-10 is 18 feet over-all, with a beam of 5 feet and depth of 2 feet. It draws only a few inches unless loaded to capacity, when there is the minimum of freeboard.

There are three bulkheads, forming four compartments. In addition, there are two half-bulkheads and four frames. The fore part is decked, leaving a cockpit amidships which is covered with a small house made of closely woven matting arranged in three overlapping sections and painted white. In this portion the passengers are accommodated, and actually as many as five can be carried and even more; nine, however, is about the limit. In the after compartment is the galley, that is to say, a cooking-stove. Here, too, is the oarsman, who acts in the capacity of "owner-driver". He can, therefore, keep an eye on the meal that is cooking while he yulohs, if he is alone. If his family live on board, they also stow themselves away in this small space during working hours. In the fore compartment are stored the bedding, clothing, provisions, oil, charcoal, and extra cooking utensils.

Propulsion is by means of a single yuloh, or *lu* (橹), a quite original and extremely efficient implement which has already been described in detail. 13 feet in length, it is scarfed in three pieces, thus forming a gentle curve. The loom measures 2 feet 8 inches, the neck 2 feet 2 inches, and the blade 9 feet 8 inches,

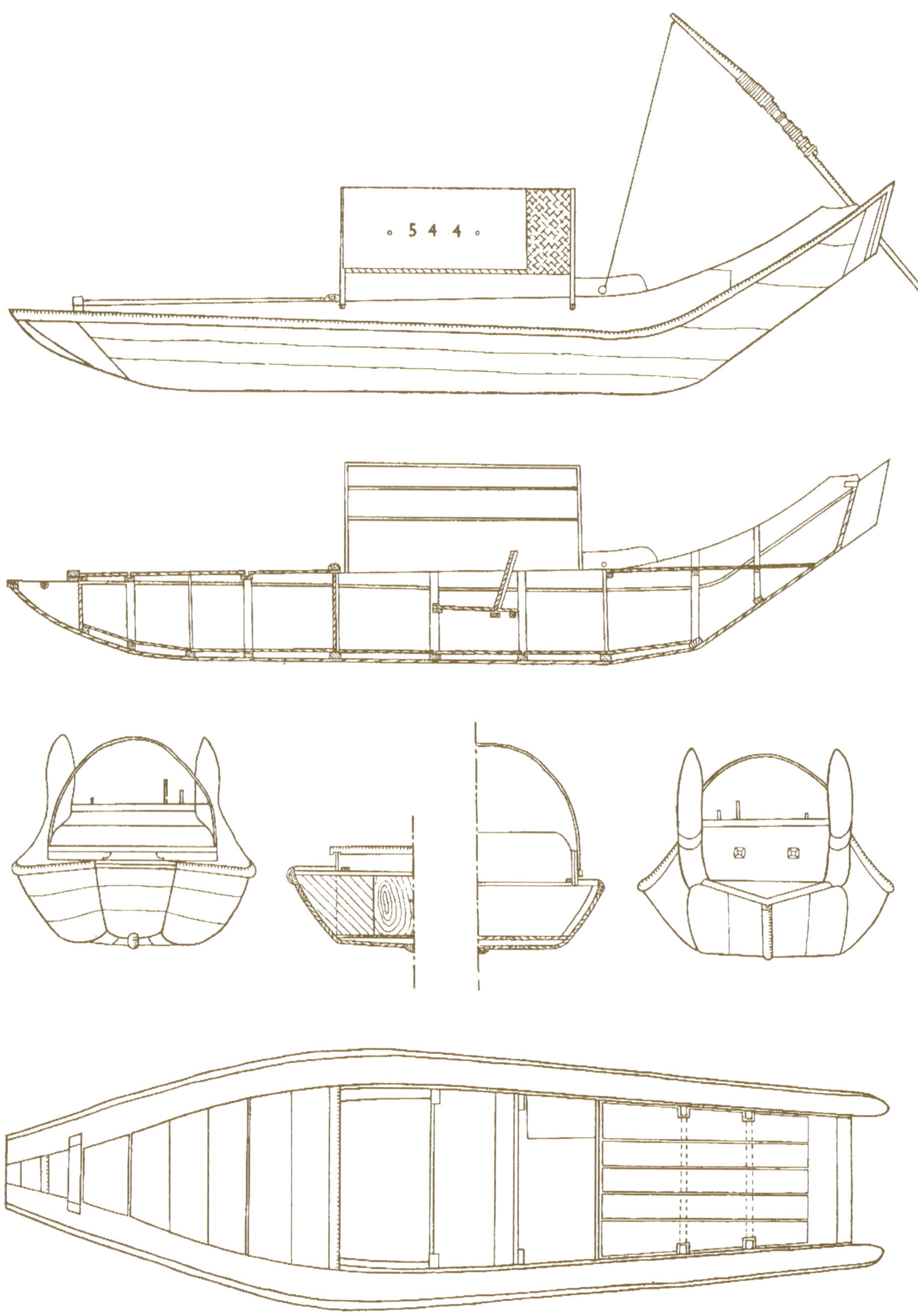

Fig. 10-10 HUNG-T'OU

the overlapping portions being never less than 10 inches in length. When in operation the blade is kept very deep in the water, that is to say, 3½ feet, or more than one-third of its length being below the surface, and as the face of the blade is 6 inches in width, this combination gives much increased leverage and power.

The yuloh pivots on a 3-inch bearing-pin which ends in a knob. This pin is situated on the transom, and the loom is held in place by a coir lanyard, 5½ feet long, attached to a ring-bolt in the deck.

The hand holding the yuloh is held at head level and rather behind, while the hand on the lanyard works across the breast. It is interesting to record that the sculler can average 41 strokes to the minute under favourable weather conditions, yielding the satisfactory speed of 8 *li* per hour. This type of boat is sometimes called the Ningpo sampan, and has many features in common with the Ningpo junk, such as the shape of the bow and stern, the free flooding foremost compartment, the standard pattern of gaudy design, and, sometimes, the oculus. With the exception of the eye, which may or may not be present, these sampans are most markedly uniform in every particular, for all are of identical construction and size. Even the painted ornamentation on bow and stern hardly varies. Nevertheless, these boats fall into two definite categories, known as *pang* (帮), or groups. These are the *ning-pang* (宁帮), or group manned by Ningpo men, and the *soo-pang* (苏帮), or group manned by either Soochow men, men of Shanghai, or men from Kiangyin, a small town some 80 miles up the Yangtze.

Even the experienced observer finds it hard to detect any difference between these two types of craft. Actually the distinguishing feature is that in the Ningpo-owned craft the bearing-pin for the yuloh is situated on the port side, which necessitates the sculler using his left hand on the oar; while in the boats operated by Soochow, Shanghai, and Kiangyin men the bearing-pin is on the starboard side and the sculler operates the yuloh with. his right hand. The exponents of both methods maintain that theirs is the only reasonable mode of propulsion. The only other differences are that Ningpo men never take their wives and families afloat, as do the sampanmen from the three other localities, and that the former also, when living on board, are content to sleep in the confined space between the first half-bulkhead and the third bulkhead, which compels them to lie more or less doubled up. These Ningpo people would seem to be rather unfairly handicapped by nature, for there is a Chinese saying of the waterfront, a free translation of which is to the effect that "it is preferable to quarrel with a Soochow man than to have a friendly conversation with a man from Ningpo."

The Soochow people, on the other hand, are universally popular, the women having a reputation for beauty and the men for an easy and graceful bearing. They must, moreover, have either more ingenuity or longer legs than the Ningpo men, for the sampan-dwellers sleep in pairs between the second and third bulkheads, which gives a space of 5 feet 4 inches. In the winter all the various groups sleep in the space between the first half-bulkhead and the first frame. Two sliding sections can be withdrawn from the first bulkhead to enable them to lie at full length.

As already mentioned, the men of the *soo-pang* live in these small boats accompanied by their families. It is astonishing that so small an area can constitute a permanent home for two adults and several children while functioning in addition as a passenger-carrier. The wives and even the children of these sampan-dwellers can take their turn at the yuloh. They scornfully maintain that one reason why the women of Ningpo do not live afloat is that they suffer from seasickness and are unhandy in a boat.

These sampans, of which there are today the record low figure of 813, are required to register with the Harbour Police of the Chinese Maritime Customs. This is done annually, usually in April. No fee is charged for registration, but the sampanmen are required each to pay 40 cents towards the cost of the paint used in numbering the boats. On the hood, on each side of the registered number of the sampan, a coloured dot will be noticed. The colour is changed each year and shows at a lance when the boat was last registered. The Harbour Police record the names, addresses, and other particulars of the boatmen and insist on the boats being kept seaworthy and clean. The sampanmen claim that they belong to the Customs and are very proud of this association.

For the men of the other group, the *ning-pang*, the Shanghai sampan forms probably as clever an adaptation of a very limited space as it is possible to find, and combines the dual purpose of a passenger-boat and a two-roomed foating dwelling with a degree of seaworthiness surprising for its size. It has, in addition, the charm of pleasing lines and bright colours.

It seems not improbable that this beautiful little craft will at no distant date vanish completely from the Whangpoo, and with it much of the romance and charm of the waterfront.

THE T'ANG-CHIANG-HUA-TZO, OR LANNITU SAMPAN

Every river and tributary, almost every district, has its own peculiar kind of small boat, and the craft frequenting any one town differ in greater or lesser degree from those of other places. Sampans are extensively used for long-distance traffic, and indeed all kinds of transportation, and in the delta region there is hardly a household without a boat of its own to facilitate the main industries of agriculture and fishing.

A surprising number of types, or variations from types, is to be found in the Pootung area. Notwithstanding local differences of detail, these small boats vary very little as a class, and all approximate fairly closely to the type illustrated in Fig. 10-11, which has been selected as generally representative of the class of small dual-purpose boat propelled by oars.

Popularly known among foreigners as the Lannitu sampan, after her district of origin, the junkmen call her the *t'ang-chiang-hua-tzŭ*, which means an oar-drifting small boat.

This sturdy craft is merely an open boat designed to carry 30 piculs of cargo. She is shorter than the ordinary sampan, more beamy, and higher in the side, the measurements being 23 feet in length, with a beam of 6 feet and a depth of 2 feet 5 inches. There are two bulkheads and four frames, and the fore deck is decked in. Stem and stern are alike, and rise in a long, shallow flare from the water.

Propulsion is by two oars. The boatman stands facing the bow, and in rowing pushes the oars so that the looms cross each other in the form of a St. Andrew's cross. Normally no rudder is fitted, but when the boat is working under sail a foreign-pattern rudder with iron pintles and gudgeons is used.

These craft were recently suspected of being engaged in doubtful lucrative commerce. In order, therefore, to assist the authorities in watching their activities they were required to register with the Customs Harbour Police.

Figures now available show an enormous increase in their numbers, for it is a lamentable fact that these

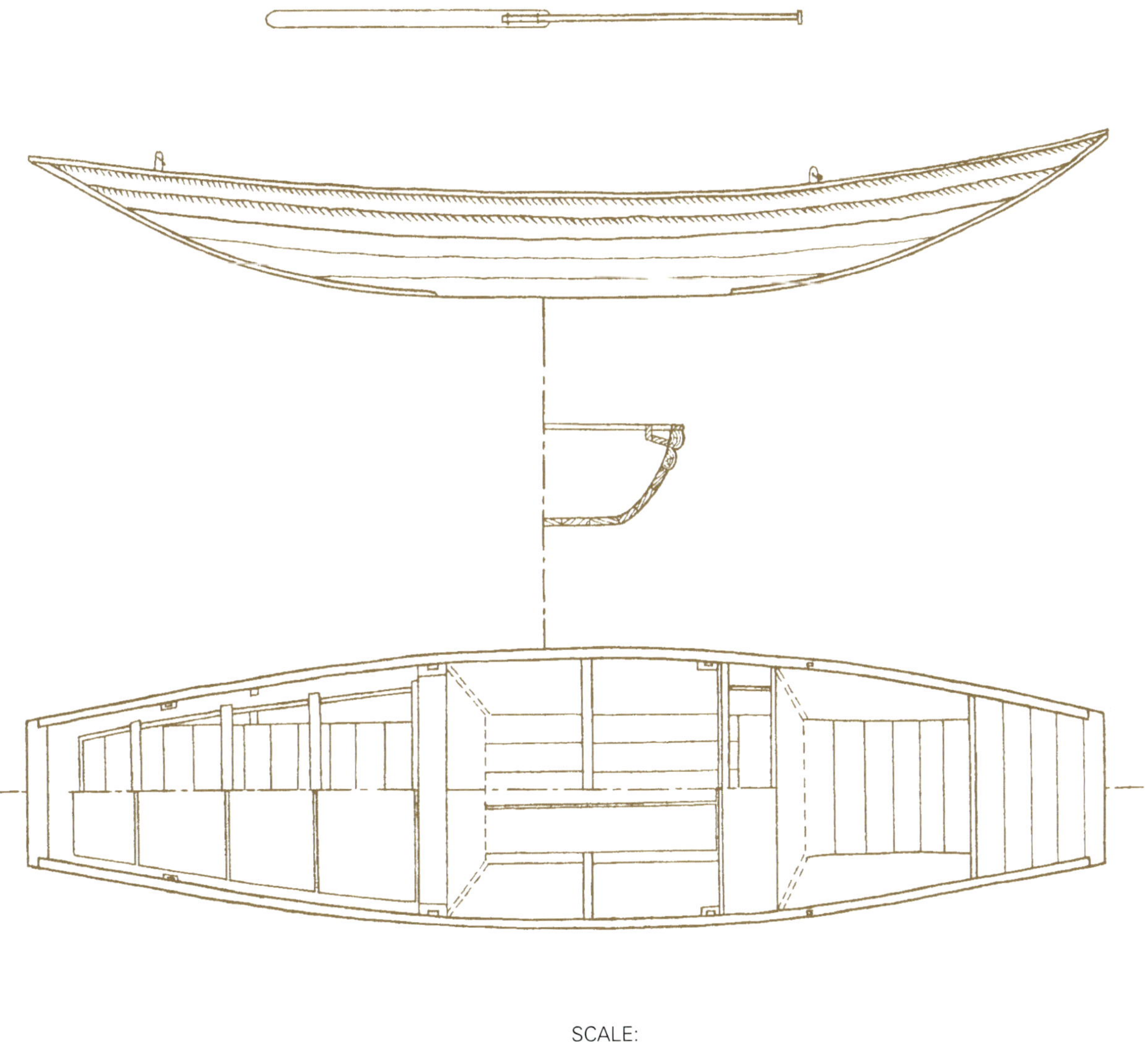

Fig. 10-11 T'ANG-CHIANG-HUA-TZŬ

serviceable, albeit dull, little craft are rapidly superseding the picturesquely-painted harbour sampan, which cannot accommodate the same amount of cargo and/or passengers. A few years ago there were 1,300 harbour sampans as compared with 1,200 of the Lannitu type. In 1940 there were 836 of the harbour type, compared with 2,789 Lannitu sampans.

THE WOOSUNG FANG-T'OU, OR SQUARE-HEAD BOAT

This seaworthy and beamy sampan is ideally described by its name, *fang-t'ou*, or square-head. Designed primarily for work at Woosung or on the Whangpoo, where it stands up well to rough weather, it does not compete with the Shanghai sampan recently described and is rarely to be seen in the harbour. Plying as they do in less populated areas, there are only 221 of these craft registered with the Customs Harbour Police.

Somewhat ungainly in appearance, it nevertheless furnishes proof of good constructive skill. It varies in length from 12 feet, with a beam of 4 feet, up to 18 feet with a beam of 6½ feet(Fig. 10-12). It is built throughout of *sha-mu*, its square proportions being divided into two full bulkheads[1] with three frames[2]. There is in addition a *chia-t'ou* (假头), or false bow[3], which small compartment is free-flooding by means of the usual hole in the bottom at the turn of the bow[4].

The four angles[5] in the under-water line are rather unusual. The deck planks and bottom boards are interchangeable, and the whole boat can be decked in completely if need be; but the larger midship section[6] is usually in the form of a cockpit for the accommodation of the passengers by day and the crew by night. The forward[7] and after compartments[8] have their bottom boards at a higher level and are used for the stowage of personal effects and cooking respectively. The oarswoman stands on this raised bottom board[9], the spaces below being utilized to store gear and fuel. A removable awning on stanchions is fitted.

Sometimes these craft are to be seen under an improvised sail of the spritsail variety, with a thin bamboo mast so fexible that the clew of the sail is almost in the water. The normal means of propulsion, as of steering, for there is no rudder, is by yuloh. The single yuloh is proportionally long and heavy, being as a rule the same length as the sampan. It is made in three pieces, being very similar to that used by the Shanghai sampan except that, for the same-sized boat, there is about double the length of yuloh working below the surface, that is to say, 7 feet instead of 3½ feet as in the Shanghai sampan. This leverage gives the extra power required for this clumsier craft.

Two people are more often than not at the yuloh, while a third, usually a youngster, assists by pulling on the cord. The synchronization displayed in this task is worthy of special notice in view of the fact that the crew are mostly Woosung women who employ their time in this way while their husbands are working in larger junks.

The women are wonderful "seamen", and so thoroughly competent to train the young sons who help them that these smart-looking and well-kept craft are the nursery of some of China's best sailors.

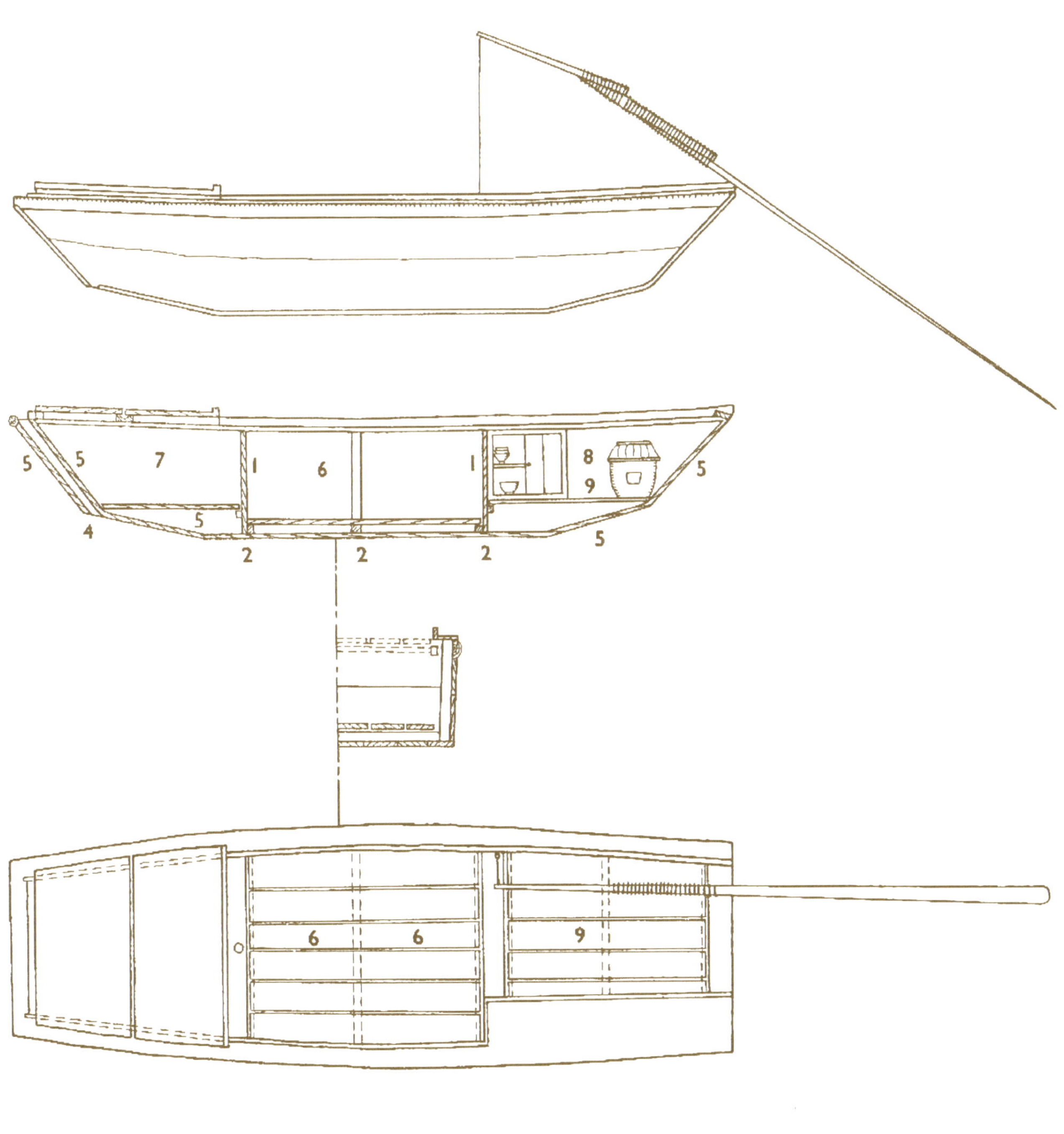

SCALE:

1 0 5 10 FEET

Fig. 10-12 WOOSUNG FANG-T'OU

THE YAO-LU-HUA-TZU, OR OAR-BOAT

The *yao-lu-hua-tzŭ*, or oar-boat, is to all outward appearances remarkably like the Woosung *fang-t'ou*; but, unlike the latter, she carries cargo almost exclusively instead of passengers, and indeed may be described as the cargo-carrying sampan of the Whangpoo, with a capacity of about 40 piculs.

The junkmen themselves, of course, would never confuse the two types, and actually there are several differences in their construction. The yao-lu-hua-txü has no false bow and the boat is decked in throughout, for in place of a single midship section awning there are two awnings covering the whole length. The after awning may be raised about 1. 5 feet, if necessary, into the strongback in the stern.

A curious feature of the construction is that the bottom measurement of the stern is wider than at deck level, while the galley is forward instead of aft. Another notable distinguishing feature is a long *sha-mu* pole suspended as a fender on each side. These serve to protect the hull but detract from the smartly-kept air customary to these boats.

There is considerably more room and comfort for the crew which, like those of the Woosung fang-t'ou, consist, generally, of the wives and families of junkmen.

Propulsion is by the same type of yuloh, which is also situated on the tarboard side. This yuloh extends 7 feet below the surface of the water. There is no rudder, but masts and sail may sometimes be seen.

The *yao-lu-hua-tzŭ* has two bulkheads and three frames, and is somewhat arger than her sister the *fang-t'ou*, measuring as she does 23 by 7 feet. The people on board go about their domestic duties as unconcernedly as if they had he privacy and safety of four walls(Fig. 10-13).

THE HSIAO-KIANGPEI-CH'UAN（小江北船）, OR KOMPO BOAT

This small craft, known as the *hsiao-kiangpei-ch'uan*, or small Kiangpei boat, is a vegetable-pedlar's sampan, and is so named after a district on the Pootung side of the Whangpoo. It is also commonly known as the Kompo boat, though this annoyingly loose description is by no means confined only to this craft.

Kompo（江北）, in Shanghai dialect, means "of or belonging to the north bank". Anything unfamiliar or of uncertain origin is therefore liable to be termed Kompo, including even the people who hail from some far-off or little-known area.

Built in the town of its own name, this craft peddles vegetables up and down the creeks and waterways around Shanghai and also in the vicinity of the T'aihu, where large quantities of vegetables are produced and find a ready market amongst the adjacent villagers, whose own allotments may happen to be insufficient for their needs.

The craft vary somewhat in size. A typical specimen is illustrated in Fig. 10-14 and measures 21½ feet in length, with a beam of 5 feet 9 inches and a depth of 1 foot 10 inches. Her light construction matches her

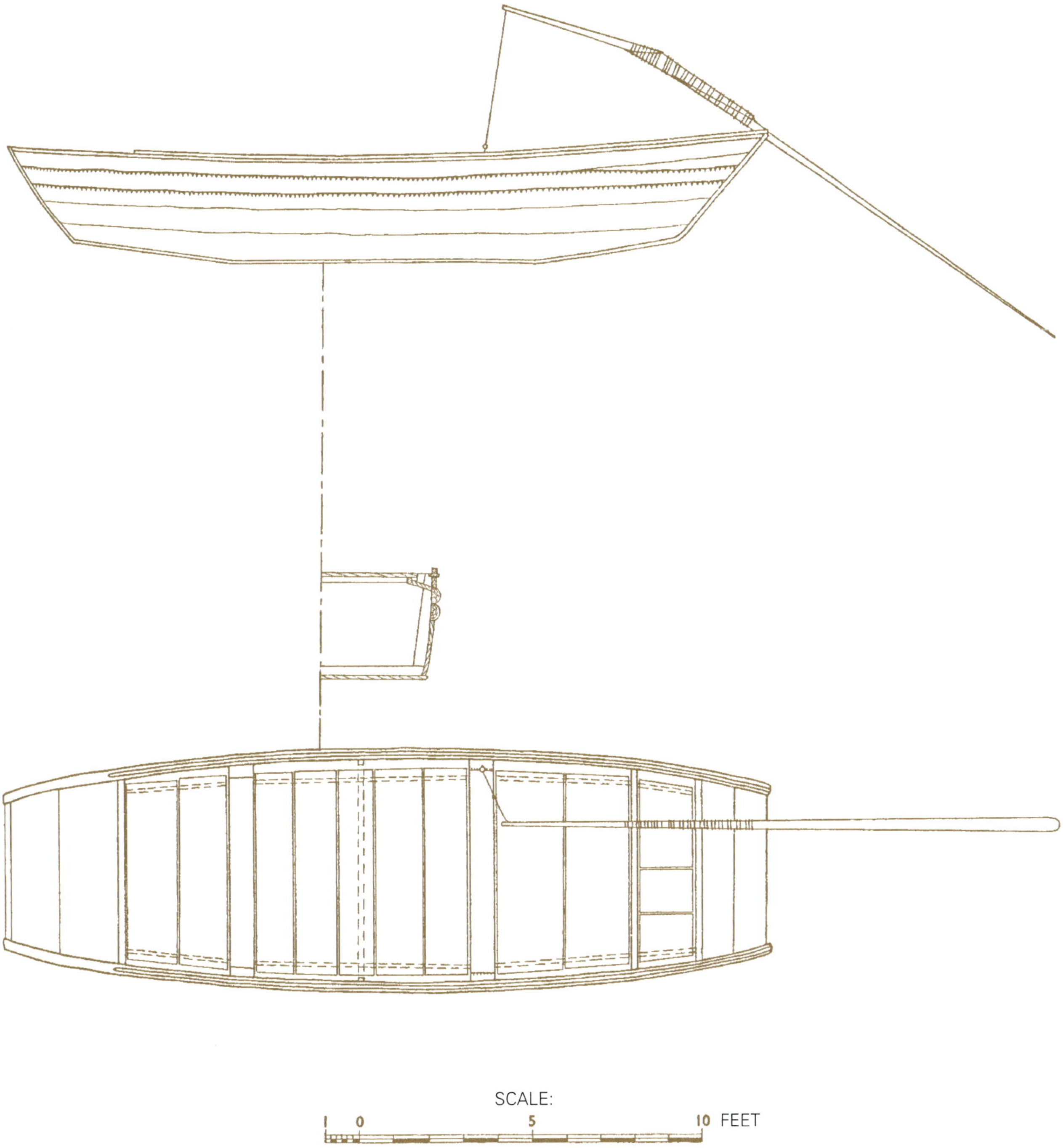

SCALE:

Fig. 10-13 YAO-LU-HUA-TZŬ

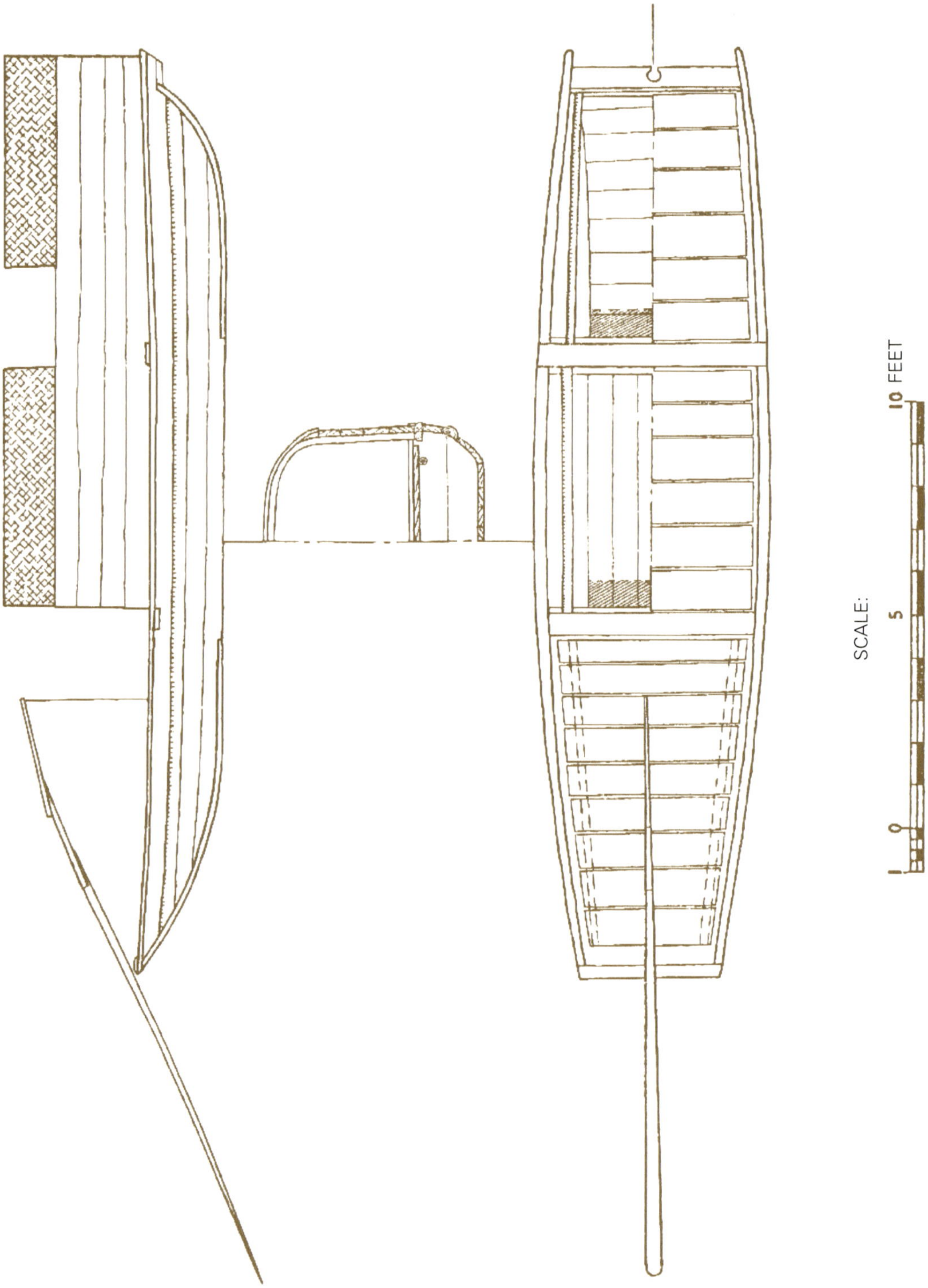

Fig. 10-14 HSIAO-KIANGPEI-CH'UAN

light but bulky cargo, for there are only two bulkheads and one half-frame. A distinguishing feature is the very small overhanging stern gallery, which in the smaller sampans projects 6 inches and in the larger ones never exceeds 10 inches.

The low bow, which is decked in back to the first bulkhead, has a long overhang. Both bow and stern have athwartship planking which extends over the bottom of the hull below the water to the forward and after bulkheads respectively.

It is not clear why the two supporting deck beams above the two bulkheads should rest the one below[2] and the other above[3] the gunwale.

A disproportionately large built-up wooden house with a mat roof extends from aft of the first bulkhead right to the end of the small stern gallery. This comfortable accommodation for the owner and his family makes it quite impossible to work the yuloh-the only means of propulsion-over the stern in the usual manner.

A *modus operandi* can always be improvised by the practical junkmen. In this case, without regard to appearance, precedent, or tradition, which decrees that a boat should move forward bow first, the yuloh is shipped over the bow, and, to a sailor, the astonishing spectacle may be seen of a craft habitually proceeding backwards.

THE TAN-CH'UAN（滩船）, OR SANDBANK BOAT

Besides the ordinary junk routes there are numerous lesser creeks navigable by craft of 2½ to 3 inches draught, and in addition there is a perfect network of still smaller creeks on which small junks and sampans of very light draught can ply. To such an extent is the Yangtze delta cut up into creeks and canals that every villager can almost, if not quite, reach his door by boat.

T'an-ch'uan is the local name given to the craft here described. The literal translation of the word *t'an*（滩）is sandbank or foreshore. These small junks are collected together in *ch'uan-ch'ang*（船厂）, or boat yards, situated at various focal points on the creks inland from the Whangpoo on the Pootung side. When a farmer has collected sufficient product to fill a boat, he hires it for a fixed sum 50 cents a day a few years ago) and carries his wares to market by one of the numerous creek routes. With long practice the farmers and their wives and children have become expert"watermen".

There are frequently branch canals leading to the outlying farmhouses. On these waterways the farm boat takes the place of the farm waggon, and heavily-laden boats may be seen plying in all directions carrying farm produce.

A medium-sized craft, such as is illustrated in Fig. 10-15, is 30 feet long, with a beam of 6½ feet and a draught of 3 inches. The largest craft may measure 50 feet in length.

The boat is strongly built with two bulkheads and six frames, and is decked throughout with removable planks, the cargo being stowed in the two foremost compartments[1] while the third has a sliding hatch[2] reaching from gunwale to gunwale for the accommodation of the crew below decks.

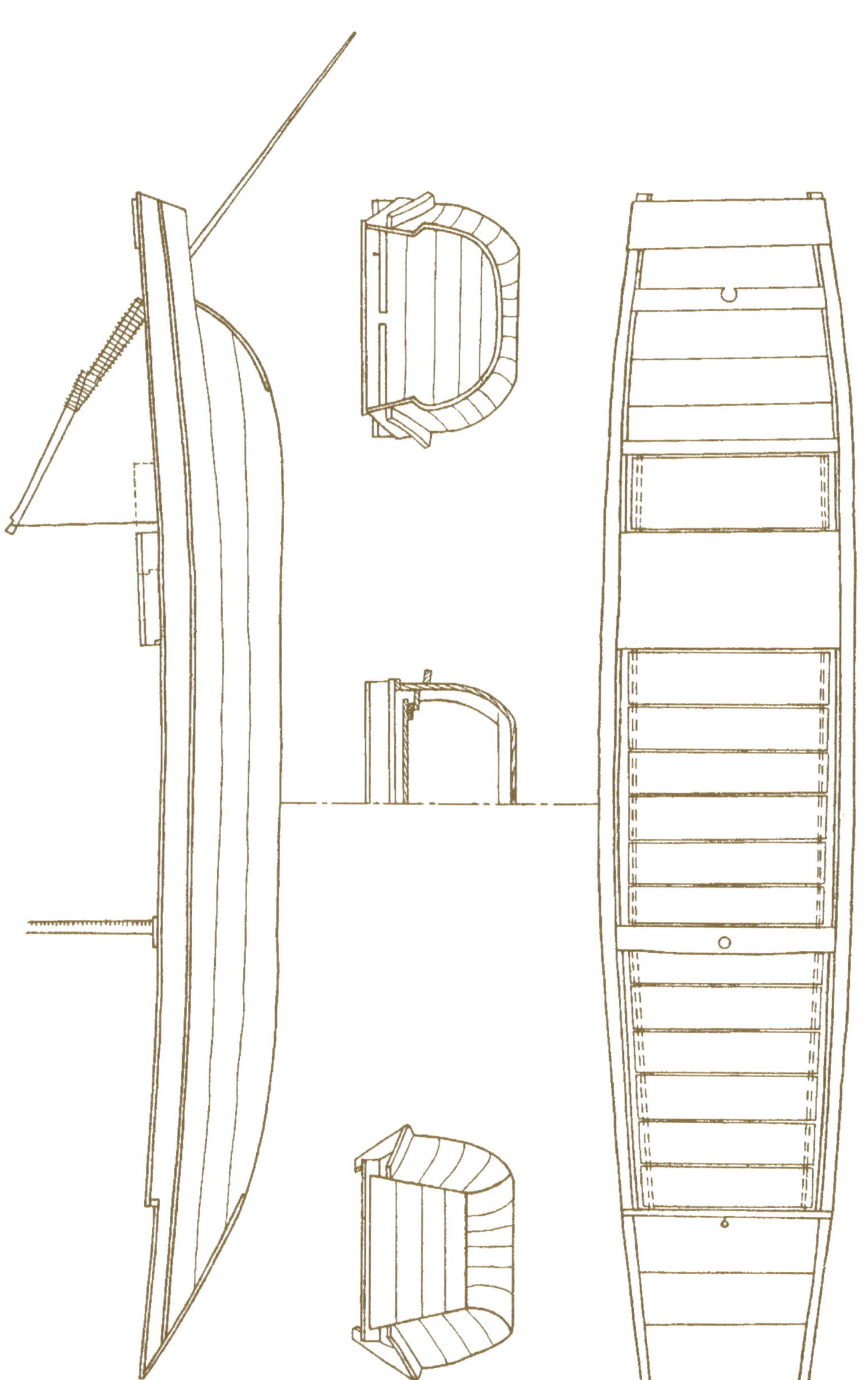

Fig. 10-15 T'AN-CH'UAN

The characteristic overhang of the stern[3] provides increased deck space, and there is an aperture[4] for a rudder, though one is seldom used. The boat is propelled by means of a yuloh 15 feet long, of which 3 feet alone operate below the water-line in the shallow creeks. Sails are never used, although a small tracking mast is sometimes stepped.

– CHAPTER 11 –

THE SOOCHOW CREEK

THE FU-CH'UAN（府船）, OR OFFICIAL BOAT

The *fu-ch'uan*（府船）is built at Changchow（常州）, a city lying north-west of Wusih, where the Grand Canal runs north to Chinkiang parallel with the Shanghai-Nanking Railway. This junk serves the waterways leading from the Taihu to Shanghai, though it is occasionally to be seen on the Yangtze. It would appear that this craft, or its prototype, was used originally in some form or other for official purposes; but now, despite the impressive title, she has degenerated into a cargo-junk which carries stones to Shanghai and returns empty.

Made of *sha-mu* and measuring 66 feet, with a beam of 13½ feet and a depth of 6 feet, she is of exceptionally strong construction, as indeed she needs to be, with nine hardwood bulkheads and eight frames, and a carrying capacity of 42 tons. Built on pleasing lines, tapering gracefully to the stern, and with the very narrow bow characteristic of the Taihu, she displays some unusual features in her construction, notably the double strengthening of planks in the "turnover" below the quanting gangway which runs throughout the length of the vessel on either side. This peculiarity of hull is illustrated in the sectional plan on Fig. 11-1.

The small, low house, which is removable, is amidships and accommodates the crew of six. The owner and his family live below decks aft, between the seventh and eighth bulkheads, while the galley, also below decks, is abaft the ninth bulkhead.

There are two masts, both fitted with tabernacles and situated well forward; indeed, the foremast is abnormally far forward for this type of junk. The rudder is of the Shanghai non-hoisting variety. Alternative or auxiliary propulsion is effected by two bow yulohs operating from bumkins.

Stone-junks which, by reason of their dead weight of heavy cargo, should rigorously avoid overloading are actually notorious offenders in this respect, their margin of safety being reduced to the minimum possible. The serious dangers of swamping are slightly offset by the use of washboards, upon which the crew rely, almost entirely, to save them from swamping.

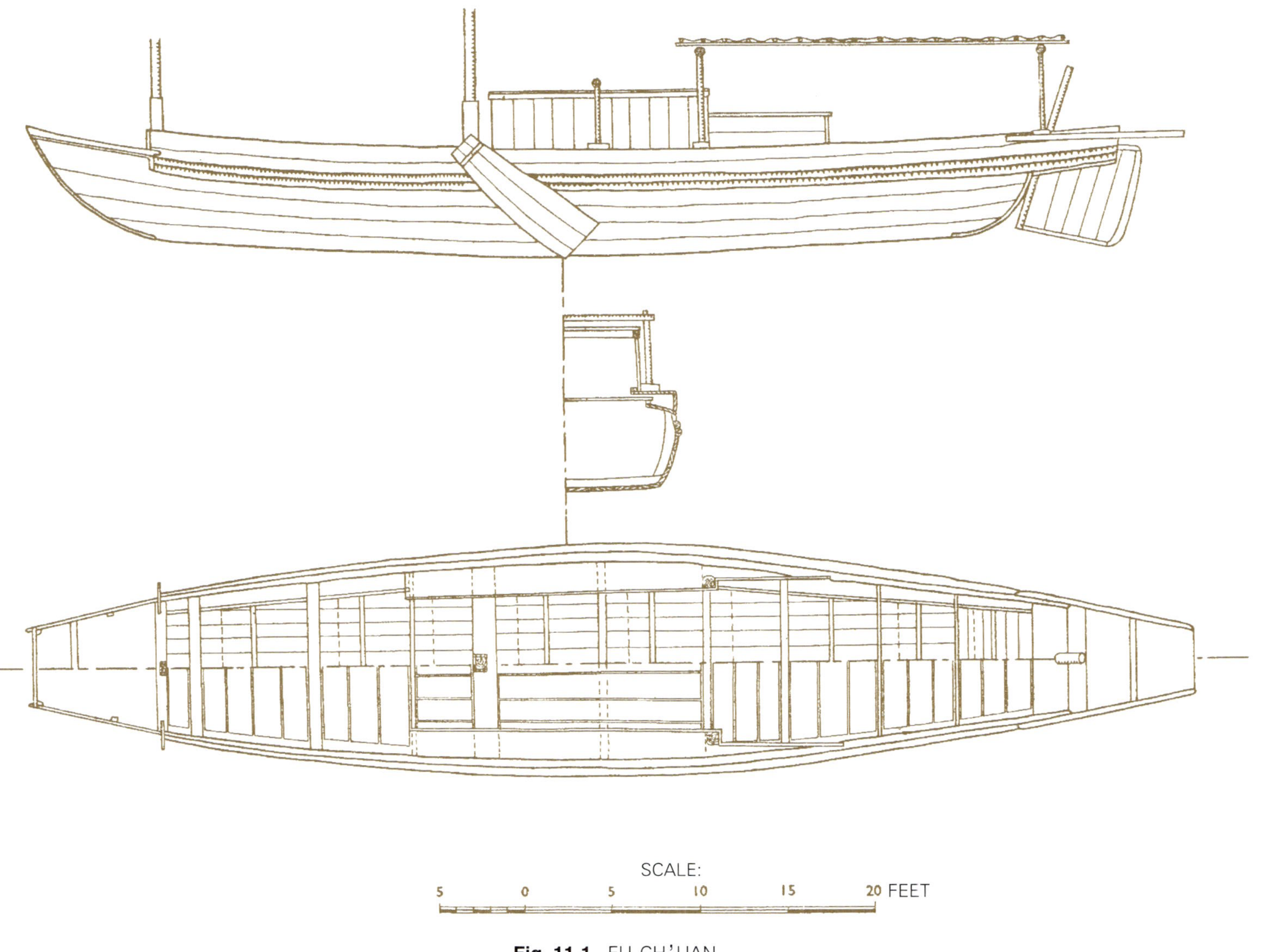

Fig. 11-1 FU-CH'UAN

THE NEI-HO-HANG-CH'UAN (内河航船), OR CREEK PASSENGER-BOAT

The *nei-ho-hang-ch'uan*, which is usually built at Pootung, is to be found on any of the creeks in which there is sufficient water for it to navigate. It serves a very useful purpose in connecting the various small towns with each other and with Shanghai.

In size these craft vary from 30 feet in length, with a beam of 7 feet, up to 65 feet in length and a beam of 15 feet. The one selected for illustration in Fig. 11-2 is 50 feet long and 9 feet in beam, with a depth of 4 feet.

Of necessity light in draught, they are also lightly built of *sha-mu* with one bulkhead of hardwood and 10 frames. Bow and stern are both provided with extension galleries. A narrow platform runs on either side from the bow almost the length of the junk, resting most of the way on a light wale. Shelter from the weather is provided by the standing awning and by a house disproportionately large and fitted with three sliding windows. The aft part of the junk is used as a galley. The interior of the house is free of deck planks so as to give more head room, and seating accommodation is along the ship's side. There are no bunks for such long-distance travellers as may have to spend a night or two on board anked in at the side of the creeks when night falls.

The number of passengers varies according to the amount of luggage they require transported with them. Propulsion is by the large yuloh in the stern and sometimes by tracking. The owner and his family usually act as the crew.

In normal times these craft could be hired for a few dollars a day each and were therefore much in demand by travellers of the middle class.

THE YAO-HUO-CH'UAN, OR BRICK-BOAT

Bricks and tiles play an important and interesting part in the study of ancient civilizations, not only from an historical viewpoint, but also artistically. Their invention dates back to very ancient times, and excavations at Ur of the Chaldees has produced bricks made 6,000 years ago.

According to the oldest Chinese records, the people first lived in caves in winter and "nest dwellings" in summer. Mention of this and of the unknown benefactor who first inaugurated house-building is made by Confucius in the *I Hsi Tz'ü*(《易·系辞》); and the *Li Yün*(《礼运》), a record of old rites said to have been compiled by the followers of Confucius, describes how the people "utilized the power of fire for melting metals and cementing clays to build walls, houses, and pavilions." During the Shang and Chou Dynasties, however, cave dwellings were still in use.

There is no knowing how the first homes were built, whether stones were used, as in the West, or if brick-making was almost contemporaneous with the new activities; but bricks and tiles in China are certainly

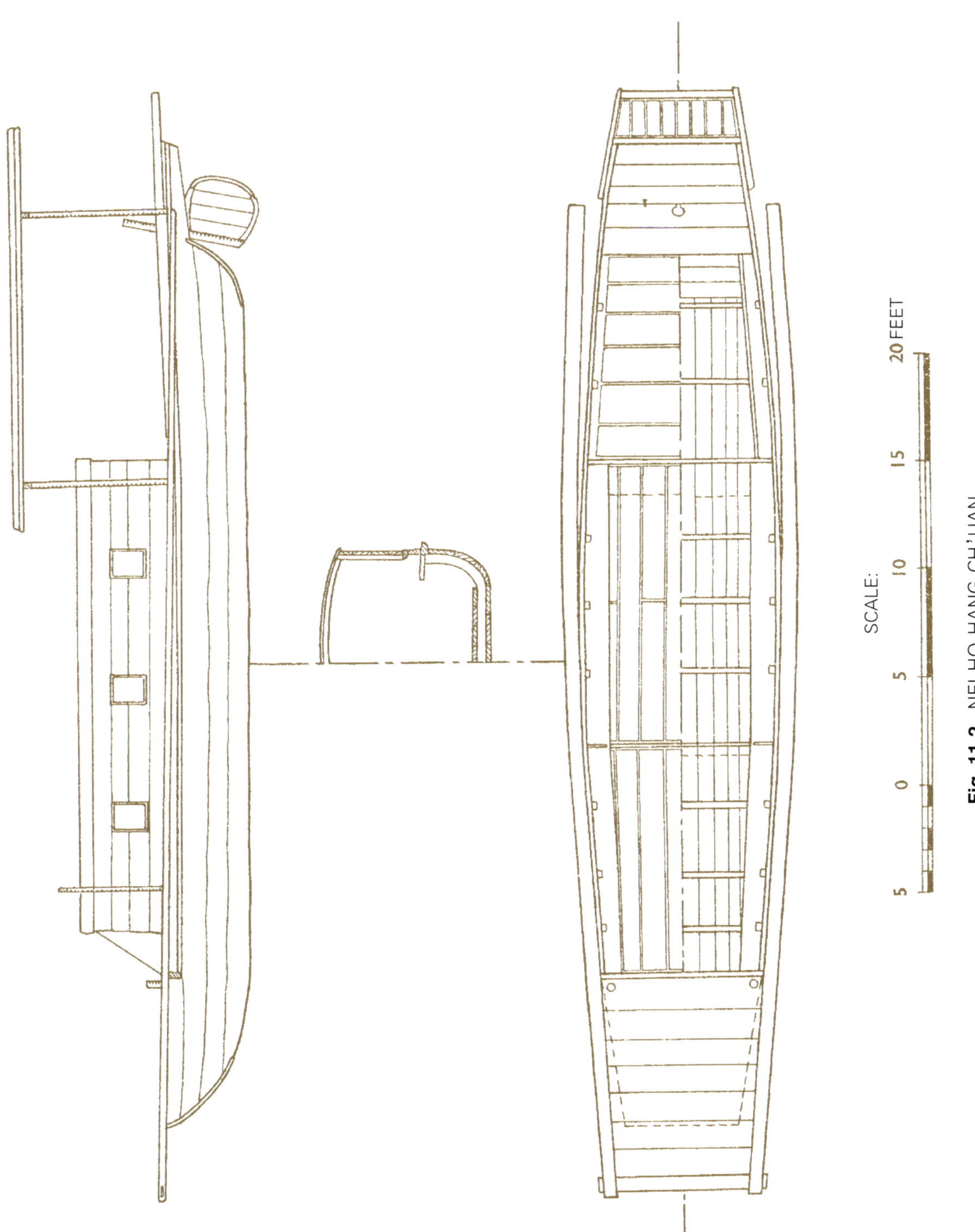

Fig. 11-2 NEI-HO-HANG-CH'UAN

of very ancient origin. Here are no authentic records as to dates of this invention. Ch'iao Chou (谯周),[1] in compiling his *Reviews of Ancient History* (《古史考》), in the third century A. D., claimed that bricks and tiles were first made by Wu Ts'ao during the Hsia Dynasty, about 2205-1766 B. C., but this must be regarded as pure supposition.

The word for brick in ancient times was *p'i* (坯), and is first mentioned in poem written about 650 B. C. Another reference is that of Mao Ch'ang (毛苌) during the Han Dynasty, who, in a review of old poetry known as the *Shih Mao Chuan* (《诗经》), states:

> As there are bricks in the yards, so there is fine grass on the mounds. (中唐有甓邛有旨鹝)

Some 300 years later a new word, *chuan* (塼), made its appearance in a philosophical writing of Hsuin Ch'ing (荀卿) and is still in use today. A third word, *chi* (墼), was used in the *Shuo Wên* (《说文》), a dictionary written in A. D. 100; but this, it would seem, designated bricks which were not fired and were probably sun dried.

The oldest known ancient Chinese bricks as portrayed in illustrated books of old art treasures date back to the Ch'in Dynasty, 255-206 B. C. These specimens were said to have been excavated from ruins and bore records of their date of origin stamped upon them. The most monumental example of brick-building is, of course, to be found in the Great Wall of China, which was built during the same Ch'in Dynasty. The bricks used in its construction vary considerably in size, but the most common measure 15 inches long, 7½ inches wide, and 3½ inches in thickness. After all these centuries the mortar still binds the masonry. The art of mixing it seems to have been lost, though the Chinese believe rice flour was mixed with the lime. The method of making the earliest of Chinese bricks is that still used throughout the country districts, that is to say, they are moulded by hand between boards and then sun dried.

It is not, however, these bricks, or those of the Great Wall, which are carried by the craft hereinafter described, but their modern counterpart which is rought to the Shanghai market from the brick-making centres of Kashing and Soochow.

The more elaborate process begins with the drying and grinding of the clay, which, after being pulverized, is sifted and tempered with water and plugged to a certain degree of consistency before being pressed in a mould into bricks. The wet bricks are placed in a yard to dry for four or five days. When ready for firing they are packed into the kiln, which then has all openings sealed up and an iron lid placed on the top. The amount of air introduced through a ventilating shaft at the base of the kiln is regulated by a valve. As soon as the fire begins to show white flames the burning ceases and the bricks are left, still sealed up, to cool off slowly. The red colour of bricks or tiles is due to the presence of an iron oxide in the clay.

The brick-burners sell their stock to dealers either on order or for spot cash. In the latter case the burners ship their bricks to Shanghai themselves.

[1] A noted scholar of the Minor Han Dynasty, it is recorded of him that he used to sit up all night studying the classics. He would have a lighted twist of hemp arranged in such a way as to bum his hair if he began to nod from drowsiness.

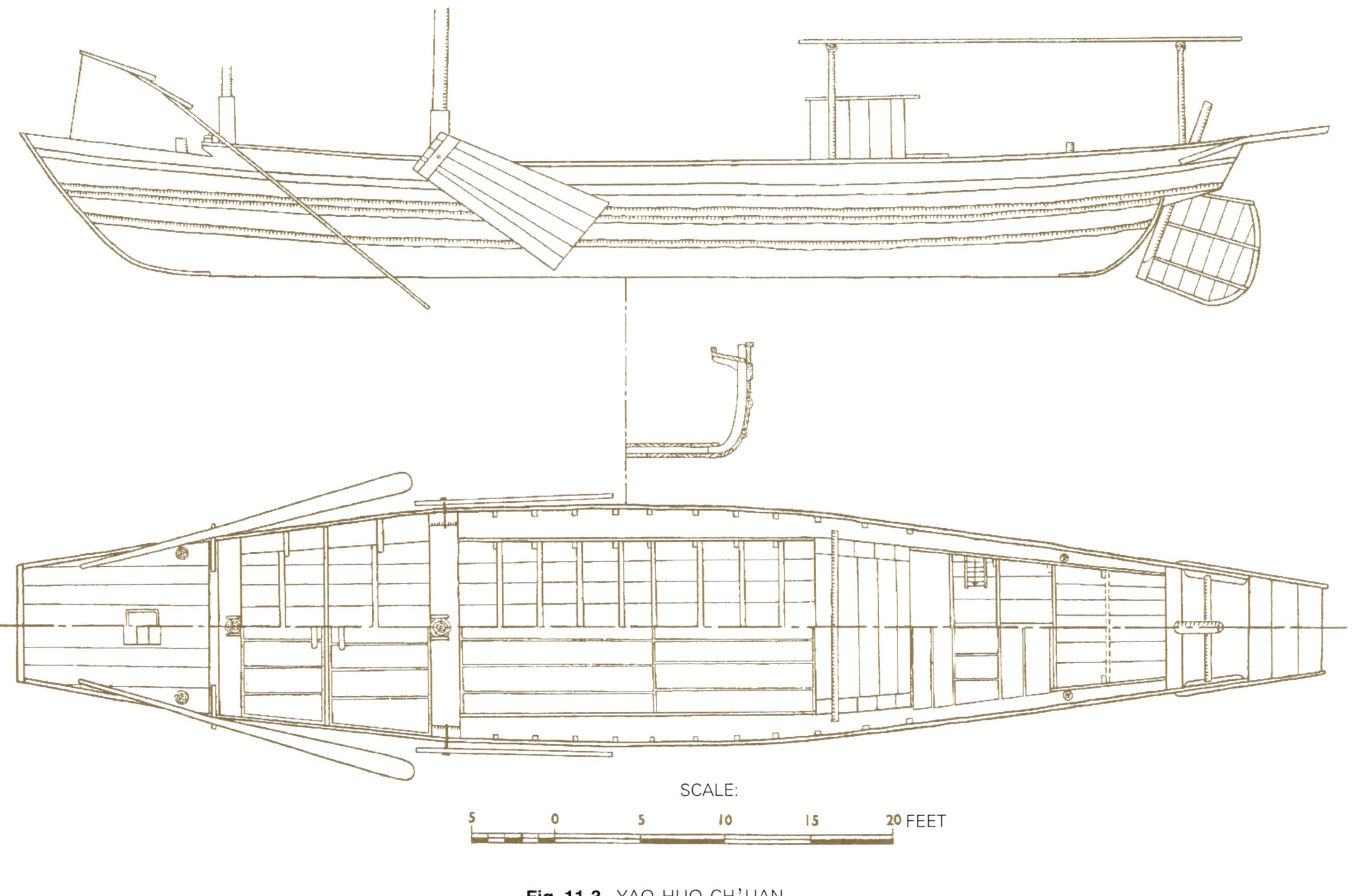

Fig. 11-3 YAO-HUO-CH'UAN

There are nearly 100 dealers in bricks and tiles in Shanghai, divided into two groups having a common guild. The yearly sales of a large dealer exceed $100,000, which is hardly surprising in view of a total annual expenditure of $3,000,000 in Shanghai on these commodities.

The business negotiations between the dealers and the house-building ontractors are almost always conducted in a tea-house named the Ssŭ Hai Shêng P'ing Lou(四海升平楼), or "Four Seas Peace House". The words Ssŭ Hai, in local dialect, have also the meaning of "broad minded". This tea-house is situated in Foochow Road.

Often a junkowner, if he has sufficient enterprise or capital, or both, will purchase a cargo of bricks and tiles direct from the burners and bring it down to sell in Shanghai at a good profit.

The craft which carry this cargo are known as the yao-huo (窑货), or kiln-products boats, of which a typical example is shown in Fig. 11-3. Designed, the name implies, to bring the products of this industry down the Soochow Creek, they are built in Shanghai and measure 77 feet in length, with a beam of 14.6 feet and a depth of 7 feet.

This type of junk is of exceptionally strong construction so as to accommodate the 60 tons of deadweight cargo she carries, for her *sha-mu* hull is strengthened by five hardwood bulkheads and 16 full frames. There is, moreover, a strong double wale with a single wale below, while above is a square-shaped gunwale, stronger and more substantial than the other wales, which serves also as a fender. This is surmounted by low, fixed weather-boarding running from the foremast aft.

Despite her solidity, this brick-carrier has remarkably graceful lines, and tapers to quite a narrow stern with the usual Shanghai-type stern gallry fitted with an extension.

The rudder-hoisting gear is rather more elaborate than usual, consisting of a small windlass resting in heavy chocks, and is operated by means of two short handspikes.

Propulsion is by sail and yuloh. Of the latter there are two, of the curved variety operating from short bumkins disposed on each bow. There are two masts, both very far forward. The fore and aft planks of the deck in a line with and between the masts are fitted with a cross batten to enable them to be readily removed when the masts are struck. Each mast is supported by a pair of tabernacles strengthened with an iron bar. There are two lee-boards, and the two pairs of bitts, according to a fairly general Shanghai custom, are situated close to the gunwales.

The weight is carried well forward, for the cargo is stowed in the forward and broader portion of the vessel in the two holds which lie between the first and fourth bulkheads.

The owner and his family live in a small house, and also below in a cabin measuring 8 by 13 feet. Entry to this is through a sliding doorway and down a ladder. The crew of eight men live forward in quarters below deck, reached through a booby hatch. The galley, which measures 8 by 10 feet, is also below decks and aft of the owner's cabin.

THE FEN-CH'UAN, OR FU-FU BOAT

China is essentially an agricultural country, and, according to their historical records, the Chinese from a very early period have been masters of agriculture. The great mass of the people are farmers, who spend their lives in the cultivation of the countless farms that cover the face of the whole country.

One of the most remarkable customs to be practised by a civilized country is their method of utilizing all human waste to maintain the fertility of the land. The Chinese farmer wastes nothing. While the ultra-cilized Westerner turns sewage into the sea, the Chinese use it for manure. For more than 30 centuries this practice has been carried out, and it is estimated that, today, the 400 millions of China's population send back to their fields an annual weight of 150,000 tons of phosphorus, 376,000 tons of potassium, and 1,158,000 tons of nitrogen comprised in a gross weight exceeding 182 million tons of these valuable salts and chemicals. [1] The conservation and use of this form of fertilizer has been carefully worked out. It is deposited in a shady place, in a concrete container or earthenware vat, partly buried and kept tightly covered for 10 days until ready for use. It should not be kept longer, or the nitrogen content becomes lost. It is then diluted with three or four times its own volume of water and applied to the plants or vegetables. Without any chemical knowledge, the Chinese farmers have apparently, by the usual trial-and-error methods, arrived at a scientific fact.

The collection and distribution of night-soil in the country is a simple matter, but in dealing with the vast accumulations still to be had from the big cities a good deal of organization is necessary, and a considerable industry has grown up around it.

In China, of course, the cheapest, easiest, and most usual form of transport is, as always, by water. It is therefore not surprising to find craft specially designed for the malodorous cargo and that the flotilla engaged in the trade is enormous.

These boats vary in capacity from about 35 cartloads to 150 cartloads, these being the technical form of measure (Fig. 11-4).

The craft under description measures 50 feet in length with a beam of 9½ feet, and is divided into five compartments. The three amidship compartments are used for the cargo. The foremost compartment, which is approached through a hatch, it used to accommodate the crew of four men, and the fifth and sixth after compartments beneath a standing awning form the living quarters of the owner and his family, for, amazing as it may seem, human beings can, and do, live aboard these craft and appear in no way overwhelmed by the atmosphere of their unattractive trade. Indeed, they all prepare and eat their meals on board, for there is a community galley in the sixth compartment, while in close proximity to it, in the next or last compartment of all, the buckets and bailers for the cargo are stored.

A high coaming extends aft from the capstan to the overhanging gallery in the stern, where a small, sloping rudder is fitted. The square bow is reinforced at deck level with iron strengtheners.

THE SHIH-HUI-CH'UAN, OR LIME-BOAT

From limestone, which is found ractically throughout the country, quicklime is produced by means of

[1] The student desirous of following up this noisome subject should consult *Farmers of Forty Centuries*, by. H. King.

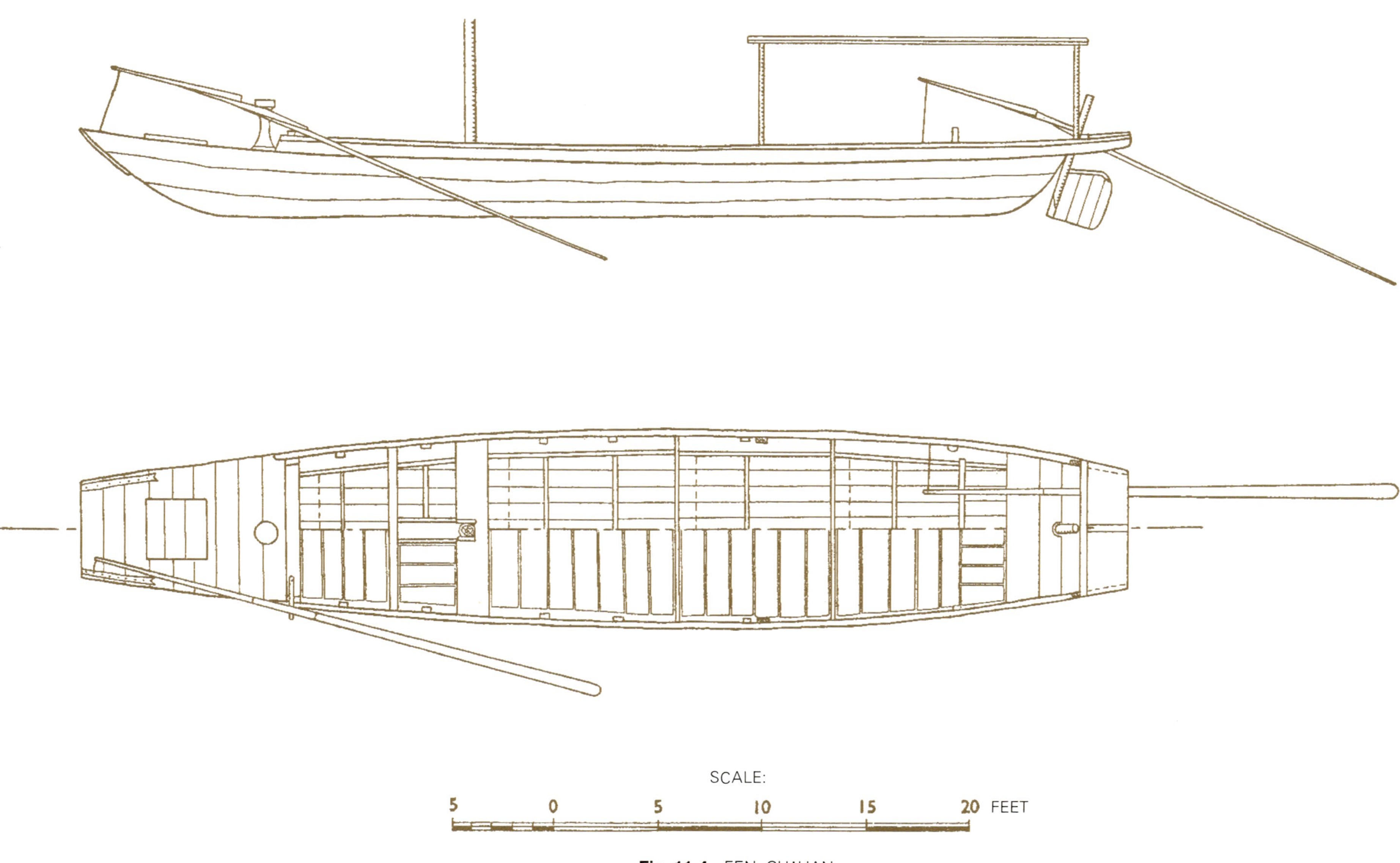

Fig. 11-4 FEN-CH'UAN

heating in kilns. This industrial product is very largely used in a variety of ways, such as for mixing mortar and cement; in making bleaching powder and soap; as a fertilizer; in refining sugar; in preparing coal gas; in the preparation of leather and of various chemicals; in making glass; as a disinfectant; in metallurgical operations; and for many other purposes.

So long as lime is kept dry it is safe enough; but if it becomes wet it generates a considerable amount of heat and is liable to set fire to any adjacent combustible material.

It is therefore hardly surprising to find that a special type of junk is used exclusively for carrying this rather dangerous form of cargo. These craft are known as the *shih-hui-ch'uan*, or lime-boats, or sometimes as the *p'ing-p'eng-ch'uan*, or flat-roofed boats. They are built at Luch'ü, a town on the Taihu. Another centre for building these junks is Soochow. Shanghai, which is, of course, a most profitable and practically inexhaustible market for this commodity, draws its supply chiefly from the T'aihu district, where the two important towns in the lime trade are Ch'ênmu and Luch'ü, south-east of Soochow. The direct route to Shanghai and that generally used is therefore down the Soochow Creek in Fig. 11-5.

This craft, which measures 65 feet in length, with a beam of 12 feet, a depth of 4½ feet, and a capacity of 700 piculs, is of very strong construction, being provided with six bulkheads and eight frames. She tapers gently to bow and stern, though, by reason of the long, narrowing stern gallery, she gives the impression of even finer lines aft than she has in reality. There are two masts and square-headed lug-sails. The rudder is of the hoisting non-balance Shanghai type. Additional propulsion is effected by means of a curved yuloh operating aft on the starboard side of the stern. The crew of six live in a small house. The main interest in this type of junk lies in the insulating device used in the two cargo holds which extend from the first to the second bulkhead and from the third to the fourth bulkheads, the two holds being divided by a coffer-dam between the second and third bulkheads. These two main holds are ingeniously and inexpensively insulated by a surface covering consisting of four layers of oiled paper sandwiched between bamboo matting. The whole is nailed to the frames, which arrangement permits a current of air to circulate round and beneath the cargo of lime. The bulkheads are also covered in the same way to prevent any seepage of water.

As a further precaution against unwelcome entry of water, not only is there a high weather-boarding extending from the second frame to the house and continuing past it as far as the sixth bulkhead, but additional protection against any chance wash from passing ships is provided by a 6-inch high coaming on either side of the bow.

Despite excessive care, accidents occasionally occur, due to the cargo getting damp. It is said that one junk in the Soochow Creek recently exploded with a loud report and became a total loss, bits of wreckage being blown for some distance in all directions.

THE KOMPO PLOATING DWELLING

The Kiangpei, or, more popularly, "Kompo floating dwellings", may be built up on any type of junk or sampan which is past its normal work, they can therefore be of any size. That illustrated in Fig. 11-6 measures 42 feet, with a beam of 8 feet and a depth of 3½ feet. The Kompo floating dwellings may be de-

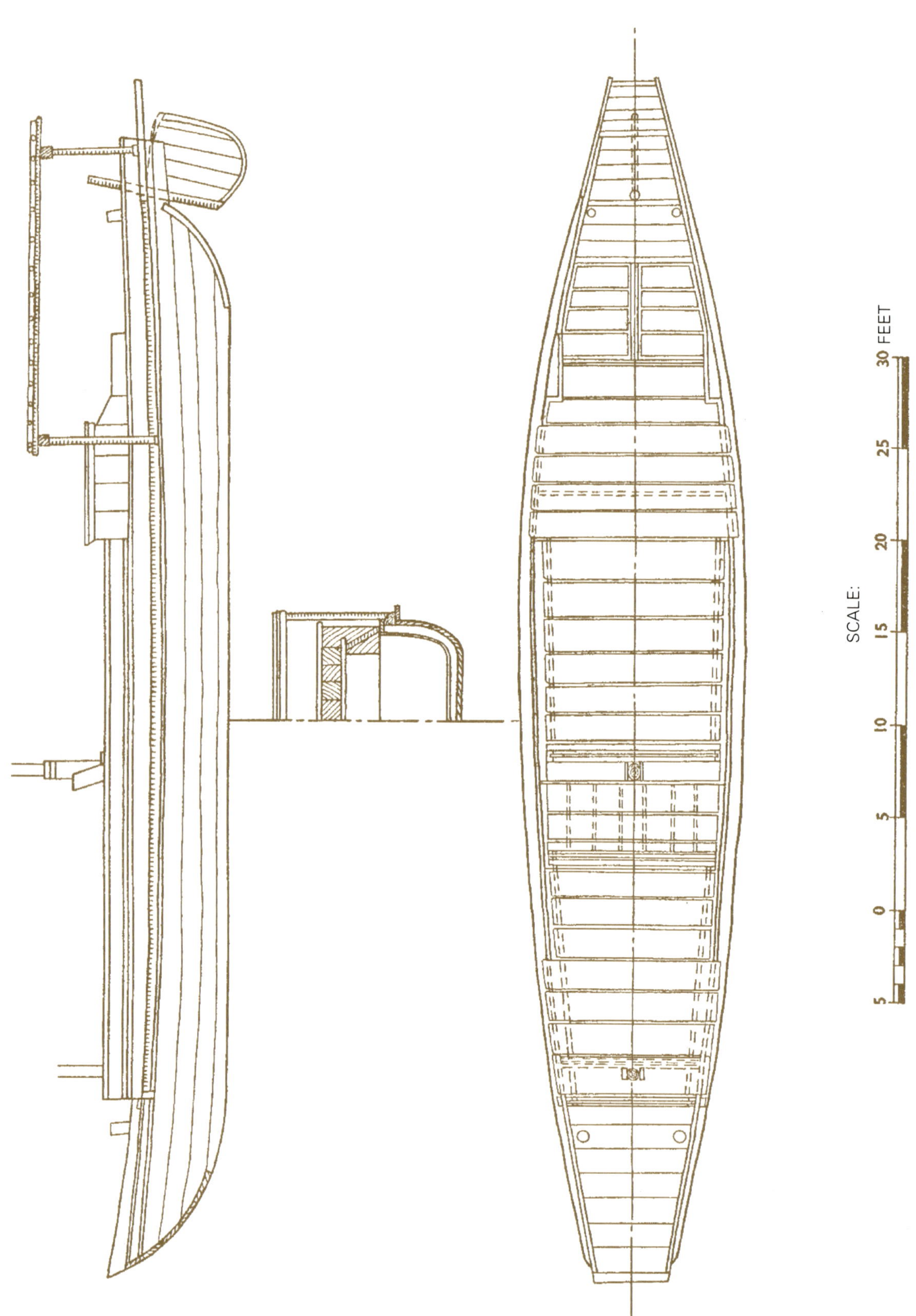

Fig. 11-5 SHIH-HUI-CH'UAN

scribed as the aristocrats of their class, for, although the craft of the Yangtze are usually considerably larger, those of the Whangpoo are more comfortable, and the style of living is better.

The element of over-crowding is, however, still present. Eight people in a small floating dwelling is not uncommon; and usually there are many more, including grandparents, father and mother, possibly an uncle and aunt and two or three children, and almost invariably a baby. The latter is tied to its mother's back. Pigs, dogs, and hens add congestion to the small available space. However many children there are, all seem to be wanted, for the parents fit them out with a sort of life-belt made from bamboo, which is attached to any convenient hold-fast by a short piece of rope, so that if a child falls overboard it can be readily hauled back. Some parents add a bell to the life-saving device, which accelerates salvage operations considerably.

Although the standard of cleanliness is, perforce, not high, the women on board seem to spend most of their time washing clothes, since they can obtain an unlimited supply of water from over the side, which is not often the case on shore.

These boats are not necessarily inhabited by junk folk, but very often by ordinary working-class families who cannot afford to pay the high rents obtaining ashore. Hardworking factory workers, ricsha coolies, and the like find peace-if not quiet-surrounded by their families, who have probably been out all day on the equally tiring duty of peddling small articles in the streets or rummaging in the rubbish heaps for inconsiderable but welcome trifles. Much of the fuel for cooking is obtained in this way. The cramped living quarters may be dark and dreary, but the galley, or kitchen, the most important part of the boat, is kept bright, so that, as it is said, the kitchen god may see the good points of the family.

The kitchen god, to whom an altar is dedicated above the stove, ascends to heaven annually on the 24th day of the 12th moon to report on the behaviour of the family. On this day he receives offerings of rice and sweets to make his lips sticky and his mouth sweet, so that he may be prevented from repeating any of the bad deeds of the family.

The boat-houses of China are of very ancient origin. It is interesting to note that the Dominican Friar John de Cora, [1] writing about 1330, says:

> A good half of the realm of Cathay and its territory is water. And on these waters dwell great multitudes of people because of the vast population that there is in the said realm. They build wooden houses upon boats, and so their houses go up and down with the waters; and the people go traficking in their houses from one province to another; whilst they dwell in these houses with all their families, with their wives and children, and all their household utensils and necessities. And so they live upon the waters all the days of their life... And if you ask of these folk where they were born? they can reply nought else that they were born upon the waters, as I told you.

When their boats become unseaworthy they are still considered landworthy and are transformed into houses by being set bodily upon four stones above the reach of the water.

[1] Quoted by Yule: "Cathay, and the Way Thither."

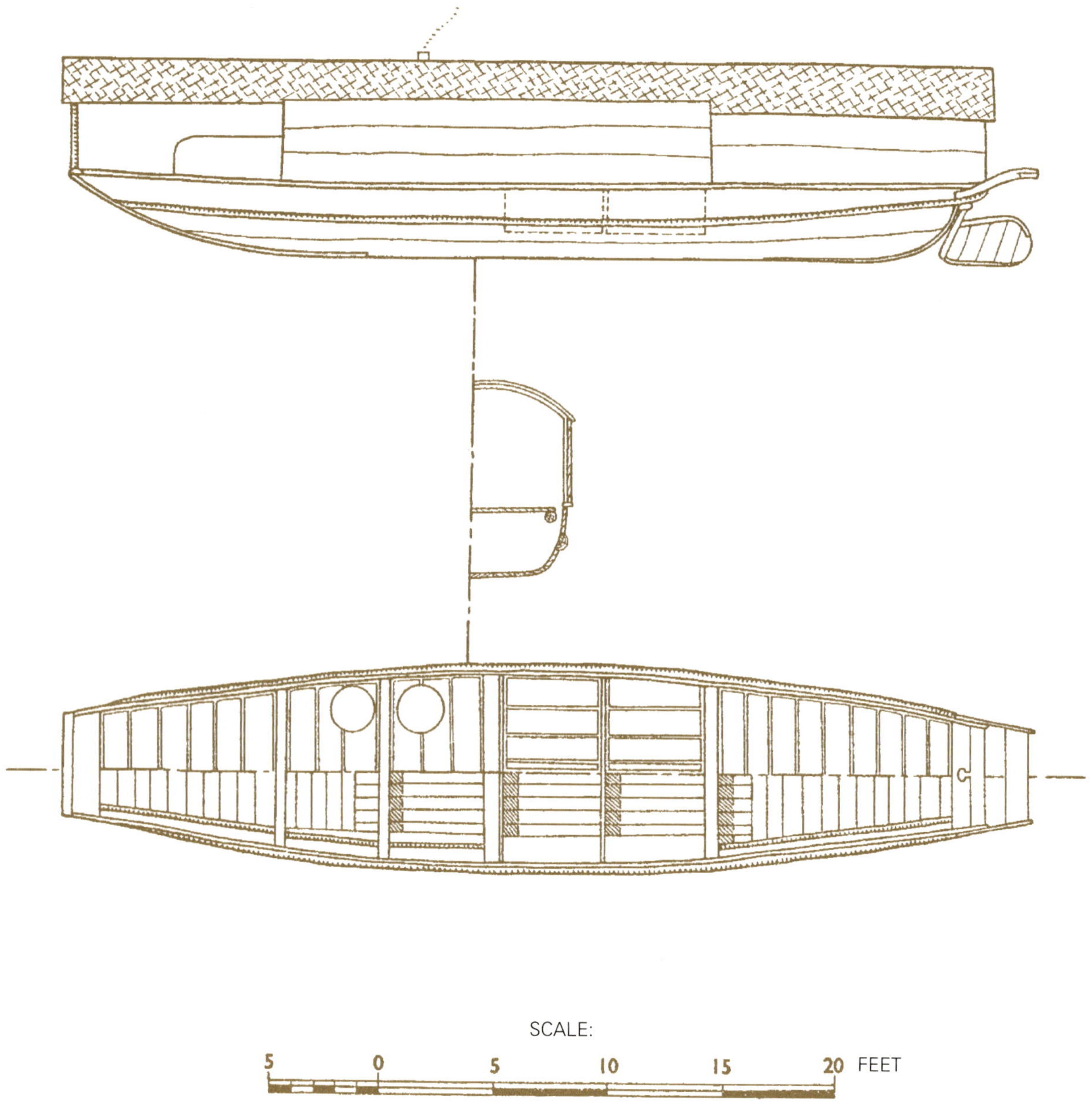

SCALE:

Fig. 11-6 KOMPO FLOATING DWELLING

THE FOREIGN-TYPE HOUSE-BOAT

There are two types of house-boats, the Chinese house-boat proper and the foreign adaptation thereof, known as the *wusih-k'uai*, or Wusih fast-boat, after a town of that name on the Grand Canal, where they are usually built.

The latter type of house-boat, selected for illustration in Fig. 11-7, is on generous lines, being 67 feet in length, with a beam of 14 feet and a depth of 4 feet. As there is no great weight or strain involved, the hull is not outstandingly strong, and three full bulkheads and 14 half-frames are ample for strengthening purposes.

The unusual features in construction are the wide, square, overhanging bow in conjunction with the tapering, narrow stern. The latter ends in the usual Shanghai-type of winged stern gallery, which is decked in and encloses the upper part of the Shanghai-type hoisting rudder, beyond which it projects as a flat platform extending far beyond the stern. The bow is also fitted with a small projecting platform. Two long planks run the length of the boat on either side for the quanters. These quanting gangways do not follow the tapering lines of the stern from the second bulkhead aft but diverge to form a square outline. The house, which occupies the whole central space between the first and second bulk-heads, is elaborately made with two rows of removable windows, of which the upper ones are fixed while the lower ones tip outwards if required. Three steps down from the after deck give access to the house-boat down an alleyway with three cabins on the port side. In the saloon there is a divan with a table to seat eight persons, though there is actual bunk accommodation for only five passengers, including two servants, whose bunks are forward on either side of the three steps up to the fore deck.

The owner, who hires out the junk, lives in the upper cabin, while the large crew of eight find what shelter they can aft under such protection as is afforded by the wooden standing awning and the weather-boards. The galley is aft, below decks.

A noticeable feature of all these house-boats of whatever size is in the odd sloping lines of the front of the house, including the doorway, as it rises from the fore deck. A completely Western introduction is the skylight extending along one-half the roof—probably due to the foreign mania for fresh air.

THE T'O-CH'UAN, OR "BOAT-TRAIN"

The *t'o-ch'uan*, or, as it is known to the foreigners of Shanghai, the "boat-train," takes its name from the word t'o (拖), which oddly enough has exactly the same significance in Chinese as "tow" in English.

Built at Shanghai, these passenger-craft operate up the Soochow Creek and also up the Whangpoo, penetrating as far afield as into Chekiang Province. They are, however, most largely used for intercommunication between the T'aihu ports.

The size of these craft is more or less standard, but there are large differences in detail of fittings and

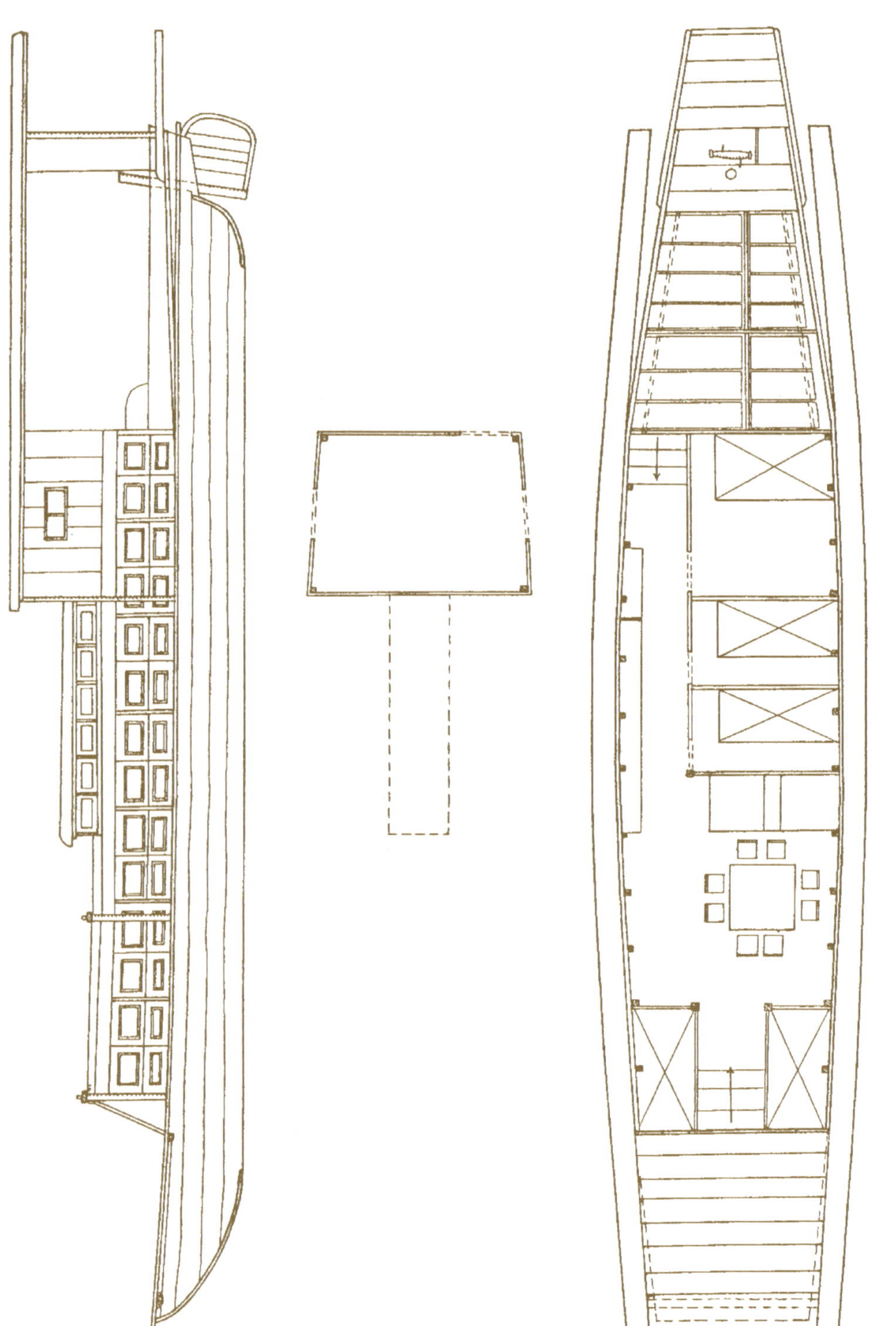

SCALE: 5 0 5 10 15 20 FEET

Fig. 11-7 FOREIGN-TYPE HOUSE-BOAT

superstructure. In the interests of increased accommodation and consequently higher return on capital outlay, some boat-owners take greater liberties with stability.

The craft represented in Fig. 11-8 measures 68 feet, with a beam of 13½ feet and a depth of 4½ feet. As will be seen, she is nothing more or less than a house-boat. She is very stoutly built in order to stand up to the weight of 200 passengers with their not inconsiderable luggage, which can be, and usually is, carried; for, although there are only two bulkheads and three half-bulkheads, there are no less than 15 closely-spaced full frames affording the necessary strength.

The rudder is of the Shanghai non-balance hoisting variety. There is no mast or sail, and progress is dependent entirely on a towing launch. The towing wire runs under the fender gangway, under the counter, right round the length of the boat, and finally up through two holes on the forecastle, where two towing-hooks are situated. It is said that this method of towing prevents hogging.

A pair of oars can operate from two thole-pins aft on the last half-bulkhead. These are used only for manoeuvring when the boat has cast off from the towing launch.

In former days much more attempt was made to provide comfort for the passengers, and there was often a certain number of cabins. The bunks consisted of flat wooden shelves less than 30 inches wide, without any rail or front and separated from the next bunk or shelf by a partition head-board 6 inches high. The travellers brought their own bedding. The cabins had each a small table for meals. A lamp set in the opening in the partition would light two cabins.

The top deck portion above the cabins was roofed with an awning and divided crosswise into two lines of bunks. Here the less wealthy spread their beds and slept head to head, divided from each other by a 6-inch high head-board. The awning was just high enough to permit a passenger to sit upright. The ventilation, it is needless to add, was ample, but privacy did not exist. Forty years ago such a passage to Soochow cost 25 cents, while a cabin could be obtained for $ 1.

For the most part the boat-trains were patronized by the poorer classes, for a small private boat could always be engaged at a very low figure. The company on board now, as then, is not of the most select order but is characterized by an abounding and uncomplaining good humour.

Meals were served free as a matter of course to all classes of passenger, and at frequent intervals a tea-boy walked the deck with hot water for everybody to have an extra cup of tea.

Such happy conditions have long since ceased to exist. The comparatively spacious cabins have been sacrificed so as to accommodate up to 200 passengers, of which 60 are on the upper deck and 140 elsewhere. Free meals are no longer provided. Meals of a sort can be had at a price, and tea and even plain hot water are also sold at a very handsome profit. The latter is heated on a special tea stove on the starboard side of the after deck. Below the main deck is the galley proper for the use of the owner, his family, and the crew, or anyone rash or rich enough to incur the expense of an ordered meal.

The one remaining cabin is reserved for the family of the owner and himself. He steers the vessel, for he is laodah and owner, and hires his craft out to the launch company who arrange for the towage.

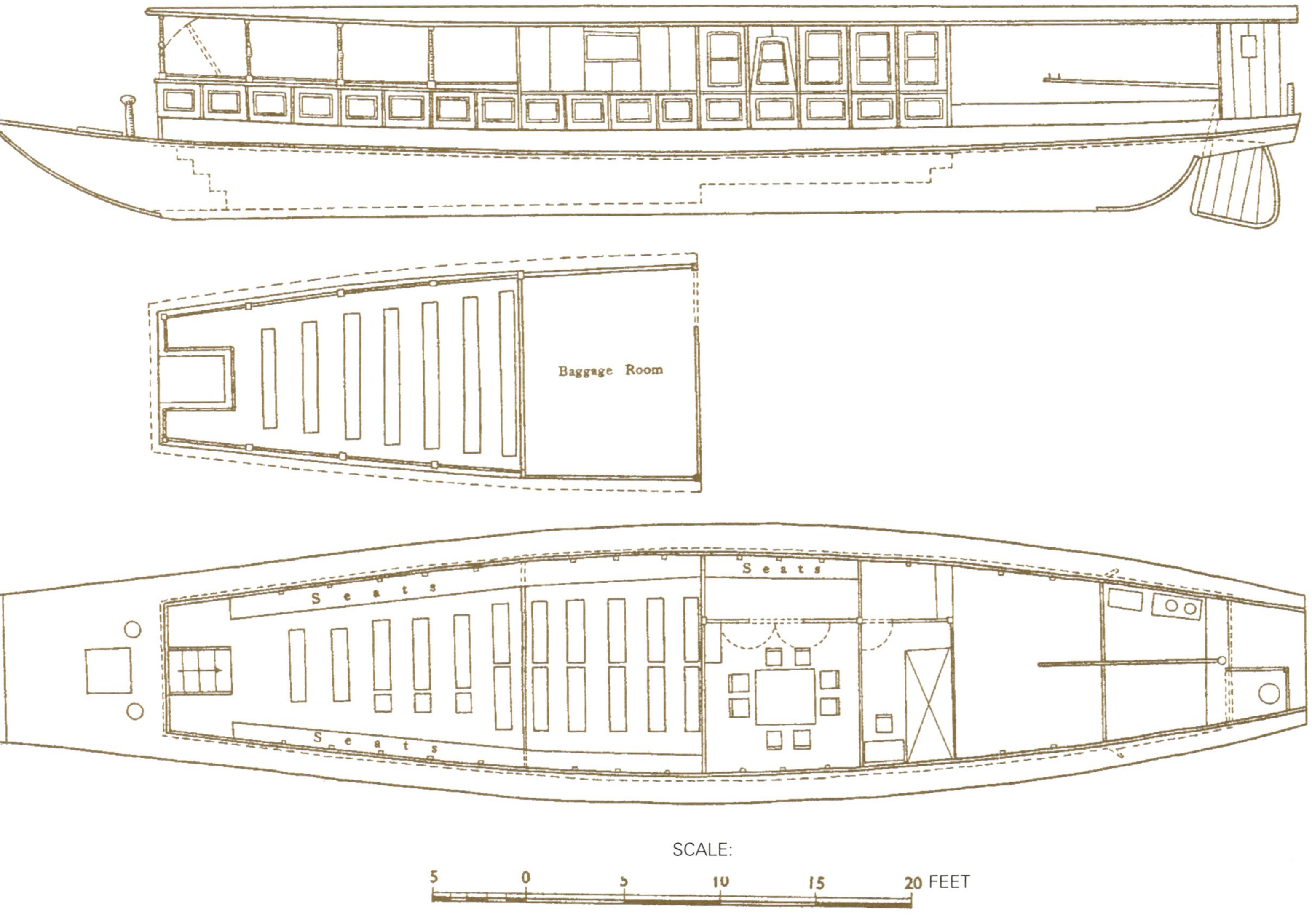

Fig. 11-8 T'O-CH'UAN

The ship's complement consists of two deck-hands, [1] two ticket collectors, and two tea-boys. They all live in the baggage-room, where they camp out in apparent comfort on the passengers' boxes and bundles.

The normal passenger traffic between Shanghai and the outlying ports is very heavy. Various companies operate their boat-trains of large house-boats, each towed by a launch. Occasionally a launch will tow a second boat, though this, practice is not at all general as it is on the Middle Yangtze.

However many are scheduled to leave daily, they are always full. Their daily departures are controlled by the Police Regulations. The Hangchow boat-train leaves Shanghai daily at 4:30 p. m. and reaches its destination at 5:30 the next afternoon, taking 25 hours to cover the distance of 117 miles. They tie up at nightfall and proceed again before dawn.

The Soochow boat-train leaves in the afternoon. Nothing could more strongly demonstrate the activity of the Chinese internal traffic than the number of these boat-trains, always consistently crowded, which in normal times continually navigate the creeks and canals of the vast hinterland behind Shanghai.

The departure of one of these trains from the Soochow Creek is well worth watching. It is rich in human interest and presents an unrivalled scene of confusion. Hawkers, coolies, loafers, and tea-boys crowd round the prospective passengers and offer free advice or highly-priced service. Everyone seems to be struggling with one or more pieces of unhandy luggage. But the chief interest centres in the mass of craft of all kinds with which the creek appears to be completely blocked, so that the question occurs, how did the boat-train worm its way in among this congestion of junks, sampans, launches and pontoons, and, having got there, how will it ever extricate itself?

THE HSICHUANG-CH'UAN, OR TOWED CARGO-BOAT

The *hsichuang-ch'uan*, called after a village of that name, is built at Wusih, a town on the Grand Canal situated at its junction with the Taihu, which joins the Yangtze at Kiangyin.

Just as the *t'o-ch'uan*, or boat-train, just described, is the towed passenger-boat, so this craft is the towed cargo-carrier on very much the same creek routes.

There are no outstanding points of interest in the general design (as illustrated in Fig. 11-9), which represents what is in effect a decked-in lighter. Made of *sha-mu*, with the usual hardwood frames, of which there are 13, and six bulkheads, the usual measurements are 73 feet in length, 14 feet beam, and 5½ feet in depth. She shows three of the main Shanghai characteristics, namely, the overhanging stern gallery, the standing wooden awning, and horizontal bow planking. The rudder, also typical of Shanghai, is of the hoisting non-balance variety. Two long poles are slung along the ship's side just above the water to act as fenders. The only detail in the construction worthy of mention is the method of securing the removable house

[1] Large numbers of Chinese sailors belonging to these boats are Roman Catholics, particularly the laodahs, whose loyalty to their foreign co-religionists prompted them to act with courage and devotion towards them even during the Chinese war with France in 1884–1885.

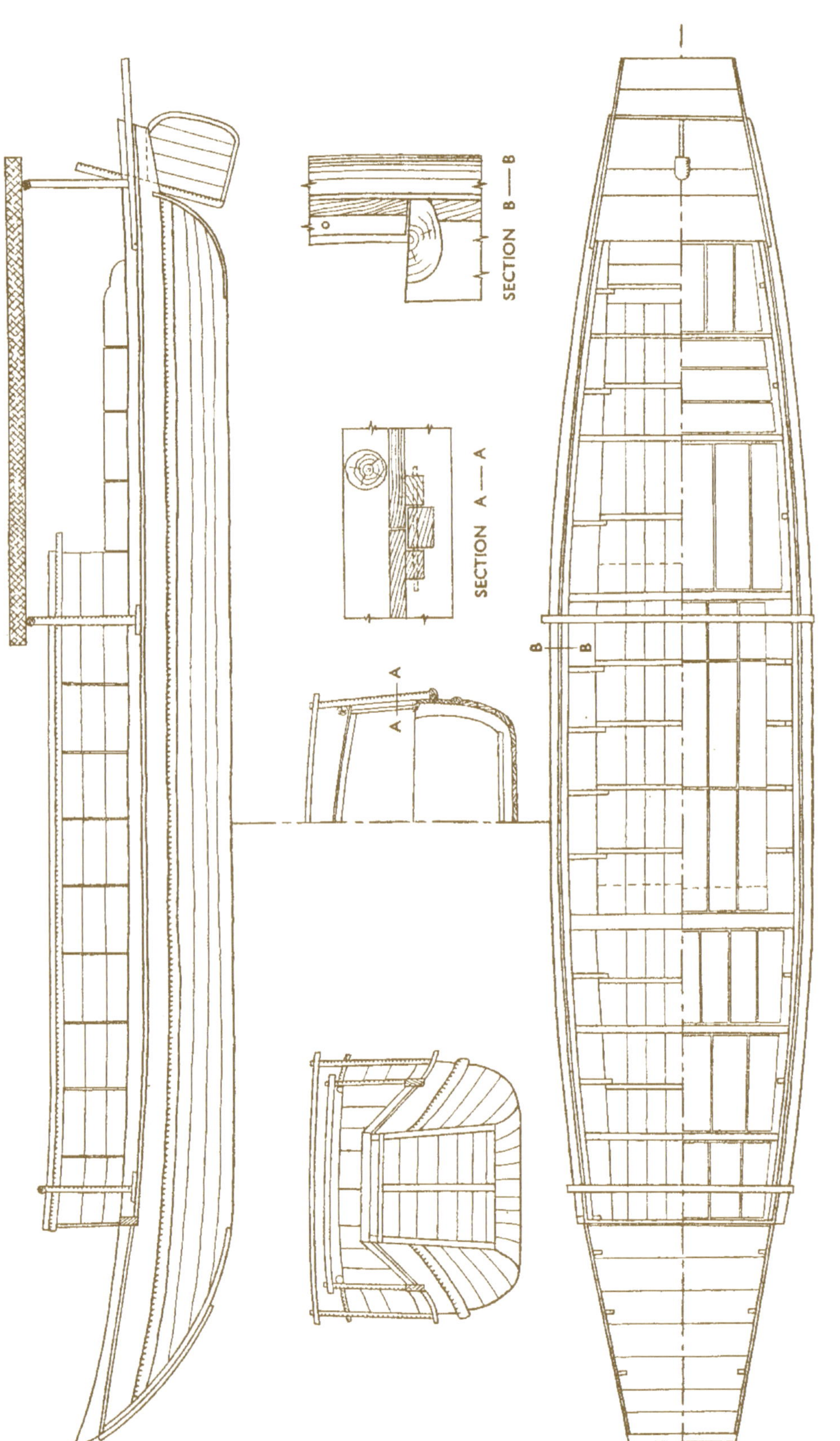

Fig. 11-9 HSICHUANG-CH'UAN

by means of iron pins engaging in the opposing portions of woodwork. The extra large house measures 36 feet in length and 4 feet in height, and is roofed with matting, the sides being continued aft by lower wash-boards. The house, which is divided into quarters for the crew of six between the first and fourth bulkheads and the owner's cabin from the fifth to the sixth bulkheads, is cramped for head room, as it is decked throughout. The after portion from the last bulkhead to the stern is used as galley and is then kept free from deck-boards. There are no masts, sails, or lee-boards, and even no yulohs, for these craft rely entirely on being towed by a launch and thereby lose much of their interest. The carrying capacity is 56 tons, and the cargo carried to Shanghai is usually grain in bags.

THE CREEK FISHING-BOAT

The sampan illustrated in Fig. 11-10 is known as the hsiao-yii ch'uan, the generic name for any small sampan. The boat measures 15 feet, with a beam of 2 feet 10 inches and a depth of 1 foot 2 inches, and is used for shallow water net-fishing. This occupation, so patiently persisted in up and down the creeks, usually yields only fish of a kind which in the West would not be considered worth eating.

The boat is quite uninteresting from a structural point of view; but the Chinese methods of fishing, even if a study of them is unlikely to prove of much service to the practical fisherman, are notable for their simplicity and for the ingenuity of the primitive gear, which probably is little changed from that used in the remote past.

The framework[1] of the net is not unlike a large, round dish-cover in shape, with a netted oblong base[2] 4 feet by 1 foot and three netted sides only[3], extending upwards for about 1½ feet and leaving one side open. The bamboos forming the frame[4] at the four corners bend over to form a conical top[5]. A vertical bamboo runs from the bottom of the net through the apex of the top, above which it projects as a handle.

Holding the end of this vertical bamboo[5], the fisherman lowers the net slowly to the bed of the creek, while with the other hand he scoops any unsuspecting fish towards the net, using a pusher[6] or persuader, a bamboo with a wooden cross-piece at the bottom. As the net is only 4 feet wide, any agile fish can very easily evade capture. A fish spear made of bamboo, with iron prongs, is also part of the equipment.

To achieve success at this type of fishing, unlimited time and exceptional perseverance are absolutely essential.

THE WUSIH-PANG CHO-YU-CH'UAN, OR WUSIH FISH-SAMPAN

The *wusih-pang cho-yü-ch'uan*, or Wusih fish-sampan, takes its name from its port of origin, a town on the Grand Canal; but despite this it usually is to be seen fishing the waters of the Whangpoo between Woosung and Lunghwa (龙华).

A distinguishing feature of this craft is that it is built of *pai-mu* (柏木), cypress, instead of the almost universal *sha-mu*. There are three hardwood bulkheads and four frames.

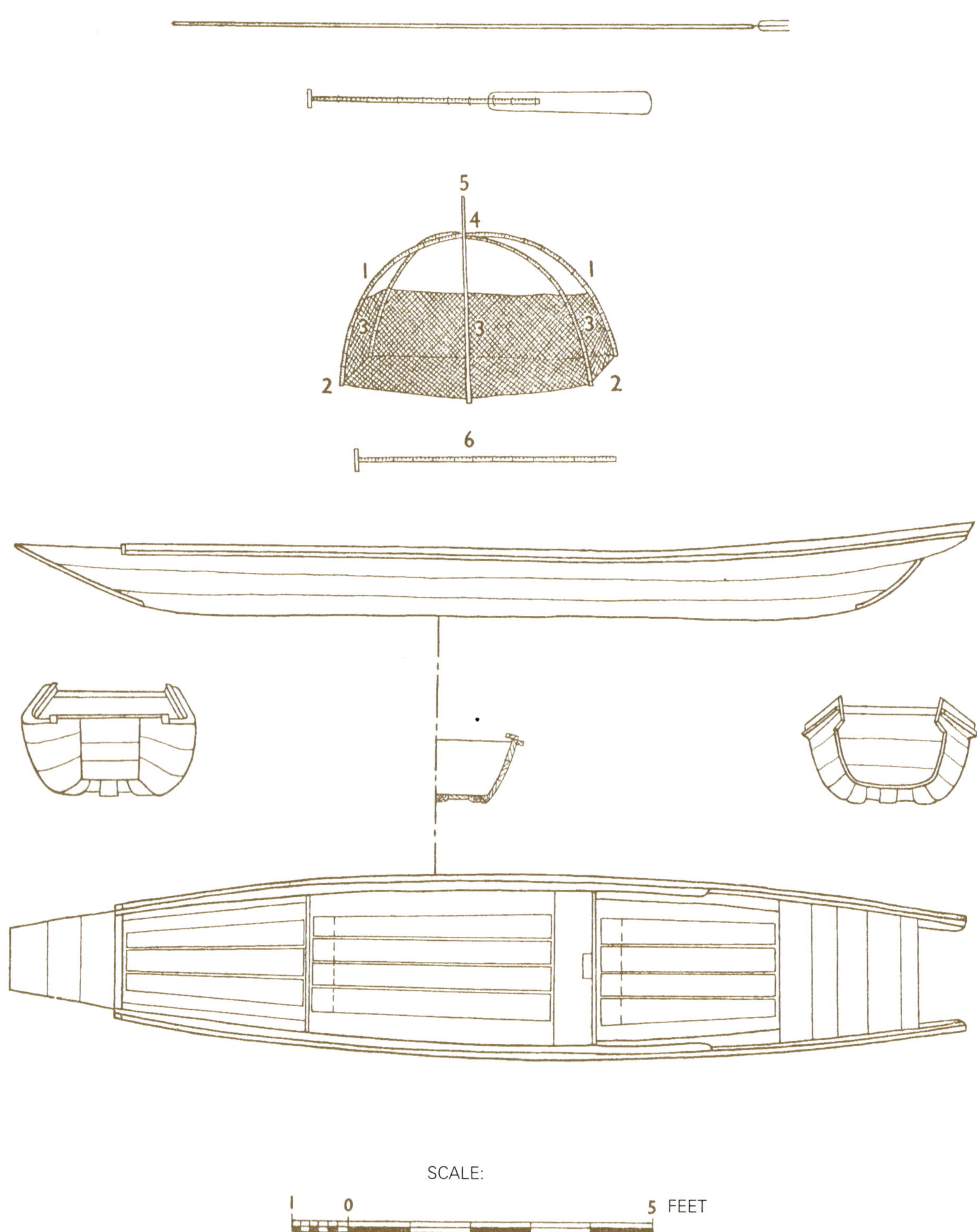

Fig. 11-10 CREEK FISHING-BOAT

More or less uniform in size, these sampans are represented by the one selected for illustration in Fig. 11-12, which measures 26 feet long, with a beam of 5½ feet and a depth of 2 feet 10 inches.

Although not particularlystrong in construction, this well-built and handy little craft is eminently sea-worthy; and full advantage is taken of this, for she remains out on the fishing-grounds when other and larger craft are scudding for shelter. The high weather-boards[1] running almost the length of the hull serve to prevent her from being swamped by the wash of passing vessels, and the sloping gunwale[2] also helps by permitting the water to run off.

There is a stern gallery[3]. The rudder is very rarely used, being usually kept unshipped in the house. These boats are designed to be propelled by their single long yuloh, but an improvised spritsail is often set on a bamboo mast which may or may not combine that office with that of boat-hook. It is suspected that the improvised spritsail, when not thus used, serves as a bed-cover. There are four lumber irons[4] to hold the boat-hooks, landing-nets, spars, etc. The house, which measures 8 by 4½ feet, accommodates the fisherman-owner and his family. he galley is right aft.

The fish when caught are stowed in the compartment[5] between the bow and the first bulkhead. This compartment is transformed into a reservoir by the drilling of three holes[6] in the hull on each side below the water line, thus permitting free flooding.

The method of fishing is with a cast-net, 26 feet in diameter. There are two main fishing-grounds. In that up river, off Lunghwa, small fish are caught and a close mesh is used. The same type of net, with a larger mesh, is used between Pootung Point and Woosung. The fish often congregate close to the wharf. The winter provides the best fishing, particularly just after rain.

THE LO-SHIH-CH'UAN（螺蛳船）, OR SNAIL-BOAT

The *lo-shih-ch'uan*, or snail-boat, is designed solely for the purpose of catching snails, for which there is a very large market.

There are numerous kinds of land molluscs or snails, of the class *Gastropoda*, which are in demand for the table in China. Fresh-water snails are also largely eaten. The chief varieties in the order of popular snail appeal are the *lo-shih*, the *hsiang-shih*, and the largest of all, the *t'ien-lo*(田螺). The hsiang-shih is eaten by the country people at the Ch'ing Ming（清明）, the Festival of Pure Brightness.

The *lo-shih* is very popular in the winter and, despite the fact that it is cooked in wine, is regarded as being quite an inexpensive dish. It hails from the Pootung side of the Whangpoo and is to be found mainly in the Shanghai Harbour and up the Soochow Creek.

The boat illustrated in Fig. 11-12 is 24 feet in length, with a beam of 7 feet and a depth of 2½ feet. There are three frames and three bulkheads, the last two of which are situated near together almost like a coffer-dam. She is light in construction, as befits her light duties, and tapers abruptly at the low bow and even narrower stern. Both bow and stern have athwartship planking, and the bow has an additional short doubling plank. There is neither mast nor rudder. Propulsion is by a curved yuloh which operates through the unplanked portion of the usual type of overhanging stern gallery.

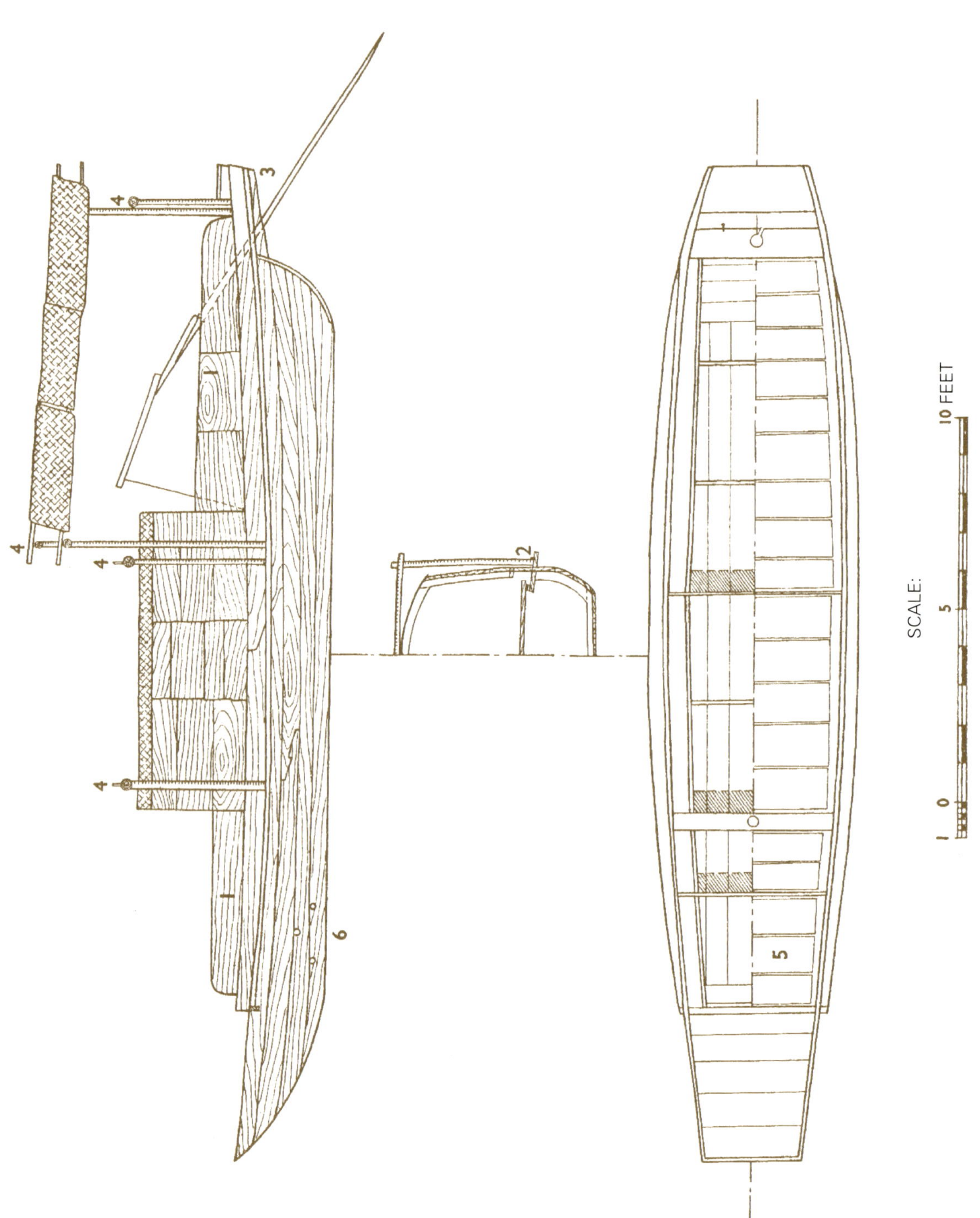

Fig. 11-11 WUSIH-PANG CHO-YÜ-CH'UAN

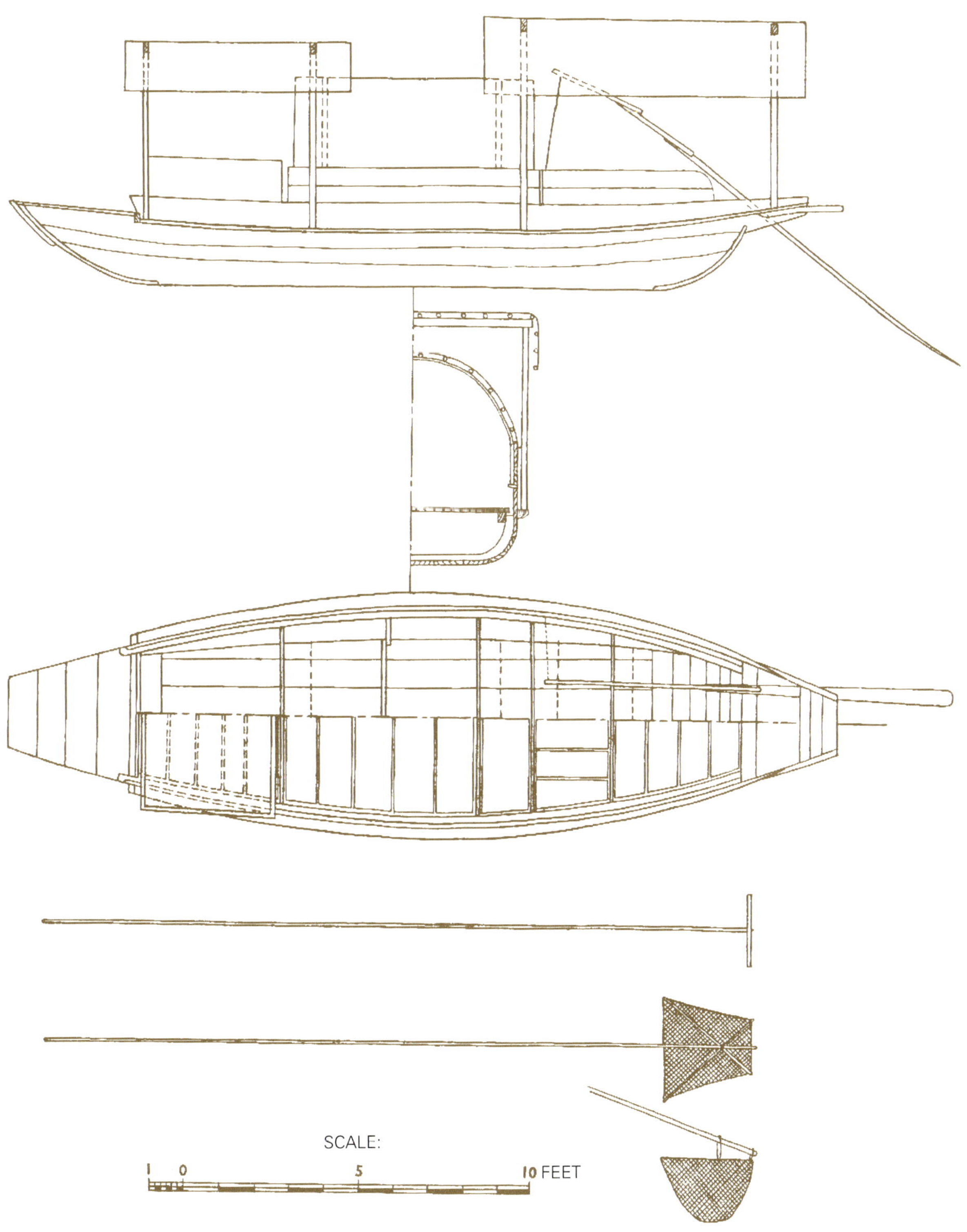

Fig. 11-12 LO-SHIH-CH'UAN

There are high weather-boards extending from the first frame to the stern, forming a sort of bulwark. Amidships is the small house which accommodates the owner and his wife. The curved roof consists of oiled cloth stretched over bamboo hoops with bamboo battens as spreaders. The height of the standing awning in bow and stern is unequal so as to permit a view forward over the roof for whoever is working the yuloh. The whole boat is practically decked in, and the result is a very cosy little floating home in which the owner, like the snail he hunts, makes slow progress with his house on his back.

The tools for snail catching are a shovel-shaped hand dip-net, attached to a long pole, and a pusher in the form of a toothless rake. The net, held in one hand, is lowered to the bottom of the creek or canal, while the snails are forcibly persuaded into it by the pusher operated by the other hand. Long practice has made the snail pushers exceedingly expert, and they can work with 20-foot poles in a depth of 12 feet with good results. This adroitness serves them in good stead in other ways also, for, when in the Soochow Creek, they often turn their talents to retrieving small pieces of coal that have fallen overboard from coal-lighters or steam-launches when coaling ship.

At present-day fuel prices, fishing for coal has become a more profitable undertaking than snailing.

THE LIVE FISH CARRIER (鱼船)

The specially-constructed cargo-craft which bring the fish down to Shanghai are so designed as to permit free flooding of the compartment containing their live cargo.

One such craft is illustrated in Fig. 11-13. It is known as the *yi-ch'uan* (鱼船), or live fish carrier, and is built at Nansha, up the Soochow Creek.

A most noteworthy feature of the boat is the fact that there are only two frames and two bulkheads, which are sufficient to carry the light load, although it makes her weak in construction. This craft measures 37 feet, with a beam of 8½ feet and a depth of 3 feet, and tapers gently to long, low, flat bow and the characteristically Shanghai type of stern and stern gallery with a hoisting variety of rudder.

There are two bulkheads and two frames. The main distinguishing feature of this sampan is the free-flooding device whereby all the fore hold right up to the first bulkhead may be converted into an aquarium so as to deliver the live cargo in a marketable condition after a three days' journey from the fish farms. During the trip the fish are fed with egg powder to keep them in good condition. The self-flooding is achieved by means of three square apertures spaced between the first frame and the first bulkhead on each side of the hull below the water-ine, and one more forward on the under side of the horizontally-planked bow just before its turn.

When it is desired to fill the fish tank, these apertures are fitted with hinged flaps in the form of wooden gratings (see inset on Fig. 11-13), which are secured by a peg at the bottom. When the boat is returning empty after discharging its lively cargo, these gratings are replaced by leak-stoppers in the form of close-fitting blocks of wood set in cushions of cloth, making the tank quite watertight. When the tank is full this naturally puts the sampan down by the head, so much so indeed as to leave only a very few inches of free-board, and in the wash from passing vessels water is frequently taken in over the bow. In order to prevent

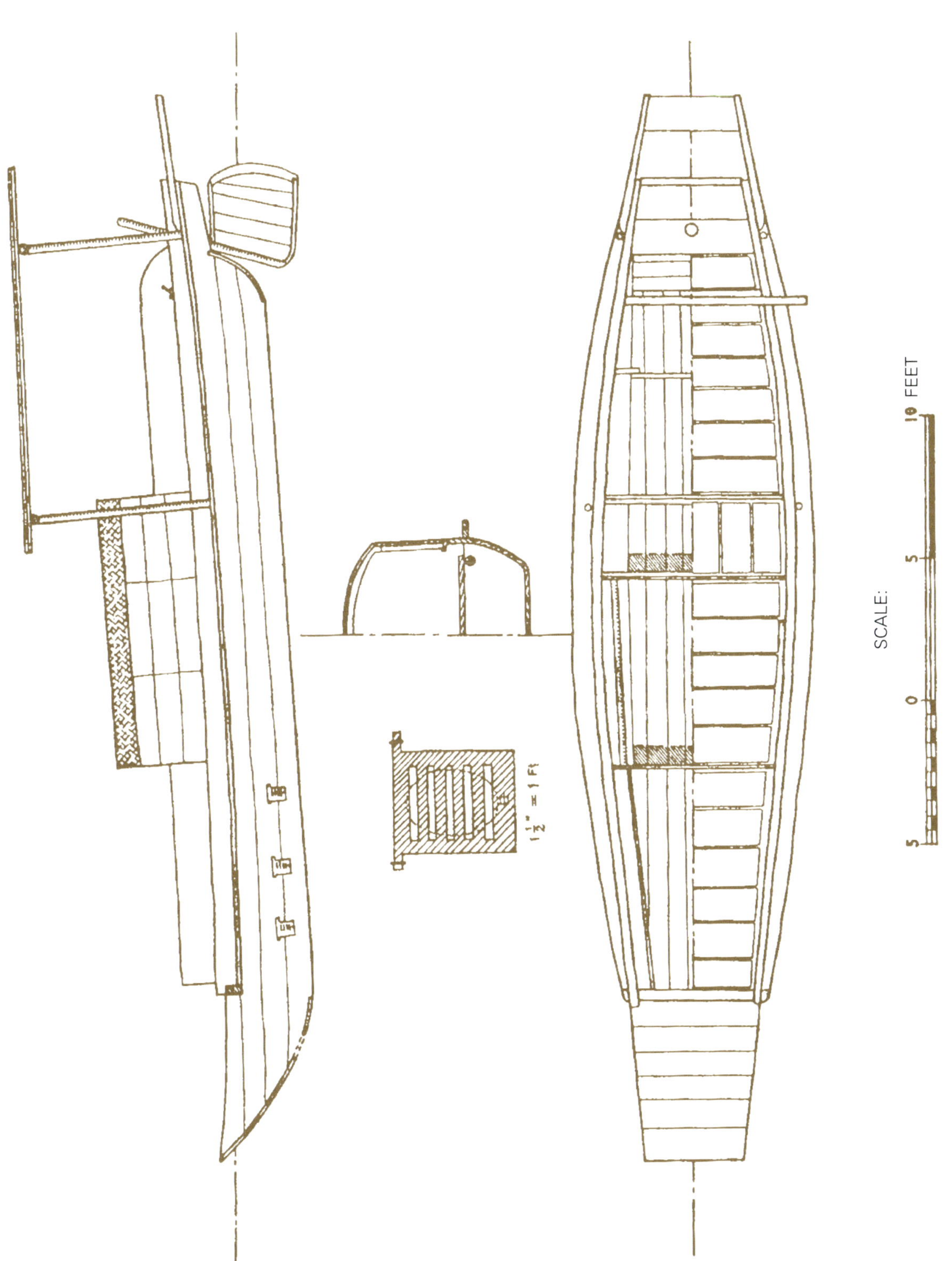

Fig. 11-13 LIVE FISH CARRIER

this water from runing back over the top of the tank and, by floating off the fore-deck hatches, inadvertently releasing the fish, a 4-inch high athwartship weather-board is affixed across the bow above the first frame and high weather-boards run throughout the length of the boat on either side of the small house amidships.

Two very large stones are carried as portable ballast and are placed in varying parts of the vessel so as to adjust the trim as required. There is a short mast which carries a square-headed lug-sail. Additional or alternative propulsion is provided by the single yuloh, which operates from a bumkin on a beam on the port quarter. This yuloh is of an unusual type in that the broad blade is iron bound round the edges. According to the crew, this is to withstand the wear and tear of contact with the stony bottom of some of the creeks on their journey down. This, however, does not explain why these iron edges should extend so far up the blade, and another reason therefore may be found in the better cutting edge thus provided when feathering.

The boats never travel down by the quicker route of the crowded Soochow Creek, as the strong meat provided by its polluted waters would prove too much for even fish hardened by being fed from the refuse of the kitchens of the fish farmers. A more leisurely course is therefore followed through the winding channels of less frequented and cleaner waterways. This knowledge will doubtless be welcome to Shanghai housewives, as is the fact that these craft are clean and well kept.

Not so acceptable is the information that the fish which may happen to die *en route* are lifted out from the tank and deposited in a large tub. This serves as a mortuary for the casualties, which are sold off at cheaper rates on arrival.

The crew of five men live inside the house, some of them below decks in the narrow space between their live and dead cargo. The all-pervading smell of fish must here be at its strongest, particularly in hot weather. In the summer 5 or 6 piculs of fish are carried, but the amount can be doubled in winter.

When the fish-carriers reach the Whangpoo River they are met by a launch and towed in three rows of three abreast to the fish market. A marked feature of the whole proceeding is the leisurely manner in which everybody concerned moves, for, despite the ingenious methods used for "bringing them back alive", the cargo is still of a more or less perishable nature.

On arrival at the fish wharves in Shanghai the fish are ladled out from their tank with a long-handled landing-net; and the boat proceeds back to the fish farms *via* the Soochow Creek for another cargo.

THE DROP-NET FISHERMAN

Drop-net fishing is very common in the waterways of the delta. Fishermen, with remarkable perseverance, comb the waters of the river from the shore and from sampans and small junks(Fig. 11-14).

The structure for the purpose is a framework consisting of two pairs of bamboo poles joined together at an angle of about 120°, the central portion resting in a bed and forming a pivot. One pair of bamboos supports the net while the other acts as a lever. Stones are placed at strategic points to adjust the balance.

The whole affair is very ingeniously contrived so that it can be lowered into the water, where it remains until the operator thinks there may be a fish over the net. He then hauls on a rope attached to the apex of the lever pair of bamboos, which brings the net to the surface, when, if there should happen to be a luckless

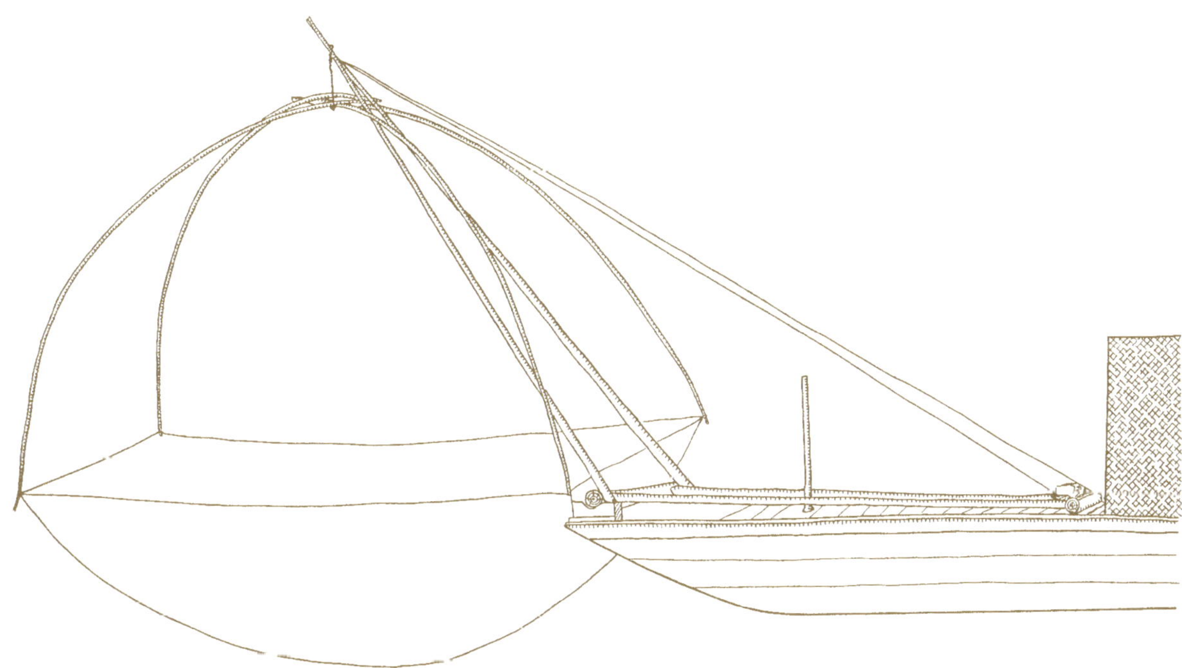

Fig. 11-14 DROP-NET

fish in it, it is scooped out with a long bamboo landing-net.

This form of net is also rigged on a staging or on the river bank itself, but the apparatus when fitted in sampans or small junks is more efficient, as the fishing-grounds can be frequently changed.

There is a pocket in the centre of the net for the reception of the captives.

THE T'O-WANG-CH'UAN, OR DRAG-NET BOAT

The men of these craft, as the name implies, literally pick up a living in the creeks and canals of Kiangsu, and may be seen in their hundreds in the Whangpoo and the waterways surrounding Shanghai.

Lightly constructed of *sha-mu*, with six bulkheads and eight hardwood frames, their boats are very much standardized as regards shape and size. The boat here illustrated measures 28 feet in length, 7 feet in beam, and has a depth of 2. 5 feet. A rudder is seldom used, and there is no mast, though a spritsail is sometimes improvised. Propulsion is commonly by the three oars, two in the bow, always together on the same side, and one in the stern. The owner's family, which form the crew, live in the midship house, which measures 9 by 6 feet. The galley is also in the house, down two steps and situated on the bottom of the boat. Above the house, at either end of it, are two lumber irons to accommodate boat-hooks, spars, and so forth(Fig. 11-15).

Quite one of the most remarkable things about these sampans is the very limited space in which a family of six or more are content to be cramped. The. wonder, indeed, is how they are to be accommodated-where they will eat and, most important of all, where they will sleep. When the boat is under weigh the problem is less difficult to solve, for the various members of the family are scattered about at their various duties-poling, yulohing, dragging, cooking, and so on.

These water gypsies may be best described as professional scavengers, the riverine prototypes of the less fortunate classes on land who spend so much of their time foraging in dust-bins and spearing cigarette ends skilfully out of the gutters on a long fork. In like manner the drag-boats pick over the refuse at the garbage wharves awaiting shipment to the dumps.

Occasionally, if they get the opportunity, the drag-boat men carry cargo or are hired to drag for lost property. Another activity is that of catching crabs, although not in a nautical sense. This industry is carried out in the creeks around Shanghai and lasts from the 8th to the 10th moon. In the main, however, they are dependent for their living on dragging the river or creek beds for any articles that may reward their labours, and even such weighty rubbish as old tins has its market value. The most lucrative field for this branch of their work is dragging for coal; and when Shanghai was a port of call for the great ocean liners the drag-boats could count on a fair return, qualified only by the number of competitors.

The drag used is a "pocket net" in the shape of a rectangular bag made of 1-inch mesh hemp string and measuring 5½ by 4½ feet. A number of iron hoops keep the mouth of the bag open, and their weight also serves to keep the net in the correct position. The net, which is attached by a bridle to a bamboo rope, heavily weighted, is lowered over the side and, as the boat moves, is deftly manceuvred, mouth downwards, over the site expected to yield coal or crabs. So expert are the drag-men that they can work in depths up to 30 or 40 feet. The excitement of the chase runs high, for occasionally great prizes are recovered. For example, while dragging for coal near where the luxury liners embark their fuel they might (as actually happened on one occasion) fish up a passenger's false teeth, for which service they were suitably rewarded.

Drag-boat fishers sometimes penetrate far up the creeks into the hinterland, where groups of these craft may be seen working over the shallow agricultural canals gathering anything which may serve as food, even including bulbs or the Aeshy roots of edible aquatic plants.

There is yet another branch of their activities which must be touched on here, albeit lightly. The detectives of the Customs Harbour Police will tell you that if there is anything missing from a cargo-boat, if a boat loses its anchor, if hats are snatched from crowded ferries, there is sure to be a drag-boat somewhere in the case. Thieving, like other professions in Shanghai, is very highly organized, and is, moreover, strictly controlled so as to beneft the majority. The water thieves are therefore allocated to definite spheres of infuence.

A thief from one wharf is not permitted to practise on another but must confine his activities to his own beat. Nothing movable is safe from the Shanghai wharf thief, and so the merchant has recourse to the Thieves' Guild, which will, for a retaining fee, guarantee that nothing is stolen. Setting a thief to catch a thief is thus literally true.

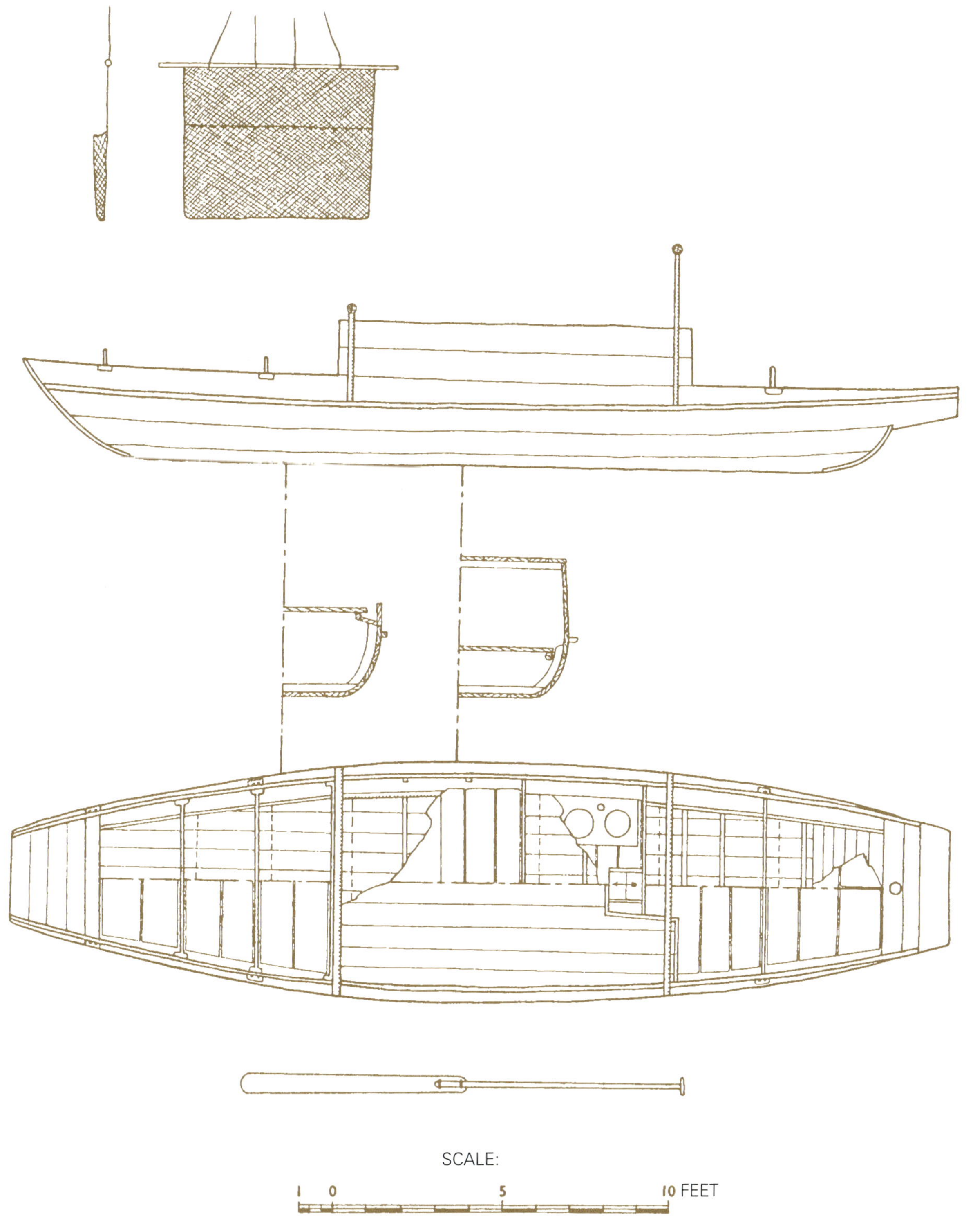

Fig. 11-15 T'O-WANG-CH'UAN